公路工程施工资料表格填写范例与指南

主编单位：北京筑业志远软件开发有限公司

 云南科技出版社

·昆 明·

图书在版编目（CIP）数据

公路工程施工资料表格填写范例与指南 / 北京筑业
志远软件开发有限公司主编. -- 昆明 ：云南科技出版社，
2023.12

ISBN 978-7-5587-5564-4

Ⅰ. ①公… Ⅱ. ①北… Ⅲ. ①道路工程－工程施工－
资料－编制－指南 Ⅳ. ①U415-62

中国国家版本馆 CIP 数据核字（2024）第 003098 号

公路工程施工资料表格填写范例与指南
GONGLU GONGCHENG SHIGONG ZILIAO BIAOGE TIANXIE FANLI YU ZHINAN
北京筑业志远软件开发有限公司　主编

出 版 人：温　翔
策　 划：高　亢
责任编辑：赵　敏
封面设计：胡庆庆
责任校对：秦永红
责任印制：蒋丽芬

书　　号：ISBN 978-7-5587-5564-4
印　　刷：廊坊市颖新包装装潢有限公司
开　　本：880mm×1230mm　1/16
印　　张：48
字　　数：1380 千字
版　　次：2023 年 12 月第 1 版
印　　次：2023 年 12 月第 1 次印刷
定　　价：198.00 元

出版发行：云南科技出版社
地　　址：昆明市环城西路 609 号
电　　话：0871-64192481
订购电话：400-163-8866

本书编委会

主编单位：北京筑业志远软件开发有限公司

参编单位：贵州大学

　　　　　昆明市城市基本建设档案馆

　　　　　中建协兴国际工程咨询有限公司

　　　　　中建交通建设集团有限公司

　　　　　中国建筑第五工程局有限公司

　　　　　中交一公局集团有限公司

　　　　　中交一航局第三工程有限公司

　　　　　中建八局第二建设有限公司

　　　　　中建隧道建设有限公司

　　　　　中能建西北城市建设有限公司

　　　　　重庆市铁路（集团）有限公司

　　　　　安徽省公路工程建设监理有限责任公司

　　　　　重庆市渝中区住房和城市建设档案室（重庆市渝中区城建服务中心）

　　　　　龙建路桥股份有限公司

　　　　　甘肃路桥建设集团有限公司

　　　　　西安交通投资集团有限公司

　　　　　北京龙腾园林绿化工程有限公司

　　　　　昆明卓烨建筑工程咨询有限公司

主　　编：裴　哲　梅世龙　袁白云

参编人员：田俊芹　朱炳朋　杨　磊　王承玮　隋伟旭　裴　军

　　　　　解宇宁　田　颖　夏风梅　陈宝萍　吴群威　贾国华

　　　　　周纯玮　孙玉进　付俊生　庞爱红　吴　凡　王　彬

　　　　　吴桂菲　李茂莉　秦松鹤　蒋宏林　武英魁　李　鑫

　　　　　朱小海　叶玉婷　贺贵华　施兴伟　郭利民　师　伟

　　　　　金伟光　李志强　王扬帆　曾以琳　王柯轲　王艺霖

　　　　　王晓堃　傅　琨　肖鹏飞　王广琦　张　亮　舒　畅

　　　　　陆王杰　范铀凯

审查人员：李亚正　赵　伟　徐宝双　黄勇辉　张信宽　薛　杨

　　　　　王光明

前　言

随着《公路"十四五"发展规划》《交通强国建设纲要》《国家综合立体交通网规划纲要》相继出台，为了贯彻落实文件精神，提高公路工程建设水平，规范公路工程建设项目资料的编制和归档工作，更好地指导从事公路工程行业人员提高业务水平，本书编委会精心编制了《公路工程施工资料表格填写范例与指南》。以规范、合理、高效的管理为目标，更好地发挥公路工程资料在推进交通行业标准化、规范化、信息化作用，支撑我国公路工程建设、管理、养护、运营的高质量发展，助力交通强国建设。

本书主要依据《公路建设项目文件管理规程》T/CHCA 002—2023、《公路工程质量检验评定标准　第一册　土建工程》JTG F80/1—2017、《公路工程质量检验评定标准　第二册　机电工程》JTG 2182—2020、《公路工程竣交工验收办法实施细则》（交公路发〔2010〕65号）、《公路建设项目文件材料立卷归档管理办法》（交办发〔2010〕382号）等进行编写。

本书主要包括三大部分内容：

第一篇　公路建设项目资料编制与管理：详细介绍了公路工程资料概述、建设单位文件、监理文件、施工文件、竣工图、竣（交）工验收文件及组卷、归档、移交等内容，旨在帮助大家了解并掌握公路工程资料全过程管理知识。

第二篇　公路建设工程资料填写范例：提供了监理资料、测量资料、检（试）验资料、施工原始记录资料、质量检验评定资料、竣（交）工验收资料等表格填写示例、填写要求和传递说明等内容，通过公路工程资料表格示例展示了公路工程业主、施工、监理单位如何编制资料。

第三篇　附录：主要提供了公路工程的分部分项划分及划分方法、常用材料检验项目，汇总了施工原始文件排列顺序参考方法、施工工序报验参考用表、工序文件归档范围参照表等内容，编者根据有关规范标准，调研多个地区，并结合现场经验，比较全面地汇总了公路工程建设过程中的资料划分、收集、归档等贴合实际的应用方法。

本书主要介绍了公路工程资料编制、收集、归档等工作流程，并对公路工程资料编制的常用表格进行了示范性填写，是一套实用性很强的工具书，不仅适合公路工程业主、施工、监理单位资料编制与管理人员使用，也对广大有志于从事公路工程行业的人士了解公路工程资料编制与管理的工作流程及常用表格的填写方法有所帮助。

本书在编写过程中，得到了有关公路标准的专家指导，在此一并感谢！

由于时间仓促，水平有限，书中难免有不妥之处，敬请广大读者和专家学者提出宝贵意见斧正，意见和建议可反馈至北京筑业志远软件开发有限公司（邮箱：1598552158@qq.com，技术咨询QQ：1598552158，征订电话：4001638866），以便我们修订时参考。

本书编委会

2023 年 11 月

扫码反馈问题领好礼

目 录

第一篇 公路建设项目资料编制与管理

第二篇 公路建设工程资料填写范例

9

第三篇　附　　录

第一篇　公路建设项目资料编制与管理

第1章 公路工程资料概述

第1.1节 公路发展历史

公路运输是陆上运输方式之一，其灵活机动、迅速方便以及提供"门到门"物流服务的特点，使其不仅成为一个独立的运输体系，也成为铁路车站、港口和机场集散物资的重要手段，对于一个国家经济的发展起着重要的基础作用。

自新中国成立以来，我国的公路交通建设大致经历了四个阶段。建国初期，由于对公路运输在国民经济中的基础性和先导性认识不足，公路"长期滞后"于国民经济的发展。20世纪80年代以后，我国经济全面发展，公路基础设施成为国民经济建设中的最薄弱环节，出现了"全面紧张"的局面。20世纪90年代以后，中央将交通运输事业尤其是公路的发展作为国民经济发展的全局性、战略性和紧迫性任务，公路建设得以迅速发展。新世纪以来，我国继续加大基础建设投资力度，公路建设获得了前所未有的大发展，使"全面紧张"的交通状况在近几年内得到根本改变，取得了一系列不平凡的成就。截至2022年末，全国公路总里程超过600万千米。全国四级及以上等级公路里程506.25万千米，占公路总里程比重为96.4%。二级及以上等级公路里程74.36万千米，占公路总里程比重为13.9%。高速公路里程17.73万千米，占公路总里程比重为3.3%。

第1.2节 公路工程资料管理的重要性

公路工程是一项公共事业，是提高人们生活质量、造福于社会的公共事业。近年来，随着公路事业的发展，公路工程资料管理的重要性日益显现。公路工程资料管理直接关系到工程建设管理，关系到工程质量，关系到国计民生。

本指南从规范公路建设项目文件资料组卷归档为基础，旨在推行建设项目资料标准化管理，保证项目档案质量，更好地为公路建设事业服务；能以最大限度的指导公路工程文件的填写、编制、审核、审批、收集、整理、组卷、移交和归档；同时也助于工程质量监督机构对公路工程的质量监督和档案管理机构对工程档案的接收。

第1.3节 公路相关文件要求

2005年5月8日，公路局发布《公路工程质量监督规定》，其中第六条提出，公路工程质量监督包括工程质量资料的真实性、完整性、规范性、合法性等要求。

2011年2月9日，交通运输部发布《关于印发公路建设项目文件材料立卷归档管理办法的通知》（交办发〔2010〕382号），规范公路建设项目文件材料立卷归档工作，保证项目档案质量，更好地为公路建设事业服务。

2017 年 9 月 14 日，交通运输部发布《公路水运工程质量监督管理规定》（中华人民共和国交通运输部令 2017 年第 28 号）。其中"第十五条：施工单位应当加强施工过程质量控制，并形成完整、可追溯的施工质量管理资料，主体工程的隐蔽部位施工还应当保留影像资料。对施工中出现的质量问题或者验收不合格的工程，应当负责返工处理；对在保修范围和保修期限内发生质量问题的工程，应当履行保修义务。"

2018 年 5 月 1 日，《公路工程质量检验评定标准 第一册 土建工程》JTG F80/1－2017 实施。为加强公路工程质量管理，统一工程质量检验标准和评定标准，保证工程质量。

2019 年 12 月 19 日，交通运输部发布《关于印发公路工程竣交工验收办法实施细则的通知》（交公路发〔2010〕65 号），进一步规范和完善公路工程竣（交）工验收工作。

2021 年 3 月 1 日，《公路工程质量检验评定标准 第二册 机电工程》JTG 2182－2020 实施。为加强公路机电工程质量管理，规范公路机电工程施工质量的检验评定，统一工程质量检验标准和评定标准，保证工程质量。

第 1.4 节　公路资料的编制依据

一、公路工程方面依据

- 《建设工程质量管理条例》
- 《公路建设监督管理办法》
- 《交通档案管理办法》（交办发〔2005〕431 号）
- 《关于印发〈交通建设项目档案管理登记办法〉〈交通建设项目档案专项验收办法〉和〈交通档案进馆办法〉的通知》（交办发〔2007〕436 号）
- 《公路工程竣交工验收办法实施细则》（交公路发〔2010〕65 号）
- 《公路建设项目文件材料立卷归档管理办法》（交办发〔2010〕382 号）
- 《公路建设项目文件管理规程》T/CHCA 002
- 《公路工程质量检验评定标准 第一册 土建工程》JTG F80/1
- 《公路工程质量检验评定标准 第二册 机电工程》JTG 2182
- 《公路工程施工监理规范》JTG G10
- 其他现行工程相关标准、规范、规程等

二、档案方面依据

- 《中华人民共和国档案法》
- 《建设项目电子文件归档和电子档案管理暂行办法》（档发〔2016〕11 号）
- 《科学技术档案案卷构成的一般要求》GB/T 11822
- 《CAD 电子文件光盘存储、归档与档案管理要求 第一部分：电子文件归档与档案管理》GB/T 17678.1
- 《电子文件归档与电子档案管理规范》GB/T 18894
- 《建设工程文件归档规范》GB/T 50328
- 《建设项目档案管理规范》DA/T 28
- 《纸质档案数字化规范》DA/T 31
- 《数码照片归档与管理规范》DA/T 50
- 其他现行相关档案、规范等

第1.5节 公路建设项目参建单位的职责

一、项目法人（建设单位）的职责

1. 应制定项目文件管理办法，建立项目文件管理系统。在招标文件、合同中，明确文件管理的责任单位、收集范围、质量标准、格式、时限、数量、违约责任等以及文件标准化、信息化的要求。

2. 应结合交通运输部有关公路工程施工的标准、规范、规程，制定项目文件体系、文件分类体系、档案分类表、文件代码。明确文件的行文规则、流转、审批程序，并实现分类科学、准确，编号合理。

3. 应在公路建设项目立项时同步开展项目文件管理工作，建立项目文件管理机构。加强项目文件的过程管控，配备具有相关专业知识、适应项目文件工作需要的稳定的专职管理人员，并指定一名副总或总工负责。在项目施工阶段应敦促各参建单位建立项目文件管理机构、制度，以及文件管理的岗位责任制的落实。

对各参建单位的项目文件管理制度、标准体系进行符合性审查，督促参建单位建立文件清单，编制文件管理计划。

在对各参建单位进行合同履约评价时，同时应对项目文件管理的执行情况作出评价。

应将项目文件的立卷归档工作是否与工程建设同步形成、同步收集、同步整理、同步归档纳入检查考核范畴，使项目档案工作始终贯穿于施工全过程直至工程竣工。

进行计量支付时，应对已计量工程进行项目文件归档工作的检查，确保已计量工程的项目文件同步归档。施工单位、监理单位均应在计量支付时，说明文件归档情况。财务部门在计量审批时，对完成外业但内业未完成整理移交的不予计量和支付。

制定项目文件检查、考核标准，文件管理人员、工程（技术）部门应同步对参建单位项目文件的形成、整理和归档工作进行监督、指导、检查和考核。

在合同段完工时，应按交通运输部的规定并经过系统整理形成档案后，移交完毕，才能办理交工验收。

4. 应做好本单位内设部门形成的公路建设项目文件材料的收集、整理和归档工作。各有关部门应：

（1）根据各自工作职责将本部门产生和获取的项目文件进行收发、登记、积累。

（2）在本部门机构和人员变动时，做好项目文件的交接工作。

（3）负责本部门职责范围内形成项目文件的收集、整理和归档工作。

（4）向参建的施工、监理单位提供施工许可的复印件。

（5）在本单位各部门之间应相互监督，加强沟通，及时核对确认相关数据准确无误。

5. 文件管理人员应参加项目建设各阶段的重要会议、重大活动、设备开箱验收、交（竣）工验收，参加项目技改鉴定工作。

6. 应主动与项目主管单位的档案机构和同级的档案行政管理部门联系、沟通，认真及时地做好项目档案的整理、汇总、登记和申请验收、移交进馆工作。并按交通运输部的规定向档案行政管理部门和主管部门报送项目档案登记表。

二、勘察、设计、咨询单位的职责

1. 应负责对其形成、收集的文件进行整理和保管。

2. 应按合同规定向项目法人单位提供符合国家和交通运输部有关标准、规范的咨询、勘察设计文件，在提交纸质文件的同时，应提交内容、结构、背景信息一致的电子版文件。

3. 应按规定对所提交的成果进行签署。

4. 勘察、设计单位应按合同约定及时开展设计现场服务，并按合同约定提交相应的文件。

三、监理单位的职责

1. 应满足招标文件的履约要求，配备足额的内业资料工程师、配备具有专业知识、能够适应文件管理需要的专职人员，档案室库房和相应办公、档案设施，并指定一名副总监或内业资料工程师对形成、收集的文件进行整理和保管等工作负责。

2. 明确本单位有关岗位和人员项目文件管理的职责和要求，按照"谁形成谁负责"的原则，由文件形成单位或部门负责，不应委托他人。

（1）开工准备阶段的工作包括：

① 应编制监理文件清单和计划，建立文件管理台账。

② 在审批实施性施工组织设计时，应同步审批施工单位提交的施工文件清单和计划，并报项目法人备案。

（2）施工过程的文件工作包括：

① 应确保所编制的监理文件和施工进度同步。

② 在审批各种施工进度计划时，应包含相应的工程质量控制文件的提交计划。

③ 在审查计量支付时，应同时审查所提交计量工程的相应的文件。

（3）交工验收的工作包括：

① 审查合同段移交的竣工图和档案。

② 同步提交监理文件。

3. 应执行交通运输部的规定，加强项目文件管理工作，认真编制监理文件和按时审查施工单位呈报的施工文件：

（1）开工准备阶段的工作包括：

① 应编制监理文件清单和计划，建立文件管理台账。

② 在审批实施性施工组织设计时，应同步审批施工单位提交的施工文件清单和计划，并报项目法人备案。

（2）施工过程的文件工作包括：

① 应确保所编制的监理文件和施工进度同步。

② 在审批各种施工进度计划时，应包含相应的工程质量控制文件的提交计划。

③ 在审查计量支付时，应同时审查所提交计量工程的相应的文件。

（3）交工验收的工作包括：

① 审查合同段移交的竣工图和档案。

② 同步提交监理文件。

4. 应对施工单位竣工文件材料形成、收集和整理归档工作进行监督、检查，在交工验收前向项目法人提交项目档案质量审核意见。

5. 对施工单位申报的文件，监理主要事项审批流程及时限的规定时间予以审批或按时送项目法人审查。

6. 自觉接受项目法人单位和各有关部门的季度、半年度、年度对文件的收集、整理、归档工作的检查。

四、施工单位的职责

1. 应满足招标文件及合同文件的履约要求，配备足额的内业资料工程师、能够适应文件管理需要的专职人员，并保持其稳定。保持稳定的档案室库房和相应的办公、档案设施。并成立由项目总工任组长，工程部长、安质部长担任副组长，技术员、资料员、安全员为组员的内业管理小组。

2．施工总承包单位应负责汇总、审核分包单位编制的文件，对文件管理负总责。分包单位应对其分包工程范围内的文件管理负责。

3．明确本单位有关岗位和人员项目文件管理的职责和要求，按照"谁形成谁负责"的原则，由文件形成单位或部门负责，不得委托他人。

4．应执行交通运输部的规定，加强项目文件管理工作，认真编制和按时呈报公路工程各种施工文件，确保工程文件的编制和工程施工同步进行。

5．各部门之间，应加强沟通学习，定期核对资料完整性、数据一致性，应做到：

（1）开工准备阶段，开工准备阶段应做好以下的工作：

① 在编制实施性施工组织设计时，应结合工程结构划分和项目法人、监理单位下发的有关项目文件的要求，编制详尽的施工文件清单和计划，建立文件管理台账，并与实施性施工组织设计同时提交监理单位审批，项目法人备案。

② 编制施工文件清单和计划时应注意和施工进度计划、施工质量控制相吻合。

③ 在编制各种施工进度计划时，应包含相应的工程质量控制文件计划，与施工进度计划同步提交。

④ 应采用信息化的手段，建立数据实时采集、监控系统。

⑤ 应对文件管理编制人员进行岗前培训。

（2）施工过程应做到：

① 与施工进度进行同步统计，同步检查，及时调整文件编制进度。

② 在提交计量支付时，应同时提交计量工程的相应的文件。

③ 对隐蔽工程、关键工序，质量、安全事故处理等应按规定同时提交对应的图像文件。

（3）交工验收，在合同段完成时，应及时编制合同段竣工图，并按时移交档案。

6．应积极配合监理单位，制定施工用表的标准化，保证文件系统、完整、准确。

7．应接受监理单位、项目法人单位和各有关部门的季度、半年度、年度对文件的收集、整理、归档工作的检查。

五、试验/检测单位的职责

1．应满足招标文件的履约要求，配备足额的内业资料工程师、配备具有专业知识、能够适应文件管理需要的专职人员，档案室库房和相应办公、档案设施，并指定一名副总监或内业资料工程师对形成、收集的文件进行整理和保管等工作负责。

2．应对监理单位转交的施工单位试验检测资料在规定的时限内完成审查。

3．应按规定对施工单位竣工文件中有关试验检测文件进行审查，在交工验收前向项目法人单位提交审查意见。

六、其他从业单位的职责

设备和材料供应单位应按合同约定，适时向项目法人单位、监理单位、施工单位提交设备、材料的说明书、合格证及试验检测报告、质量鉴定报告等相关文件。

第 2 章 公路工程资料的分类与编号

一、分类

1. 公路工程资料按立卷、归档单位划分为项目法人（建设单位）文件、勘察设计单位文件、监理单位文件、施工单位文件、其他从业单位文件。

2. 公路工程资料按照公路建设项目文件归档范围可划分为综合文件、决算和审计文件、监理文件、施工文件、科研新技术文件等。

（1）综合文件可分为竣（交）工验收文件、建设依据及上级有关指示、征地拆迁资料、工程管理文件。

（2）监理文件可分为监理管理文件、质量监理文件、安全/环保监理文件、费用与进度监理文件、合同事项管理文件及其他监理文件。

（3）施工文件可分为工竣工图表，工程管理文件，施工质量控制文件，施工安全、环保及文明施工文件，进度控制文件，计量支付文件，合同管理文件，施工原始记录等。

二、编号

1. 公路工程资料的编号应符合地方标准、规程等要求，若地方无要求时，可按下述内容进行编码。

2. 由项目法人（建设单位）、勘察/设计单位分别出具的文件由各单位自行编制资料编号，应按形成的时间先后顺序编号。

3. 监理单位出具的文件可根据合同段、工程性质自行编制资料编号，应按形成的时间先后顺序编号。

4. 施工单位出具的施工文件由于在公路建设项目过程中是种类繁多、管理最繁琐的，应对其进行科学、规范地编号，以便于整理、组卷、查找、利用。

本文编制的施工文件编号由 5 组代码组成，即：单位工程代号-分部工程代号-分项工程代号-分项工程顺序号-资料形成的时间先后顺序号组成，见图 2-1。

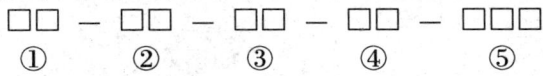

图 2-1 编号样式

注：① 为单位工程代号2位，参见附录1，或自行编制，如桥梁工程代号为QL。

② 为分部工程代号2位，参见附录1。

③ 为分项工程代号2位，参见附录1。

④ 为分项工程顺序号2位，按分项工程内有多张表格从01开始排序，如砌体挡土墙分项工程中有三个表，分别为浆砌挡土墙01、干砌挡土墙02、片石混凝土挡土墙03。

⑤ 为资料顺序号3位，按资料形成的时间先后顺序从001开始逐份编号。

说明：为了简化编号，本书以5组代码为示例。一般有的编号按如下规则组成：单位工程代号和顺序号-分部工程代号和顺序号-分项工程代号和顺序号-资料形成的顺序号。

示例1 种植土检验记录

施工单位：_____　　合同段：_____

监理单位：_____　　编　号：　LH-01-01-01-001　

工程名称	
检验数量	
使用部位	

注：LH-绿化工程，01-分隔带绿地分部工程，01-绿地整理分项工程，01-绿地整理，001-资料生成的顺序号。

示例2 分项工程质量检验评定表

分项工程名称：　　　　工程部位：（桩号、墩台号、孔号）　　所属建设项目（合同段）：

所属分部工程名称：　　所属单位工程：　　施工单位：　　分项工程编号：LJ-05-01-02-005

	基本要求	1. 2. ……												
实测项目	项次	检查项目	规定值或允许偏差	实测值或实测偏差值										质量评定		
				1	2	3	4	5	6	7	8	9	10	平均值、代表值	合格率（%）	合格判定
	1															
	2															
	3															
	外观质量			质量保证资料												
	工程质量等级评定															

注：LJ-路基工程，05-防护支挡分部工程，01-砌体挡土墙分项工程，02-第2个分项表格为干砌挡土墙，005-当前干砌挡土墙第5份资料。

5. 对不属于某个分部工程的施工文件，编号中的分部工程代号、分部工程顺序号可填写"00"。

6. 同一批物资用在两个及两个以上分部时，文件编号中的分部可按主要使用部位的分部工程代号填写。

第3章 公路工程文件形成、收集范围与归档单位

第3.1节 项目文件形成

1. 建设单位及各参建单位应严格执行公路项目基本建设程序，按照国家、行业、地方有关要求，配套形成相应的文件。

2. 管理性文件格式及内容、技术文件格式及内容应参照国家、行业、地方有关规定的形成。

3. 办公自动化、项目管理信息系统及有关公路业务信息管理系统形成的电子文件，应符合《建设项目电子文件归档和电子档案管理暂行办法》（档发〔2016〕11 号）、《电子文件归档与电子档案管理规范》GB/T 18894 等有关规定。系统应能自动登记文件形成过程，如文件起草、修改、审核、签发等责任信息；应能自动登记文件收发过程，如打字、发文、收文、存储管理等责任信息；应能自动登记文件处理过程，如批示、签名、印章等责任信息；应能自动登记文件传递、交接过程中形成的责任信息。

电子文件中电子印章、责任人电子签名应通过省内数字证书权威认证。

4. 项目建设重大重要活动、工程建设成果的宣传、项目建设原始地形地貌、红线范围、隐蔽工程、关键节点、重要工序质量见证、工程变更、安全事故、重大自然灾害及其他异常情况的记录，应当有照片及音像记录。隐蔽工程的影像记录若为施工记录的构成要件，应制作副本附属于分项工程工序文件之后。

5. 文件及其载体应符合耐久性要求。纸质文件纸张应质地优良，规格标准；文件书写应字迹清晰，表达清楚；图样、图表应清晰整洁；文件责任签署应手续完备；需永久、长期保存的文件应用不易褪色的黑色墨水书写、激光打印或蓝图晒制。电子文件应采用符合国家标准或能够转换成符合《电子文件管理系统通用功能要求》GB/T 29194 的规定格式，以便信息共享和长期保存。电子文件归档保存的格式应符合国家规定的电子档案长期保存的格式要求。

第3.2节 公路建设项目文件材料的收集范围

公路建设项目文件材料具体收集范围可按照《交通运输部关于印发〈公路工程竣（交）工验收办法实施细则〉的通知》（交公路发〔2010〕65 号）中"公路工程项目文件归档范围"的规定执行。以下是"公路工程项目文件归档范围"全文。

第一部分 综合文件

一、竣（交）工验收文件
（一）竣工验收文件。
（二）交工验收文件。
（三）工程单项验收文件（环保、档案等）。
（四）各参建单位总结报告。
（五）接管养护单位项目使用情况报告。
二、建设依据及上级有关指示

（一）项目建议书及批准文件。

（二）工程可行性研究报告及批准文件。

（三）水土保持批准文件。

（四）环境影响评价及批准文件。

（五）文物调查、保护等文件。

（六）初步设计文件及批准文件。

（七）施工图设计文件及批准文件。

（八）设计变更文件及批准文件。

（九）设计中重大技术问题来往文件、会议纪要。

（十）施工许可批准文件。

（十一）上级单位有关指示。

三、征地拆迁资料

（一）征地拆迁合同协议。

（二）征地批文。

（三）征用土地数量一览表。

（四）占地图及土地使用证。

（五）拆迁数量一览表。

四、工程管理文件

（一）招标文件。

（二）投标文件、评标报告。

（三）合同书、协议书。

（四）技术文件及补充文件。

（五）建设单位往来文件。

（六）工程质量责任登记表。

（七）其他文件及资料。

第二部分 决算和审计文件

一、支付报表

二、财务决算文件

三、工程决算文件

四、项目审计文件

五、其他文件

第三部分 监理资料

一、监理管理文件

二、工程质量控制文件

（一）质量控制措施、规定及往来文件。

（二）监理独立抽检资料（注：编排顺序参照第四部分）。

（三）交工验收工程质量评定资料。

三、工程进度计划管理文件

四、工程合同管理文件

五、其他文件

六、其他资料

监理日志，会议记录、纪要，工程照片，音像资料。

监理机构及人员情况，各级监理人员的工作范围、责任划分、工作制度。

第四部分　施工资料

一、竣工图表

（一）变更设计一览表。

（二）变更图纸。

（三）工程竣工图。

二、工程管理文件

施工组织机构及人员、岗位责任划分、施工组织设计、技术交底文件、会议纪要等。

三、施工质量控制文件

（一）工程质量管理文件。

1．工程质量往来文件（质量保证体系、专项技术方案等）。

2．工程质量自检报告及工程质量检验评定资料。

3．工程质量事故及处理情况报告、补救后达到要求的认可证明文件。

4．桥梁荷载试验报告。

5．桥梁基础检验汇总资料。

6．施工中遇到的非正常情况记录、处理方案、施工工艺、质量检测记录及观察记录、对工程质量影响分析。

7．交工验收施工单位的自检评定资料。

（二）材料及标准试验。

1．原材料、外购成品、半成品抽检试验报告及资料。

2．外购材料（产品）出厂合格证书、检验报告及质量鉴定报告。

3．各种标准试验、配合比设计报告。

（三）施工工序资料。

1．路基工程。

（1）路基土石方工程。

① 地表处理资料。

② 不良地质处理方案、施工资料、检测资料。

③ 分层压实资料。

④ 路基检测、验收资料。

⑤ 分段资料汇总。

（2）防护工程。

① 基坑放样、开挖处理、试验检测资料。

② 各工序施工记录、检测、试验资料。

③ 成品检测资料。

④ 砂浆（混凝土）强度试验资料。

（3）小桥工程。

① 基坑放样、开挖处理、试验检测资料。

② 基础施工检查、试验资料，桩基检测资料。

③ 各分项施工工序检查、成品检测资料。

④ 砂浆强度、混凝土强度、台背回填压实度等试验报告及汇总表。

（4）排水工程。

① 基坑放样、开挖处理、试验检测资料。

② 各施工工序检查、成品检测资料。

③ 砂浆、混凝土强度试验资料。

（5）涵洞工程。

① 基坑放样、开挖处理、试验检测资料。

② 各施工工序检查、成品检测资料。

11

③ 砂浆强度、混凝土强度、台背回填压实度等试验报告及汇总表。

2. 路面工程。

（1）施工工序检查资料。

（2）材料配合比抽检（油石比、马歇尔试验等）资料。

（3）压实度、弯沉、强度等试验检测报告及汇总资料。

3. 桥梁工程。

（1）基坑放样、开挖处理、试验检测资料。

（2）基础施工检查、试验资料，桩基检测资料。

（3）墩台、现浇构件、预制构件、预应力等施工工序检查、成品检测资料。

（4）各工序施工、检测记录。

（5）砂浆强度、混凝土强度、台背回填压实度等试验报告及汇总表。

（6）引道工程施工检测、试验资料。

4. 隧道工程。

（1）洞身开挖施工、检查资料。

（2）衬砌施工、检验资料。

（3）隧道路面工程施工、检查资料。

（4）照明、通风、消防设施施工、检查资料。

（5）洞口施工检查资料。

（6）各种附属设施检验施工资料

（7）各环节工序检查、验收资料。

（8）隧道衬砌厚度、混凝土（砂浆）强度试验检测资料。

5. 交通安全设施。

（1）各种标志牌制作安装检查记录。

（2）标线检查资料、施工记录。

（3）防撞护栏、隔离栅及附属设施施工、检查资料。

（4）照明系统施工、检测资料。

（5）各中间环节检测资料。

（6）成品检测资料。

6. 房屋建筑工程。

按建筑部门有关法规、资料编制办法管理、汇总。

7. 机电工程。

8. 绿化工程。

（四）缺陷责任期资料。

四、施工安全及文明施工文件

（一）安全生产的有关文件。

安全组织机构及人员、岗位责任、安全保证体系、施工专项技术方案、技术交底文件等。

（二）安全事故的调查处理文件。

（三）文明施工的有关文件。

五、进度控制文件

（一）进度计划（文件、图表）、批准文件。

（二）进度执行情况（文件、图表）。

（三）有关进度的往来文件。

六、计量支付文件

七、合同管理文件

八、施工原始记录

（一）施工日志。

（二）天气、温度及自然灾害记录。

（三）测量原始记录。

（四）各工序施工原始记录（未汇入施工质量控制文件的部分）。

（五）会议记录、纪要。

（六）施工照片、音像资料。

（七）其他原始记录。

第五部分　科研、新技术资料

一、科研资料

二、新技术应用资料

（批准的所有科研、新技术资料均要整理归档）

第3.3节　公路建设项目文件材料收集归档单位

一、文件材料收集阶段划分及责任分工

1. 建设项目准备阶段，建设单位负责收集、整理建设项目立项审批、设计审批、工程招投标及合同、工程准备文件资料以及设备、工艺和涉外文件资料等；勘察设计单位负责收集、整理勘察设计文件资料，并按规定向建设单位提交有关勘察设计基础文件资料。

2. 建设项目施工阶段，建设单位负责收集、整理建设项目管理、资金管理和科研文件资料；施工单位负责收集、整理建设项目施工文件资料；监理单位负责收集、整理建设项目监理文件资料，同时负责监督、检查施工单位文件资料的真实性、准确性和完整性，并向建设单位提交检查报告。

3. 建设项目验收与缺陷责任期阶段，建设单位负责收集、整理竣（交）工验收文件资料，养管、运营单位负责收集、整理在试运营过程中形成的文件资料，并向建设单位提交"接管养护单位使用情况报告"。

二、文件材料收集基本要求

1. 各有关单位应按照收集归档责任分工，建立健全项目文件材料收集归档制度和预立卷制度，按照公路建设项目建设程序的不同阶段文件材料产生的自然过程，分别做好预立卷工作。

2. 收集归档的项目文件材料应为原件。其中，项目立项审批等文件，原件保存在项目主管单位的，项目法人可将复印件归档保存；供货商提供的原材料及产品质量保证文件为复印件的，须在复印件上加盖销售单位印章并注明原件存放处后归档保存；热敏纸传真件，需复印保存。复印件应清晰。

3. 收集归档的项目文件材料应能全面、准确地反映工程建设的实际过程。勘察及测量基础资料、施工记录须是现场原始记录，如需清稿，须将原始记录与清稿后的记录文件一并归档保存；表单填写应内容规范，产生及使用部位标注清楚，相关签署手续完备，且须相关责任人亲笔签名。

4. 项目文件材料应书写工整，字迹、线条清晰，修改规范；纸张优良，规格基本统一，小于A4纸规格的出厂证明、材质合格证等应粘贴在A4纸上；书写材料应符合耐久性要求。

5. 数码照片应刻录在不可擦写光盘上保存，同时还须冲印出6英寸纸质照片与说明一并整理归档；照片档案的整理应符合国家档案局《照片档案管理规范》GB/T 11821要求。

6. 电子文件及纸质文件数字化的形成和保存应符合国家档案局《电子文件归档与电子档案管理规范》GB/T 18894、《CAD电子文件光盘存储、归档与档案管理要求　第一部分：电子文件归档与档案管理》GB/T 17678.1和《纸质档案数字化规范》DA/T 31的要求。

三、公路建设项目文件材料收集归档单位表

公路建设项目各阶段文件收集归档责任分工按照《交通运输部关于印发〈公路建设项目文件材料立卷归档管理办法〉的通知》（交办发〔2010〕382号）中"公路建设项目文件材料收集归档单位"的规定执行。详见表3-1。

表3-1　公路建设项目文件材料收集归档单位表

序号	归档文件材料	归档单位
	一、立项审批	
1	项目建议书及审批文件	项目法人
2	可行性研究报告及审批（核准）文件	项目法人
3	可行性研究报告的评估及行业主管部门对可行性研究报告的审查意见	项目法人
4	专家对可行性研究报告的评审文件	项目法人
5	环境影响评价报告书及批复	项目法人
6	项目用地预审意见	项目法人
7	水土保持方案及审批文件	项目法人
8	文物调查、保护、矿产资源调查等文件	项目法人
9	其他文件材料	项目法人
	二、设计审批	
1	初步设计文件及审批文件、专家审查意见及审查会议纪要	项目法人
2	施工图设计文件及审批文件	项目法人
3	工程勘测、设计基础资料	项目法人
	三、工程准备	
1	建设用地选址意见及红线图	项目法人
2	建设用地申请及批复	项目法人
3	占地图及土地使用证	项目法人
4	征地拆迁批文、合同、协议、征用土地数量一览表、拆迁数量一览表	项目法人
5	供电、供水、通讯、排水等协议	项目法人
6	施工许可批准文件	项目法人
7	质量监督申请书及质量监督通知书	项目法人
8	建设前原始地形、地貌状况图、照片	项目法人
	四、施工文件	
1	工程管理文件	
1.1	项目法人就工程质量、安全、进度、费用控制管理文件	

序号	归档文件材料	归档单位
	普发性	项目法人
	针对性	有关单位
1.2	质量监督机构印发的质量监督相关文件	项目法人
1.3	监理单位就工程质量、安全、进度、费用控制与项目法人的来往文件	监理单位
1.4	监理单位就工程质量、安全、进度、费用控制与施工单位的来往文件	施工单位
1.5	施工单位就工程质量、安全、进度、费用控制与项目法人的来往文件	施工单位
1.6	项目法人组织召开的工地例会、专题会议纪要	
	例会性	项目法人
	专题性	有关单位
1.7	监理组织召开的工地例会及专题会议纪要	
	例会性	监理单位
	专题性	有关单位
1.8	计划进度报表	项目法人
2	施工准备文件	
2.1	合同段开工申请及批准文件（含施工组织设计方案）	施工单位
2.2	技术交底、图纸会审纪要	施工单位
2.3	开工前的交接桩记录、控制点的复测、施工控制点的加密工程定位（水准点、基准点、导线点）测量、复核记录	施工单位
3	施工质量控制文件	
3.1	工程及设计变更	施工单位
3.2	施工日志、大事记	施工单位
3.3	永久性水准点坐标图、建筑物坐标高程测量记录	施工单位
3.4	沉降/位移观测记录、桥梁荷载试验报告、桥梁基础检验汇总资料	施工单位
3.5	各项标准及工艺试验资料	施工单位
3.6	工地试验室管理文件	施工单位
3.7	原材料（产品）质量保证文件	
3.7.1	各种原材料、半成品、成品、混凝土预制件合格证及抽检、试验记录	施工单位
3.7.2	产品/设备说明书、合格证及检验报告、质量鉴定报告	施工单位
3.8	单位、分部、分项工程质量评定文件	施工单位
3.9	施工原始文件	
3.9.1	单位、分部、分项工程开工批准文件	施工单位

序号	归档文件材料	归档单位
3.9.2	各工序施工记录、试验、检测及报验文件	施工单位
3.9.3	隐蔽工程验收记录	施工单位
3.9.4	混凝土配合比设计报告、配料单	施工单位
3.9.5	砂浆强度、混凝土强度、焊接、压实度、弯沉等试验检测报告及汇总表	施工单位
3.9.6	预应力张拉、压浆检查记录	施工单位
3.9.7	桩基检测报告	施工单位
3.9.8	机电、监控设备安装调试及性能考核记录	施工单位
3.9.9	桥隧工程风险评估报告、专项施工技术方案	施工单位
3.9.10	事故情况及调查处理报告、补救后达到要求的认可证明文件	施工单位
3.9.11	施工中遇到非正常情况记录、处理方案及观察记录，对工程质量影响分析	施工单位
4	竣工图	施工单位
5	监理文件	
5.1	监理大纲、规划、细则及批复、监理日志、备忘录	监理单位
5.2	旁站监理记录、平行试验及独立抽检文件材料	监理单位
6	科研	
6.1	课题报告、任务书及批准文件	项目法人
6.2	研究方案	项目法人
6.3	试验记录、分析计算数据	项目法人
6.4	专家评审及技术鉴定报告	项目法人
7	经批准的新技术应用资料	项目法人
8	声像资料	
8.1	重大活动、重大事故处理	有关单位
8.2	隐蔽工程、关键工序、桥梁隧道等结构物重点部位施工	有关单位
9	其他	有关单位
五、交、竣工验收		
1	交、竣工验收文件	项目法人
2	建设、设计、施工、监理单位工作报告	项目法人
3	质量监督机构出具的交工验收质量检测意见	项目法人
4	质量监督机构出具的竣工验收质量鉴定报告	项目法人
5	质量监督机构质量监督报告	项目法人
6	试运行记录、检测、观测记录及成果报告、缺陷整改文件材料	项目法人

序号	归档文件材料	归档单位
7	单项验收文件	项目法人
8	接管养单位项目使用情况报告	项目法人
9	其他	项目法人
	六、工程招投标及合同文件	
1	招标文件	项目法人
2	投标文件	项目法人
3	评标文件	项目法人
4	中标通知书	项目法人
5	工程合同	项目法人
	七、资金管理	
1	支付报表	项目法人
2	决算及决算审计	项目法人
	八、其他	项目法人

第4章 建设单位文件

第4.1节 基本要求

1. 建设单位应将公路建设项目文件资料立卷、归档工作纳入工程建设管理程序，与工程建设同步收集、同步整理、同步归档，负责对接收的整体建设项目档案进行系统化整理和排序工作。

2. 建设单位与从业单位签订合同、协议时应设立专门章节或条款，明确建设项目文件资料管理责任，包括建设项目文件资料形成的质量要求、归档范围、归档时间、归档套数、整理标准、介质、格式、费用及违约责任等内容。

3. 建设单位应建立建设项目文件资料管理考核机制，对建设项目文件资料的形成、积累和归档情况等进行考核，实现全过程控制。

4. 建设单位应在建设项目开工前对从业单位进行项目文件资料收集、整理和归档工作的技术交底。

5. 建设单位在建设项目开工前组织各参建单位填报公路工程建设项目基本情况表和公路质量保证体系表。

6. 建设单位宜将档案信息化建设纳入工程建设项目管理，统筹规划，同步实施。

7. 建设单位应按地方交通运输主管部门和档案行政管理部门的相关规定，及时办理建设项目档案管理登记。

8. 在公路工程建设过程中，建设单位应积极配合交通运输主管部门和档案行政管理部门对公路工程文件资料的收集、整理和立卷工作进行的指导、检查和监督，在交工验收前完成建设项目档案自检工作，建设项目工程档案未验收或验收不合格，不得申请竣工验收。

第4.2节 范围及内容

1. 建设单位应立卷、归档自建设项目准备至竣工验收各环节的文件。

2. 建设单位应负责收集的文件主要包括立项审批文件、设计审批文件、工程准备文件、工程招投标及合同文件、工程管理文件、科研文件、资金管理文件、竣工验收文件等，并按公路建设项目文件归档范围分为综合文件、科研新技术文件、决算和审计文件归档。

（1）综合文件，包括竣（交）工验收文件、建设依据及上级有关指示、征地拆迁资料、工程管理文件等。

（2）科研新技术文件，包括科研课题文件、新技术应用文件等。

（3）决算和审计文件，包括支付报表、财务决算文件、工程决算文件、项目审计文件及其他文件等。

第5章　监理文件

第5.1节　基本要求

1. 监理文件应齐全、真实、准确、完整。

2. 监理机构应建立健全监理文件管理制度，宜采用信息化手段进行管理。

3. 监理文件的资料收集、整理应按《公路工程施工监理规范》JTG G10－2016 或地方标准的有关规定执行。

4. 监理单位应把建设项目竣工文件资料立卷归档工作纳入合同管理工作内容，按照建设单位的统一规定建立健全监理文件资料管理制度，配备专业档案管理人员，并报建设单位确认。

5. 监理单位应检查施工单位编制的竣工资料和竣工图的准确性、完整性、系统性、有效性和规范性，并按规定进行签认，对项目档案质量提出审核意见。

6. 监理单位应按照合同约定向建设单位移交监理档案。

7. 监理资料管理人员负责所承担工程的文件收集、整理、立卷归档和移交工作；负责对所承担的监理项目归档文件的完整性、准确性、系统性、有效性和规范性进行审查。

8. 除人员签字部分和现场抽检记录外，监理资料可打印。现场原始记录应留存备查。

第5.2节　范围及内容

1. 监理文件资料归档范围包括监理单位在建设项目施工准备阶段、施工阶段以及验收与缺陷责任期阶段监理过程中形成或获取，并以一定形式记录、保存的文件资料。

2. 监理单位负责收集、整理和归档的文件资料应包括监理管理文件，质量监理文件，安全、环保监理文件，费用与进度监理文件，合同事项管理文件、其他监理文件和影像资料等。

（1）监理管理文件包括监理合同、监理计划、监理细则、会议记录、会议纪要、综合性往来文件等。

—— 监理单位应在公路建设工程监理合同签订后，由监理单位法定代表人签发总监理工程师任命书，将项目监理机构的组织形式、人员构成及对总监理工程师的任命书面通知项目法人。监理单位变更总监理工程师或监理工程师时，应经项目法人书面同意。

—— 监理计划应在签订建设工程监理合同及收到工程设计文件后由总监理工程师组织编制，并应在召开第一次工地会议前经监理单位审核后报送项目法人批准。当工程监理实施情况发生重大变化时，监理计划应及时修订。

—— 对技术复杂、专业性较强的分部分项工程，应编制专项监理细则，并报总监理工程师审批。监理过程中，监理细则应根据工程实际变化情况进行补充、修改。

—— 监理机构应做好工地会议记录、专题会议记录，形成会议纪要并应由各参加单位签认。

（2）质量监理文件包括质量监理要求及往来文件，施工组织设计、专项方案审查文件，测量复核文件，试验检测文件（含原材料、混合料、构配件平行/抽检试验，标准试验，配合比验证等），监理工序抽检文件（含抽检记录、试验记录/报告等），工程质量检验评定文件，质量问题处理文件等。

—— 监理机构应在施工单位自检合格的基础上进行抽检，并填写抽检记录。

—— 监理机构在收到分项工程交工或中间交工验收申请后，应对施工单位的检验评定文件进行检查，组织施工单位在监理抽检、检测见证和隐蔽工程验收基础上进行质量评定，对评定合格的签发"分项工程（中间）交工证书"。同一个分项工程中间验收不宜超过 2 次。

—— 监理机构在监理过程中发现质量问题应签发监理指令单，要求施工单位整改或者返工处理。

（3）安全、环保监理文件包括安全、环保管理制度，监理要求和往来文件，对施工单位的施工组织设计、专项施工方案、应急预案、施工安全风险报告的审查文件，检查记录，事故、隐患及问题处理文件、安全监理台账等。

（4）费用与进度监理文件包括费用与进度计划文件、监理要求和往来文件，工程计量、支付文件，合同工程开工令（含总体开工、分部分项工程开工），进度检查文件等。

（5）合同事项管理文件包括工程分包、履约检查文件，工程停工令及工程复工令，工程变更、延期、索赔、违约和争端处理文件，价格调整文件等。

（6）其他监理文件包括监理月报、监理工作报告、监理日志、巡视记录、旁站记录等。

—— 监理日志应经驻地监理工程师或总监理工程师审核。

—— 监理工程师应按计划定期或不定期巡视施工现场，对施工的主要工程每天不少于巡视 1 次，并填写巡视记录，巡视记录应经驻地监理工程师审核。

—— 监理机构应安排监理人员对《公路工程施工监理规范》JTG G10－2016（详见表 5-1）所列旁站项目的施工过程进行旁站，对主要工程的关键项目进行检测见证，并填写旁站记录，签认检测见证结果。

表 5-1　监理旁站项目表

单位工程	分部工程	分项工程		旁站项目
路基工程	土石方工程	土方路基、石方路基		试验段
		软土地基处治、土工合成材料处治层		试验段
路面工程	路面工程	基层、底基层		试验段
		沥青面层		试验段
		水泥混凝土面层		试验段，摊铺
桥梁工程	基础及下部构造	桩基		试桩，钢筋笼安放、首盘混凝土浇注
		地下连续墙		首盘混凝土浇注
		沉井		定位、下沉、浇注封底混凝土
	上部构造	预制和安装	预应力筋加工和张拉	试验工程，首次张拉、首次压浆
			转体施工梁、拱	桥体预制、接头混凝土浇注
			吊杆制作和安装	穿吊杆、预应力束张拉、首次压浆
		现场浇筑	预应力筋加工和张拉	张拉、首次压浆
			悬臂浇筑梁、主要构件浇筑	主梁段混凝土浇注、首次压浆
			劲性骨架混凝土拱、钢管混凝土 拱	混凝土浇注

20

单位工程	分部工程	分项工程	旁站项目
桥梁工程	桥面系及附属工程	桥面铺装	试验段
		钢桥面上沥青混凝土铺装	试验段，沥青混凝土摊铺
		大型伸缩装置安装	首件安装
隧道工程	洞身衬砌	支护、钢支撑	试验段
		混凝土衬砌	试验段
	路面	面层	同路面工程
交通工程	交通安全设施	护栏	混凝土护栏	首段混凝土浇注
	机电工程	监控、通信、收费、配电、隧道机电设施的主要分项工程	首件施工
附属设施		服务区、收费站等建筑工程的地基与基础、主体结构	首件施工

第6章 施工文件

第6.1节 基本要求

1. 施工单位应建立项目文件资料管理组织体系，按照建设单位的统一规定建立健全施工文件管理制度；配备满足档案管理工作的专职人员、设备等资源。

2. 施工单位填写的施工资料应与施工进度同步，书写工整，清晰整洁，数据真实，结论准确，签署手续完备，内容齐全规范。

3. 在施工过程中使用的新工艺、新材料、新技术、新设备的试验检测及评定等有关资料应包含在施工资料内。

4. 工地试验室的母体单位应具备相应资质，经交通运输主管部门备案后在其授权范围内开展试验检测工作，仪器设备使用应在检定周期内，工地试验室运行过程中的记录、台账、报告应符合国家、行业及地方相关规定，试验数据应真实、有效。

5. 施工资料编制应符合国家、行业及地方相关规定。

6. 房屋建筑等相关专业施工资料应按国家、行业及地方有关现行标准执行。

7. 实行总承包的建设项目，总承包单位负责总承包范围内建设项目档案的组织协调工作，履行建设项目档案管理职责。专业承包单位应将本单位形成的竣工文件和竣工图进行收集、整理并及时提交总承包单位审核、归档。

8. 公路建设项目交工验收后，施工单位应及时完成全部竣工文件和竣工图的收集、整理和归档工作，并按合同约定移交建设单位。

第6.2节 范围及内容

施工单位负责收集、整理和归档的文件主要包括工程施工管理文件、施工质量控制文件、安全和环保施工文件、进度控制文件、计量支付文件、合同管理文件、施工原始记录、竣工图等。

1. 工程施工管理文件：

（1）工程开工前，应按合同要求报备施工组织机构及履职人员、岗位责任划分，填写工程质量责任登记表，并填报人员配备报验单、到场管理人员清单。

（2）工程开工前，应填报经施工单位项目负责人审核签字的合同开工报审表及合同段开工申请报告表，设有驻地监理办的项目驻地监理工程师审查签字、总监理工程师审批签字、项目法人审批签字。

（3）工程开工前，施工单位应组织图纸审查，由施工总承包单位项目技术负责人（或项目经理）组织施工、技术等有关人员对施工图进行全面学习、审查并填写图纸审查记录。

（4）工程开工前，施工单位项目技术负责人应组织编制单位、分部、分项工程划分，报监理工程师审批签认，工程发生重大变更影响单位、分部、分项工程划分时，应及时进行调整，并重新履行相关审批手续。

（5）工程开工前施工单位项目负责人应主持编制施工组织设计并填报施工组织设计审批表，应由施工单位技术负责人、总监理工程师和项目法人负责人审批签认；规模大、技术复杂且工期长的工程，可按单位工程或部位分阶段编制；危险性较大的专项施工方案应单独编制，应有施工单位项目技术负责人和总监理工程师签认，对质量安全风险较高的工程，应编制专项施工方案并进行技术论证，危险性较大的专项施工方案主要内容应符合《公路工程施工安全技术规范》JTG F90-2015 的有关规定。

（6）首件（试验段）施工应编制施工方案，并填报首件/试验工程施工方案报审表。首件（试验段）施工方案应包括编制依据、范围、工程概况、施工准备、施工工艺、质量标准、风险源识别与分析、应急预案等方面的内容。首件（试验段）施工完成后应形成首件/试验工程施工总结，并填报首件/试验工程施工总结报审表。

（7）技术交底记录包括施工组织设计交底、专项施工方案交底、施工技术交底、安全技术交底等。技术交底应以书面形式进行，且交底双方应签字确认。

（8）工程洽商记录应按事项填写，一事一议，内容真实、完整，相关单位负责人签字齐全。

（9）施工总结报告应包括工程概况、组织机构、施工工艺、质量管理情况、施工进度控制情况、造价完成情况，安全及环保施工情况、四新技术的应用情况、工程洽商和变更情况、工程遗留问题和建议等内容。

2．施工质量控制文件：

（1）施工测量和监控测量文件应符合下列要求：

① 施工单位进场后，应向监理机构报备满足工程需要的测量人员和仪器设备清单，进场测量仪器设备的检验（校准）证书应在有效期内且满足测量精度要求。

② 施工单位项目技术负责人应按照施工图设计和相关规范要求，组织编制施工测量专项技术方案或施工监控测量技术方案，并报监理工程师审批签认。

③ 工程开工前，施工单位应在项目法人组织下做好接桩工作，并填写测量交接桩记录，交接记录签字齐全。施工单位应对控制点进行保护并及时进行复测，复测资料应包括施工单位复测原始测量记录、平差成果、控制点复测成果技术总结报告。控制点复测文件应及时报监理工程师审批签认，并填写复测成果报审表、导线点复测成果表和水准点复测成果表。

④ 施工过程中，施工单位可根据实际需要对控制点进行加密组成控制网，控制网应按现行规范要求复测以满足测量精度要求，控制网测量和复测成果资料应报监理审批同意后使用。

⑤ 施工放样文件包括施工放样测量记录表、水准测量记录表，放样测量成果文件经自检合格后连同施工放样报验单上报监理工程师审批签认。

⑥ 施工测量记录应由现场施测人员填写，项目技术负责人审核，内容准确、完整，签字齐全。

⑦ 施工监控测量数据应及时、准确，监控测量工作结束后应及时整理监控数据，形成监控成果报告提交给有关各方。

⑧ 竣（交）工测量应做好实测记录，测量精度满足相关技术规范要求，签字手续完备。

（2）原材料、混合料、构配件及设备文件应符合下列要求：

① 工程中使用的原材料、混合料、构配件文件包括出厂质量证明文件（包含质量检验合格报告、产品生产许可证、产品合格证等）、进场检验记录、复试报告及运输单据等。

② 工程中使用的主要设备文件包括装箱单、产品合格证明、设备安装使用说明书、性能检测报告、设备开箱检查记录等，必要时附验收影像文件，其质量应符合国家、行业、地方有关规定以及设计文件的要求；实行生产许可证或强制性认证的产品应有生产许可证或强制认证标志。

③ 公路工程材料、构配件进场自检合格后，施工单位应填写进场工程原材料、构配件报验单报请监理机构验收。

④ 公路工程原材料、混合料、构配件质量检验项目应按规定进行复检，性能指标应符合国家、行业标准和施工图设计的要求。取样频率参照附录5。

⑤ 工地试验室出具的试验检测报告应由具备相应资格证书的助理试验检测工程师和试验检测工程师签认。

⑥ 对涉及结构安全和主要使用功能的原材料、混合料、构配件应进行见证取样检验。

⑦ 经检验确认不合格的原材料、混合料、构配件应立即清除出场，禁止用于工程中，并按规定留存相应的工作指令及记录台账。

（3）施工记录和施工试验（检测）记录文件应符合下列要求：

① 施工记录、施工试验（检测）记录填写内容应真实，签字齐全，具有可追溯性，为施工过程控制和质量评定提供可靠依据。

② 施工记录应由现场施工人员填写，项目技术负责人审核签认，关键部位由监理工程师签认。

③ 施工试验（检测）记录应由现场质量员填写，其中试验记录应由助理试验检测师、试验检测师签字、项目技术负责人复核签认。

（4）隐蔽工程在隐蔽前应由施工单位通知监理机构进行验收，并应填写隐蔽工程检查记录；涉及工程结构安全的部位，应留置隐蔽前的声像文件。

（5）土建工程质量检验评定应符合《公路工程质量检验评定标准 第一册 土建工程》JTG F80/1－2017的有关规定，机电工程质量检验评定应符合《公路工程质量检验评定标准 第二册 机电工程》JTG 2182－2020的有关规定。工程质量检验评定尚应符合下列规定：

① 工程质量检验评定文件应包含分项、分部、单位工程质量检验评定。

② 分项工程质量评定文件由基本要求、实测项目、外观质量和质量保证文件检查情况等组成，质量保证文件真实、准确、齐全、完整。

③ 分部工程评定文件内容包含外观质量和分项工程评定文件的检查，单位工程质量评定文件内容包含外观质量和分部工程评定文件的检查。

④ 分项工程评定文件应由施工单位质检员和项目技术负责人签字，分部工程、单位工程评定文件应由施工单位项目技术负责人和项目负责人签字。

（6）工程质量事故文件包括工程质量事故记录、工程质量事故调查勘察记录、工程质量事故处理记录。凡工程发生质量事故，施工单位应在规定时限内向监理、建设、监督及上级主管部门报告，填写工程质量事故文件。

3. 安全施工文件：

（1）施工单位应建立安全生产责任制，健全安全生产管理制度，设立安全生产管理机构，足额配备具备相应资格的安全生产管理人员，并填写施工现场安全生产管理概况表。

（2）施工单位应对从业人员进行安全生产教育培训，未经培训考核合格不得上岗，并填写施工现场作业人员安全教育记录表。特殊作业人员应按相关规定经过专门培训，取得相应资格证书，持证上岗，并填写施工现场特种作业人员登记表。

（3）施工单位在施工前应进行危险源辨识，并应按要求对桥梁、隧道、高边坡路基等工程进行施工安全风险评估，编制风险评估报告。

（4）公路工程施工应编制综合应急预案、专项应急预案和现场应急处置方案，配备应急物资，并应定期组织相关人员进行应急培训和演练，形成记录。

（5）施工单位应根据当地交通运输主管部门的规定，对施工现场的安全措施、设施定期进行检查评价，并督促整改，填写施工现场安全检查表。

（6）公路工程施工前，应全面检查施工现场、机具设备及安全防护设施等，并留存厂家生产许可证、产品合格证、检测报告、销售单位相关资质等证明文件。施工条件应符合安全要求。用于施工临时设施受力构件的周转材料，使用前应进行材质检验及尺寸偏差检验。

（7）公路工程施工使用的特种设备应按相关规定取得生产许可，应经检验合格并取得使用登记证书。

（8）施工现场应绘制并留存消防保卫设施、设备平面图。

4．环保施工文件：

（1）施工单位应将施工工地扬尘污染防治纳入文明施工管理范畴，建立扬尘控制责任制度。

（2）施工单位应使用已登记且符合排放标准的非道路移动机械、设备，机械、设备进场应及时向监理机构报验并形成相关文件。

（3）施工单位应制定专项弃渣、污水、生活垃圾处理、噪音治理、扬尘治理等环境恢复措施方案。

（4）环保施工日志、环境隐患排查和整改记录、环境检测数据（空气、噪音等）、环保例会会议纪要和环境保护月报等文字性文件应真实可靠，签认手续完备。

5．进度控制文件：

开工前，施工单位应报审总体进度计划，并填写总体进度计划报审表；施工单位每月应报审下月月进度计划，并填写月进度计划报审表。

6．计量支付文件：

（1）计量与支付文件应依据合同文件、工程变更、签认的质量检验单和计量工程量等文件编制。计量报表应如实反映实际完成工程量，支付报表应准确反映应支付金额。

（2）中间计量支付应形成中间计量单，填写中期计量支付报表申请/审核单、中期支付申请/审批单报送监理机构进行审核。

7．合同管理文件：

（1）分包工程开工前，施工单位应填写分包单位资格报审表，报项目监理机构审核。

（2）出现影响工期事件时，施工单位应填写工程延期报审表，附有关证明材料报项目监理机构审核后，报项目法人审批。

（3）设计变更通知单应由设计专业负责人及建设、监理和施工单位的相关负责人签认；施工单位提出工程变更的，施工单位应填写工程变更单。涉及资金或者工期调整的，项目法人应当按照约定予以调整。

8．施工原始记录：

（1）施工日志应按专业由项目部专人负责记载，内容应真实、连续和完整，施工日志不得补记、隔页或扯页，施工日志应及时填写并签字。

（2）项目大事记内容应包括项目开、竣工日期，停、复工日期，中间验收及关键部位的验收日期，质量、安全事故，获得的荣誉，重要会议，分包工程招投标、合同签署，上级及专业部门检查、指示等。

（3）开工前，施工单位机械设备、管理人员进场的报验应填写进场机械设备报验单、人员配备报验单，并附到场机械设备清单及到场管理人员清单，另外可对主要机械设备或人员进场情况进行描述。

（4）采用新技术、新工艺的工程，特殊季节施工的分项、分部工程，危险性较大的分项、分部工程应报审专项施工方案，并填写专项施工方案报审表。

（5）施工单位外购构配件或设备应送检试验、见证取样，并填写送检见证单。

（6）单位工程、分部工程及分项工程质量的评定时，施工单位应分别填写单位工程质量检验评定表、分部工程质量检验评定表、分项工程质量检验评定表。

（7）施工单位应对监理指令单回复，并填写监理指令回复单，监理指令回复单应包括指令的执行情况、包括整改措施、过程和结果等情况，必要时需附质量证明材料。

（8）施工单位申请合同段交工验收应向监理机构及项目法人提交合同段交工验收申请。

9. 竣工图：

（1）工程竣工时应编制竣工图，竣工图应由施工单位负责编制。

（2）竣工图应完整、准确、规范、清晰、修改到位，真实反映项目竣工时的实际情况。

（3）应将设计变更、工程联系单、技术核定单、洽商单、材料变更、会议纪要、备忘录、施工及质检记录等涉及变更的全部文件汇总后经监理审核，作为竣工图编制的依据。

（4）竣工图应依据工程技术规范，按合同段、单位工程、分部工程、专业编制，并配有竣工图编制说明和图纸目录。

竣工图编制说明应能充分体现已完工项目的建设过程和完工时的实际情况，包括主要建设内容、完成工程量、编制单位、编制人员、编制时间、编制方法执行的规范标准、主要施工方案、采用的新技术新工艺新材料、特殊问题的处理、施工图的版本、变更情况、张数及套数以及修改完善情况、完工时间等。

（5）竣工图的编制及折叠方法详见第8章内容。

第7章 公路工程竣（交）工验收

第7.1节 竣（交）工验收基本内容

公路工程竣（交）工验收可按《交通运输部关于印发〈公路工程竣交工验收办法实施细则〉的通知》（交公路发〔2010〕65号）的规定或按地方要求的执行。

一、两个阶段

公路工程验收分为交工验收和竣工验收两个阶段。

交工验收阶段，其主要工作是：检查施工合同的执行情况，评价工程质量，对各参建单位工作进行初步评价。

竣工验收阶段，其主要工作是：对工程质量、参建单位和建设项目进行综合评价，并对工程建设项目作出整体性综合评价。

二、交工验收内容

1. 各合同段的设计、施工、监理等单位参加交工验收工作，由项目法人负责组织。路基工程作为单独合同段进行交工验收时，应邀请路面施工单位参加。拟交付使用的工程，应邀请运营、养护管理等相关单位参加。交通运输主管部门、公路管理机构、质量监督机构视情况参加交工验收。

2. 交工验收程序：

（1）施工单位完成合同约定的全部工程内容，且经施工自检和监理检验评定均合格后，提出合同段交工验收申请报监理单位审查。交工验收申请应附自检评定资料和施工总结报告。

（2）监理单位根据工程实际情况、抽检资料以及对合同段工程质量评定结果，对施工单位交工验收申请及其所附资料进行审查并签署意见。监理单位审查同意后，应同时向项目法人提交独立抽检资料、质量评定资料和监理工作报告。

（3）项目法人对施工单位的交工验收申请、监理单位的质量评定资料进行核查，必要时可委托有相应资质的检测机构进行重点抽查检测，认为合同段满足交工验收条件时应及时组织交工验收。

（4）对若干合同段完工时间相近的，项目法人可合并组织交工验收。对分段通车的项目，项目法人可按合同约定分段组织交工验收。

（5）通过交工验收的合同段，项目法人应及时颁发"公路工程交工验收证书"。

（6）各合同段全部验收合格后，项目法人应及时完成"公路工程交工验收报告"。

3. 公路工程交工验收工作一般按合同段进行，并应具备以下条件：

（1）合同约定的各项内容已全部完成。各方就合同变更的内容达成书面一致意见。

（2）施工单位按《公路工程质量检验评定标准》及相关规定对工程质量自检合格。

（3）监理单位对工程质量评定合格。

（4）质量监督机构按"公路工程质量鉴定办法"对工程质量进行检测，并出具检测意见。检测意见中需整改的问题已经处理完毕。

（5）竣工文件按公路工程档案管理的有关要求，完成第3.2节的"公路建设项目文件材料的收集范围"第三、四、五部分（不含缺陷责任期资料）内容的收集、整理及归档工作。

（6）施工单位、监理单位完成本合同段的工作总结报告。

4. 交工验收的主要工作内容：

（1）检查合同执行情况。

（2）检查施工单位自检报告、施工总结报告及施工资料。

（3）检查监理单位独立抽检资料、监理工作报告及质量评定资料。

（4）检查工程实体，审查有关资料，包括主要产品的质量抽（检）测报告。

（5）核查工程完工数量是否与批准的设计文件相符，是否与工程计量数量一致。

（6）对合同是否全面执行、工程质量是否合格做出结论。

（7）按合同段分别对设计、监理、施工等单位进行初步评价。

5. 合同段工程质量评分采用所含各单位工程质量评分的加权平均值。即：

工程各合同段交工验收结束后，由项目法人对整个工程项目进行工程质量评定，工程质量评分采用各合同段工程质量评分的加权平均值。即：投资额原则使用结算价，当结算价暂时未确定时，可使用招标合同价，但在评分计算时应统一。

6. 交工验收工程质量等级评定分为合格和不合格，工程质量评分值大于等于75分的为合格，小于75分的为不合格。

7. 交工验收不合格的工程应返工整改，直至合格。

交工验收提出的工程质量缺陷等遗留问题，由项目法人责成施工单位限期完成整改。

三、竣工验收内容

1. 竣工验收准备工作程序：

（1）公路工程符合竣工验收条件后，项目法人应按照公路工程管理权限及时向相关交通运输主管部门提出验收申请，其主要内容包括：

① 交工验收报告。

② 项目执行报告、设计工作报告、施工总结报告和监理工作报告。

③ 项目基本建设程序的有关批复文件。

④ 档案、环保等单项验收意见。

⑤ 土地使用证或建设用地批复文件。

⑥ 竣工决算的核备意见、审计报告及认定意见。

（2）相关交通运输主管部门对验收申请进行审查，必要时可组织现场核查。审查同意后报负责竣工验收的交通运输主管部门。

（3）以上文件齐全且符合条件的项目，由负责竣工验收的交通运输主管部门通知所属的质量监督机构开展质量鉴定工作。

（4）质量监督机构按要求完成质量鉴定工作，出具工程质量鉴定报告，并审核交工验收时对设计、施工、监理的初步评价结果，报送交通运输主管部门。

（5）工程质量鉴定等级为合格及以上的项目，负责竣工验收的交通运输主管部门及时组织竣工验收。

2. 公路工程竣工验收应具备以下条件：

（1）通车试运营2年以上。

（2）交工验收提出的工程质量缺陷等遗留问题已全部处理完毕，并经项目法人验收合格。

（3）工程决算编制完成，竣工决算已经审计，并经交通运输主管部门或其授权单位认定。

（4）竣工文件已完成第3.2节的"公路建设项目文件材料的收集范围"的全部内容。

（5）档案、环保等单项验收合格，土地使用手续已办理。

（6）各参建单位完成工作总结报告。

（7）质量监督机构对工程质量检测鉴定合格，并形成工程质量鉴定报告。

3．竣工验收主要工作内容：

（1）成立竣工验收委员会。

竣工验收委员会由交通运输主管部门、公路管理机构、质量监督机构、造价管理机构等单位代表组成。国防公路应邀请军队代表参加。大中型项目及技术复杂工程，应邀请有关专家参加。

项目法人、设计、施工、监理、接管养护等单位代表参加竣工验收工作，但不作为竣工验收委员会成员。

（2）听取公路工程项目执行报告、设计工作报告、施工总结报告、监理工作报告及接管养护单位项目使用情况报告。

（3）听取公路工程质量监督报告及工程质量鉴定报告。

（4）竣工验收委员会成立专业检查组检查工程实体质量，审阅有关资料，形成书面检查意见。

（5）对项目法人建设管理工作进行综合评价。审定交工验收对设计单位、施工单位、监理单位的初步评价。

（6）对工程质量进行评分，确定工程质量等级，并综合评价建设项目。

（7）形成并通过"公路工程竣工验收鉴定书"。

（8）负责竣工验收的交通运输主管部门印发"公路工程竣工验收鉴定书"。

（9）质量监督机构依据竣工验收结论，对各参建单位签发"公路工程参建单位工作综合评价等级证书"。

4．参加竣工验收工作各方的主要职责是：

（1）竣工验收委员会负责对工程实体质量及建设情况进行全面检查。对工程质量进行评分，对各参建单位及建设项目进行综合评价，确定工程质量和建设项目等级，形成工程竣工验收鉴定书。

（2）项目法人负责提交项目执行报告及验收工作所需资料，协助竣工验收委员会开展工作。

（3）设计单位负责提交设计工作报告，配合竣工验收检查工作。

（4）施工单位负责提交施工总结报告，提供各种资料，配合竣工验收检查工作。

（5）监理单位负责提交监理工作报告，提供工程监理资料，配合竣工验收检查工作。

（6）接管养护单位负责提交项目使用情况报告，配合竣工验收检查工作。

公路建设项目设计、施工、监理、接管养护等有多家单位的，项目法人应组织汇总设计工作报告、施工总结报告、监理工作报告、项目使用情况报告。竣工验收时选派代表向竣工验收委员会汇报。

5．竣工验收工程质量评分规则：

（1）竣工验收工程质量评分采取加权平均法计算，其中交工验收工程质量得分权值为0.2，质量监督机构工程质量鉴定得分权值为0.6，竣工验收委员会对工程质量的评分权值为0.2。

（2）对于交工验收和竣工验收合并进行的小型项目，质量监督机构工程质量鉴定得分权值为0.6，监理单位对工程质量评定得分权值为0.1，竣工验收委员会对工程质量的评分权值为0.3。

（3）工程质量评分大于等于90分为优良，小于90分且大于等于75分为合格，小于75分为不合格。

（4）对建设项目出现以下特别严重问题的合同段，整改合格后，合同段工程质量不得评为优良，质量鉴定得分按照整改前的鉴定得分，超出75分的按75分，不足75分的按原得分；建设项目竣工验收工程质量等级和综合评定等级直接确定为合格。

① 路基工程的大段落路基沉陷、大面积高边坡失稳。

② 路面工程车辙深度大于 10mm 的路段累计长度超过该合同段车道总长度的 5%。

③ 特大桥梁主要受力结构需要或进行过加固、补强。

④ 隧道工程渗漏水经处治效果不明显，衬砌出现影响结构安全的裂缝，衬砌厚度合格率小于 90% 或有小于设计厚度二分之一的部位，空洞累计长度超过隧道长度的 3% 或单个空洞面积大于 3m²。

⑤ 重大质量事故或严重质量缺陷，造成历史性缺陷的工程。

（5）对建设项目出现以下严重问题的合同段，整改合格后，合同段工程质量不得评为优良，质量鉴定得分按 75 分计算；并视对建设项目的影响，由竣工验收委员会决定建设项目工程质量是否评为优良。

① 路基工程的重要支挡工程严重变形。

② 路面工程出现修补、唧浆、推移、网裂等病害路段累计长度超过路线的 3% 或累计面积大于总面积的 1.5%；竣工验收复测路面弯沉合格率小于 90%。

③ 大桥、中桥主要受力结构需要或进行加固、补强。

6. 竣工验收工程质量评价规则：

（1）竣工验收委员会对项目法人及设计、施工、监理单位工作进行综合评价。评定得分大于等于 90 分且工程质量等级优良的为好，小于 90 分且大于等于 75 分为中，小于 75 分为差。

（2）竣工验收建设项目综合评分采取加权平均法计算，其中竣工验收工程质量得分权值为 0.7，参建单位工作评价得分权值为 0.3（项目法人占 0.15，设计、施工、监理各占 0.05）。

评定得分大于等于 90 分且工程质量等级优良的为优良，小于 90 分且大于等于 75 分为合格，小于 75 分为不合格。

（3）发生过重大及以上生产安全事故的建设项目综合评定等级不得评为优良。

第 7.2 节　项目竣（交）工验收文件汇编

一、建设程序批复文件	
1. 项目基本建设程序批复文件	（14）使用林地审核同意书
（1）项目建议书（如有）	（15）建设用地预审意见的复函
（2）项目选址	（16）建设用地批文
（3）可行性研究报告批文	（17）土地复垦
（4）初步设计批文	（18）安全预评价
（5）施工图设计批文	（19）地震安全评价
（6）工程质量安全生产监督计划的通知	（20）通航论证
（7）公路施工许可申请及批准	（21）行洪论证
（8）地质灾害危险性评估报告备案登记表	2. 专项验收批复文件
（9）文物处理意见函	（1）竣工环境保护设施验收的材料
（10）建设用地压矿情况的函	（2）竣工水土保持设施验收的材料
（11）水土保持方案的复函	（3）工程档案专项验收意见
（12）环境影响报告书的批复	（4）工程节能专项验收意见
（13）临时占用林地的行政许可决定	（5）工程消防专项验收意见

二、项目交工验收	
1. 设计单位的工程设计符合性评价意见	
2. 监理单位的工程质量评定或者评估报告	
3. 建设单位的交工验收质量检测报告	
4. 质量监督机构的工程交工质量核验意见	
5. 交工验收会议纪要	
6. 交工验收报告	
7. 建设单位向交通运输行业主管部门申请交工验收备案的报告	
8. 工程交工验收证书	
三、项目竣工验收	
1. 审计报告	
2. 审计决定书	
3. 交通运输行业主管部门关于项目竣工决算审计报告审核的意见	
4. 质量监督机构的工程质量鉴定报告	
5. 交工验收存在问题的整改及试运营质量缺陷遗留问题处理情况报告	
6. 接管养护单位项目使用情况报告	
7. 公路工程竣工验收鉴定书	
四、参建单位工作总结报告	
1. 项目执行情况报告	
2. 设计单位工作报告（每个设计合同）	
3. 监理单位工作报告（每个监理合同）	
4. 施工单位总结报告（每个施工合同段）	
五、项目竣工数量汇总	
1. 主要技术经济指标表	8. 路基防护工程数量汇总表
2. 各站区及关键位置设计、施工与管养桩号对照表	9. 路基排水工程汇总表
3. 里程桩号及断链桩号汇总表	10. 路面工程数量汇总表
4. 路基宽度一览表	11. 路面排水工程汇总表
5. 路基土石方数量汇总表	12. 桥梁工程汇总表
6. 每公里土石方数量一览表	13. 桥梁工程一览表
7. 特殊路基处理工程数量汇总表	14. 分离式立交桥一览表

15. 互通式立体交叉工程一览表	22. 沿线房建工程一览表
16. 涵洞工程一览表	23. 机电设备工程一览表
17. 通道工程一览表	24. 公路征（租）用土地一览表
18. 隧道工程一览表	25. 征地拆迁补偿费用汇总表
19. 交通安全设施汇总表（标线）	26. 拆迁电力、电讯设备汇总表
20. 交通安全设施汇总表（标志牌）	27. 绿化工程一览表
21. 交通安全设施汇总表（护栏）	28. 沿线声屏障工程一览表
六、项目画册（可选）	
1. 亮点工程	（4）建设单位、试验检测、参建单位主要领导巡视
（1）航拍全景亮点	（5）工程变更
（2）局部亮点	（6）单位分部分项工序典型施工案例
2. 领导关怀、调研、视察	（7）典型安全防范
（1）领导的调研、视察	（8）典型质量事故
（2）著名书法、字画、艺术作品	5. 项目竣（交）工验收
3. 项目筹备阶段历史记录	（1）竣（交）工验收仪式暨会议精选
（1）重要会议	（2）竣（交）工验收检测
（2）立项、咨询、勘察、招投标、调查等不同时期的各类有代表性影像作品	（3）遗留工程及个别结构部位维修
（3）开工前的不可恢复的典型地形、地物、地貌、建筑	（4）试运行经典照片
（4）征地拆迁典型事件、案例	（5）路系、水系恢复
4. 施工期	6. 党建、企业文化
（1）项目开工仪式	（1）党建活动
（2）重要会议	（2）企业文化
（3）建设单位、参建单位项目驻地、拌合场站、加工工场、临时工程	

第 8 章 竣 工 图

第 8.1 节　竣工图的编制原则

1. 竣工图由施工单位负责编制。编制完成的竣工图应由编制单位逐张加盖竣工图章并签署，经监理审核签字认可；如项目法人指定由设计单位编制或施工单位委托设计单位编制的，应明确施工单位和监理单位的审核及签字认可责任。

2. 竣工图应完整、准确、清晰、规范、修改到位，真实反映项目竣工时的实际情况。

3. 竣工图图框栏中图纸编号沿用原施工图号编号的，在原图纸图号后缀"竣"字，在竣工图卷内目录文件编号栏中对应填写。采用设计变更图作为竣工图，应标识变更图纸版本号加以区别。

4. 竣工图应全部逐份加盖竣工图章（见图 8-1），使用红色不褪色印泥，盖于图面图签栏附近空白处。加盖竣工图章应避免压盖图面内容，个别图幅内容较满的图纸，可盖于图纸反面，注意折叠时应外露。竣工图章包括：

（1）编制单位：填写施工单位全称。

（2）编制人：由施工单位编制人员签名。

（3）技术负责人：一般由施工单位项目总工签名。

（4）编制日期：填写施工单位完成竣工图编制的日期。

（5）监理单位：填写监理单位全称。

（6）专业监理工程师：由专业监理工程师签名。

（7）审核日期：填写专业监理工程师完成竣工图审核的日期。

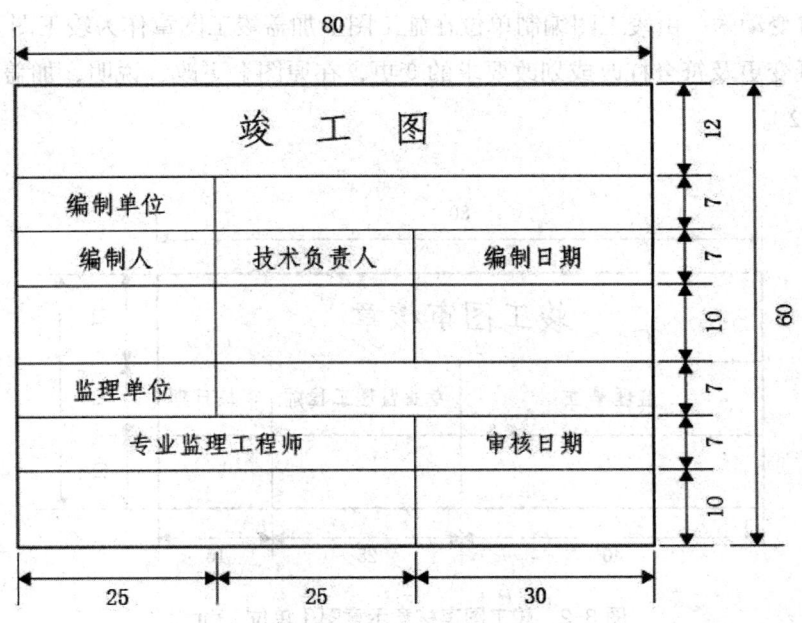

图 8-1　竣工图章示意图（单位：mm）

5. 同一建筑物、构筑物重复的标准图，通用图可不编入竣工图中，但应在图纸目录中列出图号，指明该图所在位置并在编制说明中注明；不同建筑物，构筑物应分别编制。

6. 图纸变更依据的文件包括：设计变更通知承包人申报、变更指令、审计报告、变更审批表、监理报告单、工程联系单，技术核定单、洽商单、材料变更、会议纪要、备忘录等涉及变更的各种文件，应按合同段汇总后集中组卷。

7. 竣工图应按合同段编制变更文件与竣工图档号对照一览表（见第 8.5 节），集中汇总反映合同段竣工图变更情况。变更情况一览表表明以下内容：

（1）变更情况一览表列明主要变更内容、变更依据文件文号、所在案卷号、对应竣工图号、所在案卷号以及序号等内容。对于涉及隐蔽工程、永久结构以及全局性的变更要重点核对填写。

（2）变更情况一览表按照变更依据文件逐份逐条填写，变更依据文件文号、图纸图号和所在案卷号必须对应。

8. 施工单位应按照合同段编制竣工图总说明及竣工图审核意见表（见第 8.5 节）。可结合合同段实际，编制单位工程竣工图说明，并放在单位工程竣工图首卷首件。合同段竣工图总说明应体现已完工项目的建设过程及完工实际状况，包括主要建设内容，完成工程量，完工时间，执行规范标准，主要施工方案，采用新技术、新工艺、新材料，特殊问题处理，施工图版本，重要变更情况及修改完善情况，竣工图张数及套数、编制单位、编制人员、编制依据、编制方法等。单位工程竣工图说明主要建设内容、完成工程量、执行规范标准、主要施工方案，采用新技术，新工艺新材料、特殊问题处理，施工图版本、变更情况及修改完善情况、完工时间等。

9. 竣工图卷内目录须按照实际竣工图内容及标准格式重新编制。

第 8.2 节　竣工图的编制方法

1. 竣工图可采用重新绘制出版方式或修改施工图方式完成编制，图幅不得小于原施工图图幅。重新绘制出版竣工图应注意纸张幅面和质量符合规范要求；如采用修改施工图方式编制，应使用全新施工图，不得使用复印的图纸。

2. 施工图没有变动的，由竣工图编制单位在施工图上加盖竣工图章作为竣工图。

3. 一般性图纸变更及符合杠改或划改要求的变更，在原图上更改、说明，加盖并签署竣工图章和竣工图审核章（图 8-2）。

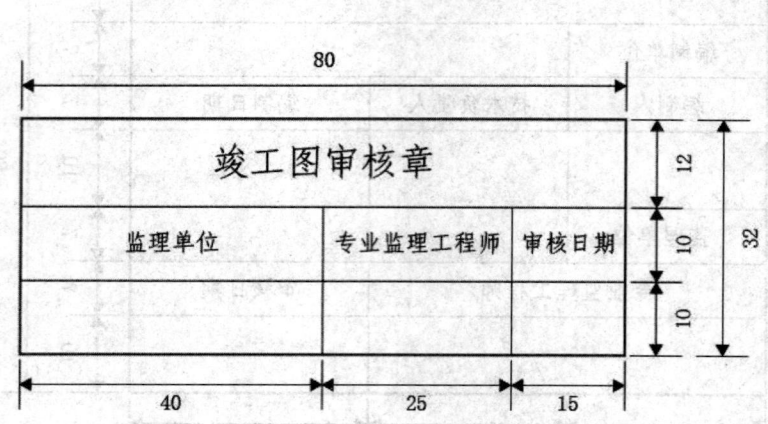

图 8-2　竣工图审核章示意图（单位：mm）

具体要求如下：

（1）对于文字、数字修改，用一条细实线将被修改的部分划去，在其附近的适当位置，填写变更后的内容，并注明修改依据文件编号或名称。

（2）对于少量图形的修改，用"×"将被修改部分划去，在其附近的适当位置，绘制修改后的图形，注明修改内容及修改依据文件编号或名称。

（3）对于较多图形的修改，将被修改的部分图形圈出，在其附近的空白位置，画出修改后的图形，注明修改依据文件编号或名称；如图面内容较满，可在图纸背面修改或标注，修改内容不可覆盖原图面的内容。

4. 重新绘制竣工图时应符合以下要求：

（1）涉及结构形式、工艺、总平面布置等重大变更不宜在原施工图上修改、补充的，或者图面变更修改内容超过图幅10%的，都应重新绘制竣工图。

（2）重新绘制的竣工图，图幅、比例、字号、字体应与原图一致，图面应注明修改依据文件编号或名称。

（3）重新绘制竣工图的签署可采用加盖竣工图章方式或重新绘制竣工图图签栏方式完成签署。

（4）竣工图图签栏（见第8.5节）可包括项目名称、设计单位、施工单位、图名、图号、编制、审核等内容。

5. 原施工图中作废图纸不归档，应在原施工图目录备注栏注明"作废"，并注明变更或作废依据。

6. 以变更方式增补的施工图，应补充编制到竣工图中，按照变更依据文件规定的图号进行排列，并在竣工图目录备注栏中注明"增补"。

7. 项目建设单位规定设计单位编制或施工单位委托设计单位编制竣工图的，以及重新绘制的竣工图，应在竣工图编制说明、图纸目录和竣工图上逐张加盖并签署竣工图审核章。由监理单位和专业监理工程师完成审核与签署。

第8.3节　竣工图图纸折叠方法

1. 竣工图的折叠应符合下列规定：

（1）图纸折叠前应按图8-3裁图线裁剪整齐，图纸幅面应符合表8-1规定。

（2）折叠时图面应折向内侧成手风琴风箱式，并应符合《技术制图　复制图的折叠方法》GB/T 10609.3。

（3）折叠后幅面尺寸应以4#图（210mm×297mm）为标准。

（4）图签及竣工图章应露在外面。

（5）3#～0#图纸应在装订边297mm处折一三角或剪一缺口，折进装订边。

表8-1　图幅代号及图幅尺寸

基本幅面代号	0#	1#	2#	3#	4#
B（mm）$\times A$（mm）	841×1189	594×841	420×594	297×420	297×210
c（mm）	10			5	
d（mm）	25				

2. $3^{\#}\sim 0^{\#}$图不同图签位的图纸，可分别按图8-4至图8-7所示方法折叠。

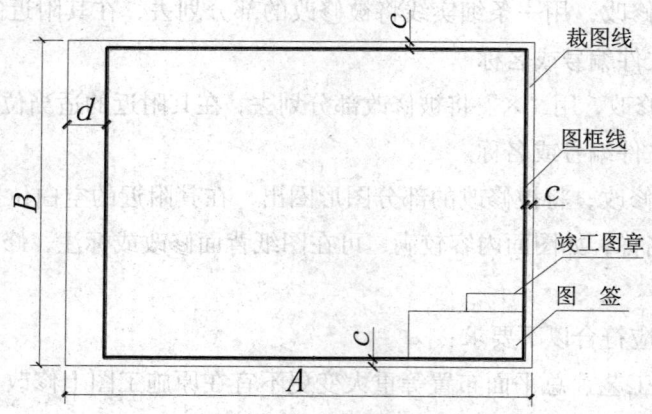

图8-3　图框及图纸边线尺寸示意

3. 图纸折叠前，准备好一块略小于4#图纸尺寸（一般为292mm×205mm）的模板。折叠时，应先把图纸放在规定位置，然后按照折叠方法的编号顺序依次折叠。

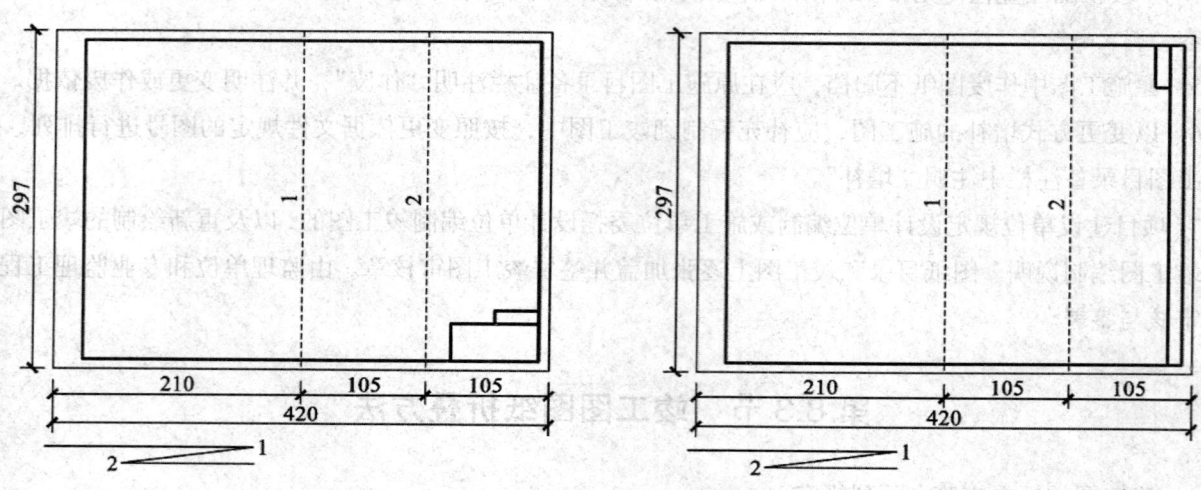

图8-4　3#图纸折叠示意

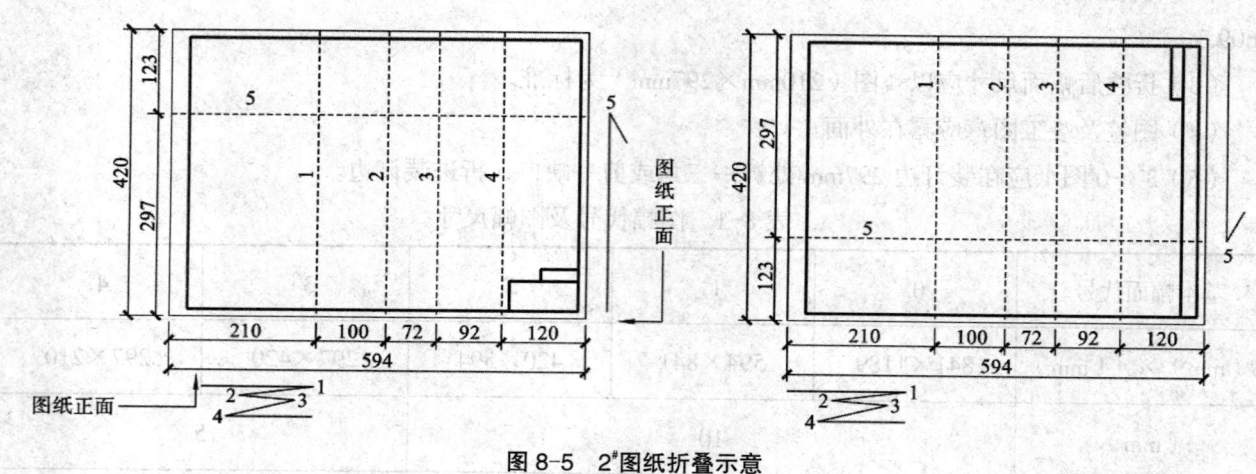

图8-5　2#图纸折叠示意

36

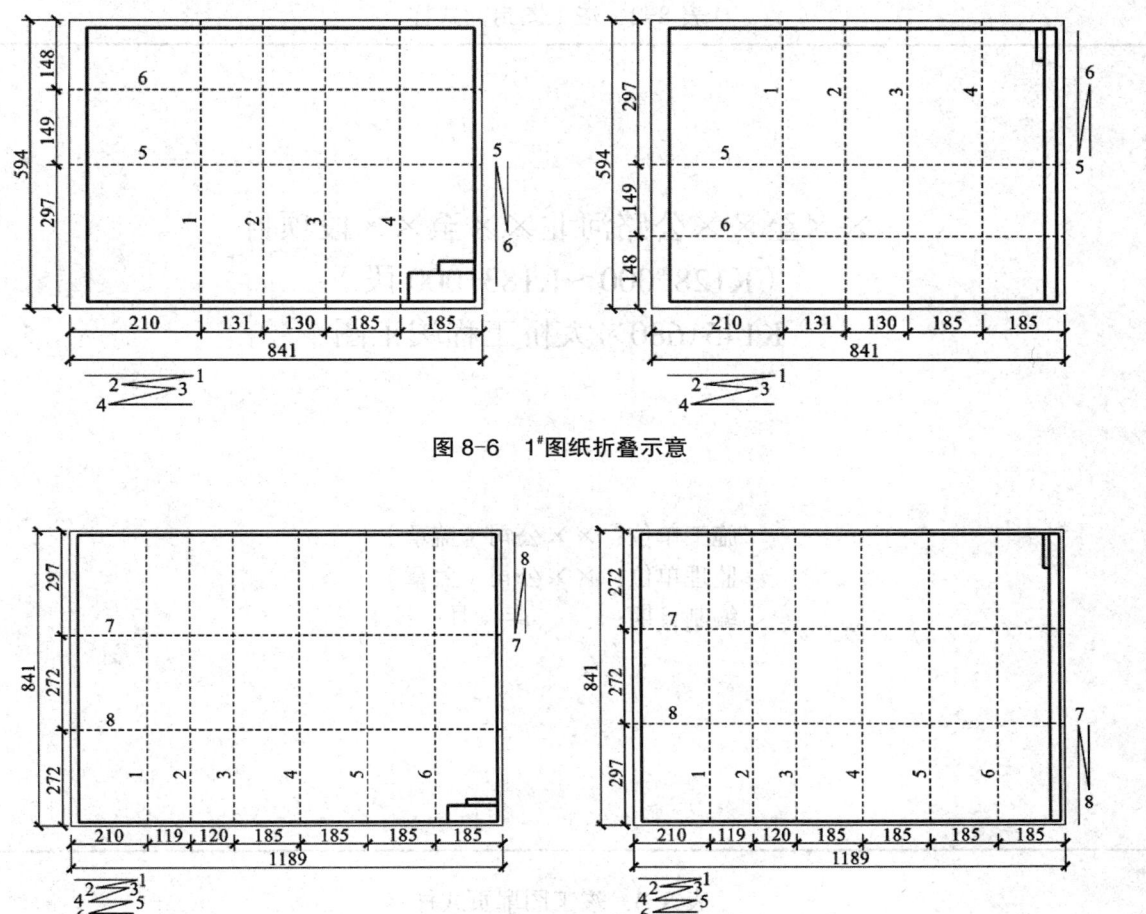

图 8-6　1#图纸折叠示意

图 8-7　0#图纸折叠示意

第 8.4 节　竣工图审核与签署

1．竣工图编制完成后，施工单位应完成自审，并签署竣工图审核意见表；监理单位应对竣工图的内容与变更一览表、设计变更等依据性文件是否符合进行审核，签署竣工图审核意见。竣工图审核意见与竣工图总说明一并归档。

2．竣工图应由编制单位逐张加盖竣工图章并签署，经施工、监理单位相关人员审核签字认可，不得代签；如项目法人指定由设计单位编制或施工单位委托设计单位编制的，仍由施工单位和监理单位完成审核与签署。

第 8.5 节　竣工图封面、扉页、图框示例

1．竣工图封面式样见表 8-2。
2．竣工图扉页式样见表 8-3。
3．竣工图目录式样见表 8-4。
4．竣工图审核意见表式样见表 8-5。
5．设计变更文件与竣工图档号对照一览表式样见表 8-6。
6．竣工图图签栏式样见表 8-7。

表 8-2　竣工图封面式样

××至××公路河北××至××段项目
（K128+000～K183+000 段）
K145+680×大桥工程竣工图

施工单位：××公司（盖章）
监理单位：××公司（盖章）
编制日期：　　年　月　日

表 8-3　竣工图扉页式样

××至××公路河北××至××段项目
（K128+000～K183+000 段）
K145+680×大桥工程竣工图

项目经理：×××　　　　　　　　总监理工程师：×××
项目总工程师：×××　　　　　　副总监：×××

开工日期：2023 年×月×日　　　　竣（交）工日期：2023 年×月×日
施工单位：××公司
监理单位：××公司

表 8-4 竣工图目录式样

序号	竣工图名	竣工图号	页次	序号	竣工图名	竣工图号	页次

表 8-5 竣工图审核意见表式样

项目名称	
合同段名称及主要实施内容	
施工单位	
监理单位	

施工单位编制及自审意见：

　　竣工图是否齐全，编制是否规范；

　　本合同段竣工图张数及变更数量情况；

　　涉及图纸的变更是否已全面反映在对应竣工图内；

　　图面变更处是否已标注了相关依据文件；

　　变更依据文件是否已归档齐全；

　　是否编制了变更文件与竣工图对照一览表；

　　其他需要说明的情况：

　　　　　　　　　　　　　　　　　　　　签字（盖章）：

　　　　　　　　　　　　　　　　　　　　　　　　年　月　日

监理单位审核意见：

　　　　　　　　　　　　　　　　　　　　签字（盖章）：

　　　　　　　　　　　　　　　　　　　　　　　　年　月　日

建设单位审核意见：

　　　　　　　　　　　　　　　　　　　　签字（盖章）：

　　　　　　　　　　　　　　　　　　　　　　　　年　月　日

表 8-6　设计变更文件与竣工图档号对照一览表式样

序号	变更内容	变更依据文号	变更文件所在案卷号	对应竣工图号	竣工图所在案卷号

表 8-7　竣工图图签栏式样

		K128+000～K183+000
		第　页　共　页

附注:本图尺寸除桩号,标高以米计外,其他均以厘米计。

××至××公路河北××至××段项目	K145+680××大桥工程竣工图	比例	图号	编制		设计单位:××公司
				审核		施工单位:××公司

第9章 公路建设项目文件的组卷、归档与移交

第9.1节 公路建设项目文件材料立卷归档工作组织与职责

一、公路文件归档工作组织

公路建设工程项目从立项、勘察、设计、施工到竣工全过程形成的反映工程建设有关活动、具有考查利用价值的各种载体的文件材料，都应收集齐全，归入公路建设工程档案。

公路建设项目的建设、设计、施工、监理等单位应把竣工文件编制归档工作作为工程建设的重要组成部分，纳入项目管理工作。各参建单位须建立项目档案管理责任制，配备专人负责项目文件材料的收集、整理和归档工作，保证项目资料的形成与建设同步。

当地交通局及其下属的工程质量监督站负责监督、指导本市公路建设项目的竣工文件编制、归档工作，履行事前指导、中间检查、最后审查的职责。

项目法人（建设单位）在与参建各方签订承包合同时，应明确项目竣工文件的收集、整理、归档和移交责任。竣工文件按"谁形成谁负责"的原则进行，监理、施工单位必须立卷归档。项目法人（建设单位）对各单位移交的全部案卷进行系统整理、排列及编号，编写本项目竣工文件编制情况的报告，办理档案的验收与移交工作。

监理单位（驻地监理办）不但要完成责任范围内监理文件材料的编制工作，而且要督促各施工单位竣工文件的编制工作，并对施工单位编制归档的资料进行审查签认。

施工阶段形成的文件材料，凡实行总承包的，由总承包单位进行汇总并负总责；各分包单位应各自完成分包部分的施工文件，向总包移交，由总包汇总并理顺后向建设单位移交；凡由建设单位分别发包的，各承包单位负责各自文件材料的收集和整理，向建设单位移交，由建设单位进行汇总并负总责。

二、各参建单位归档职责

1. 项目法人（建设单位）的职责：

（1）明确本项目工程档案管理部门职责，确定项目文件材料编制与归档管理负责人，配置工程档案专职管理人员，建立临时档案室。

（2）制定本项目工程档案管理办法，明确参建单位文件材料的形成、整理、立卷及归档的要求。

（3）明确各部室收集归档的文件材料范围及要求。

（4）对项目工程档案工作进行全过程的技术指导、检查和督促。

（5）负责将参建各方移交的工程档案汇总编号，完成整个项目的档案工作。

（6）提出项目档案自检报告和档案专项验收申请，配合档案验收单位组织设计、施工、监理等单位完成档案验收工作。

（7）在项目通过竣工验收后3个月内向使用单位及有关单位办理档案移交手续。

2. 设计单位职责：

（1）负责提供施工图设计、变更设计图表及设计修改通知单等文件，且有设计院签章的纸质版原件。

（2）建议设计合同中明确设计单位对竣工图表的编制责任，负责编制竣工图表。

3．施工单位的职责：

（1）明确分管领导，配备专职人员，建立临时档案室。

（2）及时完成与工程施工有关的文件材料的收集、整理、归档、保护和报送工作。

4．监理单位的职责：

（1）明确分管领导，配备专职人员，建立临时档案室。

（2）及时完成与监理工作有关的文件材料的收集、整理、归档、保护和报送工作。

（3）及时全面审查承包单位上报的竣工文件，认真行使个人签字权，对已签认文件的准确性、真实性和完整性负责，及时闭合和完善监理和施工单位之间交叉的文件材料。

（4）监理单位除完成自身的工程档案编制管理工作外，还应负责对施工单位的工程档案编制管理工作进行检查和督促。

5．其他从业单位的职责：

根据合同约定的工作内容提供相关的文件。

第 9.2 节　公路建设项目文件材料组卷

公路建设项目文件材料归档移交前，由文件材料形成单位，在项目文件材料预立卷的基础上，按照文件材料的自然形成过程并保持其内在有机联系，进行系统化整理组卷，要做到分类科学，便于保管和利用。合同段未完成项目档案整理的，项目法人单位不得组织交工验收。

一、组卷原则

组卷应遵循项目文件的自然形成规律，保持卷内文件的有机联系和案卷的成套、系统，便于档案的保管和利用。

二、组卷方法

1．立项审批阶段文件材料根据审批事项内在联系分别整理组卷。

2．勘察设计阶段文件材料按照设计的不同阶段和专业分别整理组卷。

3．招投标及合同文件材料按照招投标工作程序和合同内容分别整理组卷。

4．工程准备阶段文件材料按照审批事项及相关手续办理过程分别整理组卷。

5．工程管理文件材料按照问题结合时间分别整理组卷。

6．变更文件以合同段为单位，按照变更文件编号依次汇总整理组卷，并编制设计变更与修改后的竣工图档号对照一览表（见第 8.5 节）。

7．计量支付报表与附件、计划进度报表按照合同段结合时间分别整理组卷。

8．施工日志按照合同段结合时间集中整理组卷。

9．施工文件材料：

（1）原材料质量保证文件、配合比设计文件属于单位（分部、分项）工程专用的，按单位（分部、分项）工程分别集中整理组卷。除此之外，可以合同段为单位分别集中整理组卷。

（2）施工原始文件，包括就工序施工质量控制问题、印发的整改指令性文件及相关整改报告等，均应按照分项（分部、单位）工程，结合施工工序，归入相应部分分别整理组卷。

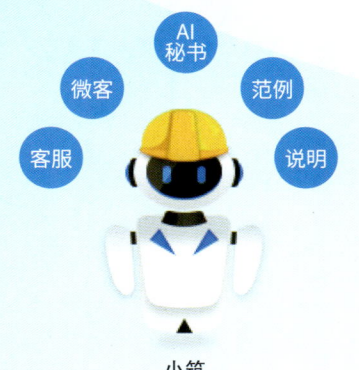

筑业软件 ZHUYESOFT

◆ **AI秘书，做资料有问题尽管问**

不会写施工方案？还在到处查规范？做资料总遇到各种问题？
AI秘书智能聊天机器人，专业问题快速问答，编资料问啥她都会！

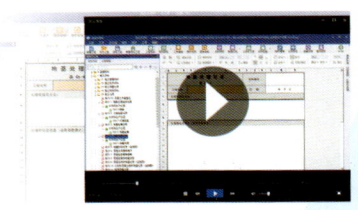

◆ **工程协同，多方高效签审**

开启团队实时协作新模式、高效做资料的全新方式。
云工程一键分享，多人协同办公；表格实时同步，资料协同效率高。

◆ **云工程·做资料更方便**

无论在项目部，还是在家，只需登录筑业云下载，就可以继续做资料。表格自动保存在阿里云，工程不会丢，老板不罚钱。

◆ **超多范例，教您填资料**

资料不会做，表格不会填？云资料内置工程实例、微课等。137套范例库，24万多张表格范例。做资料，填表格，有范例，不求人。

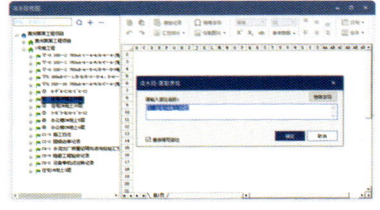

◆ **设置流水段，资料交圈检查**

标准层太多，资料内容都一样，工序易漏项，时间不交圈。用云资料设置流水段智能按工序维度和时间维度检查资料。快速完成标准层的资料编制效率。

◆ **阶段验收，无需手动二次调整**

云资料可按时间段、楼层随时汇总分部分项资料，精准输出结果，直接用于阶段性验收，无需手工二次调整，省时省力。其他软件是生成总的汇总表，还要手工删除汇总项，比较繁琐。

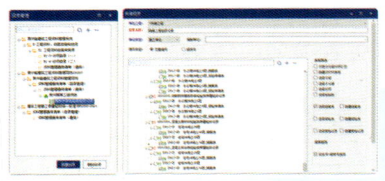

◆ **一键形成资料目录**

工程特别大，表格特别多，做了哪些表、有多少表格不知道，领导还要检查，一个头两个大，用云资料，一键形成工程资料目录，不管自己看还是领导看，一目了然。

◆ **全套国标库，做资料不再缺表格**

云资料包括国标市政、园林、安全、人防、抗震加固、监理、消防、节能、住宅室内装饰、工业管道等13个国标表格库，没有地标用国标，做资料有保障。

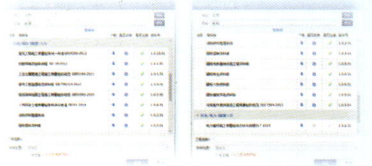

北京筑业志远软件开发有限公司
地址：北京市海淀区西三旗龙旗广场E座13层（2000m²自持产权）
24小时全国销售服务免费电话：400-163-8866 13501215554
24小时销售服务QQ：800019307 37939074
做资料查规范就上筑业网：www.zhuyew.cn
筑业课堂：ke.zhuyew.cn（在线学习）

扫码加入80万社群听讲座

筑业软件 ZHUYESOFT | 做资料用筑业

基础设施工程资料软件

1 高标准农田建设工程资料管理软件

适用对象 高标准农田建设的施工单位、监理单位、建设单位等

主要编制依据
1.《高标准农田建设 通则》GB/T30600-2022
2.《农业建设项目验收技术标准》GB/T51429-2022
3.《高标准农田建设评价规范》GB/T33130-2016

2 公路工程资料管理软件

适用对象 公路工程施工单位、监理单位、建设单位
各省、自治区直辖市交通厅，各市县公路局

主要编制依据
1.《公路工程质量检验评定标准 第一册 土建工程》JTG F80/1-2017
2.《公路工程质量检验评定标准 第二册 机电工程》JTG 2182-2020
3.《公路养护工程质量检验评定标准 第一册 土建工程》JTG 5220-2020

3 水利水电工程资料管理软件

适用对象 水利工程施工单位、监理单位、建设单位等

主要编制依据
1.《水利水电工程单元工程施工质量验收评定表及填表说明》2016版
2.《水电水利基本建设工程 单元工程质量等级评定标准》DL/T 5113.1~14
3.各省水利用表

4 电力工程资料管理软件

适用对象 电力工程施工单位、监理单位、建设单位等

主要编制依据
1.《电力建设施工质量验收规程》DL/T5210.1~6
2.《电气装置安装工程质量检验及评定规程》DL/T5161.1~17
3.《电力建设工程监理规范》DL/T5434-2021

5 煤炭建设工程资料管理软件

适用对象 煤矿建设的施工单位、监理单位、建设单位等

主要编制依据
1.《煤炭建设工程资料管理标准》NB/T51051-2016
2.《煤炭建设工程资料管理标准附件》（共六册）

我公司还提供：消防、人防、水运、冶金、通信、工业安装等工程资料软件、计价软件

基础设施工程资料软件

6 石油化工工程资料管理软件

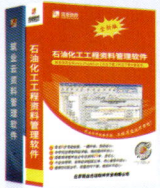

适用对象 石油石化工程施工单位、监理单位、建设单位

主要编制依据
1.《石油化工安装工程施工质量验收统一标准》SH/T3508-2011
2.《石油天然气工程施工质量验收统一标准》GB/T51317-2019
3.《油气田地面建设工程（项目）竣工验收手册》（2017年修订版）

7 土地整治工程资料管理软件

适用对象 土地开发整理项目施工单位、监理单位、建设单位等

主要编制依据
1.《土地整治工程质量检验与评定规程》TD/T1041-2013
2.《土地整治工程施工监理规范》TD/T1042-2013
3.《土地整治项目验收规程》TD/T1013-2013

8 铁路工程资料管理软件

适用对象 铁路工程施工单位、监理单位、建设单位等

主要编制依据
1.《铁路工程施工质量验收标准》（全套2018版）
2.《高速铁路工程施工质量验收标准》（全套2018版）
3.《铁路建设工程监理规范》TB10402-2019

9 国家电网电力工程资料管理软件

适用对象 电力工程施工单位、监理单位、建设单位等

主要编制依据
1.《变电（换流）站土建工程施工质量验收规范》Q/GDW10183-2021
2.《输变电工程建设施工安全风险管理规程》Q/GDW12152-2021
3.《国家电网有限公司输变电工程施工质量验收统一表式》（2020版）
4.项目管理部\施工项目部\监理项目部\业主项目部标准化管理手册（2021版）

10 南方电网工程资料管理软件

适用对象 电力工程施工单位、监理单位、建设单位等

主要编制依据
1.《基建工程质量控制（WHS）标准》Q/CSG 1202001-2017
2.《基建工程项目验收作业标准》Q/CSG 411003-2011
3.《10kV~500kV输变电及配电工程质量验收与评定标准》Q/CSG 411002-2012
4.《中国南方电网电网建设安全施工作业票》（2022版）

筑业软件 | 搭建资料中台，实现数据互通
ZHUYESOFT

工程资料一体化管理平台

筑业工程资料一体化管理平台（简称"云平台"），是北京筑业公司基于云资料软件开发的具有工程资料在线编辑及上传、资料实时检查及问题推送、资料线上电子签章、资料审批流转功能的一套施工全过程全链条信息化管理平台，帮助企业实现对项目工程资料编制进度的同步跟踪、远程检查闭环管理、工程资料数据统计管理，形成工程资料的大数据中心。云平台与云资料软件结合，不改变原有项目现场工程资料编制的习惯，强化过程管理、检查、流程审批，最终实现工程资料电子归档。

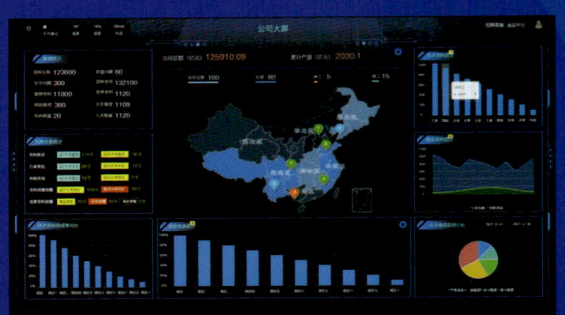

云平台首页数据展示

资料管理的难题

★ **项目多规模大，资料多**
项目少则几十个，多则上百个，工程资料十几万份，
资料检查工作量巨大，费力、劳神。

★ **项目分散，检查难度大**
项目遍布全国，出差成本高，做不到时时检查。
问题不能被及时发现，待发现已不可挽回。

★ **项目工作琐碎，资料疏于管理**
项目部琐碎事务多，资料疏于管理。
临近检查、验收，集中补资料，造成资料严重失真。

★ **资料盖章效率低，成本高**
打印纸质资料、方案审核、审批会签用公章，
流程多、涉及人多，效率低，费用高，不便于保存。

解决了哪些难题

★ 项目工程资料上平台，保存云端，检查方便
★ 科学管理电子图纸，有目录、有记录，不会错用
★ 用资料反映形象进度，解决时间交圈错乱的问题
★ 资料与结算相结合，创建销项助推结算一目了然
★ 解决创优资料不齐全、不完整，助力评优顺利过关
★ 纸质资料数量多，资料电子化，形成资料数据中台

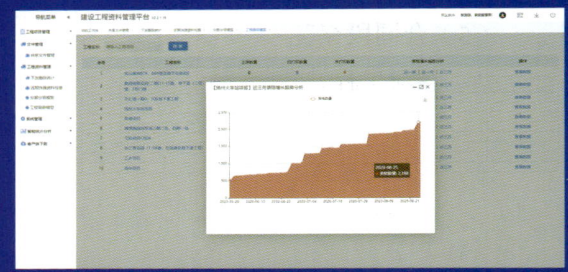

云平台资料表格数据统计分析展示

企业案例

中建一局	中建八局	中铁电气化局	上海建工	吉林建工	北京城建
中建三局	中建安装	首钢建设集团	重庆建工	山西五建	山西建工
中建七局	中航建设	重庆中科集团	山东建工	河南五建	石家庄一建

北京筑业志远软件开发有限公司

24小时全国销售服务免费电话：400-163-8866   13501215554

做资料查规范就上筑业网：www.zhuyew.cn

扫码添加好友开通云平台

（3）竣工图按照专业、图号分别整理组卷。

10．监理文件：

（1）监理管理文件以监理合同段为单位，按照依据性文件、合同管理文件、工程质量控制文件、安全管理文件、计划进度控制文件、费用控制文件等分别整理组卷。

（2）平行试验及独立抽检的文件材料按照单位工程分别整理组卷。

（3）旁站监理记录按施工合同段整理组卷。

（4）监理日志按照监理机构和形成时间整理组卷。

11．科研新技术文件按项目、课题类别和形成规律整理组卷。

12．工程试运行及竣工验收工作文件材料按照检测观测记录及报告、缺陷整改情况、各专项验收和竣工验收工作内容分别整理组卷。

三、卷内文件材料系统化排列

1．立项审批文件按照批复、请示、相关审查及专家评审文件材料的顺序依次排列。

2．设计审批文件按照批复、请示、相关审查及专家评审文件材料的顺序依次排列。

3．工程准备阶段文件材料按照审批及相关手续办理程序依次进行排列。

4．项目法人及监理就质量控制、计划进度控制、费用控制及安全管理等问题普发的文件材料，按照文件材料所反映问题的有机联系，结合重要程度依次进行排列。

5．施工文件材料：

（1）原材料质量保证文件按照原材料类别或使用部位分别按时间依次进行排列。

（2）变更文件按照合同段和专业进行组卷，文号顺序依次进行排列。

（3）各单位、分部、分项工程质量评定表及汇总文件，按照汇总及各单位、分部、分项工程评定工作程序依次进行排列。

（4）按照分项（分部、单位）工程分别整理组卷的文件材料，依照分项（分部、单位）工程施工进程，结合施工工序的顺序依次进行排列。

（5）合同段交工验收文件按照交工验收证书、交工验收报告、质量监督机构出具的交工验收质量检测意见、各项工程总结依次进行排列。

（6）竣工图按照专业结合图号依次进行排列。

（7）设备安装及调试文件按照依据性、设备开箱验收、设备安装及调试、设备运行维护、随机文件等顺序依次进行排列。

6．监理文件：

（1）监理管理文件按照文件材料所反映问题的有机联系，结合重要程度依次进行排列。

（2）旁站监理记录和平行试验及独立抽检文件材料按照单位、分部、分项工程依次进行排列。

（3）监理日志按照监理机构和日志形成时间依次进行排列。

7．计量支付文件与附件及计划进度报表以合同段为单位，按时间依次进行排列。

8．试运行及竣工验收工作文件材料按照检测观测记录、车辆通行情况、缺陷整改落实情况及各专项验收和竣工验收工作程序依次进行排列。

四、案卷编目

案卷由案卷卷盒、案卷内封面、卷内目录、卷内文件材料及备考表（封底）组成，其格式均应符合《科学技术档案案卷构成的一般要求》GB/T 11822或地方要求。

卷盒正面及卷脊可只填写案卷的档号和立卷单位（卷盒内装有若干卷案卷的，卷盒正面及卷脊应填写盒内案卷的起止档号）。

案卷内封面、案卷目录、卷内目录、卷内文件材料及卷内备考表，宜采用 70g 以上白色书写纸制作，幅面应统一采用 A4（210mm×210mm）幅面。

（一）卷内文件页号编写

1．经系统化排列的卷内文件材料，用阿拉伯数字逐页编写页号。

（1）双面书写的文件材料，在其正面右下角、背面左下角编写页号。

（2）单面书写的文件材料，在其正面右下角编写页号。

（3）折叠后的图纸一律在右下角编写。

2．已装订成册的文件材料，如自成一卷的，无需重新编写页号。

3．如与其他文件材料组成一卷的，该册文件材料排列在其他文件材料之后，并将其作为一份文件编写册号，无需重新编写页号。

4．案卷封面、卷内目录、卷内备考表不编写页号。

5．应使用黑色印油号码机打号或用碳素墨水书写。

（二）案卷封面编制

1．案卷封面内容构成有：案卷题名、立卷单位、起止日期、保管期限、密级及档号。

2．案卷题名应能准确反映本案卷的基本内容，包括公路建设项目名称、起讫里程、分项（分部、单位）工程名称及文件材料名称。

举例：××高速公路 K1～K10（一合同段项目桩号）路基工程土石方填筑检测表。

3．立卷单位指案卷的组卷单位或部门。

4．起止日期指本案卷内文件形成的最早和最晚的时间（"年"填写四位数字，"月"和"日"分别填写两位数字）。

5．保管期限填写划定的保管期限。保管期限分为永久、30 年、10 年三种。应根据项目的实际情况、项目文件材料的特性及利用价值，分别确定案卷的保管期限。同一卷内有不同保管期限的文件时，该卷保管期限应从长。

6．密级根据国家及交通运输部有关保密规定确定并填写。同一案卷内有不同密级的文件，应以高密级为本卷密级。

7．档号由档案立卷单位按相关规定填写。

8．案卷封面式样见表 9-1。

表 9-1　案卷封面式样

档号：
G60 上海至昆明高速公路贵阳××至××段项目   **K112+370～K154+196.365 段 2022－2023 年度**   **水泥混凝土细集料试验检测报告**   立卷单位　　××公路工程建设有限公司   起止日期　　20220312—20230315   保管期限　　30 年　　　密级

（三）案卷脊背编制

1. 案卷脊背印制在卷盒侧面。

2. 案卷题名、保管期限，填写方法同"案卷封面"。

3. 案卷脊背项目可根据需要选择填写。

4. 案卷脊背式样见图 9-1。

30 年	30 年	30 年	30 年	30 年	30 年
档号	档号	档号	档号	档号	档号
G60×× 315-流水号	G60×× 315-流水号	G60×× 315-流水号	G60×× 315-流水号	G60×× 315-流水号	G60×× 315-流水号
案卷题名	案卷题名	案卷题名	案卷题名	案卷题名	案卷题名
G60 上海至昆明高速公路贵阳××至××段 2022—2023 年度项目 K112+370～K154+196.365 段 水泥混凝土细集料试验检测报告	G60 上海至昆明高速公路贵阳××至××段 2022—2023 年度项目 K112+370～K154+196.365 段 抗渗水泥混凝土细集料试验检测报告	G60 上海至昆明高速公路贵阳××至××段 2022—2023 年度项目 K112+370～K154+196.365 段 喷射水泥混凝土细集料试验检测报告	G60 上海至昆明高速公路贵阳××至××段 2022—2023 年度项目 K112+370～K154+196.365 段 高强水泥混凝土细集料试验检测报告	G60 上海至昆明高速公路贵阳××至××段 2022—2023 年度项目 K112+370～K154+196.365 段 M15 砂浆细集料试验检测报告	G60 上海至昆明高速公路贵阳××至××段 2022—2023 年度项目 K127+580～K142+170.787 段 M7.5 水泥混凝土粗集料试验检测报告

图 9-1　案卷脊背式样

（四）卷内目录编制

1. 卷内目录应排列在卷内文件首页之前。

2. 卷内目录由下列项目组成：

（1）序号，按照文件排列顺序，用阿拉伯数字从 1 起依次标注。

（2）文件编号，填写文件材料的原始编号或图号。

（3）责任者，填写文件材料的形成单位或主要形成单位。属原材料报验和工序报验文件，责任者应填写施工单位和监理单位。

（4）文件题名，填写卷内文件材料标题的全称，没有标题或标题不能说明文件材料内容的，应自拟标题，并加［　］符号。案卷内每份独立成件及单独办理报验和批准手续形成的文件材料，均应逐件填写文件标题。

（5）日期，填写文件材料形成最终日期。

（6）页次，填写每份文件材料首页上标注的页号，最后一份文件标注起止页号；属已装订成册的文件材料，在卷内文件目录页次栏中填写册数，并在备注栏中注明累计总页数。

（7）备注，填写需注明的情况。

3．卷内目录需纸质目录及电子目录各一份。

4．卷内目录式样见表9-2。

表9-2　卷内目录

档号：

序号	文件编号	责任者	文件题名	日期	页数	备注
1	京交×× [2022]15号	××交通局	关于××的通知	20220425	17	
	……					
26	京交×× [2022]37号	××交通局	关于××批复	20220722	1册	15页
	……					
103	××	××公路工程建设有限公司	施工单位竣工资料编制报告	20230208	106－108	

（五）卷内备考表编制

1．卷内备考表应排列在卷内全部文件之后，或直接印制在卷盒内底面。

2．卷内备考表须注明本案卷组卷情况及本案卷包含文件份数；说明复印件归档原因和原件存放地。

3．立卷人，应由案卷组卷人员签名。

4．立卷日期，应填写完成立卷的时间。

5．检查人，应由部门或项目技术负责人及监理签名。

6．检查日期，应填写案卷质量检查的时间。

7．互见号应填写反映同一内容不同载体档案的档号，并注明其载体类型。

8．卷内备考表式样见表9-3。

表9-3　卷内备考表

档号：

互见号：

说明：本案卷文件共230页，18件。

卷内文件情况说明：本案卷文件完整、准确。

立卷人：　　　　　　　　　　　　　　年　月　日

检查人：　　　　　　　　　　　　　　年　月　日

（六）案卷目录编制

1．经系统化排列和编号的案卷须编制案卷目录。

2．序号，应填写登录案卷的流水顺序号。

3．案卷题名、保管期限，填写方法同"案卷封面"。

4．总页数，应填写案卷内全部文件的页数之和。

5．备注，可根据管理需要填写案卷的密级、互见号或存放位置等信息。

6．案卷目录式样见表9-4。

表9-4　案卷目录

序号	档　号	案卷题名	总页数	保管期限	备注

（七）卷盒

1．卷盒的外表尺寸为310mm×220mm，厚度可根据需要设定。

2．卷盒应采用无酸纸制作。

3．卷盒简图式样见图9-2。

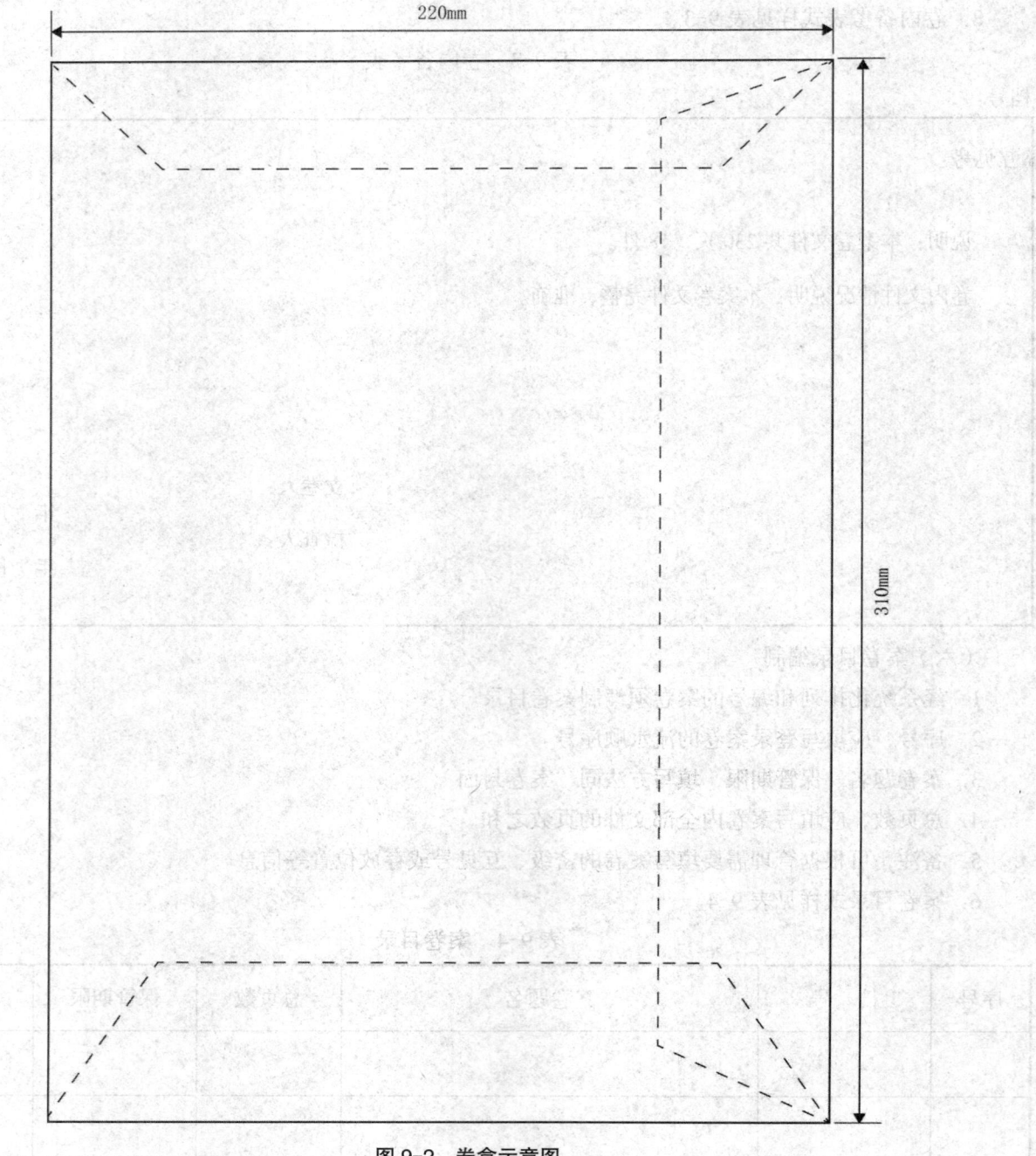

220mm

310mm

图 9-2 卷盒示意图

五、案卷系统化排列及编号

案卷的编制单位应按工程进展的自然过程，对已经整理好的案卷进行系统化排列。其中，施工单位应对本合同段形成的案卷，按照其自然形成过程，依照路线进行方向，结合单位工程排列顺序依次进行排列。监理单位按照监理工作程序，以合同段为单位，对形成的案卷进行系统化排列。

六、案卷装订

1. 公路建设项目档案除蓝图及成册文件材料外，按照三孔一线方式进行装订。装订前，应去除塑胶、塑封、塑膜、胶圈等易老化腐蚀纸张的封面或装订材料。

2. 不装订的图纸及成册文件材料，每份需加盖档号章。档号章内容包括该份文件材料所在案卷的档号和本案卷中所在页次。

3. 档号章式样见图9-3。

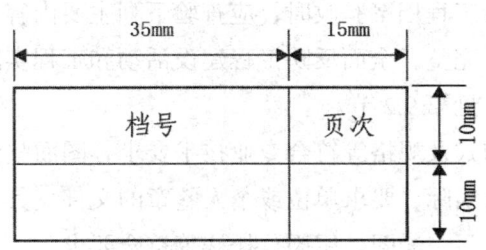

图 9-3 档号章示意图

第9.3节 公路建设项目档案的归档、验收与移交

一、项目文件的归档

1. 项目文件应及时归档。立项审批文件、设计审批文件、工程准备文件、工程招投标及合同文件、资金管理文件在相关工作结束时归档；工程管理文件宜按年度归档，同一事由产生的跨年度文件应在办结年度归档；施工文件应在项目完工验收后归档，建设周期长的项目可分阶段或按单位工程、分部工程归档；监理文件应在监理的项目完工验收后归档；科研项目文件应在结题验收后归档；生产准备、试运行文件应在试运行结束时归档；竣工验收文件在验收通过后归档。

2. 施工文件组卷及信息系统文件组卷完毕，经施工单位自查后，由监理机构复审，报项目法人工程管理部门及档案管理部门进行审查；监理文件组卷完毕并自查后，报项目法人工程管理部门和档案管理部门进行审查。每个审查环节均应形成记录和整改闭环。

3. 项目法人各部门形成的文件组卷完毕，经部门负责人审查合格后，提交项目法人档案管理机构（部门）归档。

4. 归档单位或部门应按项目法人档案管理机构（部门）要求，编制交接清册含交接手续、档案数量、案卷目录，双方清点无误后交接归档。

二、归档文件的质量要求

1. 文件内容应真实、准确、完整，与工程实际情况相符。

2. 项目文件应字迹清楚，图样清晰，图表整洁，签字、盖章手续应完备。

3. 项目文件中，文字材料幅面尺寸规格宜为 A4 幅面（297mm×210mm）。图纸宜采用国家标准图幅，宜 A3 幅面。

4. 计算机输出文字、图件以及手工书写材料，其字迹的耐久性和耐用性应符合现行国家标准《信息与文献 纸张上书写、打印和复印字迹的耐久和耐用性 要求与测试方法》GB/T 32004 的有关规定。

5. 所有竣工图上应加盖竣工图章，竣工图章应使用不易褪色的红印泥，盖在图标栏上方空白处。

6. 电子文件与纸质文件同时归档时，电子文件应符合下列规定：

（1）提交的电子文件必须与纸质文件完全一致，包括文件名称、版式、内容等。

（2）电子文件保存格式均应采用国际上较为通用且不易修改的格式，如 PDF、JPG 等。

（3）录音、录像文件应保证载体的有效性。

（4）所有类型电子文件禁止使用可擦除型存储媒介。

7. 电子数码照片应冲洗出 6 英寸纸质照片与说明一并整理归档。

三、项目档案验收

1. 交通档案管理机构在进行工程档案验收时，应查验下列主要内容：

（1）工程档案齐全、系统、完整，全面反映工程建设活动和工程实际状况。

（2）工程档案已整理组卷，见第 9.2 节。

（3）竣工图的绘制方法、图式及规格等符合专业技术要求，图面整洁，盖有竣工图章。

（4）文件的形成、来源符合实际，要求单位或个人签章的文件，其签章手续完备。

（5）文件的材质、幅面、书写、绘图、用墨、托裱等符合要求。

（6）声像档案内容、质量、格式符合要求。

（7）电子档案格式、载体等符合要求。

2. 交通运输部主管部门组织或委托组织档案专项验收工作的交通建设项目，应按照有关规定进行档案专项验收。项目档案专项验收应在项目竣工验收 3 个月之前完成。

四、项目档案移交

1. 公路建设项目各承包单位应在合同段交工验收前，将已经系统化整理的项目档案连同案卷目录（含电子版目录）和案卷编制说明，经项目法人单位和监理检查合格后，移交项目法人单位，并按规定办理移交手续。

案卷编制说明内容包括本合同段项目建设内容、档案整理执行的标准、项目档案整理情况及案卷数量、竣工图编制质量及其他需要说明的问题。

2. 移交项目档案套数由项目法人单位根据实际需要确定，并在合同中明确。

3. 项目法人单位负责对接收的全部项目档案进行系统化整理和排列。

案卷排列顺序按照立项审批、设计、工程准备、施工、交工、竣工等不同阶段依次进行汇总整理和排列。其中施工阶段案卷按照项目法人单位、施工单位及监理单位形成的案卷分别进行汇总、整理和排列；施工单位和监理单位形成的案卷，依路线进行方向，以合同段为单位依次进行汇总整理和排列。

招投标、合同及计量支付、计划进度报表类档案可单独整理和编目。

4. 档号的编制：档号由项目法人单位或档案接收单位编制。档号应简单、清晰。

5. 案卷总目录的编制：项目法人单位负责对经系统化整理和排列的所有案卷汇总，编制案卷总目录（含电子版）及项目档案整理情况说明。

说明内容包括项目立项审批及初步设计审批情况、建设规模及主要建设内容、项目档案整理执行的标准、项目档案整理情况及案卷数量、项目档案运用计算机管理情况及其他需要说明的情况。

6. 项目法人单位应在项目通过竣工验收 3 个月内，按照有关规定向有关单位办理项目档案移交手续。

第二篇　公路建设工程资料填写范例

第1章　公路建设工程资料用表填写要求及传递说明

第1.1节　表格形式

1．表格样式一般分表头、正文两部分。表头部分为固定格式，正文部分由从业单位根据国家现行标准和规范填写、签字。

2．表格幅面，采用国际标准A4（210mm×297mm）。

3．表格式样纸张，宜采用70g标准书写纸张。

第1.2节　表格种类

公路工程资料收集按归档单位分别为建设单位资料用表、监理单位用表、施工单位用表及其他从业单位资料用表。

根据目前公路建设项目施工阶段过程的实际情况，公路建设用表大致可分为七大类：

第一类　工程管理用表，指施工单位、监理单位呈报有关施工信息的表格。包括标准化建设检查验收用表、监理管理用表、质量管理用表、安全管理用表、合同管理用表、费用管理用表等。

第二类　现场质量检验报告单，指施工单位施工过程对分项工程工序进行自检的表格。是以满足施工过程质量控制为目的，报告单中参数项目设置以施工过程质量控制为主，参数指标数量会比质量评定指标多。检验报告的规定值来自施工技术规范、设计文件或建设项目制定的质量指标体系（原则上指标全面、统一、应比规范要求高），从而可以实现施工过程控制指标可以高一些，以方便和鼓励各建设项目加强（施工）过程质量控制。一般构成工程实体的出具检验报告，检验报告信息来源于相应的检查记录或检测记录，部分信息还有可能来源于施工记录。

第三类　测量记录表，指施工单位和监理单位共同在现场完成的，进场后复测、联测、施工测量放样报验、检测用的表格。

第四类　施工记录表，指施工单位施工过程对分项工程施工有关信息记录的表格。包括施工记录、安装调试记录等。

第五类　试验用表，指施工单位、监理单位及试验检测单位对各种材料进行试验，对工程实体进行检测的表格，含试验检测记录及报告样表、试验检测汇总表、工地试验室月报表、各项试验检测台帐样表等。

第六类　质量检验评定表，指施工、监理单位在施工过程对分项工程、分部工程、单位工程、合同段工程进行自检评定的表格。质量检验评定表的评定数据来源于检验报告、检查记录、现场质量抽检记录等，为便于评定表的数据统计，一般将检验数据或检测数据提取到评定数据附表中，以支撑评定表；评定表中的"规定值或允许偏差"必须与《公路工程质量检验评定标准》或与要求质量检验评定的标准文件一致。

第七类　现场质量抽检记录，指监理单位在施工单位自检合格的基础上按《公路工程施工监理规范》JTG G10－2016第5.2.3条规定进行抽检。

第 1.3 节　表格填写要求

1. 编制公路工程资料是为了保证公路工程顺利、及时通过竣（交）工的验收。

2. 公路工程资料的形成应程序规范、内容准确、签署完备，用表规范、格式统一、清晰整洁，符合原始、规范、耐久要求。

3. 表格填写及立卷归档应符合《公路建设项目文件材料立卷归档管理办法》（交办发〔2010〕382号）的要求，书写工整、图样清晰、图标整齐、字迹和线条清楚，填写内容用词准确、规范，语言简明扼要，表达完整，不允许涂改。应采用耐久性强的书写材料，如碳素笔和碳素墨水钢笔，不得使用易褪色的书写材料，如红色墨水，纯蓝墨水，圆珠笔，铅笔，复写纸等书写，不得使用带有复印签字的空表。

4. 每张表格要注明填写时间，所有签字须由签字人亲自签名，不得由其他人代签认，不得用签名章代替签字，所有签字人员必须按照规定的权限或授权范围签字，填写的数字应采用阿拉伯数字。

5. 表格固定样式部分可以直接打印，除采用线上审批流程结合电子签章的表格外，原则上其余表格内意见、签字及日期须手工填写，不得打印。

6. "施工单位""监理单位"和"建设单位"等，应填写单位全称，并与合同文本相互对应，严禁简称或缩写。

合同段：统一填写项目招标后确定的合同段号或合同段代号。

工程名称：填写单位工程名称和对应的桩号，如××桩号+单位工程。

桩号及部位、检验部位：填写本施工路段具体施工起讫桩号、墩台号、报验部位、报验内容等。

7. 工程部位的填写，桩号标识采用 K×+×××.×××，桩号应从小到大、分幅时先右后左，结构物应分节、分墩台、分孔（跨）、分部位，并按顺序填写。

路基工程、路面工程、交通安全设施、绿化工程、声屏障工程可填写分幅、起讫桩号和工程内容。

涵洞工程可填写涵洞中心桩号、分幅、分节和工程内容。

桥梁工程可填写桥梁中心桩号、具体墩台号或孔号（跨号）和工程内容。

隧道工程可按围岩分段或支护类型填写起讫桩号、分幅和工程内容。

8. 数据记录（或现场情况记录）应按表格内容逐项填写。所填数据必须符合《公路工程质量检验评定标准　第一册　土建工程》JTG F80/1－2017 和《公路工程质量检验评定标准　第二册　机电工程》JTG 2182－2020 的要求，并满足相关标准、规范、规程的规定。应注意数据的逻辑性、准确性、真实性和可靠性，确保文本质量的真实、齐全、完整、合法。

（1）质量检验评定表、现场质量抽检记录、现场质量检验报告单

① 实测项目规定的检查频率是对每一报验部位的最低频率要求，应按规定频率填写；监理抽检频率可按《公路工程施工监理规范》JTG G10－2016 第 5.2.3 条执行。

② 实测值根据规定值和允许偏差，应先填写设计值，再在检验结果中填写实测值或偏差值。

平均值、代表值仅对《公路工程质量检验评定标准　第一册　土建工程》JTG F80/1－2017 附录所要求的项目（按规定需要进行计算的，计算书应作为附件）填写，其余不必填写。

填写代表值、极值的，只能填写一个数值；对填写合格值的，应按照频率要求填写。

强度指标、压实度、厚度、用量等应先填入设计要求值，再填入实测值。

注：现场质量检验报告和施工记录中混凝土强度、砂浆强度或锚杆抗拔力要填具体的试验数据，不能填写"见试验报告""符合设计及规范要求"等。

以外观尺寸评定的，应填写实测值或误差值。

采用"××质量检验数据记录表"作为实测值记录表时，正件中填写"见附表"，记录表的签字要求与正件相同。

③ 实测项目中，凡以文字表述检查内容的，均应按照设计文件或规范填入具体数值，如"不大于设计值""不小于设计值""符合设计要求""层厚和碾压遍数符合要求"等。

④ 外观质量应按《公路工程质量检验评定标准》的外观质量要求填写。

⑤ 无检验数据的项目应填入"／"。

⑥ 检测结果栏应按规定填入具体数值。

⑦ 所填写的数据应附上施工记录、测量记录、试验检测报告等，有引用关系的数据应前后对应，保持一致。

附件应齐全，用以证明《公路工程质量检验评定标准》规定的基本要求已符合规定的试验资料及有关记录。

注：如桥梁伸缩缝的混凝土强度、隧道衬砌的混凝土抗渗等试验资料，基本要求有各项检查的记录。证明规定的检查项目没有的，而设计或施工规范要求应作的试验或检查项目，如路面工程的含灰量、油石比、集料级配等试验资料及检查记录。

⑧ 若经检测出现不合格情况时，由监理工程师在对应的现场质量检验报告单的结论档予以判定，并提出整改的意见。

注：资料应归入档案，待整改完成后再对照原检测项目重新进行现场质量检验，填写新的"现场质量检验报告单"，具体要求同上，并在结论栏注明该"现场质量检验报告单"为整改后的检验结果，附在原不合格的资料一起归档，作为整改的证明。

⑨ 监理旁站项目详见《公路工程施工监理规范》JTG G10－2016 附录 A。弯沉等试验检测资料，监理工程师可委托有检测资质的单位进行检测。

（2）测量记录表

① 坐标测量：是确定结构物的点位坐标和轴线，填挖方坡顶线、坡脚线，基础外边线，基础四角点位等。记录内容应是结构物的点位坐标的设计值和实测值。实测值应通过现场测量采集而得到的原始数据。

记录的格式应包括所测点位的设计值、实测值、偏差值、结论。

② 水准测量：记录的内容包含所测点位的中间读数、地面实测高程。所记录的前（后）视读数应对应，闭合差符合规范要求，测量的高程点数必须满足质量检验报告单中检验频率的要求。

（3）施工记录

施工记录是对施工过程的最基本而原始的真实写照，如施工的具体详细部位、尺寸、进度、时间、气象，施工的机具、工艺、设备的安装、调试，原材料规格、质量、数量等，大部分属于隐蔽而不可再现的内容，是质量保证资料的主要组成部分，是现场质量检验报告的依据，也是工程验收的必备文字资料。

施工记录按每工班或每天填写，且必须按现场实际施工工艺和记录项逐项填写，应真实反应施工实际情况，无记录项应在备注栏中予以说明。如隧道洞身Ⅲ、Ⅳ级围岩的开挖是用侧壁导坑法或上下台阶法开挖，在洞身开挖原始记录中必须如实反应。

9. 签字盖章

（1）表格中标明的需要署名人员的签名必须齐全，并采用手写或经过验证、具有法律效力的数字签名，不允许代签。

签署人员均应是项目法人在招投标时认可的、具有相应资质要求的施工及监理单位或有关质量监督单位的人员等。

① 承包单位：

承包人是指每个合同段的现场项目经理部，由施工标段投标文件或合同文件确定的，具有建造师资格证书的项目经理、项目负责人或授权的其他人。

承包人技术负责人、检验负责人是指由施工标段投标文件或合同文件确定的，具有招投标文件规定相应资格的，合同段项目经理部主管技术的副总经理或总工程师。

质检工程师、检测员是指合同段质检部门负责自检、检测工作的工程师。

专业工程师、测量员是指合同段中负责某项专业技术、测量技术的工程师。

现场施工负责人是指合同段项目经理部的工段长或具体组织某一分项工程施工的负责人。

质检员、现场技术员、计算、记录、复核是指合同段中承担相应工作的技术人员。

② 监理单位：

总监理工程师是指具有交通运输部颁发的监理工程师资格证书，经投标文件和合同文件指定的，或经建设单位同意变更的，在监理机构总监办中负责项目工程全部监理工作的监理负责人。建设单位成立总监办文件任命总监的除外。

驻地监理工程师是指具有交通运输部、住建部核准的公路工程监理工程师资格，由投标文件和合同文件指定的，或经建设单位同意，经总监理工程师授权且备案的，负责项目部分工程监理工作的驻地监理工程师办公室负责人，负责该合同段监理工作，并在该合同段质量检验签署意见和监理抽检评定中承担检验负责人。

专业监理工程师，是指具有交通运输部、住建部核准的公路工程监理工程师或专业监理工程师，负责单个合同段的某个专业方面的监理工作的工程师。

监理员是指经总监理工程师确认的，监理机构中取得一定技术职称并取得相应监理业务培训资格，承担某项工程监理、旁站的监理技术人员。

（2）时间的签署，所有签名后应附上时间，并注意相关时间的关系。

（3）表格的签章，凡需要加盖公章、项目章、其他业务章等，应按要求盖相应的章。所有盖章均应使用不易退色的红色印泥。

10．表格填写的常见错误及注意事项：

（1）签字人员不统一，字迹不一致。

同一负责人在各种资料中的签字字迹不一致。

不同负责人所填写的资料内容字迹一致。

（2）自检资料、抽检资料、试验资料之间不对应。

自检资料中的各种检验未按施工工序的顺序填写。如：钢筋检验、模板检验、混凝土浇筑三者之间的时间先后不对应。测量资料工序检验资料在时间和日期上不对应。

自检、抽检、试验资料对同一施工工序而言，时间、内容上不对应，特别应注意混凝土浇筑日期与试件的制件日期。

（3）资料数据间的逻辑关系经不起推敲。

如：钻孔灌注桩中钻孔深度、钻孔前孔底标高、沉淀层厚度、孔深等几项内容分在不同的检测阶段，填写在不同的表格内，却存在一定的逻辑关系，要仔细推算。

路基填筑表格中高程检验、压实厚度检验、宽度检验、横坡检验等在数据上也存在一定的逻辑关系。

（4）填写内容不符合图纸及规范。

对每一分项工程中的重要指标必须全部合格。不仅单值合格，而且评定值也必须合格。

应了解表格中是填写规定值还是偏差值，要根据情况和要求去填写，表格中的数据来自施工现场，但应满足设计和规范要求。

（5）表格的顺序及种类。

应根据各分项工程的工序来定，一般情况，每个工序都要做记录和检验，不得漏项。

（6）资料中存在明显的数据错误、涂改、漏填现象。

（7）填写字迹潦草、纸面污染、纸张大小、重量、格式不统一。

第1.4节　表格信息传递流程说明

根据《公路工程施工监理规范》JTG G10－2016以及项目建设法人负责制的相关规定，结合公路建设一般实际情况，公路建设用表的信息传递流程可参照以下流程进行。

1. 施工单位文件审批流程见表1-1。

表1-1　施工单位文件审批流程

表格类型	签转流程	备注
施工组织设计	承包人技术负责人→项目经理→监理工程师→驻地监理工程师（二级监理机构）→总监理工程师	
单位工程开工申请	承包人技术负责人→项目经理→驻地监理工程师（二级监理机构）→总监理工程师	
分部/分项工程开工申请	承包人技术负责人→项目经理→驻地监理工程师（或总监理工程师）	二级监理机构签至驻地监理工程师
混凝土开盘单	技术员→试验员→质检工程师	
施工放样报验单	项目经理→测量监理员→测量监理工程师	
测量记录表	测量员→测量复核→测量监理工程师	
检验申请批复单	项目经理→监理员→监理工程师→项目经理	
现场质量检验报告单	质检工程师→承包人技术负责人→监理工程师	
施工记录	现场施工负责人→质检工程师→监理员	
分项工程（中间）交工证书	项目经理→监理员→监理工程师→项目经理	
分项工程质量评定	技术员→质检员→质检工程师→承包人技术负责人→监理员→监理工程师	监理审批不签字
分部工程质量评定	技术员→质检工程师→承包人技术负责人→监理员→监理工程师	监理审批不签字
单位工程质量评定	技术员→质检工程师→承包人技术负责人→项目经理→总监理工程师	项目经理、总监理工程师审批不签字
合同段评定	技术员→质检工程师→承包人技术负责人→项目经理→总监理工程师	项目经理、总监理工程师审批不签字

2. 监理文件审批流程见表1-2。

表1-2 监理文件审批流程

表格类型	签转流程	备注
测量记录表（抽检）	测量监理员→测量监理工程师	
现场质量抽检记录（抽检）	监理员→监理工程师	
分部工程质量评定（抽检）	监理员→监理工程师→驻地监理工程师（或总监理工程师）	
单位工程质量评定（抽检）	监理员→监理工程师→驻地监理工程师→总监理工程师	
合同段评定（抽检）	监理员→监理工程师→驻地监理工程师→总监理工程师	
巡视记录	监理工程师	
旁站记录	监理员	
监理日志	监理员→监理工程师	

第1.5节 表格使用要求

1. 本书根据相关公路规程、标准、发布的文件等要求进行收集、汇编而成，在施工单位、监理单位、检测单位、建设单位等参建单位可参考使用。公路工程建设用表涵盖路基工程、路面工程、桥梁工程、隧道工程、绿化工程、声屏障工程、交通安全设施、交通机电工程、附属设施等。

2. 表格应用原则优先以地方要求为准，鉴于公路行业，本书主要以适用全国性基准为出发点进行统编，若实际现场使用表格，可能有增减，可按地方要求执行及各参建单位根据项目实际情况自行设计、审定增补表格，提供该项目统一使用。

3. 表格使用过程中，因规范、标准有更新的，以最新为准。

第1.6节 公路工程资料形成流程

1. 工序报验填写流程见图1-1。

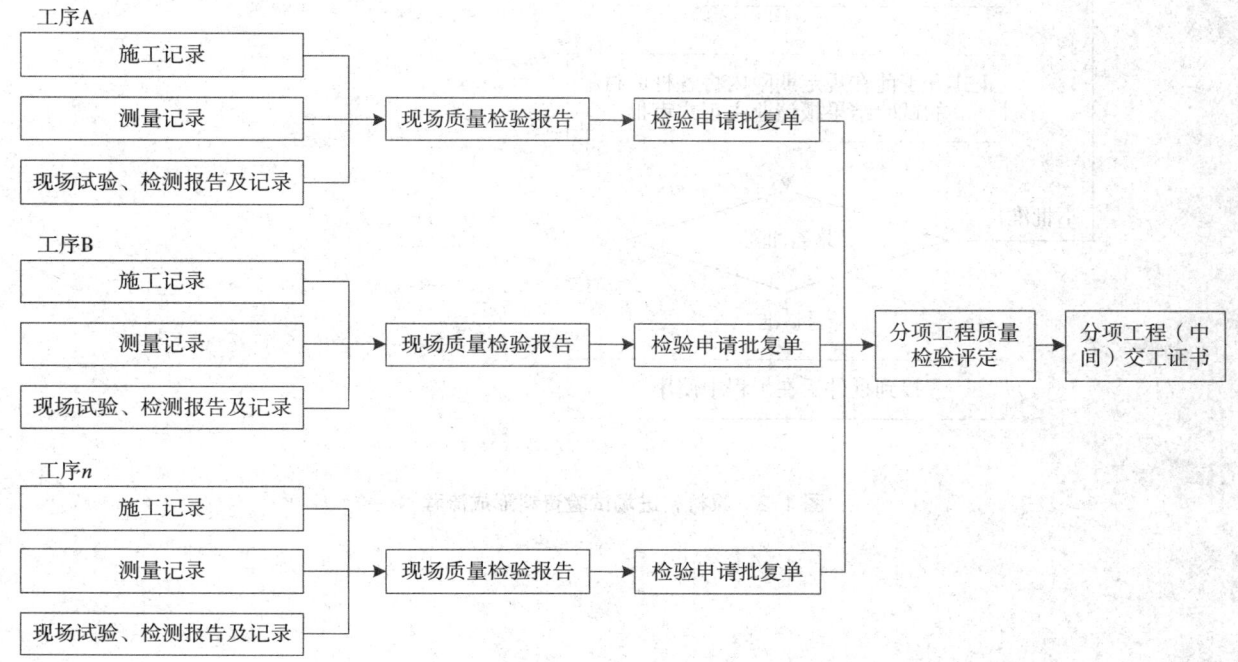

图1-1 工序报验填写流程

57

2. 原材料进场试验资料形成流程见图1-2。

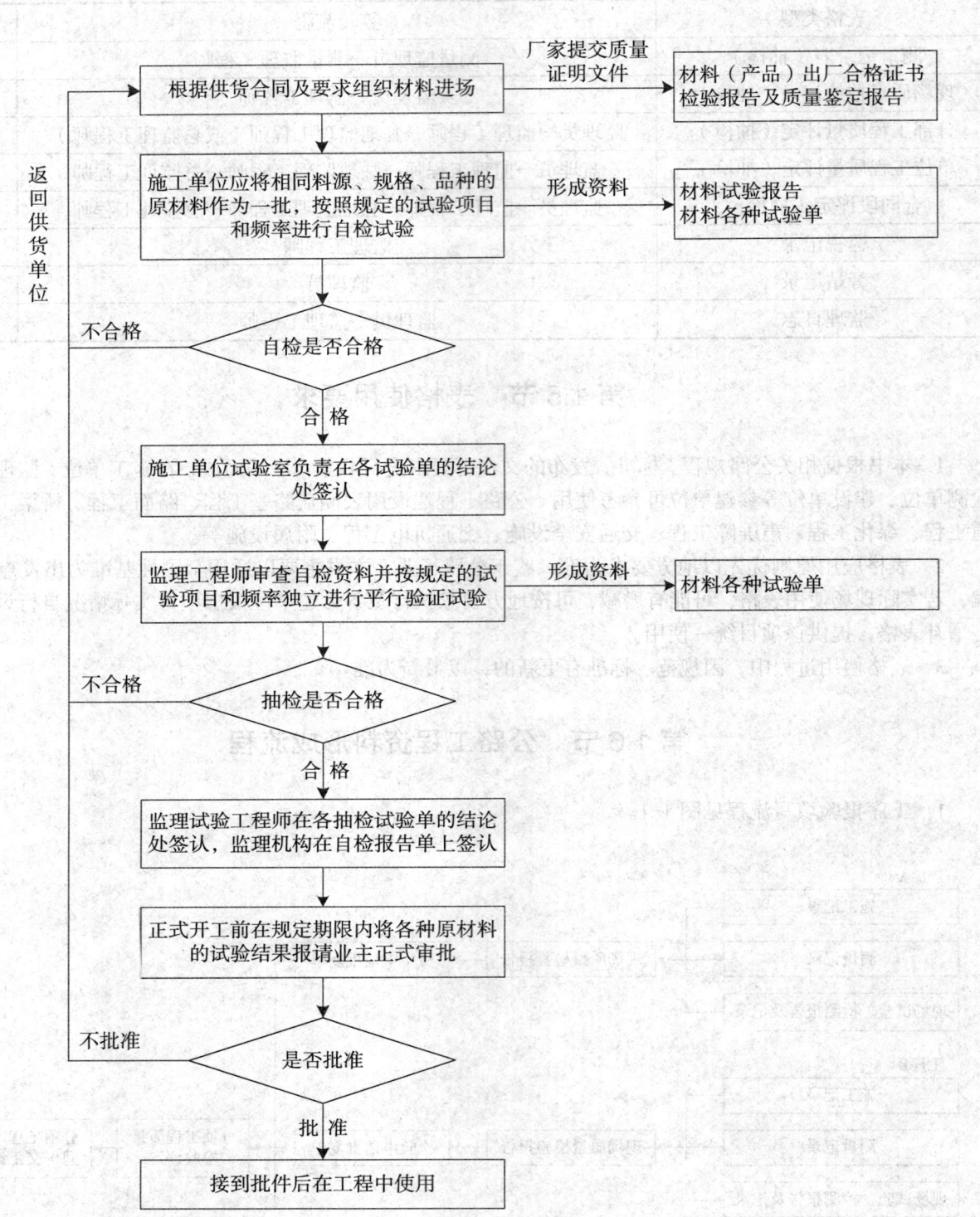

图1-2 原材料进场试验资料形成流程

3. 标准试验资料形成流程见图 1-3。

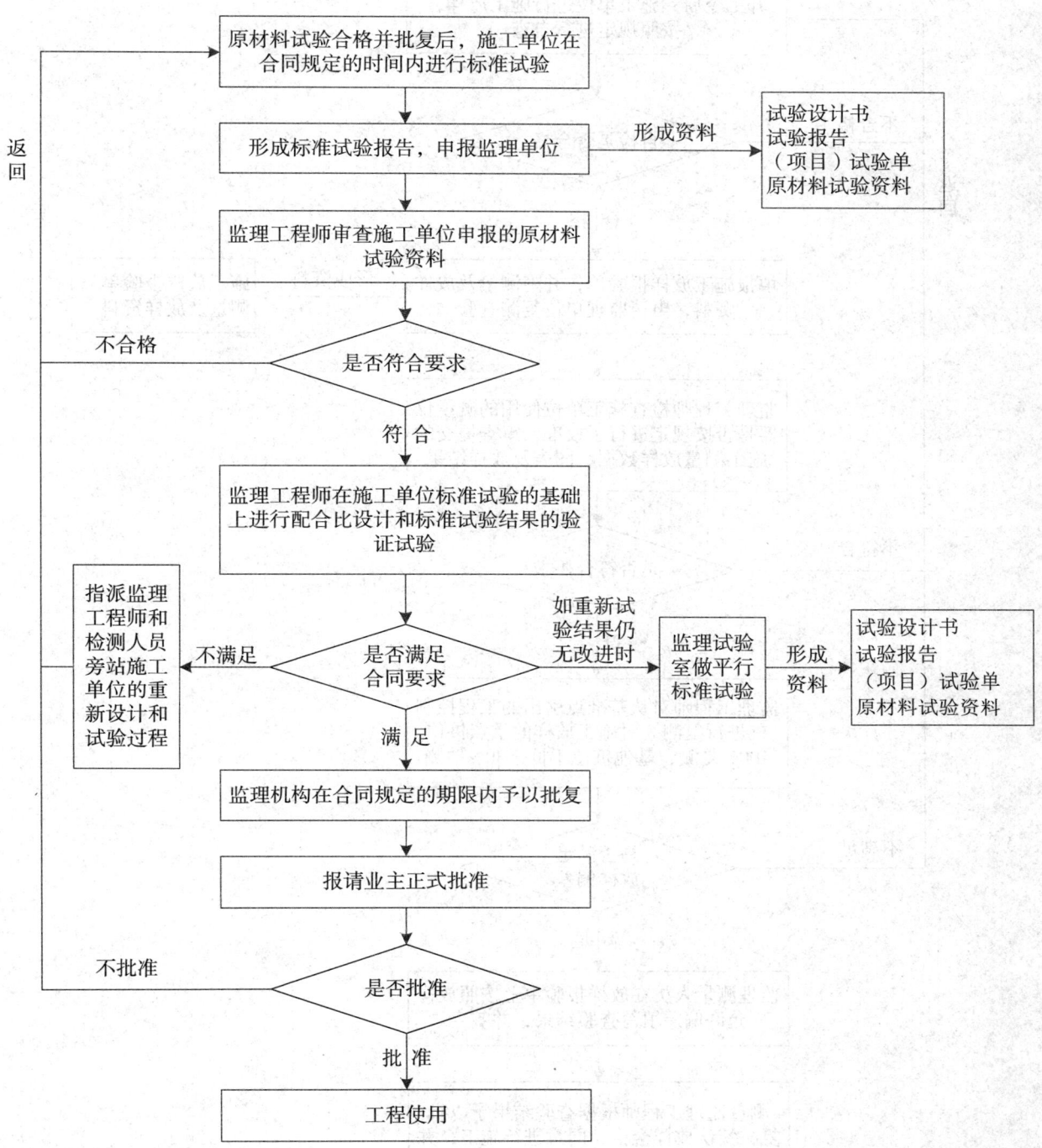

图 1-3 标准试验资料形成流程

4. 施工放样报验单形成流程见图 1-4。

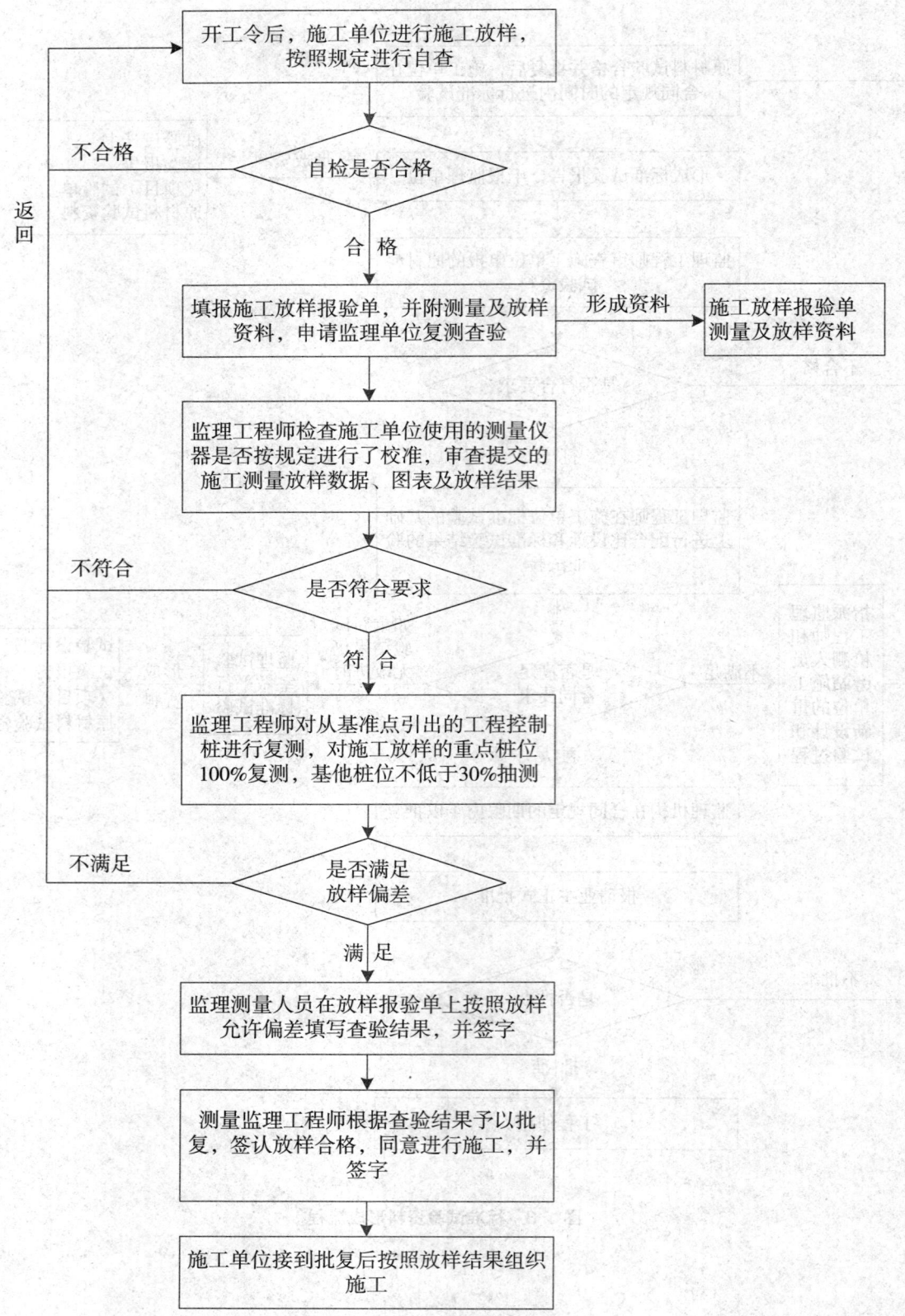

图 1-4　施工放样报验单形成流程

60

5. 施工工序资料形成流程见图1-5。

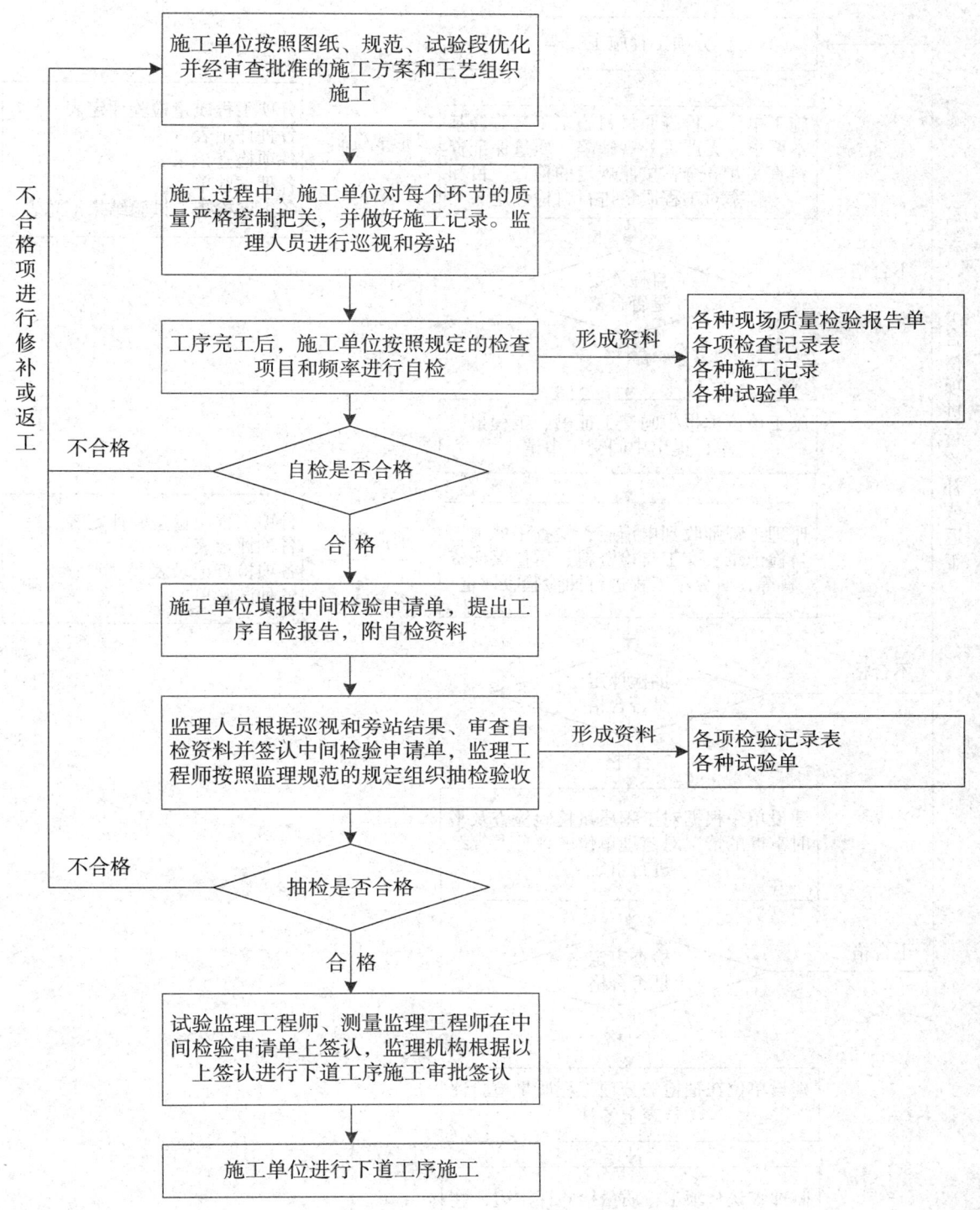

图 1-5　施工工序资料形成流程

61

6. 交工验收评定资料形成流程见图1-6。

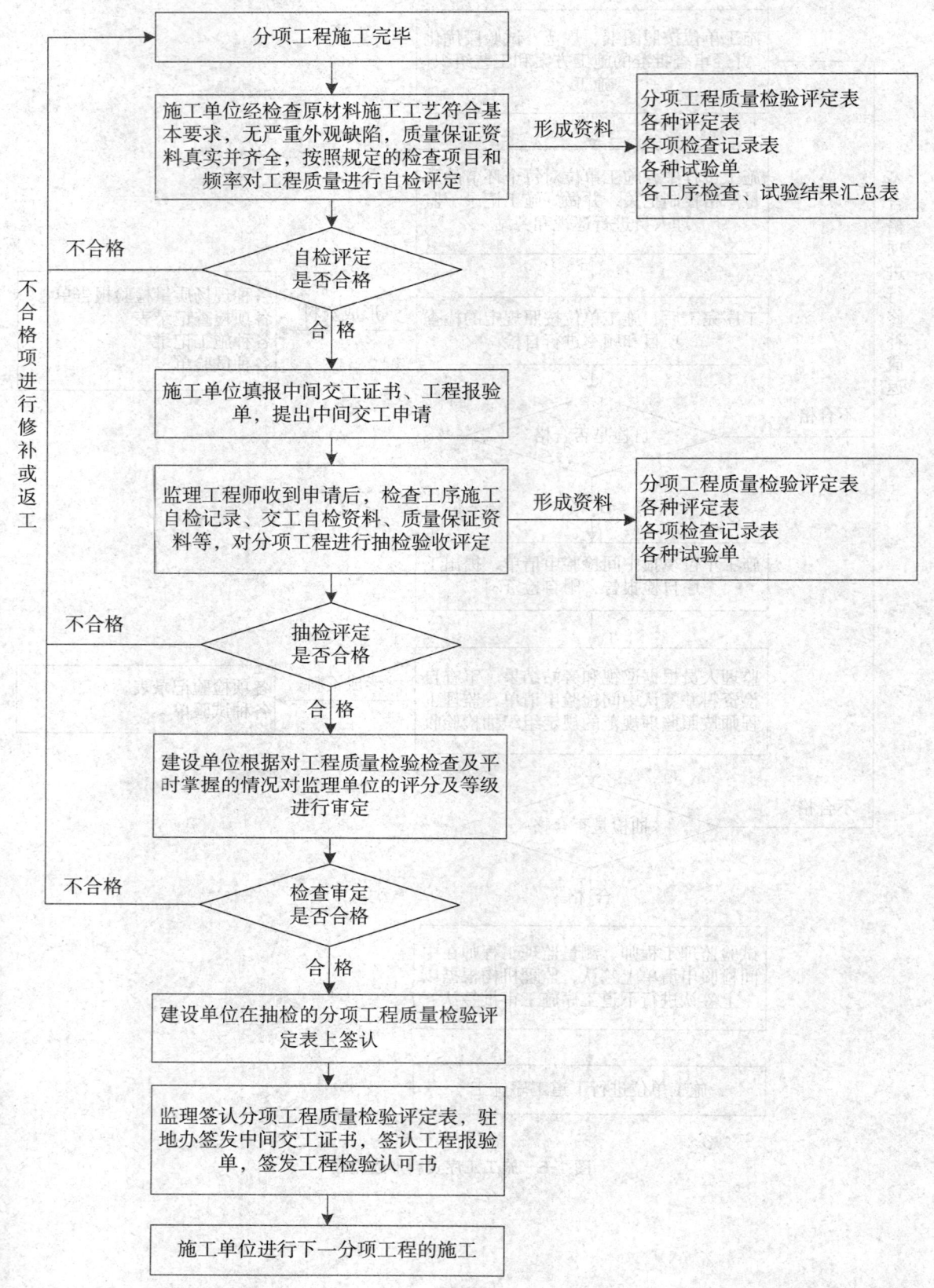

图 1-6　交工验收评定资料形成流程

62

第2章 公路工程施工过程资料填写示例

第2.1节 监理单位用表填写示例

监表-1

<u>××省××市至××市高速</u> 公路

合同工程开工令

编 号：××

合同段：××

施工单位：××公路工程建设有限公司
监理单位：××工程建设咨询有限公司

致：_____××× _____（项目经理）

   根据合同通用条款第_____ ×× _____款的规定，该合同段具备开工条件，特下达合同工程开工令，请在接到本合同工程开工令后__7__天内开工，工期自_2023_年_×_月_×_日起计算。

总监理工程师签字：×××　　　　　　　2023年×月×日

批准开工的合同段	第A3合同段
里程或部位	K0+000～K13+300
主要工程内容	合同内路基工程、桥梁工程、隧道工程、绿化工程。 （1）路基土石方133.7万m³（挖方41.2万m³，填方92.5万m³） （2）特大桥2座、大桥4座、中桥2座，总长3741.36m （3）隧道2座，总长1536.29m （4）绿化工程19756.32m²
合同完工时间	2023年×月×日
项目经理签收	签字：×××　　　　　　　2023年×月×日

监表-2

<u>　　××省××市至××市高速　　</u>公路

工程暂停令

编　号：××
合同段：××

施工单位：××公路工程建设有限公司
监理单位：××工程建设咨询有限公司

致：<u>　　××××　　</u>（项目经理）
下列工程从 <u>2023</u> 年 <u>×</u> 月 <u>×</u> 日 <u>×</u> 时起暂停施工，望严格按照本指令要求执行，完成后报监理工程师进行检验，检验合格后凭《工程复工指令》复工。 　　　　　　　　　　　　　　　　驻地/总监理工程师签字：×××　　　　　　　　2023 年×月×日
停工范围（桩号及工程名称）： 　　桩号 K0+000～K0+500 路基工程。
停工原因： 　　桩号 K0+000～K0+500 路基工程路基碾压完成后未进行压实度、弯沉检测，擅自进行下一道工序施工，我监理人员口头通知后，你方仍继续施工。
停工依据： 　　设计图纸及《公路工程质量检验评定标准 第一册 土建工程》JTG F80/1－2017。
停工后的要求： 　　严格按照设计图纸及《公路工程质量检验评定标准 第一册 土建工程》JTG F80/1－2017 施工。

项目经理签收	签字：×××　　　　　　　　　　　　　　2023 年×月×日

监表-3

<u>　　××省××市至××市高速　</u>公路

工程复工令

编　号：××
合同段：××

施工单位：××公路工程建设有限公司

监理单位：××工程建设咨询有限公司

致：_____×××_____（项目经理） 　　下列工程从 <u>2023</u> 年 <u>×</u> 月 <u>×</u> 日 <u>×</u> 时起同意恢复施工，望严格按照本指令要求执行。   　　　　　　　　　　驻地/总监理工程师签字：×××　　　　　　　　　2023 年×月×日
复工范围（桩号及工程名称）： 　　桩号 K0+000～K0+500 路基工程。
复工理由： 　　桩号 K0+000～K0+500 路基工程路基碾压完成后已进行压实度、弯沉检测，并且经检测合格，同意复工。
复工依据： 　　设计图纸及《公路工程质量检验评定标准 第一册 土建工程》JTG F80/1－2017。
复工后的要求： 　　严格按照设计图纸及《公路工程质量检验评定标准 第一册 土建工程》JTG F80/1－2017 施工。

项目经理签收	签字：×××	2023 年×月×日

65

<u>××省××市至××市高速</u> 公路

工程变更令

编　号：××

施工单位：××公路工程建设有限公司
合同段：××

监理单位：××工程建设咨询有限公司

致：　　<u>×××</u>　　（项目经理）

　　根据工程实际需要，现决定对　<u>K0+450～K0+900路基换填段平均换填深度由0.5m变更成1.0m</u>　的设计进行变更，请按变更后的图纸组织施工。

　　变更理由及要点说明：
经现场实际勘查，K0+450～K0+900段软土厚度平均为1.0m，局部达1.5m，与地质勘察报告不符。

　　附件：
1. 工程变更设计报审表
2. 费用、工期计算书等

子目编号	子目名称	单位	单价（元）	变更数量	变更金额（元）
××	碎石换填	m³	49.45	7875	389418.75
合　计					389418.75元

变更增减金额合计（元）：389418.75 元

总监理工程师意见：
　　同意变更内容，工期及费用合理。

签字：×××　　　　　　2023 年×月×日

监表-5

<u>××省××市至××市高速</u> 公路

监理指令单

编　号：××
合同段：××

施工单位：××公路工程建设有限公司
监理单位：××工程建设咨询有限公司

签发人	×××	日期	2023 年×月×日

致：　　　<u>　×××　</u>　　　（项目经理）

　　（说明监理指令的依据、施工单位不符合规定的事实及整改要求等内容）

　　桩号 K0+000～K0+500 路基工程路基碾压完成后未进行压实度、弯沉检测，擅自进行下一道工序施工。

　　请于 <u>2023</u> 年 <u>×</u> 月 <u>×</u> 日前回复。

抄报（送）：××交通投资建设有限公司××公路工程项目管理处

项目经理签收	签字：×××	2023 年×月×日

监表-6

　　　　×　×省×　×市至×　×市高速　　公路

监理通知单

编　号：×　×

合同段：×　×

施工单位：×　×公路工程建设有限公司
监理单位：×　×工程建设咨询有限公司

签发人、日期	签字（盖章）：×　×　×	2023 年×月×日
通知涉及项目：第 A3 合同段		桩号（部位）：K0+000～K0+500
通知类别：计划/进度□　质量/校验□　计量/支付□　安全☑　管理□　文件□　其他□		

致：_____×　×　×_____（项目经理）

　　事由：进场工人未进行三级安全教育

通知内容：
　　已进场班组均已开工，对施工工人的"三级教育"工作部分班组还没有进行。望项目部接到通知后，要求对没有进行"三级教育"的班组进行"三级教育"。

本通知单　□不需要回复。　　☑需要回复，请于 2023 年 ×月 × 日前回复。

项目经理签收	签字：×　×　×	2023 年×月×日

监表-7

ＸＸ省ＸＸ市至ＸＸ市高速　公路

巡 视 记 录

编　　号：ＸＸ

施工单位：ＸＸ公路工程建设有限公司　　　　　　　　　合同段：ＸＸ
监理单位：ＸＸ工程建设咨询有限公司

巡视人	ＸＸＸ	审核人	ＸＸＸ	巡视时间	2023 年Ｘ月Ｘ日
巡视的范围	第 A3 合同段ＸＸ特大桥				
主要施工情况	1. 3#墩桩基承台钢筋绑扎。 2. 4#墩承台基坑人工清底。 3. 5#墩 1#桩（直径 1.0m，长 21m）、3#桩（直径 1.0m，长 18m）水下混凝土灌注。 4. 6#墩 2#、6#孔，8#墩 2#、6#、11#孔钻孔施工。				
质量、安全、环保等情况	1. 主要机械：挖掘机 2 台，25 吨汽车吊 1 台，钻机 5 台工作正常。 2. 主要人员：施工负责人（队长）ＸＸＸ、安全员ＸＸＸ、质量员ＸＸＸ、技术员ＸＸＸ，试验员ＸＸＸ，施工人员 48 人。 3. 进场材料：大桥进场 HRE400 28mm 钢筋（批号ＸＸ）20.3t，见证试验取样 3 组，试件编号：ＸＸ、ＸＸ、ＸＸ。 4. 巡视检查情况： 9：10～12：10，特大桥 5#墩 1#桩水下混凝土灌注 12m³，施工单位制取标养试件 3 组。见证平行检测试件制取 3 组，试件编号ＸＸ。水下混凝土灌注连续无中断。 14：00～15：40，特大桥 5#墩 3#桩水下混凝土灌注 10m³，施工单位制取试件 3 组。水下混凝土灌注连续无中断。 箱涵基底浮土清除不彻底，弃土易滑落基坑，要求清理弃土，基坑边缘留出不少于 1.0m 护道，及时清除基底浮土。				
发现的问题及处理意见	无。				

××省××市至××市高速　公路

旁 站 记 录

编　号：××
合同段：××

施工单位：××公路工程建设有限公司
监理单位：××工程建设咨询有限公司

旁站人	×××	审核人	×××	旁站时间	2023 年×月×日
旁站项目	桥头台背回填				
施工过程简述	施工前配备各类人员，施工机械运转正常，施工员、质量员、安全员在现场指挥、检查。对施工人员进行安全技术交底及分工，采用挖掘机回填，人工辅助平整清理，回填土为开挖时堆放在四周的粉质黏土及杂壤。				
旁站工作情况	回填前检查了基坑内无积水、淤泥及杂物，人员已配备，机械正常，基础分部验收合格，同意回填。向施工班组进行了安全技术交底强调要求确保安全施工。回填时要求在条基两侧对称填土，分层压夯实，剔除粒径过大的石块，控制每层土厚在 25cm 以内，注意对成品的保护，避免对成品造成冲击及损伤。 　　经检查，标高、分层压实系数基本达到要求。				
主要数据记录	施工单位按规范取样、送检到检测机构，结果合格。				
发现的问题及处理结果	无。				

<u>××省××市至××市高速</u> 公路

抽 检 记 录

编　号：××

施工单位：××公路工程建设有限公司

合同段：××

监理单位：××工程建设咨询有限公司

抽检人	×××	复核人	×××	抽检时间	2023 年×月×日
工程部位	桩号 K0+000～K0+500 土方路基				
抽检项目	宽度				

检查结果	基本要求	满足设计要求					
	抽检项目	规定值或允许偏差	实测值或实测偏差值				合格率（%）
	宽度	≥15m	15.3m	15.7m	15.5m	15.7m	15.6m	100
			15.6m	15.9m	15.6m	15.7m	15.8m	
	外观质量	1. 路基边线与边坡不应出现单向累计长度超过 50m 的弯折。 2. 路基边坡、护坡道、碎落台不得有滑坡、塌方或深度超过 100mm 的冲沟。					
检查结论	同意施工单位自检结果。					
处理意见	无。					
审核人	签字：×××		2023 年×月×日			

××省××市至××市高速 公路

监 理 日 志

编　号：××
合同段：××

监理单位：××工程建设咨询有限公司

记录人	×××	日　期	2023 年×月×日
审核人	×××	天气情况	晴
主要施工情况			1．××特大桥 8#墩 6#桩、4#墩 6#桩、6#墩 3#桩及 0#台 2#桩钻孔（冲击）正施工；2#墩基坑正开挖。 2．K0+627 涵边砌筑施工，抽取砂浆试件 1 组。
监理主要工作			1．检验 6#墩 3#桩后报检：标高为 23.394m，检孔器下探深度为 26.96m；测锥底（尖）为 27.45m，提出再清孔。 2．13.60m+11.68m 钢筋笼检验，长度为 12.80m+12.46m，直径 1.13m，主箍筋规格、数量及绑扎焊接合格。 3．检查钢筋对接立焊及箍筋绑扎符合要求。
问题及处理情况			无。

＿＿×× 省××市至××市高速＿＿公路

工地会议纪要

编　号：××

监理单位：××工程建设咨询有限公司　　　　　　　　　　　　　合同段：××

会议名称	关于××公路项目停建事宜		
会议时间	2023 年×月×日×时至×时	会议地点	项目部会议室
主持人	×××	记录人	×××
会议议程及 主要内容	本项目穿过××县，属于××省××县工业区主要路网规划，由于本县经济开发区整体发展规划调整，新建省市重点项目××，本工程剩余工程占地在重点项目规划范围内，为了保证重点项目的顺利进行，提高开发区的整体效果，决定本工程停建，剩余工程不再施工。 　　依据相关规范中有关规定，本项目已完成了全部具备施工条件的施工任务，具备竣工验收条件，近期安排竣工验收。		

附件：会议签到表。本纪要及附件共＿＿2＿＿页经核对确认无误。

监理机构负责人签字（公章）：×××

2023 年×月×日

<u>　　××省××市至××市高速　</u>公路

监理例会纪要

编　号：××

监理单位：××工程建设咨询有限公司

合同段：××

会议名称	第××次监理例会		
会议时间	2023年×月×日×时至×时	会议地点	项目部会议室
主持人	×××	记录人	×××
会议议程及主要内容	1. 项目经理汇报施工情况： 　　各合同负责人对上个月的工程完成情况进行了总结，针对工程进度和工程质量中存在的问题进行了分析，并明确了下月的工作计划。 　　2. 驻地办汇报工作情况： 　　自×月份工地例会召开以来，各合同工程在进度上无明显的改观，针对当前工程进度相对滞后的现状，全体监理人员积极行动起来，带动施工单位共同促进度……		

附件：会议签到表。本纪要及附件共<u>　2　</u>页经核对确认无误。

监理机构负责人签字（公章）：×××

2023年×月×日

监表-13

<u>××省××市至××市高速</u> 公路

计 日 工 通 知

施工单位：××公路工程建设有限公司
监理单位：××工程建设咨询有限公司

编　号：××
合同段：××

致：　　　<u>×××</u>　　　（项目经理）
现决定对下列工程项目内容用计日工来完成，请据此执行，特此通知。
计日工工作内容及数量： 　　K0+032～K0+152 范围内的软土路基换填碎石处理 　　120m×15m=1800m²   附件：签证及影像资料
计价及付款方式： 　　执行合同相应条款。   附件：合同
建设单位意见： 　　同意。   　　　　　　　　　　　　　　　签字：×××　　　　2023 年×月×日
项目经理签收： 　　同意。   　　　　　　　　　　　　　　　签字：×××　　　　2023 年×月×日

第 2.2 节　施工单位报审、报验表填写示例

报审表-1

＿＿×× 省×× 市至×× 市高速＿＿公路
合同工程开工报审表

编　号：××

施工单位：×× 公路工程建设有限公司
合同段：××

监理单位：×× 工程建设咨询有限公司

致：＿＿＿＿×××＿＿＿＿（监理工程师）　　　　　　　　　　　　　　　　　　　　　　　　　　　　　　我单位根据合同要求，已完成施工复测报告和实施性总体施工组织设计的编制上报，并经审查批准，各项施工准备工作（机构、人员、机械等）已经就绪，请给予批准开工。 　　　　　　　　　　　　　　　　　　　　　　　项目经理签字：×××　　　　2023 年×月×日
里程或部位：K0+000～K1+300
申请开工日期：2023 年×月×日　　　　　　　　合同工期：2023 年×月×日至 2023 年×月×日
附件：1. 合同段开工申请报告表（可附文字报告） 　　　2. 其他资料
驻地监理工程师意见： 　　施工组织设计、施工方案已报审，材料设备已进场，现场符合开工条件，同意开工。   　　　　　　　　　　　　　　　　　　　　　　签字：×××　　　　2023 年×月×日
总监理工程师意见： 　　同意开工。   　　　　　　　　　　　　　　　　　　　　　　签字：×××　　　　2023 年×月×日
建设单位审批意见： 　　同意开工。   　　　　　　　　　　　　　　　　　　　　　　签字：×××　　　　2023 年×月×日

报审表-2

××省××市至××市高速 公路

合同段开工申请报告表

编 号：××

施工单位：××公路工程建设有限公司

合同段：××

监理单位：××工程建设咨询有限公司

申请开工日期	2023 年×月×日	计划完工日期	2023 年×月×日	共计划日历天	600 天
合同规定工期	自 2023 年×月×日至 2023 年×月×日止				600 天

施工单位主要施工准备工作情况申报说明		监理检查意见
施工组织设计审批情况	施工组织设计编写且审批完成	符合要求
工程划分审核情况	工程划分方案编写并且审批完成	符合要求
技术、质量、安全、环保保证体系建立情况（含相关人员证书）	项目组织机构及职能；项目工程质量目标、方针、保证措施；工程质量控制措施；项目技术管理体系	符合要求
试验检测工作准备情况	计量仪器按需配备，并经检测机构鉴定合格	符合要求
设计交底情况	设计交底已完成，有设计交底记录	符合要求
原始基准点地面线复测情况	原始基准点地面线复测已完成，有复测记录，各参建单位已签字确认	符合要求
开工预付款担保及保险情况	开工预付款担保及保险办理完成	符合要求
合同段施工安全风险评估情况	合同段施工安全风险评估完成	符合要求
其他有关情况说明	无	符合要求
附件	1. 以上自检情况的有关资料共__4__份 2. 其他：无	

项目技术负责人签字：×××　　　　　　　项目经理签字（公章）：×××　　　　2023 年×月×日

监理单位各专业审查会签	合同	试验	测量	安全	路基	桥梁	隧道
	×××	×××	×××	×××	×××	×××	×××
日期	2023 年×月×日	2023 年×月×日	2023 年×月×日	2023 年×月×日	2023 年×月×日	2023 年×月×日	2023 年×月×日

注：1. 可根据项目实际情况确定相关专业监理工程师审批。

　　2. 本表是合同工程开工报审表的附表，配合各项开工条件核查会签结束方可进入报审流程。

报审表-3

××省××市至××市高速 公路
分项（分部）工程开工申请批复表

编　号：××

施工单位：××公路工程建设有限公司　　　　　　　　合同段：××
监理单位：××工程建设咨询有限公司

致：_____×××_____（监理工程师）
根据合同要求，我们已经做好下列工程开工前的准备工作，现申请_____土方路基_____分项（分部）工程正式开工，请予以批准。   　　　　　　　　　　　　　　　项目经理签字：×××　　　　　　2023 年×月×日
上一步工作检验结果（如果有）： 　　　／
申请开工工程项目：土方路基
计划开工日期：2023 年×月×日
计划完成日期：2023 年×月×日
附件：1. 进场施工机械设备报验单 　　　　　2. 进场工程原材料报验单 　　　　　3. 人员配备报验单 　　　　　4. 施工测量放样报验单 　　　　　5. 专项施工方案报审表或施工方案及主要工艺报审表 　　　　　6. 试验资料 　　　　　7. 其他相关资料
专业监理工程师意见： 　　经核查，附件资料齐全、完整、有效，人材机配备齐全，专项施工方案已审批完成，已具备开工条件，同意开工。   　　　　　　　　　　　　　　　签字：×××　　　　　　2023 年×月×日
驻地监理工程师意见： 　　同意开工。   　　　　　　　　　　　　　　　签字：×××　　　　　　2023 年×月×日

<u>　　××省××市至××市高速　</u>公路

工序检验申请批复单

编　号：××
合同段：××

施工单位：××公路工程建设有限公司

监理单位：××工程建设咨询有限公司

下列作业已完成施工，请予检验。		
所属分部工程名称	路基土石方工程	
分项工程名称	土方路基工程	
工程地点及桩号	K0+000～K0+200	
具体部位	土方路基（路堤填土第三层）	
检验内容	压实度、纵断高程、中线偏位、宽度、平整度、横坡、边坡	
施工单位递交	签字：×××	2023 年×月×日
监理单位签收	签字：×××	2023 年×月×日
要求到场检验时间	2023 年×月×日	
监理员、专业监理工程师意见和签字		质量证明附件
监理员意见： 　　经检查，该☑作业工序　　□分项工程 　　☑符合　□不符合　设计和规范要求。 签字：×××　　　　　2023 年×月×日		1. 路基施工原始记录 2. 压实度检测报告 3. 中线偏位检验记录表 4. 路基纵断高程、横坡检验记录表 5. 平整度检测记录表 6. 边坡坡度检测记录表
专业监理工程师意见： 　　☑同意进行下道工序施工。 　　□不同意进行下道工序施工。 签字：×××　　　　　2023 年×月×日		施工单位收到日期及签字： 签字：×××　　　　2023 年×月×日

报审表-5

<u>×× 省 ×× 市 至 ×× 市 高速</u> 公路

复 工 申 请

编 号：××

施工单位：×× 公路工程建设有限公司　　　　　　　　　　　合同段：××

监理单位：×× 工程建设咨询有限公司

致：_____×××_____（监理工程师）	
鉴于第_____××_____号《工程暂停令》所指_____路基土石方_____工程的停工因素已经消除，特报请批准复工。 　　附件：具备复工条件的情况说明及相关附件 　　　　　　　　　　　　　　　　　　　项目经理签字：×××　　　　　2023 年 × 月 × 日	
施工单位递交　　　签字：×××　　　　　　　　2023 年 × 月 × 日	
监理单位签收　　　签字：×××　　　　　　　　2023 年 × 月 × 日	
驻地专业监理工程师意见： 　　经审核，具备复工条件，可以复工。 签字：×××　　　　　2023 年 × 月 × 日	驻地监理工程师意见： 　　经审核，具备复工条件，可以复工。 签字：×××　　　　　2023 年 × 月 × 日
总监办专业监理工程师意见： 　　同意复工。 签字：×××　　　　　2023 年 × 月 × 日	总监理工程师意见： 　　同意复工。 签字：×××　　　　　2023 年 × 月 × 日

报审表-6

<u>　　××省××市至××市高速　公路</u>

监理指令回复单

编　号：××

施工单位：××公路工程建设有限公司　　　　　　　　　　合同段：××
监理单位：××工程建设咨询有限公司

致：　　　×××　　　　　（监理工程师）		
已针对监理指令（编号××）整改完成，请审查。		
施工单位递交	签字：×××	2023 年×月×日
监理单位签收	签字：×××	2023 年×月×日
驻地监理工程师/总监理工程师意见： 　　经检查，已按××通知单要求全部整改完毕，复查合格。 　　　　　　　　　　　　　　　　　　签字：×××　　　　2023 年×月×日		
附件：（如果有，施工单位自检资料与监理单位抽检资料及其他相关证明材料统一在此栏列出）		
抄报：××交通投资建设有限公司××公路工程项目管理处		

＿＿×× 省 ××市至××市高速＿＿公路
工程变更设计报审表

编　号：××
合同段：××

施工单位：××公路工程建设有限公司
监理单位：××工程建设咨询有限公司

工程名称	××省××市至××市高速公路项目	里程或部位	K0+000～K0+500
原图纸编号	SS-QL-2-5-07		

（变更设计内容、理由、增减数量及金额说明）

经现场实际勘查，K0+000～K0+500 段软土厚度平均为 1.0m，局部达 1.5m，与地质勘察报告不符。

项目经理签字：×××　　　2023 年×月×日

附件：（必要的试验、测量、影像资料）
1. K0+000～K0+500 段软土厚度现场抽样调查报告
2. 抽样调查现场软土厚度照片

驻地监理工程师意见：
拟同意施工方提出的变更申请，请总监理工程师审批。

签字：×××　　　2023 年×月×日

总监理工程师意见：
同意施工方提出的变更申请。

签字：×××　　　2023 年×月×日

设计代表意见：
同意施工方提出的变更申请。

签字：×××　　　2023 年×月×日

建设单位审批意见：
同意施工方提出的变更申请。

签字：×××　　　2023 年×月×日

<u>××省××市至××市高速</u> 公路
实施性总体施工组织设计报审表

编　号：××

施工单位：××公路工程建设有限公司　　　　　　　　　　　　　合同段：××

监理单位：××工程建设咨询有限公司

致：_____×××_____（监理工程师）
现上报<u>　××省××市至××市高速（第 A3 合同段）　</u>工程的实施性总体施工组织设计及相关附件，已经过施工单位公司内部审核审批，同意上报，请予以审查和批准。 　　附件：1．施工单位内部校审批准表、专项评审等相关资料 　　　　　2．实施性总体施工组织设计及其附件   　　　　　　　　　　　　　　　　　　　　项目经理签字：×××　　　　　2023 年×月×日
驻地监理工程师意见： 　　经审查，该施工组织设计满足该合同段施工实际要求，拟同意按此施工组织设计组织施工，请总监理工程师审核。   　　　　　　　　　　　　　　　　　　　　签字：×××　　　　　2023 年×月×日
总监理工程师意见： 　　经审核，该施工组织设计满足该合同段施工实际要求，同意按此施工组织设计组织施工。   　　　　　　　　　　　　　　　　　　　　签字：×××　　　　　2023 年×月×日
建设单位审批意见： 　　同意按此施工组织设计组织施工。   　　　　　　　　　　　　　　　　　　　　签字：×××　　　　　2023 年×月×日

<u>　　××省××市至××市高速　公路</u>

施工组织设计审批表

编　号：LJ-00-00-00-001

施工单位：××公路工程建设有限公司　　　　　　　　合同段：第 A3 合同段

致：　　　<u>　×××　</u>　　　（总监理工程师）
由我部承担施工的<u>　　　××省××市至××市高速公路项目路基土石方　　</u>工程施工组织设计已编制完毕，请予以审批。 　　（附件：施工组织设计）   技术负责人意见：同意，按此施工组织设计实施。   　　　　　　　　　　　　签字：×××　　　　　　日期：2023 年×月×日 项目经理意见：同意，按此施工组织设计实施。   　　　　　　　　　　　　签字：×××　　　　　　日期：2023 年×月×日
监理工程师意见： 　　经审查，该施工组织设计满足该路基工程施工实际要求，同意按此施工组织设计组织施工。   　　　　　　　　　　　　签字：×××　　　　　　日期：2023 年×月×日
建设单位负责人意见： 　　同意按此施工组织设计组织施工。   　　　　　　　　　　　　签字：×××　　　　　　日期：2023 年×月×日

＿＿××省××市至××市高速＿公路
专项施工方案报审表

编　号：××

合同段：××

施工单位：××公路工程建设有限公司

监理单位：××工程建设咨询有限公司

致：＿＿＿＿×××＿＿＿＿（监理工程师）
现上报＿＿＿××省××市至××市高速（第 A3 合同段）路基土石方＿＿＿工程的专项施工方案及附件，按有关规定需要组织专家评审的已经组织并通过评审，请予以审查和批准。 　　☑ 一般专项工程施工方案 　　□ 不需要专家论证的危险性较大工程专项施工方案 　　□ 需要专家论证的危险性较大工程专项施工方案 　　附件：1. 专项施工方案及附件 　　　　　2. 专项施工方案的母体单位批准资料 　　　　　3. 专家论证意见   　　　　　　　　　　　　　　项目经理签字：×××　　　　　2023 年×月×日

驻地专业监理工程师意见： 　　经审查，该施工技术方案满足该路基土石方工程施工实际要求，同意按此施工技术方案组织施工。 签字：×××　　　　　2023 年×月×日	驻地监理工程师意见： 　　同意按此施工技术方案组织施工。 签字：×××　　　　　2023 年×月×日
总监办专业监理工程师意见： 　　同意按此施工技术方案组织施工。 签字：×××　　　　　2023 年×月×日	总监理工程师意见： 　　同意按此施工技术方案组织施工。 签字：×××　　　　　2023 年×月×日
建设单位审批意见： 　　同意按此施工技术方案组织施工。 　　　　　　　　　　　　签字：×××　　　　　2023 年×月×日	

<u>　　××省××市至××市高速　</u>公路

施工方案及主要工艺报审表

编　号：××

施工单位：××公路工程建设有限公司　　　　　　　　　　合同段：××

监理单位：××工程建设咨询有限公司

致：　　　　<u>　×××　</u>　　　　（监理工程师） 　　现上报下列工程的施工方案及主要工艺，请给予审批。 　　附件：施工方案及主要工艺（包括组织设计、施工方案及主要工艺、技术控制措施、质量控制措施、安全生产保证措施、环境保护与水土保持措施等）。 　　　　　　　　　　　　　　项目技术负责人签字：×××　　　　2023 年×月×日	

分项（分部）工程名称	土方路基	施工桩号	K0+000～K1+300
计划开工日期	2023 年×月×日	计划完工日期	2023 年×月×日

施工方案及主要工艺简要说明：

图略

专业监理工程师意见：

　　经审查，该施工技术方案满足该路基土石方工程施工实际要求，同意按此施工技术方案组织施工。

　　　　　　　　　　　　　　　　　　　　　签字：×××　　　　2023 年×月×日

驻地监理工程师意见：

　　同意按此施工技术方案组织施工。

　　　　　　　　　　　　　　　　　　　　　签字：×××　　　　2023 年×月×日

＿＿××省××市至××市高速＿公路

驻地、临时设施建设方案报审表

编　号：××

施工单位：××公路工程建设有限公司　　　　　　　　　　　合同段：××
监理单位：××工程建设咨询有限公司

致：＿＿＿＿＿＿××× ＿＿＿＿＿＿（监理工程师）	
根据合同文件及相关规定，我部已完成＿＿＿＿（驻地、场站、试验室等临时设施）＿＿＿＿建设方案的编制，请予以审批。 　　　　附件：临时设施建设方案 　　　　　　　　　　　　　　　　　　项目经理签字：×××　　　2023 年×月×日	
驻地专业监理工程师意见： 　　同意按此方案实施。 签字：×××　　　2023 年×月×日	驻地监理工程师意见： 　　同意按此方案实施。 签字：×××　　　2023 年×月×日
总监办专业监理工程师意见： 　　同意按此方案实施。 签字：×××　　　2023 年×月×日	总监理工程师意见： 　　同意按此方案实施。 签字：×××　　　2023 年×月×日
建设单位审批意见： 　　同意按此方案实施。 　　　　　　　　　　　　　　　　签字：×××　　　2023 年×月×日	

报审表-13

<u>　　　　××省××市至××市高速　　</u>公路

驻地、临时设施建设报验表

编　号：××

施工单位：××公路工程建设有限公司

合同段：××

监理单位：××工程建设咨询有限公司

致：<u>　　　　　×××　　　　　</u>（监理工程师）

　　根据合同文件及相关规定，我部已按批准的方案完成<u>　　（驻地、场站、试验室等临时设施）　　</u>建设，请予以检查验收。

项目经理签字：×××　　　　　2023 年×月×日

驻地办专业监理工程师意见： 合格，同意验收。 签字：×××　　　2023 年×月×日	驻地监理工程师意见： 合格，同意验收。 签字：×××　　　2023 年×月×日
总监办专业监理工程师意见： 合格，同意验收。 签字：×××　　　2023 年×月×日	总监理工程师意见： 合格，同意验收。 签字：×××　　　2023 年×月×日

建设单位审批意见：

　　合格，同意验收。

签字：×××　　　　　2023 年×月×日

__××省××市至××市高速__公路

分包申请审批表

编　号：××
合同段：××

施工单位：××公路工程建设有限公司
监理单位：××工程建设咨询有限公司

分包单位	××基础工程公司	负责人	×××
分包金额（元）	456934.48	占合同总额比例	1.81%
上报资料	1. 分包项目明细 2. 分包单位资质材料 3. 分包单位业绩材料 4. 分包单位专职管理人员和特种作业人员的资格证书 5. 施工单位对分包单位的管理制度		
驻地监理部 审查意见	经审查，分包单位资质材料、业绩材料、专职管理人员和特种作业人员的资格证书、总包单位对分包单位的管理制度齐全、完整、真实、有效，请总监办审查。		

总监办审定意见：
经审查，分包项目符合施工合同要求，分包单位材料符合要求，同意分包。

签字：×××　　　　　　　　　日期：2023年×月×日

高级监理工程师意见：
同意分包。

签字：×××　　　　　　　　　日期：2023年×月×日

建设单位意见：
同意分包。

签字：×××　　　　　　　　　日期：2023年×月×日

<u>　　××省××市至××市高速　</u>公路
首件/试验工程施工方案报审表

编　号：××

施工单位：××公路工程建设有限公司　　　　　　　　　　　　合同段：××
监理单位：××工程建设咨询有限公司

致：＿＿＿＿＿<u>　××× 　</u>＿＿＿＿＿（监理工程师）

　　现上报<u>　××省××市至××市高速公路项目（第 A3 合同段）路基土石方　　　　　</u>工程
（桩号<u>　K0+000～K0+200　</u>）的首件/试验工程施工方案（详见说明和图表），请予以审查和批准。

　　附件：首件/试验工程施工方案及主要工艺说明和图表

　　　　　　　　　　　　　　　　　　项目经理签字：×××　　　　　2023 年×月×日

驻地专业监理工程师意见：
　　经审查，该方案满足该路基土方工程试验段施工实际要求，同意按此施工技术方案组织施工。

　　　　　　　　　　　　　　　　　　签字：×××　　　　　　　　2023 年×月×日

驻地监理工程师意见：
　　同意按此方案组织施工。

　　　　　　　　　　　　　　　　　　签字：×××　　　　　　　　2023 年×月×日

总监办专业监理工程师意见：
　　同意按此方案组织施工。

　　　　　　　　　　　　　　　　　　签字：×××　　　　　　　　2023 年×月×日

总监理工程师意见：
　　同意按此方案组织施工。

　　　　　　　　　　　　　　　　　　签字：×××　　　　　　　　2023 年×月×日

_＿＿×× 省 ×× 市 至 ×× 市 高 速 ＿＿_ 公 路

首件/试验工程施工总结报审表

编　号：××
合同段：××

施工单位：××公路工程建设有限公司
监理单位：××工程建设咨询有限公司

致：＿＿＿＿＿×××＿＿＿＿＿（监理工程师）
现上报＿××省××市至××市高速公路项目（第 A3 合同段）路基土石方＿＿＿＿＿工程（桩号＿K0+000～K0+200＿）的首件/试验工程施工总结（详见报告和图表），请予以审查和批准。 　　　附件：试验工程质量检验资料、施工总结及主要工艺说明和图表   　　　　　　　　　　　　　　　项目经理签字：×××　　　　　2023 年×月×日
驻地专业监理工程师意见： 　　经审查，试验段的建设符合相关要求和标准，批准该试验段的使用。同时，对试验段进行定期检查和维护，确保其长期稳定使用。   　　　　　　　　　　　　　　　　签字：×××　　　　　2023 年×月×日
驻地监理工程师意见： 　　批准该试验段的使用。   　　　　　　　　　　　　　　　　签字：×××　　　　　2023 年×月×日
总监办专业监理工程师意见： 　　批准该试验段的使用。   　　　　　　　　　　　　　　　　签字：×××　　　　　2023 年×月×日
总监理工程师意见： 　　批准该试验段的使用。   　　　　　　　　　　　　　　　　签字：×××　　　　　2023 年×月×日

报审表-17

<u>　××省××市至××市高速　</u>公路
总体进度计划报审表

编　号：××
合同段：××

施工单位：××公路工程建设有限公司
监理单位：××工程建设咨询有限公司

致：_____×××_____（监理工程师）
现上报__××省××市至××市高速公路项目（第 A3 合同段）_____工程总体进度计划，请予以审查和批准。 　　附件：总体进度计划   　　　　　　　　　　　　　　　　　项目经理签字：×××　　　　　2023 年×月×日
驻地监理工程师意见： 　　经审查，本工程施工总进度计划施工内容完整，工期满足合同要求，同意按此施工总进度计划组织施工。   　　　　　　　　　　　　　　　　　签字：×××　　　　　2023 年×月×日
总监理工程师审查意见： 　　同意按此施工总进度计划组织施工。   　　　　　　　　　　　　　　　　　签字：×××　　　　　2023 年×月×日
建设单位审批意见： 　　同意按此施工总进度计划组织施工。   　　　　　　　　　　　　　　　　　签字：×××　　　　　2023 年×月×日

报审表-18

<u>　　×× 省 ×× 市至 ×× 市高速　</u> 公路

<u>　1　</u>月进度计划报审表

编　号：××

施工单位：×× 公路工程建设有限公司

监理单位：×× 工程建设咨询有限公司

合同段：××

致：　　　　<u>　×××　</u>　　　　　（监理工程师）
现上报<u>　　×× 省 ×× 市至 ×× 市高速公路项目（第 A3 合同段）　　　</u>工程月进度计划，请予以审查和批准。 　　附件：月进度计划   　　　　　　　　　　　　　　项目经理签字：×××　　　　　　2023 年 × 月 × 日
专业监理工程师意见： 　　经审查，本工程施工 2023 年 1 月进度计划施工内容完整，工期满足合同要求，同意按此施工月进度计划组织施工。   　　　　　　　　　　　　　　　　签字：×××　　　　　　2023 年 × 月 × 日
驻地监理工程师意见： 　　同意按此施工进度计划组织施工。   　　　　　　　　　　　　　　　　签字：×××　　　　　　2023 年 × 月 × 日

××省××市至××市高速 公路

人员配备报验单

施工单位：××公路工程建设有限公司　　　　　　　　　合同段：××
监理单位：××工程建设咨询有限公司

分项（分部）工程名称	路基土石方工程	里程或部位	K0+000～K1+300

致：_____×××_____（监理工程师）

　　下列人员（包括项目负责人、技术负责人及质量、安全、环保等施工管理、自检人员及主要操作人员）已按工程需要配备相关人员，请予以审查，并准予批准。

项目经理签字：×××　　　　2023 年×月×日

序号	姓名	性别	职务	工作岗位	备注
1	×××	男	高级工程师	项目经理	
2	×××	男	高级工程师	项目技术负责人	
3	×××	男	工程师	技术员	
4	×××	男	工程师	质量员	
5	×××	男	高级工程师	施工员	
6	×××	男	工程师	测量员	
7	×××	男	工程师	材料员	
8	×××	男	初级工程师	试验员	
9	×××	男	工程师	资料员	

专业监理工程师意见：
　　上述管理人员上岗证齐全，资格审查合格，符合要求。

签字：×××　　　　2023 年×月×日

<u>××省××市至××市高速</u> 公路
进场施工机械设备报验单

编　号：××

施工单位：××公路工程建设有限公司 　　　　　　　合同段：××
监理单位：××工程建设咨询有限公司

分项（分部）工程名称	路基土石方工程	里程或部位	K0+000～K1+300

致：　　<u>×××</u>　　（监理工程师）

　　根据合同要求，以下施工机械设备已经进场且试运行正常，请予以查验，并准予使用。

项目经理签字：×××　　　　2023 年×月×日

序号	设备名称	型号	单位	数量	进场日期	技术状况
1	挖掘机	小松 220	台	4	2023 年×月×日	良好
2	装载机	鲁工 50	台	1	2023 年×月×日	良好
3	压路机	鲁工 24t	台	2	2023 年×月×日	良好
4	平地机	三一 220	台	1	2023 年×月×日	良好

专业监理工程师意见：
　　经检查，上述机械设备满足施工要求，性能良好，准许进场。

签字：×××　　　　2023 年×月×日

报审表-21

<u>　　×× 省 ×× 市至 ×× 市高速　</u>公路

进场工程原材料、构（配）件报验单

编　号：××

施工单位：×× 公路工程建设有限公司　　　　　　　　　　　　　　合同段：××

监理单位：×× 工程建设咨询有限公司

分项（分部）工程名称	基层	里程或部位	K0+000～K1+300

致：<u>　　　××× 　　</u>（监理工程师）

　　下列建筑材料、构（配）件经自检试验，符合技术规范要求，报请验证，并准予进场使用。

　　附件：1. 材料、构（配）件出厂合格证书
　　　　　2. 材料、构（配）件试验报告

项目经理签字：×××　　　　2023 年 × 月 × 日

材料、构（配）件名称	普通硅酸盐水泥			
材料、构（配）件产地	×× 水泥有限公司			
采用标准试验编号	GB 175－2007 XG3－2018			
试验结果	合格			
用途（用在何工程或部位）	基层			
本批材料、构（配）件数量	300t			

试验专业监理工程师意见：
　　经检查，上述材料符合设计文件和规范的要求，准许进场，同意使用。

签字：×××　　　　2023 年 × 月 × 日

××省××市至××市高速 公路

苗木、种子进场报验表

编 号：××

施工单位：××公路工程建设有限公司　　　　　　　　　　　合同段：××

致：＿＿＿＿＿××× ＿＿＿＿（监理工程师）

　　　现报上关于＿＿＿××省××市至××市高速公路项目绿化＿＿＿＿工程的苗木/种子进场检验记录，该批物资经我方检验符合设计、规范及合同要求，请予以批准使用。

序号	苗木/种子名称	来源（本地/外地）	单位	进场数量	检验日期
1	油松	本地	株	100	2023 年×月×日
2	月季	本地	株	500	2023 年×月×日
3	冷季型草坪	本地	m²	1000	2023 年×月×日

附件：　　　　　名　称　　　　　　页　数　　　　　　编　号
1 ☑ 苗木、种子进场检验记录　　＿9＿页　　＿××＿
2 □ 种子发芽率试验报告　　　　＿＿页　　＿××＿
3 □ 植物检疫证书（外埠苗木）　＿＿页　　＿××＿
4 ☑ 产地检疫合格证（本地苗木）＿3＿页　　＿××＿
5 ☑ 林木种子生产经营许可证　　＿1＿页　　＿××＿
6 □ 其他附属文件　　　　　　　＿＿页　　＿××＿

　　　　　　　　　　　　　　　技术负责人：×××　　　　　2023 年×月×日

验收意见：
　　同意验收。

审定结论：☑同意　　□补报资料　　□重新检验　　□退场

　　　　　　　　　　　　　监理工程师签字：×××　　　　　2023 年×月×日

××省××市至××市高速 公路

施工测量放样报验单

编　号：××

施工单位：××公路工程建设有限公司

合同段：××

监理单位：××工程建设咨询有限公司

分项（分部）工程名称	土方路基工程	施工里程桩号	K0+000～K0+200

致：　　　　×××　　　　　（监理工程师）

　　我单位根据合同要求，已完成本项工程的施工放线，请给予检验审批。

　　附件：1. 施工设计图纸复印件

　　　　　2. 实测地面纵、横断面图

　　　　　3. 施工放线资料、测量记录、计算表等

项目技术负责人签字：×××　　　　2023 年×月×日

测量专业监理工程师意见：

　　施工放样工作完成，经复核数据，符合设计及规范要求。

签字：×××　　　　2023 年×月×日

<u>××省××市至××市高速</u> 公路
复测成果报审表

编　号：××

施工单位：××公路工程建设有限公司

监理单位：××工程建设咨询有限公司

合同段：××

致：_____××× _____（监理工程师）
根据合同要求，我们已完成本合同段__K0+000__至__K1+300__长__1300__m 的复测，现将复测成果上报，请予以审查批准。 　　附件：1. 原始基准点、基准线和基准高程的复测报告 　　　　　2. 地面线复测土石方工程量计算资料 　　　　　3. 其他资料   　　　　　　　　　　　　　　项目经理签字：×××　　　　　　　2023 年×月×日

测量专业监理工程师意见： 　　经抽检复测，施工控制点精度符合设计及规范要求。 签字：×××　　　　2023 年×月×日	驻地监理工程师意见： 　　经抽检复测，施工控制点精度符合设计及规范要求。 签字：×××　　　　2023 年×月×日
总监办专业监理工程师意见： 　　施工控制点精度符合设计及规范要求。 签字：×××　　　　2023 年×月×日	总监理工程师意见： 　　施工控制点精度符合设计及规范要求。 签字：×××　　　　2023 年×月×日

设计单位意见： 　　施工控制点精度符合设计及规范要求。   　　　　　　　　　　　　　　　　签字：×××　　　　　　　2023 年×月×日
建设单位审批意见： 　　施工控制点精度符合设计及规范要求。   　　　　　　　　　　　　　　　　签字：×××　　　　　　　2023 年×月×日

<u>××省××市至××市高速</u> 公路

隐蔽工程报验单

编　号：××
合同段：××

施工单位：××公路工程建设有限公司
监理单位：××工程建设咨询有限公司

分项工程名称	土方路基工程		分部工程名称	路基土石方工程
隐蔽工程项目 （桩号、部位）	K0+000～K0+200 土方路基			
施工自检结果	路基的压实度、弯沉值、宽度、平整度、纵断高程、中线偏位等符合设计及规范要求，申请隐蔽施工。			
附　件	/			
技术负责人	×××		自检日期	2023 年×月×日
检验负责人	×××		申请日期	2023 年×月×日
监理接收人	×××		接收日期	2023 年×月×日
监理机构验收情况	施工单位质量保证资料情况	☑ 1. 能证明隐蔽工程质量、数量、结构尺寸等的工程照片 ☑ 2. 必要的测量记录和检测报告 ☑ 3. 所报验工程\工序的检查记录表 ☐ 4. 其他（其他附件资料在表格内附件栏补充说明）		
	监理抽检情况评述	经检查，符合设计文件及规范要求，同意隐蔽。		
	结论	☑合格　　　　　☐不合格		
	处理意见	☑同意隐蔽 ☐不同意隐蔽，理由：		
	附件	/		
监理工程师	×××		批准日期	2023 年×月×日
项目技术负责人	×××		收件日期	2023 年×月×日

报审表-26

<u>　　××省××市至××市高速　</u>公路
费用索赔报审表

编　号：××
合同段：××

施工单位：××公路工程建设有限公司
监理单位：××工程建设咨询有限公司

致：　　　<u>　×××　　</u>　　（监理工程师）
根据合同条款<u>　　第12.6.1条　　</u>的规定，由于<u>　　业主征地、青苗赔偿未到位造成窝工　　</u>的原因，我单位要求索赔金额<u>　壹仟（1000.00）　</u>元，请予以审批。   　　　　　　　　　　　　　　　　项目经理签字：×××　　　　2023年×月×日
索赔项目： 　　业主征地、青苗赔偿未到位造成的机械、人员窝工费用。
申报索赔的详细理由及经过： 　　2023年3月31日—2023年5月22日因业主征地、青苗赔偿未到位，当地村民借以征地、青苗补偿价格低为由，有组织地到施工现场无理阻工。
证明文件：见附件（影像资料）。
索赔金额：20000.00元

施工单位递交	签字：×××	2023年×月×日
监理单位签收	签字：×××	2023年×月×日

驻地监理工程师意见： 　　索赔时间合理，索赔依据成立，索赔资料真实充分，拟同意该索赔，请总监理工程师审批。 　　　　　　　　　　　　　　　　签字：×××　　　　2023年×月×日
总监理工程师意见： 　　该索赔成立，同意。 　　　　　　　　　　　　　　　　签字：×××　　　　2023年×月×日
建设单位审批意见： 　　同意。 　　　　　　　　　　　　　　　　签字：×××　　　　2023年×月×日

<u>××省××市至××市高速</u>公路

工程延期报审表

编　号：××

施工单位：　××公路工程建设有限公司　　　　　　　　　　合同段：××
监理单位：　××工程建设咨询有限公司

致：_____×××_____（监理工程师）

　　根据合同条款　　第 12.6.1 条　　的规定，由于下述原因，我单位要求延长__31__日历天，使竣工日期（包括已指令变更延长的工期在内），从原来的__2023_年_06_月_08_日延长到_2023_年_07_月_09_日，请予以审批。

　　附件：相关资料

项目经理签字：×××　　　　2023 年×月×日

要求延期的原因和理由：

　　原因：2023 年 5 月 17 日，因 K6+150～K8+430 段路基工程、××特大桥施工范围内××江上游连续大雨，2023 年 5 月 22 日造成 K6+150～K8+430 段路基工程、××特大桥施工场地被洪水淹没，持续至 2023 年 6 月 8 日退去，期间无法组织继续进行施工，另我单位清理洪水灾后现场，重新组织该施工段落施工准备工作需要 15 天。

　　理由：根据××合同条款第12.6.1条（不可抗力自然灾害）。

延长工期的计算：2023 年 06 月 08 日+31 天=2023 年 07 月 09 日

施工单位递交	签字：×××	2023 年×月×日
监理单位签收	签字：×××	2023 年×月×日

驻地监理工程师意见：
　　拟同意施工方提出的工程延期申请，请总监理工程师审批。

签字：×××　　　　2023 年×月×日

总监理工程师意见：
　　同意施工方提出的工程延期申请。

签字：×××　　　　2023 年×月×日

建设单位审批意见：
　　同意施工方提出的工程延期申请。

签字：×××　　　　2023 年×月×日

管理表-1

×× 省 ×× 市至 ×× 市高速　公路

首件工程开工报告

（封面）

编　　　　制：　　　　×××

施工项目负责人：　　　　×××

承　包　人：　××公路工程建设有限公司　（盖章）

2023年×月×日

　　__××省××市至××市高速__公路

首件工程总结报告

（封面）

编　　　　制：＿＿＿＿＿××× ＿＿＿＿＿

施工项目负责人：＿＿＿＿＿××× ＿＿＿＿＿

承　　包　　人：　__××公路工程建设有限公司__（盖章）

2023年×月×日

<u>　　××省××市至××市高速　</u>公路

工程（变更）设计批复单

编　号：LJ-01-01-01-001

施工单位：××公路工程建设有限公司　　　　　　　　　　　　　合同段：第A3合同段

工程名称	××省××市至××市高速公路项目	签发	×××
		会签	×××
报送单位	××交通投资建设有限公司	审批	×××
批复日期	2023年×月×日	审核	×××

批复意见：

　　该项目K0+180～K0+380段路堑边坡原施工图设计为两级边坡，2023年4月，受台风强降水影响，本施工段左侧一级边坡发生浅层局部滑塌，项目建设单位组织相关单位进行现场踏勘，确定了放缓边坡、适当加固的治理原则，将滑塌路段原设计的两级边坡变更为三级边坡，清除已滑塌的表层松土，碎落台适当加宽。

　　2023年5月，受连续强降雨影响，该边坡再次发生局部滑塌，坡脚局部土体隆起，坡体上方产生较多裂缝。2023年7月下旬，受持续降雨影响，边坡裂缝明显发展，裂缝宽度及错台进一步加大最终导致K1+300处产生浅层滑塌，坡脚制梁台座隆起，边坡存在整体失稳风险。建设单位提出采用人工挖孔锚索桩+坡面格构锚索防护+坡体排水的边坡处治方案。确定具体设计变更方案为：

　　（1）K1+210+K1+300段一级边坡坡顶平台设置29根抗滑桩，桩截面尺寸2.0m×3.0m，间距5.0m，长度18～22m，距桩顶1.5m处设锚索一道。

　　（2）一级边坡坡率为1：1.75，采用人字骨架植草防护，二级及以上边坡坡率为1：1.25，采用格构锚索防护，格构梁间距3.0m×3.0m，截面尺寸0.5m×0.5m，锚索长30～35m。

＿×× 省 ×× 市至 ×× 市高速＿公路

设计交底记录

编　号：LJ-00-00-00-001

施工单位：××公路工程建设有限公司

合同段：第 A3 合同段

工程名称	×× 省 ×× 市至 ×× 市高速公路项目	
交底日期	2023 年×月×日	第×页，共×页

交底内容：
1. 施工现场的自然条件，工程地质及水文地质条件等。
2. 设计主导思想、建设要求与构思，使用的规范。
3. 路基设计、路面设计、排水设计、桥梁设计、隧道设计、绿化设计等。
4. 对路基、路面、排水、桥梁、隧道、绿化施工的要求。
5. 对建材的要求，对使用新材料、新技术、新工艺的要求。
6. 施工中应特别注意的事项等。

建设单位	设计单位	监理单位	施工单位
（公章）	（公章）	（公章）	（公章）
签字：××× 2023 年×月×日	签字：××× 2023 年×月×日	签字：××× 2023 年×月×日	签字：××× 2023 年×月×日

＿＿××省××市至××市高速＿＿公路

图纸审查记录

编　　号：LJ-00-00-00-001

施工单位：××公路工程建设有限公司

合同段：第 A3 合同段

工程名称	××省××市至××市高速公路项目		
图纸审查部位	K0+000～K1+300 道路工程	日　　期	2023 年×月×日

审查中发现的问题：

　　1．K0+200 断面，面层路肩标高未标注。

　　2．K0+332 处路面面层宽度尺寸不明确。

参加审查人签字

建设单位：×××　　　　×××

设计单位：×××　　　　×××

施工单位：×××　　　　×××　　　×××　　　×××

监理单位：×××　　　　×××　　　×××　　　×××

记录人	签字：×××　　　　　　　　　　2023 年×月×日

管理表-6

<u>××省××市至××市高速</u> 公路

工程洽商记录

编　号：LJ-00-00-00-001

施工单位：××公路工程建设有限公司　　　　　　　　　　合同段：第 A3 合同段

工程名称	××省××市至××市高速公路项目		
内容摘要	K0+025～K0+032 路基处理	日　期	2023 年×月×日

洽商事项：

　　道路路基开挖至 K0+025～K0+032 处时，发现路基下存在树木垃圾等杂物，尺寸为 5m×3.6m×1.2m，经与建设、设计、监理、勘察单位协商，确定将该处树木清除，采用 2∶8 灰土回填至原标高。

　　挖出垃圾及清运：5×6.3×1.6=37.8m³

　　回填 2∶8 灰土：37.8m³

　　运距：10km

建设单位	×××	监理单位	×××
施工单位	×××	设计单位	×××

<u>××省××市至××市高速</u> 公路

技术交底记录

编　号：LJ-01-01-01-001

施工单位：××公路工程建设有限公司　　　　　　　　　　　　合同段：第 A3 合同段

工程名称	××省××市至××市高速公路项目		
交底部位	K0+000～K1+300 土方路基	日期	2023 年×月×日

交底内容：

一、技术准备

1. 认真审核图纸及设计说明书。

2. 施工组织设计已经审定批复，并做好施工技术及安全交底。

3. 路基施工前应详细检查、核对纵横断面图，发现问题进行复测。若设计单位未提供断面图，应全部补测。

4. 根据恢复的路线中桩、设计图表、施工工艺和有关规定测设路基用地界桩和路堤坡脚、路堑堑顶、边沟、取土坑、护坡道、弃土堆等具体位置桩。

5. 路基材料各项试验合格。

6. 试验路段：

（1）开工之前，应选择试验路段进行填筑压实试验，以确定土方工程的正确压实方法、为达到规定的压实度所需要的压实设备的类型及其组合工序、各类压实设备在最佳组合下的各自压实遍数以及能被有效压实的压实层厚度等，从中选出路基施工的最佳方案以指导全线施工。

（2）在开工前至少28d完成试验路段的压实试验，并以书面形式向监理工程师按试验情况提出拟在路堤填料分层平行摊铺和压实所用的设备类型及数量清单，所用设备的组合及压实遍数、压实厚度、松铺系数，供监理工程师审批。

（3）试验段的位置由监理工程师现场选定，长度为不小于200m的全幅路基为宜。采用监理批准的压实设备、筑路材料进行试验。压实试验进行到达到规定的压实度所必须的施工程序为止，并记录压实设备的类型和工序及碾压遍数。对同类材料以此作为现场控制的依据。

（4）不同的筑路材料应单独做试验段。

二、材料要求

高速公路路基施工的主要材料为土、石方、土石混合料。淤泥、沼泽土、冻土、有机土以及含草皮、树根、垃圾和腐朽物质的土不得用于路基施工中。填方材料最小强度和最大粒径应符合表1-1的规定。

……

交底人签字	×××
接受交底人签字	×××　×××　×××

<u>××省××市至××市高速</u> 公路

到场管理人员清单

编　号：××

施工单位：××公路工程建设有限公司

监理单位：××工程建设咨询有限公司

合同段：××

姓名	性别	职称	学历	年龄	工作岗位	备注
×××	男	高级工程师	本科	40	项目经理	
×××	男	高级工程师	专科	45	技术负责人	
×××	男	工程师	本科	40	技术员	
×××	男	工程师	专科	32	质量员	
×××	男	高级工程师	专科	40	施工员	
×××	男	工程师	本科	29	测量员	
×××	男	工程师	专科	40	材料员	
×××	男	初级工程师	本科	22	试验员	
×××	男	工程师	专科	27	资料员	
……						

项目经理：×××	专业监理工程师：×××	日期：2023 年×月×日

管理表-9

<u>　　××省××市至××市高速　</u>公路

到场机械设备清单

编　号：××

施工单位：××公路工程建设有限公司

监理单位：××工程建设咨询有限公司

合同段：××

序号	机械名称	型号	单位	数量		新旧程度	自有或租赁	备注
				合同数	实到数			
1	挖掘机	小松 220	台	4	4	新	自有	投标承诺
2	装载机	鲁工 50	台	1	1	新	自有	投标承诺
3	压路机	鲁工 24t	台	2	2	新	自有	投标承诺
4	平地机	三一 220	台	1	1	新	自有	投标承诺
5	塔吊	QTZ80	台	2	2	新	租赁	变更
	······							

说明：按照标书所列顺序填写，备注中填写"投标承诺"或"变更"。　　　　第×页　共×页

项目经理：×××　　　　　　专业监理工程师：×××　　　　　　日期：2023 年×月×日

管理表-10

施工单位：××公路工程建设有限公司
监理单位：××工程建设咨询有限公司

×××省×××市至×××市高速 公路
施工单位组织人员统计表

编　号：××
合同段：××
起止桩号：K0+000～K13+300

项目部/工区	行政	技术	质检	试验	安全	机驾	其他	合计（人）
项目部	1	5	5	1	3	3	3	21

制表：×××　　审核：×××　　总（驻地）监理工程师：×××　　日期：2023 年×月×日

112

××省××市至×××市高速 公路

施工单位机械设备一览表

施工单位：××公路工程建设有限公司
监理单位：××工程建设咨询有限公司

编　号：××
合同段：第 A3 合同段
起止桩号：K0+000～K13+300

合同段/工区	机械名称	单位	数量	设备状态性能	机械名称	单位	数量	设备状态
第 A3 合同段	光轮压路机	台	3	良好				
第 A3 合同段	挖掘机	台	4	良好				
第 A3 合同段	摊铺机	台	3	良好				
第 A3 合同段	胶轮压路机	台	4	良好				
第 A3 合同段	自卸汽车	台	5	良好				
第 A3 合同段	推土机	台	3	良好				
……								

制表：×××　　审核：×××　　总（驻地）监理工程师：×××　　日期：2023 年×月×日

管理表-12

××省××市至×××市高速 公路

2023 年 3 月工程进度统计表

施工单位：×××公路工程建设有限公司
监理单位：××工程建设咨询有限公司

编　号：LJ-00-00-00-001
合同段：第 A3 合同段

工程名称	×××省××市至×××市高速公路项目													备注
清单项目编号	项目名称	单位	合同数量			本月计划		年累计完成			
			工程量	单价（元）	工作量	工程量	工作量	工程量	工作量	占年计划（%）	
202-1-a	挖土方	m³	96.3万	20.00	11.6万	10.2万	11.6万	96.3万	11.6万	12.05	
204-1-b	利用方	m³	46.7万	15.00	5.2万	5.6万	5.2万	46.7万	5.2万	11.13	
204-1-c	借土填方	m³	113.5万	45.00	11.1万	12.1万	11.1万	113.5万	11.1万	9.78	
205-1-a	弃方	m³	49.6万	30.00	6.4万	4.6万	6.4万	49.6万	6.4万	12.9	

制表：×××
2023年03月31日

施工项目负责人：×××
2023年04月01日

驻地监理工程师：×××
2023年04月01日

总监理工程师：×××
2023年04月01日

114

管理表-13

<u>××省××市至××市高速</u> 公路
<u>5</u> 月份供材数量汇总表

编　号：××
合同段：××

施工单位：××公路工程建设有限公司
监理单位：××工程建设咨询有限公司

工程名称	××省××市至××市高速公路				
供货时间	材料名称	材料规格	供材数量	验收人	备注
2023年×月×日	砂子	中粗砂	1860t	×××	
2023年×月×日	碎石	碎石	2400t	×××	
2023年×月×日	砂子	中粗砂	1928t	×××	
2023年×月×日	碎石	碎石	2100t	×××	
合计	（按不同品种和单价分别汇总数量）			砂子3788t，碎石4500t	

供应商代表：×××　　　　　　　　　项目经理（或授权人）：×××

＿＿＿＿＿×＿×＿省×＿×＿市至×＿×＿市高速＿＿公路

会议签到表

编　号：××

施工单位：××公路工程建设有限公司　　　　　　　　　　　　合同段：××

会议名称		项目例会		
序号	单位名称	职务	签名	联系电话
1	××交通投资建设有限公司	业主代表	×××	135××
2	××工程建设咨询有限公司	驻地办总监	×××	132××
3	××工程建设咨询有限公司	驻地办专监	×××	139××
4	××工程建设咨询有限公司	驻地办监理员	×××	177××
5	××公路工程建设有限公司	项目经理	×××	158××
6	××公路工程建设有限公司	项目技术负责人	×××	133××
7	××公路工程建设有限公司	技术员	×××	132××
8	××公路工程建设有限公司	质量员	×××	130××
9	××公路工程建设有限公司	施工员	×××	159××
10	××公路工程建设有限公司	材料员	×××	152××
11	××公路工程建设有限公司	实验员	×××	137××

管理表-15

<u>　　　　××省××市至××市高速　</u>公路
工程汇总表

编号：××

工程名称	等　级	备　注
路基工程	合格	第 A3 合同段
路面工程	合格	第 A3 合同段
桥梁工程	合格	第 A3 合同段
绿化工程	合格	第 A3 合同段
声屏障工程	合格	第 A3 合同段
交通设施工程	合格	第 A3 合同段
机电工程	合格	第 A3 合同段
附属设施	合格	第 A3 合同段
质量等级	合格	

计算：×××　　　　　　复核：×××　　　　　　日期：2023 年×月×日

管理表-16

<u>××省××市至××市高速</u> 公路

施 工 日 志

编　号：××

施工单位：××公路工程建设有限公司　　　　　　　　　合同段：第 A3 合同段

记录人	×××	岗位	技术员	记录时间	2023 年×月×日
施工范围（桩号）：K0+000～K1+300				天气	晴
施工项目人员	管理人员 2 名，工人 5 名				
主要施工机械	光轮压路机、挖掘机、推土机				
完成主要工程	0+000～0+200 机械开槽、碾压				

施工工程及施工内容：
　　K0+000～0+200 机械开槽，槽宽 14m，右侧人行步道板宽 2.5m，平均挖深 3～4m。
　　挖掘机配合推土机清理槽底，人工切边整形，光轮压路机碾压槽底。

质量、安全、环保等自检情况：
　　开槽施工前，质量员在现场监督施工班组成员施工，说明施工时质量要求。
　　安全员向施工班组成员进行安全交底，说明施工时注意事项，参加交底的班组作业人员均在交底记录上签字确认；现场周边洒水润湿，无粉尘污染现象。
　　技术负责人向施工班组成员进行技术交底，说明施工时注意事项，参加交底的班组作业人员均在交底记录上签字确认。
　　施工过程中检查宽度、高程等。

存在问题及处理经过、结果：
　　无。

审核人（项目技术负责人）　　签字：×××　　　　　　　2023 年×月×日

118

管理表-17

施工单位：××公路工程建设有限公司

监理单位：××工程建设咨询有限公司

××省××市至××市高速 公路
气象及自然灾害记录表

编　号：××

合同段：第 A3 合同段

起止桩号：K0+000～K13+300

2023 年 9 月		1	2	3	4	5	6	7	8	9	10	11	12	13	14	15	16	17	18	19	20	21	22	24	25	26	27	28	29	30	31
																		日　期													
气候情况	气温	最高（℃）	28	30	28	32	32	31	26	21																							
		最低（℃）	21	22	20	21	21	22	24	19																							
	晴阴雨雪		阴	阴转多云	晴	晴	多云	晴	阴	小雨																						
说　明																			/													
自然灾害	受灾情况描述																		/													
	对工程计划进度影响																		/													
	处理结果																		/													
其他说明																			/													

制表：×××　　　审核：×××　　　总（驻地）监理工程师：×××　　　日期：2023 年×月×日

119

___××省××市至××市高速___公路
工程缺陷责任期终止证书

编　号：××
合同段：××

施工单位：××公路工程建设有限公司
监理单位：××工程建设咨询有限公司

本证书包括的工程：
××省××市至××市高速公路项目（第 A3 合同段）的路基工程、桥梁工程、隧道工程、绿化工程。

评价意见：
本合同段工程项目在整个缺陷责任期内未发现重要质量缺陷，一般缺陷已经修复查验合格。已于 2023 年×月×日经过完工查收，本工程项目缺陷责任期 12 个月，已于 2023 年×月×日期满，并签认工程缺陷责任期终止证书。

合同缺陷责任 证书签发日期	2023 年×月×日	实际缺陷责任 证书签发日期	2023 年×月×日

项目经理意见：
本合同段工程项目在整个缺陷责任期内未发现重要质量缺陷，一般缺陷已经修复查验合格。，缺陷责任期已满 12 个月，同意该工程缺陷责任期终止。 签字：××× 2023 年×月×日

驻地监理工程师意见：同意。
签字：××× 2023 年×月×日

总监理工程师意见：同意。
签字：××× 2023 年×月×日

建设单位意见：同意。
签字：××× 2023 年×月×日

第2.4节 安全表填写示例

安全表-1

××省××市至××市高速 公路

安全施工日志

编　号：××

施工单位：××公路工程建设有限公司

合同段：第A3合同段

工程名称	××省××市至××市高速公路项目	里程或部位	K1+000～K1+300
记录人	×××	日　期	2023年×月×日
审核人	×××	日　期	2023年×月×日
天气	晴	气温（℃）	20
施工现场安全状况（安全防护、安全警示标志设置及作业人员防护用品佩戴情况）	作业前安全员要求作业人员必须佩戴好安全帽及安全带进行作业，作业时必须仔细认真。做到安全第一，预防为主。		
危险性较大工程施工安全措施落实情况	高空作业正确佩戴了安全带和防滑鞋。		
施工临时用电安全措施落实情况	凡是电机和机械设备，都应贯彻定人定机责任制，桩机行驶的道路应平整，施工机械与现场输电线路之间应保持安全距离。		
危险源、危险点安全监控措施情况	未发现隐患。		
存在的主要安全隐患及整改措施、整改的责任人	/		
其他有关活动记录	班前教育已完成。		

××省××市至××市高速 公路
安全施工技术交底（挖土工程）

编　号：LJ-01-01-01-001

施工单位：××公路工程建设有限公司　　　　　　　合同段：第 A3 合同段

工程名称	××省××市至××市高速公路项目（第A3合同段）	交底日期	2023年×月×日
分项工程名称	土方路基	施工部位	K0+130～K0+440

交底内容：

　　1. 挖土前根据安全技术交底了解地下管线、人防及其他构筑物情况和具体位置，地下构筑物外露时，必须进行加固保护。作业工程中应避开管线和构筑物。在现场电力、通信电缆2m范围内和现场燃气、热力、给排水等管道1m范围内挖土时，必须在主管单位人员监护下采取人工开挖。

　　2. 开挖槽、坑、沟深度超过1.5m，必须根据土质和深度情况按安全技术交底放坡或加可靠支撑，遇边坡不稳、有坍塌危险征兆时，必须立即撤离现场，并及时报告施工负责人，采取安全可靠排险措施后，方可继续挖土。

　　3. 槽、坑、沟必须设置人员上下坡道或安全梯。严禁攀登固壁支撑上下，或直接从沟、坑边壁上挖洞、攀登、爬上或跳下，间歇时，不得在槽、坑、坡脚下休息。

　　4. 挖土过程中遇到古墓、地下管道、电缆或其他不能辨认的异物和液体、气体时应立即停止作业，并报告负责人，待查明处理后，再继续挖土。

　　5. 槽、坑、沟边1m以内不得推土、堆料停放机具。堆土高度不得超过1.5m。槽、坑、沟与建筑物、构筑物的距离不得小于1.5m。开挖深度超过2m时，必须在周边设置两道牢固护身栏杆，并张挂密目式安全网。

　　6. 人工挖土前后操作人员横向间距不应小于2～3m，纵向间距不得小于3m。严禁掏洞挖土，搜底挖槽。

　　7. 每日或雨后必须检查土壁及支撑稳定情况，在确保安全的情况下继续工作，并且不得将土和其他物件堆在支撑上，不得在支撑上行走或站立。混凝土支撑梁底板上沾黏物必须及时清除。

　　8. 机械挖土，启动前应检查离合器、液压系统及各铰接部分等，经空车试运转正常后再开始作业，机械操作中进铲不应过深，提升不应过猛，作业中不得碰撞支撑。

　　9. 机械不得在输电线路和线路一侧工作，不论在任何情况下，机械的任何部位与架空输电线路的最近距离应符合安全操作规程要求（根据现场进、输电线路的电压等级定）。

　　10. 机械应停在坚实的地基上，如基础过差，应采取走道板等加固措施，不得将挖土机履带与挖空的基坑平行2m停驶。运土汽车不宜靠近基坑平行行驶，防止塌方翻车。

　　11. 配合挖土机的清坡、清底工人，不准在机械回转半径下工作。

　　12. 向汽车上卸土应在车子停稳后进行，禁止铲斗从汽车驾驶室上越过。

　　13. 场内道路应及时整修，确保车辆安全畅通，各种车辆应有专人负责指挥引导。

　　14. 车辆进、出门口的人行道下面，如有地下管线（道）必须铺设厚钢板，或浇筑混凝土加固。车辆出大门口前，应将轮胎冲洗干净、不污染道路。

　　15. 在开挖杯基坑时，必须设有确实可行的排水措施，以免基坑积水，影响坑土结构。

　　16. 基坑开挖前，必须摸清基坑下的管线排列和地质开采资料，以利考虑开挖过程中的意外应急措施（流砂等特殊情况）。

　　17. 清坡、清底人员必须根据设计标高做好清底工作，不得超挖。如果超挖不得将松土回填。以免影响基础的质量。

　　18. 开挖出的土方，要严格按照组织设计堆放，不得堆于基坑外侧，以免引起地面堆载超荷引起土体位移、板桩位移或支撑破坏。

　　19. 开挖土方必须有挖土令。

第1页共2页

工程名称	××省××市至××市高速公路项目 （第A3合同段）	交底日期	2023年×月×日
分项工程名称	土方路基	施工部位	K0+130～K0+440

补充内容：

一、成品保护

1. 挖运土方时应注意保护定位标准桩、轴线引桩、标准水准点，并定期复测检查定位桩和水准基点是否完好。

2. 土方开挖时，应防止邻近已有建筑物或构筑物、道路、管线发生下沉和变形。必要时与设计单位或建设单位协商采取防护措施，并在施工中进行沉降或位移观测。

3. 施工如发现有文物或古墓等，应妥善保护，并应及时报请当地有关部门处理后方可继续施工。如发现有测量用的永久性标桩或地质、地震部门设置的长期观测点等，应加以保护。在敷设有地上或地下管线、电缆的地段进行土方施工时，应事先取得有关管理部门的书面同意，施工中应采取措施，以防止损坏管线，造成严重事故。

4. 挖土时应对边坡支护结构做好保护，以防碰撞损坏。

二、应注意的问题

1. 防止基底超挖：开挖基坑（槽）、管沟不得超过基底标高，如个别地方超挖时，其处理方法应取得设计单位同意。

2. 基底保护：基坑（槽）开挖后应尽量减少对基土的扰动。如果基础不能及时施工时，可在基底标高以上预留300mm土层不挖，待做基础时再挖。

3. 合理安排施工顺序：严格按施工方案规定的施工顺序进行土方开挖，应注意宜先从低处开挖，分层、分段依次进行，形成一定坡度，以利排水。

4. 防止施工机械下沉：施工时必须了解土质和地下水位情况。推土机、铲土机一般需要在地下水位0.5m以上推铲土；挖土机一般需在地下水位0.8m以上挖土，以防机械自身下沉。正铲挖土机挖方的台阶高度，不得超过最大挖掘高度的1.2倍。

5. 控制开挖尺寸，防止边坡过陡：基坑（槽）或管沟底部的开挖宽度和坡度，除应考虑结构尺寸要求外，应根据施工需要增加工作面宽度，如排水设施、支撑结构等所需宽度。

6. 在地下水位以下挖土，必须有措施、有方案：对于地质资料反映有粉细砂、粉土、中粗砂等土层的工程项目，必须有截水、降水等有效防止流砂的措施，并制订行之有效的降排水方案。

交底部门	技术质量部	交底人	×××
接受交底人	×××　×××　×××	交底日期	2023年×月×日

安全表-3

安全操作技术交底（场内机动车辆）

编　号：LJ-01-01-01-001

施工单位：××公路工程建设有限公司

合同段：第 A3 合同段

工程名称	××省××市至××市高速公路项目 （第A3合同段）	交底日期	2023年×月×日
分项工程名称	土方路基	施工部位	K0+130～K0+440

交底内容：

　　1．现场内驾驶机动道车辆的作业人员，必须经专业安全技术培训，考试合格，持《特种作业操作证》上岗作业。未经交通部门考试发证的严禁上公路行驶。

　　2．作业前检查燃油、润滑油、冷却水充足，变速杆应在空档位置，气温低时，视情况加热水预热。

　　3．发动后应空转5～10min，待水温到40℃以上时方可一档起步，严禁二档起步和将油门踩到底的操作。

　　4．开车时精神要集中，行驶中严禁载人、不准吸烟、打闹玩笑。睡眠不足和酒后严禁作业。

　　5．运输构件宽度不得超过车宽，高度不得超过1.5m（从地面算起）。运输混凝土时，混凝土的平面应低于斗口10cm，运砖时，高度不得超过斗地面，严禁超载行驶。

　　6．雨雪天气，夜间应低速行驶，下坡时严禁空档滑行。

　　7．在坑槽边缘倒料时，必须在距0.8～1m处设置安全档掩（20cm×20cm的木方）。车在距离坑槽10m处即应减速至安全档掩处倒料，严禁骑沟倒料。

　　8．翻斗车上坡道（马道）时，坡道应平整，宽度不得小于2.3m以上，两侧设置防护栏杆，必须经检查验收合格的方可使用。

　　9．检修或班后清洗车时，必须熄火并拉好手制动。

工程名称	××省××市至××市高速公路项目 （第A3合同段）	交底日期	2023年×月×日
分项工程名称	土方路基	施工部位	K0+130～K0+440

补充内容：

1．严格遵守交通规则和有关规定，驾驶车辆必须证照齐全，不准驾驶与证件不符的车辆，严禁酒后开车。

2．汽车涉水和通过漫水桥时，应事先查明行车路线，并需有人引车；如水深超过排气管时，不得强行通过；严禁熄火。

3．车辆通过泥泞路面时，应保持低速行驶，不得急刹车。

4．在冰雪路面上行驶时，应装防滑链条，下坡时不得滑行，并用低速档控制速度，禁止急刹车。

5．机动车发动前应将变速杆放在空档位置，并拉紧手刹车。

6．发动后应检查各种仪表、方向机构、制动器、灯光等是否灵敏可靠，并确认周围无障碍物后，方可鸣号起步。

7．运输超宽、超高和超长的设备和构件，除严格遵守交通部门的有关规定外，还必须事先研究妥善的运输方法，制订出安全措施。

8．货车载人，应按有关管理部门规定执行，任何人不得强令驾驶员违章带人，严禁人货混装。自卸汽车的车厢内严禁载人。

9．在坡道上被迫熄火停车，应拉紧手制动器，下坡挂倒档，上坡挂前越档，并将前后轮楔牢。

10．装载构件和其他货物时，宽度左右各不得超出车厢20cm，从地面算起不得超过4m，长度前后共不得超过车身2m，超出部分不得触地，并应摆放平稳，捆扎牢固，如装运异形特殊物件，应备专用搁架。

11．车辆陷入坑内，如用车牵引，应有专人指挥，互相配合。

12．气制动的汽车，严禁气压低于2.5kg/cm²时起步，若停放在坡道上，气压低于4kg/cm²时，不得滑行发动。

13．装运易燃、易爆或其他危险品时，应遵守有关安全行车规定。

14．向坑洼地卸料时，必须和坑边保持适当安全距离，防止边坡坍塌。

15．重车下坡和转弯应减速慢行。下坡应提前换档，不得中途换档。

16．自卸车卸料时，应选好地形，并检视上空和周围有无电线、障碍物以及行人。卸料后，车斗应及时复原，不得边走边落。

17．检修倾卸装置时，应撑牢车厢，以防车厢突然下落伤人。

18．自卸车发动后，应检试倾卸液压机构。

19．配合挖土机装料时，自卸汽车就位后，拉紧手刹车。如挖斗必须超过驾驶室顶时，驾驶室内不得有人。

20．机动翻斗车向坑槽或混凝土集料斗内卸料时，应保持适当安全距离和设置档墩，以防翻车。

21．机动翻斗车除驾驶员外，车上严禁带人。转弯时应减速，行驶中应注意来往行人及周围物料、设备。

交底部门	安全环保部	交底人	×××
接受交底人	×××　×××　×××	交底日期	2023年×月×日

第 2.5 节　计量支付表填写示例

计量表-1

<u>　　××省××市至××市高速　</u>公路

中期计量支付报表申请/审核单

编　号：××
合同段：××

施工单位：　××公路工程建设有限公司
监理单位：　××工程建设咨询有限公司

致：<u>　　　　××××　　　　　</u>（监理工程师） 　　根据合同条款<u>　　　第 11.1.5　　　</u>的规定，现上报第<u>　　1　　</u>期工程计量支付报表文件共一式<u>　四　</u>份，请予以审核。 　　附件：工程计量支付报表文件   项目技术负责人签字：×××　　　　　　项目经理签字：×××　　　　　　2023 年×月×日
驻地监理工程师意见： 　　经核实测量，本项合格的可计量的工程量为附表核定数，本期该项合同工程核定完成工作量为壹仟零壹万伍仟（10,015,000.00）元，请按此提出本项工程进度付款申请。   　　　　　　　　　　　　　　　　　　　签字：×××　　　　　2023 年×月×日
总监理工程师意见： 　　本项工程量在合同约定内，均施工完成且经验收合格，同意。   　　　　　　　　　　　　　　　　　　　签字：×××　　　　　2023 年×月×日
建设单位审批意见： 　　同意支付。   　　　　　　　　　　　　　　　　　　　签字：×××　　　　　2023 年×月×日

计量表-2

<u>　　××省××市至××市高速　</u>公路

中期支付申请/审批单

编　号：××

合同段：××

施工单位：　××公路工程建设有限公司

监理单位：　××工程建设咨询有限公司

致：　　　　<u>×××</u>　　　　（监理工程师）
根据合同条款　<u>第 11.1.6 条　　</u>的规定，已符合中期支付工程款的条件。依据支付报表专用通知和中期支付报表，我单位向建设单位申请支付本期工程款，请给予批准。 　　附件： 　1．支付报表专用通知 　2．中期支付报表   <div align="right">项目经理签字：×××　　　　2023 年×月×日</div>
驻地监理工程师意见： 　　经核实测量，本项合格的可计量的工程量为上表核定数，本期该项合同工程核定完成工作量为<u>壹仟零壹万伍仟（10,015,000.00）</u>元，请按此提出本项工程进度付款申请。   <div align="right">签字：×××　　　　2023 年×月×日</div>
总监理工程师意见： 　　本项工程量在合同约定内，均施工完成且经验收合格，同意。   <div align="right">签字：×××　　　　2023 年×月×日</div>
建设单位审批意见： 　　同意支付。   <div align="right">签字：×××　　　　2023 年×月×日</div>

计量表-3

中 间 计 量 单

编　号：××
合同段：××

施工单位：　××公路工程建设有限公司
监理单位：　××工程建设咨询有限公司

子目编号	××			子目名称		填土夯实		
计量单位	m³			起讫桩号		K0+000～K0+500		
计量部位	土方路基							
原设计数量	5000			变更数量		1000	废置数量	/
上期末累计计量数量	3200	本期计量数量	6000	本期末计量数量		9200	剩余数量	/
变更令（废置）编号	BG-01			中间交工证书编号		××		

计算公式：

　　数量×单价=总价

计算草图：

　　5000+1000=6000m³

　　3200+6000=9200m³

　　6000m³×4500元/1000m³=27000元

项目技术负责人签字：×××　　　　2023 年×月×日

专业监理工程师意见：

　　经核实测量，本项合格的可计量的工程量为上述核定数，本期该项合同工程核定完成工作量为27000.00元，请按此提出本项工程进度付款申请。

签字：×××　　　　2023 年×月×日

合同专业监理工程师意见：

　　根据施工合同和验收规范要求，对该部位的工程量进行计量，计量数据真实有效。

签字：×××　　　　2023 年×月×日

第 2.6 节　测量记录表填写示例

测量表-1

<u>　　　××省××市至××市高速　　</u>公路

水准测量记录表

编　号：LJ-00-00-00-001

施工单位：××公路工程建设有限公司　　　　　　　　　　　　　　合同段：第 A3 合同段

工程名称	××省××市至××市高速公路项目			天气、温度		晴　29℃	
里程桩号	K0+000～K0+120			允许误差		10mm	
测点	水准尺读数（m）		视线高（m）	测点高程（m）	设计高程（m）	高差（mm）	备注
	后视	前视					
K1	1.274	/	37.608	/	36.334	/	
0+000	/	1.867	37.608	35.741	35.740	1	
0+020	/	1.891	37.608	35.717	35.720	-3	
0+040	/	1.916	37.608	35.692	35.700	-8	
0+060	/	1.933	37.608	35.675	35.680	-5	
0+080	/	1.957	37.608	35.651	35.660	-9	
0+100	/	1.974	37.608	35.634	35.640	-6	
0+120	/	0.549	36.073	35.624	35.620	-6	

测量：×××　　记录（计算）：×××　　复核：×××　　监理工程师：×××　　日期：2023 年×月×日

<u>　　××省××市至××市高速　　</u> 公路

水准点复测成果表

编　号：LJ-00-00-00-001

施工单位：××公路工程建设有限公司 　　　　　　　　　合同段：第 A3 合同段

水准点编号	设计高程（m）	实测高程（m）	偏差（mm）	水准点描述或备注
S1	54.802	54.803	1	十字钉；医院门口
S2	53.905	53.908	3	十字钉；肥料厂门口
S3	52.706	52.708	2	十字钉；左石油管道护桩
S4	50.736	50.742	6	十字钉；旧路右侧
S5	51.657	51.661	4	十字钉；右围墙顶
S4	50.736	50.738	2	十字钉；左 15m 墙角
S3	52.706	52.707	1	十字钉；左派出所门口
S2	53.905	53.905	0	十字钉；医院东南围墙角
S1	54.802	54.803	1	十字钉；左 15m 路口

测量：×××　　　记录（计算）：×××　　　复核：×××　　　监理工程师：×××　　　日期：2023 年×月×日

测量表-3

×××省×××市至×××市高速 公路

施工增加水准点测量报表

施工单位： ×××公路工程建设有限公司

编 号： LH-00-00-00-001
合同段： 第 A3 合同段

编号	施工水准点 BM-n		引用设计水准点 BM			L（km）或 N（个）	$\triangle_{容}$	$\triangle_{测}$	水准仪型号	说明
	位置	高程（m）	编号	位置	高程（m）					
L1	公园内	54.687	S1	园博园南门门广场	54.803	1	4mm	3mm	DZS3	水准仪型号：DZS3
L2	公园西 100m	54.692	S1	园博园南门门广场	54.803	1	6mm	2mm	DZS3	L：水准线路距离
L3	河边	53.886	S2	道路终点北 100m	53.908	1	6mm	2mm	DZS3	N：测站数
L4	终点北	53.749	S2	道路终点北 100m	53.908	1	6mm	3mm	DZS3	$\triangle_{容}$：允许闭合差
L5	星园宾馆	52.876	S3	太行路北星园宾馆前车行道	52.708	1	6mm	1mm	DZS3	$\triangle_{测}$：实测闭合差
L6	星园宾馆西 100m	51.036	S4	热力公司门前北侧路东	50.742	1	6mm	4mm	DZS3	
L7	热力公司	51.167	S4	热力公司门前北侧路东	50.742	1	6mm	5mm	DZS3	
L8	河边广场内	52.036	S5	起点南 200 米河边广场路边	51.661	1	6mm	0	DZS3	
L9	河边广场西 100m	51.987	S5	起点南 200 米河边广场路边	51.661	1	6mm	2mm	DZS3	

结论：

误差在允许范围内，同意使用。

测量：×××　　　　记录（计算）：×××　　　　复核：×××　　　　监理工程师：×××

日期：2023 年×月×日

131

测量表-4

导线点复测成果表

施工单位：××公路工程建设有限公司

编　号：LJ-00-00-00-00-001

合同段：第 A3 合同段

导线点编号	设计坐标（m）		实测坐标（m）		坐标差（mm）		设计距离	实测距离	距离偏差	设计夹角	实测夹角	夹角偏差
	X	Y	X	Y	△X	△Y						
A	536.27	328.72	536.27	328.74	0	2	115.10m	115.110m	1mm	48° 43′ 18″	48° 43′ 16″	-2″
1	612.17	415.23	612.18	415.26	1	3	100.09m	100.110m	2mm	131° 40′ 06″	131° 40′ 04″	-2″
2	545.68	490.05	545.62	490.05	-6	0	108.32m	108.300m	-2mm	206° 22′ 48″	206° 22′ 42″	-6″
3	448.54	441.98	448.56	441.94	2	-4	94.38m	94.390m	1mm	284° 36′ 12″	284° 36′ 16″	4″
4	472.39	350.65	472.34	350.62	-5	-3	67.58m	67.550m	-3mm	341° 05′ 54″	341° 05′ 57″	3″
A	536.21	328.77	536.27	328.74	6	-3						

记录（计算）：×××　　复核：×××　　监理工程师：×××

测量：×××　　　　　　　　　　　　　　　　　日期：2023 年×月×日

132

测量表-5

××省××市至××市高速 公路

施工增加导线点测量报表

编　号：LJ-00-00-00-001
合同段：第 A3 合同段

施工单位：×××公路工程建设有限公司

编号	施工导线点					引用设计批复导线点					偏差（mm）			说明
	位置	坐标（m）			H	编号	位置	坐标（m）		H	$\Delta N(X)$	$\Delta N(Y)$	ΔH	
		$N(X)$	$N(Y)$					$N(X)$	$N(Y)$					
1	K0+100	573.63	373.42		143.441	A	K0+100	573.67	373.46	143.444	-4	4	3	

精度评定：

符合设计和规范要求。

结论：

合格。

测量：×××　　　记录（计算）：×××　　　复核：×××　　　监理工程师：×××　　　日期：2023 年×月×日

133

测量表-6

施工单位：××公路工程建设有限公司

×××市至×××市高速 公路

附合导线测量计算表

点名	观测角 β	改正数 V_β	改正后角值 $\beta_{左}$	方位角 α	边长 D（m）	纵坐标增量 $\triangle x$（m） 计算值	纵坐标增量 $\triangle x$（m） 改正数	纵坐标增量 $\triangle x$（m） 改正后的值	纵坐标 X（m）	横坐标增量 $\triangle y$（m） 计算值	横坐标增量 $\triangle y$（m） 改正数	横坐标增量 $\triangle y$（m） 改正后的值	横坐标 Y（m）
A	104° 41′ 31″	0.71″	104° 41′ 30.29″	265° 44′ 56.5″	112.520	−110.295	0.003	−110.292	68467.914	−20.324	−0.002	−20.326	70545.257
1	195° 10′ 59.5″	0.71″	195° 10′ 58.79″	190° 26′ 27.5″	274.691	−247.675	0.007	−247.668	68357.622	−118.795	−0.006	−118.801	70524.931
……													
角度闭合差及改正数计算			坐标增量闭合差计算			导线相对闭合差计算				草图			
											见附图		

测量：×××　　　　　　　　　　记录（计算）：×××　　　　　　　　　　复核：×××　　　　　　　　　　监理工程师：×××　　　　　　　　　　日期：2023 年×月×日

134

测量表-7

<u>××省××市至××市高速</u> 公路

相邻合同段导线点、水准点联测记录表

编　号：LJ-00-00-00-001

施工单位：××公路工程建设有限公司 　　　　　　　　　　　　合同段：第 A3 合同段

点号	联测项目	设计值	实测值	差值	备注
1	坐标（N）	536.275m	536.273m	-2mm	
1	坐标（E）	415.232m	415.265m	3mm	
1	高程（H）	35.012m	35.013m	1mm	
2	坐标（N）	448.547m	448.563m	-4mm	
2	坐标（E）	350.656m	350.625m	1mm	
2	高程（H）	35.102m	35.104m	2mm	
	坐标（N）				
	坐标（E）				
	高程（H）				
	坐标（N）				
	坐标（E）				
	高程（H）				
	坐标（N）				
	坐标（E）				
	高程（H）				
	坐标（N）				
	坐标（E）				
	高程（H）				
	坐标（N）				
	坐标（E）				
	高程（H）				

技术负责人：×××　　　　　专业监理工程师：×××　　　　　日期：2023 年×月×日

测量表 8

施工放样测量记录表

施工单位：×××公路工程建设有限公司

编 号：LJ-01-01-01-001
合同段：第 A3 合同段

工程名称	×××市至×××市高速公路项目								
桩号及部位	K1+100～K1+600 路基工程						天气状况		晴
放样点	设计坐标（m）			实测坐标（m）			测量日期		2023 年×月×日
							偏差（mm）		
	X	Y	H	X	Y	H	ΔX	ΔY	ΔH
K1+100	548.534	493.086	15.117	548.538	493.083	15.122	−4	3	−5
K1+120	555.638	496.334	14.118	555.636	496.327	14.114	2	7	4
K1+140	562.147	499.717	16.529	562.141	499.727	16.524	6	−10	5
K1+160	566.786	503.239	15.445	566.794	503.232	15.445	−8	11	−4
……									

计算单位（m）	A 测站点坐标	X=536.270	Y=328.740	H=14.632	示意图：	见附图
	B 后视点坐标	X= /	Y= /	H= /		

放样结果：合格。

监理工程师意见：符合规范要求，合格。

测量：×××　　　记录（计算）：×××　　　复核：×××　　　日期：2023 年×月×日

××省××市至×××市高速 公路

GPS 施工放样测量记录表

编 号：LJ-00-00-00-001

施工单位：××公路工程建设有限公司

合同段：第 A3 合同段

里程	点名	设计 X	设计 Y	设计 H	放样 X	放样 Y	放样 H	天线高	水平精度	垂直精度	DX	DY	高差	横偏
K1+100	中点	548.534m	493.086m	15.117m	548.538m	493.083m	15.122m	36.444m	20mm	20mm	-4mm	3mm	-5mm	5mm
K1+120	中点	555.638m	496.334m	14.118m	555.636m	496.327m	14.114m	37.352m	20mm	20mm	2mm	7mm	4mm	7mm
K1+140	中点	562.147m	499.717m	16.529m	562.141m	499.727m	16.524m	37.694m	20mm	20mm	6mm	-7mm	5mm	9mm
K1+160	中点	566.786m	503.239m	15.445m	566.794m	503.232m	15.445m	37.553m	20mm	20mm	-8mm	7mm	0	11mm
……														

放样结果：符合规范要求。

监理工程师意见：合格。

2023 年×月×日

测量：×××　　　记录（计算）：×××　　　复核：×××　　　签字：×××

日期：2023 年×月×日

测量表-10

<u>　　××省××市至××市高速　</u>公路

平面位置（轴线）测量记录表

编　号：LJ-01-01-01-001

施工单位：××公路工程建设有限公司　　　　　　　　　　　　合同段：第 A3 合同段

工程名称	××省××市至××市高速公路项目				里程桩号	K1+000～K1+300 土方路基	
桩号及位置	实测坐标（m）		设计坐标（m）		偏差		偏位
	X	Y	X	Y	$\triangle X$	$\triangle Y$	$\sqrt{\triangle X^2+\triangle Y^2}$
K1+000	548.534	493.086	548.538	493.083	−4mm	3mm	5mm
K1+020	555.638	496.334	555.636	496.327	2mm	7mm	7.3mm
K1+040	562.147	499.717	562.141	499.727	6mm	−10mm	11.7mm
K1+060	566.786	503.239	566.794	503.232	−6mm	7mm	9.2mm
……							

示意图：

见附图

测量：×××　　记录（计算）：×××　　复核：×××　　监理工程师：×××　　日期：2023 年×月×日

测量表-11

××省××市至×××市高速 公路

沉降位移观测记录表

编　号：LM-01-01-04-001
合同段：第 A3 合同段

测站点编号	K1	测站点坐标				$X=566.786$m　$Y=503.239$m　$H=15.445$m				$X=562.147$m　$Y=499.717$m　$H=16.529$m				
监测点编号		初始观测值（2023年×月×日）				上次观测值（2023年×月×日）				本次观测值（2023年×月×日）				
		坐标		高程		坐标		高程		坐标		高程		后视点编号
		X	Y	H		X	Y	H		X	Y	H	A	
1#		548.534m	493.086m	15.117m		548.533m	493.085m	15.114m		548.532m	493.083m	15.113m		
2#		568.534m	493.086m	15.235m		568.533m	493.084m	15.230m		568.531m	493.082m	15.228m		
3#		548.534m	443.086m	15.442m		548.531m	443.085m	15.441m		548.53m	443.082m	15.44m		
4#		568.534m	443.086m	15.324m		568.531m	443.084m	15.322m		568.53m	443.083m	15.319m		

后视点坐标		本次位移（m）		本次沉降（m）	累计位移（m）		累计沉降（m）
		$\triangle X$	$\triangle Y$		$\triangle X$	$\triangle Y$	
		0.001	0.002	0.001	0.002	0.002	0.004
		0.002	0.002	0.002	0.003	0.004	0.007
		0.001	0.003	0.001	0.004	0.002	0.002
		0.001	0.001	0.003	0.004	0.005	0.005

观测点平面布置简图	见附图	结论	沉降速率、累计沉降量和位移符合设计及规范要求。

记录：×××　　　　计算：×××　　　　复核：×××　　　　监理工程师：×××　　　　日期：2023年×月×日

139

测量表-12

<u>××省××市至××市高速</u> 公路

测量复核记录

编　　号：XL-01-01-05-001
合同段：第 A3 合同段

施工单位：××公路工程建设有限公司

工程名称		××省××市至××市高速公路项目			
复核部位		××特大桥 1-1#桩基	日　　期	2023 年×月×日	
原施测人		×××　×××	复核测量人	×××　×××	

	点号	实测纵坐标（m）		设计纵坐标（m）		差值（mm）		备注
		X	Y	X	Y	X	Y	
测 量 复 核 情 况（草图）	B[28]8			300536.642	507054.634			后视点
	B[28]9			300478.633	507050.033			测站点
	桩 1-1	300482.303	507032.528	300482.302	507032.526	1	2	
	桩 1-2	300482.072	507037.272	300482.072	507037.270	0	2	
	桩 1-3	300482.097	507042.567	300482.094	507042.568	3	−1	
	桩 1-4	300481.897	507046.642	300481.896	507046.643	1	−1	
	桩 1-5	300481.700	507050.717	300481.698	507050.718	2	−1	
	桩 1-6	300481.500	507054.792	300481.500	507054.794	0	−2	
	桩 1-7	300480.961	507060.064	300480.963	507060.063	−2	1	
	桩 1-8	300480.730	507064.809	300480.733	507064.807	−3	2	
备　注	无。							

测量：×××　　　　　复核：×××　　　　　日期：2023 年×月×日

第 2.7 节　施工记录表填写示例

施记表-1

<u>　　××省××市至××市高速　</u>公路

工程材料（试验）送检见证单

施工单位：××公路工程建设有限公司　　　　　　　　　　　编　号：××

监理单位：××工程建设咨询有限公司　　　　　　　　　　　合同段：××

致：_____××× _____（监理工程师）			
下列材料（试验）准备送检或外委试验，请派员见证。 　　　　　　　　　　项目经理签字：×××　　　　2023 年×月×日			
工程名称	××省××市至××市高速公路项目		
材料或试验名称	钢筋		
取样部位、地点 或样品来源	施工现场		
样品名称	钢筋 HRB400E　Φ18mm	样品数量	5 根
取样时间	2023 年×月×日	送检日期	2023 年×月×日
见证单位印章： 印章略		取样人签字：××× 见证人签字：××× 见证日期：2023 年×月×日	
检测单位：××公路试验检测中心 收样日期：2023 年×月×日　　　　　　收样人签字：××× 送检单位：××公路工程建设有限公司 送检日期：2023 年×月×日　　　　　　送检人签字：×××			

施记表-2

<u>××省××市至××市高速</u> 公路
基坑开挖原始记录表

编　号：××

施工单位：××公路工程建设有限公司　　　　　　　　　合同段：第 A3 合同段
监理单位：××工程建设咨询有限公司

工程名称		××省××市至××市高速公路项目				
分项工程		承台等大体积混凝土结构		桩号及部位		K0+400，1#承台
地下水位标高		36.334m		开挖方式		人工配合机械放坡开挖
支撑及围堰		钢板桩支撑		排水措施		集水明排
轴线偏位	横轴	左端	7mm		右端	/
	纵轴	前端	/		后端	3mm
基底标高	设计	36.235m	36.235m	36.235m	36.235m	36.235m
	实测	36.211m	36.217m	36.223m	36.217m	36.233m

图示：

图略

备注：
　　无异常。

检测：×××　　　　　　　　　记录：×××　　　　　　　　　复核：×××

142

施记表-3

<u>××省××市至××市高速</u> 公路

钎 探 记 录

编　号：LJ-01-01-04-001

施工单位：××公路工程建设有限公司　　　　　　　　　合同段：第 A3 合同段

工程名称	××省××市至××市高速公路项目					部位		1#墩台扩大基础			
套锤重	10kg		自由落距	50cm		钎径	25mm	日期	2023 年×月×日		
顺序号	各　步　锤　数					备注	顺序号	各　步　锤　数				备注
	0～30（cm）	31～60（cm）	61～90（cm）	91～120（cm）	121～150（cm）			0～30（cm）	31～60（cm）	61～90（cm）	91～120（cm）	121～150（cm）	
1	16	18	22	28	36							
2	18	22	25	30	38							
3	16	20	25	32	39							
4	20	22	29	30	39							
5	15	18	23	29	39							
6	16	20	25	32	38							
7	17	21	26	32	41							
8	18	22	25	34	41							
9	15	20	26	31	42							
10	16	19	25	31	41							
11	14	18	28	29	36							
12	15	21	29	30	39							
13	18	22	26	31	38							
……												

平面示意图

图略

施工负责人：×××　　　　现场监理：×××　　　　钎探负责人：×××　　　　日期：2023 年×月×日

施记表-4

<u>××省××市至××市高速</u>　公路
沉降观测记录

编　号：LM-00-00-00-001

施工单位：××公路工程建设有限公司　　　　　　　　合同段：第 A3 合同段

工程名称	××省××市至××市高速公路项目				
水准点编号	BM1		观测点布置简图		
水准点所在位置	新建管道两侧		图略		
水准点高程	61.856m				
观测日期	自 2023 年×月×日起 至 2023 年×月×日止				
观测点	观测日期	实测标高（m）	本期沉降量（cm）	总沉降量（cm）	说明
A1	×月 7 日 8 时	62.254	0	/	
A2	×月 7 日 8 时	62.312	0	/	
A3	×月 7 日 8 时	62.270	0	/	
A4	×月 7 日 8 时	62.296	0	/	
A5	×月 7 日 8 时	62.255	0	/	
A1	×月 8 日 8 时	62.252	0.2	0.2	
A2	×月 8 日 8 时	62.309	0.3	0.5	
A3	×月 8 日 8 时	62.269	0.1	0.6	
A4	×月 8 日 8 时	62.296	0.0	0.6	
A5	×月 8 日 8 时	62.254	0.1	0.7	
……					

技术负责人：×××　　　　记录：×××　　　　测量：×××　　　　日期：2023 年×月×日

施记表-5

隐蔽工程检查记录

编　号：LM-01-01-04-001

施工单位：××公路工程建设有限公司　　　　　　　　　　合同段：第 A3 合同段

工程名称	××省××市至××市高速公路项目		
隐检部位	K0+000～K0+200 透层	日　期	2023 年×月×日
隐检内容	1. 透层油的品质和标号符合《城镇道路工程施工与质量验收规范》CJJ 1－2008 的规定，报告编号（××）。 2. 洒布宽度设计值（7000mm），实际宽度 7015mm、7014mm、7010mm，符合设计要求，记录编号（××）。 3. 透层沥青油洒布均匀，无露白。		
检查情况	该隐蔽工程符合设计及规范要求，同意下一道工序施工。		
处理意见	无。		

签字栏	设计单位	建设单位	监理单位	施工单位	记录人
	×××	×××	×××	×××	×××

施记表-6

＿＿×××省×××市至×××市高速＿＿公路

工程照片记录表

编　号：××

施工单位：××公路工程建设有限公司　　　　　　　　合同段：第 A3 合同段

工程名称	××省××市至××市高速公路项目	施工部位	土方路基
里程或部位	K0+000～K0+200	图片编号	××
简要描述			
K0+000～K0+200 土方路基碾压			
摄 影 者			
×××			
拍摄时间			
2023 年×月×日			
工程名称	××省××市至××市高速公路项目	施工部位	土方路基
里程或部位	K0+000～K0+200	图片编号	××
简要描述			
K0+000～K0+200 土方路基碾压			
摄 影 者			
×××			
拍摄时间			
2023 年×月×日			

注：本表适用于施工现场检查照片、隐蔽工程照片、会议照片、监理指令及回复的照片等粘贴记录。

××省××市至×××市高速 公路

模板检验记录

施工单位：×××公路工程建设有限公司　　　　编　号：××

| 分部工程 | 路面工程 | | | 分项工程 | 面层 | | 合同段：第A3合同段 |

| 桩号 | K0+000～K0+200 | | | | 模板 | |

项次	检查项目		检查频率	允许偏差(mm)	设计值	检验内容 实测数/偏差值(mm) 1	2	3	4	5	6	7	8	9	10	合格点数
1	相邻两板表面高差	木模	5处/20m(或一套)	2		0	1	2	1	0	2	1	0	1	0	10
		钢模														
2	表面平整度	木模	6处/20m(或一套)	3		3	2	1	0	2	3	3	0	2	3	10
		钢模														
3	轴线偏位	墩台梁板墙柱	纵横2点	5		4	0	2	3	5	1	2	3	0	1	10
4	模板内长度尺寸	基础	纵横2点	±10	200m×15m	9	7	8	5	-6	-7	-5	9	7	-3	10
		墩、台	纵横2点	+4、-5												
		梁、板、桩、墙		+3、-5												
5	垂直度或斜坡度	墩、台	2点	0.15%H												
		柱、墙		0.1%H												
6	预埋件	预留洞	100%	10		0	1	1	2	1	2	1	0	0	0	10
		预埋螺栓		2												
		预埋钢板		3												
		预埋管		3												

备注：1. 模板安装必须牢固；2. 模板拼缝严密，不得漏浆，模内必须清洁；3. 凡需起拱的构件，其预留起拱度符合规定；4. 固定在模板上的预埋件和预留孔洞，均不得遗漏，安装必须牢固，位置准确。

施工技术负责人：×××　　记录：×××　　专业监理工程师：×××　　日期：2023年×月×日

施记表-8

<u>××省××市至××市高速</u> 公路
混凝土施工原始记录

编　号：QL-01-01-12-001

施工单位：××公路工程建设有限公司　　　　　　　　合同段：第 A3 合同段

工程名称	××省××市至××市高速公路项目		
里程或部位	××特大桥 1#墩		
混凝土浇筑日期	2023 年×月×日		
构件名称、编号	0#承台		
混凝土标号	C35		
混凝土设计配合比	1：1.76：3.33：0.55	混凝土施工配合比	1：1.66：3.33：0.55
混凝土水灰比	0.38		
水泥用量（kg/m³）	250		
材料情况	水泥	P·O 42.5	
	砂	中砂	
	石	碎石	
	水	洁净水	
掺合料	粉煤灰		
坍落度（cm）	18.5		
拌合及捣实方法	机械	运输方式	罐车
施工气温（℃）	25		
天气	晴		
试件编号	××		
试件强度（MPa）	35		
养护情况	标养		
成品编号	××		

检测负责人：××××　　　　　　检测：×××　　　　　　日期：2023 年×月×日

施记表-9

<u>　××省××市至××市高速　</u>公路
混凝土测温记录

编　号：LJ-01-01-14-001

施工单位：××公路工程建设有限公司　　　　　　　　　　合同段：第A3合同段

工程名称	××省××市至××市高速公路项目					工程部位		××特大桥1#墩		
混凝土浇筑日期	2023年×月×日			混凝土入模温度		20℃	混凝土浇筑时大气温度			-5℃
混凝土养护方法	覆盖					测温方法	温度计测温			

测温日期	测温时间	测 温 孔 温 度（℃）										大气温度（℃）
		1	2	3	4	5	6	7	8	9	10	
2023年×月7日	02时	15	17	16								-10
	08时	16	18	18								-8
	14时	19	20	19								0
	20时	20	22	21								-8
2023年×月8日	……											
测温孔布置图	图略											

施工负责人：×××　　　　　　　记录：×××　　　　　　　日期：2023年×月×日

149

施记表-10

<u>××省××市至××市高速</u> 公路

沥青混凝土摊铺测温记录

编 号：LM-01-01-04-001

施工单位：××公路工程建设有限公司　　　　　　　　合同段：第 A3 合同段

工程名称	××省××市至××市高速公路项目			摊铺桩号	K0+000～K0+200
摊铺日期	2023 年×月×日	天气情况	晴	室外气温	25℃
供料厂名	××建材有限公司				
到场车号	到场温度（℃）	碾压桩号	碾压前温度（℃）	初压温度（℃）	终压温度（℃）
冀E××	145	K0+000～K0+050	136	129	73
冀E××	148	K0+050～K0+100	139	132	68
冀E××	149	K0+100～K0+150	140	135	69
冀E××	150	K0+150～K0+200	137	130	72
……					
备　　注	复压采用振动压实。				

施工技术负责人：×××　　　　　　记录：×××　　　　　　日期：2023 年×月×日

施记表-11

＿＿×× 省××市至××市高速＿公路

袋装砂井、塑料排水板检验记录表

编　号：LJ-01-01-03-001

施工单位：××公路工程建设有限公司　　　　　　　　　　合同段：第 A3 合同段

工程名称		××省××市至××市高速公路项目					里程桩号		K1+000～K1+100	
桩号或编号	井（板）距			井（板）长			井径			灌砂率实测（％）
	设计（cm）	实测（cm）	偏差（mm）	设计（cm）	实测（cm）	偏差（mm）	设计（cm）	实测（cm）	偏差（mm）	
1	120	119	-10	1800	1803	30	80	81	10	98
2	120	119	-10	1800	1805	50	80	81	10	99
3	120	120	0	1800	1807	70	80	80	0	98
……										
外观质量		合格。								

检验结论：
　　井距、井长、井径、灌砂率及外观合格。

检验负责人：×××　　　　复核：×××　　　　记录：×××　　　　日期：2023 年×月×日

151

施记表-12

<u>××省××市至××市高速</u>公路
路基放样原始记录表

编 号：××

施工单位：××公路工程建设有限公司　　　　　　　　合同段：第 A3 合同段

分项工程		土方路基		里程或部位	K0+000～K0+100路基		
桩号	填（挖）高度（m）	左侧（m）		中桩高程（m）	右侧（m）		备注
		坡角高程	宽度		坡角高程	宽度	
K0+000	3.771	33.157	25.25	37.433	33.154	25.25	
K0+020	3.732	33.134	25.25	37.414	33.141	25.25	
K0+040	3.694	33.109	25.25	37.395	33.115	25.25	
K0+060	3.651	33.084	25.25	37.373	33.077	25.25	
K0+080	3.604	33.061	25.25	37.356	33.056	25.25	
K0+100	6.556	33.037	25.25	37.338	33.041	25.25	

检测：×××　　　　　　　　记录：×××　　　　　　　　复核：×××

施记表-13

×××省×××市至×××市高速 公路

路基沉降观测检查记录表

施工单位：×××公路工程建设有限公司

编　号：××
合同段：第 A3 合同段

观测期次	观测日期	两次观测间隔时间	累计天数	本次高程（m）	接管前高程（m）	接管后高程（m）	接管长度（m）	本次沉降（mm）	累计沉降（mm）	沉降速率（mm/d）	施工阶段
				1			观测点里程、位置		K0+050　左 10m		
1	2023 年 07 月 17 日			36.233	36.233	39.233	3	0	0	0	路堤施工
2	2023 年 07 月 24 日	7	7	36.231	36.231	39.231	3	2	2	2	路堤完工
3	2023 年 07 月 31 日	7	14	39.230	39.230	39.230	3	1	3	1	路堤完工
4	2023 年 08 月 07 日	7	21	39.228	39.228	39.228	3	2	5	2	路堤完工
	……										

观测点编号　1

记录：××× 　　复核：×××× 　　日期：2023 年×月×日

检测：×××

153

施记表-14

<u>×××省×××市至×××市高速 公路</u>

路基（面）纵断高程、宽度、横坡施工记录表

工程名称：×××省×××市至×××市高速公路项目　　　　编　号：×××

施工单位：×××公路工程建设有限公司　　　里程桩号：K0+000～K0+200　　合同段：第 A3 合同段

测点断面桩号	水准测量读数		视线高（m）	纵断高程（m）			宽度（m）			横坡（%）			备注
	后视	前视		实测高程 ①	设计高程 ②	偏差（±）③=①-②	实测宽度 ④	设计宽度 ⑤	偏差（±）⑥=④-⑤	实测横坡 ⑦=（左右侧实测高程之差/④）×100%	设计横坡 ⑧	偏差（±）⑨=⑦-⑧	
K0+000	1.422	1.632	60.654	59.022	59.024	-0.002							
K0+100	1.362	1.548	60.594	59.046	59.045	0.001	14.700	14.500	0.200	1.600	1.500	0.100	
K0+200	1.172	1.347	60.404	59.057	59.055	0.002	14.563	14.500	0.063	1.650	1.500	0.150	
K0+300	1.187	1.365	60.419	59.054	59.048	0.006							
K0+400	1.593	1.789	60.825	59.036	59.038	-0.002							
……													

记录：×××　　　　复核：×××

检测：×××　　　　日期：2023 年×月×日

154

××省××市至××市高速 公路

路基（路面）纵断高程、横坡检验记录表

编 号：LJ-01-01-01-001

施工单位：××公路工程建设有限公司

工程名称			××省××市至××市高速公路项目													里程桩号						合同段：第 A3 合同段 K0+000～K0+200						
测点桩号	水准尺读数				仪器高	设计高程（m）			实测高程（m）			高程差（mm）			横坡（%）													
	后视（m）	中间点		前视转点		左	中	右	左	中	右	左	中	右	设计		实测		偏差									
		左	中	右													左	右	左	右	左	右						
K0+000	1.422	/	/		1.632	38.466m	36.834	37.344	36.834	36.827	37.339	36.846	0.007	0.005	-0.012	3	3	3.01	2.90	0.01	-0.10						
……																											

外观质量	路床平整、坚实，无显著轮迹、翻浆、波浪、起皮等现象，路堤边坡密实、稳定、平顺等。
检验结论：	合格。

检查负责人：×××　　　　复核：×××　　　　记录：×××　　　　日期：2023 年×月×日

施记表-16

×××省×××至×××市高速 公路

冲击碾压施工记录表

施工单位：××公路工程建设有限公司

工程名称：×××省×××市至××市高速公路项目　　里程或部位：K0+500～K0+600　　施工日期：2023年×月×日

编　号：LJ-01-01-03-001
合同段：第 A3 合同段

编号	初始读数（mm）	10遍			20遍			30遍			遍			备注
		沉降量		压实度（%）	沉降量		压实度（%）	沉降量		压实度（%）	沉降量		压实度（%）	
		读数（mm）	下沉量（cm）	0～30 cm / 80cm	读数（mm）	下沉量（cm）	0～30 cm / 80cm	读数（mm）	下沉量（cm）	0～30 cm / 80cm	读数（mm）	下沉量（cm）	0～30 cm / 80cm	
1	23	73	5	/ 93.75	90	1.7	/ 97.75	95	0.5	/ 99.38				
……														
平均值														

检测：×××　　　　技术主管：×××　　　　专业监理工程师：×××　　　　日期：2023年×月×日

156

施记表-17

施工单位：×××公路工程建设有限公司

×××省××市至×××市高速 公路

强夯施工记录表

编　号：××

合同段：第 A3 合同段

工程名称	×××省××市至××市高速公路项目		里程或部位	K0+000～K+361.3			施工日期	2023年×月×日	
夯锤重量（t）	30		锤底直径（m）	2		夯锤落距（m）	15	吊车名称	履带式起重机

日期	第1遍夯点编号	初测读数（mm）	每击夯后水平仪观测读数（mm）													最后两击平均夯沉值（cm）	总夯沉值（cm）	夯点布置示意图
			1	2	3	4	5	6	7	8	9	10	11	12	13			
2023年×月×日	1	-500	-530	-555	-577	-597	-615	-628	-639	-647	-653	-656	-658			0.25	140.40	
2023年×月×日	2	-500	-532	-558	-576	-592	-607	-620	-633	-645	-652	-657	-661	-663		0.20	140.35	见附件

检测：×××　　技术主管：×××　　专业监理工程师：×××　　日期：2023年×月×日

157

施记表-18

施工单位: ×××公路工程建设有限公司

强夯施工检查记录表

编 号: ××
合同段: 第 A3 合同段

工程名称	×××省×××市至××市高速公路项目		里程桩号	K0+000～K0+200
夯锤重量(t)	30	夯锤直径(cm) 200	夯击能量(kN·m) 4500	夯击搭接(cm) 100
夯实机具类型	W1-200 型履带式起重机		夯实方法	重锤夯实
基底状况	潜水层/滞留水层, -5.800m		排水措施	/

序号	强夯点号	面积(m²)	夯击日期 开始	夯击日期 完成	含水量 天然	含水量 最佳	实际加水量(L/m³)	夯击遍数 规定	夯击遍数 实际	预夯实土厚度	地面标高(m) 夯前	地面标高(m) 夯后	总下沉量(cm)	备注
1	1-1	3.14	×月×日	×月×日	6.3%	6.1%	/	12	12	3.5m	36.334	34.930	140.4	
2	1-3	3.14	×月×日	×月×日	6.3%	6.1%	/	12	12	3.5m	36.339	34.936	140.3	
	……													

记录: ×××　　复核: ××××　　检测: ×××

日期: 2023 年×月×日

158

施记表-19

××省××市至××市高速 公路

粒料桩施工原始记录表

工程名称：××省××市至××市高速公路项目

施工单位：××公路工程建设有限公司

编　号：××

合同段：第 A3 合同段

| 序号 | 施工日期 | 桩位编号 | 沉管时间（时:分） | 沉管深度（m） | 里程桩号 K0+000～K0+200 | | 拔管时间（时:分） | 沉管管径 500mm | 记录人 |
					碎石加入量（m³）	粒料灌入率（%）		密实度（%）	
1	2023 年×月×日	0-1#	08:10	8	6.50	1.03	08:15	85	×××
2	2023 年×月×日	0-2#	08:40	8	6.60	1.04	08:45	86	×××
3	2023 年×月×日	0-3#	09:20	8	6.50	1.03	09:25	85	×××
4	2023 年×月×日	0-4#	09:45	8	6.70	1.05	09:50	87	×××
	……								

检测：×××　　　　记录：×××　　　　复核：×××　　　　日期：2023 年×月×日

施记表-20

××省×××市至×××市高速 公路

粉喷桩施工原始记录表

施工单位：×××公路工程建设有限公司 　编　号：×××
　　　　　　　　　　　　　　　　　合同段：第 A3 合同段

工程名称	××省××市至××市高速公路项目	设计桩径	500mm	粉喷桩机型号	ZLJ-350	里程桩号	K0+000～K0+200	施工日期	2023年×月×日
桩位（编号）	1-1#	1-2#	1-3#					桩位示意图	
开孔时间	7:05	7:37	7:57						
终孔时间	7:36	7:56	7:15						
设计长度（m）	7.0	7.0	7.0						
钻孔长度（m）	8.1	8.05	8.03						
竖直度（%）	0.1	0.2	0.1					图略	
喷粉深度（m）	8.1	8.05	8.03						
停粉深度（m）	0	0	0						
提升速度（cm/min）	0.6	0.6	0.6						
刮灰器转速（r/min）	52	52	52						
水泥加入量（kg）	1000	0	1000						
水泥剩余量（kg）	623.7	249.6	875.7						
单桩喷粉量（kg）	376.3	374.1	373.9						
复搅长度（m）	8.1	8.05	8.03						
风压（MPa）	0.7	0.7	0.7						

检测：×××　　　记录：×××　　　复核：×××　　　日期：2023年×月×日

施记表-21

高压旋喷桩施工记录表

施工单位：×××公路工程建设有限公司　　　　　　　　　　　　　　　　　　　　　　　　编　号：××

工程名称	×××省××市至××市高速公路项目				设计桩径（mm）	500	里程桩号	K0+000～K0+200			水灰比	1.0
序号	施工日期	施工时间		钻孔深度（m）	旋转速度（r/min）	提升速度（cm/min）	压力（MPa）			水泥用量（kg）	备注
		开始时间	结束时间				水	空气	浆液		
1	2023年×月×日	8:10	9:10	10.5	20	15	30	0.8	0.8	368	0-1#桩
2	2023年×月×日	9:15	10:15	10.6	20	15	30	0.8	0.8	369	1-2#桩
3	2023年×月×日	10:20	11:20	10.5	20	15	30	0.8	0.8	370	0-5#桩
	……										

合同段：第 A3 合同段

检测：×××　　　　　　　　记录：×××　　　　　　　　复核：×××　　　　　　　　日期：2023年×月×日

161

施记表-22

×××省至×××市高速 公路

CFG桩施工原始记录表

施工单位：×××公路工程建设有限公司

编　号：××
合同段：第 A3 合同段

工程名称		×××省××市至××市高速公路项目				里程桩号				K0+000～K0+200				
序号	日期	CFG桩编号	设计桩长（m）	施工起止时间	沉管平均深度（m）	沉管最小深度（m）	混合料加入量（m³）	充盈系数	桩距（mm）		竖直度（%）
									最大值	最小值	
1	2023年×月×日	0-1#	11.0	13:18～13:28	11.26	11.20	2.65	1.25	1500	1400	0.1
2	2023年×月×日	0-5#	11.0	13:35～13:45	11.27	11.20	2.67	1.25	1500	1450	0.2
3	2023年×月×日	0-2#	11.0	13:50～13:55	11.26	11.20	2.66	1.26	1500	1400	0.1
	……										

检测：×××　　记录：×××　　复核：×××　　日期：2023年×月×日

162

<u>　××省××市至××市高速　</u>公路

（微型）钢管桩检查记录表

编　号：××

施工单位：××公路工程建设有限公司　　　　　　　　　　　　　　　合同段：第 A3 合同段

工程名称	××省××市至××市高速公路项目					注浆设备	注浆机
里程桩号	K0+000～K0+200					注浆日期	2023 年×月×日
序号	桩位编号	钢管长度（mm）	孔位（mm）±50	钻孔深度(mm)±50	孔径（mm）	注浆压力（MPa）	注浆量（m³）	备注
1	0-1#	10	12	30	500	3.0	2.061	
2	0-4#	10	10	25	500	3.2	2.064	
3	0-7#	10	6	32	500	3.3	2.065	
4	0-2#	10	-8	24	500	3.4	2.066	
	……							

检测：×××　　　　　记录：×××　　　　　复核：×××　　　　　日期：2023 年×月×日

施工单位：××公路工程建设有限公司

×××市至×××市高速 公路
挖孔桩挖孔施工记录表

工程名称	×××省×××市至×××市高速公路项目			里程桩号	K0+100.030		编 号：××
设计桩长（m）	8			检查日期	2023年×月×日		合同段：第A3合同段
检测时间	检测孔深（mm）	垂直度（%）	孔径（mm）	护壁尺寸（mm）	地质情况	地下水情况	
2023年×月×日×时	1000	0.3	2015	75×150×100	黄土状粉质黏土	无	
2023年×月×日×时	1000	0.2	2010	75×150×100	中粗砂	无	
……							

附：设计地层柱状图　　图略　　　　　　附：实际地层柱状图　　图略

检测：×××　　　　　记录：×××　　　　复核：×××　　　　日期：2023年×月×日

164

施记表-25

××省××市至×××市高速 公路

挖孔桩成孔后灌注前检查记录表

编　号：×××

施工单位：××公路工程建设有限公司　　　　　　　　　　　　　　　　　　　合同段：第 A3 合同段

工程名称	××省××市至××市高速公路项目	里程桩号	K0+100.030
桩（孔）号	0-1#	检查日期	2023 年×月×日
护壁顶标高（m）	50.780	设计桩径（m）	2
孔位偏差（cm）	2	终孔桩径（m）	2
挖孔倾斜度	0.2%	桩长（m）（不短于设计规定）	8
设计孔底标高（m）	40.320	终孔孔底标高（m）	40.315	灌注前孔底标高（m）	40.318
钢筋笼骨架	骨架总长（m）	7.8	每节骨架长度（m）	7.8
	骨架底面标高（m）	40.530	连接方法、搭接长度（m）	双面搭接焊 5d（0.140）

挖孔中出现的问题及处理方法：

无。

检查意见：

以上检查项目符合设计及规范要求。

检测：×××　　　　　　　　　　　　记录：×××　　　　　　　　　　　复核：×××　　　　　　　　　日期：2023 年×月×日

施记表-26

××省×××市至××市高速 公路

灌注桩钻孔施工记录表

施工单位：×××公路工程建设有限公司　　　　　　　　　　　　　　　　　　　编　号：××
　　　　　　　　　　　　　　　　　　　　　　　　　　　　　　　　　　　合同段：第 A3 合同段

工程名称	×××省×××市至××市高速公路项目		里程桩号	K0+100.030	钻孔编号	0-1#
设计孔底标高	42.320m	实际孔底标高	41.268m	护筒标高	50.780m	钻孔方法	旋挖钻
设计孔径	2m	设计孔深	8m	实际钻孔深度	9.012m	钻孔类型	泥浆护壁
钻孔日期（月日时）	本班进尺（m）	累计尺寸（m）	钻孔偏位情况	泥浆比重	地质情况			发生事故及处理方法	机长签字
					地质情况	设计地层柱状图	实际地层柱状图		
×月×日×时	3.0	3	正常	1.02	黏土			无	×××
×月×日×时	3.0	6	正常	1.02	黏土	见设计图纸或地勘报告××	图略	无	×××
×月×日×时	3.0	9.0	正常	1.03	细砂			无	×××
×月×日×时	0.012	9.012	正常	1.03	中粗砂			无	×××

记录：×××　　　　　　　　　　　　复核：×××　　　　　　　　　　　　检测：×××

日期：2023 年×月×日

166

钻孔桩成孔后灌注前检查记录表

编　号：××

施工单位：×××公路工程建设有限公司　　　　　　　　　　　　　　　　合同段：第 A3 合同段

工程名称		×××省×××市至×××市高速公路项目		
里程桩号	K0+100.030	检查日期	2023 年×月×日	
护筒顶标高（m）	50.780	护筒长度（m）	3	
设计直径（m）	2	终孔直径（m）	2	
孔位偏差（mm）	5	桩长（m）（不短于设计规定）	8	
钻孔倾斜度	0.2%	泥浆性能指标	比重 1.10，黏度 20s，含砂率 5%	
沉淀厚度（mm）	摩擦桩	符合设计要求		100
	支承桩	不大于设计规定	/	
设计孔底标高（m）	40.320	终孔孔底标高（m）	40.315	灌注前孔底标高（m）　40.136

钻孔中出现的问题及处理方法：
无。

钢筋笼骨架	骨架总长（m）	7.80	每节骨架长度（m）	7.800
	骨架底面标高（m）	40.530	连接方法，搭接长度（m）	双面焊　5d（0.14）

检查意见：
以上检查项目符合设计及规范要求。

检测：×××　　　　　　　　　　记录：×××　　　　　　　　　　复核：×××　　　　　　　　　　日期：2023 年×月×日

××省××市至×××市高速 公路

灌注桩水下混凝土灌注施工记录表

编　号：××

合同段：第 A3 合同段

施工单位：××省××市至××市高速公路工程建设有限公司

工程名称	××省××市至××市高速公路项目	里程桩号	K0+100.030	所属分部工程名称	基础及下部构造
钢筋骨架底标高(m)	40.530	设计孔底标高(m)	40.320	灌注前孔底标高(m)	40.316
护筒顶标高(m)	50.780	桩顶设计标高(m)	48.320		
桩径(m)	2	混凝土标号	C35	水灰比	0.38
坍落度(mm)	160	水泥厂牌名标号	××42.5		
计算混凝土浇筑数量(m³)	25.120	实灌混凝土数量(m³)	27.500	每盘混凝土数量(m³)	10
应灌混凝土厚度(m)	8	配合比	1:0.44:1.225:2.485	总盘数	/

施工日期(时间)	总孔深A(基准面到孔底)(m)	基准面到混凝土顶面高度B(m)	混凝土灌注厚度(m)	导管总长(m)	基准面到导管顶面高度C(m)	导管埋深(m)
计算公式	1	2	3=1-2	4	5	6=4-(2+5)
×月×日×时	10.464	10.464		10.464		
×月×日×时		7.564	2.9	10.464	10.1	2.536
×月×日×时		4.664	2.9	8.464	8.1	3.436
×月×日×时		1.764	2.9	5.464	5.1	3.336

重要记事：钢筋位置情况，孔内情况，停灌原因，停灌时间，截桩头混凝土高度不小于 0.5～1.0m，事故原因和处理情况等重要记事。

记录：×××　　复核：×××　　检测：×××　　日期：2023 年×月×日

施记表-29

预应力钢绞线先张法记录表

施工单位：×××公路工程建设有限公司

编　号：××
合同段：第 A3 合同段

工程名称	×××省××市至××市高速公路项目			
千斤顶编号	QYCW-300	油压表编号 ××	里程桩号 1	油泵校正系数 K_2
构件名称	B1 边板	张拉顺序 先中间后两边	钢绞线规格 φ15.24	钢绞线布置、编号示意图
钢丝强度（MPa）	1860	张拉程序 先张法	设计控制应力（MPa） 46.8	图略
控制张拉力（kN）	1395	千斤顶、油泵标定日期 2023年×月×日	千斤顶校正系数 K_1 1	

张拉时

钢绞线张拉顺序	初应力		超张拉		控制应力		伸长值		张拉时气温（℃）
	油压表读数（MPa）	张拉力（kN）	油压表读数（MPa）	张拉力（kN）	油压表读数（MPa）	张拉力（kN）	计算伸长值（mm）	实际伸长值（mm）	
1	4.1	116.3	43.5435	1221.57	41.47	1163.4	150	152	20

施加预应力日期：2023年×月×日

放张时　试验报告编号：××

混凝土强度（MPa）	第一次		第二次		第三次		第四次		第五次		反拱度（mm）	备注
	油压表读数（MPa）	张拉力（kN）	油压表读数（MPa）	张拉力（kN）	油压表读数（MPa）	张拉力（kN）	油压表读数（MPa）	张拉力（kN）	油压表读数（MPa）	张拉力（kN）		
	41.47	1163.4	29.03	814.38	16.59	465.36	8.29	232.68	0	0	40.3	
……												

检测：×××　　记录：×××　　复核：××××　　日期：2023年×月×日

×××省×××市至×××市高速 公路

后张法用千斤顶张拉施加预应力原始记录表

施工单位：×××公路工程建设有限公司

编 号：×××
合同段：第 A3 合同段

工程名称	×××省×××市至×××市高速公路项目	里程桩号	K0+100.030	构件名称	B1 边板	施加预应力日期	2023 年×月×日	钢绞线线布置示意图及编号	
控制应力	1176MPa	预应力损失值	≥80MPa	上拱值		张拉时混凝土强度（MPa）	41.3	图略	
千斤顶编号	标定日期	摩擦系数	油压表编号	油泵编号	锚具型号	锚具内缩量	钢绞线标准代号及规格		
1#	2023 年×月×日	0.2	YB-1	××	M15-6	3mm	GB/T 5224-2014，15.20mm		

预应力筋张拉顺序	第一次张拉（初应力）			第二次张拉			第三次张拉			第三次张拉（锚固）		第四次张拉		预应力筋张拉伸长值		
	初张拉力（kN）	油压表读数（MPa）	推算伸长值（mm）	张拉力（kN）	油压表读数（MPa）	实际伸长值（mm）	张拉力（kN）	油压表读数（MPa）	实际伸长值（mm）	张拉力（kN）	油压表读数（MPa）	实际伸长值（mm）	计算值（mm）	实际值（mm）	偏差值（%）
	1	2	3	4	5	6	7	8	9	10	11	12	13	14	15	16
N1 A 端	117.6	4.1	8	1230.39	42.90	88	1171.8	40.85	86				14	15	16
B 端														86	1.3
A 端															
…… B 端															
A 端															
B 端															
A 端															
B 端															

张拉说明：先中间后两边，先中间后上下。

检测：×××

记录：×××

复核：××××

日期：2023 年×月×日

施记表-31

预应力孔道压浆记录表

编　号：× ×
合同段：第 A3 合同段

施工单位：× × 公路工程建设有限公司

工程名称	× × 省 × × × 市至 × × 市高速公路项目						
里程或部位	K0+100.030	大梁编号	XL1-2	配合比	1 : 0.55	压浆时间	2023 年 × 月 × 日
水泥名称及强度等级	P · O 42.5	气温（℃）	25	掺塑化剂量	/	掺膨胀剂量	/	水温（℃）	20
水灰比	0.55	水泥浆流动度	/	全构件压浆水泥用量	0.3t	压浆温度（℃）	22	泌水率	/

压浆顺序	第一次压浆				停留时间（min）	第二次压浆					处理意见				
	时间起止	压力（MPa）	通过	冒浆情况		压浆方向	时间起止	压力（MPa）	通过	冒浆情况	压浆方向	净质时间	压力（MPa）	通过	冒浆
先下后上	7:12～7:42	0.7	良好	浓浆	25	/	/	/	/	/	/	/	/	通过	冒浆
先下后上	8:10～8:40	0.7	良好	浓浆	25	/	/	/	/	/	/	/	/	/	/
……											/	/	/	/	/

顶腹板底板示意图：

图略

检查结果：
合格。

检测：× × × 　　技术主管：× × × 　　专业监理工程师：× × ×
　　　　　　　　　　　　　　　　　　　日期：2023 年 × 月 × 日

171

施记表-32

<u>××省××市至××市高速 公路</u>

隧道锚杆（导管、管棚）钻孔施工记录表

编 号：××

施工单位：××公路工程建设有限公司　　　　　　　　　　　　合同段：第 A3 合同段

工程名称	××省××市至××市高速公路项目	设计钻孔长度	8m	钻孔日期	2023 年×月×日
里程桩号	K1+400.414	设计钻孔直径	108mm	钻机型号	××

锚杆编号	地层类别	钻孔直径（cm）	套管外径（cm）	钻孔起止时间	钻孔长度（cm）	套管长度（cm）	钻孔倾角α（°）	备注
1#	V级围岩，砂土	11	/	8:10～8:47	810	/	1	
3#	V级围岩，砂土	11	/	8:50～9:26	808	/	1	

检测：×××　　　　　　记录：×××　　　　　复核：×××　　　　　日期：2023 年×月×日

注：1. "备注"栏记录钻孔过程中出现的情况，如坍孔、缩颈、地下水及相应的处理方法。

　　2. 扩大头锚杆钻孔可增加"实测扩大头直径"一栏。

172

施记表-33

<u>××省××市至××市高速</u> 公路

锚杆（索）钻孔原始记录表

编　号：××

施工单位：××公路工程建设有限公司　　　　　　　　　　合同段：第 A3 合同段

工程名称	××省××市至××市高速公路项目			设计钻孔长度	15m	钻孔日期	2023 年×月×日
里程桩号	K0+000～K0+200			设计钻孔直径	10cm	钻机型号	P-25
锚杆（索）编号	地层类别	钻孔直径（cm）	套管外径（cm）	钻孔起止时间	钻孔长度（cm）	套管长度（cm）	钻孔倾角 α（°）	备注
1#	灰岩强风化	10	10	08:35～08:43	1550	120	15	无异常
2#	灰岩强风化	10	10	08:52～09:00	1550	120	15	无异常
	……							

检测：×××　　　　记录：×××　　　　　复核：×××　　　　　日期：2023 年×月×日

注："备注"栏记录钻孔过程中出现的情况，如坍孔、缩颈、地下水及相应的处理方法。

施记表-34

<u>××省××市至××市高速</u> 公路

锚杆（索）张拉原始记录表

编 号：××

施工单位：××公路工程建设有限公司　　　　　　　　　　　　合同段：第 A3 合同段

工程名称	××省××市至××市高速公路项目			里程桩号		K0+000～K0+200		
张拉设备	夹片式具有自锚性能锚具		锚具型号		M15-6	张拉日期	2023 年×月×日	
锚杆（索）编号	张拉荷载（kN）	油压表读数（MPa）	测定时间	锚头位移读数（mm）		锚头位移增量（mm）	锁定荷载（kN）	备注
1#	116.3	41.47	20min	36.85		17.2	1051.98	
施工过程描述	正常							

检测：×××　　　　　　记录：×××　　　　　　复核：×××　　　　　　日期：2023 年×月×日

174

施记表-35

<u>　　××省××市至××市高速　公路</u>

锚杆（索）注浆原始记录表

编　号：××

施工单位：××公路工程建设有限公司　　　　　　　　　　　合同段：第 A3 合同段

工程名称	××省××市至××市高速公路项目			注浆设备		注浆机
里程桩号	K0+000～K0+200			注浆部位		左侧边坡
注浆材料及配合比	水泥浆　　1∶1.25			注浆日期		2023 年×月×日
锚杆（索）编号	地层类别	注浆开始时间	注浆终止时间	注浆压力（MPa）	注浆量（m³）	备注
1#	灰岩强风化	14:17	14:22	0.3	74.18	第一次注浆
2#	灰岩强风化	14:35	14:40	0.3	74.18	第一次注浆
3#	灰岩强风化	14:50	14:55	0.4	74.18	第一次注浆
……						

检测：×××　　　　　记录：×××　　　　　复核：×××　　　　　日期：2023 年×月×日

注：注浆材料及配合比应包括外加剂的名称及掺量。

施记表-36

<u>　　××省××市至××市高速　　</u>公路

箱涵顶进记录

编　号：LJ-04-01-13-001

施工单位：××公路工程建设有限公司　　　　　　　　　　　　合同段：第 A3 合同段

工程名称		××省××市至××市高速公路项目							箱涵断面		20m×12m		
箱体重量		6t							顶进方式		人工挖掘、千斤顶顶进		
设计最大顶力		20000kN							千斤顶设备		QF200/200		
日期 （班次）		进尺 （cm）	高程（m）						中线（mm）		顶力 （kN）	土质 情况	备注
			前		中		后		左	右			
			设计	实际	设计	实际	设计	实际					
×日	早	30	50.303	50.305	50.305	50.304	50.305	50.304	0	0	180	黄黏土	
	午	30	50.305	50.303	50.304	50.302	50.303	50.301	2	-2	370	细砂	
	晚	30	50.304	50.302	50.304	50.304	50.303	50.304	1	-1	440	中粗砂	
日	早	……											
	午												
	晚												
日	早												
	午												
	晚												
日	早												
	午												
	晚												
日	早												
	午												
	晚												
日	早												
	午												
	晚												
日	早												
	午												
	晚												

施工负责人：×××　　　　　　　　记录：×××　　　　　　　　日期：2023 年×月×日

施记表-37

<u>××省××市至××市高速</u> 公路

结构吊装施工记录

编　号：QL-02-01-04-001

施工单位：××公路工程建设有限公司

合同段：第 A3 合同段

工程名称	××省××市至××市高速公路项目						
施工单位	××公路工程建设有限公司						
吊装部位	T 梁			吊装日期		2023 年×月×日	
吊装机具	吊车 SUB-50			吊装时天气		晴	
构件型号名称	安装位置	安装标高	就位情况	固定方法	接缝处理	安装偏差	质量情况
0#台～1#墩1#板	左幅	2.025m	平稳、准确	临时支座	C25 防水混凝土灌缝	8mm	合格
0#台～1#墩2#板	左幅	2.026m	平稳、准确	临时支座	C25 防水混凝土灌缝	7mm	合格
0#台～1#墩3#板	左幅	2.027m	平稳、准确	临时支座	C25 防水混凝土灌缝	6mm	合格
……							

施工负责人：×××　　　　　记录：×××　　　　　日期：2023 年×月×日

施记表-38

<u>××省××市至××市高速</u> 公路

不良地质地段处理原始记录表

编　　号：LJ-01-01-03-001

施工单位：××公路工程建设有限公司　　　　　　　　　合同段：第 A3 合同段

工程名称	××省××市至××市高速公路项目	里程桩号	K0+032～K0+152
处理部位	路基	处理日期	2023 年×月×日
原地基情况描述	K0+032～K0+152 有淤泥		
处理情况	处理方法		用 2：8 灰土换填
	处理范围（长度、宽度、深度）		120m×15m×0.5m
	使用材料种类及规格		2：8 灰土
	压实度（%）		95

草图说明：（附照片）

图略

检验结论：
　　处理完成后，压实度及外观符合要求。

施工负责人：×××　　　　复核：×××　　　　记录：×××　　　　日期：2023 年×月×日

施记表-39

施工单位：××公路工程建设有限公司

大树移植施工原始记录

×××省×××市至×××市高速 公路

编　号：LH-00-01-02-001

合同段：第 A3 合同段

工程名称：××省×××市至××市高速公路项目

编号	树种	规格年龄（年）	原栽植地点	移植地点	移植日期	里程或桩号		参加的施工人员
						K0+000～K1+300		
						技术措施		
1	雪松	5	××苗圃	K0+000～K1+300	2023 年×月×日	带土球		×××、×××
2	榆树	6	××苗圃	K0+000～K1+300	2023 年×月×日	带土球		×××、×××
3	杨树	8	××苗圃	K0+000～K1+300	2023 年×月×日	带土球		×××、×××
4	梧桐树	5	××苗圃	K0+000～K1+300	2023 年×月×日	带土球		×××、×××

备注：

施工负责人：×××　　　　　复核：×××　　　　　记录：×××　　　　　日期：2023 年×月×日

179

施记表-40

<u>××省××市至××市高速</u> 公路
绿化用地处理记录

编　　号：LH-00-01-02-001

施工单位：××公路工程建设有限公司

合同段：第 A3 合同段

工程名称	××省××市至××市高速公路项目
处理时间	2023 年×月×日
处理范围	K0+000～K1+000 绿化用地

出现问题：

　　绿地中土壤含有大量建筑垃圾。

解决方法：

　　挖出建筑垃圾，采用客土的技术措施进行换土。

结论：

　　绿化用地采用措施处理后，种植区域土壤适宜植物生长。

施工负责人：×××　　　　复核：×××　　　　记录：×××　　　　日期：2023 年×月×日

施记表-41

<u>　　××省××市至××市高速　</u>公路
土壤改良检查记录

编　号：LH-00-01-02-001

施工单位：××公路工程建设有限公司

合同段：第 A3 合同段

工程名称	××省××市至××市高速公路项目		
改良时间	2023 年×月×日	改良区域	K0+000～K1+000 绿化用地

原土理化性状：（依据检测报告填写）

　　原种植地的土壤为沙土，建筑物较多，根据设计要求该区域不适宜需种植的植物生长。

改良方法：

　　增施纤维素含量高的有机质，使沙土增加海绵结构而保水，常用的有机质有粗泥炭、半分解状态的堆肥和腐熟的厩肥，还有富含有机质的商品改良肥等，增加亚黏土进行拌合处理。

改良后土壤情况：

　　通过改良土壤的技术措施，使土壤中的沙土性状得到改善，达到植物生长需要的土壤要求。

结论：

　　土壤改良措施合适。

施工负责人：×××　　　　复核：×××　　　　记录：×××　　　　日期：2023 年×月×日

第 2.8 节　试验记录表填写示例

样品取样单

施工单位：××公路工程建设有限公司　　　　　　　　　　编　　号：××
合同段：第 A3 合同段

样品名称	水泥
规格型号	PSA 32.5
批号/编号	××
生产厂家/产地/取样地点	××水泥厂/××/施工现场
取样数量	20kg
代表数量	200t
工程部位/用途	水泥稳定土基层
进场日期	2023 年×月×日
取样日期	2023 年×月×日
取样人/见证人	×××/×××
备注	
样品名称	钢筋
规格型号	HRB400 12mm
批号/编号	××
生产厂家/产地/取样地点	××水泥厂/××/施工现场
取样数量	5 根
代表数量	32.5t
工程部位/用途	水泥混凝土面层
进场日期	2023 年×月×日
取样日期	2023 年×月×日
取样人/见证人	×××/×××
备注	

试验表-2

样品取样记录

施工单位：××公路工程建设有限公司

合同段：第 A3 合同段

序号	样品名称	规格型号	批号/编号	生产厂家/产地/取样地点	代表数量	工程部位/用途	进场日期	取样日期	取样人	样品编号	备注
1	水泥	PSA 32.5	××	××水泥厂/××/施工现场	200t	水泥土底基层	2023年×月×日	2023年×月×日	×××	××	××

填表：×××　　　　审核：××××　　　　日期：2023年×月×日

注："备注"栏可注明试验报告编号，便于查阅。

183

试验表-3

样品留样登记表

施工单位：×××公路工程建设有限公司

合同段：第 A3 合同段

编　号：××

第×页，共×页

序号	样品名称	样品编号	品种规格	批号/编号	生产厂家/产地/取样地点	代表数量	取样日期	留样日期	留样期限	处理情况	备注
1	水泥	××	PSA 32.5	××	×××水泥厂/×××/施工现场	200t	2023 年×月×日	2023 年×月×日	3 个月	自行处理	
2	水泥	××	PSA 32.5	××	×××水泥厂/×××/施工现场	200t	2023 年×月×日	2023 年×月×日	3 个月	自行处理	
3	水泥	××	PSA 32.5	××	×××水泥厂/×××/施工现场	200t	2023 年×月×日	2023 年×月×日	3 个月	自行处理	

填表：×××

审核：×××

日期：2023 年×月×日

184

试验表-4

样品取样台账

施工单位：××公路工程建设有限公司　　合同段：第 A3 合同段　　编　号：××　　第×页，共×页

序号	样品名称	规格型号	批号/编号	生产厂家/产地/取样地点	代表数量	工程部位/用途	进场日期	取样日期	取样人	样品编号	备注
1	钢筋	HRB400 12mm	××	××钢筋厂/××/施工现场	60t	桥梁墩台	2023年×月×日	2023年×月×日	×××	××	
2	钢筋	HRB400 14mm	××	××钢筋厂/××/施工现场	60t	桥梁墩台	2023年×月×日	2023年×月×日	×××	××	
3	钢筋	HRB400 16mm	××	××钢筋厂/××/施工现场	60t	桥梁墩台	2023年×月×日	2023年×月×日	×××	××	
4	钢筋	HRB400 18mm	××	××钢筋厂/××/施工现场	60t	桥梁墩台	2023年×月×日	2023年×月×日	×××	××	
5	钢筋	HRB400 22mm	××	××钢筋厂/××/施工现场	60t	桥梁墩台	2023年×月×日	2023年×月×日	×××	××	

填表：×××　　　　审核：×××　　　　日期：2023年×月×日

试验表-5

外委试验管理台账

施工单位：××公路工程建设有限公司　　　　　合同段：第 A3 合同段　　　　　编 号：××

第×页，共×页

序号	样品名称	样品编号	规格型号	生产厂家/产地/取样地点	样品数量	委托日期	接受委托单位	接受委托单位资质（等级）证书编号	报告取回日期	备注
1	SBS改性沥青防水卷材	××	SBS I PY M PE 3 10	××建材公司/××/施工现场	500m²	2023 年×月×日	××公路试验检测中心	××	2023 年×月×日	

填表：×××　　　　　审核：×××　　　　　日期：2023 年×月×日

注：为减少填写工作量，"样品编号"栏可以填写同一次外委的同类样品多个样品编号。

186

试验表-6

水泥 试验检测结果报告台账

施工单位：××公路工程建设有限公司　　　　合同段：第 A3 合同段　　　　编　号：××

第×页，共×页

序号	样品编号	规格型号	生产厂家/产地/取样地点	报告日期	报告编号	试验检测参数	检测结论	备注
1	××	PSA 32.5	××公司/××/施工现场	2023年×月×日	××	强度、安定性、细度、流动性、密度	合格	
2	××	PSA 32.5	××公司/××/施工现场	2023年×月×日	××	强度、安定性、细度、流动性、密度	合格	
3	××	PSA 32.5	××公司/××/施工现场	2023年×月×日	××	强度、安定性、细度、流动性、密度	合格	

填表：×××　　　　审核：×××　　　　日期：2023年×月×日

187

试验表-7

<u>　　　　×× 省 ×× 市至 ×× 市高速　</u>公路

种植土检验记录

编　号：LH-00-01-02-001

施工单位：×× 公路工程建设有限公司　　　　　　　　　　　　合同段：第 A3 合同段

工程名称	×× 省 ×× 市至 ×× 市高速公路项目
检验数量	1000m²
使用部位	K0+000～K1+000 绿化用地
外观检查	

序号	检查内容	检查结果
1	颜色	黄褐色
2	黏性（土质）	黏土
3	块径	≤150mm
4	是否含杂质等	否

结论：　　☑合格　　　□不合格

2023 年 × 月 × 日

施工负责人：×××　　　复核：×××　　　记录：×××　　　日期：2023 年 × 月 × 日

××省××市至××市高速 公路

苗木进场检验记录

编　号：LH-00-01-02-001

施工单位：××公路工程建设有限公司　　　　　　　　　　合同段：第 A3 合同段

工程名称	××省××市至××市高速公路项目		
里程桩号	K0+000～K1+000		
供应单位	××苗木有限公司	起苗日期	2023 年×月×日
		进场日期	2023 年×月×日

标准要求：
《园林绿化工程施工及验收规范》CJJ 82－2012

苗木品种	检查内容											
	高度	胸/地径	土球	冠径/冠幅	分枝点	主枝数	根系	竹鞭长	幼芽	病虫	损伤度	蓬径
雪松（小）	＞5m		＞1.0m	＞3.0m			完整			无	无	
检查数量	100 株					检查方法		尺量				

检查结论：☑合格　　　　□不合格

施工负责人：×××　　　　复核：×××　　　　记录：×××　　　　日期：2023 年×月×日

材料试验结果汇总表

施工单位：××公路工程建设有限公司　　　　合同段：第 A3 合同段

材料名称	钢筋						
试验编号	试验内容及数据					结论	备注（见证）
	屈服强度	抗拉强度	超屈比	强屈比	最大力总伸长率		
××	450N	620	1.12	1.38	15.6	合格	HRB400E Φ 22mm/见证
××	450N	625	1.12	1.39	15.4	合格	HRB400E Φ 25mm/见证
……							

填表：×××　　　　　　审核：×××　　　　　　日期：2023 年×月×日

试验表-10

不合格试验检测结果报告台账（原料、设备及构配件）

施工单位：×××公路工程建设有限公司

工程名称：××省×××市至×××市高速公路项目　　合同段：第 A3 合同段

序号	样品名称	样品编号	规格型号	生产厂家/产地/取样地点	报告日期	报告编号	不合格参数及结果	处理情况	试验人	备注
1	钢筋	××	HRB400 20mm	×××钢筋厂/×××/施工现场	2023年×月×日	××	伸长率8%	双倍复检	×××	

填表：×××　　　　审核：×××　　　　日期：2023年×月×日

191

试验表-11

不合格试验检测结果报告台账（试验）

施工单位：×××公路工程建设有限公司

合同段：第 A3 合同段

编　号：××

序号	工程名称	里程桩号	工程部位	报告日期	报告编号	不合格参数及结果	处理情况	检测人	备注
1	××省×××市至××市高速公路项目路面工程	K0+000～K1+300	水泥混凝土面层	2023年×月×日	××	伸长率8%	双倍复检	×××	

填表：×××　　　审核：×××　　　日期：2023年×月×日

試験表-12

路面厚度试验检测报告（钻芯法）

检测单位：××公路试验检测中心

施工/委托单位	××公路工程建设有限公司		工程名称	××省××市至××市高速公路项目（第A3合同段）
工程部位/用途	K0+000～K1+000左幅			
样品信息	现场取样			
检测依据	《公路工程质量检验评定标准 第一册 土建工程》JTG F80/1－2017		判定依据	《公路工程质量检验评定标准 第一册 土建工程》JTG F80/1－2017
主要仪器设备名称及编号	取芯机，1#			
检测路段	K0+000～K1+000左幅		混合料类型	3%水泥稳定碎石
结构层次	底基层		设计厚度（mm）	18

厚度实测值（mm）

编号	1	2	3	4	5	6	7	8	9	10
厚度	18	18.1	18.2	18.4	18	17.8	18.5	18.4	18.4	18.5
编号										
厚度										
编号										
厚度										
编号										
厚度										

厚度评定	检测点数	10	厚度平均值（mm）	18.23
	最小值（mm）	17.8	标准差S（mm）	0.2398
	厚度代表值X_L（mm）	18.01	$t_a\sqrt{n}$ 值	0.892
	代表值允许偏差（mm）	-10	单点合格值允许偏差（mm）	-25
	厚度代表值≥设计厚度-代表值允许偏差时，合格点数：10点，合格率100%			

检测结论：
　　K0+000～K1+000左幅底基层的厚度评定合格。

附加声明：

检测：×××　　　　审核：×××　　　　批准：×××　　　　日期：2023年×月×日

193

试验表-13

路基压实度试验检测报告

编号：××

检测单位：××公路试验检测中心

施工/委托单位	××公路工程建设有限公司	工程名称	××省××市至××市高速公路项目（第A3合同段）
工程部位/用途	\multicolumn{3}{c|}{K0+000～K1+000填土路基第2层}		
样品信息	\multicolumn{3}{c|}{现场检测}		
检测依据	《公路工程质量检验评定标准 第一册 土建工程》JTG F80/1－2017	判定依据	《公路工程质量检验评定标准 第一册 土建工程》JTG F80/1－2017
主要仪器设备名称及编号	\multicolumn{3}{c|}{灌砂筒，1#}		
施工路段	K0+000～K1+000	检测路段	K0+000～K1+000
填筑层次	第二层	填料类型	素土
填料最大粒径（mm）	30	填压面积（m²）	34500
路床顶面以下深度（m）	1.5～1.8	标准试验编号	××

序号	桩号	位置	压实度（%）	结果判定
1	K0+010	左偏4.5	93.3	合格
2	K0+120	右偏5.5	93.5	合格
3	K0+300	左偏7.5	94.7	合格
4	K0+410	左偏14.5	92.8	不合格
5	K0+505	左偏10.5	94.6	合格
6	K0+610	右偏6.5	93.6	合格
7	K0+690	右偏8.0	95.4	合格
8	K0+820	左偏12.5	94.7	合格
9	K0+910	右偏7.0	93.8	合格
10	K0+990	右偏9.0	93.6	合格

检测点数	10	合格点数	9	合格率（%）		100%
保证率（%）	95	标准差（%）	80.55	$t_a\sqrt{n}$ 值		0.58
压实度平均值（%）	94	压实度标准值（%）	93	压实度代表值（%）		93.5

检测结论：

　　压实度代表值93.5%＞压实度标准值93%，且单个压实度值全部大于压实度标准值93%，再减两个百分点，即91%，评定路段的压实度合格率为100%。

附加声明：

检测：×××　　　　审核：×××　　　　批准：×××　　　　日期：2023年×月×日

击实试验记录

编　号：××

施工单位：××公路工程建设有限公司　　　　　　　　　　　　合同段：第 A3 合同段

工程名称	××省××市至××市高速公路项目								
土样编号	1#		简号		1#		落距		45cm
土样来源	1#取土场		筒容积		997cm³		每层击数		27
试验日期	2023年×月×日		击锤质量		4.5kg		大于5mm颗粒含量		21.3%
干密度	试验次数	1		2		3		4	5
	筒+土质量（g）	2981.8		3057.1		3130.9		3215.8	3191.1
	筒质量（g）	1103		1103		1103		1103	1103
	湿土质量（g）	1878.8		1954.1		2027.9		2112.8	2088.1
	湿密度（g/cm³）	1.88		1.96		2.03		2.12	2.09
	干密度（g/cm³）	1.71		1.75		1.80		1.83	1.76
含水量	盒号	1#		2#		3#		4#	5#
	盒+湿土质量（g）	35.60	35.44	33.93	33.69	32.88	33.16	33.13	34.09	36.96	38.31
	盒+干土质量（g）	34.16	34.02	32.45	32.26	31.40	31.64	31.36	32.15	24.28	35.36
	盒质量（g）	20	20	20	20	20	20	20	20	20	20
	水质量（g）	1.44	1.42	1.48	1.43	1.48	1.52	1.77	1.94	2.68	2.95
	干土质量（g）	14.16	14.02	12.45	12.26	11.40	11.64	11.36	12.15	14.28	15.36
	含水率（%）	10.2	10.1	11.9	11.7	13.0	13.1	15.6	16.0	18.8	19.2
	平均含水率（%）	10.1		11.8		13.0		15.8		19.0
	最佳含水率=15.0%				最大干密度=1.83g/cm³					

校核者：×××　　　　　　　　计算者：×××　　　　　　　　试验者：×××

试验表-15

无机结合料稳定材料无侧限抗压强度试验检测报告

编号：××

检测单位：××公路试验检测中心

施工/委托单位	××公路工程建设有限公司		工程名称	××省××市至××市高速公路项目（第A3合同段）	
工程部位/用途	K0+000～K0+400底基层				
样品信息	现场取样				
检测依据	《公路工程质量检验评定标准 第一册 土建工程》JTG F80/1－2017		判定依据	《公路工程质量检验评定标准 第一册 土建工程》JTG F80/1－2017	
主要仪器设备名称及编号	无侧限抗压强度试验仪，1#				
配合比编号	××		矿料掺配比例	5mm 20%，5～10mm 36%，10～20mm 20%，10～30mm 24%	
结合料种类及剂量（%）	水泥，5%		成型方法	击实	
集料产地	××		设计抗压强度 R_d（MPa）	3	
最大干密度（g/cm³）	2.213		最佳含水率（%）	6.5	
路段范围	K0+000～K0+400		养生龄期（d）	7	

检测结果

试件编号	1	2	3	4	5	6	7	8	9	10	11	12	13
抗压强度（MPa）	3.4	3.6	3.3	3.3	3.7	4.5	4.5	4.6	3.6	3.7	4.1	3.8	4.6

统计评定	平均抗压强度Rc（MPa）	标准差S（MPa）	保证率系数Za	代表值（MPa）	最大值（MPa）	最小值（MPa）	合格标准
	3.9	0.4983	1.645	/	4.6	3.3	$\bar{R} \geq \dfrac{R_d}{1-Z_\alpha C_v}$

检测结论：

　　试件平均抗压强度3.9＞3/（1-1.645×0.4983/3.9）=3.798，K0+000～K0+400底基层7d无侧限抗压强度试验评定合格。

附加声明：

检测：×××　　　　审核：×××　　　　　　批准：×××　　　　　　日期：2023年×月×日

试验表-16

混凝土、砂浆试件取样记录

施工单位：××公路工程建设有限公司

合同段：第 A3 合同段

编　号：××

第×页，共×页

序号	样品名称	强度等级	工程名称	工程部位	取样地点	取样数量（组）	取样日期	取样人	样品编号	备注
1	混凝土抗压试块	C30	××省×××市至×××市高速公路项目桥梁工程	1-1#桩	施工现场	2	2023年×月×日	×××	××	

填表：×××　　　　审核：×××　　　　日期：2023年×月×日

注：本表用于混凝土、砂浆、浆液等试件现场取样登记。

试验表-17

混凝土试块强度统计评定表

编　号：LM-01-01-05-001
合同段：第 A3 合同段

工程名称：××省××市至××市高速公路项目　　结构部位：路缘石基础　　强度等级：C30　　养护方法：标准养护

施工单位：×××公路工程建设有限公司

试块组数 n	设计强度 $f_{cu,k}$	平均值 m_{fcu}	标准差 S_{fcu}	合格判定系数	最小值 $f_{cu,min}$	评定数据			
						$f_{cu,k}+\lambda_1\times S_{fcu}=$	$\lambda_2\times f_{cu,k}=$	$\lambda_3\times f_{cu,k}=34.5$	$\lambda_4\times f_{cu,k}=28.5$
3	30MPa	35.1MPa	2.50MPa	$\lambda_3=1.15$ $\lambda_4=0.95$	33.6MPa				

每组强度值（MPa）

33.6	35.8	35.9							

结论　合格。

评定依据：《混凝土强度检验评定标准》GB/T 50107—2010
1）统计组数 $n\geq10$ 组时：$m_{fcu}\geq f_{cu,k}+\lambda_1\times S_{fcu}$；$f_{cu,min}\geq\lambda_2\times f_{cu,k}$
2）非统计计方法：$m_{fcu}\geq\lambda_3\times f_{cu,k}$，$f_{cu,min}\geq\lambda_4\times f_{cu,k}$

技术负责人：×××　　审核：×××　　填表：×××　　日期：2023 年×月×日

混凝土及砂浆抗压强度试验结果汇总表

编号：QL-01-01-05-001

施工单位：××公路工程建设有限公司　　　　合同段：第 A3 合同段

第×页，共×页

工程名称		××省××市至××市高速公路项目				
序号	试验编号	使用部位名称	设计等级	试块抗压强度（MPa）	达到设计等级（%）	备注
1	××	0-1#桩基础	C35	42.5	121	
2	××	0-2#桩基础	C35	43.8	125	
3	××	0-3#桩基础	C35	43.2	123	
4	××	0-4#桩基础	C35	43.5	124	
5	××	0-5#桩基础	C35	43.7	125	
6	××	0-6#桩基础	C35	43.8	125	
7	××	0-7#桩基础	C35	42.6	122	
	……					

填表：×××　　　　　　审核：×××　　　　　　日期：2023 年×月×日

试验表-19

水泥砂浆抗压强度汇总表

工程名称：×××省×××市至×××市高速公路项目　　合同段：第 A3 合同段　　编　号：××　　第×页，共×页

施工单位：×××公路工程建设有限公司　　监理单位：×××工程建设咨询有限公司　　汇总单元：排水工程

序号	工程部位	桩号及结构物名称	设计强度等级 R（MPa）	试件组数 n	抗压强度平均值 R_n（MPa）	强度最低值 R_{min}（MPa）	合格标准	评定结论
1	砌体水沟	K0+000～K0+500 浆砌水沟	5.0	3	5.6	5.3	$R_{min} \geq 4.25MPa$ $R_n \geq 5.5MPa$	合格
2	砌体水沟	K0+500～K1+000 浆砌水沟	5.0	3	5.5	5.2	$R_{min} \geq 4.25MPa$ $R_n \geq 5.5MPa$	合格
3	砌体水沟	K1+000～K1+500 浆砌水沟	5.0	3	5.7	5.3	$R_{min} \geq 4.25MPa$ $R_n \geq 5.5MPa$	合格
……								

填表：×××　　复核：×××　　复核：×××　　审核：×××　　日期：2023 年×月×日

200

水泥混凝土抗压强度汇总表

施工单位：××公路工程建设有限公司

序号	工程名称							汇总单元					钻孔灌注桩	
	桩号及结构构物名称	工程部位	设计强度等级 $f_{cu,k}$（MPa）	试件组数 n	强度平均值 m_{fcu}（MPa）	强度最低一组值 $f_{cu,min}$（MPa）	标准差 S_n	合格判定系数				合格标准	评定结论
								λ_1	λ_2	λ_3	λ_4		
1	K0+100.030 ××特大桥	灌注桩基础	C35	20	42.46	35.7	2.5	0.95	0.85			$f_{cu,min} \geq 29.75MPa$ $f_{cu} \geq 33.25MPa$	合格
2	K0+100.030 ××特大桥	灌注桩基础	C35	10	39.30	35.6	2.5	1.15	0.90			$f_{cu,min} \geq 31.5MPa$ $f_{cu} \geq 38.5MPa$	合格
2	K0+100.030 ××特大桥	灌注桩基础	C35	10	40.30	36.6	2.5	1.15	0.90			$f_{cu,min} \geq 31.5MPa$ $f_{cu} \geq 38.5MPa$	合格
	……												

合同段：第 A3 合同段

工程名称：××省××市至××市高速公路项目

填表：×××   复核：×××   审核：×××   日期：2023 年×月×日

201

试验表-21

水泥混凝土弯拉强度汇总表

施工单位：××公路工程建设有限公司　　　　复核：××　　　　　××省××市至××市高速公路项目　　合同段：第 A3 合同段　　　　　　编　号：××　　　　　第×页，共×页

工程名称									汇总单元	水泥混凝土路面	
编号	桩号及结构物名称	工程部位	设计标准值 f_r（MPa）	试件组数 n	平均值 f_{cs}（MPa）	合格判定系数 K	标准差 σ	小于 0.85 f_r 的组数	最小强度值 f_{min}（MPa）	合格标准	评定结论
1	K0+000～K1+300 路面	水泥混凝土路面	5	10	5.95	0.75	0.35		5.3	$f_{cs}\geq5.75MPa$ $f_{min}\geq4.25MPa$	合格
2	K1+300～K2+600 路面	水泥混凝土路面	5	10	5.93	0.75	0.35		5.3	$f_{cs}\geq5.75MPa$ $f_{min}\geq4.25MPa$	合格
	……										

填表：×××　　　　　复核：×××　　　　　审核：×××　　　　　日期：2023 年×月×日

202

水泥浆强度及性能指标汇总表

施工单位：××公路工程建设有限公司

工程名称：×××省×××市至×××市高速公路项目　　合同段：第A3合同段　　汇总单元　　涵洞

编　号：××　　第×页，共×页

序号	桩号及结构物名称	工程部位	水胶比	设计强度等级 R（MPa）	试件组数 n	28d抗压强度平均值（MPa）	28d抗压强度最低值（MPa）	28d抗折强度平均值（MPa）	28d抗折强度最低值（MPa）	初始流动度（s）	技术性能指标 自由膨胀率（%） 3h	技术性能指标 自由膨胀率（%） 24h	泌水率（%）24h 自由	泌水率（%）3h 钢丝间	自由膨胀率（%）3h	自由膨胀率（%）24h	评定结论
1	K0+120 涵洞	左幅涵洞八字墙砌筑	0.42	5.0	4	6.2	5.5	/	/	15			/	/	/	/	合格
2	K0+120 涵洞	右幅涵洞八字墙砌筑	0.42	5.0	4	6.4	5.7	/	/	15			/	/	/	/	合格
	……																

填表：×××　　复核：×××　　审核：×××

日期：2023年×月×日

喷射混凝土抗压强度汇总表

施工单位：××公路工程建设有限公司　　　　工程名称：××省××市至××市高速公路项目　　合同段：第 A3 合同段　　　编　号：×××　　　第×页，共×页

工程名称	工程部位					汇总单元	护坡
编号	桩号及结构物名称	工程部位	设计值（MPa）	试件组数 n	平均值 R_n（MPa）	最小强度值 R_{min}（MPa）	合格标准	评定结论
1	K0+000～K0+200 边坡锚固支护	护坡	C30	5	33.6	32.3	R_n≥31.5MPa R_{min}≥27MPa	合格
2	K0+200～K0+400 边坡锚固支护	护坡	C30	5	33.8	32.3	R_n≥31.5MPa R_{min}≥27MPa	合格
	……							

填表：×××　　　　复核：×××　　　　审核：×××　　　　日期：2023 年×月×日

试验表-24

半刚性基层和底基层材料强度汇总表

编　号：××　　　第×页，共×页

施工单位：×××公路工程建设有限公司　　工程名称：×××省×××市至×××市高速公路项目　　合同段：第 A3 合同段

工程名称								水泥稳定碎石			汇总单元		基层	
结构层名称	水泥稳定碎石基层				混合料类型						成型方法		压实	
序号	施工检测桩号及部位	设计强度 R_d（MPa）	试件个数 n	试验结果										评定结论
				平均值 R_n（MPa）	Z_a	标准差（%）	偏差系数（%）	$R_d/(1-Z_aC_v)$	合格标准				
1	K0+000～K0+200 水泥稳定碎石基层	5	6	5.5	1.645	0.23	4.18	1.645	≥5MPa				合格
2	K0+200～K0+400 水泥稳定碎石基层	5	9	5.7	1.645	0.24	4.21	5.06	≥5MPa				合格
3	K0+400～K0+600 水泥稳定碎石基层	5	13	5.9	1.645	0.27	4.58	5.06	≥5MPa				合格
4	K0+600～K0+800 水泥稳定碎石基层	5	6	5.6	1.645	0.26	4.64	5.06	≥5MPa				合格
	……												

填表：×××　　　　复核：×××　　　　审核：×××　　　　日期：2023 年×月×日

205

路基（台背）压实度汇总表

施工单位：×××公路工程建设有限公司

工程名称：×××省×××市至×××市高速公路项目

合同段：第 A3 合同段

编　号：×××

第×页，共×页

检测段落桩号	填筑层记录							土质路堤							石质路堤			土方路基
	填筑区域	填筑层次	填料类型	填料最大粒径（mm）	填压面积（m²）	压实厚度（cm）	检测点数 n	单点极值 K_i	平均值 $\bar{k}$	$ta/\sqrt{n}$	标准差 S	代表值 K（%）	压实度标准值 K_0	汇总单元		施工工艺	评定结论
														实测沉降差（mm）	试验路沉降差（mm）		
K0+000～K0+200	左幅	第一层	素土	15	700	20	2	97.5%	97.6%	22.501	0.141	94.3	94%	/	/	/	合格
K0+200～K0+400	左幅	第一层	素土	15	700	20	2	97.7%	97.8%	22.501	0.141	94.6	94%	/	/	/	合格
K0+400～K0+600	左幅	第一层	素土	15	700	20	2	97.8%	97.9%	22.501	0.141	94.7	94%	/	/	/	合格
……																	

填表：×××　　　复核：×××　　　审核：×××

日期：2023 年×月×日

206

试验表-26

路面结构层压实度汇总表

施工单位：××公路工程建设有限公司

工程名称：××省××市至××市高速公路项目　　合同段：第 A3 合同段　　编　号：××

序号	检测段落桩号	检测点数 n	平均值 $\bar{k}$	$t_a/\sqrt{n}$	标准差 S	代表值 K	汇总单元 单点极值 K_i	基层 压实度标准值 K_0	评定结论
1	K0+000～K0+200	6	96.3%	1.374	0.23	96.0%	96.2%	95%	合格
2	K0+200～K0+400	6	97.4%	1.374	0.26	97.0%	97.3%	95%	合格
3	K0+400～K0+600	6	97.5%	1.374	0.25	97.2%	97.4%	95%	合格
	……								

填表：×××　　　　　复核：×××　　　　　复核：×××　　　　　审核：××××

日期：2023 年×月×日

试验表-27

路面结构层厚度汇总表

施工单位：××公路工程建设有限公司

工程名称：××省×××市至×××市高速公路项目　　　合同段：第 A3 合同段

序号	检测段落桩号	检测点数 n	单点极值 X_i	平均值（mm）	$ta/\sqrt{n}$	标准差 S	代表值 X_L（mm）	实测厚度范围(mm)	设计厚度 X_0（mm）	汇总单元 合格率（%）	面层 评定结论	备注
1	K0+000～K1+00	6	4.1	4.5	1.374	0.354	4.01	4.1~4.8	4	100	合格	
2	K1+000～K2+000	6	4.2	4.5	1.374	0.152	4.31	4.2~4.7	4	100	合格	
3	K2+000～K2+600	6	4.2	4.6	1.374	0.354	4.11	4.2~4.9	4	100	合格	
	……											

填表：×××　　　　复核：×××　　　　审核：××××　　　　日期：2023 年×月×日

208

试验表-28

路基（路面）弯沉值汇总表

施工单位：××公路工程建设有限公司

工程名称：×××省×××市至××市高速公路项目　　合同段：第 A3 合同段　　编　号：×××　　第×页，共×页

序号	检测段落桩号	检测层位	测点数 n	平均值 L （0.01mm）	标准差 S	Z_a	代表值 L_r （0.01mm）	汇总单元 设计弯沉值 （0.01mm）	面层 评定结论	备注
1	K0+000～K1+000	沥青混凝土上面层北1车道	80	24.30	0.559	2.0	25.81	30.5	合格	
2	K1+000～K2+000	沥青混凝土上面层北1车道	80	23.30	0.501	2.0	24.72	30.5	合格	
3	K2+000～K3+000	沥青混凝土上面层北1车道	80	23.71	0.425	2.0	25.01	30.5	合格	
	……									

填表：×××　　复核：×××　　审核：×××　　日期：2023 年×月×日

209

试验表-29

路面构造深度汇总表

施工单位：×××公路工程建设有限公司

工程名称：×××省×××市至×××市高速公路项目　　合同段：第 A3 合同段

编　号：×××

序号	检测路段桩号	检测点数 n	最大值 (mm)	最小值 (mm)	平均值 (mm)	标准差 S	变异系数	汇总单元 标准值 (mm)	合格率 (%)	面层 检测结论	备注
1	K0+000～K0+400	2	1.0	0.8	0.9	0.141	15.67%	>0.7 且 <1.1mm	100	合格	
2	K0+400～K0+800	2	1.0	0.8	0.9	0.141	15.67%	>0.7 且 <1.1mm	100	合格	
	……										

填表：×××　　　　复核：×××　　　　审核：×××

日期：2023 年×月×日

210

路面摩擦系数摆值汇总表

施工单位：×××公路工程建设有限公司

合同段：第 A3 合同段

编 号：××

工程名称		×××省×××市至××市高速公路项目						汇总单元	面层	
序号	检测路段桩号	检测点数 n	最大值（BPN）	最小值（BPN）	平均值（BPN）	标准差 S	变异系数	标准值（BPN）	合格率（%）	检测结论	备注
1	K0+000～K1+000	5	68	60	64	1.94	3.03%	≥50	100	合格	
2	K1+000～K2+000	2	70	62	65	3.02	4.65%	≥50	100	合格	
3	K2+000～K3+000	2	65	63	64	0.71	1.11%	≥50	100	合格	
	……										

填表：×××   复核：×××   审核：×××   日期：2023 年×月×日

试验表-31

沥青路面渗水系数汇总表

施工单位：××公路工程建设有限公司

工程名称		××省×××市至×××市高速公路项目					汇总单元		面层	
		合同段：第 A3 合同段								
结构层名称	沥青混凝土上面层	混合料类型			AC-13C 沥青混合料			公称最大粒径（mm）		13
序号	检测路段桩号	检测点数 n	最大值（mL/min）	最小值（mL/min）	平均值（mL/min）	标准差 S	变异系数	标准值（mL/min）	合格率（%）	检测结论	备注
1	K0+000～K0+400	2	190	185	187.5	2.5	1.33%	200	100	合格	
2	K0+400+K0+800	2	185	180	182.5	2.5	1.37%	200	100	合格	
3	K0+800～K1+200	2	190	180	185.0	5.0	2.70%	200	100	合格	
……											

填表：×××　　　　复核：×××　　　　审核：×××　　　　日期：2023 年×月×日

212

试验表-32

含灰量检测结果汇总表

编号：LM-01-01-03-001

施工单位：××公路工程建设有限公司　　　　合同段：第 A3 合同段　　　　第×页，共×页

工程名称	××省××市至××市高速公路项目		
结构层名称	水泥稳定碎石基层	设计剂量（%）	5
代表桩号位置	实测含灰剂量	代表桩号位置	实测含灰剂量
K0+000～K0+200	5.12%		
K0+200～K0+400	5.23%		
K0+400～K0+600	5.21%		
K0+600～K0+800	5.17%		
K0+800～K1+000	5.15%		
K1+000～K1+200	5.22%		
······			

填表：×××　　　　　　审核：×××　　　　　　日期：2023 年×月×日

油石比检测结果汇总表

编号：LM-01-01-04-001

施工单位：××公路工程建设有限公司　　　合同段：第 A3 合同段　　　第×页，共×页

路面结构名称	AC-13C 沥青混凝土面层	设计油石比（%）		5	
起讫桩号	实测油石比	起讫桩号	实测油石比		备注
K0+000～K0+200	5.2%				
K0+200～K0+400	5.5%				
K0+400～K0+600	5.3%				
K0+600～K0+800	5.4%				
K0+800～K1+000	5.1%				
K1+000～K1+200	5.6%				
……					

填表：×××　　　　　审核：×××　　　　　日期：2023 年×月×日

第 2.9 节 检测记录表填写示例

高程及横坡度检测记录表

工程名称				××省×××市至××市高速公路项目							分项工程名称						仪器产地及型号			××		
水准点编号及位置				36.072m				水准点高程			公路等级：高速公路											

高程及横坡度检测记录表

桩号	实测高程（m）			设计高程（m）			高程偏差（m）			水平距离（m）		左幅横坡度（%）			右幅横坡度（%）		
	左	中	右	左	中	右	左	中	右	左	右	实测值	设计值	偏差值	实测值	设计值	偏差值
K0+020	36.827	37.339	36.846	36.834	37.344	36.834	0.007	0.005	-0.012	17	17	3.01	3	0.01	2.90	3	-0.10
K0+040	36.825	37.327	36.819	36.814	37.324	36.814	-0.011	-0.003	-0.005	17	17	2.95	3	-0.05	2.99	3	-0.01
K0+060	36.797	37.309	36.788	36.794	37.304	36.794	-0.003	-0.005	0.006	17	17	3.01	3	0.01	3.06	3	0.06

水准点编号及位置：K0+020～K0+060 左幅土方路基

自检意见	自检合格。	监理意见	经抽查复测，符合设计及规范要求。

检测：×××　　　记录：×××　　　复核：×××　　　日期：2023年×月×日

检测表-2

填石路基碾压沉降检测记录表

编号：××

检测单位：××公路试验检测中心

工程名称	××省××市至××市高速公路项目（第A3合同段）			检验部位		K0+000～K0+200	
检测宽度	34.5m			碾压机型重量		成工22t	
碾压遍数	6	层厚（cm）	30	最大粒径（cm）		80	

检验结果

序号	里程桩号	检测位置			检测宽度（m）	相对高程（m）		沉降值（mm）	平均值
		左	中	右		碾压后读数	终压后读数		
1	K0+020	-15.5	0	15.5	34.55	36.235	36.233	2	
2	K0+040	-15.5	0	15.5	34.52	36.254	37.251	3	2.25
3	K0+060	-15.5	0	15.5	34.54	36.276	37.273	3	
4	K0+080	-15.5	0	15.5	34.54	36.298	37.296	2	
5	K0+100	-15.5	0	15.5	34.55	36.315	37.311	4	
6	K0+120	-15.5	0	15.5	34.53	36.337	37.335	2	2.25
7	K0+140	-15.5	0	15.5	34.51	36.353	37.351	2	
8	K0+160	-15.5	0	15.5	34.52	36.371	37.368	3	
9	K0+180	-15.5	0	15.5	34.52	36.396	37.393	3	
10	K0+200	-15.5	0	15.5	34.53	36.419	37.415	4	
									3.5

施工负责人：×××　　　　记录：×××　　　　复核：×××　　　　日期：2023年×月×日

216

压实度试验检测记录表（灌砂法）

编号：××

检测单位：××公路试验检测中心

工程名称		××省××市至××市高速公路项目（第 A3 合同段）				
工程部位/用途		K0+000～K0+200 砂砾底基层				
样品信息		砂砾				
试验检测日期		2023 年×月×日		试验条件		15℃
检测依据		《公路土工试验规程》 JTG 3430－2020		检测依据		《公路土工试验规程》 JTG 3430－2020
主要仪器设备名称及编号			灌砂筒 001、铝盒 002、电子秤 003 等			
施工路段		K0+000～K0+200	检测路段	K0+000～K0+200	碾压面积	3000m²
填筑层次		砂砾底基层	填料类型	砂砾	碾压机具	光轮压路机
标准试验编号		××	压实度标准值	94%	碾压参数	最大干密度 1.87g/cm³ 最优含水率 11.5%

编号	××		××			
取样桩号	K0+100		K0+200			
取样位置	左 5m		右 5m			
试坑深度（cm）	30		30			
试前筒砂质量（g）	7900		7900			
试后筒加剩余砂质量（g）	787		44			
圆锥体内砂质量（g）	740		740			
基板圆孔砂质量（g）	111		109			
试坑内砂质量（g）	6262		7007			
量砂密度（g/cm³）	1.42		1.42			
试坑体积（cm³）	4410		4934			
坑内湿土样质量（g）	9040		9770			
湿密度（g/cm³）	2.05		1.98			
盒号	12	4	10	18		
盒加湿土质量（g）	221.68	237.53	231.51	209.68		
盒加干土质量（g）	201.48	217.43	211.31	189.58		
盒质量（g）	20.8	19.4	20.2	20.1		
含水率（%）	11.18	10.15	10.57	11.86		
平均含水率（%）	10.67		11.2			
干密度（g/cm³）	1.77		1.78			
最大干密度（g/cm³）	1.87		1.87			
最佳含水率（%）	11.5		11.5			
压实度（%）	94.65		95.19			
坑内石质量（g）						
含石率（%）						

附加声明：

检测：×××　　　　记录：×××　　　　复核：×××　　　　日期：2023 年×月×日

检测表-4

压实度试验检测记录表（环刀法）

编号：××

检测单位：××公路试验检测中心

工程名称	××省××市至××市高速公路项目（第 A3 合同段）				
工程部位/用途	K0+000～K0+200 土方路基				
样品信息	素土				
试验检测日期	2023 年×月×日		试验条件	15℃	
检测依据	《公路土工试验规程》JTG 3430－2020		检测依据	《公路土工试验规程》JTG 3430－2020	
主要仪器设备名称及编号	环刀 001、铝盒 002、电子秤 003 等				
施工路段	K0+000～K0+200	检测路段	K0+000～K0+200	碾压面积	3000m²
取样层位	第一层	填料类型	素土	碾压机具	光轮压路机
标准试验编号	××	压实度标准值	97%	碾压参数	最大干密度 1.87g/cm³ 最优含水率 11.5%

编号	××			
取样桩号	K0+100			
取样位置	左 4m			
取样深度（cm）	30cm			
环刀编号	1#			
土加环刀质量（g）	595.6			
环刀质量（g）	191.6			
土质量（g）	404			
环刀容积（cm³）	200			
湿密度（g/cm³）	2.02			
盒号	3	4		
盒加湿土质量（g）	146.24	145.27		
盒加干土质量（g）	131.1	129.2		
水质量（g）	15.14	16.07		
盒质量（g）	23.8	24.2		
干土质量（g）	107.3	113.13		
含水率（%）	14.11	14.20		
平均含水率（%）	14.16			
干密度（g/cm³）	1.77			
最大干密度（g/cm³）	1.83			
最佳含水率（%）	14.50%			
压实度（%）	96.72			
附加声明：				

检测：×××　　　　记录：×××　　　　复核：×××　　　　日期：2023 年×月×日

压实度试验检测记录表（灌水法）

编号：××

检测单位：××公路试验检测中心

工程名称	××省××市至××市高速公路项目（第 A3 合同段）							
工程部位/用途	K0+200～K0+500 碎石底基层							
样品信息	砂土							
试验检测日期	2023 年×月×日			试验条件		15℃		
检测依据	《公路土工试验规程》JTG 3430－2020			检测依据		《公路土工试验规程》JTG 3430－2020		
主要仪器设备名称及编号	储水筒、台秤等							
施工路段	K0+200～K0+400			检测路段		K0+200～K0+500		
碾压面积	3000m²			填筑层次		碎石底基层		
填料类型	碎石			填料最大粒径		200mm		
标准试验编号	××			碾压机具		光轮压路机		
编号	1	2	3	4	5	6	7	8
取样桩号	0+255	0+500	……					
取样位置	左 3m	右 3m						
试坑深度（cm）	20	20						
座板部分注水前储水筒水位高度（cm）	10	10						
底板部分注水后储水筒水位高度（cm）	9.9	9.9						
储水筒断面积（cm²）	176.63	176.63						
底板部分的容积（cm³）	17.67	17.68						
试坑注水前储水筒水位高度（cm）	9.9	9.9						
试坑注水后储水筒水位高度（cm）	5.0	5.0						
试坑容积（cm³）	865.48	865.48						
取自试坑内的试样质量（g）	6324.00	6324.00						
试样湿密度（g/cm³）	1.83	1.83						
细粒土部分含水率（%）	4.55	4.55						
石料部分含水率（%）	4.47	4.47						
细粒料干质量与全部干质量之比	39.98	39.97						
整体含水率	4.51	4.51						
试样干密度（g/cm³）	1.75	1.75						
坑内石质量（g）	3794.4	3794.3						
含石率（%）	60%	60%						
最大干密度（g/cm³）	1.81	1.81						
最佳含水率（%）	4.75	4.75						
压实度（%）	96.68	96.68						

附加声明：

检测：×××　　　　记录：×××　　　　复核：×××　　　　日期：2023 年×月×日

检测表-6

沥青路面压实度试验检测记录表（蜡封法）

编号：××

检测单位：××公路试验检测中心

工程名称	××省××市至××市高速公路项目（第A3合同段）		
工程部位/用途	K0+000～K0+200 沥青混凝土上面层		
样品信息	AC-13C 沥青混凝土凝土		
试验检测日期	2023年×月×日	试验条件	25℃
检测依据	《公路工程沥青及沥青混合料试验规程》JTG E20－2011	判定依据	《公路工程沥青及沥青混合料试验规程》JTG E20－2011
主要仪器设备名称及编号	石蜡001、电子天平001、冰箱001等		
检测路段	K0+200～K0+400	混合料类型	AC-13C 沥青混合料
滑石粉对水的相对密度	/	压实度标准值	97%
石蜡对水的相对密度	0.92g/cm³	标准密度确定方法	/

编号	取样桩号	位置	试件涂滑石粉后的空中质量 m_s（g）	试件的空中质量 m_a（g）	蜡封试件的空中质量 m_p（g）	蜡封试件的水中质量 m_c（g）	25℃时水的密度（g/cm³）	试件毛体积密度（g/cm³）	标准密度（g/cm³）	压实度 K（%）
1	K0+255	左5m	/	62.79	66.41	27.44	1	1.527	1.58	96.6
3	K0+375	右5m	/	63.00	66.37	27.60	1	1.534	1.58	97.1
	……									

附加声明：

检测：×××　　　记录：×××　　　复核：×××　　　日期：2023年×月×日

220

回弹弯沉试验检测记录表（贝克曼梁法）

编号：××

检测单位：××公路试验检测中心

工程名称	××省××市至××市高速公路项目（第 A3 合同段）					
工程部位/用途	K0+000～K1+300 沥青混凝土上面层					
样品信息	AC-13C 沥青混凝土					
试验检测日期	2023 年×月×日		试验条件	21℃		
检测依据	《公路路基路面现场测试规程》JTG 3450－2019		检测依据	《公路路基路面现场测试规程》JTG 3450－2019		
主要仪器设备名称及编号	贝克曼梁 001、加载车 001、百分表 001 等					
结构层次	沥青混凝土上面层		弯沉仪类型	贝克曼梁		
沥青材料层厚度（mm）	40		测试车车型	解放牌 CA-10B		
路基顶面回弹模量（MPa）	30		后轴轴载（kN）	BZZ-100		
中点实测温度（℃）	22		湿度影响系数	1		
设计弯沉值（0.01mm）	20.2		温度影响系数	1		

桩号	路表温度（℃）	超车道		行车道 1		行车道 2		超车道		行车道 1		行车道 2	
		读数（0.01mm）						弯沉（0.01mm）					
		左轮	右轮	左轮	右轮	左轮	右轮	左轮	右轮	左轮	右轮	左轮	右轮
K0+000	20	15.13	15.21										
K0+020	20	15.12	15.17										
K0+040	20	15.18	15.21										
……													

检测点数	6	平均值	15.17	标准差	0.001
保证率系数 Za/目标可靠指标 β	99%，1.374	特异值舍弃范围	/	代表值	15.17

附加声明：

检测：×××　　　　记录：×××　　　　复核：×××　　　　日期：2023 年×月×日

221

检测表-8

含水率试验检测记录表（烘干法）

编号：××

检测单位：××公路试验检测中心

工程名称	××省××市至××市高速公路项目 （第 A3 合同段）	工程部位/用途	K0+200～K0+400
样品信息	素土		
试验检测日期	2023 年×月×日	试验条件	15℃
检测依据	《公路土工试验规程》 JTG 3430－2020	检测依据	《公路土工试验规程》 JTG 3430－2020
主要仪器设备名称及编号	铝盒 001、002，烘箱 001 等		

试样编号	取样桩号及位置	盒号	盒+湿土质量（g）	盒+干土质量（g）	盒质量（g）	水分质量（g）	干土质量（g）	含水率（%）	平均含水率（%）
1	K0+030 左 6.0m	10	57.23	51.92	17.31	5.31	34.61	15.3	15.2
		13	56.81	51.73	16.92	5.08	34.81	15.0	
2	K0+135 右 6.0m	11	56.80	51.55	16.98	5.25	34.57	15.2	15.2
		14	55.82	50.59	15.97	5.23	34.62	15.1	
……									

附加声明：

检测：×××　　　记录：×××　　　复核：×××　　　日期：2023 年×月×日

检测表-9

含水率试验检测记录表（酒精燃烧法）

编号：××

检测单位：××公路试验检测中心

工程名称	××省××市至××市高速公路项目（第A3合同段）	工程部位/用途	K0+200～K0+400
样品信息	素土		
试验检测日期	2023年×月×日	试验条件	15℃
检测依据	《公路土工试验规程》JTG 3430－2020	检测依据	《公路土工试验规程》JTG 3430－2020
主要仪器设备名称及编号	铝盒001、002；酒精；打火机等		

试样编号	取样桩号及位置	盒号	盒+湿土质量（g）	盒+干土质量（g）	盒质量（g）	水分质量（g）	干土质量（g）	含水率（%）	平均含水率（%）
1	K0+050 右5m	3	75.12	68.23	17.86	6.89	50.37	13.7	13.1
		5	74.63	68.18	16.65	6.45	51.53	12.5	
2	K0+150 左5m	4	75.18	68.30	17.32	6.88	50.98	13.5	13.3
		7	75.06	68.28	16.53	6.78	51.75	13.1	
……									

附加声明：

检测：×××　　　　记录：×××　　　　复核：×××　　　　日期：2023年×月×日

检测表-10

水泥混凝土抗压强度试验检测报告

编号：××

检测单位：××公路试验检测中心

施工/委托单位	××公路工程建设有限公司			工程名称		××省××市至××市高速公路项目（第A3合同段）			
工程部位/用途	××大桥1#墩柱								
样品信息	现场取样								
检测依据	《公路工程质量检验评定标准 第一册 土建工程》JTG F80/1－2017			判定依据		《公路工程质量检验评定标准 第一册 土建工程》JTG F80/1－2017			
主要仪器设备名称及编号	水泥抗压强度试验机，1#								
配合比编号	××			设计强度等级		C30			
龄期（d）	28			养护条件		标准养护			

项目	混凝土各种材料用量（kg）								
	水泥	细集料	粗集料1	粗集料2	粗集料3	水	粉煤灰	矿渣粉	外加剂
每m³	191	812	1036	/	/	175	67	70	/

每组混凝土抗压强度（MPa）									
组编号	1	2	3	4	5	6	7	8	9	10
强度	35.62	34.48								
组编号	11	12	13	14	15	16	17	18	19	20
强度										
组编号	21	22	23	24	25	26	27	28	29	30
强度										

强度评定	设计强度$f_{cu,k}$（MPa）		30		平均值m_{fcu}（MPa）		35.05	
	最小值$f_{cu,min}$（MPa）		34.48		标准差S_n（MPa）		0.806	
	合格判定系数	λ_1	/	λ_2	/	λ_3	1.15	λ_4	0.95

合格标准	$m_{fcu} \geqslant \lambda_3 f_{cu,k}$；$f_{cu,min} \geqslant \lambda_4 f_{cu,k}$

检测结论：

　　××大桥1#墩柱，水泥混凝土抗压强度评定合格。

附加声明：

检测：×××　　　　　审核：×××　　　　　批准：×××　　　　　日期：2023年×月×日

检测表-11

砂浆立方体抗压强度试验检测报告

编号：××

检测单位：××公路试验检测中心

施工/委托单位	××公路工程建设有限公司	工程名称	××省××市至××市高速公路项目（第A3合同段）
工程部位/用途		K0+000～K0+400左侧挡土墙	
样品信息		现场取样	
检测依据	《公路工程质量检验评定标准 第一册 土建工程》JTG F80/1－2017	判定依据	《公路工程质量检验评定标准 第一册 土建工程》JTG F80/1－2017
主要仪器设备名称及编号		水泥砂浆强度试验机，1#	
配合比编号	××	强度等级	M10
龄期（d）	28	养护条件	标准养护

项目	砂浆各种材料用量（kg）							
	水泥	细集料	水	石灰膏	粉煤灰	外加剂		
每m³	250	1480	225					

每组砂浆抗压强度（MPa）

组编号	1	2	3	4	5	6	7	8	9	10
强度	11.5	11.3	11.3							
组编号	11	12	13	14	15	16	17	18	19	20
强度										
组编号	21	22	23	24	25	26	27	28	29	30
强度										

强度评定	平均值R_n（MPa）	11.36	最小值R_{min}（MPa）	11.3
合格标准		$R_n \geq 1.1R$，$R_{min} \geq 0.85R_0$		

检测结论：
  K0+000～K0+400左侧挡土墙，水泥砂浆抗压强度评定合格。

附加声明：

检测：×××　　　　审核：×××　　　　批准：×××　　　　日期：2023年×月×日

225

水泥混凝土抗弯拉强度试验检测报告

编号：××

检测单位：××公路试验检测中心

施工/委托单位	××公路工程建设有限公司	工程名称	××省××市至××市高速公路项目（第A3合同段）
工程部位/用途	K0+000～K1+000		
样品信息	现场取样		
检测依据	《公路工程质量检验评定标准 第一册 土建工程》JTG F80/1－2017	判定依据	《公路工程质量检验评定标准 第一册 土建工程》JTG F80/1－2017
主要仪器设备名称及编号	标准小梁，1#		
配合比编号	××	强度等级	C35
龄期（d）	28	养护条件	标准养护

项目	混凝土各种材料用量（kg）							
	水泥	细集料	粗集料	水	粉煤灰	矿粉	外加剂	
每m³	371	731	1193	155	/	/	2.22	

每组混凝土抗压强度（MPa）									
组编号	1	2	3	4	5	6	7	8	9	10
抗弯拉强度	5.79	6	5.93							
组编号	11	12	13	14	15	16	17	18	19	20
抗弯拉强度										
组编号	21	22	23	24	25	26	27	28	29	30
抗弯拉强度										

强度评定	平均值f_c（MPa）	5.9	均方差σ（MPa）	0.1069
	变异系数（C_v）	0.1	/	/
	最小值f_{min}（MPa）	5.79	合格判定系数K	/

合格标准	试件组数小于或等于10组时，试件平均强度不得小于1.15f_c（设计弯拉强度标准值），任一组强度均不得小于0.85f_c（设计弯拉强度标准值）。实测弯拉强度统计变异系数C_v值应符合设计要求。

检测结论：

　　试件平均强度5.9MPa大于1.15f_c（设计弯拉强度标准值）=5.75，任一组强度均大于0.85f_c（设计弯拉强度标准值）=4.25。

　　实测弯拉强度统计变异系数C_v值=0.1069/5.9=0.02符合设计要求＞0.1。

　　评定路段的水泥混凝土弯拉强度试验合格。

附加声明：

检测：×××　　　　审核：×××　　　　批准：×××　　　　日期：2023年×月×日

检测表-13

基层无侧限强度 现场检测记录

施工单位：××公路工程建设有限公司

合同段：第 A3 合同段

编 号：××

第×页，共×页

序号	工程名称	里程桩号	工程部位	设计强度	龄期（d）	施工日期	检测日期	检测人	备注
1	××省×××市至×××市高速公路项目路面工程	K0+000～K0+200	水泥稳定碎石基层	4.5MPa	7	2023年7月8日	2023年7月15日	×××	

填表：×××

审核：×××

日期：2023年×月×日

227

第2.10节 中间交工表填写示例

交工表-1

××省××市至××市高速 公路
建设项目工程质量检验评定表

编　　号：××

项目名称：××省××市至××市高速公路　　　路线名称：高速公路主线

起讫桩号：K0+000～K1+300　　　　　　　　完工日期：2023 年×月×日

施工单位：××公路工程建设有限公司　　　监理单位：××工程建设咨询有限公司

合同段		备注
合同段名称	质量等级	
第 A1 合同段	合格	
第 A2 合同段	合格	
第 A3 合同段	合格	
质量等级	合格	
评定意见	合同段所含各单位工程全部合格，该合同段工程质量等级评为合格。	

技术负责人：×××　　　记录：×××　　　复核：×××　　　日期：2023 年×月×日

交工表-2

<u>　××省××市至××市高速　</u>公路
合同段工程质量检验评定表

编　　　号：××

项目名称：××省××市至××市高速公路　　　　路线名称：高速公路主线

起讫桩号：K0+000～K1+300　　　　　　　　　完工日期：2023 年×月×日

施工单位：××公路工程建设有限公司

单位工程			备注
单位工程编号	单位工程名称	质量等级	
LJ001	路基工程	合格	K0+000～K1+300
外观质量	符合设计及规范要求		
评定资料	齐全		
质量等级	合格		
评定意见	合格		

检验负责人：×××　　　　记录：×××　　　　复核：×××　　　　日期：2023 年×月×日

交工表-3

<u>××省××市至××市高速</u>　公路
单位工程质量检验评定表

单位工程名称：路基工程　　　　　　　　　工程部位：（桩号、墩台号、孔号）：K0+000～K1+300
所属建设项目（合同段）：××省××市至××市高速公路项目（第 A3 合同段）
施工单位：××公路工程建设有限公司　　　　单位工程编号：LJ001

分部工程			备注
分部工程编号	分部工程名称	质量等级	
LJ-01-01	路基土石方工程	合格	K0+000～K1+000
LJ-01-02	路基土石方工程	合格	K1+000～K1+300
LJ-02-01	排水工程	合格	K0+000～K1+000
LJ-02-02	排水工程	合格	K1+000～K1+300
外观质量	符合设计及规范要求		
评定资料	齐全		
质量等级	合格		
评定意见	所属各子单位工程全部合格，该单位工程评为合格。		

检验负责人：×××　　　　记录：×××　　　　复核：×××　　　　日期：2023 年×月×日

交工表-4

<u>　　××省××市至××市高速　</u>公路

分部工程质量检验评定表

分部工程名称：路基土石方工程　　　　　　　　工程部位：（桩号、墩台号、孔号）K0+000～K1+300
所属单位工程：路基工程
所属建设项目（合同段）：××省××市至××市高速公路项目（第 A3 合同段）
施工单位：××公路工程建设有限公司　　　　　　分部工程编号：LJ-01

分项工程			备注
分项工程编号	分项工程名称	质量等级	
LJ-01-01-01-001	土方路基	合格	K0+000～K0+200
LJ-01-01-01-002	土方路基	合格	K0+200～K0+400
LJ-01-01-01-003	土方路基	合格	K0+400～K0+600
LJ-01-01-01-004	土方路基	合格	K0+600～K0+800
LJ-01-03-01-001	软土地基处治	合格	K0+032～K0+158
……			
外观质量	符合设计及规范要求		
评定资料	齐全		
质量等级	合格		
评定意见	所属各分项工程全部合格，该分部工程评为合格。		

检验负责人：×××　　　　　记录：×××　　　　复核：×××　　　　日期：2023 年×月×日

交工表-5

<u>　　××省××市至××市高速　公路</u>

公路工程交工验收证书

交工验收时间：2023 年×月×日 　　　　　　　　　　　　合同段交工验收证书第××号

工程名称：××省××市至××市高速公路项目	合同段：第 A3 合同段
建设单位：××交通投资建设有限公司	设计单位：××工程设计有限公司
施工单位：××公路工程建设有限公司	监理单位：××工程建设咨询有限公司

<table>
<tr><td colspan="5" align="center">本合同段主要工程量</td></tr>
<tr><td rowspan="1">本合同段价款</td><td>原合同</td><td>15869220.00 元</td><td>实际</td><td>15896780.00 元</td></tr>
<tr><td>本合同段工期</td><td>原合同</td><td>600 日历天</td><td>实际</td><td>600 日历天</td></tr>
</table>

对工程质量、合同执行情况的评价、遗留问题、缺陷的处理意见及有关决定（内容较多时可用附件）：

　　本工程已按设计图纸和施工合同约定的范围施工完毕，工程质量符合合同、设计图纸要求及有关工程质量验收标准，各项功能满足使用要求。工程质量评定合格。

施工单位意见：

　　合格，同意验收。

　　　　　　　　　　　施工单位法人代表或授权人签字：×××　　　　　单位盖章
　　　　　　　　　　　　　　　　　　　　　　　　　　　　　　　　2023 年×月×日

监理单位意见：

　　合格，同意验收。

　　　　　　　　　　　监理单位法人代表或授权人签字：×××　　　　　单位盖章
　　　　　　　　　　　　　　　　　　　　　　　　　　　　　　　　2023 年×月×日

设计单位意见：

　　合格，同意验收。

　　　　　　　　　　　设计单位法人代表或授权人签字：×××　　　　　单位盖章
　　　　　　　　　　　　　　　　　　　　　　　　　　　　　　　　2023 年×月×日

建设单位意见：

　　合格，同意验收。

　　　　　　　　　　　建设单位代表或授权人签字：×××　　　　　　单位盖章
　　　　　　　　　　　　　　　　　　　　　　　　　　　　　　　　2023 年×月×日

232

交工表-6

<u>　　××省××市至××市高速　</u>公路

分项工程（中间）交工证书

编　号：××

施工单位：××公路工程建设有限公司　　　　　　　　　　　　　合同段：××

监理单位：××工程建设咨询有限公司

单位工程	路基工程					
分项工程	土方路基			分部工程	路基土石方	
中间交工内容及工程数量等	子目号	子目名称	单位	设计数量	变更数量	交工数量
	××	挖土	m³	896000	0	896000
	××	填土	m³	1113000	0	1113000
	××	弃土	m³	336000	0	336000
施工自检结果	K0+000～K10+000范围内土方路基分项工程自检合格，申请进入路面工程底基层施工。					
项目经理	×××			申请日期	2023 年×月×日	
监理接收人	×××			接收日期	2023 年×月×日	
质量保证资料及检评资料情况	齐全、真实、有效。					
监理抽检情况及评述意见和结论	监理抽检情况：☑工程质量合格 / □工程质量不合格。 监理评述意见：☑满足中间交工条件 / □不满足中间交工条件。 监理结论：☑同意中间交工 / □不同意中间交工。					
驻地/总监理工程师	×××			批准日期	2023 年×月×日	
项目经理	×××			日　　期	2023 年×月×日	

第3章 公路工程质量检验评定资料填写示例
（土建工程）

第3.1节 土建工程基本内容

一、一般规定

1. 公路工程质量检验评定应按分项工程、分部工程、单位工程逐级进行，并应符合下列规定：

（1）在合同段中，具有独立施工条件和结构功能的工程为单位工程。

（2）在单位工程中，按路段长度、结构部位及施工特点等划分的工程为分部工程。

（3）在分部工程中，根据施工工序、工艺或材料等划分的工程为分项工程。

2. 单位工程、分部工程和分项工程应在施工准备阶段按《公路工程质量检验评定标准 第一册 土建工程》JTG F80/1－2017 附录 A 进行划分。

3. 公路工程质量检验评定应符合下列规定：

（1）分项工程完工后，应根据《公路工程质量检验评定标准 第一册 土建工程》JTG F80/1－2017 进行检验，对工程质量进行评定。隐蔽工程在隐蔽前应检查合格。

（2）分部工程、单位工程完工后，应汇总评定所属分项工程、分部工程质量资料，检查外观质量，对工程质量进行评定。

二、工程质量检验

1. 分项工程应按基本要求、实测项目、外观质量和质量保证资料等检验项目分别检查。

2. 分项工程质量应在所使用的原材料、半成品、成品及施工控制要点等符合基本要求的规定，无外观质量限制缺陷且质量保证资料真实齐全时，方可进行检验评定。

3. 基本要求检查应符合下列规定：

（1）分项工程应对所列基本要求逐项检查，经检查不符合规定时，不得进行工程质量的检验评定。

（2）分项工程所用的各种原材料的品种、规格、质量及混合料配合比和半成品、成品应符合有关技术标准规定并满足设计要求。

4. 实测项目检验应符合下列规定：

（1）对检查项目按规定的检查方法和频率进行随机抽样检验并计算合格率。

（2）《公路工程质量检验评定标准 第一册 土建工程》JTG F80/1－2017 规定的检查方法为标准方法，采用其他高效检测方法应经比对确认。

（3）《公路工程质量检验评定标准 第一册 土建工程》JTG F80/1－2017 中以路段长度规定的检查频率为双车道路段的最低检查频率，对多车道应按车道数与双车道之比相应增加检查数量。

（4）应按下式计算检查项目合格率：

$$检查项目合格率（\%） = \frac{合格的点（组）数}{该检查项目的全部检查点（组）数} \times 100$$

5. 检查项目合格判定应符合下列规定：

（1）关键项目（在标准中以"△"标识）的合格率应不低于95%（机电工程为100%），否则该检查项目为不合格。

（2）一般项目（除关键项目以外的检查项目）的合格率应不低于80%，否则该检查项目为不合格。

（3）有规定极值的检查项目，任一单个检测值不应突破规定极值，否则该检查项目为不合格。

（4）采用《公路工程质量检验评定标准 第一册 土建工程》JTG F80/1－2017 附录 B 至附录 S 所列方法进行检验评定的检查项目，不满足要求时，该检查项目为不合格。

6. 外观质量应进行全面检查，并满足规定要求，否则该检验项目为不合格。

7. 工程应有真实、准确、齐全、完整的施工原始记录、试验检测数据、质量检验结果等质量保证资料。质量保证资料应包括下列内容：

（1）所用原材料、半成品和成品质量检验结果。

（2）材料配合比、拌合加工控制检验和试验数据。

（3）地基处理、隐蔽工程施工记录和桥梁、隧道施工监控资料。

（4）质量控制指标的试验记录和质量检验汇总图表。

（5）施工过程中遇到的非正常情况记录及其对工程质量影响分析评价资料。

（6）施工过程中如发生质量事故，经处理补救后达到设计要求的认可证明文件等。

8. 检验项目评为不合格的，应进行整修或返工处理直至合格。

三、工程质量评定

1. 工程质量等级应分为合格与不合格。

2. 分项工程、分部工程、单位工程质量评定应有符合《公路工程质量检验评定标准 第一册 土建工程》JTG F80/1－2017 附录 K 规定的资料。

3. 分项工程质量评定合格应符合下列规定：

（1）检验记录应完整。

（2）实测项目应合格。

（3）外观质量应满足要求。

4. 分部工程质量评定合格应符合下列规定：

（1）评定资料应完整。

（2）所含分项工程及实测项目应合格。

（3）外观质量应满足要求。

5. 单位工程质量评定合格应符合下列规定：

（1）评定资料应完整。

（2）所含分部工程应合格。

（3）外观质量应满足要求。

6. 评定为不合格的分项工程、分部工程，经返工、加固、补强或调测，满足设计要求后，可重新进行检验评定。

7. 所含单位工程合格，该合同段评定为合格；所含合同段合格，该建设项目评定为合格。

四、项目单位、分部及分项工程划分表示例

××省××市至××市高速 公路
工程划分报审表

编　号：××
合同段：××

施工单位：××公路工程建设有限公司
监理单位：××工程建设咨询有限公司

致：　　　　×××　　　　（监理工程师）
现上报　　××省××市至××市高速公路项目（第 A3 合同段）　　合同工程单位、分部、分项工程划分表及附件，请予以审查和批准。 　　附件：单位、分部、分项工程划分表及说明   　　　　　　　　　　　　　　　　项目经理签字：×××　　　　　2023 年×月×日

驻地办专业监理工程师意见： 　　经审查，该工程划分方案内容完整，满足施工实际要求，同意按此工程划分方案划分。 签字：×××　　　　　　　2023 年×月×日	驻地监理工程师意见： 　　同意按此工程划分方案划分。 签字：×××　　　　　　　2023 年×月×日
总监办专业监理工程师意见： 　　同意按此工程划分方案划分。 签字：×××　　　　　　　2023 年×月×日	总监理工程师意见： 　　同意按此工程划分方案划分。 签字：×××　　　　　　　2023 年×月×日
建设单位审批意见： 　　同意按此工程划分方案划分。 　　　　　　　　　　　　　　　　签字：×××　　　　　2023 年×月×日		

项目单位、分部及分项工程划分表

编　号：××　
合同段：××

施工单位：××公路工程建设有限公司
监理单位：××工程建设咨询有限公司

工程名称	××省××市至××市高速公路项目	
单位工程	分部工程	分项工程
路基工程（K0+000～K10+000）	路基土石方工程（K0+000～K1+000）	土方路基（K0+000～K1+000）
	路基土石方工程（K1+000～K2+000）	土方路基（K1+000～K2+000）
	……	……
	路基土石方工程（K9+000～K10+000）	土方路基（K9+000～K10+000）
	排水工程，小桥、涵洞、防护支挡工程……	……
路基工程（K10+000～K17+800）	路基土石方工程（K10+000～K11+000）	土方路基（K10+000～K11+000）
	路基土石方工程（K11+000～K12+000）	土方路基（K11+000～K12+000）
	……	……
	路基土石方工程（K17+000～K17+800）	土方路基（K17+000～K17+800）
	排水工程，小桥，涵洞，防护支挡工程…	……
路面工程（K0+000～K10+000）	路面工程（K0+000～K1+000）	垫层
		底基层
		基层
		面层
		路缘石
		路肩
路面工程（K0+000～K10+000）	路面工程（K1+000～K2+000）	垫层
		底基层
		基层
		面层
		路缘石
		路肩

单位工程	分部工程	分项工程
路面工程 （K0+000～K10+000）	路面工程（K2+000～K3+000）	垫层、底基层、基层、面层、路缘石、路肩
	……	……
	路面工程（K9+000～K10+000）	垫层、底基层、基层、面层、路缘石、路肩
路基工程 （K0+000～K7+800）	路基土石方工程（K0+000～K1+000）	土方路基（K0+000～K1+000）
	路基土石方工程（K1+000～K2+000）	土方路基（K1+000～K2+000）
	……	……
	路基土石方工程（K7+000～K7+800）	土方路基（K7+000～K7+800）
	排水工程，小桥、涵洞、防护支挡工程……	……
路基工程 （K9+300～K15+100）	路基土石方工程（K9+300～K10+300）	土方路基（K9+300～K10+300）
	路基土石方工程（K10+300～K11+800）	土方路基（K10+300～K11+800）
	……	……
	路基土石方工程（K14+300～K15+100）	土方路基（K14+300～K15+100）
	……	……
××特大桥 （K7+800～K9+300）	基础级下部结构（0#桥台）	钻孔灌注桩（0#～1#）
	基础级下部结构（0#桥台）	钻孔灌注桩（0#～2#）
	……	……
	基础级下部结构（0#桥台）	钻孔灌注桩（0#～8#）
	上部结构预制和安装，上部结构现场浇筑，桥面系、附属工程及桥梁总体……	……

施工项目负责人：×××　　　　　　　　　　　总监理工程师：×××

238

第 3.2 节　评定表填写说明

目前公路工程所用工程质量检验评定表根据《公路工程质量检验评定标准　第一册　土建工程》JTG F80/1－2017 和《公路工程质量检验评定标准　第二册　机电工程》JTG 2182－2020（填写示例见第 4 章）编制。编制的指导思想和要求是：统一规范、责任明确、指标剥离、便于操作和检索。

一、基本要求

在"基本要求"栏中，每条基本要求前均有一个选择"□"，检验评定过程中，对满足的基本要求前打"√"，反之，不满足则不选。在检验评定时，如有基本要求不满足《公路工程质量检验评定标准》规定的，将对该项工程判定为不合格。

二、实测项目

1．评定表是各项过程检验结果的综合汇总，表中的"实测值或实测偏差值"可机打，其数据由对应的工序检查记录表、施工原始记录表、试验检测记录表、测量记录表中得到，并应与前述表中数据一致，检查频率、点数要达到规定要求。

2．对于特殊部位或新工艺的工程检验评定应尽量参照类似工程检评，原则上不改表或补表，如果有申请检验评定工程中不涉及的检查项目，则该项检查项结果无需填写，且不参与该工程评定。如：隧道边仰坡开挖用土方路基评定表，但压实度、弯沉等不检验。

3．检验点数少于 10 个的可用示例 1 填写；超过 10 个的实测项目，可以合并填写检验的统计结果（见示例 2），或增加附表填写（见示例 3）。检查项目合格率根据合格点数占总点数的比例计算得出，其结果保留一位小数，填写百分比值，如计算得出 96.73%，填写为 96.7。

示例 1　分项工程质量检验评定表

分项工程名称：　　　　工程部位：（桩号、墩台号、孔号）　　　所属建设项目（合同段）：
所属分部工程名称：　　所属单位工程：　　施工单位：　　分项工程编号：

基本要求	1. 2. ……														
	项次	检查项目	规定值或允许偏差	实测值或实测偏差值										质量评定		
				1	2	3	4	5	6	7	8	9	10	平均值、代表值	合格率（%）	合格判定
实测项目																
	外观质量							质量保证资料								
	工程质量等级评定															

检验负责人：　　　　检测：　　　　记录：　　　　复核：　　　　年　月　日

示例 2 分项工程质量检验评定表

分项工程名称：　　　　　　　工程部位：（桩号、墩台号、孔号）　　　　所属建设项目（合同段）：

所属分部工程名称：　　　　　所属单位工程：　　　　　施工单位：　　　　分项工程编号：

基本要求	1. 2. ……						
实测项目	项次	检查项目	规定值或允许偏差	点数或断面数	质量评定		
					平均值、代表值	合格率（％）	合格判定
	外观质量			质量保证资料			
	工程质量等级评定						

检验负责人：　　　　检测：　　　　记录：　　　　复核：　　　　年　月　日

示例 3 分项工程质量检验评定表

分项工程名称：　　　　　　　工程部位：（桩号、墩台号、孔号）　　　　所属建设项目（合同段）：

所属分部工程名称：　　　　　所属单位工程：　　　　　施工单位：　　　　分项工程编号：

实测项目		规定值或允许偏差	实测值或实测偏差值											质量评定		
项次	检查项目		1	2	3	4	5	6	7	8	9	10		平均值、代表值	合格率（％）	合格判定

检验负责人：　　　　检测：　　　　记录：　　　　复核：　　　　年　月　日

240

4. 检查项目合格率按照第 3.1 节和第 4.1 节的方法计算得出。

5. 各检查项目合格判定按照第 3.1 节和第 4.1 节进行判定。

6. 在《公路工程质量检验评定标准》或相关规范中规定需要通过平均值、代表值、极值等进行判别的，将"实测值或实测偏差值"栏合并，填入对应要求的统计值，有多项判别标准的，应全部填入。

7. 当检查项目的"规定值或允许偏差"栏的标准是一个正负范围时，在"实测值或实测偏差值"栏填写实测偏差值；当检查项目的"规定值或允许偏差"栏的标准是一个数值时，在"实测值或实测偏差值"栏填写检测实测值；当检查项目的"规定值或允许偏差"栏的标准是"不小于（或大于）设计值""满足设计要求""在合格标准内"等时，应在"规定值或允许偏差"栏增加设计值或对设计、标准的描述，在"实测值或实测偏差值"栏填写检测结果。

三、外观质量

外观质量应符合《公路工程质量检验评定标准》中给定的条款，外观质量应进行全面检查，并满足规定要求，否则该检验项目为不合格。若《公路工程质量检验评定标准》无相关规定，则划"／"。

四、质量保证资料

质量保证资料应符合第 3.1 节和第 4.1 节规定的内容，可填写"齐全、真实""不齐全"的描述用语。

五、工程质量等级评定

工程质量等级应按照第 3.1 节和第 4.1 节进行工程质量评定，评定结果为"合格"或"不合格"。

六、表头、表尾填写

分项工程名称、所属分部工程名称、所属单位工程：填写内容应与经批复的单位、分部、分项工程划分的名称一致。

工程部位：填写受检工程的具体桩号、在其所属分项内的具体位置部位，应能够准确反映该检查项目。

所属建设项目：项目名称应以经过批准的该项目的正式名称为准，由建设单位统一规定，表格使用单位应遵照填写。

施工单位：填写施工企业全称，应与合同文本主体名称一致。

分项工程编号：填写内容应与经批复的单位、分部、分项工程划分的编号一致，应利于辨识，且不得出现重号。

检验负责人：由项目总工签认。

检测、记录：由经授权的现场质检工程师、技术人员签认。

复核：由质检负责人签认。

日期：填写检查当天日期，如果部分实测项目暂时无法检测，则填写的日期应为所有检测结果得出的最后日期。

第3.3节 土建工程质量检验评定表填写示例

单位工程质量检验评定表

单位工程名称：路基工程　　　　　　　　　　　　　　　工程地点、桩号：K0+000～K10+000

所属建设项目（合同段）：××省××市至××市高速公路项目（第A3合同段）

施工单位：××公路工程建设有限公司　　　　　　　　　　单位工程编号：LJ001

分部工程			备注
分部工程编号	分部工程名称	质量等级	
LJ-01-001	路基土石方工程	合格	K0+000～K1+000
LJ-01-002	路基土石方工程	合格	K1+000～K2+000
……			
LJ-01-010	路基土石方工程	合格	K9+000～K10+000
LJ-02-001	排水工程	合格	K0+000～K1+000
LJ-02-002	排水工程	合格	K1+000～K2+000
……			
LJ-02-010	排水工程	合格	K9+000～K10+000
LJ-03-001	涵洞、通道	合格	K0+400
LJ-03-002	涵洞、通道	合格	K0+900
……			
LJ-03-031	涵洞、通道	合格	K9+600
LJ-04-001	防护支挡工程	合格	K0+000～K1+000（左侧）
LJ-04-002	防护支挡工程	合格	K1+000～K2+000（左侧）
……			
LJ-04-010	防护支挡工程	合格	K9+000～K10+000（左侧）
外观质量	符合规范要求		
评定资料	齐全		
质量等级	合格		
评定意见	所属各分部工程全部合格，该单位工程评为合格。		

检验负责人：×××　　　　记录：×××　　　　复核：×××　　　　日期：2023年×月×日

分部工程质量检验评定表

分部工程名称：路基土石方工程　　　　　　　　工程部位：（桩号、墩台号）K0+000～K1+000
所属单位工程：路基工程
所属建设项目（合同段）：××省××市至××市高速公路项目（第A3合同段）
施工单位：××公路工程建设有限公司　　　　　　　　分部工程编号：LJ-01-001

分项工程			备注
分项工程编号	分项工程名称	质量等级	
LJ-01-01-01-001	土方路基	合格	K0+000～K0+200
LJ-01-01-01-002	土方路基	合格	K0+200～K0+400
LJ-01-01-01-003	土方路基	合格	K0+400～K0+600
LJ-01-01-01-004	土方路基	合格	K0+600～K0+800
LJ-01-01-01-005	土方路基	合格	K0+800～K1+000
LJ-01-02-01-001	加固土桩	合格	K0+340～K0+460
LJ-01-02-01-002	加固土桩	合格	K0+610～K0+830
LJ-01-03-01-001	加筋工程土工合成材料	合格	K0+340～K0+460
LJ-01-03-01-002	加筋工程土工合成材料	合格	K0+610～K0+830
外观质量	符合规范要求		
评定资料	齐全		
质量等级	合格		
评定意见	所属各分项工程全部合格，该分部工程评为合格。		

检验负责人：×××　　　　　记录：×××　　　　　复核：×××　　　　　日期：2023 年×月×日

一、路基土石方工程

1. 土方路基分项工程质量检验评定表

分项工程名称：填石路基　　工程部位：（桩号、墩台号、孔号）K1+200～K1+600（左半幅）　　所属建设项目（合同段）：××省××市至××市高速公路项目

所属分部工程：路基土石方工程　　路基工程名称：路基土石方工程　　施工单位：××公路工程建设有限公司　　分项工程编号：LJ-01-01-001

基本要求	☑1. 在路基用地和取土坑范围内，应清除地表植被，积水，杂物，淤泥和表土，处理坑塘，并按施工技术规范和设计要求对基底进行压实。表土应充分利用。 ☑2. 填方路基应分层填筑压实，每层表面平整，路拱合适，排水良好，不得有明显碾压轮迹，不得亏坡。 ☑3. 应设置施工临时排水系统，避免冲刷边坡，路床顶面不得积水。 ☑4. 在设定取土区内合理取土，不得滥开滥挖。完工后应按设计要求对取土坑和弃土场进行修整。

项次	检查项目			规定值或允许偏差			实测值或实测偏差值										质量评定		
				高速公路一级公路√	其他公路 二级公路	三、四级公路	1	2	3	4	5	6	7	8	9	10	平均值、代表值	合格率（%）	合格判定
实测项目 1△	压实度（%）	上路床	0～0.3m	≥96	≥95	≥94	97	98.9	97.3	98.8							98、97	100	合格
		下路床 轻、中及重交通荷载等级	0.3～0.8m	≥96	≥95	≥94	98.1	97	97	96.8							97.2、96.6	100	合格
		下路床 特重、极重交通荷载等级	0.3～1.2m	≥96	≥95	—											/	/	/
		上路堤 轻、中及重交通荷载等级	0.8～1.5m	≥94	≥94	≥93	97.5	95.4	97	98.6							97.1、95.8	100	合格
		上路堤 特重、极重交通荷载等级	1.2～1.9m	≥94	≥94	—											/	/	/
		下路堤 轻、中及重交通荷载等级	>1.5m	≥93	≥92	≥90	96.5	93.1	95.6	94.2							94.8、93.4	100	合格
		下路堤 特重、极重交通荷载等级	>1.9m														/	/	/
2△	弯沉（0.01mm）			不大于设计验收弯沉值 128.14			符合要求，见弯沉检测记录表，编号××										116.34、117.22	98.7	合格

244

续表

1. 土方路基分项工程质量检验评定表

分项工程名称：填石路基　工程部位：（桩号、墩台号、孔号）K1+200～K1+600（左半幅）　所属建设项目（合同段）：×××省×××市至××市高速公路项目

所属分部工程名称：路基土石方工程　施工单位：××公路工程建设有限公司　分项工程编号：LJ-01-01-001

项次	检查项目	规定值或允许偏差 高速公路 一级公路 √	其他公路 二级公路	其他公路 三、四级公路	实测值或实测偏差值 1	2	3	4	5	6	7	8	9	10	平均值，代表值	合格率（%）	合格判定
3	纵断高程（mm）	+10，−15	+10，−20		−10	−5	−5	−3							−5.75	100	合格
4	中线偏位（mm）	50	100		41	10	37	12							25	100	合格
5	宽度（mm）	满足设计要求	≥34500		7	11	13	15	17	11	9	9			11.5	100	合格
实测项目 6	平整度（mm）	≤15	≤20		8	13	4	6							7.75	100	合格
7	横坡（%）	±0.3	±0.5		−0.1	−0.2	−0.3	−0.2							−0.2	100	合格
8	边坡	满足设计要求 1：1.5			1：1.5	1：1.5	1：1.5	1：1.5	1：1.5	1：1.5	1：1.5	1：1.5			1：1.5	100	合格
外观质量	护坡道不整齐				质量保证资料										齐全		
工程质量等级评定					合格												

检验负责人：×××　　检测：×××　　记录：×××　　复核：×××　　2023年×月×日

注：1. 表列压实度系按现行《公路土工试验规程》JTG 3430 重型击实试验所得最大干密度求得的压实度。评定路段内的压实度平均值不得小于置信下置信界平均值不得小于规定标准，单个测点压实度不得小于规定值（表列规定值减5个百分点）。按测定值小于表列规定值减2个百分点的测点占总检查点数的百分率计算合格率。

2. 特殊干旱、特殊潮湿地区或过湿土路基等，可按路基设计，施工规范所规定的压实度标准进行评定。

3. 三、四级公路铺筑沥青混凝土或水泥混凝土路面时路基压实度应采用二级公路标准。

2. 填石路基分项工程质量检验评定表

分项工程名称：填石路基　工程部位：（桩号、墩台号、孔号）K1+000～K1+200（左半幅）　所属建设项目（合同段）：××省××市至××市高速公路项目

所属分部工程名称：路基土石方工程　施工单位：××公路工程建设有限公司　分项工程编号：LJ-01-02-01-001

基本要求：
☑ 1. 填石路基应分层填筑压实，每层表面平整，路拱合适，排水良好，上路床不得有碾压轮迹，不得亏坡。
☑ 2. 修筑填石路基时应进行地表清理，填筑层厚度应符合规范规定并满足设计要求，石屑嵌压稳定。
☑ 3. 填石路基应通过试验路确定沉降差控制标准。

项次	检查项目	规定值或允许偏差 高速公路一级公路	规定值或允许偏差 其他公路	实测值或实测偏差值 1	2	3	4	5	6	7	8	9	10	质量评定 平均值、代表值	合格率（%）	合格判定
1Δ	压实①	孔隙率满足设计要求√	孔隙率满足设计要求	21	22	21	21							21.25	100	合格
		沉降差≤试验路确定的沉降差	≤设计确定的沉降差	符合要求，见沉降差检测记录汇总表，编号××										2.2	100	合格
2Δ	弯沉（0.01mm）		≤设计验收弯沉值	符合要求，见弯沉检测记录汇总表，编号××										55.43、56.14	100	合格
3	纵断高程（mm）	+10，-20	+10，-30	-1	4									1.5	100	合格
4	中线偏位（mm）	≤50	≤100	8	40									24	100	合格
5	宽度（mm）	满足设计要求	<u>34500</u>	7	11	14	13							11.25	100	合格
6	平整度（mm）	≤20	≤30	10	14									12	100	合格
7	横坡（%）	±0.3	±0.5	0.3	0.2									0.25	100	合格
8	边坡　坡度	满足设计要求	<u>1：1</u>	1：1	1：1	1：1	1：1	1：1						1：1	100	合格
	边坡　平顺度	满足设计要求	<u>≤5</u>	1	2	1	1	0						1	100	合格
外观质量				路基连续不够直顺												
质量保证资料				基本齐全												

工程质量等级评定　合格

检验负责人：×××　检测：×××　记录：×××　复核：×××　2023年×月×日

注：① 上下路床填土时压实度检验标准同土方路基。
　　② 土石混填路基压实度实度可根据实际可能进行检验。

246

3. 砂垫层分项工程质量检验评定表

分项工程名称：砂垫层　　工程部位：　　工程部位：(桩号，墩台号，孔号)：K1+000～K1+200　　所属建设项目(合同段)：××省××市至××市高速公路项目

所属分部工程名称：路基土石方工程　　所属单位工程：路基工程　　施工单位：××公路工程建设有限公司　　分项工程编号：LJ-01-03-01-001

基本要求

☑ 1. 换填地基的填筑压实要求同本标准第4.2节土方路基。
☑ 2. 砂垫层：应分层碾压施工；砂垫层宽度应宽出路基边脚0.5～1.0m，两侧端以片石护砌；砂垫层厚度及其上铺设的反滤层应满足设计要求。
☑ 3. 反压护道：护道高度、宽度应满足设计要求，压实度不低于90%。
☑ 4. 袋装砂井、塑料排水板：沙袋和塑料排水板下沉时不得出现扭结、断裂等现象；井（板）底高程应满足设计要求，塑料排水板超过孔口的长度应伸入砂垫层不小于500mm。
☑ 5. 粒料桩：施工工艺应符合规范规定；施工前应进行成桩工艺和成桩挤密试验；桩体应连续、密实。
☑ 6. 加固土桩：施工工艺应符合规范规定；施工前应进行成桩工艺和成桩强度试验；施工设备必须安装喷粉（浆）自动记录装置，施工工艺符合规范规定。
☑ 7. 水泥粉煤灰碎石桩：施工前应进行成桩工艺和成桩强度试验；混合料应拌和均匀，桩体施工应选择合理的施打顺序，成桩过程中应对已打桩的桩顶进行位移监测。
☑ 8. 刚性桩：施工前应进行成桩工艺和成桩试验；施工工艺应符合规范规定。
☑ 9. 软土地基上的路堤，应满足沉降标准和稳定性的设计要求。

项次	检查项目	规定值或允许偏差	实测值或实测偏差值 1	2	3	4	5	6	7	8	9	10	平均值、代表值	合格率（%）	合格判定
实测项目 1	砂垫层厚度	≥设计值 300mm	10	5	4	3	6						5.6	100	合格
2	砂垫层宽度	≥设计值 34500mm	11	9	-1	8	13						8	80	合格
3	反滤层设置	满足设计要求 100mm	5	2	3	4	1						3	100	合格
4	压实度（%）	≥90	93	90.1	94.1	98.8	97						94.6	100	合格

外观质量	砂垫层表面平坦
质量保证资料	齐全

工程质量等级评定：合格

检验负责人：×××　　检测：×××　　记录：×××　　复核：×××　　2023年×月×日

247

4. 袋装砂井、塑料排水板分项工程质量检验评定表

分项工程名称：袋装砂井、塑料排水板　　工程部位：（桩号、墩台号、孔号）K1+000～K1+200　　所属建设项目（合同段）：××省××市至××市高速公路项目

所属分部分项工程名称：路基土石方工程　　所属单位工程：路基工程　　施工单位：××公路工程建设有限公司　　分项工程编号：LJ-01-03-02-001

基本要求	☑ 1. 换填地基的填筑压实要求同本标准第4.2节土方路基。
	☑ 2. 砂垫层：应分层碾压施工；砂垫层宽度应宽出路基边脚0.5～1.0m，两侧端以片石护砌；砂垫层厚度及其上铺设的反滤层应满足设计要求。
	☑ 3. 反压护道：护道高度、宽度应满足设计要求，压实度不低于90%。
	☑ 4. 袋装砂井、塑料排水板：沙袋和塑料排水板下沉时不得出现扭结、断裂等现象；井（板）底高程满足设计要求，塑料排水板超过孔口的长度应伸入砂垫层不小于500mm。
	☑ 5. 粒料桩桩：施工工艺应符合规范规定；施工前应进行成桩工艺和成桩挤密试验；桩体应连续、密实。
	☑ 6. 加固土桩：施工前应进行成桩工艺和成桩强度试验；施工设备必须安装喷粉（浆）自动记录装置。
	☑ 7. 水泥粉煤灰碎石桩：施工前应进行成桩工艺和成桩强度试验，施工工艺应选择合理的施打顺序，桩体施工应搅拌均匀，混合料应拌和均匀，成桩过程中应对已打桩对打桩的桩顶进行位移监测。
	☑ 8. 刚性桩：施工前应进行成桩试验；施工工艺应符合规范规定。
	☑ 9. 软土地基上的路堤，应满足沉降标准和稳定性的设计要求。

项次		检查项目	规定值或允许偏差	实测值或实测偏差值										质量评定		
				1	2	3	4	5	6	7	8	9	10	平均值、代表值	合格率（%）	合格判定
实测项目	1	井（板）距（mm）	±150	-4	-2	23	-6	7						3.6	100	合格
	2△	井（板）长	≥设计值 7m	符合要求，见施工记录表，编号××										7.03	96.3	合格
	3	井径（mm）	+10，0	3	2	5	3	0						2.6	100	合格
	4	灌砂率（%）	-5	符合要求，见施工记录表，编号××										-2.1	86.4	合格
外观质量			排水板下沉未出现扭结、断裂等现象	排水板下沉未出现扭结、断裂等现象												
质量保证资料				齐全												
工程质量等级评定		×××		合格												

检验负责人：×××　　　　检测：×××　　　　记录：×××　　　　复核：×××　　　　2023年×月×日

248

5. 粒料桩分项工程质量检验评定表

基本要求

☑ 1. 换填地基的填筑压实要求同本标准第4.2节土方路基。
☑ 2. 砂垫层：应分层碾压施工；砂垫层宽度应宽出路基边脚0.5～1.0m，两侧端以片石护砌；砂垫层厚度及其上铺设的反滤层应满足设计要求。
☑ 3. 反压护道：护道高度、宽度应满足设计要求，压实度不低于90%。
☑ 4. 袋装砂井、塑料排水板：沙袋和塑料排水板下沉时不得出现扭结、断裂等现象；井（板）底高程应满足设计要求，塑料排水板超过孔口的长度应伸入砂垫层不小于500mm。
☑ 5. 粒料桩：施工工艺应符合规范规定；施工前应进行成桩工艺和成桩挤密试验；桩体应连续、密实。
☑ 6. 加固土桩：施工前应进行成桩工艺和成桩强度试验。
☑ 7. 水泥粉煤灰碎石桩：施工前应进行成桩工艺和成桩强度试验；施工设备必须安装喷粉（浆）自动记录装置，施工工艺符合规范规定，混合料应搅拌和均匀，桩体施工选择合理的施打顺序，成桩过程中应对已打桩的桩顶进行位移监测。
☑ 8. 刚性桩：施工前应进行成桩试验；施工工艺应符合规范规定。
☑ 9. 软土地基上的路堤，应满足沉降标准和稳定性的设计要求。

项次	检查项目	规定值或允许偏差	实测值或实测偏差值 1	2	3	4	5	6	7	8	9	10	平均值、代表值	合格率（%）	合格判定
实测项目 1	桩距（mm）	±150	-1	7	18	16	22						12.4	100	合格
2	桩径（mm）	≥设计值 300	1	2	1	3	2						1.8	100	合格
3△	桩长（m）	≥设计值 7	符合要求，见施工记录（编号×××），重型动力触探报告（编号×××）										7.05	97.1	合格
4	粒料灌入率	≥设计值 95%	符合要求，见施工记录，编号××										96.3	88.4	合格
5	地基承载力	满足设计要求 120kPa	125	128	133								128.67	100	合格

外观质量	桩体连续、密实	质量保证资料	齐全

工程质量等级评定　　合格

检验负责人：×××　　检测：×××　　记录：×××　　复核：×××　　2023年×月×日

6. 加固土桩分项工程质量检验评定表

分项工程名称：加固土桩　　　工程部位：(桩号、墩台号、孔号) K1+000～K1+200　　　所属建设项目：××省××市至××市高速公路项目

所属分部工程名称：路基土石方工程　　　施工单位：×××公路工程建设有限公司　　　分项工程编号：LJ-01-03-04-001

基本要求

☑ 1. 换填地基的填筑压实要求同本标准第4.2节土方路基。

☑ 2. 砂垫层：应分层碾压施工，砂垫层宽度应宽出路基边坡0.5～1.0m，两侧端以片石护砌；砂垫层厚度及其上铺设的反滤层应满足设计要求。

☑ 3. 反压护道：护道高度、宽度应满足设计要求，压实度不低于90%。

☑ 4. 袋装砂井、塑料排水板：沙袋和塑料排水板下沉时不得出现扭结、断裂等现象，井(板)底高程应满足设计要求，塑料排水板超过孔口的长度应伸入砂垫层不小于500mm。

☑ 5. 粒料桩：施工工艺应符合规范规定；施工前应进行成桩工艺和成桩挤密试验；桩体应连续、密实。

☑ 6. 加固土桩：施工前应进行成桩工艺和成桩强度试验。

☑ 7. 水泥粉煤灰碎石桩：施工前应进行成桩工艺和成桩强度试验；施工设备必须安装喷粉(浆)自动记录装置，施工工艺应符合规范规定；混合料应搅拌和均匀，桩体施工应选择合理的施工打桩顺序，成桩过程中应对已打桩的桩顶进行位移监测。

☑ 8. 刚性桩：施工前应进行成桩试验；施工工艺应符合规范规定。

☑ 9. 软土地基上的路堤，应满足沉降标准和稳定性的设计要求。

项次	检查项目	规定值或允许偏差	实测值或实测偏差值										质量评定		
			1	2	3	4	5	6	7	8	9	10	平均值、代表值	合格率(%)	合格判定
实测项目 1	桩距(mm)	±100	4	14	-16	22	7						6.2	100	合格
2	桩径(mm)	≥设计值 500	1	3	7	6	4						4.2	100	合格
3△	桩长(m)	≥设计值 8	符合要求，见施工记录(编号×××)、芯样强度报告(编号×××)										8.04	98.44	合格
4	单桩每延米喷粉(浆)量	≥设计值 11.32kg	符合要求，见施工记录，编号××										11.39	92.56	合格
5△	强度(MPa)	满足设计要求 7.5	符合要求，见芯样强度报告，编号××										8.8	100	合格
6	地基承载力	满足设计要求 120kPa	133	135	126								131.33	100	合格

外观质量	桩体密实	质量保证资料	齐全

工程质量等级评定	合格

检验负责人：×××　　　检测：×××　　　记录：×××　　　复核：×××　　　2023年×月×日

7. 水泥粉煤灰碎石桩分项工程质量检验评定表

分项工程名称：水泥粉煤灰碎石桩　　工程部位：(桩号、墩台号、孔号）K1+000～K1+200　　所属建设项目（合同段）：×××市至××市高速公路项目

所属分部工程：路基土石方工程　　所属单位工程：路基工程　　施工单位：××公路工程建设有限公司　　分项工程编号：LJ-01-03-05-001

基本要求	☑ 1. 换填地基的填筑压实要求同本标准第4.2节土方路基。 ☑ 2. 砂垫层：应分层碾压施工；砂垫层宽度应宽出路基边坡脚0.5～1.0m，两侧端以片石护砌；砂垫层厚度及其上铺设的反滤层应满足设计要求。 ☑ 3. 反压护道：护道高度、宽度应满足设计要求，压实度不低于90%。 ☑ 4. 袋装砂井、塑料排水板：沙袋砂井排水板下沉时不得出现扭结、断裂等现象；井（板）底高程应满足设计要求，塑料排水板超过孔口的长度应伸入砂垫层不小于500mm。 ☑ 5. 粒料桩：施工工艺应符合规范规定；施工前应进行成桩工艺和成桩挤密试验；桩体应连续、密实。 ☑ 6. 加固土桩：施工前应进行成桩工艺和成桩强度试验；施工设备必须安装喷粉（浆）自动记录装置，施工工艺应符合规范规定。 ☑ 7. 水泥粉煤灰碎石桩：施工前应进行成桩工艺和成桩强度试验；桩体施工应选择合理的施打顺序，成桩过程中应对已打桩的桩顶进行位移监测。 ☑ 8. 刚性桩：施工前应进行成桩试验；施工工艺应符合规范规定。 ☑ 9. 软土地基上的路堤，应满足沉降标准和稳定性的设计要求。

项次	检查项目	规定值或允许偏差	实测值或实测偏差值 1	2	3	4	5	6	7	8	9	10	质量评定 平均值、代表值	合格率（%）	合格判定
1	桩距（mm）	±100	9	18	10	5	3						9	100	合格
2	桩径（mm）	≥设计值 500	7	2	3	6	4						4.4	100	合格
3△	桩长（m）	≥设计值 12	符合要求，见施工记录，编号××										12.06	96.44	合格
4△	强度（MPa）	满足设计要求 C15	符合要求，见芯样强度报告，编号××										18.30	100	合格
5	地基承载力	满足设计要求 120kPa	124	136	129								129.67	100	合格

外观质量　　桩体连续、密实。

质量保证资料　　齐全

工程质量等级评定　　合格

检验负责人：×××　　检测：×××　　记录：×××　　复核：×××　　2023年×月×日

251

8. 刚性桩分项工程质量检验评定表

分项工程名称：刚性桩　工程部位：(桩号、墩台号、孔号) K1+000～K1+200　所属建设项目：×××省××市至×××市高速公路项目

所属工程分部工程名称：路基土石方工程　所属单位工程：路基工程　施工单位：××公路工程建设有限公司　分项工程编号：LJ-01-03-06-001

基本要求	☑ 1. 换填地基的填筑压实要求同本标准第4.2节土方路基。 ☑ 2. 砂垫层：应分层碾压施工；砂垫层宽度应宽出路基边脚0.5～1.0m，两侧端以片石护砌；砂垫层厚度及其上铺设的反滤层应满足设计要求。 ☑ 3. 反压道：护道高度、宽度应满足设计要求，压实度不低于90%。 ☑ 4. 袋装砂井、塑料排水板：沙袋和塑料排水板下沉时不得出现扭结、断裂等现象；井（板）底高程应满足设计要求，塑料排水板超过孔口的长度应伸入砂垫层不小于500mm。 ☑ 5. 粒料桩：施工工艺应符合规范规定；施工前应进行成桩工艺和成桩挤密试验；桩体应连续、密实。 ☑ 6. 加固土桩：施工工艺应符合规范规定；施工前应进行成桩工艺和成桩强度试验；施工设备必须安装喷粉（浆）自动记录装置，施工工艺应符合规范规定。 ☑ 7. 水泥砂粉煤灰碎石桩：施工前应进行成桩工艺和成桩强度试验；混合料应拌和均匀，桩体施工应选择合理的施工打桩顺序，成桩过程中应对已打的桩顶进行位移监测。 ☑ 8. 刚性桩：施工前应进行成桩试验；施工工艺应符合规范规定。 ☑ 9. 软土地基上的路堤，应满足设计沉降标准和稳定性的设计要求。

项次	检查项目	规定值或允许偏差	实测值或实测偏差值										质量评定		
			1	2	3	4	5	6	7	8	9	10	平均值、代表值	合格率（%）	合格判定
实测项目 1△	混凝土强度	在合格标准内 C30	符合要求，见混凝土强度试验报告，编号××										35.33、34.78	100	合格
2	桩距（mm）	±100	20	20	7	4	-19						6.4	100	合格
3	桩径（mm）	≥设计值 500	4	3	5	6	11						5.8	100	合格
4△	桩长（m）	≥设计值 9	符合要求，见施工记录，编号××										9.03	96.33	合格
5	单桩承载力	满足设计要求 1000kN	1194	1088	1063								1115	100	合格

外观质量	桩体密实	质量保证资料	齐全
工程质量等级评定		合格	

检验负责人：×××　检测：×××　记录：×××　复核：×××

2023年×月×日

9. 加筋工程土工合成材料分项工程质量检验评定表

分项工程名称：加筋工程土工合成材料　工程部位：（桩号、墩台号、孔号）K1+000～K1+200　所属建设项目（合同段）：××省××市至×××市高速公路项目

所属分部分项工程名称：路基土石方工程　所属单位工程：路基工程　施工单位：××公路工程建设有限公司　分项工程编号：LJ-01-04-01-001

| 基本要求 | ☑ 1. 土工合成材料应无老化，外观应无破损、污染。
☑ 2. 土工合成材料应紧贴下承层，按设计和施工要求铺设，张拉，固定。
☑ 3. 土工合成材料的接缝搭接，黏结强度和长度应满足设计要求，上、下层土工合成材料搭接接缝应交替错开。 | | | | | | | | | | | | | |

	项次	检查项目	规定值或允许偏差	实测值或实测偏差值										质量评定		
				1	2	3	4	5	6	7	8	9	10	平均值，代表值	合格率（%）	合格判定
实测项目	1	下承层平整度、拱度	满足设计要求 15mm，2%	符合要求，见平整度、拱度检测记录表，编号××										/	91.4	合格
	2	搭接宽度（mm）	+50，0	25	42	28	17	30	32					29	100	合格
	3	搭接缝错开距离（mm）	满足设计要求 500	510	513	522	516	518	514					515.5	100	合格
	4	锚固长度（mm）	满足设计要求 500	509	515	516	523	519	519					516.83	100	合格
外观质量		材料无破损、污染，搭接接缝交替错开												质量保证资料	齐全	
工程质量等级评定				合格												

检验负责人：×××　检测：×××　记录：×××　复核：×××　2023年×月×日

253

10. 隔离工程土工合成材料分项工程质量检验评定表

分项工程名称：隔离工程土工合成材料　工程部位：（桩号、墩台号、孔号）K1+000～K1+200　所属建设项目（合同段）：×××省×××市至××市高速公路项目

所属分部分项工程：路基土石方工程　所属单位工程：路基工程　施工单位：×××公路工程建设有限公司　分项工程编号：LJ-01-04-02-001

基本要求
☑ 1. 土工合成材料应无老化，外观应无破损、污染。
☑ 2. 土工合成材料应紧贴下承层，按设计和施工要求铺设，张拉，固定。
☑ 3. 土工合成材料的接缝搭接、黏结强度和长度应满足设计要求，上、下层土工合成材料搭接接缝应交替错开。

项次	检查项目	规定值或允许偏差	实测值或实测偏差值										质量评定		
			1	2	3	4	5	6	7	8	9	10	平均值、代表值	合格率（%）	合格判定
实测项目 1	下承层平整度、拱度	满足设计要求 15mm, 2%	符合要求，见平整度、拱度检测记录表，编号××										/	95.3	合格
2	搭接宽度（mm）	+50, 0	25	8	37	7							19.25	100	合格
3	搭接缝错开距离（mm）	满足设计要求 500	508	514	519	514							513.75	100	合格
4	搭接处透水点	不多于1个点	0	1	0	0	1	0	0	1	0	0	0.3	100	合格
外观质量		材料无破损、污染，搭接接缝交替错开	材料无破损、污染，搭接接缝交替错开												
质量保证资料													齐全		
工程质量等级评定						合格									

检验负责人：×××　　检测：×××　　记录：×××　　复核：×××　　2023 年×月×日

254

11. 过滤排水工程土工合成材料分项工程质量检验评定表

分项工程名称：过滤排水工程土工合成材料　工程部位：（桩号、墩台号、孔号）K1+000～K1+200　所属建设项目（合同段）：××省××市至××市高速公路项目

所属分部工程名称：路基土石方工程　所属单位工程：路基工程　施工单位：××公路工程建设有限公司　分项工程编号：LJ-01-04-03-001

基本要求	☑ 1. 土工合成材料应无老化、外观应无破损、污染。 ☑ 2. 土工合成材料应紧贴下承层，按设计和施工要求铺设、张拉、固定。 ☑ 3. 土工合成材料的接缝搭接，黏结强度和长度应满足设计要求。上、下层土工合成材料搭接接缝应交替错开。

项次	检查项目	规定值或允许偏差	实测值或实测偏差值										质量评定		
			1	2	3	4	5	6	7	8	9	10	平均值、代表值	合格率（%）	合格判定
实测项目 1	下承层平整度、拱度	满足设计要求 15mm，2%	符合要求，见平整度、拱度检测记录表，编号×××										/	94.6	合格
2	搭接宽度（mm）	+50，0	20	2	14	11							11.75	100	合格
3	搭接缝错开距离（mm）	满足设计要求 500	515	507	521	513							514	100	合格
外观质量	材料无破损、污染，搭接接缝交替错开		搭接接缝交替错开										质量保证资料		齐全
工程质量等级评定							合格								

检验负责人：×××　　检测：×××　　记录：×××　　复核：×××

2023年×月×日

255

12. 防裂工程土工合成材料分项工程质量检验评定表

分项工程名称：防裂工程土工合成材料　　工程部位：(桩号、墩台号、孔号) K1+000～K1+200　　所属建设项目（合同段）：×××省×××市至××市高速公路项目
所属分部工程名称：路基工程　　所属单位工程：路基右方工程　　施工单位：××公路工程建设有限公司　　分项工程编号：LJ-01-04-03-001

基本要求	☑ 1. 土工合成材料应无老化，外观应无破损、污染。 ☑ 2. 土工合成材料应紧贴下承层，按设计和施工要求铺设、张拉、固定。 ☑ 3. 土工合成材料的接缝搭接、黏结强度和长度应满足设计要求，上、下层土合成材料搭接接缝应交替错开。													
项次	检查项目	规定值或允许偏差	实测值或实测偏差值										平均值、代表值	质量评定
			1	2	3	4	5	6	7	8	9	10		合格率（%） / 合格判定
实测项目 1	下承层平整度、拱度	满足设计要求 15mm, 2%	符合要求，见平整度、拱度检测记录表，编号×××										/	88.7 / 合格
2	搭接宽度（mm）	≥50（横向）	67	68	53	63	65	69	55	51	67	67	62.5	100 / 合格
		≥150（纵向）	191	190	183	184	197	170	195	195	185	169	185.9	100 / 合格
3	黏结力（N）	≥20	21	42	33	21	21	43	31	47	22	31	31.2	100 / 合格
	外观质量	材料无破损、污染，搭接接缝交替错开	质量保证资料										齐全	
	工程质量等级评定		合格											

检验负责人：×××　　检测：×××　　记录：×××　　复核：××××　　2023年×月×日

256

二、排水工程

1. 管节预制分项工程质量检验评定表

分项工程名称：管节预制　工程部位：(桩号、墩台号、孔号) K1+000～K1+200（左侧）　所属建设项目（合同段）：××市至××市高速公路项目

所属分部分项工程名称：排水工程　所属单位工程：路基工程　施工单位：××公路工程建设有限公司　分项工程编号：LJ-02-01-01-001

基本要求	☑ 1. 混凝土应满足耐久性（抗冻、抗渗、抗侵蚀）等设计要求。 ☑ 2. 不得出现露筋和空洞现象。

项次	检查项目	规定值或允许偏差	实测值或实测偏差值										质量评定		
			1	2	3	4	5	6	7	8	9	10	平均值、代表值	合格率（%）	合格判定
1Δ	混凝土强度（MPa）	在合格标准内 C30	符合要求，见混凝土强度试验报告，编号××										35.33	100	合格
2	内径（mm）	不小于设计值 800	802	802	804	801	808	803					803.33	100	合格
3	壁厚（mm）	-3	0	-1	0	-2	-2	-2					-1.17	100	合格
4	顺直度	矢度不大于0.2%管节长	1	3	2	1	1	2					1.67	100	合格
5	长度（mm）	+5，0	5	0	1	3	1	2					2	100	合格
外观质量		蜂窝麻面面积不超过该面积的1%，混凝土表面平整	质量保证资料											齐全		
工程质量等级评定										合格						

检验负责人：×××　检测：×××　记录：×××　复核：×××　　2023 年×月×日

257

2. 混凝土排水管安装分项工程质量检验评定表

分项工程名称：混凝土排水管安装　　工程部位：（桩号、墩台号、孔号）Y1～Y2　　所属建设项目（合同段）：××省×××市至×××市高速公路项目

所属分部工程名称：排水工程　　所属单位工程：路基工程　　施工单位：××公路工程建设有限公司　　分项工程编号：LJ-02-01-001

| 基本要求 | ☑ 1. 排水管基础应满足设计要求。
☑ 2. 管材应逐节检查，不得有裂缝、破损。
☑ 3. 管节铺设应平顺、稳固。
☑ 4. 管径大于750mm时，应在管内作整圈勾缝。
☑ 5. 抹带前，管口应洗刷干净，管口表面应平整密实，无裂缝现象。抹带后应及时覆盖养护。
☑ 6. 设计中要求防渗漏的排水管应做渗漏试验，渗漏量应满足设计要求。管底坡度不得出现反坡，管节接头处流水面高差不得大于5mm。管内不得有泥土、砖石、砂浆等杂物。 | | | | | | | | | | | | | |

项次	检查项目	规定值或允许偏差	实测值或实测偏差值										质量评定		
			1	2	3	4	5	6	7	8	9	10	平均值、代表值	合格率（%）	合格判定
实测项目	1△	混凝土抗压强度或砂浆强度（MPa）	在合格标准内 C30	符合要求，见混凝土强度试验报告，编号××										35.33	100	合格
	2	管轴线偏位（mm）	15	2	13	13								9.33	100	合格
	3	流水面高程（mm）	±10	-8	-3	-3	4							-2.5	100	合格
	4	基础厚度（mm）	不小于设计值 200	210	203	205								206	100	合格
	5	管座 肩宽（mm）	+10，-5	6	-1									2.5	100	合格
		肩高（mm）	±10	8	-6									1	100	合格
	6	抹带 宽度	不小于设计值 200mm	203	201	206	214	209						206.6	100	合格
		厚度	不小于设计值 10mm	11	13	12	10	11						11.4	100	合格

外观质量	管口无开裂、脱皮，抹带接口表面无间断和空鼓	×××					质量保证资料	齐全

工程质量等级评定　　合格

检验负责人：×××　　检测：×××　　记录：×××　　复核：×××　　2023 年×月×日

3. 检查（雨水）井砌筑分项工程质量检验评定表

分项工程名称：检查（雨水）井砌筑　工程部位：（桩号、墩台号、孔号）K1+000～K1+200（左侧）　所属建设项目（合同段）：××省××市至××市高速公路项目

所属分部工程名称：排水工程　工程单位名称：路基工程　施工单位：××公路工程建设有限公司　分项工程编号：LJ-02-03-01-001

基本要求	☑ 1. 砌筑材料及井基混凝土强度应满足设计要求。 ☑ 2. 井盖质量应满足设计要求。 ☑ 3. 砌筑砂浆配合比准确，井壁砂浆饱满，灰缝平整。检查井内壁应平顺，抹面密实光洁无裂缝，收分均匀，踏步安装牢固。

项次	检查项目	规定值或允许偏差	实测值或实测偏差值 1	2	3	4	5	6	7	8	9	10	平均值、代表值	合格率（%）	合格判定
1△	砂浆强度（MPa）	在合格标准内 M10	符合要求，见砂浆强度试验报告，编号××										11.23	100	合格
2	中心点位（mm）	50	16	10	40	30	38	35	47	20	47	18	30.1	100	合格
3	圆井直径或方井长、宽（mm）	±20	11	0	-13	-10	-2	10	6	-2	-15	19	0.4	100	合格
4	壁厚（mm）	-10, 0	-9	-9	-6	-2	-1	-3	-3	-2	-4	-1	-4	100	合格
5	井底高程（mm）	±20	-15	-7	5	4	-18	-15	7	1	2	-11	-4.7	100	合格
6	井盖与相邻路面高差（mm）　雨水井	0, -4	-1	0	-1	-4	-2	△	-1	-2	-1	-2	-0.9	90	合格
	检查井	+4, 0	2	1	2	4	3	1	2	0	2	0	1.7	100	合格

实测项目

外观质量	井框、井盖无松动，井口周围无积水	合格
质量保证资料	齐全	
工程质量等级评定	合格	

检验负责人：×××　检测：×××　记录：×××　复核：×××　2023 年×月×日

259

4. 土沟分项工程质量检验评定表

分项工程名称：土沟　　工程部位：（桩号、墩台号、孔号）K1+000～K1+200（左侧）　　所属建设项目（合同段）：××省××市至××市高速公路项目

所属分部工程名称：排水工程　　所属单位工程：路基工程　　施工单位：××公路工程建设有限公司　　分项工程编号：LJ-02-04-01-001

基本要求	☑ 1. 土沟边坡应平整、密实、稳定。															
项次	检查项目	规定值或允许偏差	实测值或实测偏差值										质量评定			
			1	2	3	4	5	6	7	8	9	10	平均值、代表值	合格率（%）	合格判定
实测项目 1	沟底高程（mm）	0，-30	-21	-17	0	-27	△						-12.8	80	合格
2	断面尺寸（mm）	不小于设计值	11	13	9	8	16						11.4	100	合格
3	边坡坡度	不陡于设计值　1:1	1:1	1:1	1:1	1:1	1:1						1:1	100	合格
4	边棱直顺度（mm）	50	7	35	23	5	24						18.8	100	合格
外观质量	沟底无明显凹凸不平和阻水现象												质量保证资料	基本齐全		
工程质量等级评定							合格									

检验质量责任人：×××　　检测：×××　　记录：×××　　复核：×××　　2023 年×月×日

5. 浆砌水沟分项工程质量检验评定表

分项工程名称：浆砌水沟　工程部位：（桩号、墩台号、孔号）K1+000～K1+200（左侧）　所属建设项目（合同段）：××省××市至××市高速公路项目

所属分部工程名称：排水工程　所属单位工程：路基工程　施工单位：××公路工程建设有限公司　分项工程编号：LJ-02-05-01-001

基本要求	☑1. 浆砌片（块）石、混凝土预制块的质量和规格，应符合国家和行业强制性标准以及合同约定的其他标准的规定，并满足设计要求。 ☑2. 砌体砂浆配合比准确，砌缝内砂浆均匀饱满，勾缝密实。 ☑3. 基础中缩缝应与墙身缩缝对齐。

项次	检查项目	规定值或允许偏差	实测值或实测偏差值											质量评定		
			1	2	3	4	5	6	7	8	9	10		平均值、代表值	合格率（%）	合格判定
1△	砂浆强度（MPa）	在合格标准内　M7.5	符合要求，见砂浆强度试验报告，编号××											8.3	100	合格
2	轴线偏位（mm）	50	7	46	35	18	9							23	100	合格
3	沟底高程（mm）	±15	10	1	-5	9	11							5.2	100	合格
4	墙面直顺度（mm）	30	0	23										11.5	100	合格
5	坡度	满足设计要求　0.3%	0.3	0.3										0.3	100	合格
6	断面尺寸（mm）	±30	3	19	-1	20	1							8.4	100	合格
7	铺砌厚度（mm）	不小于设计值　300	310	312										311	100	合格
8	基础垫层宽度、厚度（mm）	不小于设计值　50	51	55										53	100	合格

外观质量	沟底内有杂物	质量保证资料	齐全

工程质量等级评定　　　　合格

检验负责人：×××　　检测：×××　　记录：×××　　复核：×××　　2023年×月×日

261

6. 盲沟分项工程质量检验评定表

分项工程名称：盲沟　　工程部位：（桩号、墩台号、孔号）K1+000～K1+200（左侧）　　所属建设项目（合同段）：××省××市至××市高速公路项目

所属分部工程名称：排水工程　　所属单位工程：路基工程　　施工单位：××公路工程建设有限公司　　分项工程编号：LJ-02-06-01-001

基本要求	☑ 1. 盲沟的设置、填料规格、质量等应符合合同规范规定，并满足设计要求。														
实测项目	项次	检查项目	规定值或允许偏差	实测值或实测偏差值										质量评定		
				1	2	3	4	5	6	7	8	9	10	平均值、代表值	合格率（%）	合格判定
	1	沟底高程（mm）	±15	-5	11	-7	-11	2	7	-4	-8	7	10	-2.1	100	合格
	2	断面尺寸（mm）	不小于设计值	2	3	7	11	6	4	9	11	8	13	7.4	100	合格
外观质量			反滤层层次分明，进出水口排水通畅													
			质量保证资料												齐全	
工程质量等级评定			合格													

检验负责人：×××　　　　　检测：×××　　　　　记录：×××　　　　　复核：×××　　　　　2023年×月×日

7. 排水泵站沉井分项工程质量检验评定表

分项工程名称: 排水泵站沉井　工程部位: (桩号、墩台号、孔号) 1#沉井　所属建设项目 (合同段): ××省××市至××市高速公路项目

所属分部工程名称: 排水工程　所属单位工程: 路基工程　施工单位: ××公路工程建设有限公司　分项工程编号: LJ-02-10-01-001

| 基本要求 | ☑ 1. 地基应具有足够的承载能力。
☑ 2. 井壁混凝土应密实, 混凝土强度达到合格标准后方可进行下沉。
☑ 3. 沉井下沉过程中, 应随时注意正位, 发现偏位及倾斜时应及时纠正。
☑ 4. 沉井封底应密实不漏水。
☑ 5. 水泵、管及管件作应安装牢固, 位置正确。 | | | | | | | | | | | | | |

项次	检查项目	规定值或允许偏差	实测值或实测偏差值										质量评定		
			1	2	3	4	5	6	7	8	9	10	平均值、代表值	合格率 (%)	合格判定
实测项目	1△	混凝土强度 (MPa)	在合格标准内　C35	符合要求, 见混凝土强度试验报告, 编号××										41.33	100	合格
	2	轴线平面偏位 (mm)	50	17	45	40	3							26.25	100	合格
	3	竖直度 (mm)	1%H	13	42	11	9	-8	14					27.5	100	合格
	4	几何尺寸 (mm)	±50	-9	10	11	9							4.5	100	合格
	5	壁厚 (mm)	-5, 0	-5	-5	-3	-1	△						-1.6	80	合格
	6	井口高程 (mm)	±50	-20	7	14	-24		14					-5.75	100	合格
外观质量		混凝土表面平整												齐全		
工程质量等级评定					质量保证资料						合格					

检验负责人: ×××　　　检测: ×××　　　记录: ×××　　　复核: ×××　　　2023 年×月×日

注: H为井深, 计算规定值和允许偏差时以mm计。

263

8. 沉淀池分项工程质量检验评定表

分项工程名称：沉淀池　　工程部位：（桩号、墩台号、孔号）1#沉淀池　　所属建设项目：×××省××市至×××市高速公路项目

所属分部工程名称：排水工程　　所属单位工程：路基工程　　施工单位：××公路工程建设有限公司　　分项工程编号：LJ-02-01-11-00

基本
要求　　☑ 1. 进出水口位置及高程应满足设计要求。
　　　　☑ 2. 设计中要求防渗漏的沉淀池应做渗漏试验，渗漏量应符合要求。

项次		检查项目	规定值或允许偏差	实测值或实测偏差值											质量评定		
				1	2	3	4	5	6	7	8	9	10	平均值，代表值	合格率（%）	合格判定
实测项目	1△	混凝土强度（MPa）	在合格标准内 C25	符合要求，见混凝土强度试验报告，编号××										28.93	100	合格
	2	轴线平面偏位（mm）	±50	−17	14	−25	16							−3	100	合格
	3	几何尺寸（mm）	±50	5	−24	−12	−20	−21	−13	−18	19			−10.5	100	合格
	4	底板高程（mm）	±50	17	−4									6.5	100	合格
外观质量				混凝土表面平整												
质量保证资料				齐全												

工程质量等级评定　　合格

检验负责人：×××　　检测：×××　　记录：×××　　复核：×××　　2023年×月×日

三、防护支挡工程

1. 浆砌挡土墙分项工程质量检验评定表

分项工程名称：浆砌挡土墙　工程部位：(桩号、墩台号、孔号) K1+100~K1+150 (左侧)　所属建设项目 (合同段)：×××省××市至××市高速公路项目

所属分部工程名称：防护支挡工程　所属单位工程：路基工程　施工单位：××公路工程建设有限公司　分项工程编号：LJ-04-01-00

基本要求	☑ 1. 勾缝砂浆强度不得小于砌筑砂浆强度。 ☑ 2. 地基承载力、基础埋置深度应满足设计要求。 ☑ 3. 砌筑应分层错缝。浆砌时应坐浆挤紧，嵌填饱满密实，不得出现空洞；干砌时不得出现松动、叠砌和浮塞。 ☑ 4. 混凝土应分层浇筑，施工缝及片石埋石应符合施工技术规范的规定。 ☑ 5. 沉降缝、伸缩缝、泄水孔的位置，尺寸和数量应放足设计要求；沉降缝及伸缩缝应竖直，贯通，采用弹性材料填充密实，填充深度应满足设计要求。

项次	检查项目	规定值或允许偏差	实测值或实测偏差值										质量评定		
			1	2	3	4	5	6	7	8	9	10	平均值、代表值	合格率(%)	合格判定
1△	砂浆强度(MPa)	在合格标准内 M10	符合要求，见砂浆强度试验报告，编号×××										11.34	100	合格
2	平面位置(mm)	≤50	25	11	2	4	20	3	28				13.29	100	合格
3	墙面坡度(%)	≤0.5	0.1	0	0.3	0.3	0.3	0.1	0.2				0.19	100	合格
4△	断面尺寸(mm)	≥设计值	9	11	13	9	7	16	12	8	5	9	9.9	100	合格
5	顶面高程(mm)	±20	-16	-14	-16	-5	10	-8	12				-5.29	100	合格
6	表面平整度(mm) 块石	≤20	19	11	9	14	12	8	14	3	12	7	10.9	100	合格
	片石	≤30											/	/	/
	混凝土预制块、料石	≤10											/	/	/
外观质量	砌缝轻微开裂														
质量保证资料	齐全														
工程质量等级评定	合格														

检验责任人：×××　检测：×××　记录：×××　复核：×××　2023年×月×日

265

2. 干砌挡土墙分项工程质量检验评定表

分项工程名称：干砌挡土墙　工程部位：（桩号、墩台号、孔号）K1+100～K1+120（左侧）　所属建设项目（合同段）：×××市至×××市高速公路项目

所属分部工程名称：防护支挡工程　所属单位工程：路基工程　施工单位：××公路工程建设有限公司　分项工程编号：LJ-04-01-02-001

基本要求	☑ 1. 勾缝砂浆强度不得小于砌筑砂浆强度。 ☑ 2. 地基承载力、基础埋置深度应满足设计要求。 ☑ 3. 砌筑应分层错缝。浆砌时应坐浆挤紧，嵌填饱满密实，不得出现空洞；干砌时不得出现松动、叠砌和浮塞。 ☑ 4. 混凝土应分层浇筑，施工缝及片石埋放应符合施工技术规范的规定。 ☑ 5. 沉降缝、伸缩缝、泄水孔的位置，尺寸和数量应满足设计要求；沉降缝及伸缩缝应竖直、贯通，采用弹性材料填充密实，填充深度应满足设计要求。

项次	检查项目	规定值或允许偏差	实测值或实测偏差值										质量评定		
			1	2	3	4	5	6	7	8	9	10	平均值、代表值	合格率（%）	合格判定
1	平面位置（mm）	≤50	2	48	40	30	27						29.4	100	合格
2	墙面坡度（%）	≤0.5	0.1	0.5	0.3	0.4	0.2						0.3	100	合格
3Δ	断面尺寸（mm）	≥设计值	9	11	13	9	7	16	12	8	5	9	9.9	100	合格
4	顶面高程（mm）	±50	5	-4	-11	-23	5						-5.6	100	合格
5	表面平整度（mm）	≤50	44	0	32								25.33	100	合格

外观质量	砌缝无干裂		合格
质量保证资料	齐全		
工程质量等级评定		合格	

检验负责人：×××　检测：×××　记录：×××　复核：×××　2023年×月×日

266

3. 片石混凝土挡土墙分项工程质量检验评定表

分项工程名称：片石混凝土挡土墙　工程部位：（桩号、墩台号、孔号）K1+100～K1+120（左侧）　所属建设项目（合同段）：×××省×××市至××市高速公路项目

所属分部分项工程名称：防护支挡工程　　所属单位工程：路基工程　　施工单位：××公路工程建设有限公司　　分项工程编号：LJ-04-01-03-001

基本要求	☑ 1. 勾缝砂浆强度不得小于砌筑砂浆强度。 ☑ 2. 地基承载力、基础埋置深度应满足设计要求。 ☑ 3. 砌筑应分层错缝。浆砌时应坐浆挤紧，嵌填饱满密实，不得出现空洞；干砌时不得出现松动、叠砌和浮塞。 ☑ 4. 混凝土应分层浇筑，施工缝及片石埋放应符合施工技术规范的规定。 ☑ 5. 沉降缝、伸缩缝、泄水孔的位置，尺寸和数量应满足设计要求；沉降缝及伸缩缝应竖直、贯通，采用弹性材料填充密实，填充深度应满足设计要求。

项次	检查项目	规定值或允许偏差	实测值或实测偏差值										质量评定		
			1	2	3	4	5	6	7	8	9	10	平均值、代表值	合格率（%）	合格判定
实测项目	1△	混凝土强度（MPa）	在合格标准内 C25		符合要求，见混凝土强度试验报告，编号××									29.44	100	合格
	2	平面位置（mm）	≤50	42	30	32	15	29						29.6	100	合格
	3	墙面坡度（%）	≤0.3	0.2	0	0	0.2							0.1	100	合格
	4△	断面尺寸（mm）	≥设计值	9	11	13	9	7	16	12	8	5	9	9.9	100	合格
	5	顶面高程（mm）	±20	-6	18	-5	-10	15						2.4	100	合格
	6	表面平整度（mm）	≤8	5	5	3								4.33	100	合格

外观质量	墙体无变形	
质量保证资料	齐全	
工程质量等级评定	合格	

检验负责人：×××　　检测：×××　　记录：×××　　复核：×××　　2023 年×月×日

267

4. 悬臂式和扶壁式挡土墙分项工程质量检验评定表

分项工程名称：悬臂式和扶壁式挡土墙．　　工程部位：K1+100～K1+150（左侧）　　所属建设项目（合同段）：×××省×××市至×××市高速公路项目

所属分部工程名称：防护支挡工程　　所属单位工程：路基工程　　施工单位：××公路工程建设有限公司　　分项工程编号：LJ-05-03-01-001

基本要求：
☑ 1. 地基承载力应满足设计要求。
☑ 2. 沉降缝、伸缩缝、泄水孔的位置，尺寸和数量应满足设计要求；沉降缝及伸缩缝应竖直、贯通、采用弹性材料填充密实，填充深度满足设计要求。

项次	检查项目	规定值或允许偏差	实测值或实测偏差值 1	2	3	4	5	6	7	8	9	10	质量评定 平均值、代表值	合格率（%）	合格判定
1△	混凝土强度（MPa）	在合格标准内　C25	符合要求，见混凝土强度试验报告，编号××										29.44	100	合格
2	平面位置（mm）	≤30	25	25	8	5	18	15	25				17.3	100	合格
3	墙面坡度（%）	≤0.3	0	0.2	0.1	0.1	0.1	0	0.1				0.09	100	合格
4△	断面尺寸（mm）	≥设计值	9	11	13	9	7	16	12	8	5		9.9	100	合格
5	顶面高程（mm）	±20	-7	0	2	-15	-4	1					-4.8	100	合格
6	表面平整度（mm）	≤8	7	4	8	4	3	1	△	7	7	9	5.56	88.9	合格

外观质量	混凝土施工缝平顺，沉降缝整齐垂直，上、下贯通	质量保证资料	齐全

工程质量等级评定　　合格

检验负责人：×××　　检测：×××　　记录：×××　　复核：×××　　2023年×月×日

5. 筋带分项工程质量检验评定表

分项工程名称：筋带　　工程部位：（桩号、墩台号、孔号）K1+100～K1+120（左侧）　　所属建设项目（合同段）：××省××市至××市高速公路项目

所属分部工程名称：防护支挡工程　　所属单位工程：路基工程　　施工单位：××公路工程建设有限公司　　分项工程编号：LJ-05-05-01-001

基本要求	☑ 1. 锚杆、拉杆或筋带根数不得少于设计数量。
	☑ 2. 地基承载力应满足设计要求。
	☑ 3. 筋带应理顺，放平拉直，筋带与筋带连接牢固。
	☑ 4. 锚杆的长度应大于或等于设计长度，锚杆插入锚孔内的长度不得小于设计长度的98%。
	☑ 5. 锚孔注浆性能应符合相关施工技术规范规定，锚孔内注浆应密实，注浆压力应满足设计要求。
	☑ 6. 沉降缝、伸缩缝、泄水孔的位置，尺寸和数量应满足设计要求；沉降缝及伸缩缝应竖直，贯通，采用弹性材料填充密实，填充深度满足设计要求。
	☑ 7. 拉杆、锚杆的防护应满足设计要求。

项次	检查项目	规定值或允许偏差	实测值或实测偏差值											质量评定		
			1	2	3	4	5	6	7	8	9	10	平均值、代表值	合格率（%）	合格判定
实测项目	1	筋带长度	≥设计值	11	9	22	15	17						14.8	100	合格
	2	筋带与面板连接	满足设计要求	符合设计要求										/	100	合格
	3	筋带与筋带连接	满足设计要求	符合设计要求										/	100	合格
	4	筋带铺设	满足设计要求	符合设计要求										/	100	合格
外观质量			墙面直顺、线形顺适、板缝均匀，伸缩缝贯通垂直												齐全	
			沉降缝、伸缩缝贯通垂直									质量保证资料				
工程质量等级评定								合格								

检验负责人：×××　　检测：×××　　记录：×××　　复核：×××　　2023 年×月×日

269

6. 拉杆分项工程质量检验评定表

基本要求

☑ 1. 锚杆、拉杆或筋带根数不得少于设计数量。
☑ 2. 地基承载力应满足设计要求。
☑ 3. 筋带应理顺，放平拉直，筋带与筋带连接牢固。
☑ 4. 锚杆的长度应大于或等于设计长度，锚杆插入锚孔内的长度不得小于设计长度的98%。
☑ 5. 锚杆注浆性能应符合相关施工技术规范规定，锚孔内注浆应密实，注浆压力应满足设计要求。
☑ 6. 沉降缝、伸缩缝、泄水孔的位置，尺寸和数量应满足设计要求；沉降缝及伸缩缝应竖直，采用弹性材料填充密实，贯通，填充深度满足设计要求。
☑ 7. 拉杆、锚杆的防护应满足设计要求。

项次	检查项目	规定值或允许偏差	实测值或实测偏差值										质量评定		
			1	2	3	4	5	6	7	8	9	10	平均值、代表值	合格率（%）	合格判定
1△	长度（mm）	≥设计值 3000	11	2	7	8	11	14	8	9	13	12	9.5	100	合格
2	拉杆间距（mm）	±100	1	19	24	-24	-12	12	12	-18	-20	-18	-2.4	100	合格
3	拉杆与面板、锚定板连接	满足设计要求	符合设计要求										/	100	合格

外观质量	拉杆平顺
质量保证资料	基本齐全

工程质量等级评定	合格

检验质量负责人：×××　检测：×××　记录：×××　复核：×××　2023 年×月×日

270

分项工程名称：锚杆　工程部位：(桩号、墩台号、孔号) K1+100～K1+120（左侧）　所属建设项目（合同段）：××省××市至××市高速公路项目
所属工程分部工程名称：防护支挡工程　所属单位工程：路基工程　施工单位：××公路工程建设有限公司　分项工程编号：LJ-05-03-001

基本要求	☑ 1. 锚杆、拉杆或筋带根数不得少于设计数量。 ☑ 2. 地基承载力应满足设计要求。 ☑ 3. 筋带应理顺，放平拉直，筋带与筋带连接牢固。 ☑ 4. 锚杆的长度应大于或等于设计长度，锚杆插入锚孔内的长度不得小于设计长度的98%。 ☑ 5. 锚杆注浆性能应符合相关施工技术规范规定，锚孔内注浆压力应满足设计要求。 ☑ 6. 沉降缝、伸缩缝、泄水孔的位置、尺寸和数量应满足设计要求。 ☑ 7. 拉杆、锚杆的防护应满足设计要求。 锚孔注浆应密实，注浆压力满足设计要求。沉降缝及伸缩缝应竖直、贯通，采用弹性材料填充密实，填充深度满足设计要求。

项次	检查项目	规定值或允许偏差	实测值或实测偏差值										质量评定		
			1	2	3	4	5	6	7	8	9	10	平均值、代表值	合格率（%）	合格判定
1Δ	注浆强度（MPa）	在合格标准内 M20	符合要求，见浆体强度试验报告，编号××										20.43	100	合格
2	锚孔孔深（mm）	≥设计值 5000	11	9	13	-4	16	8	4	7	14	22	10	90	合格
3	锚孔孔径（mm）	满足设计要求 50	55	51	52	50	50	52	53	52	52	51	51.8	100	合格
4	锚孔轴线倾斜（%）	2	1	2	1	2	2	0	1	1	1	0	1.1	100	合格
5	锚孔间距（mm）	±100	13	-4	-5	19	13	25	13	0	16	17	10.7	100	合格
6Δ	锚杆抗拔力（kN）	满足设计要求。设计未要求时，抗拔力平均值≥设计值；80%锚杆的抗拔力≥设计值；最小抗拔力≥0.9设计值	设计为156kN，符合要求，见抗拔力试验报告，编号××										177	100	合格
7	锚杆与面板连接	满足设计要求	符合设计要求										/	100	合格

外观质量	锚孔注浆密实	质量保证资料	齐全
工程质量等级评定		合格	

检验负责人：×××　检测：×××　记录：×××　复核：×××　2023 年×月×日

8. 面板预制分项工程质量检验评定表

分项工程名称：面板预制　　工程部位：(桩号、墩台号、孔号) K1+100~K1+120（左侧）　　所属建设项目（合同段）：×××省×××市至×××市高速公路项目

所属分部工程名称：防护支挡工程　　所属单位工程：路基工程　　施工单位：××公路工程建设有限公司　　分项工程编号：LJ-05-04-001

基本要求

☑ 1. 锚杆、拉杆或筋带根数不得少于设计数量。
☑ 2. 地基承载力应满足设计要求。
☑ 3. 筋带应理顺，放平拉直，筋带与面板、筋带与筋带连接牢固。
☑ 4. 锚杆的长度应大于设计长度，锚杆插入锚孔内的长度不得小于设计长度的98%。
☑ 5. 锚杆注浆性能应符合相关施工技术规范规定，锚孔内注浆应密实，注浆压力应满足设计要求。
☑ 6. 沉降缝、伸缩缝、泄水孔的位置，尺寸和数量应满足设计要求；沉降缝及伸缩缝应竖直、贯通，采用弹性材料填充密实，填充深度满足设计要求。
☑ 7. 拉杆、锚杆的防护应满足设计要求。

项次	检查项目	规定值或允许偏差	实测值或实测偏差值										质量评定		
			1	2	3	4	5	6	7	8	9	10	平均值、代表值	合格率(%)	合格判定
1Δ	混凝土强度（MPa）	在合格标准内 C25	符合要求，见混凝土强度试验报告，编号××										29.44	100	合格
2	边长（mm）边长小于1m	±5	-1	3	-5	3	-3	1	⑥	-1			0.38	87.5	合格
	其他	±0.5%边长											/	/	/
3	两对角线差（mm）边长小于1m	≤10	5	4	3	7	6	6	9	4			5.5	100	合格
	其他	≤0.7%最大对角线长											/	/	/
4Δ	厚度（mm）	+5, -3	4	-3	1	-3	-2	4	-2	3			0.25	100	合格
5	表面平整度（mm）	≤5	3	2	2	3	2	3	2	3			2.5	100	合格
6	预埋件位置（mm）	≤5	3	2	1	3	2	2	3	2			2.25	100	合格

外观质量：混凝土表面平整　　合格

工程质量等级评定：合格　　　　质量保证资料：齐全

检验负责人：×××　　检测：×××　　记录：×××　　复核：×××　　2023 年×月×日

272

9. 面板安装分项工程质量检验评定表

分项工程名称：面板安装　工程部位：（桩号、墩台号、孔号）K1+100～K1+120（左侧）　所属建设项目（合同段）：××省××市至××市高速公路项目

所属分部工程名称：防护支挡工程　所属单位工程：路基工程　施工单位：××公路工程建设有限公司　分项工程编号：LJ-05-06-001

基本要求	☑ 1. 锚杆、拉杆或筋带根数不得少于设计数量。
	☑ 2. 地基承载力应满足设计要求。
	☑ 3. 筋带应理顺，放平拉直，筋带与面板、筋带与筋带连接牢固。
	☑ 4. 锚杆的长度应大于或等于设计长度，锚杆插入锚孔内的长度不得小于设计长度的98%。
	☑ 5. 锚杆注浆性能应符合相关施工技术规范规定，锚孔内注浆应密实，注浆压力应满足设计要求。
	☑ 6. 沉降缝、伸缩缝、泄水孔的位置，尺寸和数量应满足设计要求；沉降缝及伸缩缝应竖直、贯通，采用弹性材料填充密实，填充深度满足设计要求。
	☑ 7. 拉杆、锚杆的防护应满足设计要求。

项次	检查项目	规定值或允许偏差	实测值或实测偏差值											质量评定		
			1	2	3	4	5	6	7	8	9	10	平均值、代表值	合格率（%）	合格判定
实测项目	1	每层面板顶高程（mm）	±10	6	4	7	-3	5						3.8	100	合格
	2	轴线偏位（mm）	≤10	10	9	1	5	3						5.6	100	合格
	3	面板坡度（%）	+0，-0.5	0	-0.5	0	-0.3	-0.2						-0.2	100	合格
	4	相邻面板错台	≤5	⚠	4	4	0	4						3.6	80	合格
	5	面板缝宽（mm）	≤10	9	1	1	7	4						4.4	100	合格

外观质量	面板平整	质量保证资料	基本齐全

工程质量等级评定　　　　　合格

检验负责人：×××　　检测：×××　　记录：×××　　复核：×××　　2023年×月×日

注：面板安装以同层相邻两板为一组。

273

10. 锚杆、锚定板和加筋土挡土墙总体分项工程质量检验评定表

分项工程名称：锚杆、锚定板和加筋土挡土墙总体　　工程部位：K1+100～K1+120（左侧）　　所属建设项目（合同段）：××省××市至××市高速公路项目
所属分部工程名称：防护支挡工程　　所属单位工程：路基工程　　施工单位：××公路工程建设有限公司　　分项工程编号：LJ-05-05-07-001

	基本要求	
☑ 1.	锚杆、拉杆或筋带根数不得少于设计数量。	
☑ 2.	地基承载力应满足设计要求。	
☑ 3.	筋带应理顺，放平拉直，筋带与面板、筋带与筋带连接牢固。	
☑ 4.	锚杆的长度应大于或等于设计长度，锚杆插入锚孔内的长度不得小于设计长度的98%。	
☑ 5.	锚杆注浆性能应符合相关施工技术规范规定，锚孔内注浆应密实，锚孔内注浆压力应满足设计要求。	
☑ 6.	沉降缝、伸缩缝、泄水孔的位置，尺寸和数量应满足设计要求；沉降缝及伸缩缝应竖直，贯通，采用弹性材料填充密实，填充深度满足设计要求。	
☑ 7.	拉杆、锚杆的防护应满足设计要求。	

项次	检查项目		规定值或允许偏差	实测值或实测偏差值										质量评定		
				1	2	3	4	5	6	7	8	9	10	平均值、代表值	合格率（%）	合格判定
实测项目	1	墙顶和肋柱平面位置（mm）	路堤式	+50，−100	14	−14	−19	−10	11						−3.6	100	合格
			路肩式	±50											/	/	/
	2	墙顶和柱顶高程（mm）	路堤式	±50	−7	−13	8	21	−20						−2.2	100	合格
			路肩式	±30											/	/	/
	3	肋柱间距（mm）		±15	−6	−14	6	5	10	10	−5	−11	14	6	1.5	100	合格
	4	墙面平整度（mm）		≤15	7	14	11	2	14	12					10	100	合格
外观质量			锚头无外露，墙体无变形													合格	
质量保证资料			齐全														
工程质量等级评定		×××															

检验负责人：×××　　　检测：×××　　　记录：×××　　　复核：×××　　　2023 年×月×日

274

11. 墙背填土分项工程质量检验评定表

分项工程名称：墙背填土　　工程部位：(桩号、墩台号、孔号) K1+100～K1+120（左侧）　　所属建设项目（合同段）：×××省××市至××市高速公路项目

所属分部工程名称：防护支挡工程　　所属单位工程名称：路基工程　　施工单位：×××公路工程建设有限公司　　分项工程编号：LJ-05-06-01-001

基本要求	☑ 1. 墙背填土应采用设计要求的填料，不应含有有机物、冰块、草皮、树根等杂物或生活垃圾，其化学及电化学性能应符合锚杆、拉杆、筋带的防腐和耐久性要求，严禁采用膨胀土、高液限黏土、盐渍土、淤泥和冻土块等不良填料。 ☑ 2. 墙背填土应挖方和挖方路基、填方路基搭接，填方表面平整，并应满足设计要求。 ☑ 3. 应分层填筑压实，每层表面平整，顶层路基拱合适。 ☑ 4. 反滤层的材料，铺设范围应满足设计要求。 ☑ 5. 墙身强度达到设计强度的75%以上时方可开始填土。

项次	检查项目	规定值或允许偏差	实测值或实测偏差值										质量评定		
			1	2	3	4	5	6	7	8	9	10	平均值、代表值	合格率（%）	合格判定
1△	距面板1m范围以内压实度（%）	≥90	90.1	95.8	91.3	94.6	98.4	98.1	95.9	96.3			95、93.2	100	合格
2	反滤层厚度（mm）	≥设计厚度 100	105	110	113	108	101						107.4	100	合格
外观质量	填土表面平整														
质量保证资料	齐全														
工程质量等级评定	合格														

检验负责人：×××　　　记录：×××　　　检测：×××　　　复核：×××　　　2023 年×月×日

12. 锚杆、锚索分项工程质量检验评定表

分项工程名称：锚杆、锚索　　工程部位：（桩号、墩台号、孔号）K1+100～K1+120（左侧）　　所属建设项目（合同段）：×××省××市至××市高速公路项目

所属分部工程名称：防护支挡工程　　所属单位工程：路基工程　　施工单位：××公路工程建设有限公司　　分项工程编号：LJ-04-03-01-001

基本要求：

☑ 1. 边坡坡度、坡面应满足设计要求，坡面应无风化、无浮石，喷射前应用水冲洗干净。
☑ 2. 锚杆、锚索的数量不得少于设计数量。
☑ 3. 框格梁钢筋、钢筋网与锚杆或其他锚固装置连接牢固，喷射混凝土时钢筋不得晃动。
☑ 4. 注浆性能应符合相关施工技术规范规定，锚孔内注浆应密实，注浆压力应满足设计要求。
☑ 5. 坡面混凝土喷射前应对坡面的渗漏水、流水等进行处理。
☑ 6. 预应力锚杆、锚索的基本要求应符合本标准第8.3.2条的规定，并按设计要求的工艺进行张拉。
☑ 7. 锚杆、锚索的长度应大于或等于设计长度，插入锚孔内的长度不得小于设计长度的97%，其他不得小于98%。非锚固段套管安装位置应满足设计要求。
☑ 8. 预应力锚杆、锚索应采用机械切割，锁定力应满足设计要求。
☑ 9. 沉降缝、伸缩缝的位置，缝宽应满足设计要求。
☑ 10. 锚杆、锚索的防护应满足设计要求。

项次	检查项目	规定值或允许偏差	实测值或实测偏差值										质量评定		
			1	2	3	4	5	6	7	8	9	10	平均值、代表值	合格率（%）	合格判定
实测项目 1△	注浆强度（MPa）	在合格标准内 M20	符合要求，见浆体强度试验报告，编号××										/	100	合格
2	锚孔深度（mm）	≥设计值 3500	-1	11	9	23	17	6	5	8			9.75	85.7	合格
3	锚孔孔径（mm）	满足设计要求 50	55	53	61	50	59	54	54	53			54.88	100	合格
4	锚孔轴线倾斜（%）	2	1.1	1.2	0.8	1.9	0.1	0.1	0.6	0.5			0.79	100	合格

276

12. 锚杆、锚索分项工程质量检验评定表

分项工程名称：锚杆、锚索　工程部位：(桩号、墩台号、孔号) K1+100～K1+120 (左侧)　所属建设项目(合同段)：×××省×××市至××市高速公路项目

所属分部工程名称：防护支挡工程　所属单位工程：路基工程　施工单位：××公路工程建设有限公司　分项工程编号：LJ-04-03-01-001

项次	检查项目		规定值或允许偏差	实测值或实测偏差值										质量评定		
				1	2	3	4	5	6	7	8	9	10	平均值、代表值	合格率(%)	合格判定
5	锚孔位置(mm)	设置框格梁	±50	23.4	21.8	-6.7	17.1	6.5	18.2	3.1				0.49	100	合格
		其他	±100											/	/	/
实测项目	6△	锚杆、锚索抗拔力(kN)	满足设计要求。设计未要求时，抗拔力平均值≥设计值；80%锚杆的抗拔力≥设计值；最小抗拔力≥0.9设计值	设计为156kN，符合要求，见抗拔力试验报告，编号××										187	100	合格
	7△	张拉力(kN)	满足设计要求 880	889	912	905	923	892	902	915	895			904.13	100	合格
	8	张拉伸长率(%)	满足设计要求；设计未要求时±6	-1.5	1.7	5.2	4.3	-4.4	-2.8	2.1	3.3			0.99	100	合格
	9	断丝、滑丝数	每束1根，且每断面不超过钢丝总数的1%	0	0	0	0	0	0	0	0			0	100	合格
外观质量			混凝土表面平整，锚索无外露					合格								
			质量保证资料					齐全								
工程质量等级评定								合格								

检验负责人：×××　　检测：×××　　记录：×××　　复核：×××　　2023年×月×日

13. 坡面结构分项工程质量检验评定表

分项工程名称：坡面结构　工程部位：（桩号、墩台号、孔号）K1+100～K1+120（左侧）　所属建设项目：××省××市至××市高速公路项目

所属分部工程名称：防护支挡工程　所属单位工程：路基工程　施工单位：××公路工程建设有限公司　分项工程编号：LJ-04-03-02-001

基本要求：

- ☑ 1. 边坡坡度，坡面应满足设计要求，坡面应无风化、无浮石，喷射前应用水冲洗干净。
- ☑ 2. 锚杆、锚索的数量不得少于设计数量。
- ☑ 3. 框格梁、钢筋网，钢筋网应与锚杆或其他锚固装置连接牢固，喷射混凝土时应用钢筋不得晃动。
- ☑ 4. 注浆性能应符合相关施工技术规范规定，锚孔内注浆应密实，注浆压力满足设计要求。
- ☑ 5. 坡面混凝土喷射前应对坡面的渗漏水，流水等进行处理。
- ☑ 6. 预应力锚杆、锚索的基本要求应符合本标准第8.3.2条的规定，并按设计要求的工艺进行张拉。
- ☑ 7. 锚杆、锚索的长度应大于或等于设计长度，锚孔内的长度预应力锚索不得小于设计长度的97%，插入锚固长度预应力锚杆、锚索不得小于设计长度的98%，其他不得小于98%。非锚固段应套管安装。
- ☑ 8. 预应力锚杆、锚索应采用机械切割，锁定应力应满足设计要求。
- ☑ 9. 沉降缝、伸缩缝的位置，缝宽应满足设计要求，采用弹性材料填充密实，填充深度应满足设计要求。
- ☑ 10. 锚杆、锚索的防护应满足设计要求。

项次	检查项目	规定值或允许偏差	实测值或实测偏差值										质量评定		
			1	2	3	4	5	6	7	8	9	10	平均值、代表值	合格率（%）	合格判定
1△	混凝土强度（MPa）	在合格标准内 C25	符合要求，见混凝土强度试验报告，编号××										29.44	100	合格
2	喷层厚度（mm）	平均厚度≥设计厚度；80%测点的厚度≥设计厚度；最小厚度≥0.6且大于或等于设计规定最小值	16	19	18	15	17						17	100	合格
							17								
3	锚索尺寸（mm）	+10、-5	10	6	3	3	9	8	3	9			6.4	100	合格
4	框格梁、地梁、边梁断面尺寸（mm）	≥设计值　±50	12	22	9	14	-11	-8	7	13			7.25	100	合格
5	框格梁、地梁、边梁平面位置（mm）	±150	-2	-4									-3	100	合格

外观质量：喷射混凝土无漏喷、空鼓、开裂等现象　齐全

质量保证资料：齐全　合格

工程质量等级评定：合格

检验负责人：×××　　检测：×××　　记录：×××　　复核：×××　　2023 年×月×日

工程质量责任人：×××

278

14. 土钉支护分项工程质量检验评定表

分项工程名称：土钉支护　　工程部位：(桩号、墩台号、孔号) K1+100～K1+120（左侧）　　所属建设项目（合同段）：××省××市至××市高速公路项目

所属分部工程名称：防护支挡工程　　所属单位工程：路基工程　　施工单位：××公路工程建设有限公司　　分项工程编号：LJ-04-04-01-001

基本要求：
- ☑ 1. 应按设计要求的程序和分层深度开挖边坡，坡面平整、坡度满足设计要求。严禁超挖、欠挖。
- ☑ 2. 土钉的数量及其接头的质量应满足设计要求。
- ☑ 3. 土钉与框格梁钢筋、钢筋网连接应牢固，喷射混凝土时钢筋网不得晃动。
- ☑ 4. 土钉插入锚孔深度不得小于设计长度的95%。
- ☑ 5. 注浆性能应符合相关施工技术规范规定，锚孔内注浆应密实饱满。
- ☑ 6. 应按设计要求设置施工排水系统。

项次	检查项目	规定值或允许偏差	实测值或实测偏差值											质量评定		
			1	2	3	4	5	6	7	8	9	10	平均值、代表值	合格率（%）	合格判定
实测项目	1Δ 注浆强度（MPa）	在合格标准内 M20	符合要求，见浆体强度试验报告，编号××										20.43	100	合格
	2 土钉孔深（mm）	+200，-50	-12	10	24	18	-22	20					6.33	100	合格
	3 土钉倾角（°）	2	0	0	0	1	1	0					0.33	100	合格
	4 土钉孔距（mm）	±100	0	-8	-22	12	1	-7					-4	100	合格
	5 土钉孔径（mm）	+20，-5	9	5	-2	9	0	16					6.17	100	合格
	6Δ 土钉抗拔力（kN）	抗拔力平均值≥设计值；80%抗拔力≥设计值；最小抗拔力≥0.9设计值	设计为×××kN，符合要求，见抗拔力试验报告，编号××										152	100	合格
外观质量	土钉无外露								质量保证资料					齐全		
工程质量等级评定									合格							

工程质量责任人：×××　　检测：×××　　检验负责人：×××　　记录：×××　　复核：××××　　2023年×月×日

279

15. 砌体坡面防护分项工程质量检验评定表

分项工程名称：砌体坡面防护　　工程部位：（桩号、墩台号、孔号）K1+100～K1+120（左侧）　所属建设项目（合同段）：××省××市至××市高速公路项目

所属分部工程名称：防护支挡工程　　所属单位工程：路基工程　　施工单位：××公路工程建设有限公司　　分项工程编号：LJ-04-05-01-001

| 基本要求 | ☑ 1. 勾缝砂浆强度不得小于浆砌砂浆强度。
☑ 2. 坡面下端基础埋置深度及其地基承载力应满足设计要求。
☑ 3. 护面下填土密实度应满足设计要求，对坡面刷坡整平后方可铺砌。
☑ 4. 砌块应相互错缝、咬扣紧密、嵌缝饱满密实。
☑ 5. 应按设计要求设置沉降缝、伸缩缝、泄水孔、坡面防排水设施。 | | | | | | | | | | | | | | |

项次	检查项目	规定值或允许偏差	实测值或实测偏差值										质量评定		
			1	2	3	4	5	6	7	8	9	10	平均值、代表值	合格率（%）	合格判定
1△	砂浆强度（MPa）	在合格标准内 M10	符合要求，见砂浆强度试验报告，编号××										11.23	100	合格
2	顶面高程（mm）	料、块石 ±30	2	−5	7	−8	14						2	100	合格
		片石 ±50											/	/	/
3	表面平整度（mm）	料、块石 ≤25	3	6	9	3	4	4	14	9	3		6.1	100	合格
		片石 ≤35											/	/	/
4	坡度	≤设计值 1:1	1:1	1:1	1:1	1:1	1:1						1:1	100	合格
5△	厚度或断面尺寸（mm）	≥设计值 ±20	11	−7	3	5	5	−3	2	6	8	−2	2.8	100	合格
6①	框格间距（mm）	±150	24	9									16.5	100	合格
外观质量		坡面无塌陷，外墙变形	坡面无塌陷，外墙变形										齐全		
工程质量等级评定			合格							质量保证资料			合格		

检验负责人：×××　　检测：×××　　记录：×××　　复核：×××　　2023 年×月×日

注：① 仅适用于框格式护面。

280

16. 石笼防护分项工程质量检验评定表

分项工程名称：石笼防护　工程部位：（桩号、墩台号、孔号）K1+100～K1+120（左侧）　所属建设项目（合同段）：×××省××市至××市高速公路项目

所属分部工程名称：防护支挡工程　所属单位工程：路基工程　施工单位：×××公路工程建设有限公司　分项工程编号：LJ-04-06-01-001

| 基本要求 | ☑ 1. 石笼、绑扎线及填充料的种类、规格和质量应满足设计要求。
☑ 2. 地基处理及承载力应满足设计要求。
☑ 3. 石笼应充填饱满，填充料密实。
☑ 4. 石笼的坐码或平铺应错缝，绑扎应牢固，不得出现松脱、遗漏。 | | | | | | | | | | | | | |

项次	检查项目	规定值或允许偏差	实测值或实测偏差值										质量评定		
			1	2	3	4	5	6	7	8	9	10	平均值、代表值	合格率（%）	合格判定
实测项目 1	平面位置偏位（mm）	≤300	48	7									27.5	100	合格
2	长度（mm）	≥设计长度-300 20000	19705										19705	100	合格
3	宽度（mm）	≥设计宽度-200 2000	1836	1837	1849	1823	1805						1830	100	合格
4	高度（mm）	≥设计值 ±10	8	3	-2	-1	4						2.4	100	合格
外观质量		表面平整													
质量保证资料		齐全													
工程质量等级评定							合格								

检验负责人：×××　检测：×××　记录：×××　复核：×××　2023年×月×日

281

17. 浆砌砌体分项工程质量检验评定表

分项工程名称：浆砌砌体　　工程部位：（桩号、墩台号、孔号）K1+100～K1+120（左侧）　　所属建设项目（合同段）：××省××市至××市高速公路项目

所属分部工程名称：防护支挡工程　　所属单位工程：路基工程　　施工单位：××公路工程建设有限公司　　分项工程编号：LJ-04-08-01-001

基本要求：
☑ 1. 勾缝砂浆强度不得小于浆砌砂浆强度
☑ 2. 砌块应错缝砌筑、相互咬紧；浆砌时砌块应坐浆挤紧，砂浆饱满；干砌时无松动、无叠砌和浮塞。

项次	检查项目		规定值或允许偏差	实测值或实测偏差值										质量评定		
				1	2	3	4	5	6	7	8	9	10	平均值、代表值	合格率（%）	合格判定
1	砂浆强度（MPa）		在合格标准内 M10	符合要求，见砂浆强度试验报告，编号××										11.23	100	合格
2	顶面高程（mm）	料、块石	±15											/	/	/
		片石	±20	-17	11	14	-11	-18						-4.2	100	合格
3	坡度（%）	料、块石	≤0.3											/	/	/
		片石	≤0.5	0.2	0.3	0.3	0.2	0.2						0.24	100	合格
4△	断面尺寸（mm）	料石	±20											/	/	/
		块石	±30											/	/	/
		片石	±50	15	-5	9	25	0	4	4	0	6	9	6.7	100	合格
5	表面平整度（mm）	料石	≤15											/	/	/
		块石	≤25											/	/	/
		片石	≤35	10	15	10	13	31	15					15.7	100	合格
外观质量		浆砌缝密实								质量保证资料				齐全		

工程质量等级评定　合格

检测：×××　　记录：×××　　复核：×××　　2023年×月×日

检验负责人：×××

282

18. 干砌片石砌体分项工程质量检验评定表

分项工程名称：干砌片石砌体　　工程部位：（桩号、墩台号、孔号）K1+100～K1+120（左侧）　所属建设项目（合同段）：××省××市至××市高速公路项目

所属分部工程名称：防护支挡工程　　所属单位工程：路基工程　　施工单位：×××公路工程建设有限公司　　分项工程编号：LJ-04-08-02-001

基本要求：
☑ 1. 勾缝砂浆强度不得小于浆砌砂浆强度
☑ 2. 砌块应错缝砌筑、相互咬紧；浆砌时砌块应坐浆挤紧，砂浆饱满；干砌时无松动，无叠砌和浮塞。

项次	检查项目		规定值或允许偏差	实测值或实测偏差值										质量评定		
				1	2	3	4	5	6	7	8	9	10	平均值、代表值	合格率（%）	合格判定
实测项目	1	顶面高程（mm）	±30	-4	19	-21	8	24						5.2	100	合格
	2	断面尺寸（mm） 高度	±100	10	-14	-12	-11	-8						-7	100	合格
		断面尺寸（mm） 厚度	±50	-23	7	19	24	8						7	100	合格
	3	表面平整度（mm）	≤50	35	0	28	33	3	15					19	100	合格
外观质量				表面平整												
质量保证资料														齐全		
工程质量等级评定										合格						

检验负责人：×××　　　检测：×××　　　记录：×××　　　复核：×××　　　2023年×月×日

283

19. 导流工程分项工程质量检验评定表

分项工程名称：导流工程　　工程部位：（桩号、墩台号、孔号）K1+100～K1+120（左侧）　　所属建设项目（合同段）：×××省×××市至×××市高速公路项目

所属分部工程名称：防护支挡工程　　所属单位工程：路基工程　　施工单位：××公路工程建设有限公司　　分项工程编号：LJ-04-07-01-001

基本要求	☑ 1. 导流堤、坝的基础埋置深度及地基承载力应满足设计要求。 ☑ 2. 填筑材料应分层压实。 ☑ 3. 导流堤、坝的接缝应按设计要求施工，与边坡、岸坡的结合处处理应稳定、牢靠。													
项次	检查项目	规定值或允许偏差	实测值或实测偏差值										质量评定		
			1	2	3	4	5	6	7	8	9	10	平均值、代表值	合格率（%）	合格判定
实测项目	1△ 砂浆和混凝土强度（MPa）	在合格标准内 C25	符合要求，见混凝土强度试验报告，编号××										29.4	100	合格
	2△ 堤（坝）体压实度（%）	满足设计要求 96%	符合要求，见压实度试验报告，编号××										98.5、97.6	100	合格
	3 平面位置偏位（mm）	30	8	29									18.5	100	合格
	4 长度（mm）	≥设计长度-100　20000	19912	19912									19912	100	合格
	5 断面尺寸（mm）	≥设计值 ±10	9	3	-2	6	-4						2.4	100	合格
	6 坡度	≤设计值 0.3	0.3	0.4	0.3	0.4	0.3						0.34	100	合格
	7 顶面高程（mm）	±30	15	21	-7	5	6						8	100	合格
外观质量	表面不规整														
质量保证资料	齐全														
工程质量等级评定	合格														

检验负责人：×××　　检测：×××　　记录：×××　　复核：×××　　2023年×月×日

四、路面工程

1. 水泥混凝土面层分项工程质量检验评定表

分项工程名称：水泥混凝土面层　　工程部位：K1+000～K1+200（左半幅）　　所属建设项目（合同段）：××省××市至××市高速公路项目

所属分部工程名称：路面工程　　所属单位工程：路面工程　　施工单位：××公路工程建设有限公司　　分项工程编号：LM-01-04-01-001

基本要求	☑ 1. 基层质量应符合规范规定并满足设计要求，表面清洁，无浮土。 ☑ 2. 接缝填缝料应符合规范规定并满足设计要求。 ☑ 3. 接缝的位置、规格、尺寸及传力杆、拉力杆的设置应满足设计要求。 ☑ 4. 混凝土路面铺筑后按施工规范要求养护。 ☑ 5. 应对干缩、温缩产生的裂缝进行处理。

项次	检查项目		规定值或允许偏差 高速公路一级公路√	规定值或允许偏差 其他公路	实测值或实测偏差值 1	2	3	4	5	6	7	8	9	10	质量评定 平均值、代表值	合格率（%）	合格判定
1△	弯拉强度（MPa）		在合格标准内 6		符合要求，见混凝土弯拉强度试验报告，编号××										7.1	100	合格
2△	板厚度（mm）	代表值	-5	—	-2										-2	100	合格
		合格值	-10	—	-3	0	1	0							-1.5	100	合格
		极值	-15	—	-3										-3	100	合格
3	平整度①	σ（mm）	≤1.32	≤2.0	0	1	1	0							0.5	100	合格
		IRI（m/km）	≤2.2	≤3.3	1	2	1	1							1.25	100	合格
		最大间隙h（mm）	3	5	1	2									1.5	100	合格
4	抗滑构造深度（mm）	一般路段	0.7～1.1	0.5～1.0	0.7										0.7	100	合格
		特殊路段②	0.8～1.2	0.6～1.1											/	/	/
5	横向力系数SFC	一般路段	≥50	—	81	93	70	71	68	73	59	97	98	68	77.8	100	合格
		特殊路段②	≥55	≥50											/	/	/

285

续表

1. 水泥混凝土面层分项工程质量检验评定表

分项工程名称：水泥混凝土面层　　工程部位：K1+000～K1+200（左半幅）　　所属建设项目（合同段）：×××省×××市至××市高速公路项目

所属分部工程名称：路面工程　　所属单位工程名称：路面工程　　施工单位：××公路工程建设有限公司　　分项工程编号：LM-01-04-01-001

项次	检查项目	规定值或允许偏差		实测值或实测偏差值										质量评定		
		高速公路一级公路√	其他公路	1	2	3	4	5	6	7	8	9	10	平均值、代表值	合格率（%）	合格判定
实测项目 6	相邻板高差（mm）	≤2	≤3	2	2	1	2							1.75	100	合格
7	纵、横缝顺直度（mm）	≤10		7	5	2	3	5	6	6	8			5.25	100	合格
8	中线平面偏移（mm）	20		1	2									1.5	100	合格
9	路面宽度（mm）	±20		16	-17	-7	-12							-5	100	合格
10	纵断高程（mm）	±10	±15	-6	-1									-3.5	100	合格
11	横坡（%）	±0.15	±0.25	0.02	0.02									0.02	100	合格
12	断板率③（%）	≤0.2	≤0.4	0.1	0	0.2	0.1	0.2	0.2	0	0	0	0.2	0.1	100	合格
	外观质量	混凝土板表面无脱皮、裂纹和缺边等现象，印痕。												齐全		
	质量保证资料	质量保证资料														
	工程质量等级评定	合格														

检验负责人：×××　　检测：×××　　记录：×××　　复核：×××　　2023 年×月×日

注：① 表中 σ 为平整度仪测定的标准差；IRI 为国际平整度指数；h 为 3m 直尺与面层的最大间隙。
　　② 特殊路段：高速公路、一级公路特殊路段包括立体交叉匝道、平面交叉口、弯道、变速车道、组合坡度不小于 3%坡度段、桥面、隧道路面及收费站广场等处；其他公路特殊路段包括超高路段，组合坡度大于或等于 4%坡度段，交叉口路段，桥面及其上下坡段，隧道路面及集镇附近路段等处。
　　③ 断板率中包含断角率，应统计计行车道与超车道面板，不计硬路肩面板，不计人修复后的面板。

2. 沥青混凝土面层和沥青碎（砾）石面层分项工程质量检验评定表

分项工程名称：沥青混凝土面层　　　工程部位：K1+000～K1+200（左半幅）　　　所属建设项目（合同段）：×××省××市至××市高速公路项目

所属分部工程名称：路面工程　　　所属单位工程：路面工程　　　施工单位：××公路工程建设有限公司　　　分项工程编号：LM-01-04-02-001

基本要求	☑ 1. 基层质量应符合规范规定并满足设计要求，表面应干燥、清洁、无浮土。 ☑ 2. 应严格控制沥青混合料拌和的加热温度。拌和后的沥青混合料应均匀、无花白、无粗细料分离和结团成块现象。 ☑ 3. 应按规定要求控制摊铺工艺，严格控制摊铺和碾压温度。

项次		检查项目	规定值或允许偏差		实测值或实测偏差值										质量评定		
			高速公路一级公路∨	其他公路	1	2	3	4	5	6	7	8	9	10	平均值、代表值	合格率（%）	合格判定
实测项目	1△	压实度①（%）	≥试验室标准密度的96%（*98%） ≥最大理论密度的92%（*94%） ≥试验段密度的98%（*99%）	≥试验室标准密度的96%（*98%）				符合要求，见压实度试验报告，编号××							97.33	100	合格
	2	平整度 σ（mm）	≤1.2	≤2.5	1	1	1	0							0.75	100	合格
		IRI（m/km）	≤2.0	≤4.2	1	0	1	1							0.75	100	合格
		最大间隙h（mm）	—	≤5											/	/	/
	3	弯沉值（0.01mm）	不大于设计验收弯沉值			符合要求，见弯沉试验报告，编号××									36.39、37.13	100	合格
	4	渗水系数（mL/min） SMA路面	≤120	—	11										11	100	合格
		其他沥青混凝土路面	≤200	—											/	/	/
	5	摩擦系数	满足设计要求	—	0.7										0.7	100	合格
	6	构造深度	满足设计要求	—	0.92										0.92	100	合格

续表

2. 沥青混凝土面层和沥青碎（砾）石面层分项工程质量检验评定表

分项工程名称：沥青混凝土面层　　工程部位：K1+000~K1+200（左半幅）　　所属建设项目（合同段）：×××省×××市至×××市高速公路项目

所属分部分项工程：路面工程　　所属单位工程：路面工程　　施工单位：×××公路工程建设有限公司　　分项工程编号：LM-01-04-02-001

项次	检查项目	规定值或允许偏差		实测值或实测偏差值										质量评定		
		高速公路 一级公路√	其他公路	1	2	3	4	5	6	7	8	9	10	平均值、代表值	合格率（%）	合格判定
7△	厚度②（mm） 代表值	总厚度：-5%H 上面层：-10%h	-8%H	符合要求，见厚度检测报告，编号××										-1.3	100	合格
	厚度②（mm） 合格值	总厚度：-10%H 上面层：-20%h	-15%H	符合要求，见厚度检测报告，编号××										-0.5	100	合格
8	中线平面偏位（mm）	20	30	17	7									12	100	合格
9	纵断高程（mm）	±15	±20	4	-2									1	100	合格
10	宽度（mm） 有侧石	±20	±30	4	18	10								8.5	100	合格
	宽度（mm） 无侧石	不小于设计值												/	/	/
11	横坡（%）	±0.3	±0.5	0.1	0.2									0.15	100	合格
12△	矿料级配	满足生产配合比要求		符合要求，见矿料级配试验报告，编号××											100	合格
13△	沥青含量	满足生产配合比要求		符合要求，见沥青试验报告，编号××											100	合格
14	马歇尔稳定度	满足生产配合比要求		符合要求，见马歇尔稳定度试验报告，编号××										/	100	合格
实测项目	外观质量	面层与路缘石不够密贴顺接，有积水现象														
	质量保证资料													齐全		
	工程质量等级评定						合格									

检验负责人：×××　　记录：×××　　检测：×××

复核：×××　　2023年×月×日

注：① 表内压实度、高速公路、一级公路应选用2个标准评定，其他公路选用1个标准进行评定，以合格率最低的作为评定结果；带*号者是指SMA路面。
② 表列沥青厚层厚度仅规定负偏差。H为沥青总厚度，h为沥青上面层厚度；其他公路的厚度代表值和合格值允许偏差按总厚度计，当H≤60mm时，允许偏差分别为-5mm和-10mm；当H>60mm时，允许偏差分别为-8%H和-15%H。

288

3. 沥青贯入式面层（或上拌下贯式面层）分项工程质量检验评定表

分项工程名称：沥青贯入式面层　　工程部位：（桩号、墩台号、孔号）K1+000～K1+200　　所属建设项目（合同段）：××省××市至××市高速公路项目

所属分部工程名称：路面工程　　所属单位工程：路面工程　　施工单位：××公路工程建设有限公司　　分项工程编号：LM-01-04-03-001

基本要求	☑ 1. 上拌沥青混合料每日应做沥青含量、矿料级配和马歇尔稳定度试验。 ☑ 2. 沥青贯入式面层施工前，应先做好路面层与构层结构物的排水。 ☑ 3. 碎石层应平整坚实，撒挤稳定；沥青贯入应深透，浇洒应均匀，不得污染其他构筑物。 ☑ 4. 嵌缝料应趁热撒铺，扫撒均匀，不应有重叠现象。 ☑ 5. 上层采用拌和料时，混合料应均匀，无花白，无粗细料分离和结团成块现象；摊铺应平整，接茬平顺，及时碾压。

项次	检查项目		规定值或允许偏差	实测值或实测偏差值										质量评定		
				1	2	3	4	5	6	7	8	9	10	平均值、代表值	合格率（%）	合格判定
实测项目																
1	平整度	σ（mm）	≤3.5	3	1	2	3							2.25	100	合格
		IRI（m/km）	≤5.8	4	5	5	0							3.5	100	合格
		最大间隙 h（mm）	≤8	4	8	7	5	3	6	⚠	4	3	0	4.9	90	合格
2	弯沉值（0.01mm）		不大于不设计验收弯沉值	符合要求，见弯沉试验报告，编号××										47.44、49.32	100	合格
3 △	厚度①（mm）	代表值	−8%H或−5	符合要求，见厚度检测报告，编号××										−1	100	合格
		合格值	−15%H或−10	符合要求，见厚度检测报告，编号××										−0.5	100	合格
4	沥青总用量		±0.5%	0.2										0.2	100	合格

续表

3. 沥青贯入式面层（或上拌下贯式面层）分项工程质量检验评定表

分项工程名称：沥青贯入式面层　　工程部位：（桩号、墩台号、孔号）　K1+000～K1+200　　所属建设项目（合同段）：×××省×××市至××市高速公路项目

所属分部工程名称：路面工程　　所属单位工程：路面工程　　施工单位：××公路工程建设有限公司　　分项工程编号：LM-01-04-03-001

项次	检查项目		规定值或允许偏差	实测值或实测偏差值										质量评定		
				1	2	3	4	5	6	7	8	9	10	平均值、代表值	合格率（%）	合格判定
5	中线平面偏位（mm）		30	3	23									13	100	合格
6	纵断高程（mm）		±20	19	-6									6.5	100	合格
7	宽度（mm）	有侧石	±30	-4	-3	-21	10							-4.5	100	合格
		无侧石	不小于设计值											/	/	/
8	横坡（%）		±0.5	-0.3	-0.1									-0.2	100	合格
9△	矿料级配		满足生产配合比要求	符合要求，见矿料级配报告，编号××										/	100	合格
10△	沥青含量		满足生产配合比要求	符合要求，见马歇尔试验报告，编号××										/	100	合格
实测项目																
外观质量			表面平整密实，无明显碾压轮迹													齐全
工程质量等级评定												合格				

检验负责人：×××　　检测：×××　　记录：×××　　复核：×××　　2023年×月×日

注：① H 为设计厚度。当 H≥60mm 时，按厚度百分率计算；当 H<60mm 时，直接选用固定值。

290

4. 沥青表面处置面层分项工程质量检验评定表

分项工程名称：沥青表面处置面层　工程部位：(桩号、墩台号、孔号) K1+000～K1+200　所属建设项目 (合同段)：××省××市至××市高速公路项目

所属分部工程名称：路面工程　所属单位工程：路面工程　施工单位：××公路工程建设有限公司　分项工程编号：LM-01-04-04-001

基本要求	☑ 1. 下承层表面应坚实、稳定、平整、清洁、干燥。 ☑ 2. 沥青浇洒应均匀，无露白，不得污染其他构筑物。 ☑ 3. 集料应趁热撒铺，扫布均匀，不得有重叠现象，压实平整。														
项次	检查项目	规定值或允许偏差	实测值或实测偏差值											质量评定	
			1	2	3	4	5	6	7	8	9	10	平均值、代表值	合格率 (%)	合格判定
实测项目	1 平整度	σ (mm)	≤4.5	4	3	1	4							3	100	合格
		IRI (m/km)	≤7.5	5	6	4	3							4.5	100	合格
		最大间隙 h (mm)	≤10	3	5	8	11	8	8	10	5	3	3	6.4	90	合格
	2 弯沉值 (0.01mm)	不大于设计验收弯沉值	符合要求，见弯沉试验报告，编号××											41.33、42.36	100	合格
	3△ 厚度 (mm)	代表值	−5	−5										−5	100	合格
		合格值	−10	−7	−3									−3.5	100	合格
	4 沥青用量	±0.5%	−0.1	−0.1										−0.1	100	合格
	5 中线平面偏位 (mm)	30	7	29										18	100	合格
	6 纵断高程 (mm)	±20	1	−6										−2.5	100	合格
	7 宽度 (mm)	有侧石	不小于设计值	−16	−13	−19	4							−11	100	合格
		无侧石	±30											/	/	/
	8 横坡 (%)	±0.5	−0.5	0.4										−0.05	100	合格
外观质量	表面平整密实，无明显碾压轮迹												表面平整密实，无明显碾压轮迹		齐全
工程质量等级评定									合格						

检验责任人：×××　　　　检测：×××　　　　记录：×××　　　　复核：×××　　　　2023 年×月×日

291

5. 稳定土基层和底基层分项工程质量检验评定表

分项工程名称：稳定土基层　　　　工程部位：（桩号、墩台号、孔号）K1+000～K1+200　　　所属建设项目（合同段）：××省××市至××市高速公路项目

所属分部工程名称：路面工程　　　所属单位工程：路面工程　　　施工单位：××公路工程建设有限公司　　　分项工程编号：LM-01-03-01-001

| 基本要求 | ☑ 1. 石灰应经充分消解，路拌深度应达到层底。
☑ 2. 石灰类材料应处于最佳含水率状态下碾压，水泥类材料碾压后终了的时间不应超过水泥的终凝时间。
☑ 3. 碾压检查合格后立即覆盖或洒水养护，养生期应符合规范规定。 | | | | | | | | | | | | | | | | | |

项次	检查项目		规定值或实测允许偏差				实测值或实测偏差值										质量评定		
			基层		底基层		1	2	3	4	5	6	7	8	9	10	平均值、代表值	合格率（%）	合格判定
			高速公路一级公路	其他公路√	高速公路一级公路	其他公路													
实测项目	1△	压实度（%）	代表值	—	≥95	≥95	≥93	95.6										95.6	100	合格
			极值	—	≥91	≥91	≥89	91.3										91.3	100	合格
	2	平整度（mm）		—	≤12	≤12	≤15	5	4	0	0	4	3	3	5	6	0	3	100	合格
	3	纵断高程（mm）		—	+5, −15	+5, −15	+5, −20	−1	−6									−3.5	100	合格
	4	宽度（mm）		满足设计要求	满足设计要求	满足设计要求		11	9	5	13							9.5	100	合格
	5△	厚度（mm）	代表值	—	−10	−10	−12	−1										−1	100	合格
			极值	—	−20	−25	−30	−14										−14	100	合格
	6	横坡（%）		—	±0.5	±0.3	±0.5	0.3	−0.4									−0.05	100	合格
	7△	强度（MPa）		满足设计要求了	满足设计要求	满足设计要求	符合要求，见7d无侧限抗压试验报告，编号××											8.93	100	合格

| 外观质量 | 表面平整、密实，无坑洼 | 符合要求 | | | | | | | | | | | | | | | 齐全 | | |

| 工程质量等级评定 | | | | | 合格 | | | | | | | | | | | 质量保证资料 | | | |

检验质量人：×××　　　　　　　检测：×××　　　　　　　记录：×××　　　　　　　复核：×××　　　　　　　2023年×月×日

292

6. 稳定粒料基层和底基层分项工程质量检验评定表

分项工程名称：稳定粒料基层　　工程部位：K1+000～K1+200（左半幅）　　所属建设项目：×××省×××市至×××市高速公路项目
所属分部工程：路面工程　　所属单位工程：路面工程　　施工单位：××公路工程建设有限公司　　分项工程编号：LM-01-03-02-001

基本要求

☑ 1. 应选择质坚干净的粒料，石灰应充分消解，矿渣应分解稳定，未分解渣块应予剔除。
☑ 2. 路拌深度应达到层底。
☑ 3. 石灰类材料应处于最佳含水率状态下碾压，水泥类材料碾压终了的时间不应超过水泥的终凝时间。
☑ 4. 碾压检查合格后立即覆盖洒水养护，养护期应符合规范规定。

项次	检查项目	基层 高速公路一级公路√	基层 其他公路	底基层 高速公路一级公路	底基层 其他公路	1	2	3	4	5	6	7	8	9	10	平均值代表值	合格率（%）	合格判定
1△	压实度（%）代表值	≥98	≥97	≥96	≥95	98.6										98.6	100	合格
	压实度（%）极值	≥94	≥93	≥92	≥91	94.8										94.8	100	合格
2	平整度（mm）	≤8	≤12	≤12	≤15	7	2	0	△	6	6	5	7	6	7	5.5	90	合格
3	纵断高程（mm）	+5，-10	+5，-15	+5，-15	+5，-20	-8	-4									-6	100	合格
4	宽度（mm）	满足设计要求	34500	满足设计要求		11	2	7	5							6.25	100	合格
5△	厚度（mm）代表值	-8	-10	-10	-12	-3										-3	100	合格
	厚度（mm）极值	-10	-20	-25	-30	-9										-9	100	合格
6	横坡（%）	±0.3	±0.5	±0.3	±0.5	0	0.3									0.15	100	合格
7△	强度（MPa）	满足设计要求	8.5	满足设计要求		符合要求，见7d无侧限抗压试验报告，编号××										11.1	100	合格

外观质量	表面平整、密实、无坑洼、施工接茬平整	符合要求，稳定	质量保证资料	齐全

工程质量等级评定　　合格

检验负责人：×××　　检测：×××　　记录：×××　　复核：×××　　2023年×月×日

293

7. 级配碎（砾）石基层和底基层分项工程质量检验评定表

分项工程名称：级配碎（砾）石基层　　工程部位：K1+000～K1+200（左半幅）　　所属建设项目（合同段）：×××省×××市至×××市高速公路项目

所属分部工程名称：级配碎（砾）石底基层　　施工单位：×××公路工程建设有限公司　　分项工程编号：LM-01-03-001

所属单位工程名称：路面工程　　所属单位工程：路面工程

基本要求	☑ 1. 配料应准确。 ☑ 2. 塑性指数应满足设计要求。

项次	检查项目	规定值或允许偏差 基层 高速公路一级公路✓	基层 其他公路	底基层 高速公路一级公路	底基层 其他公路	实测值或实测偏差值 1	2	3	4	5	6	7	8	9	10	平均值、代表值	合格率（%）	合格判定
1Δ	压实度（%）代表值	≥98			≥96	98.4										98.4	100	合格
	压实度（%）极值	≥94			≥92	94.7										94.7	100	合格
2	弯沉值（0.01mm）	满足设计要求		满足设计要求		符合要求，见弯沉试验报告，编号××										78.33、80.12	100	合格
3	平整度（mm）	≤8	≤12	≤12	≤15	6	5	5	4	5	2	⊘	2	6	6	5	90	合格
4	纵断高程（mm）	+5，-10	+5，-15	+5，-15	+5，-20	-8	3									-2.5	100	合格
5	宽度（mm）	满足设计要求 34500		满足设计要求		13	9	7	15							11	100	合格
6Δ	厚度（mm）代表值	-8	-10	-10	-12	-1										-1	100	合格
	厚度（mm）合格值	-10	-20	-25	-30	-8	-6									-7	100	合格
7	横坡（%）	±0.3	±0.5	±0.3	±0.5	0.1	0.2									0.15	100	合格

外观质量	表面平整、密实	表面平整，密实
质量保证资料		齐全

工程质量等级评定：合格

检验负责人：×××　　检测：×××　　复核：×××　　记录：×××

2023 年×月×日

294

8. 填隙碎石（矿渣）基层和底基层分项工程质量检验评定表

分项工程名称：填隙碎石（矿渣）基层　工程部位：（桩号、墩台号、孔号）K1+000～K1+200　所属分部工程项目：××省××市至××市高速公路项目
所属单位工程名称：路面工程　所属分部工程：路面工程　施工单位：××公路工程建设有限公司　分项工程编号：LM-01-03-04-001

基本要求	☑ 1. 所用材料的规格、质量应满足设计要求。 ☑ 2. 应采用振动压路机碾压至填隙饱满密实。

项次	检查项目		基层 高速公路一级公路	基层 其他公路	底基层 高速公路一级公路	底基层 其他公路	1	2	3	4	5	6	7	8	9	10	平均值,代表值	合格率（%）	合格判定
			规定值或允许偏差				实测值或实测偏差值										质量评定		
1△	固体体积率（%）	代表值	—	≥98	≥96	—	98.6										98.6	100	合格
		极值	—	≥82	≥80	—	90.7										90.7	100	合格
2	弯沉值（0.01mm）		满足设计要求	满足设计要求	满足设计要求	满足设计要求	符合要求，见弯沉试验报告，编号××										78.33、80.12	100	合格
实测项目 3	平整度（mm）		—	≤12	≤12	≤15	13	4	5	4	5	6	4	11	0	9	6.1	90	合格
4	纵断高程（mm）		—	+5, −15	+5, −15	+5, −20	3	3	3								3	100	合格
5	宽度（mm）		满足设计要求	满足设计要求	满足设计要求	满足设计要求	9	7	6	13							8.75	100	合格
6△	厚度（mm）	代表值	—	−10	−10	−12	−1	−1									−1	100	合格
		合格值	—	−20	−25	−30	−3										−2	100	合格
7	横坡（%）		—	—	±0.3	±0.5	0.2	0.4									0.3	100	合格
外观质量	表面平整、密实、无坑洼、施工接茬平整、稳定																质量保证资料 齐全		

工程质量等级评定：合格

检验负责人：×××　检测：×××　记录：×××　复核：×××　2023年×月×日

9. 路缘石铺设分项工程质量检验评定表

分项工程名称：路缘石铺设　工程部位：（桩号、墩台号、孔号）K1+000～K1+200（左半幅）　所属建设项目（合同段）：××省××市至××市高速公路项目

所属分部工程名称：路面工程　所属单位工程：路面工程　施工单位：××公路工程建设有限公司　分项工程编号：LM-01-05-01-001

基本要求	☑ 1. 水泥混凝土强度应满足设计要求。 ☑ 2. 安装应砌筑稳固，顶面平整，勾缝均匀，缝宽均匀，线条直顺。 ☑ 3. 槽底基础和后背填料应夯打密实。

项次		检查项目	规定值或允许偏差	实测值或实测偏差值										质量评定		
				1	2	3	4	5	6	7	8	9	10	平均值、代表值	合格率（%）	合格判定
实测项目	1	直顺度（mm）	15	14	4	2	2							5.5	100	合格
	2	预制铺设 相邻两块高差（mm）	3	1	1	1	1							1	100	合格
		相邻两块缝宽（mm）	±3	1	2	-2	3							1	100	合格
		现浇 宽度（mm）	±5	3	2	-2	-4							-0.25	100	合格
	3	顶面高程（mm）	±10	-5	0	0	6							0.25	100	合格

外观质量	勾缝处有杂物污染
质量保证资料	齐全

工程质量等级评定：合格

检验负责人：×××　记录：×××　检测：×××　复核：×××　2023年×月×日

296

10. 路肩分项工程质量检验评定表

分项工程名称：路肩　　工程部位：（桩号、墩台号、孔号）　K0+000～K0+200（左侧）　所属建设项目（合同段）：××省××市至××市高速公路项目

所属分部工程名称：路面工程　　所属单位工程：路面工程　　　施工单位：××公路工程建设有限公司　　　分项工程编号：LM-01-06-01-001

基本要求	☑ 1. 路肩表面应平整密实，无积水。 ☑ 2. 肩线应直顺，曲线圆滑。																	
项次	检查项目	规定值或允许偏差	实测值或实测偏差值											质量评定		
			1	2	3	4	5	6	7	8	9	10	平均值、代表值	合格率（%）	合格判定
实测项目	1	压实度（%）	不小于设计值，设计未规定时不小于90%	91.6										91.6	100	合格
	2	平整度（mm）	土路肩	≤20											/	/	/
			硬路肩	≤10	4	6	7	4	5	1	1	3	8	8	4.7	100	合格
	3	横坡（%）	±1.0	1.0	0.5									0.75	100	合格
	4	宽度（mm）	满足设计要求 1500	9	11								10	10	100	合格
外观质量			路肩无阻水现象，边缘直顺，无其他堆积物											齐全		
			质量保证资料													
工程质量等级评定	×××		合格													

检验负责人：×××　　　　检测：×××　　　　记录：×××　　　　复核：×××

2023 年×月×日

297

五、桥梁工程

1. 桥梁总体分项工程质量检验评定表

分项工程名称：桥梁总体　　工程部位：（桩号、墩台号、孔号）　××大桥（K0+000～K0+460）　所属建设项目（合同段）：××省××市至××市高速公路项目
所属分部工程名称：桥面系、附属工程及桥梁总体　所属单位工程：桥梁工程　施工单位：××公路工程建设有限公司　分项工程编号：QL-04-16-01-001

| 基本要求 | ☑ 1. 桥梁工程应按设计文件内容全部完成。 ☑ 2. 桥下净空不得小于设计要求。 ☑ 3. 特大跨径的桥梁、结构复杂的桥梁和承载能力需要验证的桥梁应进行荷载试验，试验结果应满足设计要求和符合相关技术规范的规定。 | | | | | | | | | | | | | |

项次	检查项目	规定值或允许偏差	实测值或实测偏差值										质量评定		
			1	2	3	4	5	6	7	8	9	10	平均值、代表值	合格率（%）	合格判定
实测项目	1	桥面中线偏位（mm）	≤20	12	2	5	7	1	6	11	15			7.38	100	合格
	2	桥面宽（mm） 车行道	±10	-10	2	3	0	5	-3	5	-10			-1	100	合格
		人行道	±10	-3	2	-8	-4	-2	-5	-6	1			-3.13	100	合格
	3	桥长（mm）	+300, -100	22										22	100	合格
	4	桥面高程（mm） L<50m	±30												/	/
		L≥50m	±(L/5000+20)	-19	-5	19	-6	-9	16	-16	-14			-4.25	100	合格

| 外观质量 | 踏步不够顺直 | | 质量保证资料 | 齐全 |
| 工程质量等级评定 | | | 合格 | |

检验负责人：×××　　　检测：×××　　　记录：×××　　　复核：×××　　　2023 年×月×日

注：L 为桥梁跨径，计算规定值或允许偏差时以 mm 计。

298

2. 钢筋安装分项工程质量检验评定表

分项工程名称：钢筋安装　　工程部位：（桩号、墩台号、孔号）1#承台　　所属建设项目（合同号）：×××省×××市至××市高速公路项目

所属分部工程名称：基础及下部结构　　所属单位工程：桥梁工程　　施工单位：×××公路工程建设有限公司　　分项工程编号：QL-01-01-01-001

基本要求

☑ 1. 钢筋加工及安装应符合下列基本要求：
1) 钢筋安装应保证设计要求的钢筋根数。
2) 钢筋的连接方式、同一连接区段内的接头根数、焊接和机械连接接头质量应满足施工技术规范的规定。
3) 钢筋的搭接长度、接头位置应设在受力较小处，任何连接区段内同一根钢筋不得有两个接头。
4) 受力钢筋表面不得有裂纹及其他损伤。
5) 钢筋的保护层垫块应分布均匀，数量及材料性能应满足设计要求和有关技术规范的规定。
6) 钢筋应安装牢固，钢筋网应有足够的钢筋支撑，在混凝土浇筑过程中钢筋不应出现移位。

☑ 2. 任一点的保护层厚度不得有超过表中数值1.5倍的允许偏差，在混凝土浇筑后混凝土保护层厚度的偏差不应出现负值。在受海水或受侵蚀性物质影响的环境中保护层厚度应在模板安装完成后混凝土浇筑前检查。

项次	检查项目		规定值或允许偏差	实测值或实测偏差值										质量评定		
				1	2	3	4	5	6	7	8	9	10	平均值、代表值	合格率(%)	合格判定
实测项目																
1	受力钢筋间距(mm)	两排以上排距	±5	-4	3	-4	5	2	-4	1	3	-3	2	0.1	100	合格
		同排	±10（±5）											/	/	/
		基础、锚碇、墩台身、墩柱	±20	7	-8	0	-9	-4	5	4	8	5	-7	0.1	100	合格
2	箍筋、构造钢筋、螺旋筋间距（mm）		±10	-2	1	-2	2	-4	4	1	2	-1	5	0.6	100	合格
3	钢筋骨架尺寸（mm）	长	±10	-7	9	2	-3	-8	-5	8	6	3		0.56	100	合格
		宽、高或直径	±5	4	3	-4	-2	0	3	1	3	-4		0.44	100	合格
4	弯起钢筋位置（mm）		±20	-14	-17	-5	-14	-17	17	19	18	-5		-2	100	合格
5△	保护层厚度（mm）	梁、板、拱肋及拱上建筑	±5											/	/	/
		基础、锚碇、墩台身、墩柱	±10	5	1	-3	-7	1	-9	-8	-5	3	0	-2.2	100	合格

外观质量	钢筋表面局部有铁锈和焊渣	合格
质量保证资料	合格	齐全

工程质量等级评定　×××

检验负责人：×××　　记录：×××　　检测：×××

复核：×××　　2023 年×月×日

注：
1. 小型构件不包括的钢筋安装按总数抽查30%。
2. 表中基础不包括混凝土桩基及地下连续墙。
3. 项次1括号中的数字适用于钢混组合梁桥面板的预制。

299

3. 钢筋网分项工程质量检验评定表

分项工程名称：钢筋网　　工程部位：（桩号、墩台号、孔号）1#承台　　所属建设项目（合同段）：×××省×××市至×××市高速公路项目

所属分部工程名称：基础及下部结构　　所属单位工程：桥梁工程　　施工单位：××公路工程建设有限公司　　分项工程编号：QL-01-01-02-001

基本要求

☑ 1. 钢筋加工及安装应符合下列基本要求：
1）钢筋安装应保证设计要求的钢筋根数。
2）钢筋的连接方式、同一连接区段内的接头面积应满足设计要求；接头位置应设在受力较小处，任何连接区段内同一根钢筋不得有两个接头。
3）钢筋的搭接长度、焊接和机械接头质量应满足施工技术规范的规定。
4）受力钢筋表面不得有裂纹及其他损伤。
5）钢筋的保护层垫块应分布均匀，数量及材料性能应满足设计要求和有关技术规范的规定。
6）钢筋应安装牢固，钢筋网应有足够的钢筋支撑，在混凝土浇筑过程中钢筋不应出现移位。

☑ 2. 任一点的保护层厚度不得有超过表中数值1.5倍的允许偏差，在海水或受侵蚀性物质影响的环境中保护层厚度的偏差不应出现负值。保护层厚度应在模板安装完成后混凝土浇筑前检查。

项次	检查项目		规定值或允许偏差	实测值或实测偏差值										质量评定		
				1	2	3	4	5	6	7	8	9	10	平均值、代表值	合格率（%）	合格判定
实测项目	1	网的长、宽（mm）		±10	9	5	0	5							4.75	100	合格
	2	网眼尺寸（mm）		±10	-10	-4	-9	-4	1						-5.2	100	合格
	3	网眼对角线差（mm）		±15	-12	11	11	-11	-7						-1.6	100	合格
	4	网的安装位置（mm）	平面内	±20	19	15	16	-3	-16	-17					2.33	100	合格
			平面外	±5	-1	4	0	0	-1	-3					-0.17	100	合格

外观质量	钢筋网无开焊	合格
质量保证资料		齐全
工程质量等级评定		合格

检验负责人：×××　　检测：×××　　记录：×××　　复核：×××　　2023年×月×日

300

4. 预制桩钢筋安装分项工程质量检验评定表

分项工程名称：预制桩钢筋安装　　工程部位：（桩号、墩台号、孔号）1#桩基　　所属建设项目（合同段）：××省×××市至××市高速公路项目

所属分部工程名称：基础及下部结构　　所属单位工程：桥梁工程　　施工单位：×××公路工程建设有限公司　　分项工程编号：QL-01-01-03-001

基本要求	☑ 1. 钢筋加工及安装应符合下列基本要求： 1) 钢筋安装应保证设计要求的钢筋根数。 2) 钢筋的连接方式、同一连接区段内的接头百分率；接头位置应设在受力较小处，任何连接区段内同一根钢筋不得有两个接头。 3) 钢筋的搭接长度、焊接和机械接头质量应满足施工技术规范的规定。 4) 受力钢筋表面不得有裂纹及其他损伤。 5) 钢筋的保护层垫块分布应均匀，数量及材料性能应满足设计要求和有关技术规范的规定。 6) 钢筋应安装牢固，钢筋网应有足够的钢筋支撑，在混凝土浇筑过程中钢筋不应出现移位。 ☑ 2. 任一点的保护层厚度不得有超过表中数值1.5倍的允许偏差，在海水或受浸蚀性生物影响的环境中保护层厚度的偏差不应出现负值。保护层厚度应在模板安装完成后混凝土浇筑前检查。

项次	检查项目	规定值或允许偏差	实测值或实测偏差值										质量评定		
			1	2	3	4	5	6	7	8	9	10	平均值、代表值	合格率（%）	合格判定
实测项目 1	主筋间距（mm）	5	3	3	5								3.67	100	合格
2	箍筋、螺旋筋间距（mm）	±10	2	3	2	-5	3	-2	7	-7	8	-6	0.5	100	合格
3	保护层厚度（mm）	±5	4	0	-3	2							0.75	100	合格
4	桩顶钢筋网片位置（mm）	±5	3	-2									0.5	100	合格
5	桩尖纵向钢筋位置（mm）	±5	-2	0									-1	100	合格
外观质量	钢筋表面无油污、锈蚀、焊渣现象														
质量保证资料													齐全		

工程质量等级评定　　合格

检验负责人：×××　　检测：×××　　记录：×××　　复核：×××　　2023年×月×日

5. 钻（挖）孔灌注桩、地下连续墙钢筋安装分项工程质量检验评定表

分项工程名称：钻（挖）孔灌注桩、地下连续墙钢筋安装　　工程部位：1#桩基　　所属建设项目（合同段）：××省××市至××市高速公路项目

所属分部工程名称：基础及下部结构　　施工单位：××公路工程建设有限公司　　分项工程编号：QL-01-01-04-001

所属单位工程名称：桥梁工程　　所属单位工程：钻（挖）孔灌注桩、地下连续墙钢筋安装

基本要求	☑ 1. 钢筋加工及安装应符合下列基本要求： 1) 钢筋安装应保证设计要求的钢筋根数。 2) 钢筋的连接方式、同一连接区段内接头面积应满足设计要求；接头位置应设在受力较小处，任何连接区段内同一根钢筋不得有两个接头。 3) 钢筋的搭接长度、焊接和机械接头质量应满足施工技术规范的规定。 4) 受力钢筋表面不得有裂纹及其他损伤。 5) 钢筋的保护层垫块应分布均匀，数量及材料性能应满足设计要求和有关技术规范的规定。 6) 钢筋应安装牢固，钢筋网应有足够的钢筋支撑，在混凝土浇筑过程中钢筋不应出现移位。 ☑ 2. 任一点的保护层厚度不得有超过表中数值1.5倍的允许偏差，在海水或受侵蚀性生物质影响的环境中保护层厚度的偏差不应出现负值。保护层厚度应在模板安装完成后混凝土浇筑前检查。

项次	检查项目	规定值或允许偏差	实测值或实测偏差值										质量评定		
			1	2	3	4	5	6	7	8	9	10	平均值、代表值	合格率（%）	合格判定
1	主筋间距（mm）	±10	-1	-4	-4	6	9	-7	-10	-6	9	10	-2.13	100	合格
2	箍筋或螺旋筋间距（mm）	±20	8	-3	10	5	4	-13	7	16	3	-17	2	100	合格
3	钢筋骨架外径或厚、宽（mm）	±10	-1	1	8	2	5	-2	-3	9			2.38	100	合格
4	钢筋骨架长度（mm）	±100	6	-9	-11	-10	25	-16	25	-13			-0.38	100	合格
5	钢筋骨架底端高程（mm）	±50	19	15	2	-1	7	3	-1	-1	-4	19	19	100	合格
6	保护层厚度（mm）	+20，-10	17	15	2	-1	7	3	-1	-1	-4	19	5.6	100	合格

外观质量	×××	桩顶面不够平整
质量保证资料	齐全	质量保证资料
工程质量等级评定		合格

检验负责人：×××　　检测：×××　　记录：×××　　复核：×××　　2023年×月×日

6. 钢丝、钢绞线先张法分项工程质量检验评定表

分项工程名称：钢丝、钢绞线先张法　　工程部位：(桩号、墩台号、孔号) 1#T梁　　所属建设项目（合同段）：××省××市至××市高速公路项目

所属分部工程名称：上部构造预制和安装　　所属单位工程：桥梁工程　　施工单位：××公路工程建设有限公司　　分项工程编号：QL-02-02-01-001

基本要求	
☑ 1.	预应力束中的钢丝、钢绞线应顺直，不得有缠纹、扭结现象，表面不得有损伤。
☑ 2.	单根钢绞线不得有断丝，单根钢筋不得断裂或滑移。
☑ 3.	同一截面预应力筋接头面积不超过预应力筋总面积的25%，接头质量应符合施工技术规范的规定。
☑ 4.	预应力筋张拉或放张时混凝土强度和龄期应满足设计要求，应按设计要求的张拉顺序进行操作。
☑ 5.	预应力钢丝采取墩头锚时，墩头应为型圆整，不得有斜歪或破裂现象。
☑ 6.	管道安装应牢固，接头应密合，弯曲应圆顺。锚垫板平面应与孔道轴线垂直。
☑ 7.	张拉设备应配套标定和使用，并不得超过标定期限使用。
☑ 8.	锚固后预应力筋应采取机械切割，外露长度应符合设计要求。

项次	检查项目	规定值或允许偏差	实测值或实测偏差值										质量评定		
			1	2	3	4	5	6	7	8	9	10	平均值、代表值	合格率（%）	合格判定
实测项目 1	镦头钢丝同束长度相对差（mm）	L>20m　≤L/5000及5　30000	1	2									1.5	100	合格
		6m≤L≤20m　≤L/3000及5											/	/	/
		L<6m　≤2											/	/	/
2 △	张拉应力值（MPa）	满足设计要求　1860	1877	1863	1853								1864.33	100	合格
3 △	张拉伸长率	满足设计要求，设计未要求时±6%	1.3	2.2	-1.4								0.7	100	合格
4	同一构件内断丝断筋根数不超过钢丝总数的百分数	≤1%	0.5	0.2	0.3								0.33	100	合格
5	预应力筋张拉后在横断面上的坐标（mm）	±5	4	2	5								3	100	合格
6	无黏结段长度（mm）	±10	5	7	5								5.67	100	合格

外观质量　未出现弯折　质量保证资料　齐全

工程质量等级评定　合格

检验负责人：×××　检测：×××　记录：×××　复核：×××　2023年×月×日

注：L为钢束长度，计算规定值或允许偏差时以mm计。

7. 后张法分项工程质量检验评定表

分项工程名称：后张法　　工程部位：（桩号，墩台号，孔号）：×××　　所属建设项目：××省×××市至××市高速公路项目

所属分部工程名称：上部构造现场浇筑　　所属单位工程：桥梁工程　　施工单位：×××公路工程建设有限公司　　分项工程编号：QL-02-02-02-001

基本要求	
☑ 1.	预应力束中的钢丝、钢绞线应顺直，不得有锖纹。
☑ 2.	单根钢绞线丝不得断丝，单根钢筋不得断筋或滑移。
☑ 3.	同一截面预应力筋接头不超过面积总面积的25%，接头质量应符合施工技术规范的规定。
☑ 4.	预应力筋张拉或放张时应对混凝土强度和龄期应满足设计要求，应按设计要求的张拉顺序进行操作。
☑ 5.	预应力钢丝采取锚头锚固时，墩头应圆整，不得有斜度或破裂现象。
☑ 6.	管道应安装牢固，接头应密合，弯曲应圆顺。锚垫板平面应与孔道轴线垂直。
☑ 7.	张拉设备应配套使用，并按标定期限使用。
☑ 8.	锚固后后张应预应力筋应采取机械切割，外露长度符合合设计要求。

项次	检查项目		规定值或允许偏差	实测值或实测偏差值										质量评定		
				1	2	3	4	5	6	7	8	9	10	平均值、代表值	合格率（%）	合格判定
1	管道坐标（mm）	梁长方向	±30	3	-13	-17	20	13	14	22	6	-16		3.56	100	合格
		梁宽方向	±10	-2	5	7	9	9	-5	2	-7	-9		1	100	合格
		梁高方向	±10	-10	-3	5	-8	3	-8	5	-5	-2		-2.56	100	合格
2	管道间距（mm）	同排	±10	-7	0	-9	6	4	1					-0.83	100	合格
		上下层	±10	4	-7	0	9	-9	4					0.17	100	合格
3△	张拉应力值（MPa）		满足设计要求 1860	1880	1841	1863	1854	1857	1853	1864				1858.86	100	合格
4△	张拉伸长率		满足设计要求，设计未要求时±6%	1.1	-0.8	3.2	2.7	4.6	-3.3	5.1				1.8	100	合格
5	断丝滑丝数		钢束：每束1根，且每束断面总数不超过钢丝总数的1%；钢筋：不允许	0	0	0	0	0	0	0				0	100	合格

外观质量　外套管无裂纹、管道无破损

质量保证资料　齐全

工程质量等级评定：合格

检验负责人：×××　　检测：×××　　记录：×××　　复核：×××　　2023年×月×日

304

8. 预应力管道压浆及封锚分项工程质量检验评定表

分项工程名称：预应力管道压浆及封锚　　工程部位：（桩号、墩台号、孔号）　1#箱梁　　所属建设项目（合同段）：×××省×××市至×××市高速公路项目

所属分部工程名称：上部构造现场浇筑　　所属单位工程：桥梁工程　　施工单位：××公路工程建设有限公司　　分项工程编号：QL-02-03-01-001

基本要求	☑ 1. 浆体的各项技术性能应符合施工技术规范规定并满足设计要求。
	☑ 2. 预应力管道在压浆前应清除内部的杂物及积水。采用辅助压浆时，其气密性应达到有关技术规范的规定。
	☑ 3. 管道最高位置应设置排气孔或检查孔，排气孔、检查孔内应充满原浆。
	☑ 4. 应在设计要求的时间内进行压浆，同一管道压浆应连续一次完成。不得有漏压浆的管道。
	☑ 5. 压浆过程中及压浆完成后48h内，环境温度低于5℃时应采取防冻或保温措施。
	☑ 6. 应按设计要求浇筑封锚混凝土。

项次	检查项目	规定值或允许偏差	实测值或实测偏差值											质量评定		
			1	2	3	4	5	6	7	8	9	10	平均值、代表值	合格率（%）	合格判定
实测项目	1△ 浆体强度（MPa）	在合格标准内 M20	符合要求，见水泥基浆强度试验报告，编号××										20.22	100	合格
	2△ 压浆压力值（MPa）	满足设计要求 0.5～0.7	0.6	0.5	0.6	0.7	0.6	0.6	0.6				0.6	100	合格
	3 稳压时间（s）	满足设计要求 ≥180	181	192	183	180	181	183	181				183	100	合格
外观质量		混凝土表面平整											质量保证资料		齐全
工程质量等级评定			合格												

检验负责人：×××　　检测：×××　　记录：×××　　复核：×××　　2023年×月×日

305

9. 基础砌体分项工程质量检验评定表

分项工程名称：基础砌体　　工程部位：（桩号、墩台号、孔号）1#承台　　所属建设项目（合同段）：×××省××市至××市高速公路项目

所属分部工程名称：基础及下部结构　　所属单位工程：桥梁工程　　施工单位：××公路工程建设有限公司　　分项工程编号：QL-01-13-01-001

基本要求	☑ 1. 地基承载力应满足设计要求，严禁地基超挖后回填虚土。 ☑ 2. 砌块应错缝、坐浆挤紧，缝宽均匀，砌块同皮砌筑料和砂浆应饱满。 ☑ 3. 拱圈的辐射缝应垂直于拱轴线，辐射缝两侧相邻两行拱石的砌缝错开距离应不小于100mm。 ☑ 4. 拱架应牢固、稳定，严格按设计要求的顺序砌筑拱圈和铜架。 ☑ 5. 勾缝砂浆强度不得小于砌筑砂浆强度。

项次	检查项目	规定值或允许偏差	实测值或实测偏差值										质量评定		
			1	2	3	4	5	6	7	8	9	10	平均值,代表值	合格率（%）	合格判定
1△	砂浆强度（MPa）	在合格标准内 M10	符合要求，见砂浆强度试验报告，编号××										11.83	100	合格
2	轴线偏位（mm）	≤25	20	8	16	6							12.5	100	合格
3	平面尺寸（mm）	±50	-3	-16	-7	18	-6	0					-2.33	100	合格
4	顶面高程（mm）	±30	10	0	-24	12	-1						-0.6	100	合格
5	基底高程（mm） 土质 ±50 石质 +50，-200		-6	4	22	-12	-7						0.2	100	合格
	外观质量	砌体表面平整、无裂隙											齐全	/	/
	质量保证资料													合格	

工程质量等级评定　　×××

检验负责人：×××　　检测：×××　　记录：×××　　复核：×××　　2023年×月×日

306

10. 墩、台身砌体分项工程质量检验评定表

分项工程名称：墩、台身砌体　　工程部位：（桩号、墩台号、孔号）1#墩柱　　所属建设项目（合同段）：××省××市至××市高速公路项目

所属分部分项工程名称：基础及下部结构　　所属单位工程：桥梁工程　　施工单位：××公路工程建设有限公司　　分项工程编号：QL-01-13-02-001

基本要求	☑ 1. 地基承载力截力应满足设计要求，严禁地基超挖后回填虚土。 ☑ 2. 砌块应错缝、坐浆挤紧，缝宽均匀，砌块间嵌缝料和砂浆应饱满。 ☑ 3. 拱圈的辐射缝应垂直于拱轴线，辐射缝两侧相邻砌石与拱石的砌缝错开距离应不小于100mm。 ☑ 4. 拱架应牢固、稳定，严格按设计要求的顺序砌筑拱圈和卸架。 ☑ 5. 勾缝砂浆强度不得小于砌筑砂浆强度。

项次	检查项目		规定值或允许偏差	实测值或实测偏差值										质量评定		
				1	2	3	4	5	6	7	8	9	10	平均值、代表值	合格率（%）	合格判定
1△	砂浆强度（MPa）		在合格标准内 M10	符合要求，见砂浆强度试验报告，编号××										11.34	100	合格
2	轴线偏位（mm）		≤20	15	0	10	9							8.5	100	合格
3	墩台长、宽（mm）	料石	+20，-10	-5	-2	8								0.33	100	合格
		块石	+30，-10											/	/	/
		片石	+40，-10											/	/	/
4	竖直度或坡度（%）	料石、块石	≤0.3	0	0.2	0.3	0.3							0.2	100	合格
		片石	≤0.5											/	/	/
5△	墩、台顶面高程（mm）		±10	8	6	10	-2	4						5.2	100	合格
6	侧面平整度（mm）	料石	≤10	5	9	8								7.33	100	合格
		块石	≤20											/	/	/
		片石	≤30											/	/	/

外观质量：砌体表面平整，无裂隙

质量保证资料：齐全

工程质量等级评定：×××　　合格

检验责任人：×××　　检测：×××　　记录：×××　　复核：×××　　2023年×月×日

307

11. 拱圈砌体分项工程质量检验评定表

分项工程名称：拱圈砌体　　　工程部位：(桩号、墩台号、孔号）1#拱圈　　　所属建设项目（合同段）：×××省×××市至×××市高速公路项目

所属分部工程名称：基础及下部结构　　施工单位：××公路工程建设有限公司　　分项工程编号：QL-01-13-001

基本要求	☑ 1. 地基承载力应满足设计要求，严禁地基超挖后回填虚土。
	☑ 2. 砌块应错缝，坐浆挤紧，缝宽均匀，砌缝同嵌缝料和砂浆应饱满。
	☑ 3. 拱圈的辐射缝应垂直于拱轴线，辐射缝两侧相邻两行拱石的砌缝错开距离应不小于100mm。
	☑ 4. 拱架应牢固、稳定，严格按设计要求的顺序砌筑拱圈和卸架。
	☑ 5. 勾缝砂浆强度不得小于砌筑砂浆强度。

项次	检查项目		规定值或允许偏差	实测值或实测偏差值										质量评定		
				1	2	3	4	5	6	7	8	9	10	平均值、代表值	合格率（%）	合格判定
1△	砂浆强度（MPa）		在合格标准内 M10	符合要求，见砂浆强度试验报告，编号××										11.56	100	合格
2	砌体外侧平面偏位（mm）	向外	≤30	16	9	3	9							9.25	100	合格
		向内	≤10	6	4	10	7							6.75	100	合格
		向外	≤20											/	/	/
		向内	≤10											/	/	/
3△	拱圈厚度（mm）		+30，0	22	28	3	21							18.5	100	合格
4	相邻镶面石砌块表层错台（mm）	料石、混凝土预制块	≤3	3	0	1	1	2						1.4	100	合格
		块石	≤5											/	/	/
5	内弧线偏离设计弧线（mm）	L≤30m	±20	-15	-5	12	16							2	100	合格
		L>30m	±L/1500											/	/	/
	1/4跨、3/4跨处极值	允许偏差的2倍且反向	-15	16										0.5	100	合格
外观质量			砌体表面平整、无裂隙												基本齐全	

| 工程质量等级评定 | | 合格 | 质量保证资料 | 合格 |

检验负责人：×××　　　　　检测：×××　　　　　记录：×××　　　　　复核：×××　　　　　2023 年×月×日

注：L 为跨径，计算规定值或允许偏差时以 mm 计。

308

12. 侧墙砌体分项工程质量检验评定表

分项工程名称：侧墙砌体　　　工程部位：(桩号、墩台号、孔号) 0#桥台　　　所属建设项目(合同段)：××省××市至××市高速公路项目

所属分部工程名称：基础及下部结构　　　所属单位工程：桥梁工程　　　施工单位：××公路工程建设有限公司　　　分项工程编号：QL-01-13-04-001

基本要求	☑ 1. 地基承载力应满足设计要求，严禁地基超挖后回填虚土。 ☑ 2. 砌块应错缝、坐浆挤紧，缝宽均匀，砌块间嵌缝料和砂浆应饱满。 ☑ 3. 拱圈的辐射缝应垂直于拱轴线，辐射缝两行拱石的砌缝错开距离应不小于100mm。 ☑ 4. 拱架应牢固、稳定，严格按设计要求的顺序砌筑拱圈和卸架。 ☑ 5. 勾缝砂浆强度不得小于砌筑砂浆强度。

项次	检查项目	规定值或允许偏差	实测值或实测偏差值 1	2	3	4	5	6	7	8	9	10	平均值、代表值	合格率(%)	判定
1△	砂浆强度（MPa） M10	在合格标准内	符合要求，见砂浆强度试验报告，编号××										11.56	100	合格
2	外侧平面偏位 （mm） 无镶面 向外	≤30	20	10	10	4	26						14	100	合格
	无镶面 向内	≤10	1	10	5	1	7						4.8	100	合格
	有镶面 向外	≤20											/	/	/
	有镶面 向内	≤10											/	/	/
3△	宽度（mm）	+40，-10	-9	32	20	7	13						12.6	100	合格
4	顶面高程（mm）	±10	10	-8	-2	0	8						1.6	100	合格
5	竖直度或坡度（%） 片石砌体 块石、粗料石、混凝土块镶面	≤0.5 ≤0.3	0.1	0.2	0.4	0.1	0.1						0.18	80	合格
6	平整度（mm） 料石	≤10											/	/	/
	块石	≤20	15	12	17								14.7	100	合格
	片石	≤30											/	/	/

外观质量：砌体表面直顺、平整，勾缝平顺，无开裂和脱落现象　　　质量保证资料：齐全

工程质量等级评定：××× 合格

检测：×××　　　记录：×××　　　复核：×××

检验负责人：×××　　　　　　　　　　　　　　　　2023年×月×日

309

13. 混凝土扩大基础分项工程质量检验评定表

分项工程名称：混凝土扩大基础　　工程部位：（桩号、墩台号、孔号）　　所属建设项目（合同段）：×××省××市至××市高速公路项目

所属分部工程名称：基础及下部结构　　所属单位工程：桥梁工程　　施工单位：×××公路工程建设有限公司　　分项工程编号：QL-01-04-01-001

基本要求	☑ 1. 基底处理及地基承载力应满足设计要求。 ☑ 2. 地基超挖后严禁回填虚土。															
项次	检查项目	规定值或允许偏差	实测值或实测偏差值										质量评定		
			1	2	3	4	5	6	7	8	9	10	平均值、代表值	合格率（%）	合格判定
实测项目	1△	混凝土强度（MPa）	在合格标准内 C25	符合要求，见混凝土强度试验报告，编号××										29.44	100	合格
	2	平面尺寸（mm）	±50	−20	−1	−16	6	−18	18					−5.17	100	合格
	3	基础底面高程（mm） 土质	±50	−20	−23	0	16	−21						−9.6	100	合格
		石质	+50, −200	−8	1	−11	13	21						3.2	100	合格
	4	基础顶面高程（mm）	±30	12	−5	23	5	−14						4.2	100	合格
	5	轴线偏位（mm）	≤25	18	17	13	9							14.25	100	合格
外观质量		表面无杂物												齐全		
工程质量等级评定			合格						质量保证资料						

检测：××××　　记录：××××　　检验：××××　　复核：××××

分项负责人：×××　　检验负责人：×××　　2023 年×月×日

310

14. 钻孔灌注桩分项工程质量检验评定表

分项工程名称：钻孔灌注桩　　工程部位：（桩号、墩台号、孔号）　　所属建设项目（合同段）：×××省×××市至××市高速公路项目

所属分部分项工程结构：基础及下部结构　　所属单位工程：桥梁工程　　施工单位：×××公路工程建设有限公司　　分项工程编号：QL-01-06-01-001

基本要求	☑ 1. 成孔后应清孔，并测量孔径、孔深、孔位和沉淀厚度，确认满足设计要求并符合施工技术规范规定后，方可灌注水下混凝土。 ☑ 2. 水下混凝土应连续灌注，灌注时钢筋笼不应上浮。 ☑ 3. 嵌入承台的锚固钢筋长度不得小于设计要求的锚固长度。

项次	检查项目			规定值或允许偏差	实测值或实测偏差值 1	2	3	4	5	6	7	8	9	10	平均值、代表值	合格率（%）	合格判定
1Δ	混凝土强度（MPa）			在合格标准内　C35	符合要求，见混凝土强度试验报告，编号××										42.44	100	合格
2	桩位（mm）	群桩	允许	≤100	7	5	23	26	0	36	48	17			20.25	100	合格
		排架桩		≤50											/	/	/
			极值	≤100											/	/	/
3Δ	孔深（m）			≥设计值　31	31.01	31.10	31.04	31.07	31.12	31.08	31.15	31.09			31.08	100	合格
4	孔径（mm）			≥设计值　1000	1000	1003	1005	1003	1010	1007	1013	1006			1005.88	100	合格
5	钻孔倾斜度（mm）			≤1%S，且≤500　≤310	31	22	17	55	43	26	38	61			36.63	100	合格
6	沉淀厚度（mm）			满足设计要求　100	22	14	43	55	36	44	41	47			37.75	100	合格
7Δ	桩身完整性			满足设计要求； 设计未要求时，每桩不低于Ⅱ类	符合要求，见基桩检测报告，编号××										/	100	合格

外观质量	桩顶面平整，桩柱连接处平顺，符合要求，且无局部修补		
质量保证资料	齐全		
工程质量等级评定	合格		

检验负责人：×××　　检测：×××　　记录：×××　　复核：×××　　2023年×月×日

注：S为桩长，计算定或允许偏差时以mm计。

311

15. 挖孔桩分项工程质量检验评定表

分项工程名称：挖孔桩　　工程部位：（桩号、墩台号、孔号）　　所属建设项目（合同段）：×××省×××市至×××市高速公路项目

所属分部工程名称：基础及下部结构　　所属单位工程：桥梁工程　　施工单位：×××公路工程建设有限公司　　分项工程编号：QL-01-07-01-001

基本要求	☑ 1. 挖孔达到设计深度后，应及时进行孔底处理，应无松渣、淤泥等扰动软土层，孔底地质状况应满足设计要求。 ☑ 2. 灌注混凝土时钢筋笼不应上浮。水下灌注时应连续灌注，干灌时应进行振捣。 ☑ 3. 嵌入承台的锚固钢筋长度不得小于设计要求的锚固长度。

项次	检查项目	规定值或允许偏差	实测值或实测偏差值											质量评定		
			1	2	3	4	5	6	7	8	9	10	平均值、代表值	合格率（%）	判定
实测项目 1Δ	混凝土强度（MPa）	在合格标准内 C35	符合要求，见混凝土强度试验报告，编号××										42.44	100	合格
2	桩位（mm）群桩	≤100											/	/	/
	排架桩	≤50	34	35									34.5	100	合格
3Δ	孔深（m）	≥设计值 12	12	12.1									12.01	100	合格
4	孔径或边长（mm）	≥设计值 1000	1003	1010									1006.5	100	合格
5	孔的倾斜度（mm）	≤0.5%S，且不大于200 ≤60	22	17									19.5	100	合格
6Δ	桩身完整性	满足设计要求；设计未要求时，每桩不低于Ⅱ类	符合要求，见基桩检测报告，编号××										/	100	合格

外观质量	桩顶面平整，桩柱连接处平顺，且无局部修补	合格
质量保证资料	齐全	

工程质量等级评定：合格

检验负责人：×××　　记录：×××　　检测：×××　　复核：×××　　2023年×月×日

注：S 为桩长，计算规定值或允许偏差时以 mm 计。

16. 混凝土桩预制分项工程质量检验评定表

分项工程名称：混凝土桩预制　　工程部位：(桩号、墩台号、孔号)　1#承台　　所属建设项目(合同段)：×××省×××市至××市高速公路项目

所属分部工程名称：基础及下部结构　　施工单位：××公路工程建设有限公司　　分项工程编号：QL-01-08-01-001

所属单位工程：桥梁工程

基本要求	☑ 1. 沉入桩下沉应符合施工技术规范的规定。 ☑ 2. 桩的接头质量应满足设计要求。												
项次	检查项目[1]	规定值或允许偏差	实测值或实测偏差值										质量评定	
			1	2	3	4	5	6	7	8	9	10	平均值、代表值	合格率(%)	合格判定
实测项目	1△	混凝土强度(MPa)	在合格标准内　C40	符合要求，见混凝土强度试验报告，编号××								52	100	合格
	2	长度(mm)	±50	10	-1	10	-18	15	-5	2	-8	-8	10	0.3	100	合格
	3 横截面(mm)	桩径或边长	±5	-1	3	0							6	0.67	100	合格
		空心中心与桩中心偏差	≤5	4	4	1								3	100	合格
	4	桩头与桩的纵轴线偏差(mm)	≤10	6										6	100	合格
	5	桩纵轴线弯曲矢高(mm)	≤0.1%S，且≤20	8										8	100	合格
	6	桩顶面与桩纵轴线倾斜偏差(mm)	≤1%D，且≤3	1	2									1.5	100	合格
	7	接桩的接头平面与桩轴线垂直度	≤0.5%	0.4	0	0.3	0						6	0.18	100	合格
外观质量		混凝土表面平整	混凝土表面平整，桩头无破损										齐全		
		质量保证资料	质量保证资料												
工程质量等级评定			合格												

检验负责人：×××　　检测：×××　　记录：×××　　复核：×××　　2023 年×月×日

注：S为桩长，D为桩径或边长，计算规定值或允许偏差时均以mm计。

313

17. 钢管桩制作分项工程质量检验评定表

分项工程名称：钢管桩制作　　工程部位：(桩号、墩台号、孔号) 1#承台　　所属建设项目 (合同段)：××省××市至××市高速公路项目

所属分部工程名称：基础及下部结构　　所属单位工程：桥梁工程　　施工单位：××公路工程建设有限公司　　分项工程编号：QL-01-08-02-001

基本要求
☑ 1. 沉入桩下沉应符合施工技术规范的规定。
☑ 2. 桩的接头质量应满足设计要求。

项次	检查项目		规定值或允许偏差	实测值或实测偏差值										质量评定		
				1	2	3	4	5	6	7	8	9	10	平均值、代表值	合格率（%）	合格判定
1	长度（mm）		+300, 0	19	2	12	39	33	37	29	43	8	23	24.5	100	合格
2	桩纵轴线弯曲矢高（mm）		≤0.1%S，且≤30	6										6	100	合格
3	管节外形尺寸	管端椭圆度（mm）	±0.5%D，且≤±5	2	3	-1								1.33	100	合格
		周长（mm）	±0.5%L，且≤±10	1	7	-4								1.33	100	合格
		管径差（mm） ≤700	≤2	2	2									2	100	合格
		管径差（mm） >700	≤3											/	/	/
4△	接头尺寸	对接板高差（mm） δ≤10	≤1											/	/	/
		对接板高差（mm） 10<δ≤20	≤2	1	1									1	100	合格
		δ>20	δ/10，且≤3											/	/	/
5	焊缝尺寸（mm）		满足设计要求	6	7	8								7	100	合格
6△	焊缝探伤		焊缝无裂纹、焊瘤等现象											/	100	合格

外观质量	符合要求，焊缝无裂纹、焊瘤等现象	合格
质量保证资料	检测，见超声波检测报告，编号××	齐全

工程质量等级评定：合格

检验负责人：×××　　检测：×××　　记录：×××

复核：×××

2023 年×月×日

注：D为桩径，S为桩长，L为桩的周长，δ为壁厚，计算规定值或允许偏差时均以mm计。

18. 沉桩分项工程质量检验评定表

分项工程名称：沉桩　　工程部位：(桩号、墩台号、孔号) 1#承台　　所属建设项目：×××省×××市至××市高速公路项目

所属单位工程名称：桥梁工程　　施工单位：××公路工程建设有限公司　　分项工程编号：QL-01-08-03-001

所属分部工程名称：基础及下部结构

基本要求	☑ 1. 沉入桩下沉应符合施工技术规范的规定。 ☑ 2. 桩的接头质量应满足设计要求。

项次	检查项目		规定值或允许偏差	实测值或实测偏差值										质量评定		
				1	2	3	4	5	6	7	8	9	10	平均值、代表值	合格率(%)	合格判定
1	桩位(mm)	群桩 中间桩	≤D/2且≤250	113	76									94.5	100	合格
		群桩 外缘桩	≤D/4且≤150	22	41									31.5	100	合格
		排架桩 顺桥方向	≤40											/	/	/
		排架桩 垂直桥轴方向	≤50											/	/	/
2Δ	桩尖高程(mm)		≤设计值	-3	-5	-11	-7	-8	-8	-6	-9	-15	-3	-7.5	100	合格
3Δ	贯入度(mm)		≤设计值 1~2mm/击	1	2	2	1	1	1	1	2	1	1	1.3	100	合格
4	倾斜度	直桩	≤1%	0.1										0.1	100	合格
		斜桩	≤15%tanθ											/	/	/

外观质量	桩头无破损			质量保证资料	齐全
工程质量等级评定	×××		合格		

检验负责人：×××　检测：×××　检查：×××　记录：×××　复核：×××　2023 年×月×日

注：
1. 深水中采用打桩船沉桩时，其允许偏差应满足设计要求。
2. D为桩径或短边长度，计算规定值或允许偏差时以mm计。
3. θ为斜桩轴线与垂线间的夹角。
4. 当贯入度满足设计要求但桩尖高程未达到设计高程，应按施工技术规范的规定进行检验，并得到设计认可时，桩尖高程为合格。

315

19. 地下连续墙分项工程质量检验评定表

分项工程名称：地下连续墙　　工程部位：（桩号、墩台号、孔号）1#承台　　所属建设项目（合同段）：×××省××市至××市高速公路项目

所属分部工程名称：基础及下部结构　　施工单位：××公路工程建设有限公司　　分项工程编号：QL-01-10-01-001

基本要求	☑ 1. 每一槽段成槽后应清底，并测量槽深，槽宽及倾斜度，满足设计要求并符合施工技术规范规定后，方可灌注水下混凝土。
	☑ 2. 水下混凝土应连续灌注，灌注时钢筋骨架不应上浮。
	☑ 3. 无损和取芯检测数量及结果应满足设计要求。
	☑ 4. 槽段接头形式和质量应符合设计要求，墙体接头不应出现夹渣，松散，间隔灌注时接头处不应出现漏水、漏浆。
	☑ 5. 相邻两槽段墙体中心线在任一深度的偏差值不得超过墙厚的1/10。

| 项次 | 检查项目 | 规定值或允许偏差 | 实测值或实测偏差值 | | | | | | | | | | | 质量评定 | | |
			1	2	3	4	5	6	7	8	9	10	平均值、代表值	合格率（%）	合格判定
实测项目	1△	混凝土强度（MPa）	在合格标准内 C30	符合要求，见混凝土强度试验报告，编号××										35.33	100	合格
	2	轴线位置（mm）	≤30	16	23	14	17							17.5	100	合格
	3	倾斜度（mm）	≤0.5%H ≤50	12										12	100	合格
	4	沉淀厚度（mm）	满足设计要求 ≤50mm	17										17	100	合格
	5	槽深（mm）	≥设计值 10000	10033										10033	100	合格
	6	槽宽（mm）	≥设计值 500	505										505	100	合格
外观质量			墙体无透水、翻砂	墙体无透水、翻砂										齐全		
质量保证资料																
工程质量等级评定		合格														

检验负责人：×××　　　检测：×××　　　记录：×××　　　复核：×××　　　2023年×月×日

注：H为墙高，计算规定值和允许偏差值均以1mm计。

316

20. 沉井分项工程质量检验评定表

分项工程名称：沉井　工程部位：（桩号、墩台号、孔号）1#承台　所属建设项目（合同段）：×××省×××市至××市高速公路项目

所属分部工程名称：基础及下部结构　所属单位工程：桥梁工程　施工单位：××公路工程建设有限公司　分项工程编号：QL-01-11-01-001

基本要求	☑ 1. 沉井下沉应在井壁混凝土达到规定强度后进行。浮式沉井在水下、浮运前，应进行水密性试验。 ☑ 2. 沉井接高时，各节的竖向中轴线应与第一节竖向中轴线重合。接高前应纠正沉井的倾斜。 ☑ 3. 沉井下沉到设计高程时，应检查基底，确认满足设计要求后方可封底。 ☑ 4. 沉井下沉中出现开裂，应查明原因，进行处理后方可继续下沉。

项次	检查项目	规定值或允许偏差	实测值或实测偏差值 1	2	3	4	5	6	7	8	9	10	平均值、代表值	合格率（%）	合格判定
1△	混凝土强度（MPa）	在合格标准内　C35	14	符合要求，见混凝土强度试验报告，编号××									41.44	100	合格
2	沉井平面尺寸（mm）长、宽	B≤24m时，±0.5%B，其他±120	14										14	100	合格
	半径	R≤12m时，±0.5%R，其他±60											/	/	/
	非圆形沉井对角线差	对角线长度的1%，最大±180m											/	/	/
3	井壁厚度（mm）混凝土	+40, -30	-5	-23	-1	10	-11	19	-5	-23			-4.88	100	合格
	钢壳和钢筋混凝土	±15											/	/	/
4	顶面高程（mm）	±30	-4	-13	-10	21	11						1	100	合格
5	沉井刃脚高程（mm）	满足设计要求	-4	-13	-10	10	11						-1.2	100	合格
6	中心偏位（纵、横向）（mm）±20　一般	≤H/100+250	47	12	14	56							32.25	100	合格
	浮式	≤H/100											/	/	/
7	竖直度（mm）	≤H/100	14	17	26	33							22.5	100	合格

外观质量	井壁外侧无外凸
质量保证资料	齐全
工程质量等级评定	×××　　检测：×××　　合格

检验负责人：×××　　检测：×××　　记录：×××　　复核：×××　　2023 年×月×日

注：B 为边长；R 为半径；H 为井高；计算规定值或允许偏差时以 mm 计。

21. 双壁钢围堰分项工程质量检验评定表

分项工程名称：双壁钢围堰　　工程部位：（桩号、墩台号、孔号）1#承台　　所属建设项目（合同段）：×××市至××市高速公路项目

所属分部工程名称：基础及下部结构　　所属单位工程：桥梁工程　　施工单位：××公路工程建设有限公司　　分项工程编号：QL-01-11-02-001

基本要求	☑ 1. 钢围堰壳元元件的加工尺寸和预装拼装精度应满足设计要求，并符合有关技术规范的规定。 ☑ 2. 钢围堰拼装焊后应进行水密试验，满足设计要求后方可下沉，下沉要求同沉井。 ☑ 3. 钢围堰内各舱混凝土的浇筑顺序应满足设计要求。

项次	检查项目	规定值或允许偏差	实测值或实测偏差值										质量评定		
			1	2	3	4	5	6	7	8	9	10	平均值、代表值	合格率（%）	合格判定
1	顶面轴线偏位（mm）	≤80	8	19									13.5	100	合格
2	围堰平面尺寸（mm）　半径	±D/500，互相垂直的直径差<20											/	/	/
	长、宽	±30，对角线差≤20	11	-12	7	22	7	15					8.33	100	合格
3	高度（mm）	±10	7	2	5	-4	7	1	-7	2	-8	△	-0.6	90	合格
4	对接错边（mm）	≤2	2										2	100	合格
5	焊缝尺寸（mm）	满足设计要求	8	9	6								7.67	100	合格
6△	焊缝探伤	符合要求，见超声波探试验报告，编号××											/	/	合格
7	顶面高程（mm）	±30	-15	17	-9	-4	-23						-6.8	100	合格
8	竖直度（mm）	≤h/100　12000	49	50	44	33	44						44	100	合格

外观质量	焊缝无裂纹、夹渣等现象	质量保证资料	齐全

工程质量等级评定	合格

检验负责人：×××　　检测：×××　　记录：×××　　复核：×××　　2023 年×月×日

注：D 为围堰直径，h 为围堰高度，计算规定值或允许偏差时均以 mm 计。

318

22. 沉井、钢围堰的混凝土封底分项工程质量检验评定表

分项工程名称：沉井、钢围堰的混凝土封底　　工程部位：(桩号、墩台号、孔号) 1#承台　　所属建设项目(合同段)：××省×××市至×××市高速公路项目

所属分部工程名称：基础及下部结构　　所属单位工程：桥梁工程　　施工单位：×××公路工程建设有限公司　　分项工程编号：QL-01-12-01-001

基本要求	☑ 1. 基底清理应满足设计要求，检查合格后方可浇筑水下混凝土封底。 ☑ 2. 水下混凝土应按要求一次浇筑完成，围壁处不得出现空洞，不得渗漏水。

项次	检查项目	规定值或允许偏差	实测值或实测偏差值										质量评定		
			1	2	3	4	5	6	7	8	9	10	平均值、代表值	合格率（%）	合格判定
1△	混凝土强度（MPa）	在合格标准内 C35	符合要求，见混凝土强度试验报告，编号××										41.44	100	合格
2	基底高程（mm）	0，−200	−49	−32	−27	−38	−40						−37.2	100	合格
3	顶面高程（mm）	±50	−7	2	14	1	−15						−1	100	合格

外观质量	封底混凝土无破碎
质量保证资料	齐全

工程质量等级评定　　合格

检验负责人：×××　　记录：×××　　检测：×××　　复核：×××　　　　2023 年×月×日

319

23. 承台等大体积混凝土结构分项工程质量检验评定表

分项工程名称：承台等大体积混凝土结构　　工程部位：（桩号、墩台号、孔号）　1#承台　　所属建设项目（合同段）：×××省×××市至×××市高速公路项目

所属分部工程名称：基础及下部结构　　所属单位工程：桥梁工程　　施工单位：×××公路工程建设有限公司　　分项工程编号：QL-01-13-01-001

基本要求：
☑ 1. 水化热引起的混凝土内最高温度及内表温差应控制在允许范围内。
☑ 2. 施工缝的设置及处理应满足设计要求并符合施工技术规范的规定。

项次		检查项目	规定值或允许偏差	实测值或实测偏差值											质量评定		
				1	2	3	4	5	6	7	8	9	10	平均值、代表值	合格率（%）	合格判定
1△		混凝土强度（MPa）	在合格标准内 C30	符合要求，见混凝土强度试验报告，编号××										36.33	100	合格
实测项目	2	平面尺寸（mm）	B<30m　±30	0	13									6.5	100	合格
			B≥30m　±B/1000											/	/	/
	3	结构高度（mm）	±30	16	20	−15	−6	−7						1.6	100	合格
	4	顶面高程（mm）	±20	8	−18	−13	−15	−8						−9.2	100	合格
	5	轴线偏位（mm）	≤15	11	5	2	12	6						7.5	100	合格
	6	平整度（mm）	≤8	6	2	2	7	6	3					4.33	100	合格
外观质量			混凝土表面平整											齐全		
			质量保证资料											齐全		
工程质量等级评定										合格						

检验负责人：×××　　　检测：×××　　　记录：×××　　　复核：×××　　　　2023 年×月×日

注：B 为边长或直径，计算规定值或允许偏差时按 mm 计。

320

24. 灌注桩桩底压浆分项工程质量检验评定表

分项工程名称：灌注桩桩底压浆　　工程部位：（桩号、墩台号、孔号）1#承台　　所属建设项目（合同段）：××省×××市至××市高速公路项目

所属分部分项工程名称：基础及下部结构　　所属单位工程：桥梁工程　　施工单位：××公路工程建设有限公司　　分项工程编号：QL-01-08-01-001

基本要求	☑ 1. 应通过试验确定压浆相关参数，并制定压浆方案。 ☑ 2. 压浆机械设备、压浆管路、接头及阀门等应进行耐压检验，检验结果应满足压浆方案要求。 ☑ 3. 应在桩底混凝土凝固前及时冲开压浆阀，并按设计要求和施工技术规范规定进行压浆操作。														
项次	检查项目	规定值或允许偏差	实测值或实测偏差值										质量评定		
			1	2	3	4	5	6	7	8	9	10	平均值、代表值	合格率（%）	合格判定
实测项目	1△	浆体强度（MPa）	在合格标准内 M20	符合要求，见浆体强度试验报告，编号×××										20.25	100	合格
	2	压浆终止压力值（MPa）	满足压浆方案要求 4~6	4.1	4.3	4.3	4.2	4.2	4.1	4.1	4.1			4.175	100	合格
	3△	压浆量（L）	满足压浆方案要求 710	712	715	720	717	716	719	720	716			716.86	100	合格
	4	稳压时间（min）	≥5	5	5	5	5	5	5	5	5			5	100	合格
外观质量		/													齐全	
质量保证资料															齐全	
工程质量等级评定	×××						合格									

检验负责人：×××　　　　　检测：×××　　　　　记录：×××　　　　　复核：×××　　　　　2023 年×月×日

321

25. 现浇墩、台身分项工程质量检验评定表

分项工程名称：现浇墩、台身　工程部位：(桩号、墩台号、孔号)　1#墩柱
所属分部工程名称：基础及下部结构　所属单位工程：桥梁工程
施工单位：×××公路工程建设有限公司　分项工程编号：QL-01-14-01-001
所属建设项目：×××省××市至××市高速公路项目　建设项目(合同段)：×××省××市至××市高速公路项目

基本要求：
☑ 1. 模板及支架的强度、刚度、稳定性应符合施工技术规范的规定。
☑ 2. 施工缝设置及处理应符合施工技术规范规定。

项次	检查项目	规定值或允许偏差	实测值或实测偏差值 1	2	3	4	5	6	7	8	9	10	平均值、代表值	合格率（%）	合格判定
1△	混凝土强度（MPa）	在合格标准内 C35	符合要求，见混凝土强度试验报告，编号××										40.89	100	合格
2	断面尺寸（mm）	±20	14	8									11	100	合格
3	全高竖直度（mm） H≤5m	≤5	4	4									4	100	合格
	5m<H≤60m	≤H/1000，且≤20											/	/	/
	H>60m	≤H/3000，且≤30											/	/	/
4	顶面高程（mm）	±10	9	-8	-8								-2.33	100	合格
5△	轴线偏位（mm） H≤60m	≤10，且相对前一节段≤8	8	3	2	1							3.5	100	合格
	H>60m	≤15，且相对前一节段≤8											/	/	/
6	节段间错台（mm）	≤5											/	/	/
7	平整度（mm）	≤8	6	4	4	5							4.75	100	合格
8	预埋件位置（mm）	满足设计要求，设计未要求时≤5	3	1	2	4							2.5	100	合格
	外观质量	混凝土表面平整，施工缝平顺，棱角线平直													合格
	质量保证资料												齐全		合格
	工程质量等级评定												合格		

检验负责人：×××　　检测：×××　　记录：×××　　复核：×××　　2023年×月×日

注：H为墩、台身高度，计算规定值或允许偏差时以mm计。

322

26. 现浇墩、台帽或盖梁分项工程质量检验评定表

分项工程名称：现浇墩、台帽或盖梁　工程部位：(桩号、墩号、孔号) 1#墩柱　所属建设项目（合同段）：×××市至××市高速公路项目

所属分部工程名称：基础及下部结构　施工单位：××公路工程建设有限公司　所属单位工程：桥梁工程　分项工程编号：QL-01-14-02-001

基本要求	☑ 1. 模板及支架的强度、刚度、稳定性应符合施工技术规范的规定。 ☑ 2. 施工缝设置及处理应符合施工技术规范规定。														
项次	检查项目	规定值或允许偏差	实测值或实测偏差值										质量评定		
			1	2	3	4	5	6	7	8	9	10	平均值、代表值	合格率（%）	合格判定
1△	混凝土强度（MPa）	在合格标准内 C35	符合要求，见混凝土强度试验报告，编号××										41.23	100	合格
2	断面尺寸（mm）	±20	7	6	-5								2.67	100	合格
3	轴线偏位（mm）	≤10	4	8	0	0							3	100	合格
4	顶面高程（mm）	±10	5	-4	-7	5	8						1.4	100	合格
5	支座垫石预留位置（mm）	≤10	0	6	10	2	5						4.5	100	合格
6	平整度（mm）	≤8	3	5	2	5	5	2					3.67	100	合格
外观质量	混凝土土表面平整														
质量保证资料	齐全														

工程质量等级评定　×××　合格

检验负责人：×××　检测：×××　记录：×××　复核：×××

2023 年×月×日

323

27. 预制墩身分项工程质量检验评定表

分项工程名称：预制墩身　　　工程部位：（桩号、墩台号、孔号）1#墩柱　　　所属建设项目（合同段）：××省××市至××市高速公路项目

所属分部工程名称：基础及下部结构　　　施工单位：××公路工程建设有限公司　　　分项工程编号：QL-01-15-01-001

基本要求	☑ 1. 模板及支架的强度、刚度、稳定性应符合施工技术规范的规定。 ☑ 2. 施工缝设置及处理应符合施工技术规范规定。															
项次	检查项目	规定值或允许偏差	实测值或实测偏差值										质量评定		
			1	2	3	4	5	6	7	8	9	10	平均值、代表值	合格率（%）	合格判定
实测项目	1△	混凝土强度（MPa）	在合格标准内 C35	符合要求，见混凝土强度试验报告，编号××										41.22	100	合格
	2	断面尺寸（mm）	外轮廓 ±15	-5	8	3	4	5	6	7	8	9	10	1.5	100	合格
			壁厚 ±10	-2	-5	7	3		1	3				-3.5	100	合格
	3	高度（mm）	±10	3										3	100	合格
	4	平整度（mm）	≤5	1	1	1	3	4	1	3	⚠			2.5	87.5	合格
	5	支座垫石预留锚孔位置（mm）	≤10	9	5	7	3						10	6	100	合格
	6	墩顶预埋件位置（mm）	≤5	5	1	2	0							2	100	合格
外观质量		混凝土表面平整												齐全		
工程质量等级评定								质量保证资料						合格		

检验负责人：×××　　　检测：×××　　　记录：×××　　　复核：×××　　　2023 年×月×日

注：实际工程中未涉及的项目不检查。

324

28. 墩、台身安装分项工程质量检验评定表

分项工程名称：墩、台身安装　　工程部位：（桩号、墩台号、孔号）1#墩柱　　所属建设项目（合同段）：×××市至××市高速公路项目

所属分部工程名称：基础及下部结构　　所属单位工程：桥梁工程　　施工单位：××公路工程建设有限公司　　分项工程编号：QL-01-15-02-001

| 基本要求 | ☑ 1. 墩、台身预制件应检验合格后，方可进行安装。
☑ 2. 预制节段胶结材料的品种和技术性能应满足设计要求，接缝填充应密实。
☑ 3. 墩、台身埋入基座坑内深度应满足设计要求。 | | | | | | | | | | | | | | | |

项次	检查项目		规定值或允许偏差	实测值或实测偏差值										质量评定		
				1	2	3	4	5	6	7	8	9	10	平均值、代表值	合格率（%）	合格判定
1△	轴线偏位（mm）	H≤60m	≤10，且相对前一节段≤8	2	6	5	3	4	7	3	4			4.25	100	合格
		H>60m	≤15，且相对前一节段≤8											/	/	/
2	顶面高程（mm）		±10	-3	-8	3	8	3						0.6	100	合格
3	全高竖直度（mm）	H≤5m	≤5	2	2	4	4							3	100	合格
		5m<H≤60m	≤H/1000，且≤20											/	/	/
		H>60m	≤H/3000，且≤30											/	/	/
4	节段间错台（mm）		≤3	3	2	2	0							1.75	100	合格
5△	湿接头混凝土强度（MPa）		在合格标准内 C40	符合要求，见混凝土强度试验报告，编号×××										47.47	100	合格
外观质量			墩、台表面平整、接缝饱满、无空洞、均匀整齐	墩、台表面平整、接缝饱满、无空洞，均匀整齐												
			质量保证资料	齐全												
工程质量等级评定				合格												

检验负责人：×××　　检测：×××　　记录：×××　　复核：×××　　2023年×月×日

325

29. 拱桥组合桥台分项工程质量检验评定表

分项工程名称：拱桥组合桥台　　工程部位：(桩号、墩台号、孔号) 0#桥台　　所属建设项目（合同段）：×××省×××市至×××市高速公路项目

所属分部工程名称：基础及下部结构　　所属单位工程：桥梁工程　　施工单位：×××公路工程建设有限公司　　分项工程编号：QL-01-17-001

| 基本要求 | ☑ 1. 地基承载力应满足设计要求。
☑ 2. 阻滑板不得断裂。
☑ 3. 应对组合桥台的位移、沉降、转动及各部分是否紧贴进行观测，超出允许范围的应进行分析处理。
☑ 4. 拱桥台背填土应在承受拱圈水平推力以前完成并应控制填土进度，桥台不得出现超过设计允许的变位。 | | | | | | | | | | | | | |

项次	检查项目	规定值或允许偏差	实测值或实测偏差值										质量评定		
			1	2	3	4	5	6	7	8	9	10	平均值、代表值	合格率（%）	合格判定
1	架设拱圈前，台后沉降完成量（mm）	≥设计值的85%	22										22	100	合格
2	台身后倾率	≤1/250	0.002										0.002	100	合格
3 △	架设拱圈前，台后填土完成量（m³）	≥90%	96										96	100	合格
4 △	拱建成后桥台水平位移（mm）	≤设计允许值 10	5	5									5	100	合格
外观质量	各接触面无脱空												质量保证资料		齐全
工程质量等级评定								合格							

检验负责人：×××　　检测：×××　　记录：×××　　复核：×××　　2023年×月×日

326

30. 台背填土分项工程质量检验评定表

分项工程名称：台背填土　　工程部位：(桩号、墩台号、孔号) 0#桥台　　所属建设项目(合同段)：××省××市至××市高速公路项目

所属分部工程名称：基础及下部结构　　所属单位工程名称：桥梁工程　　施工单位：××公路工程建设有限公司　　分项工程编号：QL-01-18-01-001

基本要求	☑ 1. 台背填土应采用透水性材料或设计要求的填料，严禁采用腐殖土、盐渍土、淤泥、白垩土、硅藻土和冻土块。填料中不应含有有机物、冰块、草皮、树根等杂物及生活垃圾。 ☑ 2. 应分层填筑压实，每层表面平整，顶层路拱合适。 ☑ 3. 台身强度达到设计强度的85%以上时方可进行填土。 ☑ 4. 拱桥台背填土应在承受拱圈水平推力以前完成。 ☑ 5. 台背填土应按设计要求的方式与路基搭接。 ☑ 6. 台背填土的防、排水应满足设计要求。

项次	检查项目	规定值或允许偏差			实测值或实测偏差值										质量评定		
		高速公路 一级公路 √	二级 公路	三、四级 公路	1	2	3	4	5	6	7	8	9	10	平均值、 代表值	合格率 （%）	合格 判定
实测项目 1Δ	压实度（%）	≥96	≥95	≥94	97.3	96.5	98.8	97	97.3	97.4	97.9	96.6			97.3、96.9	100	合格
2	填土长度（mm）	≥设计值 52000			52033										52033	100	合格
	外观质量	表面平整															
	质量保证资料	齐全															
	工程质量等级评定	合格															

检验负责人：×××　　检测：×××　　记录：×××　　复核：×××　　2023年×月×日

31. 就地浇筑梁、板分项工程质量检验评定表

分项工程名称：就地浇筑梁、板　　工程部位：（桩号、墩台号、孔号）1#跨　　所属建设项目（合同段）：××省×××市至××市高速公路项目

所属分部工程名称：上部构造现场浇筑　　所属单位工程：桥梁工程　　施工单位：××公路工程建设有限公司　　分项工程编号：QL-03-04-01-001

基本要求
☑ 1. 支架和模板的强度、刚度、稳定性应符合施工技术规范的规定。
☑ 2. 预计的支架变形及支承的下沉量的设置应满足施工后梁体设计高程的要求，需要消除支承不均匀沉降、非弹性变形的支架应进行预压。
☑ 3. 预埋件的设置和固定应满足设计要求并符合施工技术规范的规定。

项次	检查项目	规定值或允许偏差	实测值或实测偏差值										平均值、代表值	合格率（%）	合格判定
			1	2	3	4	5	6	7	8	9	10			
1△	混凝土强度（MPa）	在合格标准内 C40	符合要求，见混凝土强度试验报告，编号××										47.23	100	合格
2	轴线偏位（mm）	≤10	8	7	9	6	7						7.4	100	合格
3	梁、板顶面高程（mm）	±10	1	−7	−2	10	6						1.6	100	合格
4△ 断面尺寸(mm)	高度	+5, −10	4	−5	−3								−1.33	100	合格
	顶宽	±30	−8	−21	13								−5.33	100	合格
	箱梁底宽	±20	−9	−20	6								−7.67	100	合格
	顶、底、腹板或梁肋厚	+10, 0	2	3	7								4	100	合格
5	长度（mm）	+5, −10	−7	−7	−5	5	3	−3					−2.33	100	合格
6	与相邻梁段间错台（mm）	≤5	⑧	1	0	3	3	4	2	4	4	4	3.1	90	合格
7	横坡（%）	±0.15	0.15	0.08	0.13								0.05	100	合格
8	平整度（mm）	≤8	4	2	0	2	3	8					3.17	100	合格

外观质量　　混凝土表面平整　　合格

质量保证资料　　齐全

工程质量等级评定

检验责任人：×××　　检测：×××　　记录：×××　　复核：×××　　2023 年 × 月 × 日

32. 梁、板或梁段预制分项工程质量检验评定表

分项工程名称：梁、板或梁段预制　工程部位：（桩号、墩台号、孔号）1#箱梁　所属建设项目（合同段）：×××省×××市至×××市高速公路项目

所属分部工程名称：上部构造预制和安装　所属单位工程：桥梁工程　施工单位：×××公路工程建设有限公司　分项工程编号：QL-02-04-01-001

基本要求：
☑ 1. 拼接粗糙面的质量和键槽的数量，质量应满足设计要求。
☑ 2. 在吊装移出预制底座时，混凝土的强度不得低于设计所要求的吊装强度，预制件不得受到损伤；在安装时，支承结构（墩台、盖梁、垫石）的强度应满足设计要求。
☑ 3. 安装前，梁、板应检验合格，墩、台支座垫板应稳固；就位后，梁、板两端支座应对位，梁底与支座以及支座底与垫石顶应密贴，临时支撑应稳固。
☑ 4. 梁段之间接缝填充材料的种类、规格和性能应满足设计要求，接缝填充密实。

项次	检查项目			规定值或允许偏差	实测值或实测偏差值											质量评定		
					1	2	3	4	5	6	7	8	9	10	平均值、代表值	合格率（%）	合格判定
1△	混凝土强度（MPa）			在合格标准内 C40	符合要求，见混凝土强度试验报告，编号××										47.63	100	合格
2	梁长度（mm）	总长度		+5，-10	-8	-6	-3								-5.67	100	合格
		梁段长度		0，-2	-2	-1									-1.5	100	合格
	宽度	箱梁	顶宽	±20（±5）①	1	8	5								4.67	100	合格
			底宽	±10（+5，0）①	-1	-5	-6								-4	100	合格
		其他梁、板	干接缝（梁翼缘、板）	±10（±3）②											/	/	/
			湿接缝（梁翼缘、板）	±20											/	/	/
3△	断面尺寸（mm）	高度	箱梁	0，-5	-2	-4	-4								-3.33	100	合格
			其他梁、板	±5											/	/	/
		顶板、底板、腹板或梁肋厚		+5，0	2	2	4								2.67	100	合格

329

续表

32. 梁、板或梁段预制分项工程质量检验评定表

分项工程名称：梁、板或梁段预制　　工程部位：（桩号、墩台号、孔号）1#箱梁　　所属建设项目　　所属建设项目（合同段）：×××省×××市至×××市高速公路项目

所属分部工程名称：上部构造预制和安装　　所属单位工程名称：桥梁工程　　施工单位：××公路工程建设有限公司　　分项工程编号：QL-02-04-01-001

项次	检查项目	规定值或允许偏差	实测值或实测偏差值											质量评定		
			1	2	3	4	5	6	7	8	9	10	平均值、代表值	合格率（%）	合格判定
4	平整度（mm）	≤5	6	1	3	4	1	4					3.17	83.3	合格
5	横系梁及预埋件位置（mm）	≤5	3	1	2	3							2.25	100	合格
6	横坡（%）	±0.15	0.02	0.11	0.08								0.07	100	合格
7 斜拉索锚面③	锚点坐标（mm）	±5											/	/	/
	锚面角度（°）	≤0.5											/	/	/
外观质量	混凝土表面平整												齐全		
	质量保证资料												合格		
工程质量等级评定	×××														

检验负责人：×××　　检测：×××　　记录：×××　　2023 年×月×日

复核：×××

注：①为箱梁宽度括号中的数字适用于节段拼装梁段的预制。
②为对应于接缝的其他梁、板宽度括号中的数字适用于组合梁桥面板的预制。
③为仅适用于斜拉桥预制梁段。

33. 梁、板安装分项工程质量检验评定表

分项工程名称：梁、板安装　　工程部位：（桩号、墩台号、孔号）1#跨　　所属建设项目（合同段）：×××省×××市至×××市高速公路项目

所属分部工程：上部构造预制和安装　　所属单位工程：桥梁工程　　施工单位：×××公路工程建设有限公司　　分项工程编号：QL-02-04-02-001

基本要求	☑ 1. 拼接粗糙面的质量和键槽的数量、质量应满足设计要求。 ☑ 2. 在吊移出预制底座时，混凝土的强度不得低于设计所要求的吊装强度，预制件不得受到损伤；在安装时，支承结构（墩台、盖梁、垫石）的强度应满足设计要求。 ☑ 3. 安装前，梁、板应检验合格，墩、台支座垫板应稳固；就位后，梁、板两端支座应对应，梁底与支座以及支座底与垫石顶应贴贴，临时支撑应稳固。 ☑ 4. 梁段之间接缝填充材料的种类、规格和性能应满足设计要求，接缝填充密实。

项次	检查项目	规定值或允许偏差	实测值或实测偏差值										质量评定		
			1	2	3	4	5	6	7	8	9	10	平均值、代表值	合格率（%）	合格判定
实测项目	1	支承中心偏位（mm）	梁	≤5	2	0	3	4							2.25	100	合格
			板	≤10											/	/	/
	2	梁、板顶面高程（mm）	±10	-5	7	-6	-6	5						-1	100	合格
	3	相邻梁、板顶面高差（mm）	L≤40m	≤10	2	3									2.5	100	合格
			L>40m	≤15											/	/	/
外观质量	混凝土表面平整，无明显施工接缝		合格												
质量保证资料														齐全		

工程质量等级评定：×××

检验负责人：×××　　检测：×××　　记录：×××　　复核：×××　　2023 年×月×日

331

34. 逐跨拼装梁安装分项工程质量检验评定表

分项工程名称：逐跨拼装梁安装　　工程部位：（桩号、墩台号、孔号）　1#跨～2#跨　　所属建设项目（合同段）：××省××市至××市高速公路项目

所属分部工程名称：上部构造预制和安装　　所属单位工程：桥梁工程　　施工单位：×××公路工程建设有限公司　　分项工程编号：QL-02-04-03-001

基本要求	☑ 1. 拼接粗糙面的质量和键槽的数量、质量应满足设计要求。 ☑ 2. 在吊移出预制底座时，混凝土的强度不得低于设计所要求的吊装强度，预制件不得受到损伤；在安装时，支承结构（墩台、盖梁、垫石）的强度应满足设计要求。 ☑ 3. 安装前，梁、板应检验合格，墩、台支座垫板应稳固；就位后，梁、板两端支座应对位，梁底与支座以及支座底与垫石顶应密贴，临时支撑应稳固。 ☑ 4. 梁段之间接缝填充材料的种类、规格和性能应满足设计要求，接缝填充密实。

实测项目	项次	检查项目	规定值或允许偏差	实测值或实测偏差值										质量评定		
				1	2	3	4	5	6	7	8	9	10	平均值、代表值	合格率（%）	合格判定
	1	轴线偏位（mm）	≤5	2	4	1	1	3	0					1.83	100	合格
	2	相邻节段间接缝错台（mm）	顶面	≤5	2	1			3						1.5	100	合格
			底面、侧面	≤3	1	2	1	2							1.5	100	合格
	3	节段拼装立缝宽度（mm）	≤3	1	3	1								1.67	100	合格
	4	梁长（mm）	+20, -40	-6	-29	4	-27	7	-13					-10.67	100	合格
	5	支承中心偏位（mm）	≤5	4	3	3	3							3.25	100	合格

外观质量	混凝土表面平整，梁段接缝无开裂	质量保证资料	齐全

工程质量等级评定　　　　合格

检验负责人：×××　　检测：×××　　记录：×××　　复核：×××　　2023 年×月×日

332

35. 顶推施工梁分项工程质量检验评定表

分项工程名称：顶推施工梁　　工程部位：（桩号、墩台号、孔号）　1#跨　　所属建设项目（合同段）：×××省×××市至×××市高速公路项目

所属分部分项工程名称：上部构造顶制和安装　　所属单位工程：路基工程　　施工单位：×××公路工程建设有限公司　　分项工程编号：QL-02-06-01-001

基本要求	☑ 1. 台座和滑道的中线应在桥轴线或其延长线上。
	☑ 2. 导梁应在地面试装表后，再在台座上安装，导梁与梁身应连接牢固口。
	☑ 3. 千斤顶及其他顶推设备在施工前应检查校正，采用多点顶推时各点顶推应同步。
	☑ 4. 顶推过程中应对墩台沉降、墩台位移及梁的偏位，导梁和梁挠度等进行观测。
	☑ 5. 顶推及落梁的程序应满足设计要求，若梁体出现裂缝，应查明原因，在采取措施后，方可继续顶推。

实测项目	项次	检查项目	规定值或允许偏差	实测值或实测偏差值										质量评定		
				1	2	3	4	5	6	7	8	9	10	平均值、代表值	合格率（%）	合格判定
	1	轴线偏位（mm）	≤10	6	5	4								5	100	合格
	2△	落梁反力（kN）	满足设计要求时，≤1.1倍的设计反力	4382 4397										4389.5	100	合格
	3△	支点高差（mm）	相邻纵向支点	满足设计要求，≤5	1	4	3	2							2.5	100	合格
			同墩两侧支点	满足设计要求，≤2	1	2	1	0							1	100	合格

外观质量	各梁段连接线形顺，接缝平整、密实，颜色一致	质量保证资料	齐全

工程质量等级评定　　　　　合格

检验负责人：×××　　　检测：×××　　　记录：×××　　　复核：×××　　　2023 年×月×日

333

36. 悬臂浇筑梁分项工程质量检验评定表

分项工程名称：悬臂浇筑梁　　工程部位：（桩号、墩台号、孔号）　　所属建设项目（合同段）：××省××市至××市高速公路项目

所属分部工程名称：上部构造现场浇筑　　所属单位工程：桥梁工程　　施工单位：××公路工程建设有限公司　　分项工程编号：QL-03-05-01-001

基本要求	☑ 1. 悬拼或悬浇块前，应对桥墩根部（0号块件）的高程、桥轴线作详细复核满足设计要求后方可进行悬拼或悬浇。 ☑ 2. 悬臂施工应对称进行，并对轴线和高程超过设计施工监控。 ☑ 3. 在施工过程中，梁体不应出现超过设计和相关规范规定的受力裂缝。 ☑ 4. 应按设计要求对悬浇或悬拼的接头交接面进行处理，拼接梁段间胶结材料的种类、规格、质量应满足设计要求，接缝应填充密实。 ☑ 5. 悬臂合龙时，两侧梁段的高差应在设计允许范围内，合龙和体系转换程序应满足设计要求。

项次	检查项目	规定值或允许偏差	实测值或实测偏差值										质量评定		
			1	2	3	4	5	6	7	8	9	10	平均值、代表值	合格率（%）	合格判定
1△	混凝土强度（MPa）	在合格标准内 C40			符合要求，见混凝土强度试验报告，编号××								/	/	合格
实测项目	轴线偏位（mm）	L≤100m ≤10	1	6	10	10							48.41	100	合格
		L>100m ≤L/10000											6.75	100	合格
2	顶面高程（mm）	L≤100m ±20	12	−10									/	/	/
		L>100m ±L/5000											1	100	合格
3	断面尺寸（mm）	高度 +5, −10	−8	1									/	/	/
		顶宽 ±30	23	9									−3.5	100	合格
		底宽 ±20	0	−4									16	100	合格
4△	顶、底、腹板厚 +10, 0		8	8									−2	100	合格
													8	100	合格

续表

36. 悬臂浇筑梁分项工程质量检验评定表

分项工程名称：悬臂浇筑梁　　　工程部位：(桩号、墩台号、孔号) 5#跨~6#跨　　　所属建设项目（合同段）：×××市至×××市高速公路项目

所属分部工程名称：上部构造现场浇筑　　　所属单位工程：桥梁工程　　　施工单位：×××公路工程建设有限公司　　　所属建设项目：×××省×××市至×××市高速公路项目　　　分项工程编号：QL-03-05-01-001

项次	检查项目		规定值或允许偏差	实测值或实测偏差值										质量评定		
				1	2	3	4	5	6	7	8	9	10	平均值、代表值	合格率（%）	合格判定
5	合龙后同跨对称点高程差（mm）	L≤100m	≤20	7	13	20	14	14	6					12.33	100	合格
		L>100m	≤L/5000											/	/	/
6	顶面横坡（%）		±0.15	0	0.08	0.09	0.03							0.05	100	合格
7	平整度（mm）		≤8	6	2	5	5							4.5	100	合格
8	相邻梁段间错台（mm）		≤5	1	3	2								2	100	合格
实测项目	外观质量		混凝土表面平整，梁段接缝无开裂											齐全		
			质量保证资料													
	工程质量等级评定							合格								

检验负责人：×××　　　检测：×××　　　记录：×××　　　复核：×××　　　2023 年×月×日

注：L 为梁跨径，计算规定值或允许偏差时以 mm 计。

335

37. 悬臂拼装梁分项工程质量检验评定表

分项工程名称：悬臂拼装梁　　工程部位：(桩号、墩台号、孔号) 5#跨～6#跨　　所属建设项目(合同段)：×××省×××市至×××市高速公路项目

所属分部工程名称：上部构造预制和安装　　所属单位工程：桥梁工程　　施工单位：××公路工程建设有限公司　　分项工程编号：QL-02-05-01-001

基本要求	☑1. 悬拼或悬浇块件前，应对桥墩根部(0号块件)的高程、桥轴线作详细复核满足设计要求后方可进行悬拼或悬浇。 ☑2. 悬臂施工应对称进行，并对轴线和高程进行施工监控。 ☑3. 在施工过程中，梁体不应出现宽度超过设计和相关规范规定的受力裂缝。 ☑4. 应按设计要求对悬浇或悬拼的接头的接头交接面进行处理，拼接梁段间胶结材料的种类、规格、质量应满足设计要求，接缝应填充密实。 ☑5. 悬臂合龙时，两侧梁段的高差应在设计允许范围内，合龙和体系转换程序应满足设计要求。

项次	检查项目	规定值或允许偏差	实测值或实测偏差值 1	2	3	4	5	6	7	8	9	10	平均值、代表值	合格率（%）	合格判定
1Δ	合龙段混凝土强度（MPa） C50	在合格标准内	符合要求，见混凝土强度试验报告，编号××										59.78	100	合格
2	轴线偏位（mm） L≤100m	≤10	10	0	4	5							4.75	100	合格
	L>100m	≤L/10000											/	/	/
3	顶面高程（mm） L≤100m	±20	17	9	-11	-20	15						-1.25	100	合格
	L>100m	±L/5000											/	/	/
4	合龙后同跨对称点高程差（mm） L≤100m	≤20	17	19	10	15	3	12					12.67	100	合格
	L>100m	≤L/5000											/	/	/
5	相邻梁段间错台（mm）	≤3	2	2	0								1.33	100	合格

外观质量	混凝土表面平整，梁段接缝无开裂	质量保证资料	齐全

工程质量等级评定：合格

检验负责人：×××　　检测：×××　　记录：×××　　复核：×××

2023年×月×日

注：1. L为梁跨径，计算规定值或允许偏差时以mm计。

2. 非合龙段项次1不检查。

38. 转体施工梁分项工程质量检验评定表

分项工程名称：转体施工梁　工程部位：（桩号，墩台号，孔号）5#跨　所属建设项目（合同段）：××省×××市至××市高速公路项目

所属分部工程名称：上部构造预制安装　所属单位工程：桥梁工程　施工单位：××公路工程建设有限公司　分项工程编号：QL-02-07-01-001

| 基本要求 | ☑ 1. 转动设施和锚固体系应检验合格方可进行转体施工。
☑ 2. 采用双侧对称同步转体施工时应设位控体系，两侧应同步。
☑ 3. 上部构造在转体施工中若出现裂缝，应查明原因并采取相应措施。
☑ 4. 合龙段两侧高差应满足设计要求。 | | | | | | | | | | | | | | | |

项次	检查项目	规定值或允许偏差	实测值或实测偏差值										质量评定		
			1	2	3	4	5	6	7	8	9	10	平均值、代表值	合格率（%）	合格判定
实测项目	1△	封闭转盘和合龙段混凝土强度（MPa）	在合格标准内 C50	符合要求，见混凝土强度试验报告，编号××									59.65	100	合格
	2△	轴线偏位（mm）	≤L/10000 50000	4	4	4	0	3						3	100	合格
	3	梁顶面高程（mm）	±20	5	-7	-4								-2	100	合格
	4	同一横断面两侧或相邻上部构件高差（mm）	≤10	1	6	10	9	5						6.2	100	合格
外观质量		混凝土表面平整														
质量保证资料		齐全														

工程质量等级评定　合格

检验负责人：×××　　检测：×××　　记录：×××　　复核：×××　　2023 年×月×日

注：L为梁跨径，计算规定值或允许偏差时以mm计。

337

39. 就地浇筑拱圈分项工程质量检验评定表

分项工程名称：就地浇筑拱圈　　工程部位：(桩号、墩台号、孔号) 1#跨　　所属建设项目(合同段)：×××省×××市至××市高速公路项目

所属分部工程名称：上部构造现场浇筑　　所属单位工程：桥梁工程　　施工单位：××公路工程建设有限公司　　分项工程编号：QL-03-06-01-001

基本要求：
☑1. 支架式拱架应按施工技术规范的规定进行制作，且牢固稳定。
☑2. 应按设计要求的施工顺序浇筑拱圈混凝土。
☑3. 拱架的卸落应按设计要求的卸架顺序进行。

项次	检查项目		规定值或允许偏差	实测值或实测偏差值										质量评定		
				1	2	3	4	5	6	7	8	9	10	平均值、代表值	合格率(%)	合格判定
1Δ	混凝土强度(MPa)		在合格标准内 C40	符合要求，见混凝土强度试验报告，编号××										47.36	100	合格
2	轴线偏位(mm)	板拱	≤10	3	3	9	1	7	10	2	6	0	6	4.7	100	合格
		肋拱	≤5	0	3	0	0	4	3	2	4	5	2	2.3	100	合格
3Δ	内弧线偏离设计弧线(mm)	L≤30m	±20	-15	1	-8	12	1	7	5	-19	1	-18	-3.3	100	合格
		L>30m	±L/1500，且不超过±40											/	/	/
4Δ	断面尺寸(mm)	高度	±5	-3	-3	-1	-5	-5	0	-3	4	-2	0	-1.5	100	合格
		顶、底、腹板厚	+10，0	7	10	0	4	2	1	8	7	7	6	5.2	100	合格
		宽度 板拱	±20	-11	-8	6	-11	6	-19	19	6	-13	-4	-2.9	100	合格
		宽度 肋拱	±10	0	-10	-6	7	-1	-1	-7	6	-5	5	-1.2	100	合格

外观质量　　拱圈无折变　　合格

质量保证资料　　齐全

工程质量等级评定　　合格

检验责任人：×××　　检测：×××　　记录：×××　　复核：×××　　2023年×月×日

注：L为跨径，计算规定值或允许偏差值时以mm计。

338

40. 拱圈节段预制分项工程质量检验评定表

分项工程名称：拱圈节段预制　　工程部位：(桩号、墩台号、孔号)　1#跨　　所属建设项目(合同段)：××省×××市至××市高速公路项目

所属分部工程名称：上部构造预制和安装　　所属单位工程：桥梁工程　　施工单位：×××公路工程建设有限公司　　分项工程编号：QL-02-08-01-001

基本要求	☑1. 拼接粗糙面的质量和键槽的数量，质量应满足设计要求。 ☑2. 在吊移出预制底座时，混凝土的强度不得受到损伤；在安装时，支承结构(墩台、盖梁、垫石)的强度应满足设计要求。 ☑3. 安装前，梁、板应检验合格，墩、台支座垫板应稳固；就位后，梁、板两端支座应对位，梁底与支座以及支座底与垫石顶应密贴，临时支撑应稳固。 ☑4. 梁段之间接缝填系材料的种类、规格和性能应满足设计要求，接缝填充密实。

项次	检查项目	规定值或允许偏差	实测值或实测偏差值										质量评定		
			1	2	3	4	5	6	7	8	9	10	平均值、代表值	合格率(%)	合格判定
1Δ	混凝土强度(MPa)	在合格标准内 C40	符合要求，见混凝土强度试验报告，编号××										47.36	100	合格
2	每段拱箱内弧长(mm)	0, -10	-1	-1	-9	-6	-1	-6					-4	100	合格
3Δ	内弧偏离设计弧线(mm)	±5	-3	-1	0	3	4	0	-5	-4	0		-0.67	100	合格
4Δ	断面尺寸(mm) 顶、底、腹板厚	+10, 0	8	0	5	1	1	7					3.67	100	合格
	宽度、高度	+10, -5	-3	5	1	-5	0	1					-0.17	100	合格
5	平面度(mm) 肋拱	≤5											/	/	/
	箱拱	≤10	2	0	3	4	4	0					2.17	100	合格
6	拱箱接头倾斜(mm)	±5	5	-1	-3	0	4						0.25	100	合格
7	预埋件位置(mm)	≤5	2	5	1	4							3	100	合格

外观质量	拱圈无折变	合格
质量保证资料		齐全
工程质量等级评定		合格

检验负责人：×××　　检测：×××　　记录：×××　　复核：×××　　2023年×月×日

339

41. 桁架拱杆件预制分项工程质量检验评定表

分项工程名称：桁架拱杆件预制　　工程部位：（桩号、墩台号、孔号）　　所属建设项目：×××省××市至××市高速公路项目

所属分部分项工程：上部构造预制和安装　　所属单位工程：桥梁工程　　施工单位：××公路工程建设有限公司　　分项工程编号：QL-02-08-02-001

基本要求	☑ 1. 拼接粗糙面的质量和键槽的数量、质量应满足设计要求。 ☑ 2. 在吊移出预制底座时，混凝土的强度不得低于设计所要求的吊装强度，预制件不得受到损伤；在安装时，支承结构（墩台、盖梁、垫石）的强度应满足设计要求。 ☑ 3. 安装前，梁、板应检验合格，墩、台支座垫板应稳固；就位后，梁、板两端支座应对位，梁底与支座以及支座底与垫石顶应密贴，临时支撑应稳固。 ☑ 4. 梁段之间接缝填充材料的种类、规格和性能应满足设计要求，接缝填充密实。

实测项目	项次	检查项目	规定值或允许偏差	实测值或实测偏差值										质量评定		
				1	2	3	4	5	6	7	8	9	10	平均值、代表值	合格率（%）	合格判定
	1△	混凝土强度（MPa）	在合格标准内 C40	符合要求，见混凝土强度试验报告，编号××										47.36	100	合格
	2△	断面尺寸（mm）	±5	5	−5	3	4	1	1	1	2			0.63	100	合格
	3	杆件长度（mm）	±10	1	−2	4	−1		−1					−0.25	100	合格
	4	杆件旁弯（mm）	≤5	1	4	3	1							2.25	100	合格
	5	预埋件位置（mm）	≤5	4	1	4	5							3.5	100	合格
外观质量			混凝土表面平整、线形圆顺，颜色一致											质量保证资料	齐全	
工程质量等级评定			合格													

检验负责人：×××　　　　检测：×××　　　　记录：×××　　　　复核：×××　　　　2023 年×月×日

注：若成批生产，每批抽查25%。

340

分项工程名称：主拱圈安装　　所属建设项目（合同段）：××省×××市至××市高速公路项目

工程部位：（桩号、墩台号、孔号）3#跨

所属分部工程名称：上部构造预制和安装　所属单位工程：桥梁工程　施工单位：××公路工程建设有限公司　分项工程编号：QL-02-09-01-001

42. 主拱圈安装分项工程质量检验评定表

基本要求	☑1. 拱桥安装应按设计要求的程序进行施工。 ☑2. 接头垫石楔形钢板布置应均匀合理，不得集中安放或偏向一侧。 ☑3. 预制段接头浇筑混凝土应密实，并应在达到设计要求强度后方可进行拱上建筑的施工。 ☑4. 安装过程中，构件或节点不应出现宽度超过设计要求和规范规定的裂缝。 ☑5. 合龙段两侧拱高差应在设计要求的允许范围内。

项次	检查项目		规定值或允许偏差	实测值或实测偏差值										质量评定		
				1	2	3	4	5	6	7	8	9	10	平均值，代表值	合格率（%）	合格判定
1Δ	接头混凝土强度（MPa）		在合格标准内 C40	符合要求，见混凝土强度试验报告，编号××										47.36	100	合格
2Δ	轴线偏位（mm）	L≤60m	≤10	6	8	8	7	3	6	0	3	4	1	4.6	100	合格
		L>60m	≤L/6000，且≤40											/	/	/
3	拱圈高程（mm）	L≤60m	±20	6	9	-12	12	8	15	12	8	-5	13	6.6	100	合格
		L>60m	±L/3000，且不超过±50											/	/	/
4Δ	对称接头点相对高差（mm）	允许 L≤60m	≤20	1	5	1	6	14	17	6	8	11	3	7.2	100	合格
		允许 L>60m	≤L/3000，且≤40											/	/	/
		极值	允许偏差的2倍，且反向											/	/	/
5	同跨各拱肋相对高差（mm）	L≤60m	≤20	10	14	17	4	5	5	8				10	100	合格
		L>60m	≤L/3000，且≤30											/	/	/

外观质量	接头处无露筋	合格
质量保证资料		齐全
工程质量等级评定		合格

检验负责人：×××　检测：×××　记录：×××　复核：×××　2023年×月×日

注：L为跨径，计算规定值或允许偏差时以 mm 计。

341

43. 悬臂拼装的桁架拱分项工程质量检验评定表

分项工程名称：悬臂拼装的桁架拱　工程部位：（桩号，墩台号，孔号）3#跨～4#跨　所属建设项目（合同段）：××省××市至××市高速公路项目

所属分部工程名称：上部构造预制和安装　施工单位：××公路工程建设有限公司　分项工程编号：QL-02-09-02-001

所属单位工程：桥梁工程

基本要求	
☑ 1. 拱桥安装应按设计要求的程序进行施工。	
☑ 2. 接头处垫塞楔形钢板布置应均匀合理，不得集中安放或偏向一侧。	
☑ 3. 预制段接头处现浇混凝土应密实，并应在达到设计要求强度后方可进行拱上建筑的施工。	
☑ 4. 安装过程中，构件或节点不应出现宽度超过设计要求和规范规定的裂缝。	
☑ 5. 合龙段两侧高差应在设计要求的允许范围内。	

项次	检查项目	规定值或允许偏差	实测值或实测偏差值 1	2	3	4	5	6	7	8	9	10	平均值、代表值	合格率（%）	合格判定
1Δ	节点混凝土强度（MPa）	在合格标准内　C50	符合要求，见混凝土强度试验报告，编号××										58.36	100	合格
2Δ	轴线偏位（mm）$L \le 60m$	≤10	7	3	2	3	4	5	4	8	7	7	5	100	合格
	$L > 60m$	≤$L/6000$，且≤40											/	/	/
3	拱圈高程（mm）$L \le 60m$	±20	-4	-13	3	-5	-10	1	20	2	-9	-16	-3.1	100	合格
	$L > 60m$	±$L/3000$，且不超过±50											/	/	/
4	相邻拱片片差（mm）	≤20	4	11	13	7	7	13	0	3	12	3	7.3	100	合格
5Δ	对称点相对高差（mm）允许　$L \le 60m$	≤20	10	6	8	13	8	17	10	9	2	13	9.6	100	合格
	$L > 60m$	≤$L/3000$，且≤40											/	/	/
	极值	允许偏差的2倍，且反向	17	13									15	100	合格
6	拱片竖向垂直度（mm）	≤$h/300$，且≤20	11	14	7								10.67	100	合格

外观质量评定：接头处无露筋

工程质量等级评定：合格

质量保证资料：齐全

检验负责人：×××　检测：×××　记录：×××　2023年×月×日

复核：×××

注：L为跨径，h为拱片高度，计算规定值或允许偏差时均以mm计。

44. 腹拱安装分项工程质量检验评定表

分项工程名称：腹拱安装　　工程部位：（桩号、墩台号、孔号）1#跨　　所属建设项目（合同段）：××省××市至××市高速公路项目

所属分部工程名称：上部构造预制和安装　　所属单位工程：桥梁工程　　施工单位：××公路工程建设有限公司　　分项工程编号：QL-02-09-03-001

基本要求	☑ 1. 拱桥安装应按设计要求的程序进行施工。
	☑ 2. 接头垫座楔形钢板布置应均匀合理，不得集中安放或偏向一侧。
	☑ 3. 预制段接头现浇混凝土应密实，并应在达到设计要求强度后方可进行拱上建筑的施工。
	☑ 4. 安装过程中，构件或接头不应出现宽度超过设计要求和规范规定的裂缝。
	☑ 5. 合龙段两侧高差应在设计要求的允许范围内。

项次	检查项目	规定值或允许偏差	实测值或实测偏差值											质量评定		
			1	2	3	4	5	6	7	8	9	10	平均值、代表值	合格率（%）	合格判定
实测项目	1	轴线偏位（mm）	≤10	6	2	5								4.33	100	合格
	2	起拱线高程（mm）	±20	-18	-15	15	-5							-5.75	100	合格
	3	相邻块件高差（mm）	≤5	0	4	4	0							2	100	合格

| 外观质量 | 节点平整 | | 质量保证资料 | 齐全 |
| 工程质量等级评定 | | 合格 | | |

检验负责人：×××　　　检测：×××　　　记录：×××　　　复核：×××　　　2023年×月×日

343

45. 转体施工拱分项工程质量检验评定表

分项工程名称：转体施工拱　　工程部位：（桩号、墩台号、孔号）3#跨　　所属建设项目（合同段）：×××省×××市至××市高速公路项目

所属分部分项工程名称：上部构造预制安装　　所属单位工程：桥梁工程　　施工单位：××公路工程建设有限公司　　分项工程编号：QL-02-07-01-001

基本要求	☑ 1. 转动设施和锚固体系应检验合格方可进行转体施工。
	☑ 2. 采用双侧对称同步转体施工时应设位控体系，两侧应同步。
	☑ 3. 上部构造在转体施工中若出现裂缝，应查明原因并采取相应措施。
	☑ 4. 合龙段两侧高差应满足设计要求。

项次	检查项目	规定值或允许偏差	实测值或实测偏差值											质量评定		
			1	2	3	4	5	6	7	8	9	10	平均值、代表值	合格率（%）	合格判定
实测项目	1△	封闭转盘和合龙段混凝土强度（MPa）	在合格标准内 C40	符合要求，见混凝土强度试验报告，编号××										47.55	100	合格
	2	轴线偏位（mm）	≤L/6000，且≤30	11	7	21	14	8						12.2	100	合格
	3△	跨中拱顶面高程（mm）	±20	-2	12	-9								0.33	100	合格
	4	同一横截面两侧相邻上部构件高差（mm）	≤10	1	0	5	8	1						3	100	合格
外观质量			合龙段混凝土棱面						质量保证资料					齐全		
工程质量等级评定									合格							

检验负责人：×××　　检测：×××　　记录：×××　　复核：×××　　2023 年×月×日

注：L 为跨径，计算规定值或允许偏差时以 mm 计。

344

46. 劲性骨架制作分项工程质量检验评定表

分项工程名称：劲性骨架制作　　　工程部位：（桩号、墩台号、孔号）1#跨　　　所属建设项目（合同段）：×××市至×××市高速公路项目

所属分部工程名称：上部构造预制和安装　　所属单位工程：桥梁工程　　施工单位：××公路工程建设有限公司　　分项工程编号：QL-03-07-01-001

基本要求	☑ 1. 骨架应采用满足设计要求的钢材和焊接材料，按设计要求的线形加工，并应进行试拼装。 ☑ 2. 杆件在施工中，不应出现开裂或局部失稳。 ☑ 3. 吊装骨架应平衡下落，减少骨架变形。浇筑前应校核骨架，进行必要的调整。 ☑ 4. 应分层、对称地浇筑混凝土，浇筑顺序满足设计要求。 ☑ 5. 浇筑混凝土过程中骨架应稳定，并应进行拱轴线线形观测，累积误差在允许范围内。													
实测项目	项次	检查项目	规定值或允许偏差	实测值或实测偏差值										质量评定		
				1	2	3	4	5	6	7	8	9	10	平均值、代表值	合格率（%）	合格判定
	1	杆件截面尺寸（mm）	不小于设计值 31500	31512	31508									31510	100	合格
	2	骨架高、宽（mm）	±10	6	2	-4	-9	8	2	8	3	-7		1	100	合格
	3 △	内弧偏离设计弧线（mm）	≤10	2	4	3	1	2	8	7	1	8		4	100	合格
	4	每段的弧长（mm）	+10，-10	-2	6	1	-4	1	2					0.67	100	合格
	5 △	焊缝探伤	满足设计要求	符合要求，见焊缝探伤试验报告，编号××										/	100	合格
外观质量				焊缝不平滑												
质量保证资料				齐全												
工程质量等级评定				合格												

检验负责人：×××　　　　检测：×××　　　　记录：×××　　　　复核：×××　　　　2023 年×月×日

345

47. 劲性骨架安装分项工程质量检验评定表

分项工程名称：劲性骨架安装　　工程部位：(桩号、墩台号、孔号) 1#跨　　所属建设项目(合同段)：××省××市至××市高速公路项目

所属分部工程名称：上部构造顶制和安装　　施工单位：××公路工程建设有限公司　　分项工程编号：QL-03-07-02-001

所属单位工程：桥梁工程

基本要求	☑ 1. 骨架应采用满足设计要求的钢材和焊接材料，按设计要求的线形加工，并应进行试拼装。
	☑ 2. 杆件在施工中，不应出现开裂或局部件失稳。
	☑ 3. 吊装骨架应平衡下落，减小骨架变形。浇筑前应校核骨架，进行必要的调整。
	☑ 4. 应分层、对称地浇筑混凝土，浇筑顺序满足设计要求。
	☑ 5. 浇筑混凝土过程中骨架应稳定，并应进行拱轴线形观测，累积误差在允许范围内。

项次	检查项目	规定值或允许偏差	实测值或实测偏差值										质量评定		
			1	2	3	4	5	6	7	8	9	10	平均值、代表值	合格率（%）	合格判定
1	轴线偏位（mm）	≤L/6000，且≤40	7	3	8	8	11						7.4	100	合格
2	高程（mm）	±L/3000	11	3	8	17	21	12					12	100	合格
3 Δ	对称点相对高差（mm） 允许	≤L/3000，且≤40	12	15									13.5	100	合格
	极值	允许偏差的2倍，且反向	15										15	100	合格
4 Δ	焊缝探伤	满足设计要求	符合要求，见焊缝探伤试验报告，编号××										/	100	合格

外观质量	焊缝无裂纹、焊瘤等现象	质量保证资料	齐全
工程质量等级评定		合格	

检验负责人：×××　　检测：×××　　记录：×××　　复核：×××　　2023年×月×日

注：L为跨径，计算规定值或允许偏差时以mm计。

346

48. 劲性骨架拱混凝土浇筑分项工程质量检验评定表

分项工程名称：劲性骨架混凝土浇筑　　工程部位：（桩号、墩台号、孔号）1#跨　　所属建设项目（合同段）：×××省×××市×××至×××市高速公路项目

所属分部工程名称：上部构造现场浇筑　　所属单位工程：桥梁工程　　施工单位：×××公路工程建设有限公司　　分项工程编号：QL-03-07-03-001

基本要求	☑ 1. 骨架应采用满足设计要求的钢材和焊接材料，按设计要求的线形加工，并应进行试拼装。
	☑ 2. 杆件应在施工中，不应出现开裂或局部构件失稳。
	☑ 3. 吊装骨架应平衡下落，减少骨架变形。浇筑前应校核骨架，进行必要的调整。
	☑ 4. 应分层、对称地浇筑混凝土，浇筑顺序满足设计要求。
	☑ 5. 浇筑混凝土过程中骨架应稳定，并应进行拱轴线形观测，累积误差在允许范围内。

项次	检查项目	规定值或允许偏差	实测值或实测偏差值											质量评定		
			1	2	3	4	5	6	7	8	9	10	平均值、代表值	合格率（%）	合格判定
实测项目	1△	混凝土强度（MPa）	在合格标准内 C35		符合要求，见混凝土强度试验报告，编号××									41.71	100	合格
	2	轴线偏位（mm）	L≤60m	≤10	2	3	8	4	1	8	7	3	0	3	3.9	100	合格
			L>60m	≤L/6000，且≤40											/	/	/
	3	拱圈高程（mm）	±L/3000，且不超过±50	11	9	17	-13	-2	8	7	3	0	/	4.4	100	合格
	4△	对称点相对高差（mm）	允许	≤L/3000，且≤40	2	7	8	13	4	6	14	14			8.5	100	合格
			极值	允许偏差的2倍，且反向	14										14	100	合格
	5△	断面尺寸（mm）	±10	-3	-5	-3	-5	-9	5	5	3	4	6	-0.2	100	合格
外观质量			混凝土表面平整											齐全		
工程质量等级评定			合格													

检验负责人：×××　　　检测：×××　　　记录：×××　　　复核：×××　　　2023 年×月×日

注：L 为跨径，计算规定值或允许偏差时以 mm 计。

347

49. 钢管拱肋节段制作分项工程质量检验评定表

分项工程名称：钢管拱肋节段制作　工程部位：(桩号、墩台号、孔号) 1#跨　所属建设项目（合同段）：××省××市至××市高速公路项目

所属分部工程名称：上部构造预制和安装　所属单位工程：桥梁工程　施工单位：××公路工程建设有限公司　分项工程编号：QL-03-08-01-001

基本要求	☑ 1. 混凝土应具有低泡、大流动、延后初凝和微膨胀的性能。 ☑ 2. 钢管拱肋的焊接应进行焊接工艺评定，评定结果应符合相关技术规范的规定，并制定实施性焊接施工工艺。 ☑ 3. 钢管拱肋元件检验合格后方可安装。 ☑ 4. 同一部位的焊缝返修不能超过两次，返修后的焊缝应按原质量标准进行复验，并且合格。 ☑ 5. 钢管拱在安装过程中，横向稳定措施、扣挂系统应满足设计要求。 ☑ 6. 管内混凝土应采用泵送顶升压注施工，由拱脚至拱顶对称均衡地一次性压注完成。

项次	检查项目	规定值或允许偏差	实测值或实测偏差值										质量评定		
			1	2	3	4	5	6	7	8	9	10	平均值、代表值	合格率（%）	合格判定
1△	钢管直径（mm）	$\pm D/500$，且不超过±5	1	0	-1	-1	1	3					0.5	100	合格
2	钢管椭圆度（%）	≤0.2	0.2	0	0	0.1	0.1	0.1					0.08	100	合格
3	钢管中距（mm）	±4	-2	3	1	4							1.5	100	合格
4	桁式拱肋断面对角线差（mm）	≤4	2	2	3	3							2	100	合格
5	节段平面度（mm）	≤3	1	1	2	2							1.5	100	合格
6△	内弧偏离设计弧线（mm）	±8	-1	-6	6	-2	5	5					1.17	100	合格
7	对接错边（mm）	≤0.1t，且≤2	1										1	100	合格
8	拱肋内弧长（mm）	0，-10	-9	-2	-2	-2							-3.75	100	合格
9	焊缝尺寸（mm）	满足设计要求	9	10									9.5	100	合格
10△	焊缝探伤		符合要求，见焊缝探伤试验报告，编号××										/	100	合格

外观质量	焊缝不平滑	质量保证资料	齐全

工程质量等级评定：合格

检验负责人：×××　检测：×××　记录：×××　复核：×××　2023年×月×日

注：D为钢管直径，t为板厚，计算规定值或允许偏差值时均以mm计。

50. 钢管拱肋安装分项工程质量检验评定表

分项工程名称：钢管拱肋安装　　工程部位：（桩号、墩台号、孔号）1#跨　　所属建设项目（合同段）：××省×××市至××市高速公路项目

所属分部工程名称：上部构造预制和安装　　所属单位工程：桥梁工程　　施工单位：××公路工程建设有限公司　　分项工程编号：QL-03-08-02-001

基本要求	☑ 1. 混凝土应具有低泡、大流动、延后初凝和微膨胀的性能。 ☑ 2. 钢管拱肋的焊接应进行焊接工艺评定，评定结果应符合相关技术规范的规定，并制定实施性焊接施工工艺。 ☑ 3. 钢管拱肋元件检验合格后方可组焊，钢管拱肋节段合格后方可安装。 ☑ 4. 同一部位的焊缝返修不能超过两次，返修后的焊缝应按原质量标准进行复验，并且合格。 ☑ 5. 钢管拱在安装过程中，横向稳定措施、扣挂系统应满足设计要求。 ☑ 6. 管内混凝土应采用泵送顶升压注法施工，由拱脚至拱顶对称均衡地一次性压管完成。

项次	检查项目	规定值或允许偏差	实测值或实测偏差值										质量评定		
			1	2	3	4	5	6	7	8	9	10	平均值、代表值	合格率（%）	合格判定
1	轴线偏位（mm）	≤L/6000，且≤50	17	13	9	22	25						17.2	100	合格
2	拱肋高程（mm）	±L/3000，且不超过±50	-7	14	-23	-17	5						-5.6	100	合格
3△	对称点相对高差（mm） 允许	≤L/3000，且≤40	13	9	22	25							17.25	100	合格
	对称点相对高差（mm） 极值	允许偏差的2倍，且反向	25										25	100	合格
4	拱肋接缝错边（mm）	≤0.2t，且≤2	1	0	0	2	2	1					1	100	合格
5	焊缝尺寸（mm）	满足设计要求	9	8	10	9	8	7					8.5	100	合格
6△	焊缝探伤		符合要求，见焊缝探伤试验报告，编号×××										/	100	合格
7△	高强螺栓扭矩（N·m）	±10%	-5	2	1	7							1.25	100	合格

外观质量	焊缝无裂纹、夹渣等现象			合格
质量保证资料				齐全

工程质量等级评定 合格

检验负责人：×××　　检测：×××　　记录：×××　　复核：×××　　2023年×月×日

注：L为跨径，t为壁厚，计算规定值或允许偏差时均以 mm 计。

51. 钢管拱肋混凝土浇筑分项工程质量检验评定表

分项工程名称：钢管拱肋混凝土浇筑　　工程部位：（桩号、墩台号、孔号）1#跨　　所属建设项目（合同段）：×××省×××市至×××市高速公路项目

所属分部工程名称：上部构造现场浇筑　　施工单位：×××公路工程建设有限公司　　分项工程编号：QL-03-08-03-001

所属单位工程：桥梁工程

基本要求：

☑ 1. 混凝土应具有低泡、大流动、延后初凝和微膨胀的性能。

☑ 2. 钢管拱肋的焊接应进行焊接工艺评定，评定结果应符合相关技术规范的规定，并制定实施性焊接施工工艺。

☑ 3. 钢管拱肋元件检验合格后方可组焊，钢管拱肋分节段合格后方可安装。

☑ 4. 同一部位的焊缝返修不能超过两次，返修后的焊缝应按原质量标准进行复验，并且合格。

☑ 5. 钢管拱在安装过程中，横向稳定措施、扣挂系统应满足设计要求。

☑ 6. 管内混凝土应采用泵送顶升压注施工，由拱脚至拱顶对称均衡地一次性压注完成。

项次	检查项目		规定值或允许偏差	实测值或实测偏差值										平均值、代表值	合格率(%)	合格判定
				1	2	3	4	5	6	7	8	9	10			
实测项目 1Δ	混凝土强度（MPa）C35		在合格标准内	符合要求，见混凝土强度试验报告，编号××										41.71	100	合格
2	轴线偏位（mm）	L≤60m	≤10	2	1	5	5	2						3	100	合格
		L>60m	≤L/6000，且≤50											/	/	/
3	拱肋高程（mm）		±L/3000，且≤±50	2	-4	-7	3	8						0.4	100	合格
4Δ	混凝土脱空率（%）		≤1.2	1	1	0	0	8						0.5	100	合格
5Δ	对称点相对高差（mm）	允许	≤L/3000，且≤40	1	7	8	5	3	6					5	100	合格
		极值	允许偏差的2倍，且反向	8										8	100	合格

外观质量	混凝土表面平整	质量保证资料	齐全
工程质量等级评定		合格	

检验负责人：×××　　检测：×××　　记录：×××　　复核：×××　　2023年×月×日

注：L为跨径，计算规定值或允许偏差值时均以mm计。

52. 吊杆的制作与安装分项工程质量检验评定表

分项工程名称：吊杆的制作与安装　　工程部位：（桩号、墩台号、孔号）1#跨　　所属建设项目（合同段）：×××省×××市至×××市高速公路项目

所属分部工程名称：上部构造预制和安装　　所属单位工程：桥梁工程　　施工单位：×××公路工程建设有限公司　　分项工程编号：QL-02-11-01-001

基本要求	☑1. 锚垫板应与孔道轴线垂直。 ☑2. 吊杆、系杆防护应满足设计要求。 ☑3. 应按设计要求程序进行施工。 ☑4. 张拉设备应配套标定和使用，并不得超过标定期限使用。

项次	检查项目	规定值或允许偏差	实测值或实测偏差值										质量评定		
			1	2	3	4	5	6	7	8	9	10	平均值,代表值	合格率（%）	合格判定
实测项目 1	吊杆长度（mm）	±L/1000及±10	2	3	-3	4							1.5	100	合格
2△	吊杆拉力（kN） 允许：满足设计要求，设计未要求时±10%　极值：满足设计要求，设计未要求时±20%		9	7	-3	4							4.25	100	合格
3	吊点位置（mm）	≤10	4	9	4	4	8	5	4	3			5.13	100	合格
4	吊点高程（mm）	±10	0	5	-4	5	-7	-3	-2	-6			-1.5	100	合格
外观质量		防护层有污物											合格		
质量保证资料													齐全		
工程质量等级评定						合格									

检验负责人：×××　　检测：×××　　记录：×××　　复核：×××　　2023年×月×日

注：L为跨径，计算规定值或允许偏差时以mm计。

351

53. 柔性系杆分项工程质量检验评定表

分项工程名称：柔性系杆　　　工程部位：（桩号、墩台号、孔号）1#跨　　　所属建设项目：××市至××市高速公路项目

所属分部工程名称：上部构造预制和安装　　　所属单位工程：桥梁工程　　　施工单位：××公路工程建设有限公司　　　分项工程编号：QL-02-11-02-001

基本要求	☑ 1. 锚垫板应与孔道轴线垂直。 ☑ 2. 吊杆、系杆防护应满足设计要求。 ☑ 3. 应按设计要求程序进行施工。 ☑ 4. 张拉设备应配套标定和使用，并不得超过标定期限使用。													
实测项目	项次	检查项目	规定值或允许偏差	实测值或实测偏差值										质量评定		
				1	2	3	4	5	6	7	8	9	10	平均值、代表值	合格率（%）	合格判定
	1Δ	张拉力值（kN）	满足设计要求 ±10%	1.2	-1.4	2.1	2.4	-0.7	-0.4					0.53	100	合格
	2Δ	张拉伸长率（%）	满足设计要求，设计未要求时±6	1.2	-2.4	-2.1	2.3	3.3	3.7					1.0	100	合格
外观质量		系杆无扭曲											质量保证资料	齐全		
工程质量等级评定									合格							

检验负责人：×××　　　　　检测：×××　　　　　记录：×××　　　　　复核：×××　　　　　2023年×月×日

352

54. 钢板梁制作分项工程质量检验评定表

分项工程名称：钢板梁制作　工程部位：（桩号、墩台号、孔号）3#跨　所属建设项目（合同段）：×××省×××市至××市高速公路项目

所属分部工程名称：上部构造预制和安装　所属单位工程：桥梁工程　施工单位：××公路工程建设有限公司　分项工程编号：QL-02-13-01-001

| 基本要求 | ☑ 1. 钢梁或梁段的杆件、零件、临时吊点和养护车轨道吊点的加工尺寸及组装精度应满足设计要求并符合有关技术规范的规定，分阶段检查验收合格后方可进行下一道工序。
☑ 2. 钢梁或梁段制作前应进行焊接工艺评定，评定结果应符合相关技术规范的规定，并制定实施性焊接施工工艺。
☑ 3. 同一部位的焊缝返修不得超过两次，返修后的焊缝应按原质量标准进行复验，并且合格。
☑ 4. 高强螺栓连接摩擦面的抗滑移系数应进行检验，检验结果应满足设计要求，且摩擦面应保持干燥、整洁，安装出现间隙时的处理应符合相关技术规范的规定。
☑ 5. 钢梁段应进行预拼装，并按设计要求和有关技术规范的规定进行验收。
☑ 6. 钢梁或梁段及其零件的存放不应出现不允许的变形，碰撞损伤和漆面损坏，不得使用变形零件。
☑ 7. 排水设施、灯座、护栏、路缘石、栏杆柱预埋件和剪力键等均应按设计文件安装完成，无遗漏且位置准确。 | | | | | | | | | | | | | |

项次		检查项目	规定值或允许偏差	实测值或实测偏差值										质量评定		
				1	2	3	4	5	6	7	8	9	10	平均值、代表值	合格率（%）	合格判定
实测项目	1	梁高（mm）	主梁≤2m	±2											/	/	/
			主梁>2m	±4	-4	3									-0.5	100	合格
			横梁	±1.5	-1.1	1.5									0.2	100	合格
			纵梁	±1.0	0.5	0.3									0.4	100	合格
	2	跨度（mm）	±8	-5											-5	100	合格
	3	梁长（mm）	全长	±15	-14										-14	100	合格
			纵梁	+0.5, -1.5	-1										-1	100	合格
			横梁	±1.5	0.5										0.5	100	合格
	4	纵、横梁旁弯（mm）	≤3	2	0	2								1.33	100	合格

353

续表

54. 钢板梁制作分项工程质量检验评定表

分项工程名称：钢板梁制作　　工程部位：(桩号、墩台号、孔号) 3#跨　　所属建设项目：××省××市至××市高速公路项目

所属分部工程名称：上部构造预制和安装　　所属单位工程：桥梁工程　　施工单位：××公路工程建设有限公司　　分项工程编号：QL-02-13-01-001

项次	检查项目			规定值或允许偏差	1	2	3	4	5	6	7	8	9	10	平均值、代表值	合格率(%)	判定
5	拱度(mm)	主梁	不设预拱度	+3, 0											/	/	/
			设预拱度	+10, -3	3	3	-1								1.67	100	合格
		两片主梁拱度差		≤4	1										1	100	合格
6	平面度(mm)	主梁腹板		≤h/350, 且≤8	2	4	5								3.67	100	合格
		纵、横梁腹板		≤h/500, 且≤5	2	3	5								3.33	100	合格
7	主梁、纵横梁盖板对腹板的垂直度(mm)	有孔部位		盖板宽度≤600mm时≤0.5，其他≤1.0	0.3	0.2	0.4	0.4	0.2						0.3	100	合格
		其余部位		≤1.5	1	1.2	0.7	1.4	0.8						1.02	100	合格
实测项目 8	焊缝尺寸(mm)			满足设计要求	9	9	9	8	9	8	8	8	10	10	8.89	100	合格
9Δ	焊缝探伤			焊缝无裂纹、焊瘤等现象	符合要求，见焊缝探伤试验报告，编号××										/	100	合格
10Δ	高强螺栓扭矩(N·m)			±10%	-7	-9	9	3							-1	100	合格
	外观质量									质量保证资料				齐全		100	合格
	工程质量等级评定									合格							

检验负责人：×××　　检测：×××　　记录：×××　　复核：××××　　2023年×月×日

注：h为腹板高，计算规定值或允许偏差时以mm计。

354

55. 钢桁梁节段制作分项工程质量检验评定表

分项工程名称：钢桁梁节段制作　工程部位：(桩号、墩台号、孔号) 3#跨　所属建设项目(合同段)：××省××市至××市高速公路项目
所属分部工程名称：上部构造预制和安装　所属单位工程：桥梁工程　施工单位：××公路工程建设有限公司　分项工程编号：QL-02-13-02-001

基本要求	☑ 1. 钢梁或梁段的杆件、零件、临时吊点和养护车轨道吊点的加工尺寸及组装精度应满足设计要求并符合有关技术规范的规定，分阶段检查验收合格后方可进行下一道工序。 ☑ 2. 钢梁或梁段制作前应进行焊接工艺评定，评定结果应符合相关技术规范的规定，并制定实施性焊接施工工艺。 ☑ 3. 同一部位的焊缝返修不得超过两次，返修后的焊缝应按原质量标准进行复验，并且合格。 ☑ 4. 高强螺栓连接处的抗滑移系数应满足设计要求，检验结果应满足设计要求，且摩擦面应保持干燥、整洁，安装出现间隙时的处理应符合相关技术规范的规定。 ☑ 5. 钢桁梁段应进行预拼装，并按设计要求和有关技术规范的规定进行验收。 ☑ 6. 钢梁或梁段及其零件的移动、存放不应出现不允许的变形，不得使用变形零件。 ☑ 7. 排水设施、灯座、护栏、路缘石、栏杆柱预埋件和剪力键等均应按设计文件安装完成，无遗漏且位置准确。

项次	检查项目	规定值或允许偏差	实测值或实测偏差值										质量评定		
			1	2	3	4	5	6	7	8	9	10	平均值、代表值	合格率(%)	合格判定
1	节段长度(mm)	±2	0	-2	1	1	1		1	1		10	0.2	100	合格
2	节段高度(mm)	±2	-2	0	1	1	2	-1	1	1	1	-2	0.2	100	合格
3	节段宽度(mm)	±3	3	-2	0	-1	1	△	2	0	2	2	1.1	90	合格
4	对角线长度差(mm)	±3.5	0.6	1.6	-2.8	1	1.4	2.8	2.6	-0.6	1.1	0.3	0.8	100	合格
5	桁片平面度(mm)	≤3	1	2	1	1	2						1.4	100	合格
6	拱度(mm)	±3	-2	-1	1	0	3						0.2	100	合格
7	焊缝尺寸(mm)	满足设计要求	9	8	8	10	10	9					9	100	合格
8 △	焊缝探伤	满足设计要求	符合要求，见焊缝探伤试验报告，编号××										/	100	合格
9 △	高强螺栓扭矩(N·m)	±10%	-5	-2	-2	-7							-4	100	合格

外观质量	焊缝无裂纹、焊瘤等现象	焊缝等现象	质量保证资料	齐全

工程质量等级评定　合格

检验负责人：×××　　检测：×××　　记录：×××　　复核：×××　　2023年×月×日

355

56. 梁桥钢箱梁制作分项工程质量检验评定表

分项工程名称：梁桥钢箱梁制作　　　　工程部位：(桩号、墩台号、孔号)　3#跨　　　所属建设项目(合同段)：×××省×××市至××市高速公路项目

所属分部工程名称：上部构造预制和安装　　所属单位工程：桥梁工程　　施工单位：××公路工程建设有限公司　　分项工程编号：QL-02-13-03-001

基本要求：

☑ 1. 钢梁或梁段的杆件、零件、临时吊点的加工尺寸及组装精度应满足设计要求并符合有关技术规范的规定，分阶段检查验收合格后方可进行下一道工序。

☑ 2. 钢梁或梁段制作前应进行焊接工艺评定，评定结果应符合相关技术规范的规定，并制定实施性焊接施工工艺。

☑ 3. 同一部位的焊缝返修不得超过两次，返修后的焊缝应按原质量标准进行复验，并且合格。

☑ 4. 高强螺栓连接接触面的抗滑移系数应进行检验，检验结果应满足设计要求，且摩擦面应保持干燥、整洁，安装出现间隙时的处理应符合相关技术规范的规定。

☑ 5. 钢梁段应进行预拼装，并按设计要求和有关技术规范的规定行验收。

☑ 6. 钢梁或梁段及其零件的移动、存放不应出现允许的变形，碰撞损伤和漆面损坏，不得使用变形零件。

☑ 7. 排水设施、灯座、护栏、路缘石、栏杆柱预埋件和剪力键等均应按设计文件作安装完成，无遗漏且位置准确。

项次	检查项目		规定值或允许偏差	实测值或实测偏差值										质量评定		
				1	2	3	4	5	6	7	8	9	10	平均值、代表值	合格率(%)	合格判定
1△	梁高(mm)	h≤2m	±2	-1	-2									-1.5	100	合格
		h>2m	±4											/	/	/
2	跨度(mm)		±8	-7										-7	100	合格
3	全长(mm)		±15	-8										-8	100	合格
4△	腹板中心距(mm)		±3	3	3									3	100	合格
5	横断面对角线差(mm)		≤4	0	3									1.5	100	合格
6	旁弯(mm)		3+L/10000	2	3	1								2	100	合格

续表

56. 梁桥钢箱梁制作分项工程质量检验评定表

分项工程名称：梁桥钢箱梁制作   工程部位：（桩号、墩台号、孔号）3#跨   所属建设项目（合同段）：×××市至××市高速公路项目

所属分部工程名称：上部构造预制和安装   所属单位工程：桥梁工程   施工单位：××公路工程建设有限公司   分项工程编号：QL-02-13-03-001

项次		检查项目	规定值或允许偏差	实测值或实测偏差值										质量评定		
				1	2	3	4	5	6	7	8	9	10	平均值、代表值	合格率（%）	合格判定
实测项目	7	拱度（mm）	+10，-5	3	-3	5								1.67	100	合格
	8	腹板平面度（mm）	≤h/350，且≤8	2	3	3								2.67	100	合格
	9	扭曲（mm）	每米≤1，且每段≤10	1	1	0	1							0.75	100	合格
	10	对接错边（mm）	≤2	1	0	1								0.67	100	合格
	11	焊缝尺寸（mm）	满足设计要求	8	9	9	10	10	10					9.33	100	合格
	12△	焊缝探伤		符合要求，见焊缝探伤试验报告，编号××											/	100	合格
	13△	高强螺栓扭矩（N·m）	±10%	-3	8	1	-7	2						0.2	100	合格
外观质量				焊缝无裂纹、焊瘤等现象						质量保证资料					齐全		
工程质量等级评定										合格							

检验负责人：×××   检测：×××   记录：×××   复核：××××   2023 年×月×日

注：L为跨径，h为梁高，计算规定值或允许偏差时以mm计。

57. 斜拉桥钢箱加劲梁段制作分项工程质量检验评定表

分项工程名称：斜拉桥钢箱加劲梁段制作　　工程部位：(桩号、墩台号、孔号) 3#跨　　所属建设项目：××省××市至××市高速公路项目

所属分部分项工程名称：上部构造预制和安装　　所属单位工程：桥梁工程　　施工单位：××公路工程建设有限公司　　分项工程编号：QL-02-13-04-001

基本要求	☑ 1. 钢梁或梁段的杆件、零件、临时吊点和养护车轨道吊点的加工尺寸及组装精度应满足设计要求并符合有关技术规范的规定，分阶段检查验收合格后方可进行下一道工序。 ☑ 2. 钢梁或梁段制作前应进行焊接工艺评定，评定结果应符合有关技术规范的规定，并制定实施性焊接施工工艺。 ☑ 3. 同一部位的焊缝返修不得超过两次，返修后的焊缝应按原质量标准进行复验，并且合格。 ☑ 4. 高强螺栓连接摩擦面的抗滑移系数应进行检验，检验结果应满足设计要求，且摩擦面应保持干燥、整洁，安装出现间隙时的处理应符合相关技术规范的规定。 ☑ 5. 钢梁段应进行预拼装，并按设计要求和有关技术规范的规定进行验收。 ☑ 6. 钢梁或梁段及其零件的移动，存放不应出现允许的变形，碰撞损伤和漆面损坏，不得使用变形零件。 ☑ 7. 排水设施、灯座、护栏、路缘石、栏杆柱预埋件和剪力键等均应按设计文件安装完成，无遗漏且位置准确。

<table>
<thead>
<tr><th rowspan="2">项次</th><th rowspan="2">检查项目</th><th rowspan="2">规定值或允许偏差</th><th colspan="10">实测值或实测偏差值</th><th colspan="3">质量评定</th></tr>
<tr><th>1</th><th>2</th><th>3</th><th>4</th><th>5</th><th>6</th><th>7</th><th>8</th><th>9</th><th>10</th><th>平均值、代表值</th><th>合格率（%）</th><th>合格判定</th></tr>
</thead>
<tbody>
<tr><td>1</td><td>梁长（mm）</td><td>±2</td><td>0</td><td>1</td><td>-2</td><td></td><td></td><td></td><td></td><td></td><td></td><td></td><td>-0.33</td><td>100</td><td>合格</td></tr>
<tr><td>2</td><td>梁段桥面板四角高差（mm）</td><td>≤6</td><td>4</td><td>3</td><td>0</td><td>2</td><td></td><td></td><td></td><td></td><td></td><td></td><td>2.25</td><td>100</td><td>合格</td></tr>
<tr><td>3</td><td>风嘴直线度偏差（mm）</td><td>≤L/2000，且≤5</td><td>2</td><td>1</td><td></td><td></td><td></td><td></td><td></td><td></td><td></td><td></td><td>1.5</td><td>100</td><td>合格</td></tr>
<tr><td rowspan="4">4△</td><td>端口尺寸 宽度（mm）</td><td>±4</td><td>1</td><td>2</td><td></td><td></td><td></td><td></td><td></td><td></td><td></td><td></td><td>1.5</td><td>100</td><td>合格</td></tr>
<tr><td>端口尺寸 中心高（mm）</td><td>±2</td><td>1</td><td>2</td><td></td><td></td><td></td><td></td><td></td><td></td><td></td><td></td><td>1.5</td><td>100</td><td>合格</td></tr>
<tr><td>端口尺寸 边高（mm）</td><td>±2</td><td>-1</td><td>2</td><td></td><td></td><td></td><td></td><td></td><td></td><td></td><td></td><td>0.5</td><td>100</td><td>合格</td></tr>
<tr><td>端口尺寸 横断面对角线差（mm）</td><td>≤6</td><td>5</td><td>5</td><td></td><td></td><td></td><td></td><td></td><td></td><td></td><td></td><td>5</td><td>100</td><td>合格</td></tr>
</tbody>
</table>

实测项目

续表

57. 斜拉桥钢箱加劲梁段制作分项工程质量检验评定表

分项工程名称：斜拉桥钢箱加劲梁段制作　工程部位：（桩号、墩台号、孔号）3#跨　所属建设项目（合同段）：××省××市至××市高速公路项目

所属分部工程名称：上部构造预制和安装　施工单位：××公路工程建设有限公司　分项工程编号：QL-02-13-04-001

项次		检查项目	规定值或允许偏差	实测值或实测偏差值										质量评定		
				1	2	3	4	5	6	7	8	9	10	平均值、代表值	合格率（%）	合格判定
5	锚箱	锚点坐标（mm）	±2	2	-1	2	2							1.25	100	合格
		锚面角度（°）	≤0.5	0	0.1	0.4	0.5	0.1	0.3	0.3	0.2	0.2	0.5	0.26	100	合格
6△	梁段匹配性	纵桥向中心线偏差（mm）	≤1	1	0	1	1							0.75	100	合格
		顶、底、腹板对接间隙（mm）	+3、-1	3	2	3								2.67	100	合格
		顶、底、腹板对接错边（mm）	≤2	1	1	1	1							1	100	合格
实测项目	7	焊缝尺寸（mm）	满足设计要求	10	9	9	8	9	9					9	100	合格
	8△	焊缝探伤		符合要求，见焊缝探伤试验报告，编号××											/	100	合格
	9△	高强螺栓扭矩（N·m）	±10%	-8	-1	6	8	3						1.6	100	合格
		外观质量		焊缝无裂纹、焊瘤等现象													
		质量保证资料		齐全													
		工程质量等级评定		合格													

检验负责人：×××　　　　检测：×××　　　　记录：×××　　　　复核：×××　　　　2023 年×月×日

注：L为梁段长度，计算规定值或允许偏差时以 mm 计。

359

58. 组合梁斜拉桥的工字梁段制作分项工程质量检验评定表

分项工程名称：组合梁斜拉桥的工字梁段制作　工程部位：（桩号、墩台号、孔号）3#跨　所属建设项目：×××省×××市至××市高速公路项目

所属分部工程名称：上部构造预制和安装　所属单位工程：桥梁工程　施工单位：××公路工程建设有限公司　分项工程编号：QL-02-13-05-001

基本要求	☑1. 钢梁或梁段的杆件、零件、临时吊点和养护车轨道吊点的加工尺寸及组装精度应满足设计要求并符合有关技术规范的规定，分阶段检查验收合格后方可进行下一道工序。 ☑2. 钢梁或梁段制作前应进行焊接工艺评定，评定结果应符合相关技术规范的规定，并制定实施性焊接施工工艺。 ☑3. 同一部位的焊缝返修不得超过两次，返修后的焊缝应按原质量标准进行复验，并且合格。 ☑4. 高强螺栓连接面的抗滑移系数应进行检验，检验结果应满足设计要求，且摩擦面应保持干燥、整洁，安装出现间隙时的处理应符合相关技术规范的规定。 ☑5. 钢梁梁段应进行预拼装，并按设计要求和有关技术规范的规定进行验收。 ☑6. 钢梁或梁段及其零件的移动、存放不应出现不允许的变形，碰撞损伤和漆面损坏，不得使用变形零件。 ☑7. 排水设施、灯座、护栏、路缘石、栏杆柱预埋件和剪力键等均应按设计文件安装完成，无遗漏且位置准确。

项次	检查项目		规定值或允许偏差	实测值或实测偏差值										质量评定		
				1	2	3	4	5	6	7	8	9	10	平均值、代表值	合格率（%）	合格判定
1△	梁高（mm）	主梁	±2	-1	0	-2	1							-0.5	100	合格
		横梁	±1.5	-0.8	0.9									0.05	100	合格
2	梁长（mm）	主梁	±2	-1	2									0.5	100	合格
		横梁	±1.5	-0.8	-0.3									-0.55	100	合格
3	梁宽（mm）	主梁	±1.5	0.8	0	0.2	1							0.5	100	合格
		横梁	±1.5	0.4	0.1	1.3	0.1							0.48	100	合格

续表

58. 组合梁斜拉桥的工字梁段制作分项工程质量检验评定表

分项工程名称：组合梁斜拉桥的工字梁段制作　工程部位：（桩号、墩台号、孔号）3#跨　所属建设项目：××省××市至××市高速公路项目

所属分部工程名称：上部构造预制和安装　施工单位：××公路工程建设有限公司　分项工程编号：QL-02-13-05-001

所属分部工程：桥梁工程

项次	检查项目		规定值或允许偏差	实测值或实测偏差值										质量评定		
				1	2	3	4	5	6	7	8	9	10	平均值、代表值	合格率（%）	合格判定
4	梁腹板平面度（mm）	主梁	≤h/350，且≤8	4	3	2								3	100	合格
		横梁	≤h/500，且≤5	2	2	1								1.67	100	合格
5	锚箱	锚点坐标（mm）	±2	-2	-2	0	-2	-1	-2					-1.5	100	合格
		斜拉索轴线角度（°）	≤0.5	0.1	0.4	0.4	0.4	0.2	0.4	0.3	0.2	0.2	0.4	0.3	100	合格
6△	梁段盖板、腹板对接错边（mm）		≤2	1	1	0								1	100	合格
实测项目	7	焊缝尺寸（mm）	满足设计要求	11	10	9	9	10	9					9.67	100	合格
	8△	焊缝探伤		符合要求，见焊缝探伤试验报告，编号××										/	100	合格
	9△	高强螺栓扭矩（N·m）	±10%	7	-1	8	0	-2	5	-2	-3	5	-7	1	100	合格
外观质量			焊缝无裂纹、焊瘤等现象	质量保证资料										齐全		
工程质量等级评定				合格												

检验负责人：×××　　检测：×××　　记录：×××　　复核：×××　　2023年×月×日

注：h为梁高，计算规定值或允许偏差时以mm计。

361

59. 悬索桥钢箱加劲梁段制作分项工程质量检验评定表

分项工程名称：悬索桥钢箱加劲梁段制作　　工程部位：（桩号、墩台号、孔号）3#跨　　所属建设项目（合同段）：×××省×××市至××市高速公路项目

所属分部分项工程名称：上部构造预制和安装　　施工单位：××公路工程建设有限公司　　分项工程编号：QL-02-13-06-001

基本要求

☑ 1. 钢梁或钢梁段的杆件、零件、临时吊点和养护车轨道吊点的加工尺寸及组装精度应满足设计要求并符合有关技术规范的规定，分阶段检查验收合格后方可进行下一道工序。

☑ 2. 钢梁或钢梁段制作前应进行焊接工艺评定，评定结果应符合相关技术规范的规定，并制定实施性焊接施工工艺。

☑ 3. 同一部位的焊缝返修不得超过两次，返修后的焊缝应按原质量标准进行复验，并且合格。

☑ 4. 高强螺栓连接接触面的抗滑移系数应满足设计要求，检验结果应满足设计要求，且摩擦面应保持干燥、整洁，安装出现间隙时的处理应符合相关技术规范的规定。

☑ 5. 钢梁段应进行预拼装，并按设计要求和有关技术规范的规定进行验收。

☑ 6. 钢梁或钢梁段及其零件的移动、存放不应出现不允许的变形，碰撞损伤和漆面损坏，不得使用变形零件。

☑ 7. 排水设施、护栏、灯座、栏杆柱预埋件和剪力键等均应按设计文件安装完成，无遗漏且位置准确。

项次	检查项目		规定值或允许偏差	实测值或实测偏差值										质量评定		
				1	2	3	4	5	6	7	8	9	10	平均值、代表值	合格率（%）	合格判定
1	梁长（mm）		±2	1	-2	2								0.33	100	合格
2	梁段桥面板四角高差（mm）		≤6	2	1	2	4							2.25	100	合格
3	风嘴直线度偏差（mm）		≤L/2000，且≤5	2	3									2.5	100	合格
4△	端口尺寸	宽度（mm）	±4	4	1									2.5	100	合格
		中心高（mm）	±2	0	-1									-0.5	100	合格
		边高（mm）	±2	0	1									0.5	100	合格
		横断面对角线差（mm）	≤6	2	6									4	100	合格

续表

59. 悬索桥钢箱加劲梁段制作分项工程质量检验评定表

分项工程名称：悬索桥钢箱加劲梁段制作　工程部位：（桩号、墩台号、孔号）3#跨　所属建设项目：×××省×××市至×××市高速公路项目

所属单位工程名称：桥梁工程　施工单位：×××公路工程建设有限公司　分项工程编号：QL-02-13-06-001

所属分部工程名称：上部构造预制和安装

项次		检查项目	规定值或允许偏差	实测值或实测偏差值										质量评定		
				1	2	3	4	5	6	7	8	9	10	平均值、代表值	合格率（%）	合格判定
5	吊点位置	吊点中心距桥中心线及端口基准线距离（mm）	±2	0	1	-1	1							0.25	100	合格
		同一梁段两侧吊点相对高差（mm）	≤5	-3	4									0.5	100	合格
	梁段匹配性	纵桥向中心线偏差（mm）	≤1	0	1									0.5	100	合格
6Δ		顶、底、腹板对接间隙（mm）	+3，-1	3										3	100	合格
		顶、底、腹板对接错边（mm）	≤2	1										1	100	合格
7		焊缝尺寸（mm）	满足设计要求	8	9	9	9	10	9					9	100	合格
8Δ		焊缝探伤		符合要求，见焊缝探伤试验报告，编号××										/	100	合格
9Δ		高强螺栓扭矩（N·m）	±10%	0	-9	-8	1	1						-4	100	合格
外观质量		焊缝无裂纹、焊瘤等现象												齐全		
		质量保证资料						合格								

工程质量等级评定：合格

检验负责人：×××　　检测：×××　　记录：×××　　复核：×××　　2023年×月×日

注：L为梁段长度，计算规定值或允许偏差时以mm计。

363

60. 钢梁安装分项工程质量检验评定表

分项工程名称：钢梁安装　　工程部位：（桩号、墩台号、孔号）3#跨　　所属建设项目：××省××市至××市高速公路项目

所属分部工程名称：上部构造预制和安装　　所属单位工程：桥梁工程　　施工单位：×××公路工程建设有限公司　　分项工程编号：QL-02-14-01-001

基本要求	☑ 1. 工地安装焊缝应进行焊接工艺评定，评定结果应符合相关技术规范的规定，并制定实施性焊接施工工艺。 ☑ 2. 应按设计要求的程序进行安装。 ☑ 3. 同一部位的焊缝返修不得超过两次，返修后的焊缝应按原质量标准进行复验，并目应合格。 ☑ 4. 高强螺栓连接摩擦面的抗滑移系数应对随梁发送的试板进行检验，检验结果应满足设计要求。安装时，摩擦面应干燥、整洁，同隙处理应符合相关技术规范规定。 ☑ 5. 钢梁运输、吊装过程中构件不应出现设计不允许的变形，碰撞损伤或漆面损坏，严禁在工地安装已变形的构件。

项次	检查项目	规定值或允许偏差	1	2	3	4	5	6	7	8	9	10	平均值，代表值	合格率（%）	合格判定
			实测值或实测偏差值											质量评定	
1	轴线偏位（mm）钢梁纵轴线	≤10	7	10	8								8.33	100	合格
	两跨相邻端横梁中线相对偏位	≤5	3										3	100	合格
2	高程（mm）墩台处	±10	-6	5	9	-8	7	-1					1	100	合格
	两跨相邻端横梁相对高差	≤5	2	1	5	4	2	2					2.67	100	合格
3	固定支座处支承中心偏位（mm）简支梁	≤10	3	4	3	5							3.75	100	合格
	连续梁	≤20											/	/	/
4	焊缝尺寸（mm）	满足设计要求	10	8	9	9	8	10					9	100	合格
5Δ	焊缝探伤	符合要求，见焊缝探伤试验报告，编号××											/	/	/
6Δ	高强螺栓扭矩（N·m）	±10%	5	2	0	-8							-0.25	100	合格

外观质量	线形平顺，无明显折变；焊缝平滑，无裂纹	合格
质量保证资料	齐全	

工程质量等级评定：合格

检验负责人：×××　　检测：×××　　记录：×××　　复核：×××　　2023年×月×日

364

61. 钢梁防护分项工程质量检验评定表

分项工程名称：钢梁防护　　工程部位：（桩号、墩台号、孔号）3#跨　　所属建设项目（合同段）：××省×××市至××市高速公路项目

所属分部工程名称：上部构造预制和安装　　所属单位工程：桥梁工程　　施工单位：××公路工程建设有限公司　　分项工程编号：QL-02-15-01-001

基本要求	☑ 1. 涂层体系应满足设计要求，采用的涂敷系统应经车间或现场的工艺试验验证后方可施工。 ☑ 2. 应按设计要求对钢梁表面进行处理，涂装前钢梁表面应保持干燥，无灰尘、油脂、氧化皮、锈斑及其他污物，出现返锈、灰尘污染时应重新处理。 ☑ 3. 涂装过程中的环境条件，每层涂装时间间隔以及使用的机具设备等均应满足涂装工艺和涂装材料的要求。 ☑ 4. 在完成前一道涂敷后，其干膜厚度应经检验合格，方可进行下一道涂敷。 ☑ 5. 损坏的防护涂层应修复。													
实测项目	项次	检查项目	规定值或允许偏差	实测值或实测偏差值										质量评定
				1	2	3	4	5	6	7	8	9	10	平均值、代表值	合格率（%）	合格判定
	1 Δ	除锈等级	满足设计要求； 设计未要求时， 热喷锌或铝Sa3.0，√ 无机富锌漆及其他Sa2.5（Si3）	3	3	3	3							3	100	合格
	2 Δ	粗糙度 Rz（μm）	满足设计要求； 设计未要求时， 热喷锌或铝60~100，√ 无机富锌漆底50~180， 其他30~175	67	77	82	74							75	100	合格
	3	总干膜厚度（μm）	满足设计要求； 设计未要求时， 干膜厚度小于设计值的测点数量≤10%， 任意测点的干膜厚度≥设计值的90%	155	153	158	161	165						158.4	100	合格
	4	附着力（MPa）	满足设计要求 5	5.1	6.1	5.5	5.7	5.2						5.52	100	合格
	外观质量		涂层表面完整光洁，均匀一致，无气泡、裂纹、麻点等缺陷	合格												
	质量保证资料			齐全												

工程质量等级评定：　　合格

检验负责人：×××　　检测：×××　　记录：×××　　复核：×××　　　2023年×月×日

365

62. 斜拉桥混凝土索塔塔柱分项工程质量检验评定表

分项工程名称：斜拉桥混凝土索塔塔柱　　工程部位：（桩号、墩台号、孔号）1#索塔　　所属建设项目（合同段）：×××省××市至××市高速公路项目

所属单位工程名称：索塔　　所属分部工程名称：塔及辅助、过渡墩　　施工单位：×××公路工程建设有限公司　　分项工程编号：XL-03-04-01-001

基本要求：
☑ 1. 索塔的索道孔、锚箱位置及锚固平面与水平面的交角均应控制准确，锚垫板与孔道应垂直。
☑ 2. 施工缝的设置及处理应满足设计要求和施工技术规范的规定。
☑ 3. 横梁施工中，支架变形应符合相关施工技术规范规定；横梁与塔柱应紧密连接成整体。

项次	检查项目	规定值或允许偏差	实测值或实测偏差值										质量评定		
			1	2	3	4	5	6	7	8	9	10	平均值、代表值	合格率（%）	合格判定
1△	混凝土强度（MPa）	在合格标准内 C35	符合要求，见混凝土强度试验报告，编号××										41.71	100	合格
2△	塔柱轴线偏位（mm）	≤15，且相邻前一节段—节段≤8	2	3	7	6	2	2	4	6			4	100	合格
3	全高竖直度（mm）	≤H/3000，且≤30　60000	17	7	8	13							11.25	100	合格
4	外轮廓尺寸（mm）	±20	-6	5									-0.5	100	合格
5	壁厚（mm）	±10	-10	-9	-7	-1	0	2	0	-1	2	-1	-2.5	100	合格
6	锚固点高程（mm）	±10	-6	-10	2	-3							-4.25	100	合格
7△	孔道位置（mm）	≤10，且两端同向	8	9	2	4	3	6	6	4			5.25	100	合格
8	预埋件位置（mm）	≤5	3	1	1	0	2	3					1.67	100	合格
9	节段间错台（mm）	≤3	0	1	2	0	0	2	1	1			0.88	100	合格
10	平整度（mm）	≤8	6	△9	5	3	2	4	5	2			4.5	87.5	合格

外观质量	混凝土表面不平	齐全
质量保证资料		齐全

工程质量等级评定：合格

检验负责人：×××　　检测：×××　　记录：×××　　复核：×××　　2023年×月×日

注：1. H为塔高，计算规定值或允许偏差时以mm计。
2. 设置锚箱或锚梁时不检查项次6。

63. 斜拉桥混凝土索塔横梁分项工程质量检验评定表

分项工程名称：斜拉桥混凝土索塔横梁　　工程部位：（桩号、墩台号、孔号）1#索塔　　所属建设项目（合同段）：×××省××市至×××市高速公路项目

所属单位工程名称：索塔　　所属分部工程名称：塔及辅助、过渡墩　　施工单位：××公路工程建设有限公司　　分项工程编号：XL-03-04-01-001

| 基本要求 | ☑ 1. 索塔的索道孔、锚箱位置及锚固平面与水平面的交角均应控制准确，锚垫板与孔道应垂直。
☑ 2. 施工缝的设置及处理应满足设计要求和施工技术规范的规定。
☑ 3. 横梁施工中，支架变形应符合相关施工技术规范规定；横梁与塔柱应紧密连成整体。 | | | | | | | | | | | | | | |

项次	检查项目	规定值或允许偏差	实测值或实测偏差值										质量评定		
			1	2	3	4	5	6	7	8	9	10	平均值、代表值	合格率（%）	合格判定
实测项目	1△	混凝土强度（MPa）	在合格标准内 C35	符合要求，见混凝土强度试验报告，编号××										41.71	100	合格
	2	轴线偏位（mm）	≤10	1	0	9	2	2					1	2.5	100	合格
	3	外轮廓尺寸（mm）	±15	-8	-8	9	-6	1	-9	-7				-8	100	合格
	4	壁厚（mm）	±10	7	8	9	6	1	-9	-7		2	5	0.3	100	合格
	5	顶面高程（mm）	±20	-12	-8	14	3	-7						-2	100	合格
	6	平整度（mm）	≤8	6	4	1	2	2	3	4				2.88	100	合格

外观质量	混凝土表面平整，颜色一致，轮廓线顺直			
质量保证资料	齐全			
工程质量等级评定	合格			

检验负责人：×××　　　　　　　检测：×××　　　　　　　记录：×××　　　　　　　复核：×××

2023年×月×日

367

64. 索塔钢锚梁制作分项工程质量检验评定表

分项工程名称：索塔钢锚梁制作　　工程部位：　　所属建设项目（合同段）：×××省××市至××市高速公路项目

所属分部分项工程名称：索塔　　所属单位工程：塔及辅助　　施工单位：××公路工程建设有限公司　　分项工程编号：XL-03-05-01-001

工程名称：索塔钢锚梁制作　　工程部位（桩号、墩台号、孔号）：1#索塔

所属分部工程名称：索塔　　所属单位工程：塔及辅助　过渡墩

基本要求

☑ 1. 钢梁或梁段的杆件、零件、临时吊点和养护车轨道吊点的加工尺寸及组装精度应满足有关技术规范的规定，分阶段检查验收合格后方可进行下一道工序。
☑ 2. 钢梁或梁段制作前应进行焊接工艺评定，评定结果应符合相关技术规范的规定，并制定实施性焊接施工工艺。
☑ 3. 同一部位的焊缝返修不得超过两次，返修后的焊缝应按原质量标准进行复验，并且合格。
☑ 4. 高强螺栓连接面的抗滑移系数应进行检验，检验结果应满足设计要求。
☑ 5. 摩擦面应保持干燥、整洁，安装时出现同间隙时应符合相关技术规范的规定。
☑ 6. 钢梁或梁段应进行预拼装，并按设计要求和有关技术规范的规定进行验收。
☑ 7. 钢梁或梁段及其零件的移动，存放不应出现有关技术规范允许的变形，碰撞损伤和漆面损坏，不得使用变形零件。
☑ 8. 排水设施、灯座、护栏、路缘石、栏杆柱预埋件和剪力件预埋连接等均应按设计文件安装完成，无遗漏且位置准确。
☑ 9. 栓钉的质量，个数应满足设计要求。

项次	检查项目	规定值或允许偏差	实测值或实测偏差值										质量评定		
			1	2	3	4	5	6	7	8	9	10	平均值、代表值	合格率（%）	合格判定
1	梁长（mm）	±2	-2	0									-1	100	合格
2 Δ	腹板中心距（mm）	±2	2	2									2	100	合格
3	横断面对角线差（mm）	≤3	3	3									3	100	合格
4	旁弯（mm）	3	1	0	1								0.67	100	合格
5	扭曲（mm）	≤2	1		1								1	100	合格
6	锚点坐标（mm）	±2	-1	0	2	-2	0						-0.25	100	合格
7	锚面角度（°）	≤0.5	0.4	0.4	0.4	0.1	0	0.5	0.4	0.3	0.2	0.1	0.28	100	合格
8	焊缝尺寸（mm）	满足设计要求	10	9	8	8	8	9					8.67	100	合格
9 Δ	焊缝探伤	满足设计要求	符合要求，见焊缝探伤试验报告，编号××										/	100	合格
10 Δ	高强螺栓扭矩（N·m）	±10%	3	-7	3	3							0.25	100	合格

外观质量　焊缝无裂纹、焊瘤等现象　　焊缝无裂纹、焊瘤等现象

质量保证资料　齐全

工程质量等级评定　合格

检验负责人：×××　检测：×××　记录：×××　复核：×××　2023年×月×日

65. 索塔钢锚箱节段制作分项工程质量检验评定表

分项工程名称：索塔钢锚箱制作　　工程部位：(桩号、墩台号、孔号) 1#索塔　　所属建设项目（合同段）：×××省×××市至×××市高速公路项目

所属分部分项工程名称：索塔　　所属单位工程：塔及辅助、过渡墩　　施工单位：×××公路工程建设有限公司　　分项工程编号：XL-03-05-02-001

基本要求

☑ 1. 钢梁或梁段的杆件、零件、临时吊点和养护车轨道吊点的加工尺寸及组装精度应满足设计要求并符合有关技术规范的规定，分阶段检查验收合格后方可进行下一道工序。

☑ 2. 钢梁或梁段制作前应进行焊接工艺评定，评定结果应符合相关技术规范的规定，并制定实施性焊接施工工艺。

☑ 3. 同一部位的焊缝返修不得超过两次，返修后的焊缝应按原质量标准进行复验，并且合格。

☑ 4. 高强螺栓连接摩擦面的抗滑移系数应满足设计要求。

☑ 5. 摩擦面应保持干燥、整洁，安装出现间隙时的处理应符合相关技术规范的规定进行验收。

☑ 6. 钢梁或梁段应进行预拼装，并按设计要求和有关技术规范不允许的变形，存放不应出现变形。

☑ 7. 钢梁或梁段及其零件的移动，碰撞损伤和漆面损坏，不得使用变形零件。

☑ 8. 排水设施、灯座、护栏、路缘石、栏杆柱预埋件和剪力键等均应按设计文件安装完成，无遗漏且位置准确。

☑ 9. 栓钉的质量、个数应满足设计要求。

项次	检查项目	规定值或允许偏差	实测值或实测偏差值 1	2	3	4	5	6	7	8	9	10	平均值、代表值	合格率(%)	合格判定
1	节段高度（mm）	±1	1	-1	1	0	1	0	-1				0.25	100	合格
2	节段断面尺寸（mm） 边长	±2	-1	0	2	0	1	0	-1	-2			-0.13	100	合格
	对角线差	≤3	3	3	2	1	2	1	1	0			1.75	100	合格
3	节段上、下两端面平行度（mm）	≤0.8	0.3	0.5	0.1	0.2	0.3	0.3	0.5	0.7	0.3	0.6	0.38	100	合格
4	节段端面平面度（mm）	≤0.2	0.1	0.1	0.2	0.1	0.1	0	0.1	0.2	0.1	0.1	0.11	100	合格
5	锚点坐标（mm）	±2	0	-1	2	-1	0	0	2	1	-1	-1	0.1	100	合格
6	锚面角度（°）	≤0.5	0.3	0	0.4	0	0.5	0.3	0.1	0.2	0.2	0.5	0.25	100	合格
7	焊缝尺寸（mm）	满足设计要求	7	8	8	7	9	8					7.83	100	合格
8 Δ	焊缝探伤	无裂纹	符合设计要求，见焊缝探伤试验报告，编号××										/	100	合格
9 Δ	栓钉焊接弯曲裂纹	无裂纹	焊缝无裂纹、焊瘤等现象										/	100	合格

外观质量：焊缝无裂纹、焊瘤等现象　合格　　　质量保证资料：齐全

工程质量等级评定：×××

检验负责人：×××　　检测：×××　　记录：×××　　复核：×××　　2023 年×月×日

369

66. 索塔钢锚梁安装分项工程质量检验评定表

分项工程名称：索塔钢锚梁安装　　工程部位：(桩号、墩台号、孔号)：1#索塔　　所属建设项目：×××省×××市至××市高速公路项目

所属单位工程名称：索塔　　所属分部工程名称：塔及辅助、过渡墩　　施工单位：××公路工程建设有限公司　　分项工程编号：XL-03-06-01-001

基本要求	
☑ 1.	工地安装焊缝应进行焊接工艺评定，评定结果应符合相关技术规范的规定，并制定实施性焊接施工工艺。
☑ 2.	应按设计要求的程序进行安装。
☑ 3.	同一部位的焊缝返修不得超过两次。
☑ 4.	高强螺栓连接的摩擦面的抗滑移系数应对随板发送的试板发送进行检验，检验结果应满足设计要求。
☑ 5.	安装时，摩擦面应干燥、整洁，同隙处理应符合相关技术规范规定。
☑ 6.	钢锚梁运输、吊装过程中构件不应出现设计不允许的变形、碰撞损坏或漆面损坏，严禁在工地安装已变形的构件。
☑ 7.	钢锚梁、钢锚箱精节段应进行预拼装，并验收合格后方可在工地安装。

项次	检查项目	规定值或允许偏差	实测值或实测偏差值										质量评定		
			1	2	3	4	5	6	7	8	9	10	平均值，代表值	合格率（%）	合格判定
实测项目 1	中心线偏位（mm）	≤5	4	2	2	4							3	100	合格
2	顶面高程（mm）	±2n，且不超过±10	1	3	-2	0							0.5	100	合格
3 Δ	钢锚梁与支承面的接触率	满足设计要求 90%	91.7	92.5	95	94.3							93.38	100	合格
4	焊缝尺寸（mm）	满足设计要求	8	8	9	8							8.25	100	合格
5 Δ	焊缝探伤		符合要求，见焊缝探伤试验报告，编号×××										/	100	合格
外观质量	焊缝无裂纹、焊瘤等现象		质量保证资料										齐全		

工程质量等级评定：合格

检验负责人：×××　　检测：×××　　记录：×××　　复核：×××

2023年×月×日

注：n为节段数。

370

67. 索塔钢锚箱节段安装分项工程质量检验评定表

分项工程名称：索塔钢锚箱节段安装　工程部位：（桩号、墩台号、孔号）1#索塔　所属建设项目（合同段）：×××省××市至××市高速公路项目

所属分部工程名称：索塔　所属单位工程：塔及辅助、过渡墩　施工单位：××公路工程建设有限公司　分项工程编号：XL-03-06-02-001

基本要求											
☑ 1. 工地安装焊缝应进行焊接工艺评定，评定结果应符合相关技术规范的规定，并制定实施性焊接施工工艺。											
☑ 2. 应按设计要求的程序进行安装。											
☑ 3. 同一部位的焊缝返修不得超过两次，返修后的焊缝应按原质量标准进行复验，并且应合格。											
☑ 4. 高强螺栓连接面的抗滑移系数应对随梁发送的试板进行检验，检验结果应满足设计要求。											
☑ 5. 安装时，摩擦面应干燥、整洁，同隙处理应符合相关技术规范规定。											
☑ 6. 钢梁运输、吊装过程中构件不应出现设计不允许的变形，严禁工地安装已变形的构件。											
☑ 7. 钢锚梁、钢锚箱节段应进行预拼装，碰撞损伤或漆面损坏，并验收合格后方可在工地安装。											

项次	检查项目	规定值或允许偏差	实测值或实测偏差值										质量评定		
			1	2	3	4	5	6	7	8	9	10	平均值、代表值	合格率（%）	合格判定
实测项目	1	中心线偏位（mm）	≤5	3	3	0	2						10	2	100	合格
	2	节段顶面高程（mm）	±2n，且不超过±10	3	−1	4	2							2	100	合格
	3 △	钢锚箱的断面接触率	满足设计要求 90%	91.3	92.5	96.3	94.7							93.7	100	合格
	4 △	高强螺栓扭矩（N·m）	±10%	1	6	−4	−6							−0.75	100	合格
外观质量			锚箱无破损											齐全		
							质量保证资料									
工程质量等级评定						合格										

检验负责人：×××　　检测：×××　　记录：×××　　复核：×××　　2023年×月×日

注：n 为节段数。

68. 混凝土斜拉桥主墩上梁段的浇筑分项工程质量检验评定表

分项工程名称：混凝土斜拉桥主墩上梁段的浇筑　　工程部位：（桩号、墩台号、孔号）3#跨　　所属建设项目（合同段）：×××省××市至××市高速公路项目

所属分部工程名称：加劲梁浇筑　　所属单位工程：上部结构浇筑与安装　　施工单位：×××公路结构建设有限公司　　分项工程编号：XL-01-01-001

基本要求	☑ 1. 支架和模板的强度、刚度、稳定性应符合施工技术规范的规定。 ☑ 2. 施工过程中，梁体不得出现宽度超过设计要求和相关规范规定的受力裂缝。

项次	检查项目	规定值或允许偏差	实测值或实测偏差值										质量评定		
			1	2	3	4	5	6	7	8	9	10	平均值,代表值	合格率(%)	合格判定
1Δ	混凝土强度（MPa）	在合格标准内 C40	符合要求，见混凝土强度试验报告，编号××										47.52	100	合格
2	轴线偏位（mm）	≤L/10000	1	3	2	1							2	100	合格
3	顶面高程（mm）	±10	0	-5	-5	-8	-1						-3.8	100	合格
4Δ	断面尺寸（mm） 高度	+5，-10	-2	-6									-4	100	合格
	顶宽	±30	5	-3									1	100	合格
	底宽或肋宽	±20	12	-20									-4	100	合格
	顶、底、腹板厚或肋厚	+10，0	4	5									4.5	100	合格
5	横坡（%）	±0.15	0.1	0	-0.1								-0.06	100	合格
6	预埋件位置（mm）	≤5	5	1	0	4							2.5	100	合格
7	平整度（mm）	≤8	1	5	4	6	1	5	2	6	△	3	4.2	90	合格
外观质量	混凝土表面平整														合格
质量保证资料	齐全														
工程质量等级评定	合格														

检验负责人：×××　　检测：×××　　记录：×××　　复核：×××　　2023年×月×日

注：L为跨径，计算规定值或允许偏差时以 mm 计。

69. 混凝土斜拉桥的悬臂浇筑分项工程质量检验评定表

分项工程名称：混凝土斜拉桥的悬臂浇筑　　工程部位：（桩号、墩台号、孔号）3#跨　　所属建设项目（合同段）：××省××市至××市高速公路项目

所属分部分项工程名称：加劲梁浇筑　　所属单位工程：上部结构浇筑与安装　　施工单位：××公路工程建设有限公司　　分项工程编号：XL-01-01-001

基本要求	☑ 1. 斜拉索、锚具及附属件应经质量验收合格后方能在工地架设使用。 ☑ 2. 千斤顶及油压表等斜拉索张拉工具应配套标定和使用，并不得超过标定期限使用。 ☑ 3. 穿索前锚索孔道不得存在毛刺。 ☑ 4. 施工过程中应对索力、高程、塔柱变形及环境温度进行观测。 ☑ 5. 悬臂施工梁段前，应对0号件的高程、桥轴线作详细复核，桥细索拉后方可进行悬臂梁段的施工。 ☑ 6. 悬臂施工应对称进行，斜拉索张拉的次数、量值和顺序应按设计要求及施工控制的要求进行。 ☑ 7. 合龙段两侧的高差应在设计允许的范围内。 ☑ 8. 梁体不得出现超过设计要求和相关规范规定的受力裂缝。 ☑ 9. 施工过程中，当索力和高程超过设计允许偏差时，应按施工控制的要求进行调整。 ☑ 10. 接头的形式、位置，结合面处理及胶结料的性能和质量应满足设计要求，接缝填充密实。

项次	检查项目		规定值或允许偏差	实测值或实测偏差值										质量评定		
				1	2	3	4	5	6	7	8	9	10	平均值、代表值	合格率（%）	合格判定
实测项目	1Δ	混凝土强度（MPa）	在合格标准内 C40	符合要求，见混凝土强度试验报告、编号××										47.52	100	合格
	2	轴线偏位(mm)	L≤100m	≤10	2	5	0	9	10	6	10	6			6	100	合格
			L>100m	≤L/10000	/										/	/	/
	3Δ	断面尺寸(mm)	高度	+5，−10	3	2	2	−2							1.25	100	合格
			顶宽	±30	−7	−22	−6	15							−5	100	合格
			底宽或肋间宽	±20	17	10	−19	8							4	100	合格
			顶、底、腹板厚或助厚	+10，0	0	6	5	2							3.25	100	合格
	4Δ	索力(kN)	允许	满足设计和施工控制要求	1.2	−2.2	3.7	−1.5	5.4	3.8	−1.1	−4			0.66	100	合格
			极值	满足设计和施工控制要求，未要求时最大偏差≤10%设计值	5.1	−4									0.55	100	合格

373

续表

分项工程名称：混凝土斜拉桥的悬臂浇筑　工程部位：（桩号、墩台号、孔号）3#跨　所属建设项目（合同段）：××省×××市至××市高速公路项目
所属单位工程：上部结构浇筑与安装　施工单位：××公路工程建设有限公司　分项工程编号：XL-01-01-001
所属分部工程名称：加劲梁浇筑

69. 混凝土斜拉桥的悬臂浇筑分项工程质量检验评定表

项次	检查项目		规定值或允许偏差	实测值或实测偏差值										质量评定		
				1	2	3	4	5	6	7	8	9	10	平均值、代表值	合格率（%）	合格判定
5△	梁锚固点或梁顶高程（mm）	梁段	满足施工控制要求	-3	2	5	-5	7	2	-2	5			1.38	100	合格
		合龙后 L≤100m	±20	12	5	1	2	-3	-5	-8	13			2.13	100	合格
		合龙后 L>100m	±L/5000											/	/	/
6	塔顶偏移（mm）		满足设计和施工控制要求，未要求时纵向≤30，横向≤20	22	16	7	13							14.5	100	合格
7	横坡（%）		±0.15	0.03	0	0.04	0.12	-0.1	-0.1	-0.1	-0.1			-0.02	100	合格
8	斜拉索锚面	锚点坐标（mm）	±8	0	1	-1	-1							-0.25	100	合格
		锚面角度（°）	≤0.5	0.4	0.5	0.2	0.1							0.3	100	合格
9	预埋件位置（mm）		≤5	3	0	2	2	2	5	2	1			2.13	100	合格
10	平整度（mm）		≤8	3	2	5	5	7	6	2	6			4.5	100	合格
11	相邻梁段间错台（mm）		≤5	0	3	3	3	5	2	0	2	0		1.78	100	合格
外观质量	混凝土表面平整													基本齐全		
质量保证资料														合格		
工程质量等级评定																

检验负责人：×××　检测：×××　记录：×××　复核：×××　2023年×月×日

注：1. L为跨径，计算规定值或允许偏差值时以mm计。
　　2. 项次4、8仅设置斜拉索的梁段检查。
　　3. 项次6仅合龙段检查。

70. 混凝土斜拉桥的悬臂拼装分项工程质量检验评定表

分项工程名称：混凝土斜拉桥的悬臂浇筑　　工程部位：（桩号、墩台号、孔号）3#跨　　所属建设项目：×××省××市至××市高速公路项目

所属分部工程名称：加劲梁浇筑　　所属单位工程：上部结构浇筑　　施工单位：××公路工程建设有限公司　　分项工程编号：XL-01-02-01-001

基本要求	
☑ 1.	斜拉索、锚具及附属件应经质量验收合格后方能在工地架设使用。
☑ 2.	千斤顶及油压表等斜拉索张拉工具应配套标定和使用，并不得超过标定期限使用。
☑ 3.	穿索前锚索孔道不得存在毛刺。
☑ 4.	施工过程中应对索力、高程、塔柱变形及环境温度进行观测。
☑ 5.	悬臂施工梁段前，应对0号块件的高程、桥轴线作件作详细复核，满足设计要求后方可进行悬臂梁段的施工。
☑ 6.	悬臂施工应对称进行，斜拉索张拉的次数、量值和顺序应按设计要求及施工控制的要求进行。
☑ 7.	合龙段两侧的高差应在设计允许的范围内。
☑ 8.	梁体不得出现裂缝宽度超过设计相关规范规定的受力裂缝。
☑ 9.	施工过程中，当索力和高程超过设计允许偏差时，应按施工控制的要求进行调整。
☑ 10.	接头的形式、位置，结合面处理及胶结材料的性能和质量应满足设计要求，接缝填充密实。

项次	检查项目		规定值或允许偏差	实测值或实测偏差值										质量评定		
				1	2	3	4	5	6	7	8	9	10	平均值、代表值	合格率（%）	合格判定
1Δ	合龙段混凝土强度（MPa） C50		在合格标准内	符合要求，见混凝土强度试验报告，编号××										58.91	100	合格
2	轴线偏位（mm）	L≤100m	≤10	5	3	10	2	7	6	0	1			4.25	100	合格
		L>100m	≤L/10000											/	/	/
3Δ	索力（kN）	允许	满足设计和施工控制要求	-1.3	2.2	3.4	3.7	1.5	-2.4	-1.6	2.7			1.03	100	合格
		极值	满足设计和施工控制要求，未要求时最大偏差≤10%设计值	3.7	-2.4									0.65	100	合格

375

70. 混凝土斜拉桥的悬臂拼装分项工程质量检验评定表

分项工程名称：混凝土斜拉桥的悬臂浇筑　　工程部位：（桩号、墩台号、孔号）3#跨　　所属建设项目（合同段）：×××省×××市至××市高速公路项目

所属分部工程名称：加劲梁浇筑　　所属单位工程：上部结构浇筑　　施工单位：××公路工程建设有限公司　　分项工程编号：XL-01-02-01-001

项次	检查项目		规定值或允许偏差	实测值或实测偏差值										质量评定		
				1	2	3	4	5	6	7	8	9	10	平均值、代表值	合格率（%）	合格判定
实测项目	4△	梁锚固点或梁顶高程（mm）	梁段	满足施工控制要求	-3	5	3	-9	-4	3	-2	9			0.25	100	合格
			合龙后 L≤100m	±20	-13	13	3	-4	-14	3	-12	19			-0.63	100	合格
			合龙后 L>100m	±L/5000											/	/	/
	5	塔顶偏位（mm）		满足设计和施工控制要求，未要求时纵向≤30，横向≤20	17	8	5	13	3	1	3	3	2	10	10.75	100	合格
	6	相邻梁段间错台（mm）		≤3	2	2	1	0	3	1	2	3	2		1.78	100	合格
外观质量			混凝土表面平整												混凝土表面平整		
质量保证资料															齐全		
工程质量等级评定										合格							

检验负责人：×××　　记录：×××　　检测：×××　　复核：×××　　2023年×月×日

注：1. L为跨径，计算规定值或允许偏差时以mm计。

2. 项次3仅设置斜拉索的梁段检查。

3. 项次5仅合龙段检查。

71. 钢斜拉桥钢箱梁段的悬臂拼装分项工程质量检验评定表

分项工程名称：混凝土斜拉桥的悬臂拼装　工程部位：（桩号、墩台号、孔号）3#跨　所属建设项目（合同段）：×××省×××市至×××市高速公路项目

所属分部工程名称：安装　所属单位工程：上部结构浇筑与安装　施工单位：××公路工程建设有限公司　分项工程编号：XL-02-07-02-001

基本要求

☑ 1. 钢箱梁段、斜拉索、锚具及附属件应验收合格后方能在工地架设安装。

☑ 2. 工地安装焊缝应进行焊接工艺评定，评定结果应符合相关技术规范的规定，并制定实施性焊接施工工艺。

☑ 3. 同一部位的焊缝返修不能超过两次，返修后的焊缝应按原质量标准进行复验，并且合格。

☑ 4. 高强螺栓连接面的抗滑清系数应对随梁发送的试板进行检验，检验结果应满足设计要求。安装时，摩擦面应干燥、整洁，间隙处理应符合相关技术规范规定。

☑ 5. 千斤顶及油压表等斜拉索张拉工具应配套标定和使用，并不得超过标定期限使用。

☑ 6. 施工过程中应对索力、高程，塔柱变形及环境温度进行观测。当索力和高程超过设计允许偏差时，应按施工控制的要求进行调整。

☑ 7. 悬臂施工时应按设计要求对称进行。

项次	检查项目		规定值或允许偏差	实测值或实测偏差值										质量评定		
				1	2	3	4	5	6	7	8	9	10	平均值、代表值	合格率（%）	合格判定
1	轴线偏位（mm）	L≤200m	≤10	2	5	9	2	0	6	6	3			4.13	100	合格
		L>200m	≤L/20000											/	/	/
2△	索力（kN）	允许	满足设计和施工要求	1.1	0.8	-2.1	3.4	-2.6	2.2	-1.8	2.9			0.49	100	合格
		极值	满足设计和施工控制要求，未要求时最大偏差≤10%设计值	-2.6	3.4									0.4	100	合格
3△	梁段锚固点或梁顶高程（mm）	梁段	满足施工控制要求	3	5	8	-2	0	6	-6	3			2.13	100	合格
		合龙后 L≤200m	±20	7	20	16	6	-1	-11	-2	13			6	100	合格
		L>200m	±L/10000											/	/	/

续表

71. 钢斜拉桥钢箱梁段的悬臂拼装分项工程质量检验评定表

项次	检查项目	规定值或允许偏差	实测值或实测偏差值										质量评定		
			1	2	3	4	5	6	7	8	9	10	平均值、代表值	合格率（%）	合格判定
4	塔顶偏位（mm）	满足设计及施工控制要求，未要求时纵向≤30，横向≤20	12	14	7	4							9.25	100	合格
5	梁顶四角高差（mm）	≤20	1	14	10	19							11	100	合格
6	相邻节段对接错边（mm）	≤2	0	1	2	0	1	0	2	1	0		0.78	100	合格
7	焊缝尺寸（mm）	满足设计要求	8	9	8	7	7	8	8	8	9		8	100	合格
8△	焊缝探伤		符合要求，见焊缝探伤试验报告，编号××										/	100	合格
9△	高强螺栓扭矩（N·m）	±10%	-7	-2	0	-4	0	2	1	0	9	10	-3.25	100	合格
外观质量	钢箱梁线形直顺，焊缝无裂纹，焊瘤等现象		钢箱梁线形直顺，焊缝无裂纹，焊瘤等现象										齐全		
质量保证资料													齐全		
工程质量等级评定			合格												

检验负责人：×××　　检测：×××　　记录：×××　　复核：×××　　2023年×月×日

注：1. L为跨径，计算规定值或允许偏差时以mm计。
　　2. 项次4仅4仅合龙段检查。

72. 钢斜拉桥钢箱梁段的支架安装分项工程质量检验评定表

分项工程名称：钢斜拉桥钢箱梁段的支架安装　　工程部位：（桩号、墩台号、孔号）3#跨　　所属建设项目（合同段）：×××省×××市至×××市高速公路项目
所属分部分项工程名称：加劲梁浇筑　　所属单位工程：上部结构浇筑与安装　　施工单位：×××公路工程建设有限公司　　分项工程编号：XL-02-07-01-001

基本要求：
☑ 1. 钢箱梁段、斜拉索、锚具及附属件应验收合格后方能在工地架设安装。
☑ 2. 工地安装焊缝应进行焊接工艺评定，评定结果应符合相关技术规范的规定，并制定实施性焊接施工工艺。
☑ 3. 同一部位的焊缝返修不能超过两次，返修后的焊缝应按原质量标准进行复验，并且合格。
☑ 4. 高强螺栓连接接摩擦面的抗滑系数应对随梁发送的试板进行检验，检验结果应满足设计要求。安装时，摩擦面应干燥，整洁，间隙处理应符合相关技术规范规定。
☑ 5. 千斤顶及油压表等斜拉索张拉工具应配套标定和使用，并不得超过标定期限使用。
☑ 6. 施工过程中应对称对索力、高程，塔柱变形及环境温度进行观测。当索力和高程超过设计允许偏差时，应按施工控制的要求进行调整。
☑ 7. 悬臂施工时应按设计要求对称进行。

项次	检查项目	规定值或允许偏差	实测值或实测偏差值										质量评定		
			1	2	3	4	5	6	7	8	9	10	平均值,代表值	合格率（%）	合格判定
1	轴线偏位（mm）	≤10	0	0	6	6							3	100	合格
2	相邻节段间对接错边（mm）	≤2	2	2									2	100	合格
3	梁段的纵向位置（mm）	≤10	6	1									3.5	100	合格
4△	梁顶高程（mm）	±10	-2	10	4	5							4.25	100	合格
5	梁顶四角高差（mm）	≤10	6	0	5	4							3.75	100	合格
6	焊缝尺寸（mm）	满足设计要求	7	8	8	9	9	9					8.33	100	合格
7△	焊缝探伤	满足设计要求	符合要求，见焊缝探伤试验报告，编号××										/		合格
8△	高强螺栓扭矩（N·m）	±10%	-4	4	-5	-6	-9	1	-2	-10	-3	-8	-4.2	100	合格

外观质量	焊缝平滑，无裂纹	焊缝平滑，无裂纹
质量保证资料		齐全
工程质量等级评定		合格

检验负责人：×××　　检测：×××　　记录：×××　　复核：×××　　2023年×月×日

379

73. 组合梁斜拉桥钢梁段的悬臂拼装分项工程质量检验评定表

分项工程名称：组合梁斜拉桥钢梁段的悬臂拼装　　工程部位：（桩号、墩台号、孔号）3#跨　　所属建设项目（合同段）：××省×××市至××市高速公路项目

所属分部工程：上部结构钢梁安装　　所属单位工程：上部结构钢梁安装　　施工单位：××公路工程建设有限公司　　分项工程编号：XL-01-08-01-001

分项分部工程名称：安装

基本要求

☑ 1. 钢箱梁段、斜拉索、锚具及附属件应验收合格后方能在工地架设安装。
☑ 2. 工地安装焊缝应进行焊接工艺评定，评定结果应符合相关技术规范的规定，并制定实施性焊接施工工艺。
☑ 3. 同一部位的焊缝返修不能超过两次，返修后的焊缝应按原质量标准进行复验，并且合格。
☑ 4. 高强螺栓连接摩擦面的抗滑移系数应对随系数对摩擦面应进行检验，检验结果应满足设计要求。
☑ 5. 安装时，摩擦面应干燥、整洁，同期处理应符合相关技术规范规定。
☑ 6. 千斤顶及油压表等斜拉索张拉工具配套标定和使用，并不得超过标定期限使用。
☑ 7. 施工过程中应对索力、高程、塔柱变形及环境温度进行观测。
☑ 8. 悬臂施工时应按设计要求对称进行。当索力和高程超过设计允许偏差时，应按施工控制的要求进行调整。

项次	检查项目	规定值或允许偏差	1	2	3	4	5	6	7	8	9	10	平均值、代表值	合格率(%)	判定
1	轴线偏位(mm) L≤200m	≤10	9	1	1	1	9	4	1	1			3.38	100	合格
	轴线偏位(mm) L>200m	≤L/20000												/	/
2	相邻节段对接错边(mm)	≤2	1	1	0	1	0	1					0.67	100	合格
3Δ	索力(kN)	满足设计和施工控制要求	1.3	-2.1	-2.7	2.2	0.5	0.8	1.9	2.4			0.54	100	合格
4Δ	梁锚固点高程或	满足施工控制要求	4	-5	1	2	0	-3	2	-2			-0.13	100	合格
	两主梁梁高差(mm)	≤10	4	10	4	0	6	3	10	1			4.75	100	合格
5	塔顶偏位(mm)	满足设计及施工控制要求；未要求时，纵向≤30，横向≤20	12	7	8	19							11.5	100	合格
6	焊缝尺寸(mm)	满足设计要求	8	7	7	8	9	9	8	8	9		8.11	100	合格
7Δ	焊缝探伤	符合要求，见焊缝探伤试验报告，编号××											/	100	合格
8Δ	高强螺栓检扭矩(N·m)	±10%	-3	8	2	-7	0	8	9	9	-3	6	1.8	100	合格

外观质量：焊缝有轻微平滑　　合格

质量保证资料：齐全　　合格

工程质量等级评定：合格

检验负责人：×××　　检测：×××　　记录：×××　　复核：×××　　2023年×月×日

注：1. L为跨径，计算规定值或允许偏差时以mm计。
　　2. 项次5仅合龙段检查。

74. 组合梁斜拉桥的混凝土板分项工程质量检验评定表

分项工程名称：组合梁斜拉桥的混凝土板　　工程部位：（桩号、墩台号、孔号）3#跨　　所属建设项目（合同段）：×××省×××市至×××市高速公路项目

所属分部工程名称：加劲梁浇筑　　所属单位工程：上部结构浇筑与安装　　施工单位：×××公路工程建设有限公司　　分项工程编号：XL-01-03-01-001

基本要求	☑ 1. 混凝土板的浇筑或安装程序应满足设计要求。 ☑ 2. 施工过程中，当索力和高程超过设计允许偏差时，应按施工控制的要求进行调整。 ☑ 3. 混凝土浇筑前，应清除连接件和钢板上的锈蚀、污垢，表面应清洁。														
实测项目	项次	检查项目	规定值或允许偏差	实测值或实测偏差值										质量评定	
				1	2	3	4	5	6	7	8	9	10	平均值、代表值	合格率（%）	合格判定
	1△	混凝土强度（MPa）	在合格标准内 C40	符合要求，见混凝土强度试验报告，编号××										47.91	100	合格
	2△	混凝土板尺寸（mm）	厚	+10，0	3	10	2	1							4	100	合格
			宽	±30	24	-3	13	-16							4.5	100	合格
	3	预制板安装偏位（mm）	±5	0	-1	-4	2	-3	5					-0.17	100	合格
	4△	索力（kN）	允许	满足设计和施工控制要求	1.1	2.1	-2.3	3.1	1.7	-0.8	-0.6	1.4			0.71	100	合格
			极值	满足设计和施工控制要求，未要求时，最大偏差≤10%设计值	-2.3	3.1									0.4	100	合格
	5△	高程（mm）	L≤200m	±20	-15	13	-14	7							-2.25	100	合格
			L>200m	±L/10000											/	/	/
	6	横坡（%）	±0.15	0.02	0.09	0.13									0.07	100	合格
外观质量			混凝土表面平整												齐全		合格
工程质量等级评定								合格		质量保证资料			合格				

检验负责人：×××　　　　　检测：×××　　　　　记录：×××　　　　　复核：×××　　　　　2023 年×月×日

注：1. L为跨径，计算规定值或允许偏差时以mm计。

2. 实际工程中未涉及的项目不检查。

381

75. 悬索桥混凝土索塔分项工程质量检验评定表

分项工程名称：悬索桥混凝土索塔　　工程部位：(桩号、墩台号、孔号)　1#索塔　　所属建设项目：×××省×××市至×××市高速公路项目

所属分部工程名称：索塔　　所属单位工程：塔及辅助、过渡墩　　施工单位：×××公路工程建设有限公司　　分项工程编号：XS-03-04-01-001

基本要求	☑ 1. 索塔的索道孔、锚箱位置及锚固平面的交角与水平面均应控制准确，锚垫板与孔道应垂直。
	☑ 2. 施工缝的设置及处理应满足设计要求和施工技术规范的规定。
	☑ 3. 横梁施工中，支架变形应符合相关施工技术规范规定；横梁与塔柱应紧密连成整体。
	☑ 4. 格栅内的混凝土应密实，与格栅应连成整体，其收缩性能应满足设计要求。

项次	检查项目	规定值或允许偏差	实测值或实测偏差值											质量评定		
			1	2	3	4	5	6	7	8	9	10	平均值、代表值	合格率(%)	合格判定
1△	混凝土强度(MPa)	在合格标准内 C40	符合要求，见混凝土强度试验报告，编号××										47.83	100	合格
2△	塔柱轴线偏位(mm)	≤15，且相对前一节段≤8	7	8	3	2	4	4	6	3			4.63	100	合格
3	全高竖直度(mm)	≤H/3000，且≤30	12	6	7	13							9.5	100	合格
4	外轮廓尺寸(mm)	±20	-19	-4	-3								-11.5	100	合格
5	壁厚(mm)	±10	-4	-5	-9	1	3	1	-1	2			-0.7	100	合格
6	塔顶格栅顶面高程(mm)	15，0	5	15	10	15	5	14	6	12	4	8	9.5	100	合格
7△	塔顶格栅顶面高程差(mm)	≤2	2	0	2	1	2	1	2	2	0	1	1.3	100	合格
8	预埋件位置(mm)	≤5	1	2	3	1	5	3					2.5	100	合格
9	节段间错台(mm)	≤3	1	2									1.5	100	合格
10	平整度(mm)	≤8	5	8	7	7							6.75	100	合格

外观质量	混凝土表面平整	质量保证资料	齐全
工程质量等级评定		合格	

检验负责人：×××　　检测：×××　　记录：×××　　复核：×××　　2023 年×月×日

注：H 为塔高，计算规定值或允许偏差值以 mm 计。

382

76. 预应力锚固系统制作分项工程质量检验评定表

分项工程名称：预应力锚固体系制作　工程部位：（桩号、墩台号、孔号）　所属建设项目（合同段）：××省×××市至×××市高速公路项目

所属分部工程名称：锚体　所属单位工程：锚碇　施工单位：××公路工程建设有限公司　分项工程编号：XS-02-02-01-001

基本要求	☑1. 杆件制作前应进行焊接工艺评定，评定结果应符合相关技术规范的规定，并制定实施焊接施工工艺。 ☑2. 拉杆、连接平板、连接筒、螺母应进行氧化、调质处理应满足设计要求。 ☑3. 组成刚架的杆件、锚杆、锚梁的零件加工尺寸和刚架的预拼装精度满足设计要求，并符合有关技术规范的规定，经验收认可后方可进行下一道工序。 ☑4. 在批量生产前，应按设计要求的抽样方法与频率。对拉杆、连接器进行强度试验和疲劳试验，试验结果应满足设计要求。 ☑5. 构件涂装防护应符合本标准第8.9.3条的规定。

项次		检查项目	规定值或允许偏差	实测值或实测偏差值										质量评定		
				1	2	3	4	5	6	7	8	9	10	平均值、代表值	合格率（%）	合格判定
实测项目	1	连接平板	拉杆孔至锚固孔中心距（mm）	±0.5	0.3	-0.2									0.05	100	合格
	2		主要孔径（mm）	1.0, 0.0	1	0									0.5	100	合格
	3		孔轴线与顶、底面的垂直度（°）	≤0.3	0.2	0.2	0.3	0.3	0.1	0.1					0.2	100	合格
	4		顶、底面平行度（mm）	≤0.4	0	0.3	0.3	0.1	0.2	0.3					0.2	100	合格
	5		板厚（mm）	1.0, 0.0	0.5	0.4	0.1	0.6	0.2	0.7	0	0.4	0.3	0.5	0.37	100	合格
	6	连接套筒	轴线与顶、底面的垂直度（°）	≤0.3	0.3	0	0	0.1	0	0.2					0.1	100	合格
	7		顶、面底平行度（mm）	≤0.25	0.1	0	0.2	0.2	0.2	0.1					0.13	100	合格
	8		壁厚（mm）	1.0, 0.0	0.1	1	0.8	0.3	0.1	0.3	0.6	0.9	0.3	0.2	0.46	100	合格
	9		拉杆同轴度（mm）	≤0.1	0	0.1	0.1	0.1	0	0					0.05	100	合格
	10△		拉杆连接平板、连接筒、螺母探伤	满足设计要求	符合要求，见焊缝探伤试验报告，编号××										/	100	合格
外观质量			杆件表面无擦痕														
质量保证资料			齐全														
工程质量等级评定								合格									

检验负责人：×××　检测：×××　记录：×××　复核：×××　2023年×月×日

383

77. 刚架锚固系统制作分项工程质量检验评定表

分项工程名称：刚架锚固体系制作　　工程部位：（桩号、墩台号、孔号）　　所属建设项目（合同段）：×××省×××市至×××市高速公路项目

所属分部工程名称：锚体　　所属单位工程：　　锚碇　　施工单位：×××公路工程建设有限公司　　分项工程编号：XS-02-02-001

基本要求	☑ 1. 杆件制作前应进行焊接工艺评定，评定结果应符合相关技术规范的规定，并制定实施性焊接施工工艺。 ☑ 2. 拉杆、连接平板、连接筒、螺母的氧化，调园质处理应满足设计要求。 ☑ 3. 组成刚架的杆件、锚杆、锚梁的零件加工尺寸和刚架的预拼装精度应满足设计要求，并符合有关技术规范的规定，经验收认可后方可进行下一道工序。 ☑ 4. 在批量生产前，应按设计要求的抽样方法与频率，对拉杆、连接器进行强度试验和疲劳试验，试验结果应满足设计要求。 ☑ 5. 构件涂装防护应符合本标准第8.9.3条的规定。

项次	检查项目	规定值或允许偏差	实测值或实测偏差值											质量评定		
			1	2	3	4	5	6	7	8	9	10	平均值、代表值	合格率（%）	合格判定
实测项目	1	锚杆、锚梁断面尺寸（mm）	±1.5	0.1	0.5	-0.9	-1	-0.5	-1	-0.1	-1			-0.49	100	合格
	2	杆件长度（mm）	满足设计要求，设计未要求时±3	1	-2	1	1							0.25	100	合格
	3	锚杆、锚梁连接部位翼板平面度（mm）	≤0.5	0.3	0.4	0.3	0.2							0.3	100	合格
	4	锚杆、锚梁弯曲（mm）	≤3	1	2	1	1							1.25	100	合格
	5	锚杆、锚梁扭曲（mm）	满足设计要求，设计未要求时≤3	1	2	2	2							1.5	100	合格
	6	焊缝尺寸（mm）	满足设计要求	7	7	8	8	8	9	8	9			8	100	合格
	7△	焊缝探伤	符合要求，见焊缝探伤试验报告，编号××											/	100	合格

外观质量	焊缝无裂纹、焊瘤等现象								合格

工程质量等级评定			质量保证资料	齐全

检验负责人：×××　　　　检测：×××　　　　记录：×××　　　　复核：×××　　　　2023 年×月×日

384

分项工程名称：预应力锚固系统安装　工程部位：(桩号、墩台号、孔号)　所属建设项目（合同段）：××省××市至××市高速公路项目

所属分部工程名称：锚体　所属单位工程名称：锚碇　施工单位：××公路工程建设有限公司　××悬索桥　分项工程编号：XS-02-03-01-001

基本要求	☑ 1. 锚固系统应有合格证书，经验收合格后方可安装。 ☑ 2. 刚架锚固系统应安装牢固，在浇筑混凝土时不产生扰动、变位。 ☑ 3. 预应力锚固系统锚垫板与孔道轴线垂直，混凝土达到设计要求的强度和龄期后方可按规定程序进行张拉。 ☑ 4. 应按设计要求进行防护处理。 ☑ 5. 焊接及高强螺栓连接应符合本标准第8.9.2条的相关规定。

项次	检查项目	规定值或允许偏差	实测值或实测偏差值										质量评定		
			1	2	3	4	5	6	7	8	9	10	平均值，代表值	合格率（%）	合格判定
实测项目 1Δ	锚面孔道中心坐标偏差（mm）	±10	4	-10	8	-1	4	-2	-2	-10			-1.13	100	合格
2Δ	前锚面孔道角度（°）	±0.2	0.1	-0.1	0.1	0	0.1	0.1	-0.2	0.1			0.03	100	合格
3	连接平板轴线偏位（mm）	≤5	1	3	3	2							2.25	100	合格
外观质量	表面清洁，防护完好														
质量保证资料	齐全														
工程质量等级评定	合格														

检验责任人：×××　检测：×××　记录：×××　复核：×××

2023 年×月×日

385

79. 刚架锚固系统安装分项工程质量检验评定表

分项工程名称：刚架锚固系统安装　　工程部位：（桩号、墩台号、孔号）×××悬索桥　　所属建设项目（合同段）：××省××市至××市高速公路项目

所属分部工程名称：锚体　　所属单位工程：锚碇　　施工单位：××公路工程建设有限公司　　分项工程编号：XS-02-03-02-001

基本要求	☑ 1. 锚固系统应有合格证书，经验收合格后方可安装。 ☑ 2. 刚架锚固系统应安装牢固。 ☑ 3. 预应力锚固系统锚垫板与孔道轴线应垂直，在浇筑混凝土时不产生扰动、变位。 ☑ 4. 应按设计要求进行防护处理。 ☑ 5. 焊接及高强螺栓连接应符合本标准第8.9.2条的相关规定。 混凝土达到设计要求的强度和龄期后方可按规定程序进行张拉。													
项次	检查项目	规定值或允许偏差	实测值或实测偏差值										质量评定		
			1	2	3	4	5	6	7	8	9	10	平均值、代表值	合格率（%）	合格判定
实测项目	1	刚架中心线偏位（mm）	≤20	17	18									17.5	100	合格
	2	安装锚杆之平联高差（mm）	+5，-2	5	3	-2	-1							1.25	100	合格
	3△	锚杆坐标（mm） 纵	±10	8	1	-5	-7	6	-6	3	-4			-0.5	100	合格
		横	±5	3	-3	3	1	-5	5	-1	0			0.38	100	合格
		竖直	±5	1	2	-1	0	-4	3	4	2			0.88	100	合格
	4	焊缝尺寸（mm）	满足设计要求	8	7	7	8							7.5	100	合格
	5△	焊缝探伤	符合要求，见焊缝探伤试验报告，编号××											/	100	合格
	6△	高强螺栓扭矩（N·m）	±10%	3	8	-1	-2	2						2	100	合格
外观质量		焊缝无裂纹、焊瘤等现象											质量保证资料	齐全		
工程质量等级评定					合格							复核：×××			

检验负责人：×××　　　　　　记录：×××　　　　　检测：×××　　　　　　　　　　　　　　　　　　　2023年×月×日

386

80. 锚碇混凝土块体分项工程质量检验评定表

分项工程名称：锚碇混凝土块体　　工程部位：（桩号、墩台号、孔号）××悬索桥桥头　　所属建设项目（合同段）：×××市至×××市高速公路项目

所属分部分项工程名称：锚体　　施工单位工程：锚碇　　施工单位：×××公路工程建设有限公司　　分项工程编号：XS-02-04-01-001

| 基本要求 | ☑ 1. 地基承载力应满足设计要求。
☑ 2. 先后浇筑的混凝土层间预埋钢筋的规格、长度、数量、间距及表面处理应满足设计要求，并符合施工技术规范的规定。
☑ 3. 水化热产生的混凝土内最高温度及内外表温差应控制在允许范围内。 | | | | | | | | | | | | | |

	项次	检查项目	规定值或允许偏差	实测值或实测偏差值										质量评定		
				1	2	3	4	5	6	7	8	9	10	平均值、代表值	合格率（%）	合格判定
实测项目	1△	混凝土强度（MPa）	在合格标准内 C40	符合要求，见混凝土强度试验报告，编号××										47.41	100	合格
	2	轴线偏位（mm） 基础	≤20	12	4	2	18							9	100	合格
		轴线偏位（mm） 槽口	≤10	3	1	3	8							3.75	100	合格
	3△	平面尺寸（mm） 土质	±30	21	−15	16	−12	13	−12	4	7	−4	20	7.33	100	合格
	4	基底高程（mm） 石质	+50，−200	−7	14	−17	−12	13						0.6	100	合格
	5	顶面高程（mm）	±20	16	13	−19	−10	14	−7	5	15	0	3	/	/	/
	6	预埋件位置（mm）	满足设计要求，设计未要求时≤5	5	3	2	4	3						3	100	合格
	7	平整度（mm）	≤8	7	1	6	1	3	7	8	7			3.5	100	合格
														5	100	合格
外观质量		混凝土表面平整，锚室无积水														
工程质量等级评定			合格							质量保证资料				齐全		

检验负责人：×××　　　　检测：×××　　　　记录：×××　　　　复核：×××　　　　2023 年×月×日

387

81. 钢丝、钢绞线先张法分项工程质量检验评定表

分项工程名称：钢丝、钢绞线先张法　　工程部位：（桩号、墩台号、孔号）1#跨　　所属建设项目（合同段）：×××省×××市至×××市高速公路项目

所属分部工程名称：索塔　　所属单位工程：塔及辅助、过渡墩　　施工单位：××公路工程建设有限公司　　分项工程编号：XL-03-02-01-001

基本要求	☑ 1. 预应力束中的钢丝、钢绞线应顺直，不得有缠纹、扭结现象，表面不得有损伤。 ☑ 2. 单根钢绞线不得断丝，单根钢筋不得断筋或滑移。 ☑ 3. 同一截面预应力筋接头的面积不超过预应力筋总面积的25%，接头质量应符合施工技术规范的规定。 ☑ 4. 预应力筋张拉或放张时应使混凝土强度和龄期应满足设计要求，应按设计要求的张拉顺序进行操作。 ☑ 5. 预应力钢丝采取镦头锚时，墩头应为圆型圆整，不得有斜歪或破裂现象。 ☑ 6. 管道应安装平顺，接头密合，弯曲圆顺。锚垫板平面应与孔道轴线垂直。 ☑ 7. 张拉设备应配套标定使用，并不得超过标定期限使用。 ☑ 8. 锚固后预应力筋应采取机械切割，外露长度符合设计要求。

实测项目	项次	检查项目		规定值或允许偏差	实测值或实测偏差值										质量评定		
					1	2	3	4	5	6	7	8	9	10	平均值、代表值	合格率（%）	合格判定
	1	镦头钢丝同束长度相对差（mm）	L>20m	≤L/5000及5													
			6m≤L≤20m	≤L/3000及5	2	2									2	100	合格
			L<6m	≤2											/	/	/
	2△	张拉应力值（MPa）		满足设计要求 1860	1877	1863	1853								1864.33	100	合格
	3△	张拉伸长率		满足设计要求，设计未要求时±6%	2.3	-1.5	2.4	2.5	3.1	0.8	-1.7				1.13	100	合格
	4	同一构件内断丝根数不超过钢丝总数的百分数		≤1%	1	1	0	0	1	1	1				0.71	100	合格
	5	预应力筋张拉后张拉端在横断面上的坐标（mm）		±5	3	4	-2	10	-3	1					3.5	100	合格
	6	无黏结段长度（mm）		±10	3	0	0	10	-3	1	-4				0.71	100	合格

外观质量　　未出现弯折　　质量保证资料　　齐全

工程质量等级评定　　合格

检验负责人：×××　　检测：×××　　记录：×××　　复核：×××　　2023 年×月×日

注：L为钢束长度，计算规定值或允许偏差值时以mm计。

388

82. 后张法分项工程质量检验评定表

分项工程名称：后张法	工程部位：（桩号、墩台号、孔号）1#跨	所属建设项目（合同段）：×××省×××市至×××市高速公路项目
所属分部工程名称：索塔	所属单位工程：塔及辅助、过渡墩	施工单位：×××公路工程建设有限公司　　分项工程编号：XL-03-02-02-001

基本要求	☑ 1. 预应力束中的钢丝、钢绞线应顺直，不得有缠绞，扭结现象，表面不得有损伤。 ☑ 2. 单根钢绞线不得断丝，单根预应力筋不得断筋或滑移。 ☑ 3. 同一截面预应力筋接头面积不超过预应力筋总面积的25%，接头质量应符合施工技术规范的规定。 ☑ 4. 预应力筋张拉或放张时混凝土强度和龄期应满足设计要求，应按设计要求的张拉顺序进行操作。 ☑ 5. 预应力钢丝采取锚固时，墩头应型圆整，不得有斜歪或破裂现象。 ☑ 6. 管道应安装牢固，接头应密合，弯曲应圆顺，锚垫板平面应与孔道轴线垂直。 ☑ 7. 张拉设备应配套标定和使用，并不得超过标定期限使用。 ☑ 8. 锚固后预应力筋应采取机械切割，外露长度符合设计要求。

项次	检查项目		规定值或允许偏差	实测值或实测偏差值										质量评定		
				1	2	3	4	5	6	7	8	9	10	平均值,代表值	合格率(%)	合格判定
1	管道坐标（mm）	梁长方向	±30	1	-20	7	-11	21	-5	17	2	24		4	100	合格
		梁宽方向	±10	-10	0	6	-10	6	-1	-4	2	4		-0.78	100	合格
		梁高方向	±10	-3	-8	-10	-4	-3	-3	-4	9	-6		-3.56	100	合格
2	管道间距（mm）	同排	±10	-5	9	8	1	7	-2					3	100	合格
		上下层	±10	-4	-8	-6	2	-8	-8					-5.33	100	合格
3△	张拉应力值（MPa）		满足设计要求 1860	1880	1841	1863	1854	1857	1853	1864				1858.86	100	合格
4△	张拉伸长率		满足设计要求，设计未要求时±6%	2.3	-1.5	2.4	2.5	3.1	0.8	-1.7				1.13	100	合格
5	断丝滑丝数		钢束每束1根，且每断面总数不超过钢丝总数的1%；钢筋：不允许	0	0	0	0	0	0	0				0	100	合格

外观质量	外套管无裂纹，管道无破损	质量保证资料	齐全

工程质量等级评定：合格

检验负责人：×××　　检测：×××　　记录：×××　　复核：×××　　2023年×月×日

389

83. 预应力管道压浆及封锚分项工程质量检验评定表

分项工程名称：预应力管道压浆及封锚　　工程部位：（桩号、墩号、孔号）1#跨　　所属建设项目（合同段）：×××省××市至×××市高速公路项目

所属分部分项工程名称：索塔　　所属单位工程：塔及辅助、过渡墩　　施工单位：××公路工程建设有限公司　　分项工程编号：XL-03-01-001

| 基本要求 | ☑ 1. 浆体的各项技术性能应符合施工技术规范规定并满足设计要求。
☑ 2. 预应力管道在压浆前应清除内部的杂物及积水。采用真空辅助压浆时，其气密性应达到有关技术规范的规定。
☑ 3. 管道最高点位置应设置排气孔或检查孔，排气孔、检查孔内应充满原浆。
☑ 4. 应在设计要求的时间内进行压浆，同一管道压浆应连续一次完成。不得有漏压浆的管道。
☑ 5. 压浆过程中及压浆完成后48h内，环境温度低于5℃时应采取防冻或保温措施。
☑ 6. 应按设计要求浇筑封锚混凝土。 | | | | | | | | | | | | |

实测项目	项次	检查项目	规定值或允许偏差	实测值或实测偏差值										质量评定		
				1	2	3	4	5	6	7	8	9	10	平均值、代表值	合格率（%）	合格判定
	1△	浆体强度（MPa）	在合格标准内 M20	符合要求，见水泥基浆强度试验报告，编号××										20.56	100	合格
	2△	压浆压力值（MPa）	满足设计要求 0.5～0.7	0.6	0.6	0.6								0.6	100	合格
	3	稳压时间（s）	满足设计要求 ≥300	301	302	303								302	100	合格
外观质量			混凝土表面平整												齐全	
			质量保证资料													

工程质量等级评定　　　　合格

检验负责人：×××　　检测：×××　　记录：×××　　复核：×××　　2023 年×月×日

390

84. 隧道锚的混凝土锚塞体分项工程质量检验评定表

分项工程名称：隧道锚的混凝土锚塞体　　工程部位：×××悬索桥桥头　　所属建设项目（合同段）：×××省×××市至×××市高速公路项目

所属分部工程名称：锚体　　施工单位：×××公路工程建设有限公司　　分项工程编号：XS-02-07-01-001

所属单位工程名称：锚体

基本要求	☑ 1. 应对混凝土抗渗性能和微膨胀性能进行检测，结果应满足设计要求。 ☑ 2. 水化热产生的混凝土内最高温度及内外表面温差应控制在允许范围内。 ☑ 3. 锚塞体混凝土与洞身周边应紧密结合，若出现缝隙，应按设计文件进行处理并满足要求。													
实测项目	项次	检查项目	规定值或允许偏差	实测值或实测偏差值										质量评定		
				1	2	3	4	5	6	7	8	9	10	平均值、代表值	合格率（%）	合格判定
	1△	混凝土强度（MPa）	在合格范围内 C30	符合要求，见混凝土强度试验报告，编号××										35.41	100	合格
	2	前、后锚面中心纵桥向坐标（mm）	±50	7	-16									-4.5	100	合格
	3	前、后锚面倾角（°）	±0.5	0.2	-0.2	-0.3	0.1	0	0					-0.03	100	合格
	4	预埋件位置（mm）	满足设计要求，设计未要求时≤5	3	4	4	1							3	100	合格
外观质量			混凝土表面平整											齐全		
		质量保证资料												合格		
工程质量等级评定	×××														

检验负责人：×××　　检测：×××　　记录：×××　　复核：×××　　2023年×月×日

391

分项工程名称：主索鞍制作　　工程部位：（桩号、墩台号、孔号）1#跨　　所属建设项目：×××省×××市至×××市高速公路项目

所属分部工程名称：索鞍　　所属单位工程：上部钢结构制作与防护　　施工单位：××公路工程建设有限公司　　分项工程编号：XL-02-01-01-001

基本要求	☑ 1. 鞍槽铸钢件的材料性能，无损检测结果应满足设计要求，具有完整性的出厂质量合格证书。 ☑ 2. 鞍座铸钢板应按照有关标准进行超声波探伤，成批钢板应按设计要求和有关技术规范的规定的频率和方法进行化学成分和机械性能的抽样试验。探伤和试验结果应合格后方可使用。 ☑ 3. 施焊前，应对母材、焊条及坡口形式、焊接质量等按相关技术规范的规定和设计要求进行焊接工艺评定，采用经焊接工艺评定合格的焊条、焊丝和焊剂。 ☑ 4. 索鞍焊缝应按设计要求进行无损探伤，探伤结果应合格。 ☑ 5. 出厂前应先进行试拼装，各零部件应有识别标记和定位标记。搬动、运输和储存过程中零部件和涂装不应损伤和散失。

项次		检查项目	规定值或允许偏差	实测值或实测偏差值										质量评定		
				1	2	3	4	5	6	7	8	9	10	平均值、代表值	合格率（%）	合格判定
1△	主要平面	平面度	≤0.08mm/1000mm，且≤0.5mm/全平面	0.04	0.03	0.05	0.04	0.02	0.01	0.03	0.04	0.01	0.04	0.03	100	合格
2△		两平面的平行度（mm/全平面）	≤0.5	0.4	0.1	0.5	0.5	0.5	0.1					0.35	100	合格
3△		鞍体下平面对中心索槽竖直平面的垂直度（mm/全长）	≤2	1	1	1	1	0	1					0.83	100	合格
4		对合竖直平面对鞍体下平面的垂直度（mm/全长）	≤3	2	3	2	2	3	1					2.17	100	合格
5	高度	鞍座底面对中心索槽底的高度（mm）	±2	0	2	-1	1	-2	-2					-0.33	100	合格
6△	圆弧半径	鞍槽的轮廓圆弧半径（mm）	±2	1	-1	-1	0	1	2					0.33	100	合格
7△	鞍槽内各尺寸	各槽宽度、深度（mm）	±1，累积误差±2	0	-1	0	0							-0.33	100	合格
8		各槽与中心索槽的对称度（mm）	≤0.5	0.2	0.3	0.2	0.2							0.23	100	合格
9△		加工后鞍槽底部及侧壁厚度（mm）	±10	-10	-5	-5								-6.67	100	合格
10		各槽曲线立、平面角度（°）	±0.2	0.2	0.1	0.1	0.2	0.1	0.1	0.1				-0.15	100	合格
11		鞍槽表面粗糙度Ra（μm）	满足设计要求	0.2	0.1	0.1	0.2	0.1	0.1	0.1	0.2	0.2	0.2	0.15	100	合格
外观质量		铸钢件表面无气孔、砂眼等现象							合格							
质量保证资料									齐全							
工程质量等级评定									合格							

检验负责人：×××　　检测：×××　　记录：×××　　复核：×××　　2023年×月×日

注：主要平面包括主索鞍的下平面，对合的竖直平面，上、下支撑板的上下平面；中心索槽的竖直（基准）平面。

86. 散索鞍制作分项工程质量检验评定表

分项工程名称：散索鞍制作　　所属建设项目（合同段）：×××省×××市至×××市高速公路项目

所属分部工程：上部钢结构制作与防护　　施工单位：×××公路工程建设有限公司　　分项工程编号：XL-02-01-02-001

工程部位：（桩号、墩台号、孔号）1#跨　　鞍座名称：索鞍

基本要求	
☑ 1. 鞍槽铸钢件的材料性能、无损检测结果应满足设计要求，具有完整性的出厂质量合格证书。	
☑ 2. 鞍座钢板应按照有关标准逐张进行超声波探伤，成批钢板应按设计要求和有关规范规定的频率和方法进行化学成分和机械性能的抽样试验。探伤和试验结果合格后方可使用。	
☑ 3. 施焊前，应对母材、焊条及坡口形式、焊接质量等按相关技术规范的规定和设计要求进行焊接工艺评定，采用经焊接工艺评定合格的焊条、焊丝和焊剂。	
☑ 4. 索鞍焊缝应按设计要求进行无损探伤，探伤结果应合格。	
☑ 5. 出厂前应有识别标记和定位标记。搬动、运输和储存过程中零部件和涂装不应损伤和散失。各零部件应进行试拼装。	

项次	检查项目	规定值或允许偏差	实测值或实测偏差值										平均值、代表值	合格率（%）	合格判定
			1	2	3	4	5	6	7	8	9	10			
1△	主要平面　平面度	≤0.08mm/1000mm，且0.5mm/全平面	0.01	0.05	0.05	0.02	0.04	0.01	0.02	0.04	0.01		0.03	100	合格
2△	两平面的平行（mm/全平面）	≤0.5	0.5	0.1	0.1	0.5	0.4	0.1					0.28	100	合格
3△	摆轴中心线与索槽中心平面的垂直度（mm/全长）	≤3	2	1	1	2	1	1					1.33	100	合格
4	高度　摆轴对合面到索槽底面的高度（mm）	±2	1	1	-1								0.33	100	合格
5△	圆弧半径　鞍槽的轮廓圆弧半径（mm）	±2	2	-2	-1								-0.33	100	合格
6△	鞍槽内各尺寸　各槽宽度、深度（mm）	±1，累积误差±2	0	-1	-1								-0.67	100	合格
7△	各槽与中心索槽底部的对称度（mm）	≤0.5	0.4	0.2	0.1	0.5	0.3	0.1					0.23	100	合格
8△	加工后鞍槽底部及侧壁厚度（mm）	±10	10	1	-2								3	100	合格
9	各槽曲线立、平面角度（°）	±0.2	0.1	0.1	0.1	0	0.3	0.1					0.03	100	合格
10	鞍槽表面粗糙度Ra（μm）	满足设计要求	0.3	0.2	0.2	0.1	0.3	0.1					0.2	100	合格

外观质量　各加工工件表面涂有防锈油脂　　合格

质量保证资料　齐全　　合格

工程质量等级评定　　合格

检验负责人：×××　　检测：×××　　记录：×××　　复核：×××　　2023 年 × 月 × 日

注：主要平面包括摆轴平面、底板下平面、中心索槽竖直平面。

87. 主索鞍安装分项工程质量检验评定表

分项工程名称：主索鞍安装　　　　工程部位：（桩号、墩台号、孔号）1#跨　　　　所属建设项目（合同段）：××省××市至××市高速公路项目

所属分部工程名称：安装　　　　所属单位工程：上部结构浇筑与安装　　　　施工单位：××公路工程建设有限公司　　　　分项工程编号：XL-02-01-01-001

基本要求	☑ 1. 索鞍成品应按设计要求和有关技术规范的规定验收合格后方可安装。 ☑ 2. 应按设计要求放置底板，其表面应平整，与索鞍支承板密贴。 ☑ 3. 索鞍安装前应进行全面检查，不得出现损伤。索槽内部应清洁，不应粘有油脂或油漆等材料。 ☑ 4. 索鞍就位后应锁定牢固。															
实测项目	项次	检查项目	规定值或允许偏差	实测值或实测偏差值										质量评定		
				1	2	3	4	5	6	7	8	9	10	平均值、代表值	合格率（%）	合格判定
	1△	最终偏位（mm）	顺桥向	满足设计要求	5	3	1	4							3.25	100	合格
	3△		横桥向	≤10	2	4	0	0							1.50	100	合格
	2△	底板高程（mm）	+20，0	2	15	3	5							6.25	100	合格
	3	底板四角高差（mm）	≤2	0	1	1	2							1	100	合格
	4	高强螺栓扭矩（N·m）	±10%	4	-10	3	4							0.25	100	合格
外观质量			索鞍表面欠清洁										齐全			
			质量保证资料										合格			
工程质量等级评定																

检验负责人：×××　　　　检测：×××　　　　记录：×××　　　　复核：×××　　　　2023 年×月×日

394

88. 散索鞍安装分项工程质量检验评定表

分项工程名称：散索鞍安装　　工程部位：（桩号、墩台号、孔号）1#跨　　所属建设项目（合同段）：×××省×××市至×××市高速公路项目

所属分部分项工程名称：安装　　所属单位工程：上部结构浇筑与安装　　施工单位：××公路工程建设有限公司　　分项工程编号：XL-02-01-02-001

| 基本要求 | ☑ 1. 索鞍成品应按设计要求和有关技术规范的规定验收合格后方可安装。
☑ 2. 应按设计要求放置底板，其表面应平整，与索鞍支承板密贴。
☑ 3. 索鞍安装前应进行全面检查，不得出现损伤。索槽内部应清洁，不应粘有油脂或油漆等材料。
☑ 4. 索鞍就位后应锁定牢固。 | | | | | | | | | | | | | |

项次	检查项目	规定值或允许偏差	实测值或实测偏差值										质量评定		
			1	2	3	4	5	6	7	8	9	10	平均值、代表值	合格率（%）	合格判定
实测项目	1△ 底板轴线纵、横向偏位（mm）	≤5	1	4	4	3							3	100	合格
	2 底板中心高程（mm）	±5	2	3	2		1	1	1	1			2.5	100	合格
	3 底板高差（mm）	≤2	1	2	2	1	1	1	1	1			1.25	100	合格
	4△ 散索鞍竖向倾斜角	满足设计要求	12	7									9.5	100	合格
	外观质量		索鞍表面欠清洁											齐全	
	工程质量等级评定					合格									

检验负责人：×××　　检测：×××　　记录：×××　　复核：×××　　2023 年×月×日

395

89. 主缆索股和锚头的制作分项工程质量检验评定表

分项工程名称：主缆索股和锚头的制作　　工程部位：（桩号、墩台号、孔号）　　所属建设项目（合同段）：×××省×××市至×××市高速公路项目

所属单位工程：上部钢结构制作与防护　　施工单位：×××公路工程建设有限公司　　分项工程编号：XL-01-01-001

所属分部工程名称：主缆　　工程名称：×××悬索桥

| 基本要求 | ☑ 1. 锚杯和锚板应逐件进行无损探伤检测，合格后方可使用。
☑ 2. 索股在成批生产前，应按设计要求进行拉伸破坏试验，试验后锚头进行剖面检查，合格后方可生产。
☑ 3. 索股上的标志点应齐全、准确，锚头涂装防护应符合本标准第8.9.3条的规定。
☑ 4. 运输和存储过程中索股和锚头不应受到损伤、污染和腐蚀。 | | | | | | | | | | | | | |

	项次	检查项目	规定值或允许偏差	实测值或实测偏差值										质量评定		
				1	2	3	4	5	6	7	8	9	10	平均值、代表值	合格率（%）	合格判定
实测项目	1 Δ	索股基准丝长度（mm）	±Lz/15000　75000	3	0	−1	4	−3	3	−1				0.71	100	合格
	2 Δ	成品索股长度（mm）	±Ls/10000　60000	2	1	1	1							1.25	100	合格
	3 Δ	热铸锚合金灌铸率（%）	＞92	94	95									94.5	100	合格
	4	锚头顶压索股外移量（按规定顶压力，持荷5min）（mm）	满足设计要求	2	3									2.5	100	合格
	5 Δ	索股轴线与锚头端面垂直度（°）	±0.5	−0.3	0.2	−0.2	−0.3	−0.3	0					−0.15	100	合格
	外观质量		索股钢丝无弯折、损伤	索股钢丝无弯折、损伤											齐全	
	工程质量等级评定							合格						质量保证资料		合格

检验负责人：×××　　　检测：×××　　　记录：×××　　　检验：×××　　　复核：×××　　　2023 年×月×日

注：1. Lz为基准丝长度，Ls为索股长度，计算规定值或允许偏差以mm计。

　　2. 项次4外移量允许偏差应在扣除初始外移量之后进行测量。

396

90. 主缆架设分项工程质量检验评定表

分项工程名称：主缆架设　　工程部位：（桩号、墩台号、孔号）　　所属建设项目（合同段）：×××省×××市至××市高速公路项目

所属分部工程名称：安装　　所属单位工程：上部结构浇筑与安装　　施工单位：×××公路工程建设有限公司　　分项工程编号：XL-02-02-01-001

基本要求	☑ 1. 索股成品应有合格证，应按设计要求和有关技术规范的规定验收合格后方可架设。 ☑ 2. 索股人数，入锚位置应满足设计要求，架设时索股不得弯折、扭转和散开。 ☑ 3. 索股锚固应与锚板正交，锚头锁定应牢固。

项次	检查项目		规定值或允许偏差	实测值或实测偏差值										质量评定		
				1	2	3	4	5	6	7	8	9	10	平均值、代表值	合格率（%）	合格判定
1Δ 实测项目	索股高程（mm）	基准 中跨	±L/20000　100000	-3	-2									-2.5	100	合格
		基准 边跨	±L/10000　40000	-4	1									-1.5	100	合格
		上、下游高差	≤10	2	9									5.5	100	合格
		一般 相对于基准索股	+10, -5	3	7									5	100	合格
2	锚跨索股力偏差		满足设计要求，设计未要求时±3%	1	2									1.5	100	合格
3	主缆空隙率（%）		±2	-1	-1	2	1	0						0.2	100	合格
4	主缆直径不圆度（%）		≤2	1	0	0								0.33	100	合格
外观质量	索股表面无污染													齐全		
质量保证资料	合格															
工程质量等级评定														合格		

检验负责人：×××　　　检测：×××　　　记录：×××　　　复核：×××　　　2023 年×月×日

注：L为中跨跨径，计算规定值或允许偏差时以mm计。

397

91. 索夹的制作分项工程质量检验评定表

分项工程名称：索夹的制作　工程部位：(桩号、墩台号、孔号）1#跨　所属建设项目：××省××市至××市高速公路项目

所属分部工程名称：索夹　所属单位工程：上部钢结构制作与防护　施工单位：××公路结构建设有限公司　分项工程编号：XL-03-01-001

| 基本要求 | ☑ 1. 分批热处理的铸钢件和合金结构钢均应按设计要求和有关技术规范的规定进行验收，验收结果应合格。
☑ 2. 每一件加工成品（索夹和螺杆）均应按设计要求和有关技术规范的规定进行无损探伤结果应合格。每对索夹两半部分应先进行编号和试排装，并验收合格。
☑ 3. 每一半索夹超标缺陷修补点不应超过2个，同一修补点不应修补2次，并做好修补记录备查。
☑ 4. 索夹和螺杆的螺母和垫圈的接触面应与螺杆轴线垂直，加工精度应满足设计要求。 |

项次	检查项目	规定值或允许偏差	实测值或实测偏差值										平均值、代表值	质量评定 合格率（%）	质量评定 合格判定
			1	2	3	4	5	6	7	8	9	10			
1	索夹内径及长度（mm）	±2	1	-2									-0.5	100	合格
2Δ	壁厚（mm）	+5，0	2	1	3	2	4	4	3	2	2	1	2.4	100	合格
3	圆度（mm）	≤2	2	1	1	2	1						1.4	100	合格
4	平直度（mm）	≤1	1	1	0	1	1						0.8	100	合格
5Δ	索夹内壁粗糙度 Ra（μm）	满足设计要求，设计未要求时12.5～25	12.6	17.1	15.4	17.8	21.3	13.4	18.5	12.8	19.9	14.5	16.33	100	合格
6 耳板	销孔中心偏位（mm）	±1	0.2	0.2									0.2	100	合格
	销孔内径（mm）	+1，0	1	1									1	100	合格
7 螺孔	螺孔中心偏位（mm）	±1.5	-0.6	1.3									0.35	100	合格
	螺孔直径（mm）	±2	-1	2									0.2	100	合格
	直线度（mm）	≤L/500	3	2	1								2	100	合格
外观质量	索夹表面无气孔、砂眼等现象														
质量保证资料	齐全														
工程质量等级评定	合格														

检验负责人：×××　检测：×××　记录：×××　复核：×××　2023年×月×日

注：L为螺杆孔深度，计算规定值或允许偏差时以mm计。

398

92. 吊索和锚头的制作分项工程质量检验评定表

分项工程名称：吊索和锚头的制作　　工程部位：（桩号、墩台号、孔号）　1#跨　　所属建设项目（合同段）：×××省×××市至×××市高速公路项目

所属分部工程名称：上部钢结构制作与防护　　施工单位：×××公路工程建设有限公司　　分项工程编号：XL-04-01-01-001

基本要求	☑ 1. 锚杯、耳板和销轴应逐件按设计要求进行无损探伤检测，结果应合格。 ☑ 2. 应按设计要求进行吊索和锚头组装件伸拉伸破坏试验，试验结果满足要求。 ☑ 3. 吊索应在设计要求的拉力下进行下料及长度标记，在锚头附近应同时设置长度标志点和方向标志点。 ☑ 4. 锚头的涂装防护应符合本标准第8.9.3条的规定，吊索的防护应满足设计要求。 ☑ 5. 搬动、运输和储存过程中不应出现零部件散失及吊索和锚头受到损伤。

项次	检查项目	规定值或允许偏差	实测值或实测偏差值										质量评定		
			1	2	3	4	5	6	7	8	9	10	平均值、代表值	合格率（%）	合格判定
实测项目	1	吊索调整后长度（销孔之间）（mm）	≤5m	±1	−1	1	1	0							0.25	100	合格
			>5m	±L/5000，且不超过±30											/	/	/
	2	销轴直径（mm）	0，−0.15	−0.1	−0.1	−0.1	0	−0.1	−0.1	−0.1	0			−0.08	100	合格
	3	叉形耳板销孔中心偏位（mm）	±2	2	−2	−1	−1							−0.5	100	合格
	4△	热铸锚合金灌铸率（%）	>92	99	93									96	100	合格
	5	锚头顶压后吊索外移量（按规定的顶压力，持荷5min）（mm）	满足设计要求	2	3									2.5	100	合格
	6△	吊索轴线与锚头端面垂直度（°）	≤0.5	0	0.4	0.5	0	0.3	0.1					0.22	100	合格
外观质量			吊索无弯折，锚头防护无破损	吊索无弯折，锚头防护无破损										齐全		
工程质量等级评定				质量保证资料										合格		

检验负责人：×××　　检测：×××　　记录：×××　　复核：×××　　2023年×月×日

注：1. 项次5顶压外移量允许偏差应在扣除初始外移量之后进行量测。
　　2. L为吊索长度，计算规定值或允许偏差时以mm计。

399

93. 索夹安装分项工程质量检验评定表

分项工程名称：索夹安装　　工程部位：(桩号、墩台号、孔号) 1#跨　　所属建设项目(合同段)：×××省×××市至××市高速公路项目

所属分部工程名称：上部结构浇筑与安装　施工单位：××公路工程建设有限公司　分项工程编号：XL-02-03-01-001

所属分部工程名称：安装

基本要求	☑ 1. 螺栓紧固设备应标定，按设计要求和有关技术规范的规定分阶段检测螺杆中的拉力。 ☑ 2. 索夹内表面和主缆表面应按设计要求进行处理，安装时应清洁、干燥。 ☑ 3. 锚头应锁定牢固。

项次		检查项目	规定值或允许偏差	实测值或实测偏差值										质量评定		
				1	2	3	4	5	6	7	8	9	10	平均值、代表值	合格率(%)	合格判定
实测项目	1	索夹偏位	顺缆向(mm)	≤10	1	8	6	7	5	5	4	9			5.63	100	合格
			偏转角(°)	≤0.5	0.2	0.2	0.3	0.2	0.3	0.4	0.3	0.4			0.29	100	合格
	2△	螺杆紧固力(kN)	满足设计要求 ±6%	2.1	3.1	-1.7	2.2	-1.4	-0.8	0.5	4.1			1.01	100	合格

外观质量	索夹防护无裂纹、划伤	质量保证资料	齐全

工程质量等级评定	合格

检验负责人：×××　　检测：×××　　记录：×××　　复核：×××　　2023 年×月×日

400

94. 吊索安装分项工程质量检验评定表

| 基本要求 | ☑ 1. 螺栓紧固设备应备标定，按设计要求和有关技术规范的规定分阶段检测螺杆中的拉力。
☑ 2. 索夹内表面和索夹处主缆表面应按设计要求进行处理，安装时清洁、干燥。
☑ 3. 锚头应锁定牢固。 |

项次	检查项目		规定值或允许偏差	实测值或实测偏差值										质量评定		
				1	2	3	4	5	6	7	8	9	10	平均值、代表值	合格率（%）	合格判定
实测项目	1	索夹偏位	顺缆向（mm） ≤10	0	9	7	7	2	3	4	7			4.88	100	合格
			偏转角（°） ≤0.5	0.2	0.2	0.1	0.5	0.5	0.1	0.1	0.2			0.24	100	合格
	2△	螺杆紧固力（kN）	满足设计要求 ±6%	2.7	2.1	-1.3	2.5	-1.7	-0.4	0.7	3.1			0.96	100	合格
外观质量			吊索无扭结						质量保证资料						齐全		
工程质量等级评定							合格									

95. 主缆防护分项工程质量检验评定表

分项工程名称：主缆防护　　工程部位：（桩号、墩台号、孔号）××悬索桥　　所属建设项目（合同段）：××省××市至××市高速公路项目

所属分部工程名称：主缆　　所属单位工程：上部钢结构制作与防护　　施工单位：××公路工程建设有限公司　　分项工程编号：XL-01-02-01-001

基本要求	☑ 1. 防护前应清除主缆钢丝表面的灰尘、油污和水分，保持干燥、干净，密封膏应均匀地填满主缆外侧钢丝与缠丝之间的间隙。
	☑ 2. 缠丝前应对缠丝机进行标定。
	☑ 3. 缠绕钢丝应嵌进索夹端部留出的凹槽内不少于3圈及设计要求，缠丝端部应嵌入索夹端部端槽内并应焊接固定，不得松动。
	☑ 4. 索夹缝隙、螺杆孔、端部应采用满足设计要求的密封材料填充密实。
	☑ 5. 防护层表面应平整。
	☑ 6. 主缆缆套的各处密封性能应满足设计要求。

实测项目	项次	检查项目	规定值或允许偏差	实测值或实测偏差值										质量评定		
				1	2	3	4	5	6	7	8	9	10	平均值、代表值	合格率（%）	合格判定
	1	缠丝间距（mm）	≤1	1	0.1	0	0	0.1	0.3	0	0.3			1	100	合格
	2 Δ	缠丝张力（kN）	≤0.3	0.2											0.13	100	合格
	3 Δ	防护层厚度（μm）	满足设计要求 ≥150	173	156	166	161	175	169					166.67	100	合格

| 外观质量 | 索胶变叉 | 质量保证资料 | 齐全 |

| 工程质量等级评定 | 合格 |

检验负责人：×××　　　　检测：×××　　　　记录：×××　　　　复核：×××　　　　2023 年×月×日

402

96. 悬索桥钢加劲梁安装分项工程质量检验评定表

分项工程名称：悬索桥钢加劲梁安装　　工程部位：（桩号、墩台号、孔号）1#跨　　所属单位工程（合同段）：××省××市至××市高速公路项目

所属分部工程名称：安装　　所属单位工程：上部结构浇筑与安装　　施工单位：××公路工程建设有限公司　　分项工程编号：XS-02-04-01-001

| 基本要求 | ☑ 1. 工地安装焊缝应进行焊接工艺评定，评定结果应符合相关技术规范的规定，并制定实施性焊接施工工艺。
☑ 2. 应按设计要求的程序进行安装。
☑ 3. 同一部位的焊缝返修不得超过两次，返修后的焊缝应按原质量标准进行复验，并且应合格。
☑ 4. 高强螺栓连接面的抗滑移系数应对随梁发送的试板进行检验，检验结果应满足设计要求。
☑ 5. 安装时，摩擦面应干燥、整洁，同缝处理应符合相关技术规范规定。
☑ 6. 钢梁运输、吊装过程中构件不应出现设计不允许的变形、碰撞损伤或漆面损坏，严禁在工地安装已变形的构件。
☑ 7. 按设计要求的节段、将主索鞍顶推至规定位置。 |||||||||||||||

97. 自锚式悬索桥主缆索股的锚固系统制作分项工程质量检验评定表

分项工程名称：自锚式悬索桥主缆索股的锚固系统制作　　工程部位：××悬索桥　　所属建设项目（合同段）：×××省×××市至×××高速公路项目

所属分部工程名称：加劲梁　　所属单位工程：上部钢结构制作与防护　　施工单位：×××公路工程建设有限公司　　分项工程编号：XS-05-03-01-001

| 基本要求 | ☑ 1. 组成锚固系统的锚垫板、导管等零件加工尺寸应满足设计要求，并应验收合格。
☑ 2. 导管与锚垫板的连接及防护应满足设计要求。 | | | | | | | | | | | | | | | |

项次	检查项目	规定值或允许偏差	实测值或实测偏差值										质量评定		
			1	2	3	4	5	6	7	8	9	10	平均值、代表值	合格率（%）	合格判定
实测项目	1	导管长度（mm）	±5	4	-1									1.5	100	合格
	2	锚垫板与导管角度（°）	≤0.5	0.4	0.4	0.1	0.2	0.5	0.4	0.5	0.2			0.34	100	合格
	外观质量	导管表面无凹陷	质量保证资料											齐全		
	工程质量等级评定		合格													

检验责任人：×××　　　　检测：×××　　　　记录：×××　　　　复核：×××　　　　2023年×月×日

404

98. 自锚式悬索桥主缆索股的锚固系统安装分项工程质量检验评定表

分项工程名称：自锚式悬索桥主缆索股的锚固系统安装　　工程部位：××悬索桥　　所属建设项目（合同段）：×××省×××市至××市高速公路项目

所属分部工程名称：安装　　所属单位工程：上部结构浇筑与安装　　施工单位：×××公路工程建设有限公司　　分项工程编号：XS-02-05-01-001

基本要求	☑ 1. 组成锚固系统应经验收合格后方可安装。 ☑ 2. 锚固系统应安装牢固，在浇筑混凝土时不产生扰动、变位。															

实测项目	项次	检查项目	规定值或允许偏差	实测值或实测偏差值										质量评定		
				1	2	3	4	5	6	7	8	9	10	平均值、代表值	合格率（%）	合格判定
	1	预埋导管前端孔道中心坐标（mm）	±5	2	-2	3	3	-5	2	1	0			0.5	100	合格
	2	预埋导管后端端孔道中心坐标（mm）	与前端同向，±5	1	0	-3	4	-4	3	-4	1			-0.25	100	合格
外观质量			表面防护完好											齐全		
			质量保证资料						合格							
工程质量等级评定																

检验负责人：×××　　　　　记录：×××　　　　　检测：×××　　　　　复核：×××　　　　　2023 年×月×日

405

99. 自锚式悬索桥吊索张拉和体系转换分项工程质量检验评定表

分项工程名称：自锚式悬索桥吊索张拉和体系转换　　工程部位：1#跨　　所属建设项目（合同段）：×××省×××市至×××市高速公路项目

所属分部工程名称：安装　　施工单位：×××公路工程建设有限公司　　分项工程编号：XS-02-06-01-001

所属单位工程：上部结构浇筑与安装

| 基本要求 | ☑ 1. 所使用的千斤顶及油压表等张拉工具应配套标定和使用，并不得超过标定期限使用。
☑ 2. 体系转换过程中应对吊索索力、塔柱变位、主鞍位置的偏移量、钢加劲梁的线形和上、下缘的应力、应变等进行监控和记录。
☑ 3. 体系转换应按施工控制要求进行操作，索力、施工顺序、索鞍的预偏量、顶推力及顶推时间应符合施工控制要求。
☑ 4. 索塔偏移、钢加劲梁高程、吊索索力等超过设计允许范围时，应进行吊索索力的调整。 | | | | | | | | | | | | | | |

项次	检查项目	规定值或允许偏差	实测值或实测偏差值										质量评定		
			1	2	3	4	5	6	7	8	9	10	平均值、代表值	合格率（%）	合格判定
实测项目	1	钢加劲梁高程（mm）	±30	2	−19	21	−1	−14	16	−13	16			1	100	合格
	2	钢加劲梁横向高差（mm）	≤20	13	12	11	19	13	0	6	11			10.63	100	合格
	3 △	吊索索力（kN）	满足设计和施工控制要求，吊索索力等超过设计要求时±10%	1	−1.2	−2.3	−2.1	3.1	3.4	2.7	1.4			0.75	100	合格

外观质量	吊索无扭结，防护层无破损	质量保证资料	齐全
工程质量等级评定		合格	

检验责任人：×××　　　　检测：×××　　　　记录：×××　　　　复核：×××

2023 年×月×日

100. 混凝土桥面板桥面防水层分项工程质量检验评定表

分项工程名称：混凝土桥面板桥面防水层　工程部位：（桩号、墩台号、孔号）K1+000～K1+100　所属建设项目（合同段）：××省××市至××市高速公路项目

所属分部分项工程名称：桥面系、附属工程及桥梁总体　所属单位工程：桥梁工程　施工单位：××公路工程建设有限公司　分项工程编号：QL-04-02-01-001

| 基本要求 | ☑ 1. 防水层材料之间应具有相容性，并应至少有不低于桥面沥青混凝土铺装层使用年限的寿命，具有适应动载及荷载使混凝土桥面开裂时不损坏的性能。
☑ 2. 混凝土与防水层的黏结面应坚实、平整、清洁、干燥，无垃圾、尘土、油污与浮浆，表面处理应满足设计要求。
☑ 3. 应按设计要求的工艺施工，施工环境条件应满足防水材料的要求。预计涂料表面在干燥前会下雨，则不应施工。施工过程中，严禁踩踏未干的防水层。防水层养护结束后，桥面铺装完成前，行驶车辆不得在其上急转弯或紧急制动。
☑ 4. 防水层与泄水孔、护栏、路缘石等衔接处的防水构造应满足设计要求。
☑ 5. 卷材、胎体搭接长度及宽度及宽度方向的搭接宽度应满足设计要求，不得出现通缝、横向通缝。 | | | | | | | | | | | | |

407

项次	检查项目		规定值或允许偏差	实测值或实测偏差值										质量评定		
				1	2	3	4	5	6	7	8	9	10	平均值、代表值	合格率（%）	合格判定
1△	防水涂层	厚度（mm）	满足设计要求； 设计未要求时， 平均厚度≥设计厚度，85%检查点的厚度≥设计厚度，最小厚度≥80%设计厚度	设计为××mm，符合要求，见防水涂层厚度试验报告，编号××										7.3	100	合格
		用量（kg/m²）	满足设计要求 1.6	1.65	1.5	1.5	1.6	1.4						1.65	100	合格
2△	防水层粘结强度（MPa）		在合格标准内 0.4	符合要求，见混凝土强度试验报告，编号××										0.45	100	合格
3	混凝土黏结面含水率		满足设计要求 ≤2%	1.3	1.5	1.5	1.6	1.4						1.46	100	合格
外观质量			卷材防水无空鼓、翘边	质量保证资料										齐全		
工程质量等级评定			合格													

检验负责人：×××　　检测：×××　　记录：×××　　复核：×××　　2023 年×月×日

注：对防水层厚度、用量、渗透性防水涂料检查用量，其他涂层在用测厚仪困难时，仅需检查其中之一，检查用量。

101. 水泥混凝土桥面铺装分项工程质量检验评定表

分项工程名称：水泥混凝土桥面铺装　工程部位：（桩号、墩台号、孔号）K1+000～K1+200　所属建设项目（合同段）：××省××市至××市高速公路项目

所属分部工程名称：桥面系、附属工程及桥梁总体　所属单位工程：桥梁工程　施工单位：××公路工程建设有限公司　分项工程编号：QL-04-04-01-001

基本要求	☑ 1. 水泥混凝土桥面应符合本标准第7.2.1条的规定，沥青混凝土桥面应符合本标准第7.3.1条的规定。 ☑ 2. 桥面泄水孔附近的铺装应有利于桥面积水和渗入水的排除，泄水孔数量不得少于设计要求。

项次	检查项目	规定值或允许偏差 高速公路一级公路√	其他公路	实测值或实测偏差值 1	2	3	4	5	6	7	8	9	10	质量评定 平均值、代表值	合格率（%）	合格判定
1△	混凝土强度（MPa）	在合格标准内 C35		符合要求，见混凝土强度试验报告，编号××										41.44	100	合格
2	厚度（mm）	+10, −5		9	6	2	3	5	1	3	10	7	−3	4.3	100	合格
3 平整度	σ（mm）	≤1.32	≤2.0	0	1	1	1	5	1					0.75	100	合格
	IRI（m/km）	≤2.2	≤3.3	2	1	0	0	5	1	3				0.75	100	合格
	最大间隙 h（mm）	≤3	≤5	1	3	2	2	0	1	2	1	2	△	1.7	90	合格
4	横坡（%）	±0.15	±0.25	0.04	0.08	0	0.13	0.04						−0.01	100	合格
5	抗滑构造深度（mm）	0.7～1.1	0.5～1.0	0.9	0.9	1	0.8	0.7						0.86	100	合格

外观质量	混凝土表面平整		齐全
质量保证资料	合格		
工程质量等级评定	合格		

检验负责人：×××　　检测：×××　　记录：×××　　复核：×××　　2023年×月×日

注：1. 表中 σ 为平整度仪测定的标准差；IRI 为国际平整度指数；h 为 3m 直尺与路面的最大间隙。
　　2. 小桥（中桥视情况）可并入路面进行检验。

102. 沥青混凝土桥面铺装分项工程质量检验评定表

分项工程名称：沥青混凝土桥面铺装　工程部位：（桩号、墩台号、孔号）　K1+000～K1+200　所属建设项目（合同段）：××省××市至××市高速公路项目

所属分部工程名称：桥面系、附属工程及桥梁总体　所属单位工程：桥梁工程　施工单位：××公路工程建设有限公司　分项工程编号：QL-04-04-01-001

基本要求	☑ 1. 水泥混凝土桥面应符合本标准第7.2.1条的规定，沥青混凝土桥面应符合本标准第7.3.1条的规定。 ☑ 2. 桥面泄水孔进水口附近的铺装应有利于桥面积水和渗入水的排除，泄水孔数量不得少于设计要求。

项次	检查项目	规定值或允许偏差 高速公路、一级公路√	其他公路	实测值或实测偏差值 1	2	3	4	5	6	7	8	9	10	质量评定 平均值、代表值	合格率(%)	合格判定
实测项目 1△	压实度	≥试验室标准密度的96%（*98%）≥最大理论密度的92%（*94%）≥试验段密度的98%（*99%）		符合要求，见压实度试验报告，编号××										98.44	100	合格
2	厚度（mm）	+10, −5		3	−4	−1	−8	1	8	0	−4	8	−4	−0.1	90	合格
3	平整度 σ（mm）	≤1.2	≤2.5	0	1	1	0	1	8					0.5	100	合格
	平整度 IRI（m/km）	≤2.0	≤4.2	0	1	1	0	1	8					0.5	100	合格
	最大间隙 h（mm）	—	≤5											/	/	/
4	渗水系数（mL/min）	满足设计要求；设计未要求时，SMA铺装≤120，其他≤200		71	52	63	77							65.75	100	合格
5	横坡（%）	±0.3	±0.5	−0.2	−0.2	0	0	−0.2						−0.12	100	合格
6	抗滑构造深度（mm）	满足设计要求		0.8	0.9	0.9	0.8	1						0.88	100	合格
外观质量	铺装无开裂															
质量保证资料	齐全															
工程质量等级评定	合格															

检验负责人：×××　记录：×××　检测：×××　　2023年×月×日

复核：×××

注：1. 表中压实度，高速公路、一级公路应选用2个标准评定，以合格率低的作为评定结果；其他等级公路选用1个标准进行评定。带*号者是指SMA路面。
2. 表中σ为平整度的标准差；IRI为国际平整度指数；h为3m直尺与面层的最大间隙。
3. 小桥（中桥视情况）可并入路面进行检验。
4. 当沥青混凝土与路面相同时，压实度、渗水系数可并入路面进行检验，压实度可在路面上取芯。

103. 复合桥面水泥混凝土铺装分项工程质量检验评定表

分项工程名称：复合桥面水泥混凝土铺装　工程部位：（桩号、墩台号、孔号）　K1+000～K1+200　所属建设项目（合同段）：×××省×××市至×××市高速公路项目

所属分部工程名称：桥面系、附属工程及桥梁总体　所属单位工程：桥梁工程　施工单位：×××公路工程建设有限公司　分项工程编号：QL-04-04-02-001

基本要求	☑ 1. 水泥混凝土桥面应符合本标准第7.2.1条的规定，沥青混凝土桥面应符合本标准第7.3.1条的规定。 ☑ 2. 桥面泄水孔进水口附近的铺装应有利于桥面积水和渗入水的排除，泄水孔数量不得少于设计要求。															

项次	检查项目	规定值或允许偏差	实测值或实测偏差值										质量评定		
			1	2	3	4	5	6	7	8	9	10	平均值、代表值	合格率（%）	合格判定
实测项目	1△	混凝土强度（MPa）	在合格标准内 C35	符合要求，见混凝土强度试验报告，编号××										40.99	100	合格
	2	厚度（mm）	+10，-5	5	4	4	-2	7	2	0	9	-4	1	2.6	100	合格
	3	平整度（mm）	≤5	0	2	2	1	2	0	3	1	⚠	3	2	90	合格
	4	横坡（%）	±0.15	0.14	0.14	0.06	0.03	0.07						-0.06	100	合格
外观质量		混凝土表面平整			质量保证资料									齐全		
工程质量等级评定						合格										

检验负责人：×××　　　检测：×××　　　记录：×××　　　复核：×××　　　2023年×月×日

注：复合桥面的沥青混凝土面层按表8.12.2-2检查。

410

分项工程名称：钢桥面板上防水黏结层　工程部位：(桩号、墩台号、孔号)：K1+000～K1+200　所属建设项目（合同段）：××省×××市至××市高速公路项目

所属分部工程名称：桥面系、附属工程及桥梁工程　所属单位工程：桥梁工程　施工单位：××公路工程建设有限公司　分项工程编号：QL-04-03-01-001

基本要求	☑ 1. 钢桥面板应去除锈迹、灰尘、油污和其他污物，无焊瘤、飞溅物和毛刺等，表面清洁、干燥，并在设计要求时间内进行防水黏结层的涂敷施工。 ☑ 2. 作业环境温度和湿度等条件应符合黏结层施工的要求。 ☑ 3. 防水层与泄水孔、护栏、路缘石等衔接处的防水构造应满足设计要求。 ☑ 4. 防水黏结层材料的加热温度和洒布温度应满足设计要求。

项次	检查项目	规定值或允许偏差	实测值或实测偏差值 1	2	3	4	5	6	7	8	9	10	质量评定 平均值、代表值	合格率(%)	合格判定
1	钢桥面板清洁度	满足设计要求　Sa2.5级	符合要求，见清洁度试验报告，编号××										/	100	合格
2	粗糙度 Rx (μm)	满足设计要求；设计未要求时60～100	61	73	81	67	69	77	89	61	63		71.22	100	合格
3Δ	防水黏结层 厚度（mm）	满足设计要求；设计未要求时，平均厚度≥设计厚度，85%检查点的厚度≥设计厚度，最小厚度≥80%设计厚度	设计为××mm，符合要求，见厚度检测报告，编号××										0.66	100	合格
	防水黏结层 用量（kg/m²）	满足设计要求　1.6	1.72										1.72	100	合格
4Δ	黏结层与钢桥板底漆间结合力（MPa）	≥设计值　0.8	0.8	0.9	0.8	0.8							0.83	100	合格
	外观质量	表面无污物											齐全		
	质量保证资料												合格		
工程质量等级评定													合格		

检验负责人：×××　检测：×××　记录：×××　复核：×××　2023年×月×日

注：对防水黏结层厚度、用量，仅需检查其中之一，用测厚仪检查困难时检查用量。

105. 钢桥面板上沥青混凝土铺装分项工程质量检验评定表

分项工程名称：钢桥面板上沥青混凝土铺装　工程部位：（桩号、墩台号、孔号）K1+000～K1+200　所属工程项目（合同段）：××省×市至×市高速公路项目

所属分部工程：桥面系、附属工程　桥面及桥梁总体　所属单位工程：桥梁工程　施工单位：××公路工程建设有限公司　分项工程编号：QL-04-05-01-001

基本要求	☑ 1. 各种矿料沥青用量及各种材料沥青混合料的加热温度，碾压温度应满足要求，并符合施工技术规范的规定。
	☑ 2. 拌和后的沥青混合料应均匀一致，无花白，粗细料分离和结团成块现象。
	☑ 3. 桥面泄水孔进水口附近的铺装应有利于桥面积水和渗入水的排除，进水口数量不得少于设计要求。
	☑ 4. 应在黏结层酒布完成后设计要求的时间内完成沥青混凝土铺装，黏结层表面应干净、干燥。

项次	检查项目			规定值或允许偏差	实测值或实测偏差值										质量评定		
					1	2	3	4	5	6	7	8	9	10	平均值、代表值	合格率（%）	合格判定
1Δ	压实度			96%	符合要求，见压实度试验报告，编号××										98.44、97.56	100	合格
2Δ	厚度（mm）			+5，−3	2	1	−1	0	−3	1	0	4	−2	0	0.2	100	合格
3	平整度	高速公路一级公路	IRI（m/km）	≤2.0	1	2	1	1							1.25	100	合格
			σ（mm）	≤1.2	0	0	0	1							0.25	100	合格
		其他公路	IRI（m/km）	≤4.2											/	/	/
			σ（mm）	≤2.5											/	/	/
			最大间隙 h（mm）	≤5											/	/	/
4	横坡（%）			±0.3	0	−0.2	−0.2	−0.1	0.3						−0.04	100	合格
5	渗水系数（mL/min）			≤80	35	38	5	1	49						25.6	100	合格
6	摩擦系数			满足设计要求 ≥0.6	0.7	0.6	0.7	0.8	0.7						0.7	100	合格
7	抗滑构造深度			满足设计要求 ≥0.8	0.8	0.9	0.8	0.9	0.9						0.86	100	合格

外观质量：铺装无开裂　　铺装无开裂

质量保证资料：合格　　齐全

工程质量等级评定：合格

检验负责人：×××　检测：×××　记录：×××　2023 年×月×日

复核：×××

注：1. 表中 σ 为平整度仪测定的标准差；IRI 为国际平整度指数；h 为 3m 直尺与面层的最大间隙。

2. 环氧沥青混凝土面层检查项不检查项次 5。

3. 当采用探地雷达检测时，应钻孔验证。

106. 支座垫石分项工程质量检验评定表

分项工程名称：支座垫石　　　　工程部位：（桩号、墩台号、孔号）3#墩　　　　所属建设项目（合同段）：×××省×××市至×××市高速公路项目

所属分部工程名称：桥梁及桥梁总体　附属工程系、附面系　　所属单位工程：桥梁工程　　施工单位：××公路工程建设有限公司　　分项工程编号：XL-04-02-01-001

基本要求	☑ 1. 施工缝处理应符合施工技术规范的规定。 ☑ 2. 支座垫石和挡块与墩台帽或盖梁的连接处混凝土应密实，无裂缝。														
项次	检查项目	规定值或允许偏差	实测值或实测偏差值											质量评定	
			1	2	3	4	5	6	7	8	9	10	平均值、代表值	合格率（%）	合格判定
1△	混凝土强度（MPa）	在合格标准内 C50	符合要求，见混凝土强度试验报告，编号××										58.78	100	合格
2	轴线偏位（mm）	≤5	0	3									1.5	100	合格
3	断面尺寸（mm）	±5	-1										-1	100	合格
实测项目 4△	顶面高程（mm）	±2	1	2	2	0	1	0	-2	1	0	2	0.7	100	合格
	顶面高差（mm）	垫石边长≤500mm	≤1											/	/
		其他	≤2	1	2	0	2	0	0	1	1	2	2	1.1	100	合格
5	预埋件位置（mm）	≤5	4	4	2	1	3	4	5	3			3.25	100	合格
外观质量	混凝土表面平整、光洁，棱角线平直						质量保证资料						齐全		
工程质量等级评定						合格									

检验负责人：×××　　　　检测：×××　　　　记录：×××　　　　复核：×××　　　　2023 年×月×日

注：表中顶面高差允许偏差仅适用于直接安放支座的垫石。

413

107. 挡块分项工程质量检验评定表

分项工程名称：挡块　　　工程部位：（桩号、墩台号、孔号）0#桥台左侧　　　所属建设项目（合同段）：××省××市至××市高速公路项目

所属分部工程名称：桥面系、附属工程及桥梁总体　　　所属单位工程：桥梁工程　　　施工单位：××公路工程建设有限公司　　　分项工程编号：XL—04—03—01—001

基本要求	☑ 1. 施工缝处理应符合施工技术规范的规定。 ☑ 2. 支座垫石和挡块与墩台帽或盖梁的连接处混凝土应密实、无裂缝。																
实测项目	项次	检查项目	规定值或允许偏差	实测值或实测偏差值										质量评定		
				1	2	3	4	5	6	7	8	9	10	平均值、代表值	合格率（%）	合格判定
	1△	混凝土强度（MPa）	在合格标准内　C35	符合要求，见混凝土强度试验报告，编号××										39.88	100	合格
	2	平面位置（mm）	≤5	1	2	1	1	1	4					1.67	100	合格
	3	断面尺寸及高度（mm）	±10	7	2	-7	8	9	8	-3	0	-5		2.11	100	合格
	4	与梁体间隙（mm）	±5	0	-2	-1	-3	3	-1					-0.67	100	合格
外观质量			混凝土表面平整、光洁、棱角线平直											基本齐全		
质量保证资料											合格					
工程质量等级评定																

检验负责人：×××　　　检测：×××　　　记录：×××　　　复核：×××　　　2023 年×月×日

414

108. 支座安装分项工程质量检验评定表

分项工程名称：支座安装　　工程部位：(桩号、墩台号、孔号) 3#墩　　所属建设项目：×××省×××市至××市高速公路项目

所属分部工程名称：桥面系、附属工程及桥梁总体　　所属单位工程：桥梁工程　　施工单位：×××公路工程建设有限公司　　分项工程编号：QL-04-06-01-001

基本要求	☑ 1. 支座的类型、规格和技术性能应满足设计要求和有关规范的规定，具有产品合格证，经验收合格后方可安装。 ☑ 2. 对先安装后灌浆的支座，灌浆材料性能应满足设计要求，灌注密实，不得出现空洞、缝隙。 ☑ 3. 支座上下各部件纵轴线应对正。当安装时温度与设计温度不同时，应通过计算设置支座顺桥向预偏量。 ☑ 4. 支座不得发生偏歪，不均匀受力和脱空现象。滑动面上的四氟滑板和不锈钢板不得有划痕、碰伤等，安装前应涂上硅脂油。 ☑ 5. 支座与桥梁上、下部的连接应满足设计要求并符合施工技术规范的规定。 ☑ 6. 支座钢构件及连接件表面应按设计要求进行防护处理。

项次	检查项目	规定值或允许偏差	实测值或实测偏差值											质量评定		
			1	2	3	4	5	6	7	8	9	10	平均值、代表值	合格率（％）	合格判定
1Δ	支座中心横桥向偏位（mm）	≤2	1	1	1	1							1	100	合格
2	支座中心顺桥向偏位（mm）	≤5	2	2	2	4							2.5	100	合格
3Δ	支座高程（mm）	满足设计要求；设计未要求时±5	−1	2	−3	1							−0.25	100	合格
4	支座四角高差（mm） 承压力≤5000kN	≤1	0.2	0.3	0.7	0.6							0.45	100	合格
	承压力>5000kN	≤2											/	/	/
外观质量	表面无污损							齐全								
	质量保证资料							合格								
工程质量等级评定								合格								

检验负责人：×××　　检测：×××　　记录：×××　　复核：×××　　2023 年×月×日

注：对直接安放于垫石上的支座，表中项次4不检查。

109. 斜拉桥、悬索桥的支座安装分项工程质量检验评定表

分项工程名称：斜拉桥、悬索桥的支座安装　　工程部位：（桩号、墩台号、孔号）K0+800　　所属建设项目（合同段）：××省××市至××市高速公路项目

所属分部工程名称：桥面系、附属工程及桥梁总体　　所属单位工程：桥梁工程　　施工单位：××公路工程建设有限公司　　分项工程编号：QL-04-06-02-001

基本要求	☑ 1. 支座的类型、规格和技术性能应满足设计要求和有关规定的规定，具有产品合格证，经验收合格后方可安装。 ☑ 2. 对先安装后灌浆的支座，灌浆材料性能应满足设计要求，灌注密实，不得出现空洞、缝隙。 ☑ 3. 支座上下各部件纵轴线应对正。当安装时温度与设计要求不同时，应通过计算支座顺桥向预偏量。 ☑ 4. 支座不得发生偏斜，不均匀受力和脱空现象。 ☑ 5. 支座与桥梁上、下部的连接应满足设计要求并符合施工技术规范的规定。 ☑ 6. 支座钢构件表面及连接件表面应按设计要求进行防护处理。滑动面上的四氟滑板和不锈钢板不得有划痕、碰伤等，位置正确，安装前应涂上硅脂油。

项次		检查项目	规定值或允许偏差	实测值或实测偏差值										质量评定		
				1	2	3	4	5	6	7	8	9	10	平均值、代表值	合格率（%）	合格判定
实测项目	1Δ	竖向支座的纵、横向偏位（mm）	≤5	3	5	4	0	0	3	4	4		10	2.88	100	合格
	2Δ	支座高程（mm）	±10	3	-6	-7	-5	-6	9	4	-1	-10	-7	-2.6	100	合格
	3	竖向支座垫石钢板水平度（mm）	≤2	Δ	1	0	1	1	2	1	1	1	2	1.3	90	合格
	4	竖向支座滑板中线与桥轴线平行度（mm）	1/1000S　220	0.22	0.06	0.09	0.06							0.11	100	合格
	5	横向抗风支座支挡竖直度（mm）	≤1	0.6	0.2	0.8	0.6	0.4	0.1	0.1	0.9	0.5	0.9	0.51	100	合格
	6	横向抗风支座与支挡表面平行度（mm）	≤1	0.8	0.5	0.9	0.4	0.6	0.6	0.2	0.8	0.2	0	0.44	100	合格
	7	支挡表面与横向抗风支座表面间距（mm）	±2	0	-1	-1	0	-1	2	1	1	0	0	0.1	100	合格
外观质量			表面无污损											合格		
质量保证资料			齐全													
工程质量等级评定			合格													

检验负责人：×××　　检测：×××　　记录：×××　　复核：×××　　2023 年×月×日

注：S为滑板长度，计算规定值或允许偏差值时以 mm 计。

110. 伸缩装置安装分项工程质量检验评定表

分项工程名称：伸缩装置安装　　　工程部位：（桩号、墩台号、孔号）K0+780 桥头　　所属建设项目（合同段）：×××省××市至××市高速公路项目

所属分部工程名称：桥面系、附属工程及桥梁总体　　所属单位工程：桥梁工程　　施工单位：××公路工程建设有限公司　　分项工程编号：QL-04-07-01-001

基本要求	☑ 1.　伸缩装置种类、规格及技术性能应满足设计要求并符合有关规范的规定，具有产品合格证，并经验收合格后方可安装。 ☑ 2.　伸缩装置两侧混凝土的类型和强度应满足设计要求，预埋锚固钢筋定位应准确、无缺失。 ☑ 3.　伸缩装置处不得积水。

项次	检查项目		规定值或允许偏差	实测值或实测偏差值										质量评定		
				1	2	3	4	5	6	7	8	9	10	平均值、代表值	合格率（%）	合格判定
实测项目	1	长度（mm）		满足设计要求 24500	24515										24515	100	合格
	2△	缝宽（mm）		满足设计要求 500	505	507	515	508	511	502	507	508	508	507	507.8	100	合格
	3	与桥面高差（mm）		≤2	1	1	1	0	0	1	2	2	1	1	1	100	合格
	4	纵坡（%）	一般	±0.5	-0.3	-0.2	0.2	0	-0.5	-0.1	0.2	-0.2	-0.2	0.1	-0.1	100	合格
			大型	±0.2	0	-0.2	0	0	-0.1	-0.2	0.1	-0.2	-0.1	0.2	-0.05	100	合格
	5	横向平整度（mm）		≤3	2	1	1	3	0	2	3	2	1	2	1.7	100	合格
	6	焊缝尺寸（mm）		满足设计要求时，按焊缝 设计未要求时，质量二级	6	7	8	8	9	8	7	6			7.38	100	合格
	7△	焊缝探伤		符合要求，见焊缝探伤试验报告，编号××									/	100	合格

外观质量	焊缝平滑，无裂纹	质量保证资料	齐全
工程质量等级评定		合格	

检验负责人：×××　　　　　　检测：×××　　　　　　记录：×××　　　　　　复核：×××　　　　　　2023 年×月×日

注：1. 项次2应按安装时气温折算。
　　2. 项次6、7应为工地焊缝。

417

111. 混凝土小型构件预制分项工程质量检验评定表

分项工程名称：混凝土小型构件预制　　工程部位：（桩号、墩台号、孔号）K1+000～K1+200　　所属建设项目（合同段）：××省××市至××市高速公路项目

所属工程分部工程名称：桥面系、附属工程及桥梁总体　　所属单位工程：桥梁工程　　施工单位：××公路工程建设有限公司　　分项工程编号：QL-04-13-01-001

基本要求	☑ 1. 连接粗糙面的质量和键槽的数量，质量应满足设计要求。 ☑ 2. 构件上的预埋件、预留孔洞的规格、位置数量应满足设计要求。														

项次	检查项目	规定值或允许偏差	实测值或实测偏差值										质量评定		
			1	2	3	4	5	6	7	8	9	10	平均值、代表值	合格率（%）	合格判定
实测项目	1△	混凝土强度（MPa）	在合格标准内　C25	符合要求，见混凝土强度试验报告，编号××										29.77	100	合格
	2	断面尺寸（mm）	±5	-2	-3	0	3	4	3					0.83	100	合格
	3	长度（mm）	+5, -10	-9	-7	-8	3							-8	100	合格
外观质量			混凝土表面平整												齐全	
工程质量等级评定						合格										

质量保证资料

检验负责人：×××　　　检测：×××　　　记录：×××　　　复核：×××　　　2023 年×月×日

112. 人行道铺设分项工程质量检验评定表

分项工程名称：人行道铺设　　工程部位：（桩号、墩台号、孔号）K1+000～K1+200 左侧　　所属建设项目（合同段）：××省××市至××市高速公路项目

所属分部工程名称：桥面系、附属工程及桥梁总体　　所属单位工程：桥梁工程　　施工单位：×××公路工程建设有限公司　　分项工程编号：QL-04-08-01-001

基本要求	☑ 1. 人行道各构件应连接牢固 ☑ 2. 人行道板应在人行道梁锚固后方可铺设，并应坐浆密实。 ☑ 3. 地砖应粘贴牢固，无空鼓、裂缝。															
实测项目	项次	检查项目	规定值或允许偏差	实测值或实测偏差值										质量评定	
				1	2	3	4	5	6	7	8	9	10	平均值、代表值	合格率（%）	合格判定
	1	人行道边缘平面偏位（mm）	≤5	4	1	3	4	5						3.4	100	合格
	2	纵向高程（mm）	+10, 0	5	9	5	6	8						6.6	100	合格
	3	接缝两侧高差（mm）	≤2	1	1	2	1	2	1					1.33	100	合格
	4	横坡（%）	±0.3	0.2	0	0.2	-0.2	-0.1						0.02	100	合格
	5	平整度（mm）	≤5	⚠	2	2	3	2						3	80	合格
外观质量		地砖平整														
质量保证资料		齐全								合格						
工程质量等级评定																

检验负责人：×××　　检测：×××　　记录：×××　　复核：×××　　2023 年×月×日

注：桥长不满200m者，按200m处理。

419

113. 栏杆安装分项工程质量检验评定表

分项工程名称：栏杆安装　　工程部位：（桩号、墩台号、孔号）K1+000～K1+200 左侧　　所属建设项目（合同段）：×××省×××市至×××市高速公路项目

所属分部工程名称：桥面系、附属工程　　所属单位工程：桥梁及桥梁总体　　施工单位：×××公路工程建设有限公司　　分项工程编号：QL-04-09-01-001

基本要求
☑ 1. 应采用验收合格的栏杆及其他构件。
☑ 2. 栏杆应在人行道板铺完后方可安装。
☑ 3. 栏杆安装应平车固，其杆件连接处的填缝料应饱满平整，强度应满足设计要求。

项次	检查项目	规定值或允许偏差	实测值或实测偏差值										质量评定		
			1	2	3	4	5	6	7	8	9	10	平均值、代表值	合格率（%）	合格判定
实测项目 1	栏杆平面偏位（mm）	≤4	4	4	1	2	1						2.4	100	合格
2	扶手高度（mm）	±10	-5	5	0	2	-5	-2	7	-5	4	6	0.7	100	合格
3	柱顶高差（mm）	≤4	2	4	0	3	3	1	2	2	2	3	2.2	100	合格
4	接缝两侧扶手高差（mm）	≤3	3	2	1	1	1	2	2	1	1	0	1.4	100	合格
5	竖杆或纵、横向竖直度（mm）	≤4	2	2	0	1	4	1	3	1	囚	1	2	90	合格

外观质量	栏杆线形直顺	质量保证资料	齐全
			合格

工程质量等级评定

检验负责人：×××　　检测：×××　　记录：×××　　复核：×××　　2023年×月×日

420

114. 混凝土护栏分项工程质量检验评定表

分项工程名称：混凝土护栏　　工程部位：(桩号、墩台号、孔号) K1+000～K1+200左侧　　所属建设项目(合同段)：×××市至××市高速公路项目

所属分部工程：桥面系，附属工程及桥梁总体　　所属单位工程：桥梁工程　　施工单位：××公路工程建设有限公司　　分项工程编号：QL-04-10-01-001

基本要求	☑ 1. 护栏上的钢构造件应焊接牢固，并按设计要求进行防护。 ☑ 2. 护栏的断缝，假缝的设置应满足设计要求。 ☑ 3. 应按设计要求的施工阶段安装护栏。

项次	检查项目	规定值或允许偏差	实测值或实测偏差值										质量评定		
			1	2	3	4	5	6	7	8	9	10	平均值，代表值	合格率（%）	合格判定
1△	混凝土强度（MPa）	在合格标准内　C25	符合要求，见混凝土强度试验报告，编号××										29.44	100	合格
2	平面偏位（mm）	≤4	2	3	2	2	2						2.2	100	合格
3△	断面尺寸（mm）	±5	2	0	-3	3	1						0.6	100	合格
4	竖直度（mm）	≤4	2	3	0	4	0						1.8	100	合格
5	预埋件位置（mm）	≤5	1	3	3	4	1	⟡	4	0			2.75	87.5	合格
外观质量		混凝土表面平整，护栏线形直顺											齐全		合格
		质量保证资料											合格		
工程质量等级评定													合格		

检验负责人：×××　　记录：×××　　检测：×××　　复核：×××　　2023年×月×日

注：护栏长度不满200m者，按200m处理。

115. 钢桥上钢护栏安装分项工程质量检验评定表

分项工程名称：钢桥上钢护栏安装　工程部位：（桩号、墩台号、孔号）K1+000～K1+200左侧　所属建设项目（合同段）：×××省×××市至××市高速公路项目
所属分部工程名称：桥面系、附属工程及桥梁总体　所属单位工程：桥梁工程　施工单位：×××公路工程建设有限公司　分项工程编号：QL-04-11-01-001

基本要求	☑ 1. 钢护栏各构件、零件应经验收合格方可安装。 ☑ 2. 应按设计要求的施工阶段安装护栏。 ☑ 3. 护栏防护及端头、断缝处理应满足设计要求。																
实测项目	项次	检查项目	规定值或允许偏差	实测值或实测偏差值										质量评定		
				1	2	3	4	5	6	7	8	9	10	平均值、代表值	合格率（%）	合格判定
	1	平面偏位（mm）	≤4	2	2	2	4	3						2.6	100	合格
	2	立柱中距（mm）	±10	9	-7	-8	6	5	3	8	-3	10	5	2.8	100	合格
	3	立柱纵、横桥向竖直度（mm）	≤2	2	1	1	1	2	0	1	0	1	⚠	1.2	90	合格
	4	横梁高度（mm）	±5	3	-1	5	3	4	0	4	-3	1	-1	1.5	100	合格
	5△	与底座连接焊缝探伤	满足设计要求	符合要求，见焊缝探伤试验报告，编号××										/	100	合格
外观质量		焊缝光洁												齐全		
质量保证资料													合格			
工程质量等级评定		合格														

检验负责人：×××　　检测：×××　　记录：×××　　复核：×××　　2023年×月×日

注：护栏长度不满200m者，按200m处理。

422

116. 桥头搭板分项工程质量检验评定表

分项工程名称：桥头搭板　　工程部位：（桩号、墩台号、孔号）K0+800 桥头　　所属建设项目（合同段）：×××省×××市至×××市高速公路项目

所属分部工程名称：桥面系、附属工程及桥梁总体　　所属工程名称：桥头搭板　　施工单位：×××公路工程建设有限公司　　分项工程编号：QL-04-12-01-001　　所属单位工程：桥梁工程

基本要求	☑ 1. 桥头搭板下的地基及垫层或路面基层强度和压实度应实测应满足设计要求。 ☑ 2. 桥头搭板与桥台的连接应满足设计要求。																

项次	检查项目		规定值或允许偏差	实测值或实测偏差值										质量评定		
				1	2	3	4	5	6	7	8	9	10	平均值、代表值	合格率（%）	合格判定
1△	混凝土强度（MPa）		在合格标准内 C30	符合要求，见混凝土强度试验报告，编号××										35.16	100	合格
实测项目	枕梁尺寸（mm）	宽、高	±20	-8	-11	-6	-4							-7.25	100	合格
		长	±30	-18	-1									-9.5	100	合格
2	板尺寸（mm）	长、宽	±30	-12	16	3	10							2	100	合格
3		厚	±10	2	5	3								5	100	合格
4	顶面高程（mm）		±5	-3	2	3	-4	4						0.4	100	合格
外观质量	混凝土表面平整，接缝密实														混凝土表面平整，接缝密实	
	质量保证资料														齐全	

工程质量等级评定：合格

检验负责人：×××　　检测：×××　　记录：×××　　复核：×××　　2023年×月×日

117. 混凝土构件表面防护分项工程质量检验评定表

分项工程名称：混凝土构件表面防护　　工程部位：(桩号、墩台号、孔号) K1+100～K1+120　所属建设项目：×××省××市至×××市高速公路项目

所属分部工程名称：桥面系、附属工程及桥梁总体　所属单位工程：桥梁工程　施工单位：××公路工程建设有限公司　分项工程编号：QL-04-15-01-001

| 基本要求 | ☑ 1. 防护涂层应与浇筑混凝土时所用的脱模剂相容，表面防护施工应在构件验收合格，龄期28d和设计要求的龄期进行。
☑ 2. 混凝土构件表层应坚固，清洁，无灰尘，无油迹、油污，霉点、盐类析出物等污物和松散附着物，含水率应满足涂层材料的要求。
☑ 3. 施工环境条件应满足涂层材料的要求，按设计要求的涂装道数和涂膜厚度进行施工，上道涂层检查合格后方可进行下道涂层施工。 | | | | | | | | | | | | | |

实测项目	项次	检查项目	规定值或允许偏差	实测值或实测偏差值										质量评定		
				1	2	3	4	5	6	7	8	9	10	平均值、代表值	合格率（%）	合格判定
	1	涂层干膜厚度（μm）	平均厚度≥设计厚度，80%点的厚度≥设计厚度，最小厚度≥80%设计厚度	设计为××μm，符合要求，见涂层干膜厚度试验报告，编号××										561	100	合格
	2 △	涂层附着力（MPa）	满足设计要求，设计未要求时≥1.5	1.6	1.7	1.6								1.63	100	合格
		外观质量	表面无剥落，裂纹等现象					质量保证资料						齐全		

工程质量等级评定： 合格

检验负责人：×××　　　　检测：×××　　　　记录：×××　　　　复核：×××　　　　2023 年×月×日

424

六、涵洞工程

1. 涵洞总体分项工程质量检验评定表

分项工程名称：涵洞总体　　工程部位：(桩号、墩台号、孔号) K0+800　　所属建设项目(合同段)：×××省×××市至×××市高速公路项目

所属分部工程名称：涵洞、通道　　施工单位：××公路工程建设有限公司　　分项工程编号：LJ-03-15-01-001

所属单位工程：路基工程

基本要求	☑ 1. 应按设计文件的要求完成全部施工项目。 ☑ 2. 各结构构件应无异常变形。 ☑ 3. 各接缝、沉降缝位置应正确，填缝应无空鼓，开裂、漏水现象。对预制构件，其接缝应与沉降缝在同一平面内。

项次	检查项目		规定值或允许偏差	实测值或实测偏差值										质量评定		
				1	2	3	4	5	6	7	8	9	10	平均值、代表值	合格率(%)	合格判定
实测项目 1	轴线偏位(mm)	明涵	≤20	9	13	11	10	19						12.4	100	合格
		暗涵	≤50											/	/	/
2	流水面高程(mm)		±20	6	5	-12	10	-4						1	100	合格
3	涵底铺砌厚度(mm)		+40, -10	10	4	35	-8	6						9.4	100	合格
4	长度(mm)		+100, -50	24										24	100	合格
5	跨径或内径(mm)	波形钢管涵	±2%D													
		其他	±30	-19	-1	-5	0	-11						-7.2	100	合格
6	净高(mm)	明涵	≥设计值-20　5000	4995	4995	4984								4991.33	100	合格
		暗涵	≥设计值-50											/	/	/
外观质量	外露混凝土表面不够平整，颜色不一致															合格
质量保证资料	齐全															合格

工程质量等级评定：合格

检验负责人：×××　　检测：×××　　记录：×××　　复核：×××　　2023 年×月×日

注：1. D为管涵直径，计算规定值或允许偏差时以mm计。

　　2. 实际工程未涉及的项目不检查。

2. 涵台分项工程质量检验评定表

分项工程名称：涵台　　工程部位：（桩号、墩台号、孔号）K0+800　　所属建设项目（合同段）：×××省×××市至×××市高速公路项目

所属分部分项工程名称：涵洞、通道　　所属单位工程：路基工程　　施工单位：×××公路工程建设有限公司　　分项工程编号：LJ-03-02-01-001

基本要求：
- ☑ 1. 地基承载力及基础埋置深度应满足设计要求。
- ☑ 2. 沉降缝应竖直、贯通、填缝密实、饱满。
- ☑ 3. 砌块应错缝、坐浆挤紧，砌块间嵌缝料和砂浆饱满。
- ☑ 4. 勾缝砂浆强度不得小于砌筑砂浆强度。

项次		检查项目		规定值或允许偏差	实测值或实测偏差值										质量评定		
					1	2	3	4	5	6	7	8	9	10	平均值、代表值	合格率(%)	合格判定
实测项目	1Δ	混凝土或砂浆强度（MPa）		在合格标准内 C25	符合要求，见混凝土强度试验报告，编号×××										29.46	100	合格
	2	断面尺寸（mm）	片石砌体	±20											/	/	/
			混凝土	±15	1	12	-12								0.33	100	合格
	3	竖直度（mm）		≤0.3%H 2000	3	1	1								1.67	100	合格
	4	顶面高程（mm）		±10	5	-1	4	-8	9						1.8	100	合格
外观质量				涵台线条顺直，砌缝匀称，无开裂和脱落现象	质量保证资料										齐全		
工程质量等级评定					合格												

检验负责人：×××　　　　　检测：×××　　　　　记录：×××　　　　　复核：×××　　　　　2023 年×月×日

注：H为台高，计算规定值或允许偏差时以mm计。

426

3. 混凝土涵管安装分项工程质量检验评定表

分项工程名称：混凝土涵管安装　　工程部位：（桩号、墩台号、孔号）K0+800　　所属建设项目（合同段）：××省××市至××市高速公路项目

所属分部工程名称：涵洞、通道　　所属单位工程：路基工程　　施工单位：××公路工程建设有限公司　　分项工程编号：LJ-03-04-01-001

基本要求	☑ 1. 地基承载力应满足设计要求，涵管与管座、垫层或地基应紧密贴合，垫稳坐实。 ☑ 2. 接缝、沉降缝填料应散填密合，表面平整。 ☑ 3. 不得安装破损的涵管。 ☑ 4. 管座沉降缝接头应平齐，无错位现象。 ☑ 5. 每节涵管底坡度均不得出现反坡。 ☑ 6. 防渗漏的倒虹吸涵管应做渗漏试验，渗漏量应满足相关技术规范的规定。

项次	检查项目	规定值或允许偏差	\-实测值或实测偏差值\-										质量评定		
			1	2	3	4	5	6	7	8	9	10	平均值、代表值	合格率（%）	合格判定
1△	管座或垫层混凝土强度（MPa）	在合格标准内 C20	符合要求，见混凝土强度试验报告，编号××										23.56	100	合格
2	管座或垫层混凝土宽度、厚度（mm）	≥设计值 200	205	212	203	208	215						208.6	100	合格
3	相邻管节底面错台（mm）　管径≤1m	≤3	3	4	2	2	⌷						/	/	/
	相邻管节底面错台（mm）　管径>1m	≤5	3	4	2	⌷	2						3.4	80	合格
外观质量	涵管线形无弯折，接缝完好												合格		
	质量保证资料												齐全		

工程质量等级评定：合格

检验负责人：×××　　检测：×××　　记录：×××　　复核：×××　　2023年×月×日

427

4. 盖板制作分项工程质量检验评定表

分项工程名称：盖板制作　　工程部位：（桩号、墩台号、孔号）K0+800　　所属建设项目（合同段）：×××省×××市至×××市高速公路项目

所属分部工程名称：涵洞、通道　　所属单位工程：路基工程　　施工单位：××公路工程建设有限公司　　分项工程编号：LJ-03-06-01-001

基本要求　　☑ 1. 分块的接缝应与沉降缝在同一平面内。
　　　　　　☑ 2. 在吊移出预制底座时，混凝土的强度不得低于设计所要求的吊装强度。

项次		检查项目	规定值或允许偏差	实测值或实测偏差值										质量评定		
				1	2	3	4	5	6	7	8	9	10	平均值、代表值	合格率（%）	合格判定
实测项目	1△	混凝土强度（MPa）	在合格标准内 C25	符合要求，见混凝土强度试验报告，编号××										29.65	100	合格
	2△	高度（mm） 明涵	+10，0	9	9	1	7	7	8	7	7	4	6	6.5	100	合格
		高度（mm） 暗涵	≥设计值											/	/	/
	3	宽度（mm） 现浇	±20	-17	3	18	2	-15	18	4	-1	-16	-7	-1.1	100	合格
		宽度（mm） 预制	±10											/	/	/
	4	长度（mm）	+10，-20	-8	1	-19	9	6	-3	7	0	10	3	0.6	100	合格
外观质量			填缝密实						质量保证资料						齐全	
工程质量等级评定									合格							

检验负责人：×××　　检测：×××　　记录：×××　　复核：×××　　2023 年×月×日

428

5. 盖板安装分项工程质量检验评定表

分项工程名称: 盖板安装　　工程部位: (桩号、墩台号、孔号) K0+800　　所属建设项目: ××省××市至××市高速公路项目

所属分部工程名称: 涵洞、通道　　所属单位工程: 路基工程　　施工单位: ××公路工程建设有限公司　　分项工程编号: LJ-03-07-01-001

| 基本要求 | ☑ 1. 盖板、涵台及支持面应检验合格。
☑ 2. 盖板与支撑面应密贴。
☑ 3. 板与板之间接缝填充材料的品种和性能应满足设计要求,并应填充密实。
☑ 4. 接缝与沉降缝在同一平面。 | | | | | | | | | | | | | | |

项次	检查项目	规定值或允许偏差	实测值或实测偏差值										质量评定		
			1	2	3	4	5	6	7	8	9	10	平均值、代表值	合格率(%)	合格判定
实测项目	1	支承中心偏位(mm)	≤10	7	6	3								5.33	100	合格
	2	相邻板最大高差(mm)	≤10	5	5	5	9	2	1					4.5	100	合格

| 外观质量 | 板的填缝平整密实 | 板缝填平整密实 | | | | | | | | | | | | 基本齐全 | | |
| | | 质量保证资料 | | | | | | | | | | | | | | |

| 工程质量等级评定 | | | | | | | | | 合格 | | | | | | | |

检验负责人: ×××　　　　检测: ×××　　　　记录: ×××　　　　复检: ×××　　　　2023年×月×日

429

6. 波形钢管涵安装分项工程质量检验评定表

分项工程名称：波形钢管涵安装　　工程部位：（桩号、墩台号、孔号）K0+800　　所属建设项目（合同段）：××省××市至××市高速公路项目

所属分部工程名称：涵洞、通道　　所属单位工程：路基工程　　施工单位：××公路工程建设有限公司　　分项工程编号：LJ-03-05-01-001

基本要求	☑ 1. 不得使用变形的管节或板件。 ☑ 2. 地基处理及承载力应满足设计要求，管节与地基紧密贴合，垫稳坐实。 ☑ 3. 接缝应嵌填密实，填充深度应满足设计要求，不得出现渗漏水现象。 ☑ 4. 应对管节或管片、连接件的受损防护镀层进行修复。 ☑ 5. 每节涵管涵底坡度均不得出现反坡。													

项次	检查项目	规定值或允许偏差	实测值或实测偏差值										质量评定		
			1	2	3	4	5	6	7	8	9	10	平均值、代表值	合格率（%）	合格判定
实测项目	1	地基压实度	满足设计要求 93%	93.4	94.6	95.5	94.8	93.6	93.7	94.8	96.6	94.8	93.5	94.5、93.9	100	合格
	2	管涵内径（mm）	±1%D D=500mm	−2	2	1	0	−4	5	1	−5	2	−2	−0.2	100	合格
	3	底面高程（mm）	±10	−3	−5	9	−2	−7						−1.6	100	合格
	4△	高强螺栓扭矩（N·m）	±10%	6	−8	−3	8							0.75	100	合格
	5	工地防腐涂层	满足设计要求	涂刷遍数、涂刷厚度、外观质量符合设计要求										/	100	合格
外观质量			涵管线形无弯折	质量保证资料										齐全		
工程质量等级评定				合格												

检验负责人：××××　　检测：××××　　记录：××××　　复核：××××　　2023年×月×日

注：D为管涵直径，以mm计。

430

7. 箱涵浇筑分项工程质量检验评定表

分项工程名称：箱涵浇筑　工程部位：(桩号、墩台号、孔号) K0+800　施工单位：××公路工程建设有限公司　所属建设项目(合同段)：××省××市至××市高速公路项目

所属分部工程名称：涵洞、通道　所属单位工程：路基工程　分项工程编号：LJ-03-07-01-001

基本要求：
☑ 1. 支架和模板的强度、刚度、稳定性应符合施工技术规范的规定。
☑ 2. 预计的支架变形及支承的下沉量应满足施工后梁体设计高程的要求，需要消除支承不均匀沉降、非弹性变形的支架应进行预压。
☑ 3. 预埋件的设置和固定应满足设计要求并符合施工技术规范的规定。
☑ 4. 地基承载力及基础埋置深度应满足设计要求。

项次	检查项目	规定值或允许偏差	实测值或实测偏差值										质量评定		
			1	2	3	4	5	6	7	8	9	10	平均值、代表值	合格率(%)	合格判定
1△	混凝土强度(MPa)	在合格标准内 C35	符合要求，见混凝土强度试验报告，编号××										41.66	100	合格
2	净高、宽(mm) 高度	+5, -10	-4	2	-5	10	4						-2.33	100	合格
	宽度	±30	-22	-11	-3								-12	100	合格
3△	顶板厚(mm) 明涵	+10, 0	1	1	6	10	4						4.4	100	合格
	暗涵	≥设计值											/	/	/
4	侧墙和底板厚(mm)	≥设计值 300	305	309	308	308	304	312	309	306	308	314	308.3	100	合格
5	平整度(mm)	≤8	5	5	1	3	4	1	0	合			3.5	87.5	合格

外观质量	混凝土表面平整					质量保证资料			齐全	

工程质量等级评定：合格

检验负责人：×××　检测：×××　记录：×××　复核：×××　2023年×月×日

431

8. 拱涵浇（砌）筑分项工程质量检验评定表

分项工程名称：拱涵浇（砌）筑　　工程部位：（桩号、墩台号、孔号）K0+800　　所属建设项目（合同段）：×××省×××市至×××市高速公路项目

所属分部工程名称：涵洞、通道　　所属单位工程：路基工程　　施工单位：×××公路工程建设有限公司　　分项工程编号：LJ-03-08-01-001

| 基本要求 | ☑ 1. 地基承载力及基础埋置深度应满足设计要求。
☑ 2. 沉降缝应竖直、贯通、填缝密实、饱满。
☑ 3. 砌块应错缝、坐浆挤紧，砌块间嵌缝料和砂浆饱满。
☑ 4. 勾缝砂浆强度不得小于砌筑砂浆强度。 | | | | | | | | | | | | | | |

项次	检查项目	规定值或允许偏差	实测值或实测偏差值										质量评定		
			1	2	3	4	5	6	7	8	9	10	平均值、代表值	合格率（%）	合格判定
1△	混凝土或砂浆强度（MPa）	在合格标准内 M10	符合要求，见混凝土强度试验报告，编号××										11.36	100	合格
2△	拱圈厚度（mm）砌体	+50，-20											/	/	/
	拱圈厚度（mm）混凝土	+30，-15	6	-1	17	-1	18	25	29	12	23	-13	11.5	100	合格
3	内弧线偏离设计弧线（mm）	±20	-8	-15	19	-7	-1	17					0.83	100	合格
	外观质量	混凝土表面平整	合格										齐全		
		质量保证资料													
	工程质量等级评定												合格		

检验负责人：×××　　检测：×××　　记录：×××　　复核：×××　　2023年×月×日

432

9. 倒虹吸竖井、集水井砌筑分项工程质量检验评定表

分项工程名称：倒虹吸竖井、集水井砌筑　　工程部位：(桩号、墩台号、孔号) K0+800　　所属建设项目(合同段)：×××省×××市至×××市高速公路项目

所属分部工程名称：涵洞、通道　　所属单位工程：路基工程　　施工单位：×××公路工程建设有限公司　　分项工程编号：LJ-03-09-01-001

基本要求	☑ 1. 砌筑要求同本标准第9.3.1条。 ☑ 2. 抹面应压光，与井壁黏结牢固。 ☑ 3. 井壁、接头填缝应平整密实，不漏水。 ☑ 4. 应做灌水试验，试验结果应符合相关技术规范的规定。

项次	检查项目		规定值或允许偏差	实测值或实测偏差值										质量评定		
				1	2	3	4	5	6	7	8	9	10	平均值、代表值	合格率（%）	合格判定
1△	砂浆强度（MPa）		在合格标准内 M10	符合要求，见砂浆强度试验报告，编号××										11.48	100	合格
2	高程（mm）	井底	±15	3	-8	-6								-3.67	100	合格
		井口	±20	-17	-14	20								-3.67	100	合格
3	圆井直径或方井边长（mm）		±20	14	5	18								9.5	100	合格
4	井壁、井底厚（mm）		+20，-5	9	11	18	2	6	10	10	-4	8	8	7.8	100	合格

外观质量	井壁抹面无空鼓	合格
质量保证资料	齐全	合格

工程质量等级评定：合格

检验负责人：×××　　检测：×××　　记录：×××　　复核：×××　　2023年×月×日

10. 一字墙和八字墙分项工程质量检验评定表

分项工程名称：一字墙和八字墙　工程部位：（桩号、墩台号、孔号）K0+800　所属建设项目（合同段）：×××省××市至××市高速公路项目

所属分部工程名称：涵洞、通道　所属单位工程：路基工程　施工单位：×××公路工程建设有限公司　分项工程编号：LJ-03-11-01-001

基本要求	☑ 1. 地基承载力及基础埋置深度应满足设计要求。 ☑ 2. 沉降缝应竖直、贯通、填缝密实、饱满。 ☑ 3. 砌块应无错缝、坐浆挤紧，砌块间接缝料和砂浆饱满。 ☑ 4. 勾缝砂浆强度不得小于砌筑砂浆强度。

项次	检查项目	规定值或允许偏差	实测值或实测偏差值 1	2	3	4	5	6	7	8	9	10	质量评定 平均值、代表值	合格率（%）	合格判定
1Δ	混凝土或砂浆强度（MPa）	在合格标准内 C30	符合要求，见混凝土强度试验报告，编号××										35.33	100	合格
2	平面位置（mm）	≤50	4	39	11								18	100	合格
3	顶面高程（mm）	±20	7	-9	15								4.33	100	合格
4	坡度（%）	≤0.5	0.3	0.1	0.5								0.3	100	合格
5Δ	断面尺寸（mm）	≥设计值 ±10	9	-2									3.5	100	合格
外观质量	混凝土表面平整												基本齐全		
质量保证资料													合格		
工程质量等级评定													合格		

检验负责人：×××　检测：×××　记录：×××　复核：×××　2023年×月×日

434

11. 顶进施工的涵洞分项工程质量检验评定表

分项工程名称：顶进施工的涵洞　　工程部位：（桩号、墩台号、孔号）K0+800　　所属建设项目（合同段）：××省××市至××市高速公路项目

所属分部工程名称：涵洞、通道　　所属单位工程：路基工程　　施工单位：××公路工程建设有限公司　　分项工程编号：LJ-03-13-01-001

基本要求	☑ 1. 涵洞主体结构的强度应满足设计要求后方可进行顶进施工。 ☑ 2. 基底应密实，承载力应满足设计要求。 ☑ 3. 工作坑的后背墙应满足顶进施工的要求，顶推力轴线应与桥涵中心线一致。 ☑ 4. 节间接缝应按设计要求进行防水处理。 ☑ 5. 涵洞壁注浆应满足设计要求。

项次	检查项目		规定值或允许偏差	实测值或实测偏差值 1	2	3	4	5	6	7	8	9	10	平均值、代表值	合格率（%）	合格判定
1	轴线偏位（mm） 涵长<15m	箱涵	≤100											/	/	/
		管涵	≤50											/	/	/
	涵长15~30m	箱涵	≤150	7	3	25	49							21	100	合格
		管涵	≤100											/	/	/
	涵长>30m	箱涵	≤300											/	/	/
		管涵	≤200											/	/	/
2△	高程（mm） 涵长<15m	箱涵	+30，−100											/	/	/
		管涵	±20											/	/	/
	涵长15~30m	箱涵	+40，−150	14	21	−18	3	24	−17	8	−19	13	13	4.2	100	合格
		管涵	±40											/	/	/
	涵长>30m	箱涵	+50，−200											/	/	/
		管涵	+50，−100											/	/	/
3	相邻两节高差（mm）	箱涵	≤30	28										28	100	合格
		管涵	≤20											/	/	/

外观质量评定	洞身无积水	齐全
工程质量等级评定	质量保证资料	合格

检验负责人：×××　　记录：×××　　检测：×××　　复核：×××

2023年×月×日

注：1. 涵长，以m计。

　　2. 涵洞的制作、安装应按本标准相关规定检验。

435

七、隧道工程

分项工程名称：隧道总体　工程部位：（桩号、墩台号、孔号）K1+000～K1+200　所属建设项目：×××省××市至××市高速公路项目

所属分部工程名称：总体及装饰装修　所属单位工程：隧道工程　施工单位：××公路工程建设有限公司　分项工程编号：SD-01-01-01-001

1. 隧道总体分项工程质量检验评定表

基本要求	☑ 1. 隧道衬砌内轮廓及所有运营设施均不得入建筑限界。 ☑ 2. 洞口设置应满足设计要求。 ☑ 3. 洞内外的排水系统设置应满足设计要求。 ☑ 4. 高速公路、一级公路和二级公路隧道拱部、边墙、路面、设备箱洞应不渗水，有冻害地段的隧道衬砌背后不积水，排水沟不冻结，车行横通道、人行横通道等服务通道拱部不滴水，边墙不淌水。 ☑ 5. 三级、四级公路隧道拱部、边墙应不滴水，设备箱洞不渗水，路面不积水，有冻害地段的隧道衬砌背后不积水，排水沟不冻结。

项次	检查项目	规定值或允许偏差	实测值或实测偏差值										质量评定		
			1	2	3	4	5	6	7	8	9	10	平均值、代表值	合格率（%）	合格判定
实测项目	1	行车道宽度（mm）	±10	2	9	7	-7							2.75	100	合格
	2	内轮廓宽度（mm）	不小于设计值	1	3	7	4							3.75	100	合格
	3△	内轮廓高度（mm）	不小于设计值	5	8	4	3							5	100	合格
	4	隧道偏位（mm）	20	17	16	18	9							15	100	合格
	5	边坡或仰坡坡度	不大于设计值　1：1	1：1	1：1	1：1	1：1	1：1	1：1	1：1				1：1	100	合格

外观质量	洞内无渗水现象	质量保证资料	齐全
工程质量等级评定		合格	

检验负责人：×××　　检测：×××　　记录：×××　　复核：×××　　2023 年×月×日

436

2. 明洞浇筑分项工程质量检验评定表

基本要求	☑ 1. 基础的地基承载力应满足设计要求并符合施工技术规范规定，严禁超挖后回填虚土。 ☑ 2. 钢筋的加工及安装应满足设计要求。 ☑ 3. 明洞与暗洞连接应满足设计要求。 ☑ 4. 明洞与暗洞之间的沉降缝应满足设计要求。

项次	检查项目	规定值或允许偏差	实测值或实测偏差值											质量评定		
			1	2	3	4	5	6	7	8	9	10	平均值、代表值	合格率（%）	合格判定
实测项目	1 Δ	混凝土强度（MPa）	在合格标准内 C35	符合要求，见混凝土强度试验报告，编号××										39.63	100	合格
	2 Δ	混凝土厚度（mm）	不小于设计值 300	8	10	9	5							8	100	合格
	3	墙面平整度（mm）	施工缝、变形缝处 20	14	14	0	7							8.75	100	合格
			其他部位 5	4	1	4	4							3.25	100	合格
外观质量		混凝土表面密实；结构轮廓线条顺直，美观，混凝土颜色均匀一致												齐全		
工程质量等级评定			合格													

3. 明洞防水层分项工程质量检验评定表

分项工程名称：明洞防水层　　工程部位：（桩号、墩台号、孔号）　K1+100～K1+120　　所属建设项目（合同段）：××省××市至××市高速公路项目

所属分部工程名称：洞口工程　　所属单位工程名称：隧道工程　　施工单位：××公路工程建设有限公司　　分项工程编号：SD-02-06-01-001

基本要求	☑ 1. 防水层施工前，明洞混凝土外部应平整圆顺，不得有钢筋露出和其他尖锐物。														
													质量评定		
项次	检查项目	规定值或允许偏差	实测值或实测偏差值										平均值、代表值	合格率（%）	合格判定
			1	2	3	4	5	6	7	8	9	10			
1Δ	搭接长度（mm）	≥100	120	128	130	118	118	123					122.83	100	合格
2	卷材向隧道暗洞延伸长度（mm）	≥500	506	518	500								508	100	合格
3	卷材向基底的横向延伸长度（mm）	≥500	523	503	522								516	100	合格
4Δ	缝宽（mm）焊接	焊缝宽≥10											/	/	/
	缝宽（mm）粘接	粘缝宽≥50	58	72	58	68	71	51	71	65	81	65	66	100	合格
5Δ	焊缝密实性	满足设计要求	符合要求，见焊缝密实性试验报告，编号××										/	100	合格

外观质量　　焊接完好　焊接密实性　　质量保证资料　　齐全

工程质量等级评定　　×××　　合格

检验负责人：×××　　检测：×××　　记录：×××　　复核：×××　　2023年×月×日

4. 明洞回填分项工程质量检验评定表

分项工程名称：明洞回填　　工程部位：（桩号、墩台号、孔号）K0+800 进洞口　　所属建设项目（合同段）：×××省×××市至×××市高速公路项目

所属分部工程名称：洞口工程　　所属单位工程：隧道工程　　施工单位：×××公路工程建设有限公司　　分项工程编号：SD-02-07-01-001

基本要求	☑ 1. 人工回填时拱圈混凝土强度应不低于设计强度的75%，机械回填应在拱圈混凝土强度达到设计强度且拱圈外人工夯填厚度不小于1.0m后进行。 ☑ 2. 墙背回填应两侧同时进行。 ☑ 3. 明洞黏土隔水层应与边坡、仰坡搭接良好，封闭紧密。

项次	检查项目	规定值或允许偏差	实测值或实测偏差值										质量评定		
			1	2	3	4	5	6	7	8	9	10	平均值、代表值	合格率（%）	合格判定
1	回填压实	符合设计要求 96%	符合要求，见回填压实记录表，编号××										97.83、96.67	100	合格
实测项目 2	每层回填层厚（mm）	≤300	244	227	214	212	220	233	226	-235	221	235	226.7	100	合格
3	两侧回填高差（mm）	≤500	5	1	8	2	1	9	6	5	1	2	4	100	合格
4	坡度	满足设计要求 0.15%	0.11	0.07	0.03								0.07	100	合格
5	回填厚度（mm）	不小于设计值 350	8	11	5	5	15						8.8	100	合格
外观质量		坡面平顺，密实，排水通畅	坡面平顺、密实、排水通畅												
质量保证资料			质量保证资料										齐全		
工程质量等级评定								合格							

检验负责人：×××　　检测：×××　　记录：×××　　复核：×××　　2023 年×月×日

439

5. 洞身开挖分项工程质量检验评定表

分项工程名称：洞身开挖　　工程部位：（桩号、墩台号、孔号）K1+100～K1+120　　所属建设项目（合同段）：×××省×××市至××市高速公路项目

所属分部工程名称：洞身开挖　　所属单位工程：隧道工程　　施工单位：××公路工程建设有限公司　　分项工程编号：SD-03-01-01-001

| 基本要求 | ☑ 1. 当围岩自稳能力差时，开挖前应做好预加固、预支护。
☑ 2. 当隧道出现地质或接近围岩分界线时，应采用地质雷达、超前小导坑、超前探孔等方法探明工程地质和水文地质状况，方可进行开挖。
☑ 3. 开挖轮廓应预留变形量，并根据量测反馈信息及时调整。
☑ 4. 应采用控制爆破减少开挖对围岩的扰动。
☑ 5. 应严格控制欠挖，拱脚、墙脚以上1m范围内严禁欠挖；当石质坚硬完整且岩石单轴抗压强度大于30MPa并确认不影响衬砌砌结稳定和强度时，岩石个别凸出部分（每1m²不大于0.1m²）可突入衬砌断面，锚喷支护时凸入衬砌不得大于30mm，衬砌时欠挖值不得大于50mm。
☑ 6. 洞身开挖在清除浮石后应及时进行初喷支护。 | | | | | | | | | | | | | |

项次	检查项目	规定值或允许偏差	实测值或实测偏差值										质量评定		
			1	2	3	4	5	6	7	8	9	10	平均值、代表值	合格率（%）	合格判定
实测项目	1△ 拱部超挖（mm）	Ⅰ级围岩（硬岩） 平均100，最大200	73	22	13	83	55	24	27	49	71	66	48.3	100	合格
		Ⅱ、Ⅲ、Ⅳ级围岩（中硬岩、软岩） 平均150，最大250											/	/	/
		Ⅴ、Ⅵ级围岩（破碎岩、土） 平均100，最大150											/	/	/
	2 边墙超挖（mm）	每侧 +100, 0	38	18	34	11	2	18	35	18	1	46	22.1	100	合格
		全宽 +200, 0	23	49	0	21	12	9	29	27	9	13	19.2	100	合格
	3 仰拱、隧底超挖（mm）	平均100，最大250	38	18	34	11	2	18	35	18	1	46	22.1	100	合格

外观质量	外观无缺陷			质量保证资料	齐全
工程质量等级评定				合格	

检验负责人：×××　　检测：×××　　记录：×××　　检测：×××　　复核：×××　　2023 年×月×日

440

6. 喷射混凝土分项工程质量检验评定表

分项工程名称：喷射混凝土　　工程部位：（桩号、墩台号、孔号）K1+100～K1+120　　所属建设项目（合同段）：××省××市至××市高速公路项目

所属分部工程名称：洞身衬砌　　所属单位工程：隧道工程　　施工单位：××公路工程建设有限公司　　分项工程编号：SD-04-01-01-001

| 基本要求 | ☑ 1. 开挖断面质量，超欠挖处理，围岩表面渗漏水处理应符合施工技术规范规定，受喷岩面应清洁。
☑ 2. 喷射混凝土支护应与围岩紧密黏结，结合牢固，不得有空洞。
☑ 3. 钢架与围岩之间的间隙应采用喷射混凝土充填密实。
☑ 4. 喷射混凝土表面平整度应符合施工技术规范规定。严禁挂模喷射混凝土。 | | | | | | | | | | | | | | |

项次	检查项目	规定值或允许偏差	实测值或实测偏差值										质量评定		
			1	2	3	4	5	6	7	8	9	10	平均值、代表值	合格率（%）	合格判定
实测项目	1△	喷射混凝土强度（MPa）	在合格标准内 C25	符合要求，见混凝土强度试验报告，编号××										29.44	100	合格
	2	喷层厚度（mm）	平均厚度≥设计厚度；60%的检查点的厚度≥设计厚度；最小厚度≥0.6设计厚度	15	11	17	22	16	16	13	17	18	20	16.5	100	合格
	3△	喷层与围岩接触状况	无空洞，无杂物	符合设计及规范要求										/	100	合格
		外观质量	局部存在钢筋外露现象											齐全		
		质量保证资料														
工程质量等级评定						合格										

检验负责人：×××　　检测：×××　　复核：×××　　记录：×××　　2023 年×月×日

441

7. 锚杆分项工程质量检验评定表

分项工程名称：锚杆　　工程部位：(桩号、墩台号、孔号) K1+100~K1+120　　所属建设项目(合同段)：×××省×××市至××市高速公路项目

所属分部工程名称：洞身衬砌　　施工单位：××公路工程建设有限公司　　分项工程编号：SD-04-02-01-001

基本要求	☑ 1. 锚杆长度应不小于设计长度，锚杆插入孔内的长度不得短于设计长度的95%。 ☑ 2. 砂浆锚杆和注浆锚杆的灌浆强度应不小于设计值和规范要求，锚杆孔内灌浆密实饱满。 ☑ 3. 锁脚锚杆(管)的数量、长度、打入角度应满足设计要求。

项次	检查项目	规定值或允许偏差	实测值或实测偏差值										平均值、代表值	合格率(%)	合格判定
			1	2	3	4	5	6	7	8	9	10	质量评定		
1Δ	数量(根)	不少于设计值 60	60										60	100	合格
2	抗拔力(kN)	28d抗拔力平均值≥设计值，最小拔力≥0.9设计值	设计为××kN，符合要求，见抗拔力试验报告，编号××										53.41	100	合格
3	孔位(mm)	±150	11	18	-8	-22	15	10					4	100	合格
4	孔深(mm)	±50	-21	25	-12	3	-17	5					-2.83	100	合格
5	孔径(mm)	≥锚杆体直径+15 35	59	58	55	55	65	56					58	100	合格

外观质量	锚杆坚实	质量保证资料	齐全
工程质量等级评定			合格

检验负责人：×××　检测：×××　记录：×××　复核：×××　2023年×月×日

442

8. 钢筋网分项工程质量检验评定表

分项工程名称：钢筋网　　工程部位：（桩号、墩台号、孔号）K1+100～K1+120　　所属建设项目（合同段）：×××省×××市至××市高速公路项目

所属分部工程名称：洞身衬砌　　施工单位：×××公路工程建设有限公司　　分项工程编号：SD-04-03-01-001

所属单位工程名称：隧道工程

基本要求：☑ 1. 钢筋网铺设应在初喷混凝土后进行。

项次	检查项目	规定值或允许偏差	实测值或实测偏差值										质量评定		
			1	2	3	4	5	6	7	8	9	10	平均值、代表值	合格率（%）	合格判定
1	钢筋网喷射混凝土保护层厚度（mm）	≥20	33	29	23	40	36	25	23	23	35	25	29.2	100	合格
2△	网格尺寸（mm）	±10	5	-4	10	-7	3	9	6	-4	0	2	2	100	合格
3	搭接长度（mm）	≥50	95	68	51								71.33	100	合格

实测项目

外观质量	钢筋网连接紧密	合格
质量保证资料	齐全	

工程质量等级评定：合格

检验负责人：×××　　检测：×××　　记录：×××　　复核：×××　　2023年×月×日

443

9. 钢架分项工程质量检验评定表

分项工程名称：钢架　　工程部位：（桩号、墩台号、孔号）K1+100～K1+120　　所属建设项目（合同段）：×××省×××市至××市高速公路项目

所属分部工程名称：洞身衬砌　　所属分部工程：隧道工程　　施工单位：××公路工程建设有限公司　　分项工程编号：SD-04-04-01-001

基本要求	☑1. 钢架之间应采用纵向钢筋连接，安装基础应牢固。 ☑2. 钢架安装基底高程不足时，不得用石块、碎石砌垫，应设置钢板或采用强度等级不小于C20混凝土垫块。 ☑3. 钢架应紧靠初喷面。 ☑4. 连接钢板与钢架应焊接牢固，焊缝饱满密实；钢架节段之间通过钢板应用螺栓连接或焊接牢固。

项次	检查项目		规定值或允许偏差	实测值或实测偏差值										质量评定		
				1	2	3	4	5	6	7	8	9	10	平均值、代表值	合格率（%）	合格判定
1△	榀数（榀）		不少于设计值	10										10	100	合格
2△	间距（mm）		±50	13	13	-14	-1	23	24	13	1	15	18	9.1	100	合格
3	喷射混凝土保护层厚度（mm）	外侧保护层≥40		42	53	56	57	59	56	57	41	49	57	52.7	100	合格
		内侧保护层≥20		22	24	24	27	27	21	27	23	21	23	23.9	100	合格
4	倾斜度（°）		±2	1	0	-1	1	0	1	0	-1	-1	-1	-0.1	100	合格
5	拼装偏差（mm）		±3	△	0	2	3	-1	-2	0	2	0	-2	0.6	90	合格
6	安装偏差（mm）	横向	±50	24	17	9	21	18	-7	15	17	1	10	12.5	100	合格
		竖向	不低于设计高程	24	17	9	21	18	7	15	17	1	10	13.9	100	合格
7	连接钢筋	数量（根）	不少于设计值	20	20	20	20	20	20	20	20	20	20	20	100	合格
		间距（mm）	±50	9	-6	-2	-4	7	9	-9	25	-17	2	1.4	100	合格

外观质量	焊接完好	质量保证资料	齐全
工程质量等级评定		合格	

检验负责人：×××　　记录：×××　　检测：×××　　复核：×××　　2023年×月×日

注：钢架临空一侧为内侧。

444

10. 仰拱分项工程质量检验评定表

分项工程名称：仰拱　　工程部位：（桩号、墩台号、孔号）K1+100～K1+120　　所属建设项目（合同段）：×××省×××市至××市高速公路项目

所属分部工程名称：洞身衬砌　　所属单位工程：隧道工程　　施工单位：××公路工程建设有限公司　　分项工程编号：SD-04-05-01-001

基本要求	☑ 1. 仰拱基底承载力应满足设计要求。 ☑ 2. 仰拱超挖后应严禁回填虚土、虚渣。 ☑ 3. 仰拱浇筑前应无积水、杂物、虚渣。 ☑ 4. 仰拱曲率、仰拱与边墙连接应满足设计要求并符合施工技术规范规定。

项次	检查项目	规定值或允许偏差	实测值或实测偏差值 1	2	3	4	5	6	7	8	9	10	平均值、代表值	合格率（%）	合格判定
1△	混凝土强度（MPa）	在合格标准内 C40	符合要求，见混凝土强度试验报告，编号××										47.33	100	合格
2△	厚度（mm）	不小于设计值 350	11	9	7	6	3						7.2	100	合格
3	钢筋保护层厚度（mm）	+10，−5	6	2	2	1	8						3.8	100	合格
4	底面高程（mm）	±15	10	4	−3	6	0						−3.4	100	合格

外观质量	混凝土表面平整	混凝土表面平整
质量保证资料	齐全	齐全
工程质量等级评定		合格

检验负责人：×××　　检测：×××　　记录：×××　　复核：×××

2023年×月×日

445

11. 仰拱回填分项工程质量检验评定表

分项工程名称：仰拱回填　　工程部位：（桩号、墩台号、孔号）K1+100～K1+120　　所属建设项目：×××省×××市至×××市高速公路项目

所属分部工程名称：洞身衬砌　　所属单位工程：隧道工程　　施工单位：××公路工程建设有限公司　　分项工程编号：SD-04-06-01-001

基本要求	☑ 1. 仰拱回填混凝土浇筑前表面应无积水和杂物。 ☑ 2. 仰拱回填混凝土应在仰拱混凝土强度达到设计强度的70%后进行。													

	项次	检查项目	规定值或允许偏差	实测值或实测偏差值										质量评定		
				1	2	3	4	5	6	7	8	9	10	平均值、代表值	合格率（%）	合格判定
实测项目	1△	混凝土强度（MPa）	在合格标准内 C40	符合要求，见混凝土强度试验报告，编号××										47.21	100	合格
	2	顶面高程（mm）	±10	6	-2	0	-1	8						2.2	100	合格
		外观质量	回填表面平整											齐全		
			质量保证资料											齐全		
		工程质量等级评定		合格												

检验负责人：×××　　　　检测：×××　　　　记录：×××　　　　复核：×××　　　　2023年×月×日

12. 衬砌钢筋分项工程质量检验评定表

分项工程名称：衬砌钢筋　工程部位：（桩号、墩台号、孔号）K1+100～K1+120　所属建设项目（合同段）：×××省×××市至×××市高速公路项目

所属分部工程名称：洞身衬砌　所属单位工程：隧道工程　施工单位：××公路工程建设有限公司　分项工程编号：SD-04-07-01-001

基本要求	☑ 1. 钢筋的连接方式，同一连接区段内的接头面积应满足设计要求；接头位置应设在受力较小处。 ☑ 2. 钢筋的搭接长度，焊接和机械接头质量应满足施工质量验收的钢筋根数。 ☑ 3. 钢筋安装时，应保证设计要求的钢筋根数。 ☑ 4. 受力钢筋应平直，表面不得有裂纹及其他损伤。 ☑ 5. 钢筋的保护层垫块应分布均匀，数量及材料性能应满足设计和有关技术规范规定。 ☑ 6. 多层钢筋网应有足够的钢筋支撑，并应保证钢筋骨架的施工刚度，使其在混凝土浇筑过程中不出现移位。															

项次	检查项目	规定值或允许偏差	实测值或实测偏差值											质量评定		
			1	2	3	4	5	6	7	8	9	10	平均值、代表值	合格率（%）	合格判定
1△	主筋间距（mm）	±10	-8	-7	3	-2	0	9					-0.83	100	合格
2	两层钢筋间距（mm）	±5	4	1	-1	2	-2	-3					0.15	100	合格
3	箍筋间距（mm）	±20	-11	-2	17	16	-5	-10					0.83	100	合格
4	钢筋长度（mm）	满足设计要求 ±10	10	9	5	3							6.75	100	合格
5	钢筋保护层厚度（mm）	+10，-5	-1	-4	-1	6	2	8					1.67	100	合格

外观质量	个别钢筋存在锈蚀现象	质量保证资料	齐全

工程质量等级评定　合格

检验负责人：×××　　检测：×××　　记录：×××　　复核：×××　　2023 年×月×日

447

13. 混凝土衬砌分项工程质量检验评定表

分项工程名称：混凝土衬砌　　工程部位：(桩号、墩台号、孔号）K1+100～K1+120　　所属建设项目（合同段）：×××省×××市至××市高速公路项目

所属分部工程名称：洞身衬砌　　所属单位工程：隧道工程　　施工单位：××公路工程建设有限公司　　分项工程编号：SD-04-08-01-001

基本要求
☑ 1. 衬砌施工前初期支护背部存在空洞、断面严重侵限时应及时处理。
☑ 2. 衬砌背后的空隙应回填注浆。

项次	检查项目	规定值或允许偏差	实测值或实测偏差值										质量评定		
			1	2	3	4	5	6	7	8	9	10	平均值、代表值	合格率（%）	合格判定
1△	混凝土强度（MPa）	在合格标准内 C40	符合要求，见混凝土强度试验报告，编号××										47.12	100	合格
2	衬砌厚度（mm）	90%的检查点的厚度≥设计厚度，且最小厚度≥0.5设计厚度	11	7	6	3	5						6.4	100	合格
3	墙面平整度（mm）	施工缝、变形缝处 ≤20	3	5	0	2	10						4	100	合格
		其他部位 ≤5	1	1	0	3	5						2	100	合格
4△	衬砌背部密实状况	无空洞，无杂物	符合要求，见地质雷达检测报告，编号××										/	100	合格

外观质量	局部存在蜂窝、麻面现象	质量保证资料	齐全

工程质量等级评定　　合格

检验负责人：×××　　检测：×××　　记录：×××　　复核：××××　　2023年×月×日

448

14. 防水层分项工程质量检验评定表

分项工程名称：防水层　　工程部位：（桩号、墩台号、孔号）K1+100～K1+120　　所属建设项目（合同段）：×××省×××市至×××市高速公路项目

所属分部工程名称：防排水　　所属单位工程：隧道工程　　施工单位：×××公路工程建设有限公司　　分项工程编号：SD-05-01-001

基本要求	☑ 1. 防水材料铺设前喷射混凝土基面不得有钢筋、凸出的管件等尖锐突出物。 ☑ 2. 隧道断面变化处或转弯处的阴角应抹成半径不小于50mm的圆弧。 ☑ 3. 防水层施工时，基面不得有明水。

项次	检查项目	规定值或允许偏差	实测值或实测偏差值										质量评定		
			1	2	3	4	5	6	7	8	9	10	平均值、代表值	合格率（%）	合格判定
1△	搭接长度（mm）	≥100	120	105	144	136	113	131					124.83	100	合格
2△	缝宽（mm）焊接	焊缝宽≥10											/	/	/
	粘接	粘缝宽≥50	51	86	77	68	99	64					74.17	100	合格
3	固定点间距（m）	满足设计要求 0.5	0.49	0.48	0.5								0.49	100	合格
4	焊缝密实性	满足设计要求	符合要求，见焊缝质量试验报告，编号××										/	100	合格
外观质量	表面不平												合格		
质量保证资料	齐全														

工程质量等级评定：×××

检验负责人：×××　　检测：×××　　记录：×××　　复核：×××　　2023年×月×日

15. 止水带分项工程质量检验评定表

分项工程名称：止水带　　工程部位：（桩号、墩台号、孔号）K1+100～K1+120　　所属建设项目（合同段）：××省×××市至×××市高速公路项目

所属分部工程名称：防排水　　所属单位工程：隧道工程　　施工单位：×××公路工程建设有限公司　　分项工程编号：SD-05-02-01-001

基本要求	☑ 1. 止水带应与衬砌端头模板正交。														
项次	检查项目	规定值或允许偏差	实测值或实测偏差值										质量评定		
			1	2	3	4	5	6	7	8	9	10	平均值、代表值	合格率（%）	合格判定
实测项目	1 纵向偏离（mm）	±50	12	16	−11	5	16	−2					6	100	合格
	2 偏离衬砌中线（mm）	≤30	14	26	7	15	14	21					16.2	100	合格
	3 △ 固定点间距（mm）	±50	−25	−10	24	16	7	−6					1	100	合格
外观质量		止水带破裂未及时修补												齐全	
工程质量等级评定		质量保证资料									合格				

检验负责人：×××　　　检测：×××　　　记录：×××　　　复核：×××　　　2023年×月×日

450

16. 排水分项工程质量检验评定表

分项工程名称：排水　　工程部位：（桩号、墩台号、孔号）　K1+000～K1+100（左侧）　所属建设项目：××省××市至××市高速公路项目

所属分部工程名称：防排水　　所属单位工程：隧道工程　　施工单位：××公路工程建设有限公司　　分项工程编号：SD-05-03-01-001

| 基本要求 | ☑ 1. 隧道纵向排水管、横向排水管、环向排水管的材质和规格应满足设计要求。
☑ 2. 横向排水管、环向排水管的间距应满足设计要求。
☑ 3. 纵向排水沟、中心排水沟（管）基座的坡度应满足设计要求。
☑ 4. 排水管整体线形应平顺，排水管接头不得出现松动。
☑ 5. 防排水工程施工完成后，应清理排水系统中的建筑垃圾，及时流通排水管道，并进行灌水排水试验。 |||||||||||||

项次	检查项目	规定值或允许偏差	实测值或实测偏差值										质量评定			合格判定
			1	2	3	4	5	6	7	8	9	10	平均值，代表值	合格率（%）	
实测项目	1△	混凝土强度（MPa）	在合格标准内 C25								见混凝土强度试验报告，编号××			29.12	100	合格
	2	轴线偏位（mm）	15	9	10	13	10	1	⚠	10	3	13	6	9.1	90	合格
	3	断面尺寸或管径（mm）	±10	6	-10	-4	-7	-4	6	-8	4	-4	3	-1.8	100	合格
	4△	壁厚（mm）	不小于设计值 250	16	8	20	15	13	11	1	10	2	15	11.1	100	合格
	5	沟底高程（mm）	±20	16	8	20	15	13	11	1	10	2	15	11.1	100	合格
	6△	纵坡	满足设计要求 0.3%	0.3	0.3	0.3	0.3	0.3	0.3	0.3	0.3	0.3	0.3	0.3	100	合格
	7	基础厚度（mm）	不小于设计值 300	16	8	20	15	13	11	1	10	2	15	11.1	100	合格

| 外观质量 | 检查井盖板翘曲 | | | | | | | | | | | | | | | |
| 工程质量等级评定 | 质量保证资料 | 齐全 | | | | | | | | | | | | | | |

合格

检验负责人：×××　　检测：×××　　记录：×××　　复核：×××　　2023 年×月×日

451

17. 超前锚杆分项工程质量检验评定表

分项工程名称：超前锚杆　　工程部位：（桩号、墩台号、孔号）K1+100～K1+120　　所属建设项目（合同段）：××省××市至××市高速公路项目

所属分部工程名称：洞身衬砌　　所属单位工程：隧道工程　　施工单位：×××公路工程建设有限公司　　分项工程编号：SD-04-09-01-001

| 基本要求 | ☑ 1. 超前锚杆的打入角度应满足设计要求并符合施工技术规范规定。
☑ 2. 超前锚杆纵向两排之间水平搭接长度应不小于1m。
☑ 3. 锚杆孔内灌注砂浆应饱满密实。 | | | | | | | | | | | | | | | |

实测项目	项次	检查项目	规定值或允许偏差	实测值或实测偏差值										质量评定		
				1	2	3	4	5	6	7	8	9	10	平均值、代表值	合格率（%）	合格判定
	1	长度（mm）	不小于设计值 3500	11	22									16.5	100	合格
	2	数量（根）	不少于设计值 10	10										10	100	合格
	3	孔位（mm）	±50	−23	12	15	−11	12						1	100	合格
	4	孔深（mm）	±50	23	8	20	14	17						16.4	100	合格
	5	孔径（mm）	≥40	77	48	72	80	58						67	100	合格

| 外观质量 | 锚杆入孔过长 | 质量保证资料 | 齐全 |
| 工程质量等级评定 | ××× | | 合格 |

检验负责人：×××　　检测：×××　　记录：×××　　复核：×××　　2023 年×月×日

452

18. 超前小导管分项工程质量检验评定表

分项工程名称：超前小导管　　工程部位：（桩号、墩台号、孔号）K1+100～K1+120　　所属建设项目（合同段）：××省××市至××市高速公路项目

所属分部工程名称：洞身衬砌　　所属单位工程：隧道工程　　施工单位：××公路工程建设有限公司　　分项工程编号：SD-04-10-01-001

基本要求	☑1. 超前小导管注浆浆液强度、配合比、注浆压力和注浆量应满足设计要求，且浆液应充满钢管及周围的空隙。 ☑2. 超前小导管的打入角度应满足设计要求并符合施工技术规范规定。 ☑3. 两组小导管之间纵向水平搭接长度不小于1m。

项次	检查项目	规定值或允许偏差	实测值或实测偏差值										质量评定		
			1	2	3	4	5	6	7	8	9	10	平均值、代表值	合格率（%）	合格判定
1	长度（mm）	不小于设计值 3500	3	7	11	-5	6	6	5	4	3	9	4.9	90	合格
2	数量（根）	不少于设计值 10	10										10	100	合格
3	孔位（mm）	±50	-15	1	23	16	-21						0.8	100	合格
4	孔深（mm）	大于钢管长度设计值	7	3	2	5	4						4.2	80	合格

外观质量	钢管入孔长度过长	质量保证资料	齐全

工程质量等级评定　　合格

检验负责人：×××　　检测：×××　　记录：×××　　复核：×××　　2023年×月×日

453

19. 管棚分项工程质量检验评定表

分项工程名称：管棚　　工程部位：（桩号、墩台号、孔号）K1+300 隧道进口　　所属建设项目（合同段）：×××市至××市高速公路项目

所属分部工程名称：洞身衬砌　　所属单位工程：隧道工程　　施工单位：××公路工程建设有限公司　　分项工程编号：SD-04-11-01-001

基本要求	☑ 1. 管棚注浆浆液强度　配合比，注浆压力和注浆量应满足设计要求。 ☑ 2. 管棚套拱基底承载力应满足设计要求并符合施工技术规范规定。 ☑ 3. 超前钢管的打入角度应满足设计要求并符合施工技术规范规定。 ☑ 4. 两组管棚之间纵向水平搭接长度应不小于3m。

项次	检查项目	规定值或允许偏差	实测值或实测偏差值										质量评定		
			1	2	3	4	5	6	7	8	9	10	平均值、代表值	合格率（%）	合格判定
1	长度（mm）	不小于设计值 5000	3	7	11	-5	6	6	5	4	3	9	4.9	90	合格
2	数量（根）	不少于设计值 36	36										36	100	合格
3	孔位（mm）	±50	22	8	1	25	15	0	8	15	-20	-1	7.3	100	合格
4	孔深（mm）	大于钢管长度设计值	3	7	11	5	6	6	5	4	3	9	5.9	90	合格
	外观质量	焊接完好											齐全		
	质量保证资料													合格		
	工程质量等级评定															

检验负责人：×××　　检测：×××　　记录：×××　　复核：×××　　2023年×月×日

454

八、交通安全设施

1. 交通标志分项工程质量检验评定表

分项工程名称：标志　　工程部位：(桩号、墩台号、孔号) K0+800 挡路标志牌　　所属建设项目(合同段)：××省××至××市高速公路项目

所属分部工程名称：标志、标线、突起路标、轮廓标　　所属单位工程：交通安全设施　　施工单位：××公路工程建设有限公司　　分项工程编号：JT-01-01-001

基本要求	☑1. 交通标志的加工、制作应符合现行《道路交通标志和标线》GB 5768和《道路交通标志板支撑件》GB/T 23827的规定。
	☑2. 交通标志在运输过程中不得损伤标志面的涂层。
	☑3. 交通标志的设置及安装应满足设计要求并符合施工技术规范的规定。
	☑4. 交通标志及支撑件应安装牢固，基础混凝土强度应满足设计要求。

项次	检查项目	规定值或允许偏差	实测值或实测偏差值										质量评定		合格判定
			1	2	3	4	5	6	7	8	9	10	平均值、代表值	合格率(%)	
1△	标志面反光膜逆反射系数(cd·lx⁻¹·m⁻²)	满足设计要求 50	81	83	85	96	99	93					89.5	100	合格
2	标志板下缘至路面净空高度(mm)	+100, 0	14	46									30	100	合格
3	柱式标志板，悬臂式和门架式标志立柱的内边缘距土路肩边缘线距离(mm)	满足设计要求 ≥250	290	290									290	100	合格
4	立柱垂直度(mm/m)	3‰	3	2									2.5	100	合格
5	基础顶面平整度(mm)	4	0	3									1.5	100	合格
6	标志基础尺寸(mm)	+100, -50	18	24	-22	3							5.75	100	合格
外观质量	标志板明暗不均														
质量保证资料	齐全														
工程质量等级评定	合格														

检验负责人：×××　　检测：×××　　记录：×××　　复核：×××　　2023 年×月×日

455

2. 交通标线分项工程质量检验评定表

分项工程名称：标线　　工程部位：（桩号、墩台号、孔号）　　　　　　　所属建设项目（合同段）：×××省××市至××市高速公路项目

所属分部工程名称：标志、标线、突起路标、轮廓标　所属单位工程：交通安全设施　施工单位：××公路工程建设有限公司　分项工程编号：JT-01-02-01-001

基本要求：
☑ 1. 交通标线施划前路面应清洁、干燥、无起灰。
☑ 2. 交通标线用涂料产品应符合现行《路面标线涂料》JT/T 280及《路面标线用玻璃珠》GB/T 24722的规定；防滑涂料产品应符合现行《路面防滑涂料》JT/T 712的规定。
☑ 3. 交通标线的颜色、形状和位置应符合现行《道路交通标志和标线》GB 5768的规定并满足设计要求。
☑ 4. 反光标线玻璃珠应撒布均匀，施划后标线无起泡、剥落现象。

项次	检查项目		规定值或允许偏差	1	2	3	4	5	6	7	8	9	10	平均值、代表值	合格率（%）	合格判定
1	标线线段长度（mm）	6000	±30											/	/	/
		4000	±20	7	17	-11	5	5	17	12	-14	-7	13	4.4	100	合格
		3000	±15											/	/	/
		2000	±10											/	/	/
		1000	±10											/	/	/
2	标线宽度（mm）		+5，0	4	5	4	1	2	3	2	3	4		3.1	100	合格
3△	标线厚度（干膜，mm）	溶剂型	不小于设计值											/	/	/
		热熔型	+0.50，-0.10	-0.2	-0.4	-0.1								-0.23	100	合格
		水性	不小于设计值											/	/	/
		双组份	不小于设计值											/	/	/
		预成型标线标带	不小于设计值											/	/	/
		突起型 突起高度	不小于设计值											/	/	/
		突起型 基线厚度	不小于设计值											/	/	/
4	标线横向偏位（mm）		≤30	13	5	8	5	21	1	12	19	16		11.11	100	合格
5	标线纵向间距（mm）	9000	±45											/	/	/
		6000	±30											/	/	/
		4000	±20											/	/	/
		3000	±15	-11	-1	-1	13	15	-13	-17	18	19		2.44	100	合格

实测项目

续表

分项工程名称：标线　　所属分部工程名称：标志、标线、突起路标、轮廓标　　工程部位：（桩号、墩台号、孔号）K1+000～K2+000　　所属单位工程名称：交通安全设施　　所属建设项目（合同段）：×××省×××市至×××市高速公路项目　　施工单位：××公路工程建设有限公司　　分项工程编号：JT-01-02-01-001

项次	检查项目		规定值或允许偏差	1	2	3	4	5	6	7	8	9	10	平均值、代表值	合格率(%)	合格判定
6△	逆反射亮度系数 R_L（mcd·m⁻²·lx⁻¹） 非雨夜反光标线	Ⅰ级	白色 ≥150											/	/	/
			黄色 ≥100											/	/	/
		Ⅱ级	白色 ≥250											/	/	/
			黄色 ≥125											/	/	/
		Ⅲ级	白色 ≥350											/	/	/
			黄色 ≥150											/	/	/
		Ⅳ级	白色 ≥450											/	/	/
			黄色 ≥175											/	/	/
	雨夜反光标线	干燥	白色 ≥350											/	/	/
			黄色 ≥200											/	/	/
		潮湿	白色 ≥175											/	/	/
			黄色 ≥100											/	/	/
		连续降雨	白色 ≥75	97	110	116								107.67	100	合格
			黄色 ≥75	94	94	123								103.67	100	合格
	立面反光标记	干燥	白色 ≥400											/	/	/
			黄色 ≥350											/	/	/
		潮湿	白色 ≥200											/	/	/
			黄色 ≥175											/	/	/
		连续降雨	白色 ≥100											/	/	/
			黄色 ≥100											/	/	/
7①	抗滑值（BPN）		≥45	72	60	77								69.67	100	合格
	彩色防滑标线		满足设计要求													
外观质量	标线线形出现折线															
工程质量等级评定																
质量保证资料	齐全													合格		

检验负责人：×××　　记录：×××　　检测：×××
复核：×××
2023 年×月×日

注：①抗滑标线、彩色防滑标线测量抗滑值。

3. 波形梁钢护栏分项工程质量检验评定表

分项工程名称：波形梁护栏　工程部位：(桩号、墩号、孔号) K1+000～K2+000 (左侧)　所属建设项目：×××省×××市至×××市高速公路项目

所属分部分项工程名称：护栏　所属单位工程：交通安全设施　施工单位：×××公路工程建设有限公司　分项工程编号：JT-02-01-01-001

基本要求	☑ 1. 波形梁钢护栏产品应符合现行《波形梁钢护栏》GB/T 31439的规定。 ☑ 2. 路肩和中央分隔带的土基压实度应不小于设计值。 ☑ 3. 石方路段和挡土墙上护栏立柱的埋深及基础处理应满足设计要求。 ☑ 4. 波形梁钢护栏各构件的安装应符合设计要求并符合施工技术规范的规定。 ☑ 5. 护栏的端头处理及护栏过渡段处理应满足设计要求。

项次	检查项目	规定值或允许偏差	实测值或实测偏差值										质量评定		
			1	2	3	4	5	6	7	8	9	10	平均值，代表值	合格率(%)	合格判定
1Δ	波形梁板基底金属厚度 (mm)	符合现行GB/T 31439标准规定	20	22	24	20	23	20	27	27	20	24	22.7	100	合格
2Δ	立柱基底金属壁厚 (mm)	符合现行GB/T 31439标准规定	41	42	40	46	48	40	45	44	44	40	43	100	合格
3Δ	横梁中心高度 (mm)	±20	-16	3	19	1	-11						-0.8	100	合格
4	立柱中距 (mm)	±20	-6	2	8	14	12						6	100	合格
5	立柱竖直度 (mm/m)	±10	6	3	-3	⊿	-5						2.4	80	合格
6	立柱外边缘距土路边线距离 (mm)	≥250或不小于设计要求 ≥250	255	251	253	256	258						254.6	100	合格
7	立柱埋置深度 (mm)	不小于设计要求	5	8	11	17	22						12.6	100	合格
8	螺栓终拧扭矩	±10%	6	7	2	8	2						5	100	合格

外观质量	构件涂料脱皮
质量保证资料	质量保证资料　合格　齐全
工程质量等级评定	合格

检验负责人：×××　　检测：×××　　记录：×××　　复核：××××　　2023 年×月×日

458

4. 混凝土护栏分项工程质量检验评定表

分项工程名称：混凝土护栏　工程部位：（桩号、墩台号、孔号）K1+000～K2+000（左侧）　所属建设项目：×××省×××市至×××市高速公路项目

所属分部分项工程名称：护栏　所属单位工程：交通安全设施　施工单位：××公路工程建设有限公司　分项工程编号：JT-02-03-01-001

基本要求	☑ 1. 混凝土护栏的地基承载力应满足设计要求。 ☑ 2. 混凝土护栏块件在标准段，混凝土护栏起终点的几何尺寸应满足设计要求。 ☑ 3. 混凝土护栏预制块件在在吊装、运输、安装过程中，不得断裂。 ☑ 4. 各混凝土护栏块件之间，护栏与基础之间的连接应满足设计要求。 ☑ 5. 混凝土护栏的埋入深度及基础方式及数量应满足设计要求。 ☑ 6. 混凝土护栏的端头的端头处理及护栏过渡段的处理应满足设计要求。

项次	检查项目	规定值或允许偏差	实测值或实测偏差值										质量评定		
			1	2	3	4	5	6	7	8	9	10	平均值、代表值	合格率（%）	合格判定
1	护栏断面尺寸（mm） 高度	±10	-2	3	3	-2	-7						-1	100	合格
	护栏断面尺寸（mm） 顶宽	±5	1	3	4	4	5						3.4	100	合格
	护栏断面尺寸（mm） 底宽	±5	-2	1	1	-3	-1						-0.8	100	合格
2	钢筋骨架尺寸（mm）	满足设计要求	8	5	3	11	15						8.4	100	合格
3	横向偏位（mm）	±20或满足设计要求	7	9	-11	2	-6						0.2	100	合格
4①	基础厚度（mm）	±10%H　H=200mm	16	-13	4	-14	-18						-5	100	合格
5△	护栏混凝土强度（MPa）	满足设计要求　C30	符合要求，见混凝土强度试验报告，编号××										35.61	100	合格
6	混凝土护栏块件之间的错位（mm）	≤5	3	4	3	2	4						3.2	100	合格
外观质量	护栏直线段凹凸						合格								
工程质量等级评定	质量保证资料	齐全					合格					合格			

检验质量负责人：×××　检测：×××　记录：×××　复核：×××　2023年×月×日

注：① H为基础的设计厚度，以mm计。

5. 缆索护栏分项工程质量检验评定表

分项工程名称：缆索护栏　　工程部位：（桩号、墩台号、孔号）K1+000～K2+000（左侧）　　所属建设项目（合同段）：×××市至××市高速公路项目

所属分部工程名称：护栏　　所属单位工程：交通安全设施　　施工单位：××公路工程建设及限公司　　分项工程编号：JT-02-02-01-001

| 基本要求 | ☑ 1. 缆索护栏产品应符合现行《缆索护栏》JT/T 895的规定。 ☑ 2. 端部立柱应安装牢固。基础混凝土强度应满足设计要求。 ☑ 3. 护栏的端头处理及护栏过渡段的处理应满足设计要求。 |

项次	检查项目	规定值或允许偏差	实测值或实测偏差值										质量评定		
			1	2	3	4	5	6	7	8	9	10	平均值、代表值	合格率（%）	合格判定
1△	初张力	±5%	-4	-3	-1	3	13						-1.25	100	合格
2	最下一根缆索的高度（mm）	±20	12	-7	-1	18	13						7	100	合格
3	立柱中距（mm）	±20	3	3	-2	17	19						8	100	合格
4	立柱竖直度（mm/m）	±10	-3	8	-10	4	-6						-1.4	100	合格
5	立柱埋置深度（mm）	不小于设计要求 1000	21	3	17	9	5	5	-7	-8			11	100	合格
6	混凝土基础尺寸	满足设计要求 ±20mm	-2	2	7	-9	14	5	-7	-8			0.25	100	合格

外观质量	护栏线形顺直	齐全

| 工程质量等级评定 | 质量保证资料 | 合格 |

检验负责人：×××　　检测：×××　　记录：×××　　复核：×××　　2023年×月×日

460

6. 突起路标分项工程质量检验评定表

分项工程名称：突起路标　　工程部位：(桩号、墩台号、孔号) K1+000～K2+000　　所属建设项目（合同段）：×××市至××市高速公路项目

所属分部工程名称：标志、标线、突起路标、轮廓标　所属单位工程：交通安全设施　施工单位：××公路工程建设有限公司　分项工程编号：JT-01-03-01-001

基本要求	☑ 1. 突起路标产品应符合现行《突起路标》GB/T 24725、《太阳能突起路标》GB/T 19813的规定。 ☑ 2. 突起路标的布设及其他颜色应符合现行《道路交通标志和标线》GB 5768的规定并满足设计要求。 ☑ 3. 突起路标施工前路面应清洁、干燥，定位准确。 ☑ 4. 突起路标与路面的粘结应牢固。

项次	检查项目	规定值或允许偏差	实测值或实测偏差值										质量评定		
			1	2	3	4	5	6	7	8	9	10	平均值、代表值	合格率（%）	合格判定
实测项目 1	安装角度（°）	±5	-2	-3	-2	2	1	-1	Ⓐ	1	-2	2	0	90	合格
2	纵向间距（mm）	±50	-24	2	12	-21	-9	-10	0	7	-9	-15	-6.7	100	合格
3	横向偏位（mm）	±30	-3	-5	-2	13	-1	21	22	-22	-7	16	3.2	100	合格
外观质量	表面有裂纹					合格									
工程质量等级评定			质量保证资料					齐全							

检验负责人：×××　检测：×××　记录：×××　复核：×××　2023 年×月×日

7. 轮廓标分项工程质量检验评定表

分项工程名称：轮廓标　　　　工程部位：（桩号、墩台号、孔号）K1+000～K2+000　　所属建设项目（合同段）：×××省×××市至×××市高速公路项目

所属分部分项工程名称：标志、标线、突起路标、轮廓标　　施工单位：交通安全设施　　所属单位工程：交通安全设施　　分项工程编号：JT-01-04-01-001

基本要求	☑ 1. 轮廓标产品应符合现行《轮廓标》GB/T 24970的规定。 ☑ 2. 柱式轮廓标的基础混凝土强度、基础尺寸应满足设计要求。 ☑ 3. 轮廓标的布设应满足设计要求并符合施工技术规范规定。 ☑ 4. 轮廓标应安装牢固，色度性能和光度应满足设计要求。													
项次	检查项目	规定值或允许偏差	实测值或实测偏差值										质量评定		
			1	2	3	4	5	6	7	8	9	10	平均值、代表值	合格率（%）	合格判定
实测项目	1	安装角度（°）	0～5	2	1	2	1	4	2	2	4	3	△	2.7	90	合格
	2	反射器中心高度（mm）	±20	-12	9	5	-12	-2	10	18	0	3	12	3.1	100	合格
	3	柱式轮廓标竖直度（mm/m）	±10	1	-5	3	5	1	1	-4	3	3	2	1	100	合格
外观质量		轮廓标有划伤						轮廓标有划伤							齐全	
		质量保证资料														
工程质量等级评定								合格								

检验负责人：×××　　　　检测：×××　　　　记录：×××　　　　复核：×××　　　　2023 年×月×日

8. 防眩设施分项工程质量检验评定表

分项工程名称：防眩设施　工程部位：（桩号、墩台号、孔号）K1+000～K2+000（左侧）　所属建设项目（合同段）：××省××市至××市高速公路项目
所属分部工程名称：防眩设施、隔离栅、防落物网　所属单位工程：交通安全设施　施工单位：××公路工程建设有限公司　分项工程编号：JT-03-01-01-001

| 基本要求 | ☑ 1. 防眩板产品应符合现行《防眩板》GB/T 24718的规定，其他防眩设施应满足设计要求并符合施工技术规范的规定。
☑ 2. 防眩设施的几何尺寸及遮光角应满足设计要求。
☑ 3. 防眩设施应安装牢固。 |

项次	检查项目	规定值或允许偏差	实测值或实测偏差值											质量评定		
			1	2	3	4	5	6	7	8	9	10	平均值、代表值	合格率（%）	合格判定
1△ 实测项目	安装高度（mm）	±10	8	-10	8	-6	7	-5	-3	-8	6	-6	-0.9	100	合格
2	防眩板设置间距（mm）	±10	△	-3	-3	0	-7	5	-3	-6	3	-7	-1	90	合格
3	竖直度（mm/m）	±5	-3	5	2	1	0	2	1	3	-3	△	0.2	90	合格
4	防眩网网孔尺寸	满足设计要求 ±5mm	1	3	-1	-4	3						0.4	100	合格
	外观质量		防眩设施牢固、整齐										防眩设施牢固、整齐	齐全	
			质量保证资料										合格		
工程质量等级评定															

检验负责人：×××　检测：×××　记录：×××　复核：×××　2023年×月×日

463

9. 隔离栅和防落物网分项工程质量检验评定表

分项工程名称：隔离栅和防落物网　工程部位：(桩号、墩台号、孔号) K1+000～K2+000 (左侧)　所属建设项目 (合同段)：××省××市至××市高速公路项目

所属分部工程名称：隔离设施、隔离栅、防落物网　所属单位工程：交通安全设施　施工单位：××公路工程建设有限公司　分项工程编号：JT-03-02-01-001

基本要求	☑ 1. 隔离栅产品应符合现行《隔离栅》GB/T 26941的规定，绿篱隔离栅和防落物网应满足设计要求。 ☑ 2. 立柱混凝土基础应满足设计要求。 ☑ 3. 各构件的安装应满足设计要求并符合施工技术规范的规定。 ☑ 4. 防落物网网孔应均匀，结构牢固，围封严实。 ☑ 5. 隔离栅起终点端头围封应满足设计要求。

项次	检查项目		规定值或允许偏差	实测值或实测偏差值										质量评定		
				1	2	3	4	5	6	7	8	9	10	平均值、代表值	合格率(%)	合格判定
实测项目	1	高度 (mm)	±15	1	4	-3	-2	10						2	100	合格
	2	刺钢丝的中心垂度 (mm)	≤15	6	2	2	3	2						3	100	合格
	3	立柱中距 (mm)	焊接网 ±30											/	/	/
			钢板网 ±30											/	/	/
			刺钢丝网 ±60	20	-19	0	-5	-16						-4	100	合格
			编织网 ±60											/	/	/
	4	立柱竖直度 (mm/m)	±10	0	-7	-2	4	6						0.2	100	合格
	5	立柱埋置深度	不小于设计要求 ±10mm	5	-3	2	8	9						4.2	100	合格

外观质量	立柱麻面	质量保证资料	基本齐全
工程质量等级评定		合格	

检验负责人：×××　检测：×××　记录：×××　复核：×××　2023年×月×日

464

10. 中央分隔带开口护栏分项工程质量检验评定表

分项工程名称：中央分隔带开口护栏　工程部位：(桩号、墩台号、孔号) K0+800～K0+900　所属建设项目(合同段)：×××省×××市至×××市高速公路项目

所属分部工程名称：护栏　所属单位工程：交通安全设施　施工单位：×××公路工程建设有限公司　分项工程编号：JT-02-04-01-001

基本要求	☑ 1. 中央分隔带开口护栏的防护等级应满足设计要求，安全性能应符合现行《公路护栏安全性能评价标准》JTG B05-01的规定。 ☑ 2. 中央分隔带开口护栏的安装及与中央分隔带护栏过渡段处理，应满足设计要求并符合施工技术规范的规定。 ☑ 3. 中央分隔带开口护栏在使用时，应易于开启，移动方便。

项次	检查项目	规定值或允许偏差	实测值或实测偏差值										质量评定		
			1	2	3	4	5	6	7	8	9	10	平均值、代表值	合格率（%）	合格判定
1	高度（mm）	±20	-11	-9	12	-11	4						-3	100	合格
2Δ	涂层厚度（μm）	满足设计要求 <u>80</u>	89	92	86	99	85						90.2	100	合格
外观质量		护栏顺直，易开启，移动方便	质量保证资料											齐全		
工程质量等级评定			合格												

检验负责人：×××　　检测：×××　　记录：×××　　复核：×××　　2023年×月×日

465

11. 里程碑和百米桩分项工程质量检验评定表

分项工程名称：里程碑和百米桩　工程部位：(桩号、墩台号、孔号）K1+000～K10+000（右侧）　所属建设项目（合同段）：×××省××市至××市高速公路项目

所属分部工程名称：里程碑和百米桩　施工单位工程：交通安全设施　所属单位工程：××公路工程建设有限公司　分项工程编号：JT-04-01-01-001

基本要求	☑ 1. 里程碑的样式、尺寸、颜色、字体应符合现行《道路交通标志和标线》GB 5768的规定。 ☑ 2. 里程碑和百米桩在运输、安装过程中不得断裂和破损。 ☑ 3. 里程碑和百米桩应定位准确，安装牢固。

项次	检查项目		规定值或允许偏差	实测值或实测偏差值										平均值、代表值	合格率（%）	合格判定
				1	2	3	4	5	6	7	8	9	10			
实测项目	1	外形尺寸（mm）	高度	±10	-4	7	1	-4	-9	4	-10	1	-6	-7	-2.7	100	合格
			宽度	±5	3	-3	-1	-3	⑥	2	-2	-3	3	-4	-0.2	90	合格
			厚度	±5	3	-1	-4	0	0	3	-5	-4	0	3	-0.5	100	合格
	2	字体及尺寸（mm）		满足设计要求	符合设计要求										/	100	合格
	3	里程碑竖直度（mm/m）		±10	-9	2	5	-1	-1	-4	-3	8	-6	-1	-0.7	100	合格
外观质量					表面完好					质量保证资料					齐全		
工程质量等级评定									合格								

检验负责人：×××　　检测：×××　　记录：×××　　复检：×××　　2023 年×月×日

466

12. 避险车道分项工程质量检验评定表

分项工程名称：避险车道　　　工程部位：(桩号、墩台号、孔号）K0+800（左侧）　　　所属建设项目（合同段）：×××省×××市至×××市高速公路项目

所属单位工程名称：避险车道　　所属单位工程：交通安全设施　　施工单位：×××公路工程建设有限公司　　分项工程编号：JT-05-01-001

基本要求	☑ 1. 避险车道基床、排水应符合本标准第4章、第5章的规定。 ☑ 2. 制动床铺装材料与级配应满足设计要求。													

项次	检查项目	规定值或允许偏差	实测值或实测偏差值										质量评定		
			1	2	3	4	5	6	7	8	9	10	平均值、代表值	合格率（%）	合格判定
实测项目	1	避险车道宽度（m）	满足设计要求 8	8.1	8	8.1	8.1	8						8.06	100	合格
	2△	制动床长度（m）	满足设计要求 165	165.1	165.1	165.1								165.1	100	合格
	3	制动床集料厚度（m）	满足设计要求 ≥0.1	0.11	0.12	0.11	0.1	0.11						0.11	100	合格
	4	坡度（%）	满足设计要求 10%	10	10	10								10	100	合格
外观质量			避险车道平整											齐全		
工程质量等级评定			质量保证资料													
			合格													

检验负责人：×××　　　　　检测：×××　　　　　记录：×××　　　　　复核：×××　　　　　2023年×月×日

467

九、绿化工程

1. 绿地整理分项工程质量检验评定表

分项工程名称：绿地整理　　工程部位：（桩号、墩台号、孔号）K1+000～K2+000（左侧）　　所属建设项目：×××省×××市至×××市高速公路项目

所属分部工程名称：边坡绿地　　施工单位：××公路工程建设有限公司　　分项工程编号：LH-01-01-001

基本要求	☑1. 绿地内不得有废弃构筑物、工程渣土与废料及其他有害污染物、互通式立体交叉与环岛、管理养护设施区及服务设施区等有景观要求的绿地内不得有宿根性杂草、树根。 ☑2. 回填土及地形造型的范围、厚度、高程、造型及坡度应满足设计要求；回填的种植土已达到自然沉降的状态，表层不得有明显低洼和积水处。														
项次	检查项目	规定值或允许偏差	实测值或实测偏差值										质量评定		
			1	2	3	4	5	6	7	8	9	10	平均值、代表值	合格率（%）	合格判定
1	有效土层厚度（mm）	满足设计要求 500	510	520	500	515	520						513	100	合格
2	地形相对高程①（mm）	H≤1000 ±50	-17	4	-4	0	24						1.4	100	合格
		1000<H≤2000 ±100											/	/	/
		2000<H≤3000 ±150											/	/	/
		3000<H≤5000 ±200											/	/	/
实测项目	外观质量		回填平整									基本齐全			
	质量保证资料											合格			
	工程质量等级评定														

检验负责人：×××　　检测：×××　　记录：×××　　复核：×××　　2023年×月×日

注：① H为设计高程与原地面的高差、边坡、护坡道、碎落台、边坡平台及取、弃土场等绿地不作要求。

468

2. 树木栽植分项工程质量检验评定表

分项工程名称：树木栽植　工程部位：（桩号、墩台号、孔号）K1+000～K2+000（右侧）　所属建设项目（合同段）：×××省×××市至×××市高速公路项目

所属分部工程名称：边坡绿地　所属单位工程：绿化工程　施工单位：××公路工程建设有限公司　分项工程编号：LH-01-02-01-001

基本要求	☑ 1. 严禁使用带有严重病虫害的苗木，非检疫对象的病虫害危害痕迹不得超过树体的5%～10%。 ☑ 2. 种植穴（槽）的定点放线应满足设计要求，位置准确，标记明显。 ☑ 3. 带土球苗木栽植前应去除不易降解的包装物。 ☑ 4. 树木栽植不得影响行车安全视距；规则式种植，绿篱、球类的植物修剪应整齐，绿篱不得有空缺。 ☑ 5. 孤植树、珍贵树种及大树（胸径在200mm以上的落叶阔叶乔木或胸径在180mm以上的常绿阔叶乔木或地径在6m以上的常绿针叶乔木）应全部成活。

项次	检查项目		规定值或允许评定偏差	实测值或实测偏差值										质量评定		
				1	2	3	4	5	6	7	8	9	10	平均值、代表值	合格率（%）	判定
1	种植穴（槽）直径（mm）		$d+400$～$d+600$① 200	620	630	644	602	611	623	611	618	604	635	619.8	100	合格
	种植穴（槽）深度（mm）		（3/4～4/5）穴径 700	550	526	555	528	543	548	557	558	548	544	545.7	100	合格
2	苗木数量		满足设计要求 200株	203										203	100	合格
3△	苗木成活率（%）		≥95	96	95	98	96	98	97	98	99	98	97	97.2	100	合格
4	苗木规格	乔木 胸径（mm） ≤50	−2	−1	−1	−1	−1	0	−1	−1	−2	−2	0	−1	100	合格
		50～90	−5											/	/	/
		90～150	−8											/	/	/
		150～200	−10											/	/	/
		>200	−20											/	/	/
		乔木 高度（mm）	−200	−41	−39	−44	−26	−40	−28	−30	−32	−44	−29	−35.3	100	合格
		乔木 冠径（mm）	−200	−41	−41	−29	−32	−39	−34	−38	−40	−45	−43	−37.5	100	合格
		灌木 高度（mm） ≥1000	−100	−38	−48	−42	−48	−45	−42	−28	−27	−47	−48	−41.3	100	合格
		<1000	−50											/	/	/
		灌木 冠径（mm） ≥1000	−100	−28	−31	−37	−47	−38	−39	−43	−28	−34	−40	−36.5	100	合格
		<1000	−50											/	/	/
		<500	0											/	/	/
		球类 冠径（mm） 500～1000	−50	−6	−43	−38	−25	−46	−10	−33	−31	0	−21	−25.3	100	合格
		1000～2000	−100											/	/	/
		>2000	−200											/	/	/

469

续表

2. 树木栽植分项工程质量检验评定表

分项工程名称：树木栽植　工程部位：（桩号、墩台号、孔位）K1+000～K2+000（右侧）　所属建设项目（合同段）：×××省××市至××市高速公路项目

所属分部分项工程名称：边坡绿地　施工单位：××公路工程建设有限公司　分项工程编号：LH-01-02-01-001

所属单位工程：绿化工程

项次	检查项目			规定值或允许偏差	实测值或实测偏差值										质量评定		
					1	2	3	4	5	6	7	8	9	10	平均值、代表值	合格率（%）	合格判定
实测项目 4	苗木规格	球类	高度（mm）	<500	0	0	0	0	0	0	0	0	0	0	0	100	合格
				500～1000											/	/	/
				1000～2000	-100										/	/	/
				>2000	-200										/	/	/
		藤本	主蔓长（mm）	≥1500	-100										/	/	/
			主蔓径（mm）	≥10	0										/	/	/
		棕榈类植物	株高（mm）	≤1000	0										/	/	/
				1000～2500	-100										/	/	/
				2500～4000	-200	-29	-37	-49	-48	-34	-33	-47	-31	-41	-35	-38.4	100	合格
				>4000	-300										/	/	/
			地径（mm）	≤100	-10										/	/	/
				100～400	-20	-1	-10	-10	-7	-18	-4	-14	-12	-19	-12	-10.7	100	合格
				>400	-30										/	/	/
外观质量	树木无断枝																
质量保证资料	齐全																
工程质量等级评定	合格																

检验负责人：×××　　检测：×××　　记录：×××　　复核：×××　　2023年×月×日

注：① d为土球苗直径或裸根苗根系展幅，以mm计。

3. 草坪、草本地被及花卉种植分项工程质量检验评定表

分项工程名称：草坪、草本地被及花卉种植　　工程部位：K1+000～K2+000（右侧）　　所属建设项目（合同段）：×××省×××市至××市高速公路项目

所属分部工程名称：边坡绿地　　所属单位工程：绿化工程　　施工单位：××公路工程建设有限公司　　分项工程编号：LH-01-03-01-001

| 基本要求 | ☑ 1. 铺栽草坪用的草卷、草块应厚度均匀，杂草不应超过5%。
☑ 2. 草坪、草本地被及花卉种植的施工工艺，品种及配合比或栽植株行距应满足设计要求；采用喷播绿化施工工艺时，其质量检验应按本标准第12.5节的有关规定执行。
☑ 3. 花苗的栽植放样，密度及图案均应满足设计要求。 | | | | | | | | | | | | | | |

项次	检查项目		规定值或允许偏差	实测值或实测偏差值										质量评定		
				1	2	3	4	5	6	7	8	9	10	平均值、代表值	合格率（%）	合格判定
1	草坪、草本地被面积		满足设计要求 4000m²	4002.3										4002.3	100	合格
2△	草坪、草本地被覆盖率（%）	取弃土场绿地	≥90	97	93	98	91	98	99	97	98	91	95	95.7	100	合格
		其他绿地	≥95	97	96	98	99	96	100	99	96	95	96	97.2	100	合格
3	花卉数量		满足设计要求 10000棵	11232										11232	100	合格
4△	花卉成活率（%）		≥95	99										99	100	合格
外观质量			草坪平整、连续											齐全		
工程质量等级评定			合格													

检验负责人：×××　　　　检测：×××　　　　记录：×××　　　　复核：×××

2023年×月×日

471

4. 喷播绿化分项工程质量检验评定表

分项工程名称：喷播绿化　　工程部位：（桩号、墩台号、孔号）K1+000～K2+000（右侧）　　所属建设项目（合同段）：×××省×××市至×××市高速公路项目

所属分部工程名称：边坡绿地　　所属单位工程：绿化工程　　施工单位：××公路工程建设有限公司　　分项工程编号：LH-01-04-01-001

基本要求	☑ 1. 草本植物种子的质量不应低于《禾本科草种子质量分级》GB 6142中所规定的二级标准，木本植物种子的质量不应低于《林木种子质量分级》GB 7908中所规定的二级标准；GB 6142和GB 7908中均未提及的植物种子应在使用前进行发芽率试验，确定合适的种子用量后方可进行大规模的施工。 ☑ 2. 喷播绿化采用的植物品种及种子配比应满足设计要求。

项次	检查项目	规定值或允许偏差	实测值或实测偏差值											质量评定		
			1	2	3	4	5	6	7	8	9	10	平均值、代表值	合格率（%）	合格判定
实测项目 1Δ	基材混合物喷射厚度（mm）	设计厚度±10 <u>100</u>	95	91	108	97	106	102	91	100	107	104	100.1	100	合格
2	植物群落物种组成	满足设计要求	符合设计要求											/	100	合格
3	绿化面积	满足设计要求 <u>2000m²</u>	2016.4											2016.4	100	合格
4Δ	植被盖度（%）	≥95	96	96	95	100	99	99	99	95	96	95	97	100	合格
外观质量		绿地连续	质量保证资料											齐全		
工程质量等级评定			合格													

检验负责人：×××　　检测：×××　　记录：×××　　复核：×××　　2023年×月×日

472

十、声屏障工程

1. 砌块体声屏障分项工程质量检验评定表

分项工程名称：砌块体声屏障　工程部位：(桩号、墩台号、孔号) K1+000~K1+100 (右侧)　所属建设项目(合同段)：××省××市至××市高速公路项目

所属分部分项工程名称：声屏障工程　所属单位工程：声屏障工程　施工单位：××公路工程建设有限公司　分项工程编号：SP-01-01-001

基本要求	☑1. 砂浆所用的水泥、砂、水、外加剂的品种、规格和质量应满足设计要求。 ☑2. 地基承载力应满足设计要求。 ☑3. 砌筑基础前，基坑尺寸应满足设计要求。 ☑4. 砌筑应分层错缝，浆砌时坐浆挤浆，嵌填饱满密实，不得有空洞。 ☑5. 砌体中的钢筋防腐应满足设计要求。

项次	检查项目	规定值或允许偏差	实测值或实测偏差值										质量评定		
			1	2	3	4	5	6	7	8	9	10	平均值、代表值	合格率(%)	合格判定
1Δ	砂浆强度（MPa）	在合格标准内 M10	符合要求，见砂浆强度试验报告，编号××										11.28	100	合格
2Δ	顶面高程（mm）	±20	-16	16	-4	12	-4	4					1.33	100	合格
3Δ	墙体厚度（mm）	满足设计要求 300	305	307	312	314	305	315					309.67	100	合格
4	基础外露宽度（mm）	±20	3	-1	19	-15	0	0					1	100	合格
5	墙体竖直度（mm/m）	≤3	3	2	△	1	0	0					1.67	83.3	合格
6	顺直度（mm/10m）	≤10	6	3	6	6	5						5.2	100	合格
7	表面平整度（mm）	≤8	3	6	1	2	4	0	3	1		5	3.2	100	合格
外观质量	墙体表面无破损												齐全		
工程质量等级评定	质量保证资料　合格												合格		

检验负责人：×××　　记录：×××　　检测：×××

复核：×××

2023 年×月×日

473

2. 金属结构声屏障分项工程质量检验评定表

分项工程名称：金属结构声屏障　工程部位：（桩号、墩台号、孔号）K1+000～K1+100（左侧）　所属建设项目：×××省×××市至×××市高速公路项目

所属单位工程：声屏障工程　所属分部工程名称：声屏障工程　施工单位：×××公路工程建设有限公司　分项工程编号：SP-01-02-01-001

基本要求：
- ☑ 1. 基础的埋置深度应满足设计要求。
- ☑ 2. 金属屏体声学性能应满足要求并应有声学性能检测报告。
- ☑ 3. 金属屏立柱、连接件和金属屏体在安装前，应无构件变形或防腐处理层损坏。
- ☑ 4. 固定螺栓应紧固，位置正确，数量满足设计要求。
- ☑ 5. 屏体间及屏体与基础的接缝应密实。

项次	检查项目	规定值或允许偏差	实测值或实测偏差值										平均值、代表值	合格率（%）	合格判定
			1	2	3	4	5	6	7	8	9	10			
1Δ	混凝土强度（MPa）	在合格标准内 C25	符合要求，见混凝土强度试验报告，编号×××										29.14%	100	合格
2Δ	顶面高程（mm）	±20	0	-19	13	-14	-14	-17					-8.5	100	合格
3	基础外露宽度（mm）	±20	6	9	5	1	-13	19					4.5	100	合格
4	与路肩边线位置偏移（mm）	±20	16	18	7	-17	-2	13					5.83	100	合格
5	立柱中距（mm）	≤10	5	8	4	6	10	3					6	100	合格
6	立柱竖直度（mm/m）	≤3	3	2	0	0	2	3					1.67	100	合格
7	立柱镀（涂）层厚度（μm）	不小于规定值 80	84	82	93	91							87.5	100	合格
8	屏体表面镀（涂）层厚度（μm）	不小于规定值 80	84	82	93	91							87.5	100	合格
9Δ	屏体背板厚度（mm）	±0.1	0	0	0.1	0	0						0.02	100	合格
10	表面平整度（mm）	≤8	3	4	5	5	2	7	4	2	⑨	7	4.8	90	合格
外观质量			屏体无划伤												
质量保证资料													齐全		
工程质量等级评定										合格					

检验负责人：×××　检测：×××　记录：×××　复核：×××　2023年×月×日

3. 复合结构声屏障分项工程质量检验评定表

分项工程名称：复合结构声屏障　工程部位：（桩号、墩台号、孔号）K1+000～K1+100（左侧）　所属建设项目（合同段）：×××省××市至××市高速公路项目

所属分部工程名称：声屏障工程　所属单位工程：声屏障工程　施工单位：××公路工程建设有限公司　分项工程编号：SP-01-03-01-001

基本要求：

☑ 1. 基础的埋置深度应满足设计要求。
☑ 2. 非金属屏体声学性能应满足设计要求并应有声学性能检测报告。
☑ 3. 安装紧固件应满足设计要求和符合现行标准的规定。
☑ 4. 立柱、连接件和屏体在安装前，应无构件变形或防腐处理层损坏。
☑ 5. 固定螺栓紧固，位置正确，数量满足设计要求。
☑ 6. 屏体与立柱及屏体与基础的接缝应密实。

项次	检查项目	规定值或允许偏差	实测值或实测偏差值										平均值代表值	合格率(%)	合格判定
			1	2	3	4	5	6	7	8	9	10			
1△	混凝土强度（MPa）	在合格标准内 C25	符合要求，见混凝土强度试验报告，编号××										29.14	100	合格
2△	顶面高程（mm）	±20	-10	-12	11	16	-9	5					0.17	100	合格
3△	屏体厚度（mm）	±3	0	-1	0	1	-2	-1					-0.5	100	合格
4△	透明屏体厚度（mm）	±0.2	-0.2	-0.1	-0.1	0.1	-0.1	-0.2					-0.1	100	合格
5	基础外露宽度	±20	-1	5	-4	0	0	15					2.5	100	合格
6	与路肩边线位置偏移（mm）	±20	4	0	-1	-2	-2	9					1.33	100	合格
7	立柱中距（mm）	≤10	6	0	9	3	4	2					4	100	合格
8	立柱竖直度（mm/m）	≤3	2	0	0	2	0	1					0.83	100	合格
9	金属立柱镀（涂）层厚度（μm）	不小于规定值 80	86	93	101	82							90.5	100	合格
10	表面平整度（mm）	≤8	7	6	1	⊿	0	1	3		1	2	3.1	90	合格

外观质量	屏体无刮伤		质量保证资料	齐全

工程质量等级评定：合格

检验负责人：×××　检测：×××　记录：×××　复核：×××　2023年×月×日

475

第4章 公路工程质量检验评定资料填写示例
（机电工程）

第4.1节 机电工程基本内容

一、一般规定

1. 公路工程质量检验评定应按分项工程、分部工程、单位工程逐级进行，并应符合下列规定：

（1）在合同段中，具有独立施工条件和功能的工程为单位工程。

（2）在单位工程中，按系统功能划分的工程为分部工程。

（3）在分部工程中，根据设备类型、功能等划分的工程为分项工程。

2. 单位工程、分部工程和分项工程应按《公路工程质量检验评定标准 第二册 机电工程》JTG 2182－2020附录A进行划分。

3. 公路工程质量检验评定应符合下列规定：

（1）分项工程完工后，应根据《公路工程质量检验评定标准 第二册 机电工程》JTG 2182－2020进行检验，对工程质量进行评定。隐蔽工程在隐蔽前应检查合格。

（2）分部工程、单位工程完工后，应汇总评定所属分项工程、分部工程质量资料，对工程质量进行评定。

二、工程质量检验

1. 分项工程应按基本要求、实测项目、外观质量和质量保证资料等检验项目分别检查。

2. 分项工程质量应在所使用的设备、配件及施工控制要点等符合基本要求的规定，无外观质量限制缺陷且质量保证资料真实齐全时，方可进行检验评定。

3. 基本要求检查应符合下列规定：

（1）分项工程应对所列基本要求逐项检查，经检查不符合规定时，不得进行工程质量的检验评定。

（2）分项工程所用的各种设备、配件的型号、规格、数量及质量应符合合同要求及有关技术标准规定。

4. 实测项目检验应符合下列规定：

（1）对检查项目按规定的检查方法和频率进行随机抽样检验并计算合格率。

（2）应按下式计算检查项目合格率：

$$检查项目合格率（\%）= \frac{合格的点（组）数}{该检查项目的全部检查点（组）数} \times 100$$

5. 检查项目合格判定应符合下列规定：

（1）施工单位和监理单位在工程完工后进行质量检验时，所有项目合格率应为100%，否则应进行整修或返工处理直至符合要求后再进行交工质量检测。

（2）检测单位在进行交工质量检测和竣工质量鉴定时，关键项目的合格率应为100%，否则该检查项目为不合格；一般项目的合格率应不低于90%，否则该检查项目为不合格。

6. 外观质量应进行全面检查，并满足规定要求，否则该检验项目为不合格。

7. 工程应有真实、准确、齐全、完整的施工原始记录、试验检测数据、质量检验结果等质量保证资料。质量保证资料应包括下列内容：

（1）设备和材料报验资料，包括产品出厂检验合格证明和有资质的检测机构出具的合格检测报告。

（2）所用主要原材料、设备的现场抽查质量检验结果，包括施工单位的委托送样及监理单位的抽检委托送样的检验报告。

（3）设备和软件安装调试记录。

（4）隐蔽工程验收记录及施工影像资料。

（5）施工过程中的检验测试记录，包括施工单位的自检记录和监理单位的抽检记录。

（6）施工结束后的检验测试记录。

（7）其他应具备的资料，包括施工过程中遇到的非正常情况记录、根据工程实际情况必须具备的相关行业检测验收文件等。

三、工程质量评定

1. 工程质量评定等级应分为合格与不合格。

2. 分项工程、分部工程、单位工程质量评定应有符合《公路工程质量检验评定标准 第二册 机电工程》JTG 2182－2020 附录 B 规定的资料。

3. 分项工程质量评定合格应符合下列规定：

（1）基本要求应符合规定。

（2）外观质量应满足要求。

（3）检验记录应完整。

（4）实测项目应合格。

4. 分部工程质量评定合格应符合下列规定：

（1）评定资料应完整。

（2）所含分项工程评定应合格。

5. 单位工程质量评定合格应符合下列规定：

（1）评定资料应完整。

（2）所含分部工程评定应合格。

6. 所含单位工程合格，该合同段的工程质量评定为合格；所含合同段的工程质量合格，该建设项目的工程质量评定为合格。

第4.2节　机电工程质量检验评定表填写示例

单位工程质量检验评定表

单位工程名称：机电工程　　　　　　　　　　　　　　　　　　　单位工程编号：JD001

工程地点、桩号：K0+000～K10+000

所属建设项目（合同段）：××省××市至××市高速公路项目（第A3合同段）

施工单位：××公路工程建设有限公司

分部工程			备注
分部工程编号	分部工程名称	质量等级	
JD-01-001	监控设施	合格	K0+000～K1+000
JD-01-002	监控设施	合格	K1+000～K2+000
……			
JD-02-001	通信设施	合格	K0+000～K1+000
JD-02-002	通信设施	合格	K1+000～K2+000
……			
JD-03-001	收费设施	合格	K0+000～K1+000
JD-03-002	收费设施	合格	K1+000～K2+000
……			
JD-04-001	供配电设施	合格	K0+000～K1+000
JD-04-002	供配电设施	合格	K1+000～K2+000
……			
JD-05-001	照明设施	合格	K0+000～K1+000
JD-05-002	照明设施	合格	K1+000～K2+000
……	…	…	…
JD-06-001	隧道机电设施	合格	K0+000～K1+000
JD-06-002	隧道机电设施	合格	K1+000～K2+000
……			
外观质量	符合规范要求		
评定资料	齐全		
质量等级	合格		
评定意见	所属各分部工程全部合格，该单位工程评为合格。		

检验负责人：×××　　　　记录：×××　　　　复核：×××　　　　日期：2023年×月×日

478

分部工程质量检验评定表

分部工程名称：照明设施 分部工程编号：JD-05-01
所属单位工程：机电工程 工程部位：K11+100～K11+500
所属建设项目（合同段）：××省××市至××市高速公路项目（第A3合同段）
施工单位：××公路工程建设有限公司

分项工程			备注
分项工程编号	分项工程名称	质量等级	
JD-05-01-01-001	路段照明设施	合格	K11+100～K11+500
JD-05-02-01-001	收费广场照明设施	合格	××收费站
JD-05-03-01-001	服务区照明设施	合格	××服务区
JD-05-04-01-001	收费天棚照明设施	合格	××收费站
外观质量	符合规范要求		
评定资料	齐全		
质量等级	合格		
评定意见	所属各分项工程全部合格，该分部工程评为合格。		

检验负责人：××× 记录：××× 复核：××× 日期：2023 年×月×日

479

一、监控设施

分项工程名称：车辆检测器
工程部位：K4+600
施工单位：××公路工程建设有限公司

分项工程编号：JD-01-01-01-001
所属建设项目（合同段）：××省×××市至××市高速公路项目

1. 车辆检测器分项工程质量检验评定表

所属分部工程名称：监控设施
所属单位工程：机电工程

| 基本要求 | ☑ 1. 车辆检测器设备根据类型应符合现行《环形线圈车辆检测器》GB/T 26942、《地磁车辆检测器》GB/T 26942、《交通信息采集 微波交通流检测器》GB/T 20609、《交通信息采集 视频车辆检测器》GB/T 24726等相关标准的规定。
☑ 2. 车辆检测器设备及配件的型号规格、数量应符合合同要求，机箱外部完整。
☑ 3. 车辆检测器安装结构应稳定，机箱外部完整。
☑ 4. 车辆检测器传感器安装应符合设计要求。
☑ 5. 全部设备安装调试完毕，车辆检测器应处于正常工作状态。 |

项次	检查项目	规定值或允许偏差	实测值或实测偏差值										质量评定		
			1	2	3	4	5	6	7	8	9	10	平均值、代表值	合格率（%）	合格判定
1	基础尺寸	符合设计要求，允许偏差：（-50、+100）mm	17	22	13								17.33	100	合格
2	机箱、立柱防腐涂层厚度	符合设计要求，无要求时符合现行GB/T 18226的规定150μm	165	172	157	165	159						163.6	100	合格
3	立柱竖直度（微波、视频、超声波车辆检测器）	≤5mm/m	4	5	1	4							3.5	100	合格
4△	绝缘电阻	强电端子对机壳≥50MΩ	53	74	71								66	100	合格
5△	保护接地电阻	≤4Ω	2	2	2								2	100	合格
6△	防雷接地电阻（微波、视频、超声波车辆检测器）	≤10Ω	9	9	9								9	100	合格

实测项目

480

续表

1. 车辆检测器分项工程质量检验评定表

分项工程名称：监控设施　　分项工程编号：JD-01-01-01-001

所属分部工程名称：监控设施　　所属建设项目（合同段）：××省×××市至××市高速公路项目

分项工程名称：车辆检测器

工程部位：K4+600　　所属单位工程：机电工程

施工单位：××公路工程建设有限公司

项次	检查项目	规定值或允许偏差	实测值或实测偏差值 1	2	3	4	5	6	7	8	9	10	质量评定 平均值、代表值	合格率（%）	合格判定
7△	共用接地电阻	如外场设备的保护接地体和防雷接地体未分开设置，则共用接地电阻≤1Ω											/	/	/
8△	车流量相对误差	线圈、地磁：≤2%；微波、视频、超声波：≤5%	1.1	1.5	1.7								1.43	100	合格
9	车速相对误差	≤5%	2	3	1								2	100	合格
10△	传输性能	24h观察时间内失步现象≤1次或BER≤10^{-8}；以太网传输丢包率≤0.1%	0	0	0								0	100	合格
11△	自检功能	自动检测设备运行状态，故障时实时上传故障信息	符合要求，见检验记录 编号××										/	100	合格
12△	复原功能	加电后，设备自动恢复到正常通信状态，并被上位机或控制系统识别，断电或故障前存储数据保持不变	符合要求，见检验记录 编号××										/	100	合格
13	本地操作与维护功能	能够与便携机连接进行检测和维护	符合要求，见检验记录 编号××										/	100	合格

（项次7～13为实测项目）

| 外观质量 | 设备基础表面无麻面、裂缝等现象，机箱、立柱表面整洁 | | | | | | | | | | | | | 合格 | |
| 质量保证资料 | | | | | | | | | | | | | | 齐全 | |

工程质量等级评定：合格

检验负责人：×××　　检测：×××　　记录：×××　　复核：×××　　2023年×月×日

2. 气象检测器分项工程质量检验评定表

分项工程名称：气象检测器　　　　　所属分部工程名称：监控设施　　　　　分项工程编号：JD-01-02-01-001

工程部位：K7+200　　　　　所属单位工程：机电工程　　　　　所属建设项目（合同段）：×××省××市至××市高速公路项目

施工单位：××公路工程建设有限公司

基本要求	☑ 1. 气象检测器设备应符合现行《公路交通气象监测设施技术要求》GB/T 33697等相关标准的规定。 ☑ 2. 气象检测器设备及配件的型号规格、数量应符合合同要求。 ☑ 3. 气象检测器安装结构应稳定、主机箱外部完整。 ☑ 4. 探头安装高度、方位和尺寸应符合设计要求。 ☑ 5. 全部设备安装调试完毕，气象检测器应处于正常工作状态。															

实测项目	项次	检查项目	规定值或允许偏差	实测值或实测偏差值										质量评定		
				1	2	3	4	5	6	7	8	9	10	平均值、代表值	合格率（％）	合格判定
	1	基础尺寸	符合设计要求，允许偏差：（-50，+100）mm	-11	7	13								3	100	合格
	2	机箱、立柱防腐涂层厚度	符合设计要求，无要求时符合现行GB/T 18226的规定150μm	163	151	159	175	166						162.8	100	合格
	3	立柱竖直度	≤5mm/m	3	5	3	0							2.75	100	合格
	4 △	绝缘电阻	强电端子对机壳≥50MΩ	63	55	52								56.67	100	合格
	5 △	保护接地电阻	≤4Ω	3	3	3								3	100	合格
	6 △	防雷接地电阻	≤10Ω	4	4	4								4	100	合格
	7 △	共用接地电阻	如外场设备的保护接地体和防雷接地体未分开设置，则共用接地电阻≤1Ω											／	／	／

482

续表

2. 气象检测器分项工程质量检验评定表

分项工程名称：气象检测器　　　　所属分部工程名称：监控设施　　　　分项工程编号：JD-01-02-01-001

工程部位：K7+200　　　　所属单位工程：机电工程　　　　所属建设项目（合同段）：××省×××市至××市高速公路项目

施工单位：××公路工程建设有限公司

项次	检查项目	规定值或允许偏差	实测值或实测偏差值										平均值，代表值	合格率（%）	合格判定
			1	2	3	4	5	6	7	8	9	10			
8△	环境检测性能	8.1 温度检测器测量误差：±1.0℃	0	0	-1								-0.33	100	合格
		8.2 湿度检测器测量误差：±5%R.H.	-2	1	2								0.33	100	合格
		8.3 能见度检测器测量误差：+10%或符合设计要求	-3	2	4								1	100	合格
		8.4 风速检测器测量误差：±5%或符合设计要求	-2	0	1								-0.33	100	合格
9△	数据传输性能	24h观察时间内失步现象≤1次或BER≤10^{-8}；以太网传输丢包率≤0.1%	0	0	0								0	100	合格
10	降雨检测功能	能检测到降水量	符合要求，见检验记录，编号××										/	100	合格
11	路面状况检测功能	能检测路面干燥、潮湿、积水、积雪、结冰等状况	符合要求，见检验记录，编号××										/	100	合格
12△	自检功能	自动检测设备运行状态，故障时实时上传故障信息	符合要求，见检验记录，编号××										/	100	合格
13△	复原功能	加电后，设备能自动恢复到正常通信状态，并被上位机或控制系统识别，断电或故障前存储数据保持不变	符合要求，见检验记录，编号××										/	100	合格
14	本地操作与维护功能	能够与便携机连接进行检测和维护	符合要求，见检验记录，编号××										/	100	合格

外观质量：机箱、立柱表面整洁 　　　　质量保证资料：基本齐全

工程质量等级评定：×××　　　　合格

检验负责人：×××　　检测：×××　　记录：×××　　复核：×××

2023年×月×日

483

3. 闭路电视监视系统分项工程质量检验评定表

分项工程名称：闭路电视监视系统　　所属分部工程名称：监控设施　　分项工程编号：JD-01-03-01-001

工程部位：××收费站　　　　　　　所属单位工程：机电工程　　　　　所属建设项目（合同段）：××省×××市至×××市高速公路项目

施工单位：×××公路工程建设有限公司

基本要求	☑ 1. 闭路电视监视系统设备应符合现行《视频矩阵》JT/T 897等相关标准的规定。 ☑ 2. 闭路电视监视系统设备及配件的型号规格、数量应符合合同要求，部件完整。 ☑ 3. 外场设备安装结构应稳定，立柱安装竖直、牢固。 ☑ 4. 摄像机（云台）安装方位、高度应符合设计要求。 ☑ 5. 全部设备安装调试完毕，系统应处于正常工作状态。														

项次	检查项目	规定值或允许偏差	实测值或实测偏差值										质量评定		
			1	2	3	4	5	6	7	8	9	10	平均值、代表值	合格率（％）	合格判定
1	基础尺寸	符合设计要求，允许偏差：（-50、+100）mm	14	7	-2									6.33	100	合格
2	机箱、立柱防腐涂层厚度	符合设计要求，无要求时符合现行GB/T 18226的规定 150μm	155	163	159	168	161							161.2	100	合格
实测项目 3	立柱竖直度	≤5mm/m	0	2	1	3								1.5	100	合格
4△	绝缘电阻	强电端子对机壳≥50MΩ	54	54	54									54	100	合格
5△	保护接地电阻	≤4Ω	2	2	2									2	100	合格
6△	防雷接地电阻	≤10Ω	8	8	8									8	100	合格
7△	共用接地电阻	如外场设备的保护接地体和防雷接地体未分开设置，则共用接地电阻≤1Ω												/	/	/

续表

3. 闭路电视监视系统分项工程质量检验评定表

分项工程名称：闭路电视监视系统　　　　所属分部工程名称：监控设施　　　　分项工程编号：JD-01-03-01-001
工程部位：××收费站　　　　　　　　　　所属单位工程：机电工程　　　　　　所属建设项目（合同段）：××省×××市至×××市高速公路项目
施工单位：××公路工程建设有限公司

项次		检查项目	规定值或允许偏差	实测值或实测偏差值										质量评定		
				1	2	3	4	5	6	7	8	9	10	平均值、代表值	合格率（%）	合格判定
实测项目	8 传输通道指标 8.1 标清模拟复合视频信号	Δ8.1.1 视频电平	（700±30）mV	702	719	699								706.67	100	合格
		Δ8.1.2 同步脉冲幅度	（300±20）mV	316	309	303								309.33	100	合格
		Δ8.1.3 回波E	<7%	2	6	3								3.67	100	合格
		8.1.4 亮度非线性	≤5%	3	3	5								3.67	100	合格
		8.1.5 色度/亮度增益不等	±5%	-4	-2	-4								-3.33	100	合格
		8.1.6 色度/亮度时延差	≤100ns	46	39	7								30.67	100	合格
		8.1.7 微分增益	≤10%	10	5	4								6.33	100	合格
		8.1.8 微分相位	≤10°	5	5	5								5	100	合格
		8.1.9 幅频特性（5.8MHz带宽内）	±2dB	1	1	1								1	100	合格
		8.1.10 视频信噪比（加权）	≥56dB	60	73	62								65	100	合格

485

分项工程名称：闭路电视监视系统
工程部位：××收费站
施工单位：××公路工程建设有限公司
所属分部工程名称：监控设施
所属单位工程：机电工程

分项工程编号：JD-01-03-01-001
所属建设项目（合同段）：××省××市至××市高速公路项目

3. 闭路电视监视系统分项工程质量检验评定表

项次	检查项目	规定值或允许偏差	实测值或实测偏差值 1	2	3	4	5	6	7	8	9	10	质量评定 平均值、代表值	合格率（%）	合格判定
实测项目 8 传输通道指标 — 8.2 高清 Y、CR（PR）、CB（PB）视频信号	Δ8.2.1 Y信号输出量化误差	（-10~+10）%	-3	7	3								2.33	100	合格
	Δ8.2.2 C$_R$（P$_R$）信号输出量化误差	（-10~+10）%	7	5	-3								3	100	合格
	Δ8.2.3 C$_B$（P$_B$）信号输出量化误差	（-10~+10）%	6	10	-6								3.33	100	合格
	Δ8.2.4 Y信号幅频特性	30MHz带宽内±3dB	0	3	2								1.67	100	合格
	8.2.5 Y、C$_B$（P$_B$）、C$_R$（P$_R$）信号的非线性失真	≤5%	1	0	3								1.33	100	合格
	Δ8.2.6 亮度通道的线性响应（Y信号）的K系数	≤3%	2	1	0								1	100	合格
	8.2.7 Y/C$_B$（Y/P$_B$）、Y/C$_R$（Y/P$_R$）信号时延差	±10ns	-2	1	-7								-2.67	100	合格
	Δ8.2.8 Y、C$_B$（P$_B$）、CR（P$_R$）信号的信噪比（加权）	≥56dB	64	71	76								70.33	100	合格
8.3 高清 G、B、R视频信号	Δ8.3.1 G信号输出量化误差	（-10~+10）%	-5	2	-9								-4	100	合格
	Δ8.3.2 B信号输出量化误差	（-10~+10）%	-2	-6	1								-2.33	100	合格
	Δ8.3.3 R信号输出量化误差	（-10~+10）%	-2	4	3								1.67	100	合格

续表

分项工程名称：闭路电视监视系统　　所属分部工程名称：监控设施　　分项工程编号：JD-01-03-01-001
工程部位：××收费站　　所属单位工程：机电工程　　所属建设项目（合同段）：××省××市至××市高速公路项目
施工单位：××公路工程建设有限公司

3. 闭路电视监视系统分项工程质量检验评定表

项次		检查项目	规定值或允许偏差	实测值或实测偏差值 1	2	3	4	5	6	7	8	9	10	平均值、代表值	合格率（%）	合格判定
实测项目	8 传输通道指标 / 8.3 高清G、B、R视频信号	Δ8.3.4 G/B/R信号幅频特性	30MHz带宽内±3dB	-1	-3	-1								-1.67	100	合格
		8.3.5 G、B、R信号的非线性失真	≤5%	5	2	1								2.67	100	合格
		Δ8.3.6 亮度通道的线性响应（G、B、R信号的K系数）	≤3%	1	1	0								0.67	100	合格
		8.3.7 G/B、G/R、B/R信号时延差	±10ns	7	7	-6								2.67	100	合格
		8.3.8 G、B、R信号信噪比	≥56dB	74	65	70								69.67	100	合格
	9 监视器画面指标Δ / 9.1 标清模拟复合视频信号	9.1.1 雪花	≥4分	5	4	4								4.33	100	合格
		9.1.2 网纹	≥4分	5	4	4								4.33	100	合格
		9.1.3 黑白滚道	≥4分	5	4	4								4.33	100	合格
		9.1.4 跳动	≥4分	5	5	5								5.00	100	合格
	9.2 高清视频信号	9.2.1 失真	≥4分	5	5	4								4.67	100	合格
		9.2.2 拖尾	≥4分	5	5	4								4.67	100	合格

续表

3. 闭路电视监视系统分项工程质量检验评定表

分项工程名称：闭路电视监视系统　　分项工程编号：JD-01-03-01-001

工程部位：××收费站　　所属建设项目（合同段）：××省××市至××市高速公路项目

施工单位：×××公路工程建设有限公司

所属分部工程名称：监控设施

所属单位工程：机电工程

项次		检查项目	规定值或允许偏差	实测值或实测偏差值										质量评定		
				1	2	3	4	5	6	7	8	9	10	平均值，代表值	合格率（%）	合格判定
9 监视器画面指标△	9.2 高清视频信号	9.2.3 跳帧	≥4分	5	4	4								4.33	100	合格
		9.2.4 抖动	≥4分	5	5	5								5	100	合格
		9.2.5 马赛克	≥4分	4	4	5								4.33	100	合格
实测项目	10△ 数据传输性能	10.1 IP网络吞吐率	满足设计文件中编码器最大码流要求，无要求时1518帧长≥99%	100	99	100								99.67	100	合格
		10.2 IP网络传输时延	符合设计要求，无要求时≤10ms	5	6	6								5.67	100	合格
		10.3 IP网络丢包率	不大于70%流量负荷时≤0.1%	0.04	0.03	0.03								0.03	100	合格
	11△	云台水平转动角度	水平≥350°	356	358	357								357	100	合格
	12△	云台垂直转动角度	上仰≥15°，下俯≥90°	符合要求，见检验记录，编号××										/	100	合格
	13△	监视范围	符合设计要求	符合要求，见检验记录，编号××										/	100	合格
	14△	外场摄像机安装稳定性	受大风影响或接受变焦、转动等操控时，画面动作平滑，无抖动	符合要求，见检验记录，编号××										/	100	合格
	15	自动光圈调节	自动调节	符合要求，见检验记录，编号××										/	100	合格

续表

3. 闭路电视监视系统分项工程质量检验评定表

分项工程名称：闭路电视监视系统　　所属分部工程名称：监控设施　　分项工程编号：JD-01-03-01-001

工程部位：××收费站　　所属单位工程：机电工程　　所属建设项目（合同段）：××省×××市至×××市高速公路项目

施工单位：×××公路工程建设有限公司

项次	检查项目	规定值或允许偏差	实测值或实测偏差值										质量评定		
			1	2	3	4	5	6	7	8	9	10	平均值、代表值	合格率（%）	合格判定
16	调焦功能	快速自动聚焦			符合要求，见检验记录，编号××								/	100	合格
17	变倍功能	可对摄像机镜头的放大倍数进行调整			符合要求，见检验记录，编号××								/	100	合格
18△	切换功能	监控终端可切换系统内摄像机			符合要求，见检验记录，编号××								/	100	合格
19	录像功能	可录像，且录像回放清晰			符合要求，见检验记录，编号××								/	100	合格
20△	复原功能	加电后，设备能自动恢复到加电后，设备能自动恢复到正常通信状态，能与上位机或控制系统连接，并可靠工作			符合要求，见检验记录，编号××								/	100	合格
外观质量		监视器画面清晰，机箱、立柱表面整洁			合格						质量保证资料				齐全
工程质量等级评定															

检验负责人：×××　　检测：×××　　记录：×××　　复核：×××　　2023年×月×日

注：主观评分可采用五级损伤制评定。①图像上不觉察有损伤或干扰存在：5分。②图像上稍有可觉察的损伤或干扰存在：4分。③图像上有明显的损伤或干扰存在：3分；④图像上损伤或干扰较严重：2分；⑤图像上损伤或干扰严重：1分。

489

4. 可变标志分项工程质量检验评定表

分项工程名称：可变标志 　　分项工程编号：JD-01-04-01-001

工程部位：K7+400

所属分部工程名称：监控设施

所属单位工程：机电工程

所属建设项目（合同段）：××省××市至××市高速公路项目

施工单位：××公路工程建设有限公司

基本要求	☑ 1. 可变标志设备根据类型应符合现行《高速公路LED可变信息标志》GB/T 23828、《高速公路LED可变限速标志》GB 23826、《道路交通信号灯》GB 14887、《LED车道控制标志》JT/T 597等相关标准的规定。 ☑ 2. 可变标志设备及配件的型号规格、数量应符合合同要求，部件完整。 ☑ 3. 可变标志安装结构应稳定。 ☑ 4. 可变标志板面安装方位、角度、高度应符合设计要求，可变标志门架的形式和结构应符合设计要求。 ☑ 5. 全部设备安装调试完毕，可变标志应处于正常工作状态。

项次	检查项目	规定值或允许偏差	实测值或实测偏差值											质量评定		
			1	2	3	4	5	6	7	8	9	10	平均值、代表值	合格率（%）	合格判定
1	基础尺寸	符合设计要求，允许偏差：（−50，+100）mm	−7	−11	−4								−7.33	100	合格
2	机箱、立柱防腐涂层厚度	符合设计要求，无要求时符合现行GB/T 18226的规定 150μm	153	158	164	157	155						157.4	100	合格
3	立柱竖直度	≤5mm/m	1	2	5	0							2	100	合格
4Δ	绝缘电阻	强电端子对机壳≥50MΩ	62	62	62								62	100	合格
5Δ	保护接地电阻	≤4Ω	3	3	3								3	100	合格
6Δ	防雷接地电阻	≤10Ω											/	/	/
7Δ	共用接地电阻	如外场设备的保护接地地体和防雷接地地体未分开设置，则共用接地电阻≤1Ω	0.2	0.2	0.2								0.2	100	合格
8Δ	视认距离	车辆以最大限速度行驶时应不小于行车视距	符合要求，见检验记录，编号××										/	100	合格

续表

4. 可变标志分项工程质量检验评定表

分项工程名称：可变标志　　所属分部工程名称：监控设施　　分项工程编号：JD-01-04-01-001

工程部位：K7+400　　所属建设项目（合同段）：×××省××市至××市高速公路项目

施工单位：××公路工程建设有限公司　　所属单位工程：机电工程

项次	检查项目	规定值或允许偏差	实测值或实测偏差值										质量评定		
			1	2	3	4	5	6	7	8	9	10	平均值、代表值	合格率（%）	合格判定
9	发光单元色度坐标（x，y）	符合相应产品标准的规定	符合要求，见检验记录，编号××										/	100	合格
10	显示屏平均亮度	亮度符合设计要求。无要求时，外场可变信息标志、可变限速标志最大亮度≥8000cd/m²，隧道内可变信息标志最大亮度≥5000cd/m²，LED车道控制标志、交通信号灯最大亮度≥1500cd/m²	1573	1564	1524								1553.67	100	合格
11△	数据传输性能	24h观察时间内失步现象≤1次或BER≤10^{-8}；以太网传输丢包率≤0.1%	0	0	1								0.33	100	合格
12△	显示内容	及时，正确的显示监控中心计算机发送的内容	符合要求，见检验记录，编号××										/	100	合格
13△	亮度调节功能	可变信息标志、可变限速标志能根据环境亮度自动调节显示屏的亮度	符合要求，见检验记录，编号××										/	100	合格
14△	自检功能	能够向监控中心计算机提供显示内容的确认信息及本机工作状态自检信息	符合要求，见检验记录，编号××										/	100	合格
15△	复原功能	加电后，设备能自动恢复到正常通信状态，并被上位机或控制系统识别，断电或故障前存储数据保持不变	符合要求，见检验记录，编号××										/	100	合格
16	本地操作与维护功能	能够与便携机连接进行检测和维护	符合要求，见检验记录，编号××										/	100	合格

外观质量	可变标志安装牢固，标志清晰		质量保证资料	齐全
工程质量等级评定		合格		

检验负责人：×××　　检测：×××　　记录：×××　　复核：×××

2023年×月×日

5. 道路视频交通事件检测系统分项工程质量检验评定表

分项工程名称：道路视频交通事件检测系统　所属分部工程名称：监控设施　分项工程编号：JD-01-05-01-001

工程部位：×××隧道进口　　所属单位工程：机电工程　　所属建设项目（合同段）：×××省×××市至×××市高速公路项目

施工单位：×××公路工程建设有限公司

| 基本要求 | ☑ 1. 道路视频交通事件检测系统设备应符合现行《视频交通事件检测器》GB/T 28789等相关标准的规定。
☑ 2. 道路视频交通事件检测系统设备及配件的型号规格、数量应符合合同要求。
☑ 3. 全部设备安装调试完毕，系统应处于正常工作状态。部件完整。 |

项次	检查项目	规定值或允许偏差	实测值或实测偏差值											质量评定		
			1	2	3	4	5	6	7	8	9	10	平均值、代表值	合格率（%）	合格判定
实测项目															
1	中心设备接地连接	保护地、防雷地的接地连接线可靠连接到接地汇流排上		符合要求，见检验记录，编号×××									/	100	合格
2	事件检测率	符合设计要求，无要求时：有效检测范围内≥90%	91.6	92.3	92.7								92.2	100	合格
3	交通参数检测相对误差	符合设计要求，无要求时：车流量≤10%、车速≤15%		符合要求，见检验记录，编号×××									/	100	合格
4	有效检测范围	符合设计要求，无要求时停止事件：≥300m；逆行事件：≥200m；行人事件：≥100m；抛洒物事件：≥200m；机动车驶离事件：≥100m		符合要求，见检验记录，编号×××									/	100	合格
5△	典型事件检测功能	具备停止、逆行、行人、抛洒物、机动车驶离等事件检测功能；具有交通参数检测功能的系统能进行车流量、车速等交通参数检测		符合要求，见检验记录，编号×××									/	100	合格
6	自动录像功能	系统自动捕获并存储交通事件发生过程的影像，能按要求设定录像时间间隔		符合要求，见检验记录，编号×××									/	100	合格
7	自诊断和报警功能	视频信号丢失、系统设备故障、网络通信故障等情况发生时，系统能自诊断、记录并告警		符合要求，见检验记录，编号×××									/	100	合格
8	时钟同步功能	与监控系统或通信系统主时钟同步		符合要求，见检验记录，编号×××									/	100	合格
外观质量		机柜内整洁，信号准确		符合要求，信号准确										齐全	
质量保证资料		合格														

工程质量等级评定

检验负责人：×××　　检测：×××　　记录：×××　　复核：×××　　2023年×月×日

492

6. 交通情况调查设施分项工程质量检验评定表

分项工程名称：交通情况调查设施　　所属分部工程名称：监控设施　　分项工程编号：JD-01-06-01-001

工程部位：K11+500　　所属单位工程：机电工程　　所属建设项目（合同段）：×××省××市至×××市高速公路项目

施工单位：××公路工程建设有限公司

基本要求	☑ 1. 交通情况调查设施设备应符合现行《公路交通情况调查设备》JT/T 1008等相关标准的规定。 ☑ 2. 交通情况调查设施设备及配件的型号规格、数量应符合合同要求，部件完整。 ☑ 3. 交通情况调查设施设备安装结构均应稳定，机箱外部完整。 ☑ 4. 传感器安装应符合设计要求，检测区域正确。 ☑ 5. 全部设备安装调试完毕，交通情况调查设施应处于正常工作状态。														

项次	检查项目	规定值或允许偏差	实测值或实测偏差值										质量评定		
			1	2	3	4	5	6	7	8	9	10	平均值、代表值	合格率（%）	合格判定
实测项目 1	基础尺寸	符合设计要求，允许偏差：（-50，+100）mm	-17	22	13								6	100	合格
2	机箱、立柱防腐涂层厚度	符合设计要求，无要求时符合现行GB/T 18226的规定 90μm	97	103	95	95	101						98.2	100	合格
3	立柱竖直度（微波、视频、超声波设备）	≤5mm/m	1	5	2	3							2.75	100	合格
4△	绝缘电阻	强电端子对机壳≥50MΩ	63	63	63								63	100	合格
5△	保护接地电阻	≤4Ω	1	1	1								1	100	合格
6△	防雷接地电阻（微波、视频、超声波交通情况调查设施）	≤10Ω	7	7	7								7	100	合格

续表

6. 交通情况调查设施分项工程质量检验评定表

分项工程名称：交通情况调查设施　　所属分部工程：监控设施　　分项工程编号：JD-01-06-01-001

工程部位：K11+500　　所属单位工程：机电工程　　所属建设项目（合同段）：××省×××市至××市高速公路项目

施工单位：××公路工程建设有限公司

项次	检查项目	规定值或允许偏差	实测值或实测偏差值											质量评定		
			1	2	3	4	5	6	7	8	9	10	平均值、代表值	合格率（%）	合格判定
7 Δ	共用接地电阻	如外场设备的保护接地体和防雷接地体未分开设置，则共用接地电阻≤1Ω											/	/	/
8 Δ	机动车分类或分型误差	符合设计要求，无要求时：≤10%	1.2	2.2	1.7								1.7	100	合格
9 Δ	车流量相对误差	符合设计要求，无要求时：≤5%	2.3	3.4	1.5								2.4	100	合格
10 Δ	车速相对误差	符合设计要求，无要求时：≤8%	2.1	3.4	1.4								2.3	100	合格
11 Δ	传输性能	24h观察时间内失步现象≤1次或取BER≤10⁻⁸；以太网传输丢包率≤0.1%	0	0	1								0.33	100	合格
12 Δ	自检功能	自动检测设备运行状态，故障时实时上传故障信息	符合要求，见检验记录，编号××										/	100	合格
13 Δ	复原功能	加电后，设备能自动恢复到正常通信状态，并被上位机或控制系统识别，断电或故障前存储数据保持不变	符合要求，见检验记录，编号××										/	100	合格
14	本地操作与维护功能	能够与便携机连接进行检测和维护	符合要求，见检验记录，编号××										/	100	合格
外观质量		设备基础表面平整，机箱安装牢固													齐全
工程质量等级评定		合格	质量保证资料												

检验负责人：×××　　　　　检测：×××　　　　记录：×××　　　复核：×××　　　2023年×月×日

494

7. 监控（分）中心设备及软件分项工程质量检验评定表

分项工程名称：监控（分）中心设备及软件　　所属分部工程名称：监控设施　　分项工程编号：JD-01-07-01-001

工程部位：1#监控中心机房　　所属单位工程：机电工程　　所属建设项目（合同段）：×××省××市至××市高速公路项目

施工单位：××公路工程建设有限公司

基本要求	☑ 1. 监控（分）中心软件应符合现行《高速公路监控系统软件测试方法》JT/T 965等相关标准的规定。 ☑ 2. 监控（分）中心机房应整洁，通风、照明、环境温湿度条件良好。 ☑ 3. 监控（分）中心设备及配件的型号规格、数量应符合合同要求，部件完整。 ☑ 4. 监控（分）中心全部设备安装调试完毕，系统应处于正常工作状态。 ☑ 5. 监控软件包括系统应用软件，系统软件应合法授权，应提交正式的授权使用证书，应用软件应提供软件开发、测试文件。

项次	检查项目	规定值或允许偏差	实测值或实测偏差值										质量评定		
			1	2	3	4	5	6	7	8	9	10	平均值、代表值	合格率（%）	合格判定
实测项目 1	监控室内温度	（18～28）℃	28	25	24	20	27	22	22	27	19	24	23.8	100	合格
2	监控室内湿度	（30～70）%R.H.	62	66	54	52	59	67	56	64	45	34	55.9	100	合格
3	监控室内防尘措施	B级（一周内，设备上应无明显尘土）	符合要求，见检验记录										/	100	合格
4	监控室内噪声	≤70dB（A）	2	15	46								21	100	合格
5	监控室内工作环境照度	（5～200）lx可调	40	22	46								36	100	合格
6△	绝缘电阻	强电端子对机壳≥50MΩ	73	66	60	73	65	65	65	59	60	61	64.7	100	合格
7△	监控中心共用接地电阻	≤1Ω	0.2	0.2	0.2								0.2	100	合格
8	中心设备接地连接	保护地、防雷地的接地连接线可靠连接到接地汇流排上	符合要求，见检验记录，编号××										/	100	合格
9	与外场设备的通信轮询周期	符合设计要求	符合要求，见检验记录，编号××										/	100	合格

7. 监控（分）中心设备及软件分项工程质量检验评定表

分项工程名称：监控（分）中心设备及软件 　　所属分部工程名称：监控设施 　　分项工程编号：JD-01-07-01-001

工程部位：1#监控中心机房 　　所属单位工程：机电工程 　　所属建设项目（合同段）：××省×××市至×××市高速公路项目

施工单位：××公路工程建设有限公司

项次	检查项目	规定值或允许偏差	实测值或实测偏差值											质量评定		
			1	2	3	4	5	6	7	8	9	10	平均值、代表值	合格率（%）	合格判定
10△	与下端设备数据交换	按设定的系统轮询周期，及时准确地与车辆检测器、气象检测器、可变标志等交换数据			符合要求，见检验记录，编号××								/	100	合格
11△	图像监视功能	能够监视路段的运行状况			符合要求，见检验记录，编号××								/	100	合格
12	系统工作状况监视功能	系统外场设备的工作状态在计算机或大屏幕上正确显示			符合要求，见检验记录，编号××								/	100	合格
13	信息发布功能	指令信息通过系统正确地传送到可变信息标志、交通信号灯、车道控制标志等设备			符合要求，见检验记录，编号××								/	100	合格
14	统计、查询、打印报表功能	迅速、正确的统计、查询指令，设备状况、系统故障、交通参数等数据，并打印相关报表			符合要求，见检验记录，编号××								/	100	合格
15△	数据备份、存储功能	具有数据备份、存储功能，并带时间记录			符合要求，见检验记录，编号××								/	100	合格
16	加电自诊断功能	可循环检测所有监控（分）中心内、外场设备运行状况，正确及时显示故障位置、类型			符合要求，见检验记录，编号××								/	100	合格
17	监控系统应急预案	符合设计要求			符合要求，见检验记录，编号××								/	100	合格

外观质量	机柜安装牢固，设备布局合理，监控器稳定，画面清晰	合格	质量保证资料	齐全

工程质量等级评定：×××

检测：×××　　记录：×××　　复核：×××　　2023年×月×日

检验负责人：×××

8. 大屏幕显示系统分项工程质量检验评定表

分项工程名称：大屏幕显示系统　　　分项工程编号：JD-01-08-01-001

所属分部工程名称：监控设施

工程部位：1#监控中心机房　　　所属建设项目（合同段）：×××省××市至××市高速公路项目

所属单位工程：机电工程

施工单位：××公路工程建设有限公司

| 基本要求 | ☑ 1. 屏幕及配件的数量、型号规格应符合合同要求，部件完整。
☑ 2. 屏幕安装方位、角度、高度应符合设计要求，安装牢固。
☑ 3. 全部设备安装调试完毕，系统应处于正常工作状态。 |||||||||||||||

项次	检查项目	规定值或允许偏差	实测值或实测偏差值										质量评定		
			1	2	3	4	5	6	7	8	9	10	平均值、代表值	合格率（%）	合格判定
实测项目 1	拼接缝	符合设计要求，无要求时应≤2mm	1	2	1								1.33	100	合格
2△	亮度	达到白色平衡时的亮度符合设计要求，无要求时：大屏幕投影屏幕≥150cd/m²，液晶显示屏、LED显示屏≥450cd/m²	490	480	510								493.33	100	合格
3	亮度不均匀	达到白色平衡时的亮度不均匀度符合设计要求，无要求时≤10%	2	3	3								2.67	100	合格
4	显示功能	正确显示切换的图像及其他信息	符合要求，见检验记录		编号×××								/	100	合格
5△	窗口缩放	可对所选择的窗口随意缩放控制	符合要求，见检验记录		编号×××								/	100	合格
6△	多视窗显示	同时显示多个监控断面的窗口	符合要求，见检验记录		编号×××								/	100	合格
外观质量		屏幕整洁，图像清晰														齐全

工程质量等级评定：　　　　　　　　质量保证资料　　　合格　　　　　　　齐全

检验负责人：×××　　　检测：×××　　　记录：×××　　　复核：×××　　　2023年×月×日

497

9. 监控系统计算机网络分项工程质量检验评定表

分项工程名称：监控系统计算机网络　　所属分部工程名称：监控设施　　分项工程编号：JD-01-09-01-001

工程部位：1#监控中心机房　　所属单位工程：机电工程　　所属建设项目（合同段）：×××省×××市至××市高速公路项目

施工单位：××公路工程建设有限公司

基本要求	☑ 1. 网线、插座、网卡、集线器、交换机、路由器、调制解调器、服务器等网络设备的型号规格、数量应符合合同要求，部件完整。 ☑ 2. 插座、双绞线接头的压接形式（线对分配）应符合现行EIA/TIA568A或568B的规定，且在一个系统中只能适用一种压接形式，不得混用。 ☑ 3. 全部设备安装调试完毕，监控系统计算机网络应处于正常工作状态。													
项次	检查项目	规定值或允许偏差	实测值或实测偏差值										质量评定		
			1	2	3	4	5	6	7	8	9	10	平均值、代表值	合格率（%）	合格判定
1△	接线图	符合现行GB/T 50312的规定	符合要求，见检验记录，编号××										/	100	合格
2	长度	符合现行GB/T 50312的规定	73.2	73.2	73.2								73.2	100	合格
3△	回波损耗	符合现行GB/T 50312的规定	21	22	21								21.33	100	合格
4	插入损耗	符合现行GB/T 50312的规定	3.3	4.6	3.9								3.93	100	合格
5△	近端串音	符合现行GB/T 50312的规定	55.8	61.4	62.7								59.97	100	合格
6	近端串音功率和	符合现行GB/T 50312的规定	55.8	53.6	52.4								53.93	100	合格
7	衰减远端串音比	符合现行GB/T 50312的规定	42.2	41.3	41.8								41.77	100	合格
8	衰减远端串音比功率和	符合现行GB/T 50312的规定	38.3	38.2	37.7								38.07	100	合格
9	衰减近端串音比	符合现行GB/T 50312的规定	48.4	48.5	48.5								48.47	100	合格
10	衰减近端串音比功率和	符合现行GB/T 50312的规定	47.3	47.1	46.7								47.03	100	合格
11	环路电阻	符合现行GB/T 50312的规定	20.7	20.7	20.7								20.7	100	合格

续表

9. 监控系统计算机网络分项工程质量检验评定表

分项工程名称：监控系统计算机网络　　所属分部工程名称：监控系统设施　　分项工程编号：JD-01-09-01-001

工程部位：1#监控中心机房　　所属单位工程：机电工程　　所属建设项目（合同段）：×××省×××市至×××市高速公路项目

施工单位：××公路工程建设有限公司

项次		检查项目	规定值或允许偏差	实测值或实测偏差值										质量评定		
				1	2	3	4	5	6	7	8	9	10	平均值、代表值	合格率（%）	合格判定
12		时延	符合现行GB/T 50312的规定	0.236	0.337	0.441								0.34	100	合格
13		时延偏差	符合现行GB/T 50312的规定	0.039	0.036	0.036								0.04	100	合格
14△	以太网系统性能要求	14.1 链路传输速率	符合设计要求，无要求时符合10Mbps、100Mbps、1000Mbps的规定	符合要求，见检验记录，编号××										/	100	合格
		14.2 吞吐率	符合设计要求，无要求时1518帧长≥99%	99	100	99								99.33	100	合格
		14.3 传输时延	符合设计要求，无要求时≤10ms	2	3	4								3	100	合格
		14.4 丢包率	不大于70%流量负荷时≤0.1%	0.02	0.04	0.03								0.03	100	合格
15△	以太网链路层健康状况	15.1 链路利用率	≤70%	23	13	17								17.67	100	合格
		15.2 错误率及各类错误	≤1%	1	1	0								0.67	100	合格
		15.3 广播帧及组播帧	≤50fps	47	11	6								21.33	100	合格
		15.4 冲突（碰撞）率	≤1%	0	1	0								0.33	100	合格
外观质量			网络设备牢固，线缆布置整齐，标识清楚												齐全	
工程质量等级评定			合格									质量保证资料			齐全	

检验负责人：×××　　检测：×××　　记录：×××　　复核：×××　　2023年×月×日

499

二、通信设施

1. 通信管道工程分项工程质量检验评定表

分项工程名称：通信管道工程　　　　所属分部工程：通信设施　　　　分项工程编号：JD-02-01-01-001

工程部位：K0+000～K10+000　　　　所属单位工程：机电工程　　　　所属建设项目（合同段）：×××市至×××市高速公路项目

施工单位：××公路工程建设有限公司

基本要求	☑ 1. 通信管道的型号规格、管群断面组合应符合设计要求。
	☑ 2. 通信管道敷设与安装应符合相关技术规范要求。
	☑ 3. 各种材质的通信管道，管项至路面的埋设深度应符合设计要求。
	☑ 4. 通过桥梁或其他构造物时采用的管箱、引上相引下工程采用的管道应符合合设计要求。
	☑ 5. 人（手）孔位置应准确、预埋件安装牢固，具有防水措施。

项次	检查项目	规定值或允许偏差	实测值或实测偏差值											质量评定		
			1	2	3	4	5	6	7	8	9	10	平均值、代表值	合格率（%）	合格判定
实测项目	1	管道地基	符合设计要求			符合要求，见隐蔽工程验收记录，编号××							/	100	合格
	2	管道铺设	符合设计要求			符合要求，见隐蔽工程验收记录，编号××							/	100	合格
	3	回土夯实	符合设计要求			符合要求，见隐蔽工程验收记录，编号××							/	100	合格
	4	人（手）孔、管道掩埋	符合设计要求			符合要求，见隐蔽工程验收记录，编号××							/	100	合格
	5	人（手）孔的位置	符合设计要求			符合要求，见检验记录，编号××							/	100	合格
	6	分歧形式及内部尺寸	符合设计要求			符合要求，见检验记录，编号××							/	100	合格
	7	通信管道的横向位置	符合设计要求			符合要求，见检验记录，编号××							/	100	合格
	8△	主管道管孔试通试验	畅通			符合要求，见检验记录，编号××							/	100	合格
	9△	通信管道工程用塑料管管孔试通试验	畅通			符合要求，见检验记录，编号××							/	100	合格
	10	通信管道工程用塑料管（箱）规格尺寸	符合设计要求			符合要求，见检验记录，编号××							/	100	合格
	11	管孔封堵	符合设计要求			符合要求，见检验记录，编号××							/	100	合格

| 外观质量 | 管道安装牢固，排序整齐，密封良好 | 质量保证资料 | 齐全 |
| 工程质量等级评定 | | 合格 | |

检验负责人：×××　　　　检测：×××　　　　记录：×××　　　　复核：×××　　　　2023年×月×日

500

2. 通信光缆、电缆线路工程分项工程质量检验评定表

分项工程名称：通信光缆、电缆线路工程　　所属分部工程名称：通信设施　　分部工程编号：JD-02-02-01-001

工程部位：K0+000～K10+000　　所属单位工程：机电工程　　所属建设项目（合同段）：×××省×××市至×××市高速公路项目

施工单位：×××公路工程建设有限公司

| 基本要求 | ☑ 1. 通信光缆、电缆的型号规格、数量应符合合同及相关技术规范的要求。
☑ 2. 光缆、电缆的敷设、接续、预留及成端等应符合相关技术规范的要求。
☑ 3. 光缆、电缆绑扎应牢靠、松紧适度、紧密、绑扎线扣均匀、整齐、一致。
☑ 4. 槽道、托架内光缆、电缆应顺直、无明显扭绞和交叉，不侧翻，拐弯适度，进出槽道、不溢出槽道，托架应绑扎整齐。
☑ 5. 槽道、托架应做可靠接地连接。 | | | | | | | | | | | | | |

项次	检查项目	规定值或允许偏差	实测值或实测偏差值										质量评定		
			1	2	3	4	5	6	7	8	9	10	平均值、代表值	合格率（%）	合格判定
1	光缆护层绝缘电阻	≥1000MΩ·km	1047	1047	1033								1042.33	100	合格
2△	单模光纤接头损耗平均值	≤0.1dB	0.07	0.09	0.08								0.08	100	合格
3	单模光纤接头损耗最大值	≤0.18dB	0.08	0.07	0.17								0.11	100	合格
4△	多模光纤接头损耗平均值	≤0.08dB	0.01	0.07	0.02								0.03	100	合格
5	多模光纤接头损耗最大值	≤0.14dB	0.1	0.03	0.07								0.07	100	合格
6△	中继段单模光纤总衰耗	符合设计要求	符合要求，见检验记录，编号××										/	100	合格
7△	中继段多模光纤总衰耗	符合设计要求	符合要求，见检验记录，编号××										/	100	合格
8△	音频电缆绝缘电阻	≥1000MΩ·km	1014	1018	1008								1013.33	100	合格
9	音频电缆串音衰减	符合设计要求	符合要求，见检验记录，编号××										/	100	合格
10	音频电缆直流环阻	符合设计要求	符合要求，见检验记录，编号××										/	100	合格
11△	接线图（网线）	符合现行GB/T 50312的规定	符合要求，见检验记录，编号××										/	100	合格

501

续表

2. 通信光缆、电缆线路工程分项工程质量检验评定表

分项工程名称：通信光缆、电缆线路工程　　所属分部工程名称：通信设施　　分项工程编号：JD-02-02-01-001

工程部位：K0+000～K10+000　　所属单位工程：机电工程　　所属建设项目（合同段）：××省××市至××市高速公路项目

施工单位：××公路工程建设有限公司

项次	检查项目	规定值或允许偏差	实测值或实测偏差值											质量评定		
			1	2	3	4	5	6	7	8	9	10	平均值、代表值	合格率（%）	合格判定
实测项目	12	长度（网线）	符合现行GB/T 50312的规定	73.2	73.2	73.2								73.2	100	合格
	13 △	回波损耗（网线）	符合现行GB/T 50312的规定	21	22	21								21.33	100	合格
	14	插入损耗（网线）	符合现行GB/T 50312的规定	3.3	4.6	3.9								3.93	100	合格
	15 △	近端串音（网线）	符合现行GB/T 50312的规定	55.8	61.4	62.7								59.97	100	合格
	16	近端串音功率和（网线）	符合现行GB/T 50312的规定	55.8	53.6	52.4								53.93	100	合格
	17	衰减远端串音比（网线）	符合现行GB/T 50312的规定	42.2	41.3	41.8								41.77	100	合格
	18	衰减远端串音比功率和（网线）	符合现行GB/T 50312的规定	38.3	38.2	37.7								38.07	100	合格
	19	衰减近端串音比（网线）	符合现行GB/T 50312的规定	48.4	48.5	48.5								48.47	100	合格
	20	衰减近端串音比功率和（网线）	符合现行GB/T 50312的规定	47.3	47.1	46.7								47.03	100	合格
	21	环路电阻（网线）	符合现行GB/T 50312的规定	20.7	20.7	20.7								20.7	100	合格
	22	时延（网线）	符合现行GB/T 50312的规定	0.236	0.337	0.441								0.34	100	合格
	23	时延偏差（网线）	符合现行GB/T 50312的规定	0.039	0.036	0.036								0.04	100	合格
外观质量		配线箱安装牢固，线路排列整齐，标识清楚														
工程质量等级评定			合格							质量保证资料				齐全		

检验负责人：×××　　检测：×××　　记录：×××　　复核：×××　　2023年×月×日

502

3. 同步数字体系（SDH）光纤传输系统分项工程质量检验评定表

分项工程名称：同步数字体系（SDH）光纤传输系统　　所属分部工程：通信设施　　分项工程编号：JD-02-03-01-001

工程部位：××通信中心机房　　所属单位工程：通信工程　　所属建设项目（合同段）：××省××市至××市高速公路项目

施工单位：××公路工程建设有限公司

基本要求	☑ 1. 同步数字体系（SDH）光纤传输系统设备机房应整洁，通风，照明良好，环境温、湿度应符合《通信中心机房环境条件要求》YD/T 1821—2008中二类通信机房的规定。 ☑ 2. 同步数字体系（SDH）光纤传输系统设备应取得电信设备进网许可证，其型号规格、数量、配置应符合合同要求，部件完整。 ☑ 3. 全部设备安装调试完毕，系统应处于正常工作状态。

项次	检查项目	规定值或允许偏差	实测值或实测偏差值 1	2	3	4	5	6	7	8	9	10	质量评定 平均值、代表值	合格率（%）	合格判定
1△	系统设备安装连接的可靠性	系统设备安装连接应可靠，经振动试验后系统无告警，无误码			符合要求，见检验记录，编号××								/	100	合格
2	接地连接	保护地、防雷地的接地连接线可靠连接到接地汇流排上			符合要求，见检验记录，编号××								/	100	合格
3△	系统接收光功率	$P \geq P_R + Mc + Me^*$			符合要求，见检验记录，编号××								/	100	合格
4△	平均发送光功率	符合设计要求或出厂检验指标参数			符合要求，见检验记录，编号××								/	100	合格
5△	光接收灵敏度	符合设计要求或出厂检验指标参数			符合要求，见检验记录，编号××								/	100	合格
6△ 误码指标（2M电口）		$BER \leq 1 \times 10^{-11}$	0.02	0.05	0.03								0.03	100	合格
		$ESR \leq 1.1 \times 10^{-5}$	0.9	1	0.8								0.9	100	合格
		$SESR \leq 5.5 \times 10^{-7}$	3.5	3.7	3.7								3.63	100	合格
		$BBER \leq 5.5 \times 10^{-8}$	4.3	4.4	3.9								4.2	100	合格
7	电接口允许比特容差	符合现行YD/T 5095的规定			符合要求，见检验记录，编号××								/	100	合格

续表

3. 同步数字体系（SDH）光纤传输系统分项工程质量检验评定表

分项工程名称：同步数字体系（SDH）光纤传输系统　　所属分部工程名称：通信设施　　分项工程编号：JD-02-03-01-001

工程部位：××通信中心机房　　所属单位工程：机电工程　　所属建设项目（合同段）：×××省×××市至×××市高速公路项目

施工单位：×××公路工程建设有限公司

项次	检查项目	规定值或允许偏差	实测值或实测偏差值										质量评定		
			1	2	3	4	5	6	7	8	9	10	平均值、代表值	合格率（%）	合格判定
8	输入抖动容限	符合现行YD/T 5095的规定			符合要求，见检验记录，编号××								/	100	合格
9	输出抖动	符合现行YD/T 5095的规定			符合要求，见检验记录，编号××								/	100	合格
10	2M支路口漂移指标	a. MTIE≤18μs（24h） b. 40h滑动≤1次			符合要求，见检验记录，编号××								/	100	合格
11	管理授权功能	未经授权不能进入网管系统			符合要求，见检验记录，编号××								/	100	合格
12△	自动保护倒换功能	工作环路故障或大误码时，自动倒换到备用线路			符合要求，见检验记录，编号××								/	100	合格
13△	远端接入功能	能通过网管添加或删除远端模块			符合要求，见检验记录，编号××								/	100	合格
14△	配置功能	能对网元部件进行增加或删除，并以图形方式显示当前配置			符合要求，见检验记录，编号××								/	100	合格
15	网络性能监视功能	能实时采集分析网络误码等性能参数			符合要求，见检验记录，编号××								/	100	合格
16	激光器自动关断功能	无输入光信号时能自动关断			符合要求，见检验记录，编号××								/	100	合格
17△	故障定位功能	发生故障时能显示故障位置			符合要求，见检验记录，编号××								/	100	合格
18	信号丢失告警（LOS）	产生告警			符合要求，见检验记录，编号××								/	100	合格
19△	电源故障告警	产生告警			符合要求，见检验记录，编号××								/	100	合格

504

续表

3. 同步数字体系（SDH）光纤传输系统分项工程质量检验评定表

分项工程名称：同步数字体系（SDH）光纤传输系统　　所属分部工程名称：通信设施　　分项工程编号：JD-02-03-01-001

工程部位：××通信中心机房　　所属单位工程：通信工程　　所属建设项目（合同段）：×××省×××市至××市高速公路项目

施工单位：×××公路工程建设有限公司

项次	检查项目	规定值或允许偏差	实测值或实测偏差值										质量评定		
			1	2	3	4	5	6	7	8	9	10	平均值、代表值	合格率（%）	合格判定
20△	帧失步告警（LOF）	产生告警		符合要求，见检验记录，编号××									/	100	合格
21△	AIS告警	产生告警		符合要求，见检验记录，编号××									/	100	合格
22△	参考时钟丢失告警	产生告警		符合要求，见检验记录，编号××									/	100	合格
23	指针丢失告警	产生告警		符合要求，见检验记录，编号××									/	100	合格
24	远端接收失效（FERF）	产生告警		符合要求，见检验记录，编号××									/	100	合格
25	远端接收误码（FEBE）	产生告警		符合要求，见检验记录，编号××									/	100	合格
26	电接口复帧丢失（LOM）	产生告警		符合要求，见检验记录，编号××									/	100	合格
27	信号劣化（BER>1×10⁻⁶）	产生告警		符合要求，见检验记录，编号××									/	100	合格
28	信号大误码（BER>1×10⁻³）	产生告警		符合要求，见检验记录，编号××									/	100	合格
29	机盘失效告警	能自动倒换，产生告警		符合要求，见检验记录，编号××									/	100	合格
外观质量		设备、机架布局合理，连接线整齐，标识清楚		设备、机架布局合理，连接线整齐，标识清楚										质量保证资料	齐全
工程质量等级评定				合格									复核：×××		

注："信号劣化（BER>1×10⁻⁶）"、"信号大误码（BER>1×10⁻³）"中的指数为上标。

检验负责人：×××　　检测：×××　　记录：×××　　复核：×××　　2023年×月×日

*注：P_t：接收端实测系统接收光功率；M_c：光缆富余度；P_R：接收器的接收灵敏度；M_e：设备富余度。

505

4. IP 网络系统分项工程质量检验评定表

分项工程名称：IP网络系统　　　　所属分部工程名称：通信设施　　　　分项工程编号：JD-02-04-01-001

工程部位：IP网络系统　　　　所属单位工程：机电工程　　　　所属建设项目（合同段）：××省××市至××市高速公路项目

施工单位：××公路工程建设有限公司

基本要求	☑ 1. IP网络系统设备机房应整洁，通风，照明良好，环境温，湿度应符合《通信中心机房环境条件要求》YD/T 1821—2008中二类通信机房的规定。 ☑ 2. IP网络系统设备应取得电信设备进网许可证，其型号规格，数量、配置应符合合同要求，部件完整。 ☑ 3. 全部设备安装调试完毕，系统应处于正常工作状态。														
项次	检查项目	规定值或允许偏差	实测值或实测偏差值										质量评定		
			1	2	3	4	5	6	7	8	9	10	平均值，代表值	合格率（%）	合格判定
1 △	系统设备安装连接的可靠性	系统设备安装连接应可靠，经振动试验后系统无告警，无误码	符合要求，见检验记录，编号××										/	100	合格
2	接地连接	保护地，防雷地的接地连接线可靠连接到接地汇流排上	符合要求，见检验记录，编号××										/	100	合格
实测项目	3 △	IP网络接口平均发送光功率	符合设计要求，无要求时符合： -11.5dBm≤光功率≤-3dBm（1000BASE-LX）， -9.5dBm≤光功率≤-4dBm（1000BASE-SX）	-4.5	-5.3	-6.6								-5.47	100	合格
	4 △	IP网络接口接收光功率	$P_i \geq P_R + Mc + Me^*$											/	100	合格
	5 △	IP网络接口接收灵敏度	符合设计要求，无要求时符合： ≤-19dBm（1000BASE-LX） ≤-17dBm（1000BASE-SX）	-21	-22	-20								-21	100	合格
	6 △	IP网络吞吐率	符合设计要求，无要求时1518帧长≥99%	99.3	99.6	99.4								99.43	100	合格
	7 △	IP网络传输时延	符合设计要求，无要求时≤100ms	55	43	67								55	100	合格
	8 △	IP网络丢包率	不大于70%流量负荷时≤0.1%	0.02	0.05	0.7								0.26	100	合格

506

续表

4. IP网络系统分项工程质量检验评定表

分项工程名称：IP网络系统　　　　　　　　　　分项工程编号：JD-02-04-01-001

工程部位：IP网络系统　　所属分部工程名称：通信设施

施工单位：××公路工程建设有限公司　　所属单位工程：机电工程　　所属建设项目（合同段）：×××省×××市至××市高速公路项目

项次		检查项目	规定值或允许偏差	实测值或实测偏差值											质量评定		
				1	2	3	4	5	6	7	8	9	10	平均值，代表值	合格率（%）	合格判定
实测项目	9	网络性能监视功能	能实时采集分析网络误码等性能参数	符合要求，见检验记录，编号××										/	100	合格
	10△	自动保护倒换功能	工作环路故障或大误码时，自动倒换到备用线路	符合要求，见检验记录，编号××										/	100	合格
	11	IP网络接口半双工、全双工自动协商	自动协商	符合要求，见检验记录，编号××										/	100	合格
	12△	IP网络流量控制功能	网络流量超出端口流量时，具有流量控制功能	符合要求，见检验记录，编号××										/	100	合格
	13	IP网络故障告警管理功能	发生故障时网管系统有提示	符合要求，见检验记录，编号××										/	100	合格
	14	IP网络管理授权功能	未经授权不能进入网管系统	符合要求，见检验记录，编号××										/	100	合格
	15	IP网络端口使能或禁止功能	从网管端口能够使能或禁止某端口	符合要求，见检验记录，编号××										/	100	合格
	16	IP网络网管查询和配置	从网管能够查询和配置相关业务	符合要求，见检验记录，编号××										/	100	合格
	17	IP网络主、备系统处理器切换功能	主系统处理器出现故障时能够自动启用备用系统处理器	符合要求，见检验记录，编号××										/	100	合格
	18△	IP网络故障诊断与定位功能	网管系统能够显示板卡、通信端口的故障原因和信息	符合要求，见检验记录，编号××										/	100	合格
	19△	IP网络VLAN功能	能够按端口划分VLAN	符合要求，见检验记录，编号××										/	100	合格
外观质量			设备、机架布局合理，连接线整齐，标识清楚	符合要求，标识清楚，连接线整齐										质量保证资料	基本齐全	
工程质量等级评定				合格												

检验负责人：×××　　检测：×××　　记录：×××　　复核：×××　　　　　　2023年×月×日

*注：P_i：接收端实测系统接收光功率；M_c：光缆富余度；P_R：接收器的接收灵敏度；M_e：设备富余度。

507

5. 波分复用（WDM）光纤传输系统分项工程质量检验评定表

分项工程名称：波分复用（WDM）光纤传输系统　　所属分部工程名称：通信设施　　分项工程编号：JD-02-05-01-001

工程部位：波分复用（WDM）光纤传输系统　　所属单位工程：通信工程　　所属建设项目（合同段）：××省×××市至××市高速公路项目

施工单位：××公路工程建设有限公司

基本要求	☑ 1. 传输系统设备机房应整洁，通风、照明良好，环境温、湿度应符合《通信中心机房环境条件要求》YD/T 1821－2008中二类通信机房的规定。 ☑ 2. 传输系统设备应取得电信设备进网许可证，其型号规格、数量、配置应符合合同要求，部件完整。 ☑ 3. 全部设备安装调试完毕，系统应处于正常工作状态。

项次	检查项目	规定值或允许偏差	实测值或实测偏差值										质量评定		
			1	2	3	4	5	6	7	8	9	10	平均值、代表值	合格率（%）	合格判定
1△	系统设备安装连接的可靠性	系统设备安装连接应可靠，经振动试验后系统无告警，无误码	符合要求，见检验记录，编号××										/	100	合格
2	接地连接	保护地、防雷地的接地连接线应可靠连接到接地汇流排上	符合要求，见检验记录，编号××										/	100	合格
3△	线路侧接收、发送参考点中心波长	符合现行YD/T1143的规定	符合要求，见检验记录，编号××										/	100	合格
4△ 实测项目	线路侧接收、发送参考点中心频率偏移	±12.5GHz	2.4	0.8	-7.3								-1.37	100	合格
5	信号功率	符合设计要求或出厂检验指标	符合要求，见检验记录，编号××										/	100	合格
6△	光信噪比（OSNR）	>25dB	32	31	28								30.33	100	合格
7	噪声	<-21dBm	-27	-21	-30								-26	100	合格
8	-20dB带宽	<0.3nm	0.1	0.1	0.1								0.1	100	合格
9	OCh中心波长	符合现行YD/T1143的规定	符合要求，见检验记录，编号××										/	100	合格

5. 波分复用（WDM）光纤传输系统分项工程质量检验评定表

分项工程名称：波分复用（WDM）光纤传输系统　　所属分部工程名称：光纤传输系统　　分项工程编号：JD-02-05-01-001

工程部位：波分复用（WDM）光纤传输系统　　所属单位工程：通信设施　　所属建设项目（合同段）：××省××市至××市高速公路项目

施工单位：××公路工程建设有限公司　　所属单位工程：机电工程

项次	检查项目	规定值或允许偏差	实测值或实测偏差值										质量评定		
---	---	---	---	---	---	---	---	---	---	---	---	---	平均值、代表值	合格率（%）	合格判定
			1	2	3	4	5	6	7	8	9	10			
10△	OCh最小边模抑制比	>25dB	27	34	33								31.33	100	合格
11	分波器中心波长	符合现行YD/T 1143的规定	1534	1543	1537								1538	100	合格
12△	分波器插入损耗	<10dB	5	3	2								3.33	100	合格
13	分波器插入损耗的最大差异	<2dB	0	0	1								0.33	100	合格
14△	分波器相邻通道隔离度	>22dB	27	24	32								27.67	100	合格
15	合波器中心波长	符合现行YD/T 1143的规定	1549	1549	1549								1549	100	合格
16△	合波器插入损耗	<8dB	0	2	5								2.33	100	合格
17	合波器插入损耗的最大差异	<2dB	1	1	0								0.67	100	合格
18△	合波器相邻通道隔离度	>22dB	29	27	26								27.33	100	合格
19△	MPI-SM～MPI-RM残余色散	符合现行YD/T 1143的规定	符合要求，见检验记录，编号××										/	100	合格
20△	MPI-SM～MPI-RM偏振模色散	符合现行YD/T 1143的规定	符合要求，见检验记录，编号××										/	100	合格

实测项目

续表

5. 波分复用（WDM）光纤传输系统分项工程质量检验评定表

分项工程名称：波分复用（WDM）光纤传输系统　　所属分部工程名称：通信设施　　分项工程编号：JD-02-05-01-001

工程部位：波分复用（WDM）光纤传输系统　　所属单位工程：机电工程　　所属建设项目（合同段）：××省××市至××市高速公路项目

施工单位：××公路工程建设有限公司

项次	检查项目	规定值或允许偏差	实测值或实测偏差值											平均值,代表值	合格率（%）	合格判定
			1	2	3	4	5	6	7	8	9	10			
实测项目																
21	网络性能	符合现行YD/T 2148的规定	符合要求，见检验记录，编号××										/	100	合格
22△	自动保护倒换功能	工作环路故障或大误码时，自动倒换到备用线路	符合要求，见检验记录，编号××										/	100	合格
23	网管功能	符合现行YD/T 2148的规定	符合要求，见检验记录，编号××										/	100	合格
24	激光器自动关断功能	无输入光信号时能自动关断	符合要求，见检验记录，编号××										/	100	合格
25	信号丢失告警（LOS）	产生告警	符合要求，见检验记录，编号××										/	100	合格
26△	电源故障告警	产生告警	符合要求，见检验记录，编号××										/	100	合格
27	机盘失效告警	能自动倒换，产生告警	符合要求，见检验记录，编号××										/	100	合格
外观质量	设备、机架布局合理，连接线整齐，标识清楚													质量保证资料		齐全

工程质量等级评定　合格

检验负责人：×××　　检测：×××　　记录：×××　　复核：×××　　2023年×月×日

510

6. 固定电话交换系统分项工程质量检验评定表

分项工程名称：固定电话交换系统　　　　分部工程名称：通信设施　　　　分项工程编号：JD-02-06-01-001

工程部位：××通信中心机房　　　　所属分部工程：通信设施　　　　所属建设项目（合同段）：××省×××市至××市高速公路项目

施工单位：××公路工程建设有限公司　　　　所属单位工程：机电工程

基本要求	☑ 1. 固定电话交换系统设备机房应整洁，通风、照明良好，环境温、湿度应符合《通信中心机房环境条件要求》YD/T 1821—2008中二类通信机房的规定。 ☑ 2. 固定电话交换系统设备应取得电信设备进网许可证，其交换设备、辅助设备、控制台及各种电路板的型号规格、数量应符合合同要求，部件完整。 ☑ 3. 设备及其辅助设备安装应牢固。 ☑ 4. 全部设备安装调试完毕，系统应处于正常工作状态。

项次	检查项目	规定值或允许偏差	实测值或实测偏差值										质量评定		
			1	2	3	4	5	6	7	8	9	10	平均值、代表值	合格率（%）	合格判定
1	接地连接	保护地、防雷地的接地连接线可靠连接到接地汇流排上	符合要求，见检验记录，编号××										/	100	合格
2Δ	工作电压	−57～−40V	−48	−49	−51	−55	−47	−46	−43	−49	−55	−48	−49.1	100	合格
3	局内障碍率	3.4×10^{-4}	3.1	3	2.9								3	100	合格
4Δ	接通率	≥99.96%	99.99	99.97	99.99								99.98	100	合格
5Δ	软交换IP承载网的丢包率	≤0.1%	0.1	0.1	0.1								0.1	100	合格
6	软交换IP承载网的网络抖动	≤10ms	5	2	1								2.67	100	合格
7	软交换IP承载网的时延	≤100ms	37	16	37								30	100	合格
8	软交换IP承载网的包差错率	$≤1 \times 10^{-4}$	0.5	0.3	0.2								0.33	100	合格
9	软交换网内端到端语音服务质量	网络丢包率≤0.1%时，语音主观评分≥4.0，或语音客观评价PSQM（语音质量感知测量）平均值≤1.5或PESQ（语音质量感知评价）≥3.3	1.1	1.2	1.1								1.13	100	合格
10	管理授权功能	未经授权不能进入管理系统	符合要求，见检验记录，编号××										/	100	合格
11	系统再启动功能	系统紧急关机后启动或做系统倒换后，系统能恢复正常运行	符合要求，见检验记录，编号××										/	100	合格

6. 固定电话交换系统分项工程质量检验评定表

分项工程名称：固定电话交换系统　　　　所属分部工程名称：通信设施　　　　分项工程编号：JD-02-06-01-001

工程部位：××通信中心机房　　　　　　所属单位工程：机电工程　　　　　　所属建设项目（合同段）：×××省×××市至×××市高速公路项目

施工单位：××公路工程建设有限公司

项次	检查项目	规定值或允许偏差	实测值或实测偏差值										质量评定		
			1	2	3	4	5	6	7	8	9	10	平均值、代表值	合格率（%）	合格判定
实测项目 12△	修改用户号码功能	通过网管修改用户号码后不影响原话机的通信功能				符合要求，见检验记录，编号××							/	100	合格
13△	修改单个用户级别功能	通过网管修改用户级别后，修改后的用户对应新级别的业务权限				符合要求，见检验记录，编号××							/	100	合格
14	呼叫限制功能	通过网管对用户的长途呼叫进行限制				符合要求，见检验记录，编号××							/	100	合格
15	计费功能	能修改费率，并能打印显示费额和通话记录				符合要求，见检验记录，编号××							/	100	合格
16	话务管理	自动记录话务信息				符合要求，见检验记录，编号××							/	100	合格
17△	故障诊断、告警	产生告警				符合要求，见检验记录，编号××							/	100	合格
18	系统交换功能	具备本局呼叫，出入局呼叫，新业务等功能				符合要求，见检验记录，编号××							/	100	合格
19	多方呼叫控制功能	能够建立一点对多点的快速通话功能				符合要求，见检验记录，编号××							/	100	合格
外观质量		设备、机架布局合理，连接线整齐，标识清楚												齐全	
质量保证资料														齐全	
工程质量等级评定							合格								

工程质量负责人：×××　　　记录：×××　　　检测：×××　　　复核：×××　　　2023年×月×日

检验负责人：×××

*注：主观评分标准：①很好，听得很清楚，无失真感，无延迟感，交流顺畅：5分。②好，听的清楚，交流略有延迟，有点杂音，交流顺畅：4分。③一般，听不太清楚，有一定延迟，有失真，有杂音，可以交流：3分。④较差，听不太清楚，有较大杂音或断续，失真重，交流需重复多次：2分。⑤极差，静音或完全听不清楚，杂音很大，无法交流：1分。

7. 通信电源系统分项工程质量检验评定表

分项工程名称：通信电源系统　　　　分项工程编号：JD-02-07-01-001
所属分部工程名称：通信设施
工程部位：K9+200　　所属单位工程：机电工程　　所属建设项目（合同段）：××省×××市至×××市高速公路项目
施工单位：××公路工程建设有限公司

基本要求：
☑1. 通信电源设备及配件的型号规格、数量应符合合同要求，部件完整。
☑2. 蓄电池的连接条、螺栓、螺母应做防腐处理，并连接可靠。
☑3. 全部设备安装调试完毕，系统应处于正常工作状态。

项次	检查项目	规定值或允许偏差	实测值或实测偏差值										质量评定		
			1	2	3	4	5	6	7	8	9	10	平均值、代表值	合格率（%）	合格判定
1	通信电源系统防雷	符合设计要求	符合要求，见检验记录，编号××										/	100	合格
2	通信电源系统接地	符合设计要求	符合要求，见检验记录，编号××										/	100	合格
3	交流电路和直流电路对地、交流电路对直流电路的绝缘电阻	≥2MΩ	2	2.9	2.3								2.4	100	合格
4△	开关电源的主输出电压	-57.6~-43.2V或21.6~28.8V	24	24	24								24	100	合格
5	系统杂音电压	直流输出端的电话衡重杂音电压应≤2mV	1	1	2								1.33	100	合格
		直流输出端在0MHz~20MHz频带内峰-峰值杂音电压≤200mV	22	8	17								15.67		
6	蓄电池管理功能	能对蓄电池的放电、均浮充电等操作进行切换	符合要求，见检验记录，编号××										/	100	合格
7△	电源系统报警功能	系统处于不正常状态时，机房内可视、可听报警信息	符合要求，见检验记录，编号××										/	100	合格
8	远端维护管理功能	可实现远端遥测、遥控和遥信的集中管理	符合要求，见检验记录，编号××										/	100	合格

外观质量	电源设备安装牢固，配线、连接线整齐、标识清楚	质量保证资料	齐全
工程质量等级评定			合格

检验负责人：×××　　检测：×××　　记录：×××　　复核：×××　　2023年×月×日

三、收费设施

1. 入口混合车道设备及软件分项工程质量检验评定表

分项工程名称：入口混合车道设备及软件　　所属分部工程名称：收费设施　　分项工程编号：JD-03-01-01-001

工程部位：××收费站　　所属单位工程：机电工程　　所属建设项目（合同段）：××省×××市至×××市高速公路项目

施工单位：××公路工程建设有限公司

基本要求	☑ 1. 电动（手动）栏杆、天线、车道控制机、显示终端、专用键盘、复合读写器、车道信息指示屏、专用费额信息显示屏、车辆检测器、车牌识别设备、车道摄像机等设备应符合国家和行业标准的规定。 ☑ 2. 入口混合车道设备及配件的型号规格、数量应符合合同要求。 ☑ 3. 全部设备安装调试完毕，车道设备及软件应处于正常工作状态，部件完整。 ☑ 4. 入口混合车道软件包括系统软件与应用软件，应用软件应提供合法授权，系统软件应提供正式的授权使用证书，应用软件提供软件开发、测试文件。

项次	检查项目	规定值或允许偏差	实测值或实测偏差值										质量评定		
			1	2	3	4	5	6	7	8	9	10	平均值、代表值	合格率（%）	合格判定
1Δ	车道设备绝缘电阻	强电端子对机壳≥50MΩ	58	66	51								58.33	100	合格
2Δ	车道设备共用接地电阻	≤1Ω	0.1	0.1	1								0.4	100	合格
实测项目 3	天线安装高度	符合设计要求，无要求时≥5.5m	5.6	5.6	5.6								5.6	100	合格
4	天线立柱防腐漆层厚度	符合设计要求，无要求时≥85μm	93	101	97								97	100	合格
5	车道信息指示屏的色度和亮度	色度符合现行GB/T 23828的规定，亮度符合设计要求，无要求时亮度≥5000cd/m²	5110	5130	5130								5123.33	100	合格
6Δ	车道信息指示屏控制与显示	切换控制正常，显示信息正确	符合要求，见检验记录，编号××									/		合格
7	收费天棚车道控制标志的色度和亮度	色度符合现行JT/T 597的规定，夜间亮度≥1000cd/m²	1050	1110	1070								1076.67	100	合格

514

続表

1. 入口混合车道设备及软件分项工程质量检验评定表

分项工程名称：入口混合车道设备及软件　　所属分部工程名称：收费设施　　分项工程编号：JD-03-01-01-001

工程部位：××收费站　　所属单位工程：机电工程　　所属建设项目（合同段）：××省××市至××市高速公路项目

施工单位：××公路工程建设有限公司

项次	检查项目	规定值或允许偏差	实测值或实测偏差值										质量评定		
			1	2	3	4	5	6	7	8	9	10	平均值，代表值	合格率（%）	合格判定
8△	收费天棚车道控制标志控制和显示	可按设计要求控制，显示正确		符合要求，见检验记录，编号××									/	100	合格
9△	收费车道通行信号灯控制和显示	可按设计要求控制，显示正确		符合要求，见检验记录，编号××									/	100	合格
10	车道专用费额信息显示屏色度和亮度	色度符合现行GB/T 23828的规定，亮度符合设计要求又无要求时≥1500cd/m²	1550	1610	1630								1596.67	100	合格
11△	车道专用费额信息显示屏信息显示	通过车辆时，能够及时正确显示设定信息		符合要求，见检验记录，编号××									/	100	合格
12△	闪光报警器	能按设定要求触发，正确响应		符合要求，见检验记录，编号××									/	100	合格
13（实测项目）	电动栏杆起落时间	符合设计要求，无要求时≤1.0s	0.3	0.6	0.5								0.47	100	合格
14	电动栏杆机机壳防腐涂层厚度	符合设计要求，无要求时≥76μm	88	93	97								92.67	100	合格
15	电动栏杆功能	能按设定操作流程动作，且具有防砸车和水平回转功能		符合要求，见检验记录，编号××									/	100	合格
16	环形线圈电感量	符合设计要求，无要求时满足50~1000μH	350	420	370								380	100	合格

分项工程名称：入口混合车道设备及软件　　所属分部工程名称：收费设施　　分项工程编号：JD-03-01-01-001

工程部位：××收费站　　所属单位工程：机电工程　　所属建设项目（合同段）：××省××市至××市高速公路项目

施工单位：××公路工程建设有限公司

1. 入口混合车道设备及软件分项工程质量检验评定表

项次	检查项目	规定值或允许偏差	实测值或实测偏差值										平均值、代表值	合格率（%）	合格判定
			1	2	3	4	5	6	7	8	9	10			
17	专用键盘	操作灵活，响应准确	符合要求，见检验记录，编号××										/	100	合格
18	复合读写器	正确读写通行卡，满足国密要求	符合要求，见检验记录，编号××										/	100	合格
19△	车道图像抓拍	车辆进入车道时能启动图像抓拍功能，抓拍信息符合设计要求，并能按规定格式存储转发	符合要求，见检验记录，编号××										/	100	合格
20△	车道摄像机	可对车道设定区域实时录像，图像清晰	符合要求，见检验记录，编号××										/	100	合格
21	字符叠加	车道抓拍图像信息叠加清晰、正确	符合要求，见检验记录，编号××										/	100	合格
22	车牌自动识别功能	对采集的车辆图像进行处理、识别，识别结果应包含车牌号、颜色等	符合要求，见检验记录，编号××										/	100	合格
23 实测项目	车牌识别准确率	≥95%	96	98	98								97.33	100	合格
24△	RSU通信区域	宽度≤3.3m	0.9	0.5	0.6								0.67	100	合格
25△	车道初始状态	车道信息指示屏显示车道关闭，车道栏杆处于水平关闭状态，收费亭内显示器显示内容符合设计要求，并具有防止恶意登录功能	符合要求，见检验记录，编号××										/	100	合格
26△	车道打开状态	成功登录后能打开车道，系统进入工作状态	符合要求，见检验记录，编号××										/	100	合格
27	车道软件系统登录与退出	启动车道软件后，能可靠登录与退出	符合要求，见检验记录，编号××										/	100	合格

续表

分项工程名称：入口混合车道设备及软件　　分项工程编号：JD-03-01-01-001
工程部位：××收费站　　所属分部工程名称：收费设施
施工单位：××公路工程建设有限公司　　所属单位工程：机电工程
所属建设项目（合同段）：××省××市至××市高速公路项目

1. 入口混合车道设备及软件分项工程质量检验评定表

项次	检查项目	规定值或允许偏差	实测值或实测偏差值 1 2 3 4 5 6 7 8 9 10	质量评定 平均值、代表值	质量评定 合格率（%）	质量评定 合格判定
28	车道设备工作状态监测及故障报警	能监测天线、电动栏杆、车道控制标志等车道设备的工作状态，设备故障时输出报警提示信息	符合要求，见检验记录，编号××	/	100	合格
29	记录日志查询	能查询通行车辆交易过程日志信息	符合要求，见检验记录，编号××	/	100	合格
30△	车道收费数据上传功能	车辆交易数据正确上传至上级收费系统	符合要求，见检验记录，编号××	/	100	合格
31	时钟同步功能	车道系统时钟与上级收费系统时钟同步一致	符合要求，见检验记录，编号××	/	100	合格
32△	数据传输	车道与上级收费系统同能准确传输收费数据	符合要求，见检验记录，编号××	/	100	合格
33	车道维修和复位操作处理	维护菜单允许授权维护员进行车道维护和复位操作	符合要求，见检验记录，编号××	/	100	合格
34	支持双片式OBU、单片式OBU交易	同时支持双片式OBU、单片式OBU交易，并可在OBU（或ETC卡）内写入入口信息	符合要求，见检验记录，编号××	/	100	合格
35	支持CPC卡交易	支持CPC卡交易，写入规定的入口信息	符合要求，见检验记录，编号××	/	100	合格
36	车辆信息采集	自动检测识别通行车辆的车牌、车型等信息，支持人工校核、修正自动识别的车辆信息	符合要求，见检验记录，编号××	/	100	合格
37	收费参数接收与更新	具备接收、更新收费参数（状态名单、信用黑名单、大作运输车辆名单、省内通行费优化减免名单、"两客一危"车辆名单等）功能，并将特情车辆信息写入交易记录中	符合要求，见检验记录，编号××	/	100	合格

实测项目

517

1. 入口混合车道设备及软件分项工程质量检验评定表

分项工程名称：入口混合车道设备及软件　　所属分部工程名称：收费设施　　分项工程编号：JD-03-01-01-001

工程部位：××收费站　　所属单位工程：机电工程　　所属建设项目（合同段）：××省××市至××市高速公路项目

施工单位：××公路工程建设有限公司

	项次	检查项目	规定值或允许偏差	实测值或实测偏差值										质量评定		
				1	2	3	4	5	6	7	8	9	10	平均值、代表值	合格率（%）	合格判定
实测项目	38	接收入口称重检测数据	能够接收入口称重检测数据，并按相关规定判定、处置	符合要求，见检验记录，编号××										/	100	合格
	39	承载ETC门架功能	具备接收、更新省联网中心下发的本站收费费率，可在OBU（CPU用户卡）、CPC卡内正确写入口信息并计费，形成ETC或CPC卡通行记录，储值卡用户余额不足时，能按运营规则处置	符合要求，见检验记录，编号××										/	100	合格
	40	信息自动匹配	ETC交易记录、CPC卡通行记录应与车辆抓拍图片进行自动匹配，并实时上传至收费站系统	符合要求，见检验记录，编号××										/	100	合格
	41	货车超载拦截	根据入口称重检测数据进行判定，具备自动拦截超载车辆功能	符合要求，见检验记录，编号××										/	100	合格
	42	CPC卡电量判定	应具备CPC卡电量判定功能，电量低于8%时不得在车道发放	符合要求，见检验记录，编号××										/	100	合格
	43 Δ	断网复原功能	断开车道控制机与收费站的通信链路，车道工作状态正常，通信链路恢复后数据无丢失	符合要求，见检验记录，编号××										/	100	合格
	44	特情车辆处理	对标签拆卸、标签失效、状态失效、信用黑名单、卡签不一致等特情车辆，符合设定的处理流程，费额信息显示屏显示特情提示与现实情况一致	符合要求，见检验记录，编号××										/	100	合格
	45	ETC车辆交易成功后待CPC卡通行	正常ETC车辆交易成功后，换取CPC卡交易通行，符合规定的处理流程	符合要求，见检验记录，编号××										/	100	合格
	46 Δ	正常ETC客车通行交易流程	客1、客2、客3、客4分别通行（兼具ETC门架功能），费额信息显示屏显示及时正确	符合要求，见检验记录，编号××										/	100	合格

1. 入口混合车道设备及软件分项工程质量检验评定表

分项工程名称：入口混合车道设备及软件　　　所属分部工程名称：收费设施　　　分项工程编号：JD-03-01-01-001

工程部位：××收费站　　　所属单位工程：机电工程　　　所属建设项目（合同段）：××省××市至××市高速公路项目

施工单位：××公路工程建设有限公司

项次	检查项目	规定值或允许偏差	实测值或实测偏差值										质量评定		
			1	2	3	4	5	6	7	8	9	10	平均值、代表值	合格率（%）	合格判定
47△	正常ETC货车通行交易流程	货1、货2、货3、货4、货5、货6分别通行，交易处理和计费正确（兼具ETC门架功能），费额信息显示屏信息显示及时，正确	符合要求，见检验记录，编号××										/	100	合格
48△	正常ETC专项作业车通行交易流程	专项1、专项2、专项3、专项4、专项5、专项6分别通行，交易处理和计费正确（兼具ETC门架功能），费额信息显示屏信息显示及时，正确	符合要求，见检验记录，编号××										/	100	合格
49△	MTC客车通行交易流程	客1、客2、客3、客4分别通行，交易处理和计费正确（兼具ETC门架功能），费额信息，显示屏信息显示及时，正确	符合要求，见检验记录，编号××										/	100	合格
50△	MTC货车通行交易流程	货1、货2、货3、货4、货5、货6分别通行，交易处理和计费正确（兼具ETC门架功能），费额信息显示屏信息显示及时，正确	符合要求，见检验记录，编号××										/	100	合格
51△	MTC专项作业车通行交易流程	专项1、专项2、专项3、专项4、专项5、专项6分别通行，交易处理和计费正确（兼具ETC门架功能），费额信息显示屏信息显示及时，正确	符合要求，见检验记录，编号××										/	100	合格
52	跟车干扰交易流程	电子标签正常车辆跟随电子标签异常或电子标签车辆无电子标签车道，能正确完成交易与放行进入入口混合车道	符合要求，见检验记录，编号××										/	100	合格
外观质量	设备安装牢固，栏杆反光标记齐全												基本齐全		
工程质量等级评定	合格							质量保证资料					基本齐全		

检测：×××　　　检验负责人：×××　　　记录：×××　　　复核：×××　　　2023年×月×日

519

2. 出口混合车道设备及软件分项工程质量检验评定表

分项工程名称：出口混合车道设备及软件　　所属分部工程名称：收费设施　　分项工程编号：JD-03-02-01-001

工程部位：××收费站　　所属单位工程：机电工程　　所属建设项目（合同段）：××省××市至××市高速公路项目

施工单位：××公路工程建设有限公司

基本要求	☑ 1. 电动（手动）栏杆、天线、车道控制机、显示终端、专用键盘、票据打印机、复合读写器、专用费额信息显示屏、车道信息指示屏、车辆检测器、车牌识别设备、车道摄像机等设备应符合国家和行业相关标准的规定。 ☑ 2. 出口混合车道设备及配件的型号规格、数量应符合合同要求、部件完整。 ☑ 3. 全部设备安装调试完毕，车道设备及软件应处于正常工作状态。 ☑ 4. 出口混合车道软件包括系统软件与应用软件，应提供正式的授权使用证书，应用软件应提供软件开发、测试文件。

项次	检查项目	规定值或允许偏差	实测值或实测偏差值										质量评定		
			1	2	3	4	5	6	7	8	9	10	平均值、代表值	合格率（%）	合格判定
1△	车道设备绝缘电阻	强电端子对机壳≥50MΩ	61	70	61	52	65	64	72	63	60	74	64.2	100	合格
2△	车道设备共用接地电阻	≤1Ω	0.5	0.4	0.3	0.7	0.2	0.7	0.1	0.6	0.6	0.9	0.5	100	合格
3	天线安装高度	符合设计要求，无要求时≥5.5m											/	/	/
4	天线立柱防腐涂层厚度	符合设计要求，无要求时≥85μm											/	/	/
5	车道信息指示屏的色度和亮度	色度符合现行GB/T 23828的规定，亮度符合设计要求，无要求时亮度≥5000cd/m²											/	/	/
6△	车道信息指示屏控制与显示	切换控制正常，显示信息正确	符合要求，见检验记录，编号××										/	100	合格
7	收费天棚车道控制标志的色度和亮度	色度符合现行JT/T 597的规定，夜间亮度≥1000cd/m²											/	/	/

实测项目

2. 出口混合车道设备及软件分项工程质量检验评定表

分项工程名称：出口混合车道设备及软件　　所属分部工程名称：收费设施　　分项工程编号：JD-03-02-01-001

工程部位：××收费站　　所属单位工程：机电工程　　所属建设项目（合同段）：×××省××市至××市高速公路项目

施工单位：××公路工程建设有限公司

项次	检查项目	规定值或允许偏差	实测值或实测偏差值 1 2 3 4 5 6 7 8 9 10	质量评定 平均值，代表值	合格率（%）	合格判定
8△	收费天棚车道控制标志控制和显示	可按设计要求控制，显示正确	符合要求，见检验记录，编号××	/	100	合格
9△	收费车道通行信号灯控制和显示	可按设计要求控制，显示正确	符合要求，见检验记录，编号××	/	100	合格
10	车道专用费额信息显示屏色度和亮度	色度符合现行GB/T 23828的规定，亮度符合设计要求，无要求时≥1500cd/m²		/	/	/
11△	车道专用费额信息显示屏信息显示	通过车辆时，能够及时正确显示设定信息	符合要求，见检验记录，编号××	/	100	合格
12△	闪光报警器	能按设定要求触发，正确响应	符合要求，见检验记录，编号××	/	100	合格
实测项目 13	电动栏杆起/落时间	符合设计要求，无要求时≤1.0s		/	/	/
14	电动栏杆机壳防腐涂层厚度	符合设计要求，无要求时≥76μm		/	/	/
15	电动栏杆机功能	能按设定操作流程动作，且具有防砸车和水平回转功能	符合要求，见检验记录，编号××	/	100	合格
16	环形线圈电感量	符合设计要求，无要求时满足50～1000μH		/	/	/
17	专用键盘	操作灵活，响应准确	符合要求，见检验记录，编号××	/	100	合格

续表

2. 出口混合车道设备及软件分项工程质量检验评定表

分项工程名称：出口混合车道设备及软件　　所属分部工程名称：收费设施　　分项工程编号：JD-03-02-01-001

工程部位：××收费站　　　　　　　　　　所属单位工程：机电工程　　　　　所属建设项目（合同段）：××省×××市至××市高速公路项目

施工单位：××公路工程建设有限公司

项次	检查项目	规定值或允许偏差	实测值或实测偏差值										质量评定		
			1	2	3	4	5	6	7	8	9	10	平均值、代表值	合格率（%）	合格判定
18	复合读写器	正确读写通行卡，满足国密要求	符合要求，见检验记录，编号××										/	100	合格
19△	票据打印机	快速正确打印票据	符合要求，见检验记录，编号××										/	100	合格
20△	车道图像抓拍	车辆进入车道时能启动图像抓拍功能，抓拍信息符合设计要求，并能按规定格式存储转发	符合要求，见检验记录，编号××										/	100	合格
21△	车道摄像机	可对车道设定区域实时录像，图像清晰	符合要求，见检验记录，编号××										/	100	合格
22	字符叠加	车道摄像机，车道抓拍图像信息叠加清晰、正确	符合要求，见检验记录，编号××										/	100	合格
23	车牌自动识别功能	对采集的车辆图像进行处理、识别，识别结果应包含车牌号、识别时间、车牌颜色等	符合要求，见检验记录，编号××										/	100	合格
24	车牌识别准确率	≥95%	96	95	96	97	97	95	96	97	95	98	96.2	100	合格
25△	RSU通信区域	宽度≤3.3m	2	1	2	1	1	3	2	2	1	1	1.6	100	合格
26△	车道初始状态	车道信息指示屏显示车道关闭，车道栏杆处于水平关闭状态，收费亭内显示器显示内容符合设计要求，并具有防止恶意登录功能	符合要求，见检验记录，编号××										/	100	合格
27△	车道打开状态	成功登录后能打开车道，系统进入工作状态	符合要求，见检验记录，编号××										/	100	合格
28	车道软件系统登录与退出	启动车道软件后，能可靠登录与退出	符合要求，见检验记录，编号××										/	100	合格

（表最左侧纵排标注：实测项目）

2. 出口混合车道设备及软件分项工程质量检验评定表

分项工程名称：出口混合车道设备及软件　　所属分部工程名称：收费设施　　分项工程编号：JD-03-02-01-001

工程部位：　　所属单位工程：机电工程　　所属建设项目（合同段）：×××省×××市至×××市高速公路项目

施工单位：×××公路工程建设有限公司　　　　　　　　　　分部工程名称：出口混合车道站

项次	检查项目	规定值或允许偏差	实测值或实测偏差值											质量评定		
			1	2	3	4	5	6	7	8	9	10	平均值、代表值	合格率（%）	合格判定
29	车道设备工作状态监测及故障报警	能监测天线、电动栏杆、车道控制标志等车道设备的工作状态，设备故障时输出报警提示信息	符合要求，见检验记录，编号××										/	100	合格
30	记录日志查询	能查询通行车辆交易流程日志信息	符合要求，见检验记录，编号××										/	100	合格
31△	车道收费数据上传功能	车辆交易数据正确上传至上级收费系统	符合要求，见检验记录，编号××										/	100	合格
32	时钟同步功能	车道系统时钟与上级收费系统时钟同步一致	符合要求，见检验记录，编号××										/	100	合格
33△	数据传输	车道与上级收费系统间能准确传输收费数据	符合要求，见检验记录，编号××										/	100	合格
34	车道维修和复位操作处理	维护菜单允许授权维护人员进行车道维护和复位操作	符合要求，见检验记录，编号××										/	100	合格
35	支持双片式OBU、单片式OBU交易	同时支持双片式OBU、单片式OBU（或ETC卡）交易，并可在OBU（或ETC卡）内清除入口信息	符合要求，见检验记录，编号××										/	100	合格
36	支持CPC卡交易	支持CPC卡交易，清除卡内过站信息和计费信息	符合要求，见检验记录，编号××										/	100	合格
37	车辆信息采集	自动检测识别通行车辆的车牌、车型等信息，支持人工校核，修正自动识别的车辆信息	符合要求，见检验记录，编号××										/	100	合格
38	收费参数接收与更新	具备接收、更新收费参数（通行费率、省内通行费优化减免名单、"两客一危"车辆名单等）功能，信用黑名单、大件运输车辆名单、状态名单，并将特情车辆信息写入交易记录中	符合要求，见检验记录，编号××										/	100	合格
39	接收出口称重检测数据	能够接收出口称重检测数据，并按相关规定判定、处置	符合要求，见检验记录，编号××										/	100	合格

实测项目

续表

2. 出口混合车道设备及软件分项工程质量检验评定表

分项工程名称：出口混合车道设备及软件   所属分部工程名称：收费设施   分项工程编号：JD-03-02-01-001

工程部位：××收费站   所属单位工程：机电工程   所属建设项目（合同段）：×××省××市至×××市高速公路项目

施工单位：××公路工程建设有限公司

项次	检查项目	规定值或允许偏差	实测值或实测偏差值											质量评定		
			1	2	3	4	5	6	7	8	9	10	平均值、代表值	合格率（%）	合格判定
40	承载ETC门架功能	具备接收、更新省联网中心下发的本站收费费率并计算通行费、完成计费，收费后清除入口信息、过站信息及计费记录，形成通行交易记录	符合要求，见检验记录，编号××										/	100	合格
41	信息自动匹配	ETC交易记录，CPC卡通行记录应与车辆抓拍图片进行自动匹配，并实时上传至收费站系统	符合要求，见检验记录，编号××										/	100	合格
42△	断网复原功能	断开车道控制机与收费站的通信链路，车道工作状态正常，通信链路恢复后数据无丢失	符合要求，见检验记录，编号××										/	100	合格
实测项目	43	同时有OBU、CPC卡车情处理	按CPC卡车辆处置	符合要求，见检验记录，编号××										/	100	合格
	44	无CPC卡、坏卡车辆处理	按通行车辆车牌号、车型、入口信息计算通行费	符合要求，见检验记录，编号××										/	100	合格
	45	CPC卡内无入口信息或实际车型、车牌与卡内信息不符车辆处理	按通行车辆车型信息计算通行费	符合要求，见检验记录，编号××										/	100	合格
	46	ETC车辆特情处理	对标签拆卸、标签失效、状态名单、信用黑名单、未插用户卡、卡签不一致等特情车辆，符合设定的处理流程，费额信息显示屏显示特情提示信息与现实情况一致	符合要求，见检验记录，编号××										/	100	合格
	47	货车超限超载车辆处理	符合设定的操作流程，具备拦截超限超载车辆功能	符合要求，见检验记录，编号××										/	100	合格
	48△	正常ETC客车通行交易流程	客1、客2、客3、客4分别通行，交易处理和扣费正确，费额信息显示屏及时正确显示全程通行费金额及相关信息	符合要求，见检验记录，编号××										/	100	合格

续表

2. 出口混合车道设备及软件分项工程质量检验评定表

分项工程名称：出口混合车道设备及软件　　所属分部工程名称：收费设施　　分项工程编号：JD-03-02-01-001

工程部位：××收费站　　所属单位工程：机电工程　　所属建设项目（合同段）：××省×××市至××市高速公路项目

施工单位：××公路工程建设有限公司

项次	检查项目	规定值或允许偏差	实测值或实测偏差值										质量评定		
			1	2	3	4	5	6	7	8	9	10	平均值、代表值	合格率（%）	合格判定
实测项目	49△	正常ETC货车通行交易流程	货1、货2、货3、货4、货5、货6分别通行，交易处理和扣费正确，费额信息显示屏及时正确显示全程通行费金额及相关信息	符合要求，见检验记录，编号××										/	100	合格
	50△	正常ETC专项车作业车通行交易流程	专项1、专项2、专项3、专项4、专项5、专项6分别通行，交易处理和计费正确，费额信息显示屏及时正确显示全程通行费金额及相关信息	符合要求，见检验记录，编号××										/	100	合格
	51△	MTC客车通行交易流程	客1、客2、客3、客4分别通行，交易处理正确，费额信息显示屏及时正确显示全程通行费金额及相关信息	符合要求，见检验记录，编号××										/	100	合格
	52△	MTC货车通行交易流程	货1、货2、货3、货4、货5、货6分别通行，交易处理和计费正确，费额信息显示屏及时正确显示全程通行费金额及相关信息	符合要求，见检验记录，编号××										/	100	合格
	53△	MTC专项作业车通行交易流程	专项1、专项2、专项3、专项4、专项5、专项6分别通行，交易处理和计费正确，费额信息显示屏及时正确显示全程通行费金额及相关信息	符合要求，见检验记录，编号××										/	100	合格
	54	跟车干扰交易流程	电子标签正常车辆跟随电子标签异常或无电子标签车辆进入口混合车道，能正确完成交易与放行	符合要求，见检验记录，编号××										/	100	合格
外观质量			设备安装牢固，栏杆反光标记醒目											质量保证资料	齐全	
工程质量等级评定		×××								合格						

检验负责人：×××　　　检测：×××　　　记录：×××　　　复核：×××　　　2023年×月×日

525

3. ETC 专用车道设备及软件分项工程质量检验评定表

分项工程名称：ETC专用车道设备及软件　　所属分部工程名称：收费设施　　分项工程编号：JD-03-03-01-001

工程部位：××收费站　　所属建设项目（合同段）：××省××市至××市高速公路项目

施工单位：××公路工程建设有限公司　　所属单位工程：机电工程

基本要求	☑ 1. 电动（手动）栏杆、天线、车道控制机、显示终端、专用键盘、专用费额信息显示屏、车道信息指示屏、车辆检测器、摄像机等设备应符合国家和行业相关标准的规定。 ☑ 2. ETC专用车道设备及配件的型号规格、数量应符合合同要求，部件完整。 ☑ 3. 全部设备安装调试完毕，车道设备及软件处于正常工作状态。 ☑ 4. ETC专用车道软件包括系统软件与应用软件，应提供合法授权，系统软件应包含授权，应用软件应提供正式的授权使用证书，应用软件应提供软件开发、测试文件。													

项次	检查项目	规定值或允许偏差	实测值或实测偏差值										质量评定		
			1	2	3	4	5	6	7	8	9	10	平均值、代表值	合格率（%）	合格判定
1△	车道设备绝缘电阻	强电端子对机壳≥50MΩ	64	66	64	62	59	69	67	73	73	67	66.4	100	合格
2△	车道设备共用接地电阻	≤1Ω	0.1	0.9	0.3	0.5	0.2	0.7	0.1	0.3	0.7	0.3	0.41	100	合格
3	天线安装高度	符合设计要求，无要求时≥5.5m											/	/	/
4	天线立柱防腐涂层厚度	符合设计要求，无要求时≥85μm											/	/	/
5	车道信息指示屏的色度和亮度	色度符合现行GB/T 23828的规定，亮度符合设计要求，无要求时亮度≥5000cd/m²											/	/	/
6△	车道信息指示屏控制与显示	切换控制正常，显示信息正确	符合要求，见检验记录，编号××										/	100	合格
7	收费天棚车道控制标志的色度和亮度	色度符合现行JT/T 597的规定，夜间亮度≥1000cd/m²											/		

526

续表

3. ETC专用车道设备及软件分项工程质量检验评定表

分项工程名称：ETC专用车道设备及软件　　所属分部工程名称：收费设施　　分项工程编号：JD-03-03-01-001

工程部位：××收费站　　所属分部单位工程：机电工程　　所属建设项目（合同段）：×××省××市至××市高速公路项目

施工单位：×××公路工程建设有限公司

	项次	检查项目	规定值或允许偏差	实测值或实测偏差值										平均值、代表值	质量评定	
				1	2	3	4	5	6	7	8	9	10		合格率（％）	合格判定
实测项目	8△	收费天棚车道控制标志控制和显示	可按设计要求控制，显示正确	符合要求，见检验记录 编号××										/	100	合格
	9△	收费车道通行信号灯控制和显示	可按设计要求控制，显示正确	符合要求，见检验记录 编号××										/	100	合格
	10	车道专用费额信息显示屏色度和亮度	色度符合现行GB/T 23828的规定，亮度符合设计要求，无要求时≥1500cd/m²											/	/	/
	11△	车道专用费额信息显示屏信息显示	通过车辆时，能够正确显示全程通行费金额或其他设定的信息	符合要求，见检验记录 编号××										/	100	合格
	12△	闪光报警器	能按设定要求触发，正确响应	符合要求，见检验记录 编号××										/	100	合格
	13	电动栏杆起/落时间	符合设计要求，无要求时≤1.0s											/	/	/
	14	电动栏杆机壳防腐涂层厚度	符合设计要求，无要求时≥76μm											/	/	/
	15△	电动栏杆机功能	能按设定操作流程动作，且具有防砸车和水平回转功能											/	/	/
	16	环形线圈电感量	符合设计要求，无要求时满足50～1000μH											/	/	/

续表

3. ETC 专用车道设备及软件分项工程质量检验评定表

分项工程名称：ETC专用车道设备及软件　　　　所属分部工程名称：收费设施　　　　分项工程编号：JD-03-03-01-001

工程部位：××收费站　　　　所属单位工程：机电工程　　　　所属建设项目（合同段）：××省×××市至××市高速公路项目

施工单位：××公路工程建设有限公司

项次	检查项目	规定值或允许偏差	实测值或实测偏差值											质量评定		
			1	2	3	4	5	6	7	8	9	10	平均值、代表值	合格率（%）	合格判定
17	专用键盘	操作灵活，响应准确		符合要求，见检验记录，编号××										/	100	合格
18△	车道图像抓拍	车辆进入车道时能启动图像抓拍功能，抓拍信息符合设计要求，并能按规定格式存储转发		符合要求，见检验记录，编号××										/	100	合格
19△	车道摄像机	可对车道设定区域实时录像，图像清晰		符合要求，见检验记录，编号××										/	100	合格
20	字符叠加	车道摄像机、车道抓拍图像信息叠加清晰、正确		符合要求，见检验记录，编号××										/	100	合格
21	车牌自动识别功能	对采集的车辆图像进行处理、识别，并保存识别结果，识别结果应包含车牌号、识别时间、车牌颜色等		符合要求，见检验记录，编号××										/	100	合格
实测项目 22	车牌识别准确率	≥95%	99	97	97	99	97	97	97	98	96	98	97.5	100	合格
23△	RSU通信区域	宽度≤3.3m	2	3	2	1	0	0	1	2	1	2	1.4	100	合格
24△	车道初始状态	车道信息指示屏显示车道关闭，车道栏杆处于水平关闭状态，收费亭内显示器显示符合设计要求，并具有防止恶意登录登录功能		符合要求，见检验记录，编号××										/	100	合格
25△	车道打开状态	成功登录后能打开车道，系统进入工作状态		符合要求，见检验记录，编号××										/	100	合格
26	车道软件系统登录与退出	启动车道软件后，能可靠登录与退出		符合要求，见检验记录，编号××										/	100	合格
27	车道设备工作状态监测及故障报警	能监测天线、电动栏杆、车道控制标志等车道设备的工作状态，设备故障时输出报警提示信息		符合要求，见检验记录，编号××										/	100	合格

3. ETC专用车道设备及软件分项工程质量检验评定表

分项工程名称：ETC专用车道设备及软件　　　　分项工程名称：收费设施　　　　分项工程编号：JD-03-01-001

工程部位：××收费站　　　　所属分部工程：机电工程　　　　所属建设项目（合同段）：×××省×××市至××市高速公路项目

施工单位：××公路工程建设有限公司

项次	检查项目	规定值或允许偏差	实测值或实测偏差值											质量评定		合格判定
			1	2	3	4	5	6	7	8	9	10	平均值、代表值	合格率（%）	
28	记录日志查询	能查询通行车辆交易流程日志信息	符合要求，见检验记录，编号××										/	100	合格
29△	车道收费数据上传功能	车辆交易数据正确上传至上级收费系统	符合要求，见检验记录，编号××										/	100	合格
30	时钟同步功能	车道系统时钟与上级收费系统时钟同步一致	符合要求，见检验记录，编号××										/	100	合格
31△	数据传输	车道与上级收费系统间能准确传输收费数据	符合要求，见检验记录，编号××										/	100	合格
32	车道维修和复位操作处理	维护菜单允许授权维护员进行车道维护和复位操作	符合要求，见检验记录，编号××										/	100	合格
33	支持双片式OBU、单片式OBU交易	同时支持双片式OBU、单片式OBU交易，并可在OBU（或ETC卡）内写入入口信息	符合要求，见检验记录，编号××										/	100	合格
34	收费参数接收与更新	具备接收、更新收费参数（通行费率、状态名单、信用黑名单、大件运输车辆名单、省内通行费优化减免名单、"两客一危"车辆名单等）功能，并将特情车辆信息写入交易记录中	符合要求，见检验记录，编号××										/	100	合格
35	承载ETC门架功能	具备接收、更新省联网中心下发的本站收费费率并计算通行费，形成通行交易记录	符合要求，见检验记录，编号××										/	100	合格
36△	断网复原功能	断开车道控制机与收费站的通信链路，车道工作状态正常，通信链路恢复后数据无丢失	符合要求，见检验记录，编号××										/	100	合格
37	特情车辆处理	对标签拆卸、标签失效、状态名单、信用黑名单、卡签不一致等特情车辆，符合设定的处理流程，费额信息显示屏显示特情信息与现实情况一致	符合要求，见检验记录，编号××										/	100	合格

続表

3. ETC 专用车道设备及软件分项工程质量检验评定表

分项工程名称：ETC专用车道设备及软件　　所属分部工程名称：收费设施　　分项工程编号：JD-03-03-01-001

工程部位：××收费站　　所属单位工程：机电工程　　所属建设项目（合同段）：×××省××市至××市高速公路项目

施工单位：××公路工程建设有限公司

项次	检查项目	规定值或允许偏差	实测值或实测偏差值										质量评定		
			1	2	3	4	5	6	7	8	9	10	平均值、代表值	合格率（%）	合格判定
38	超限超载车辆处理	符合设定的操作流程，具备拦截超限超载车辆功能			符合要求，见检验记录				编号××				/	100	合格
39△	正常ETC客车通行交易流程	客1、客2、客3、客4分别通行，交易正确，费额信息显示屏显示及时，正确			符合要求，见检验记录				编号××				/	100	合格
40△	正常ETC货车通行交易流程	货1、货2、货3、货4、货5、货6分别通行，交易正确，费额信息显示屏信息显示及时，正确			符合要求，见检验记录				编号××				/	100	合格
41△	正常ETC专项作业车通行交易流程	专项1、专项2、专项3、专项4、专项5、专项6分别通行，交易正确，费额信息显示屏信息显示及时，正确			符合要求，见检验记录				编号××				/	100	合格
		电子标签正常车辆跟随电子标签正常车辆进入ETC车道，跟车距离≥2m时，能正确完成交易与放行			符合要求，见检验记录				编号××				/	100	合格
42△	跟车干扰交易流程	电子标签正常车辆跟随电子标签异常车辆进入ETC车道，跟车距离≥2m时，能正确完成交易与放行			符合要求，见检验记录				编号××				/	100	合格
外观质量		设备安装牢固，栏杆反光标记醒目										齐全			
工程质量等级评定									合格						

检测：×××　　记录：×××　　复核：×××

检验负责人：×××　　　　　　　　　　　　　　　　　　2023年×月×日

530

4. ETC门架系统分项工程质量检验评定表

分项工程名称：ETC门架系统　　　　　　所属分部工程名称：收费设施　　　　　　分项工程编号：JD-03-04-01-001

工程部位：××收费站　　　　　　　　　所属单位工程：机电工程

施工单位：××公路工程建设有限公司　　所属建设项目（合同段）：×××省××市至××市高速公路项目

基本要求	☑ 1. 车道控制机、天线、车牌识别设备、摄像机、交换机、供配电设备、标志、标线、护栏等应符合国家和行业相关标准的规定。 ☑ 2. ETC门架系统设备及配件的型号规格、数量应符合合同要求、部件完整。 ☑ 3. 全部设备安装调试完毕，车辆检测器应处于正常工作状态。

项次	检查项目	规定值或允许偏差	实测值或实测偏差值										质量评定		
			1	2	3	4	5	6	7	8	9	10	平均值、代表值	合格率（%）	合格判定
1	基础尺寸	符合设计要求，允许偏差：(-50, +100) mm											/	/	/
2	机箱、立柱防腐涂层厚度	符合设计要求，无要求时符合现行GB/T 18226的规定											/	/	/
3 △	保护接地电阻	≤4Ω	1	3	2	2	2	3	0	2	3	3	2.1	100	合格
4 △	防雷接地电阻	≤10Ω	6	3	8	8	3	8	4	6	8	8	6.2	100	合格
5 △	共用接地电阻	如外场设备的保护接地体和防雷接地体未分开设置，则共用接地电阻≤1Ω											/	/	/
6	设备状态监测功能	可按设计要求对车道控制器、RSU、车牌识别设备、机柜环境、供电、通信网络等工作状态进行远程监测监控	符合要求，见检验记录，编号××										/	100	合格
7 △	ETC分段计费	实行ETC分段计费，形成ETC通行记录	符合要求，见检验记录，编号××										/	100	合格
8 △	CPC卡分段计费	实行CPC卡分段计费，形成CPC卡通行记录	符合要求，见检验记录，编号××										/	100	合格

（实测项目）

531

分项工程名称：ETC门架系统　　　　所属分部工程名称：收费设施
工程部位：××收费站　　　　　　　分项工程编号：JD-03-04-01-001
施工单位：××公路工程建设有限公司　　所属建设项目（合同段）：××省×××市至××市高速公路项目

4. ETC门架系统分项工程质量检验评定表

项次	检查项目	规定值或允许偏差	实测值或实测偏差值										质量评定		
			1	2	3	4	5	6	7	8	9	10	平均值、代表值	合格率（%）	合格判定
9	车辆图像抓拍与车牌自动识别	前置、后置摄像机能够对通行车辆进行图像抓拍，抓拍图片清晰完整，并输出车牌自动识别结果	符合要求，见检验记录，编号××										/	100	合格
10	车牌识别正确率	≥95%	97	97	98	99	96	97	99	99	99	99	98	100	合格
11△	记录生成、存储、查询	按设计要求生成、存储ETC通行记录，CPC卡通行记录等，车辆图像记录以及状态监测记录等，并在收费稽核系统中能够查询有关记录	符合要求，见检验记录，编号××										/	100	合格
12	设备远程控制	对关键设备（天线、车牌识别器等）允许远程授权登陆，调整更新关键设备参数，获取ETC门架日志、备份车辆通行记录和图片等，支持系统在线升级	符合要求，见检验记录，编号××										/	100	合格
13△	主备天线系统切换	具备主、备天线系统联网运行工作能力，当主天线系统运行异常时，应及时自动切换到备用天线系统，确保天线系统不间断工作	符合要求，见检验记录，编号××										/	100	合格
14	参数管理	应能正确接收上级系统下发的运行参数，更新运行参数后系统能正常运行	符合要求，见检验记录，编号××										/	100	合格
15	数据存储重传	网络故障时，系统可离线运行，并将存储的车辆通行记录信息。网络恢复后，自动将存储的车辆通行记录数据上传	符合要求，见检验记录，编号××										/	100	合格
16	通行记录匹配	ETC通行记录，CPC卡通行记录与车辆图像抓拍记录进行自动匹配，匹配结果正确且无重复记录	符合要求，见检验记录，编号××										/	100	合格

实测项目

续表

4. ETC门架系统分项工程质量检验评定表

项次	检查项目	规定值或允许偏差	实测值或实测偏差值 1	2	3	4	5	6	7	8	9	10	平均值、代表值	合格率（%）	合格判定
17△	时钟同步	与北斗授时时钟同步	符合要求，见检验记录，编号××										/	100	合格
18	数据传输	ETC通行记录、CPC卡通行记录、抓拍的车辆图像等数据正确上传至上级收费系统	符合要求，见检验记录，编号××										/	100	合格
19	主备通信链路切换	现有收费主通信链路运行异常时，应及时自动切换到备用通信链路	符合要求，见检验记录，编号××										/	100	合格
20	通信区域	区域应满足车辆交易的需求	符合要求，见检验记录，编号××										/	100	合格
21	RSU工作信号强度	不低于OBU、CPC卡接收灵敏度，或应满足ETC车辆和CPC卡车辆通行时的数据交互要求	符合要求，见检验记录，编号××										/	100	合格
22△	RSU工作频率	信道1：5.830GHz 信道2：5.840GHz											/	/	/
23△	RSU占用带宽	≤5MHz	4	3	1	4	1	2	1	3	5	1	2.5	100	合格
24	RSU前导码	16位"1"加16位"0"	符合要求，见检验记录，编号××										/	100	合格
25△	RSU通信流程	符合最新规定的RSU与OBU、RSU与CPC卡的DSRC通信流程	符合要求，见检验记录，编号××										/	100	合格
26 (一体化机柜) 26.1	安装条件	具备10U以上19英寸机架的安装空间	符合要求，见检验记录，编号××										/	100	合格
26.2	户外空调	支持柜内温度自动调整，可根据各地区环境温度差异设定柜内温度	符合要求，见检验记录，编号××										/	100	合格
26.3	动环监测	可监测烟雾、水浸、温湿度、门禁状态	符合要求，见检验记录，编号××										/	100	合格

注：项次26、26.1、26.2、26.3 标注"实测项目"。

4. ETC门架系统分项工程质量检验评定表

分项工程名称：ETC门架系统　　　　　所属分部工程名称：收费设施　　　　　分项工程编号：JD-03-04-01-001

工程部位：××收费站　　　　　　　　所属单位工程：机电工程　　　　　　　所属建设项目（合同段）：×××省×××市至××市高速公路项目

施工单位：×××公路工程建设有限公司

项次		检查项目	规定值或允许偏差	实测值或实测偏差值										质量评定			
				1	2	3	4	5	6	7	8	9	10	平均值、代表值	合格率（%）	合格判定
26	一体化机柜	26.4 防盗和防破坏	安装防盗锁，柜体无裸露可拆卸部件		符合要求，见检验记录，编号××										/	100	合格
		26.5 门禁控制	门禁能远程控制，并可对开、关状态进行监测		符合要求，见检验记录，编号××										/	100	合格
		26.6 柜内照明	照明灯具工作正常		符合要求，见检验记录，编号××										/	100	合格
		26.7 火灾报警	可探测火灾并火灾报警		符合要求，见检验记录，编号××										/	100	合格
		26.8 移动发电机接入功能	能在需要时接入移动发电机		符合要求，见检验记录，编号××										/	100	合格
27	供配电设备	27.1 输入输出电压	符合220V、380V等标准电压等级要求，偏差±7%以内												/	/	/
		27.2 远程控制与监测	能远程控制电源输入、输出通断，并对供电情况进行实时监测		符合要求，见检验记录，编号××										/	100	合格
		27.3 自动报警和保护	过欠压、过流、过载时供电系统能自动报警，并启动保护		符合要求，见检验记录，编号××										/	100	合格
		27.4 电源冗余运行	主、备电源并机冗余运行，当正常供电或备用电源任一路发生故障时，另一路能够零时间切换为设备供电		符合要求，见检验记录，编号××										/	100	合格
		27.5 电源切换	主、备电源可进行零时间切换，保证设备工作不间断		符合要求，见检验记录，编号××										/	100	合格
实测项目		外观质量	设备基础表面平整，ETC门架牢固，设备正常												/	/	合格
		工程质量等级评定		合格				质量保证资料							齐全		

检验负责人：×××　　　　　　检测：×××　　　　　　记录：×××　　　　　　复核：×××　　　　　　2023年×月×日

5. 收费站设备及软件分项工程质量检验评定表

分项工程名称：收费站设备及软件
工程部位：××收费站
施工单位：××公路工程建设有限公司

所属分部工程名称：收费设施
工程部位：机电工程

分项工程编号：JD-03-05-01-001
所属建设项目（合同段）：××省××市至××市高速公路项目

| 基本要求 | ☑ 1. 收费站内设备及配件的型号规格、数量应符合合同要求，部件完整。
☑ 2. 全部设备安装调试完毕，收费站设备及软件应处于正常工作状态。
☑ 3. 收费站软件包括系统应用软件，系统软件与应用软件，应用软件应提供软件开发、应用合法授权，应提交正式的授权使用证书，测试文件。 |||||||||||||

项次	检查项目	规定值或允许偏差	实测值或实测偏差值										质量评定		
			1	2	3	4	5	6	7	8	9	10	平均值、代表值	合格率（%）	合格判定
1△	收费站共用接地电阻	≤1Ω	0.5	1	0.5	0.5	0.4	0.6	0.7	0.8	0.4	0.5	0.59	100	合格
2△	对车道设备的实时监视功能	收费站监视计算机可实时监视，显示车道设备的状态及操作情况	符合要求，见检验记录，编号××									/	100	合格
3	原始数据查询统计功能	通过专用服务器和收费管理计算机可查询、统计原始数据	符合要求，见检验记录，编号××									/	100	合格
4△	图像稽查功能	能稽查所有出入口车道通行车辆图像	符合要求，见检验记录，编号××									/	100	合格
5	报表生成打印功能	能通过收费管理计算机打印各种报表	符合要求，见检验记录，编号××									/	100	合格
6	费率表查看功能	能通过收费管理计算机查看费率表	符合要求，见检验记录，编号××									/	100	合格
7	与车道控制机的数据通信功能	专用服务器在不同模式下可和车道控制机实现规定数据的通信	符合要求，见检验记录，编号××									/	100	合格

（项次左侧第1~7行标注"实测项目"）

535

续表

5. 收费站设备及软件分项工程质量检验评定表

分项工程名称：收费站设备及软件　　所属分部工程名称：收费设施　　　分项工程编号：JD-03-05-01-001

工程部位：××收费站　　　　　　　工程部位：收费站　　　　　　　　所属建设项目（合同段）：××省××市至××市高速公路项目

施工单位：××公路工程建设有限公司　　所属单位工程：机电工程

项次		检查项目	规定值或允许偏差	实测值或实测偏差值											质量评定		
				1	2	3	4	5	6	7	8	9	10	平均值、代表值	合格率（%）	合格判定
实测项目	8△	数据备份功能	依据所指定的备份策略，对收费数据和部分重要文件进行备份，并且在系统出现故障时，需要对收费数据或文件进行恢复			符合要求，见检验记录				编号××				/	100	合格
	9	字符叠加功能	在监视器上可观察到叠加的信息			符合要求，见检验记录				编号××				/	100	合格
	10	与收费分中心的数据交换功能	按设计要求与收费分中心交换规定的数据			符合要求，见检验记录				编号××				/	100	合格
	11	断网数据上传功能	与收费中心计算机通信故障时，数据可在本地存储，并能在通信恢复后上传至收费中心计算机			符合要求，见检验记录				编号××				/	100	合格
	12△	图像切换功能	监视计算机能切换显示各车道及收费亭内摄像机图像			符合要求，见检验记录				编号××				/	100	合格
	13	查看特殊事件功能	能查看入口、出口车道特殊事件处理明细			符合要求，见检验记录				编号××				/	100	合格
	14	系统恢复功能	系统崩溃或电源故障修复或排除后，重新启动系统，系统能自动恢复至正常工作状态			符合要求，见检验记录				编号××				/	100	合格
外观质量			控制设备安装牢固，标识清楚；监控器画面清晰											齐全		
工程质量等级评定			合格							质量保证资料					合格	

536

6. 收费分中心设备及软件分项工程质量检验评定表

分项工程名称：收费分中心设备及软件　　所属分部工程名称：收费设施　　分项工程编号：JD-03-06-01-001

工程部位：××收费站　　　　　　　　　所属单位工程：机电工程

施工单位：××公路工程建设有限公司　　所属建设项目（合同段）：×××省×××市至×××市高速公路项目

基本要求	☑ 1. 收费分中心设备及配件的型号规格、数量应符合合同要求，部件完整。															
	☑ 2. 全部设备安装调试完毕，收费分中心设备及软件应处于正常工作状态。															
	☑ 3. 收费分中心软件包括系统软件与应用软件，应用软件应提供软件开发、测试文件。系统软件应合法授权，应提交正式的授权使用证书。															

	项次	检查项目	规定值或允许偏差	实测值或实测偏差值										质量评定		
				1	2	3	4	5	6	7	8	9	10	平均值、代表值	合格率（%）	合格判定
实测项目	1△	收费分中心共用用接地电阻	≤1Ω	0.5	0.8	0.1	0.2	0.4	0.2	0.5	0.6	0.5	0.9	0.47	100	合格
	2△	与收费站的数据传输功能	定时或实时查询，采集各收费站的数据	符合要求，见检验记录，编号××										/	100	合格
	3△	图像稽查功能	能稽查所有出入口车道"有问题"车辆图像	符合要求，见检验记录，编号××										/	100	合格
	4	通行卡管理功能	能进行通行卡发放和调拨管理	符合要求，见检验记录，编号××										/	100	合格
	5	报表统计管理及打印功能	收费分中心计算机能打印报表	符合要求，见检验记录，编号××										/	100	合格
	6	对各站及车道CCTV图像切换及控制功能	能切换、控制各收费站，车道的CCTV图像	符合要求，见检验记录，编号××										/	100	合格
	7△	数据备份功能	依据所指定的备份策略，对收费数据和部分重要文件进行备份，并且在系统出现故障时，能根据需要对收费数据或文件进行恢复	符合要求，见检验记录，编号××										/	100	合格
	8	系统恢复功能	系统断溃或电源故障修复或排除后，重新启动系统，系统能自动恢复至正常工作状态	符合要求，见检验记录，编号××										/	100	合格

外观质量	控制设备安装牢固，标识清楚，监控器画面清晰		齐全
工程质量等级评定		合格	

检验负责人：×××　　　　检测：×××　　　　记录：×××　　　　复核：×××　　　　2023年×月×日

537

7. 联网收费管理中心（收费中心）设备及软件分项工程质量检验评定表

分项工程名称：联网收费管理中心　　所属分部工程：收费设施　　分项工程编号：JD-03-07-01-001

工程部位：××收费站　　所属单位工程：机电工程　　所属建设项目（合同段）：×××省×××市至×××市高速公路项目

施工单位：×××公路工程建设有限公司

| 基本要求 | ☑ 1. 联网收费管理中心设备及配件的型号规格、数量应符合合同要求，部件完整。
☑ 2. 全部设备安装调试完毕，联网收费管理中心（收费中心）设备及软件应处于正常工作状态。
☑ 3. 联网收费管理中心（收费中心）软件包括系统软件与应用软件，系统软件应合法授权，应提交正式的授权使用证书，应用软件应提供软件开发、测试文件。 | | | | | | | | | | | | | | | |

项次	检查项目	规定值或允许偏差	实测值或实测偏差值										质量评定		
			1	2	3	4	5	6	7	8	9	10	平均值、代表值	合格率（%）	合格判定
1 △	联网收费管理中心共用接地电阻	≤1Ω	0	0	0		1	0	0	1	0	0	0.3	100	合格
2 △	费率表、车型分类参数的设置与变更	能设置、变更费率表、车型分类参数，并下传到收费站	符合要求，见检验记录，编号××										/	100	合格
3 △	时钟同步功能	能对收费系统的时钟进行统一校准	符合要求，见检验记录，编号××										/	100	合格
4	通行卡管理功能	通过授权正确制作通行卡、身份卡、公务卡，并能记录、统计、查询本中心发行卡的信息	符合要求，见检验记录，编号××										/	100	合格
5	票证管理功能	能完成票证的入库、发放、核销和调拨等管理功能	符合要求，见检验记录，编号××										/	100	合格
6	通行费拆分	能按规定自动或手动完成通行费的正确拆分	符合要求，见检验记录，编号××										/	100	合格
7 △	数据备份功能	依据所指定的备份策略，对收费数据和部分重要文件进行备份，并且在系统出现故障时，能根据需要对收费数据文件或数据进行恢复	符合要求，见检验记录，编号××										/	100	合格
8 △	参数下发	黑名单、费率等参数下发符合设计要求	符合要求，见检验记录，编号××										/	100	合格

538

续表

7. 联网收费管理中心（收费中心）设备及软件分项工程质量检验评定表

分项工程名称：联网收费管理中心（收费中心）设备及软件　　所属分部工程：收费设施　　分项工程编号：JD-03-07-01-001

工程部位：××收费站　　所属单位工程：机电工程　　所属建设项目（合同段）：××省××市至××市高速公路项目

施工单位：××公路工程建设有限公司

项次		检查项目	规定值或允许偏差	实测值或实测偏差值										质量评定		
				1	2	3	4	5	6	7	8	9	10	平均值、代表值	合格率（%）	合格判定
实测项目	9 △	报表生成及打印	符合设计要求		符合要求，见检验记录，编号××										/	100	合格
	10 △	通行费清分记账	符合设计要求		符合要求，见检验记录，编号××										/	100	合格
	11 △	通行费拆账划拨	符合设计要求		符合要求，见检验记录，编号××										/	100	合格
	12 △	通行费结算	符合设计要求		符合要求，见检验记录，编号××										/	100	合格
	13 △	黑名单管理	符合设计要求		符合要求，见检验记录，编号××										/	100	合格
	14	基础数据管理	能完成查询、增加、删除、修改现有收费路网的联网收费系统运行参数，无需修改软件源程序代码		符合要求，见检验记录，编号××										/	100	合格
	15	数据传输	能按设计要求实现收费数据的自动接收或手动重传，能与下级收费系统实现数据交换		符合要求，见检验记录，编号××										/	100	合格
	16	系统恢复功能	系统崩溃或电源故障修复或排除后，重新启动系统，系统能自动恢复至正常工作状态		符合要求，见检验记录，编号××										/	100	合格
	17	软件性能	系统在正常运行稳定后，能满足设计要求的性能		符合要求，见检验记录，编号××										/	100	合格
外观质量			设备及配件、部件完整，软件正常运行	合格											齐全		
工程质量等级评定														质量保证资料		

检验负责人：×××　　检测：×××　　记录：×××　　复核：×××　　2023年×月×日

539

8. IC卡发卡编码系统分项工程质量检验评定表

分项工程名称：IC卡发卡编码系统　　所属分部工程名称：收费设施　　分项工程编号：JD-03-08-01-001

工程部位：××收费站　　所属单位工程：机电工程　　所属建设项目（合同段）：×××省××市至××市高速公路项目

施工单位：×××公路工程建设有限公司

基本要求	☑ 1. IC卡发卡编码系统设备及配件的型号规格、数量应符合合同要求、部件完整。 ☑ 2. 全部设备安装调试完毕，系统应处于正常工作状态。													
项次	检查项目	规定值或允许偏差	实测值或实测偏差值										质量评定	
			1	2	3	4	5	6	7	8	9	10	平均值、代表值	合格率（%）	合格判定
实测项目	1	发卡设备绝缘电阻	强电端子对机壳≥50MΩ	70	61	51	65	68	55	56	72	72	67	63.7	100	合格
	2	发放身份IC卡	可制作不同类型的身份卡	符合要求，见检验记录，编号×××										/	100	合格
	3	发放公务IC卡	可制作公务卡	符合要求，见检验记录，编号×××										/	100	合格
	4	发放预付IC卡	可制作预付卡	符合要求，见检验记录，编号×××										/	100	合格
	5	预付卡业务查询、统计与打印	路段分中心可为持卡人开设系列查询业务，可打印对账单等	符合要求，见检验记录，编号×××										/	100	合格
	6	发放通行IC卡	可制作通行卡	符合要求，见检验记录，编号×××										/	100	合格
	7	兼容功能	能适应符合标准的不同生产企业的卡	符合要求，见检验记录，编号×××										/	100	合格
	8△	防冲突功能	可同时识别两张卡，识别正确	符合要求，见检验记录，编号×××										/	100	合格
外观质量	设备及配件、部件完整，系统正常工作												齐全		
工程质量等级评定			合格						质量保证资料				齐全		

检验负责人：×××　　　　检测：×××　　　　记录：×××　　　　复核：×××　　　　2023年×月×日

540

9. 内部有线对讲及紧急报警系统

分项工程名称：内部有线对讲及紧急报警系统　　所属分部工程名称：收费设施　　分项工程编号：JD-03-09-01-001

工程部位：××收费站　　所属单位工程：机电工程　　所属建设项目（合同段）：×××省×××市至×××市高速公路项目

施工单位：××公路工程建设有限公司

基本要求	☑ 1. 内部有线对讲及紧急报警系统设备及配件的型号规格、数量应符合合同要求，部件完整。 ☑ 2. 全部设备安装调试完毕，系统应处于正常工作状态。														
项次	检查项目	规定值或允许偏差	实测值或实测偏差值										质量评定		合格判定
			1	2	3	4	5	6	7	8	9	10	平均值，代表值	合格率（%）	
实测项目	1△	主机全呼分机	主机能同时向所有分机广播	符合要求，见检验记录，编号××										/	100	合格
	2△	主机单呼某个分机	主机能呼叫系统内任一个分机	符合要求，见检验记录，编号××										/	100	合格
	3△	分机呼叫主机	分机能呼叫主机	符合要求，见检验记录，编号×××										/	100	合格
	4△	分机之间的串音	分机之间不能相互通话	符合要求，见检验记录，编号×××										/	100	合格
	5	扬声器音量调节	音量可调	符合要求，见检验记录，编号×××										/	100	合格
	6	话音质量	话音清晰，音量适中，无噪声，断字等缺陷	符合要求，见检验记录，编号×××										/	100	合格
	7	按钮状态指示灯	主机上有可视信号显示呼叫的分机号码	符合要求，见检验记录，编号×××										/	100	合格
	8	语音电话系统	主机与各分机间能呼叫通话，话音清晰、音量适中，无噪音、断字等缺陷	符合要求，见检验记录，编号×××										/	100	合格
	9	语音侦听功能	可实现收费操作过程中的语音录制及侦听	符合要求，见检验记录，编号×××										/	100	合格
	10△	手动/脚踏报警功能	按动报警开关可驱动报警器	符合要求，见检验记录，编号×××										/	100	合格
	11	报警信号输出功能	触发报警时，闭路电视监视系统可自动切换到相应摄像机图像	符合要求，见检验记录，编号×××										/	100	合格
外观质量		设备及配件、部件完整，系统正常工作												齐全		
工程质量等级评定													合格		质量保证资料

检验负责人：×××　　检测：×××　　记录：×××　　复核：×××　　2023年×月×日

541

10. 超限检测系统分项工程质量检验评定表

分项工程名称：超限检测系统　　　　　所属分部工程名称：收费设施　　　　分项工程编号：JD-03-10-01-001

工程部位：××收费站　　　　　　　　所属单位工程：机电工程　　　　　　所属建设项目（合同段）：×××省×××市至××市高速公路项目

施工单位：××公路工程建设有限公司

| 基本要求 | ☑ 1. 电动栏杆、车辆控制机、车道分离器、轮胎识别器、显示终端、车牌自动识别设备、车辆检测器、摄像机等设备应符合国家和行业相关标准的规定。
☑ 2. 超限检测系统设备及配件的型号规格、数量应符合合同要求、部件完整。
☑ 3. 超限检测系统中使用的计重承载器应通过相关部门的检定型式评价，取得相应证书并在有效期内。
☑ 4. 全部设备安装调试完毕，系统应处于正常工作状态。 | | | | | | | | | | | | | |

	项次	检查项目	规定值或允许偏差	实测值或实测偏差值										质量评定		
				1	2	3	4	5	6	7	8	9	10	平均值、代表值	合格率（%）	合格判定
实测项目	1 Δ	车道设备绝缘电阻	强电端子对机壳≥50MΩ	73	64	74	55	65	60	70	62	51	67	64.1	100	合格
	2	接地连接	保护地、防雷地的接地连接线可靠连接到接地汇流排上	符合要求，见检验记录，编号××										/	100	合格
	3 Δ	设备共用接地电阻	≤1Ω	0	1	1	0	0	1	1	0	0	1	0.5	100	合格
	4	电动栏杆机壳防腐涂层厚度	符合设计要求，无要求时≥76μm											/	/	/
	5 Δ	电动栏杆功能	可按设定操作流程动作，且具有防砸车功能	符合要求，见检验记录，编号××										/	100	合格
	6	车道通行信号灯控制和显示	可按设计要求控制，显示正确	符合要求，见检验记录，编号××										/	100	合格
	7 Δ	图像抓拍	车辆进入车道时能自动启动图像抓拍功能，抓拍信息符合设计要求，并能按规定格式存储转发	符合要求，见检验记录，编号××										/	100	合格
	8	车道摄像机	可对车道设定区域实时录像，图像清晰	符合要求，见检验记录，编号××										/	100	合格

542

续表

10. 超限检测系统分项工程质量检验评定表

分项工程名称：超限检测系统　　　所属分部工程名称：收费设施　　　分项工程编号：JD-03-10-01-001
工程部位：××收费站　　　工程部位工程：机电工程　　　所属建设项目（合同段）：××省×××市至×××市高速公路项目
施工单位：×××公路工程建设有限公司

项次		检查项目	规定值或允许偏差	实测值或实测偏差值										质量评定		
				1	2	3	4	5	6	7	8	9	10	平均值、代表值	合格率（%）	合格判定
9		字符叠加	车道摄像机、车道抓拍图像信息叠加清晰、正确			符合要求，见检验记录，编号××								/	100	合格
10		车牌自动识别功能	对采集的图像进行处理、识别，并保存识别结果，识别结果应包含车牌号、识别时间、车牌颜色等			符合要求，见检验记录，编号××								/	100	合格
11△		闪光报警器	能按设定要求触发、正确响应			符合要求，见检验记录，编号××								/	100	合格
12		车辆分离器功能	工作稳定，输出结果正确			符合要求，见检验记录，编号××								/	100	合格
13		轴型识别器功能	工作稳定，输出结果正确			符合要求，见检验记录，编号××								/	100	合格
14	实测项目	线圈电感量	符合设计要求，无要求时满足50～1000μH											/	/	/
15△		计重控制处理器功能	能对计重车辆车型分类识别；能将实测单轴数据或整车数据及时传至超限检测系统			符合要求，见检验记录，编号××								/	100	合格
16△		计重精度	符合设计要求											/	/	/
17		计重校准功能	可设置系统到校准工作模式，并通过表面板上的按钮或者厂商提供的设定工具，对计重设备进行校准			符合要求，见检验记录，编号××								/	100	合格

543

续表

10. 超限检测系统分项工程质量检验评定表

分项工程名称：超限检测系统　　　　所属分部工程名称：收费设施　　　　分项工程编号：JD-03-10-01-001
工程部位：××收费站　　　　工程单位工程：机电工程
施工单位：××公路工程建设有限公司　　　　所属建设项目（合同段）：××省×××市至×××市高速公路项目

项次		检查项目	规定值或允许偏差	实测值或实测偏差值										质量评定			
				1	2	3	4	5	6	7	8	9	10	平均值、代表值	合格率（%）	合格判定
实测项目	18	视频监视功能	可对超限检测站区全覆盖监视并录像			符合要求、见检验记录、编号××								/	100	合格
	19	系统登录与退出	启动超限检测系统后，能可靠登录与系统登录与退出			符合要求、见检验记录、编号××								/	100	合格
	20	信息输出与显示	按设计要求输出与显示车辆载重等信息			符合要求、见检验记录、编号××								/	100	合格
	21	超限信息显示屏色度亮度	色度符合现行GB/T 23828的规定，亮度符合设计要求；无要求时≥1500cd/m²												/	/	/
	22△	超限报警与处理功能	通过车辆被检测到超限时，系统可自动报警，并按设计要求启动超限处理程序			符合要求、见检验记录、编号××								/	100	合格
	23	数据查询与统计	超限检测管理计算机能查询，统计超限检测数据，并按设计要求输出统计报表			符合要求、见检验记录、编号××								/	100	合格
	24	数据传输	断开超限检测系统与上级系统的通信链路后，恢复通信链路后，系统可完整传输检测数据			符合要求、见检验记录、编号××								/	100	合格
外观质量			各项设备及配件、部件完整、系统正常工作			部件完整、系统正常工作									质量保证资料		齐全
工程质量等级评定：×××															合格	

检验负责人：×××　　　　检测：×××　　　　记录：×××　　　　复核：×××　　　　2023年×月×日

544

11. 收费站区光缆、电缆线路工程分项工程质量检验评定表

分项工程名称：收费站区光缆、电缆线路工程　　分项分部工程名称：收费设施　　分项工程编号：JD-03-12-01-001

工程部位：××收费站　　所属单位工程：机电工程　　所属建设项目（合同段）：×××省×××市至×××市高速公路项目

施工单位：×××公路工程建设有限公司

基本要求	☑ 1. 收费站区内各种光缆、电缆的型号规格、数量应符合合同要求。 ☑ 2. 光缆、电缆的敷设，接续、预留及成端等应符合相关技术规范要求。 ☑ 3. 光缆、电缆绑扎应牢靠、松紧适度、紧密、绑扎线扣均匀、整齐、一致。 ☑ 4. 槽道内光缆、电缆应顺序、无明显扭绞和交叉、不溢出槽道、托架、不侧翻；拐弯适度；进出槽道、托架应绑扎整齐。 ☑ 5. 槽道、托架应做可靠接地连接。

项次		检查项目	规定值或允许偏差	实测值或实测偏差值										质量评定		
				1	2	3	4	5	6	7	8	9	10	平均值、代表值	合格率（%）	合格判定
实测项目	1	单模光纤总衰耗	符合设计要求　≤24dB	21.2	22.3	22.5								22	100	合格
	2	多模光纤总衰耗	符合设计要求　≤20dB	18.6	19.1	18.5								18.73	100	合格
	3△	电力电缆绝缘电阻	≥2MΩ	2.4	2.5	2.4								2.43	100	合格
	4	光缆、电缆埋深	符合设计要求	1.2	1.2	1.2								1.2	100	合格
外观质量			配线箱安装牢固，缆线整齐，标识清楚												标识清楚		
			质量保证资料												齐全		
工程质量等级评定													合格			

检验负责人：×××　　　　检测：×××　　　　记录：×××　　　　复核：×××　　　　2023年×月×日

545

12. 收费系统计算机网络分项工程质量检验评定表

分项工程名称：收费系统计算机网络　　所属分部工程名称：收费设施　　分项工程编号：JD-03-13-01-001

工程部位：××收费站　　所属单位工程：机电工程　　所属建设项目（合同段）：××省××市至××市高速公路项目

施工单位：××公路工程建设有限公司

基本要求：
☑ 1. 网线、插座、连接头、网卡、集线器、交换机、路由器、调制解调器、服务器等网络设备的型号规格、数量应符合合同要求，部件完整。
☑ 2. 插座、双绞线接头的压接形式（线对分配）应符合现行EIA/TIA568A或586A或586B的规定，且在一个系统中只能选用一种压接形式，不得混用。
☑ 3. 全部设备安装调试完毕，收费系统计算机网络应处于正常工作状态。

项次	检查项目	规定值或允许偏差	实测值或实测偏差值 1	2	3	4	5	6	7	8	9	10	平均值、代表值	合格率（%）	合格判定
1△	接线图	符合现行GB/T 50312的规定	符合要求，见检验记录 编号××										/	100	合格
2	长度	符合现行GB/T 50312的规定	73.2	73.2	73.2								73.2	100	合格
3△	回波损耗	符合现行GB/T 50312的规定	21	22	21								21.33	100	合格
4	插入损耗	符合现行GB/T 50312的规定	3.3	4.6	3.9								3.93	100	合格
5△	近端串音	符合现行GB/T 50312的规定	55.8	61.4	62.7								59.97	100	合格
6	近端串音功率和	符合现行GB/T 50312的规定	55.8	53.6	52.4								53.93	100	合格
7	衰减远端串音比	符合现行GB/T 50312的规定	42.2	41.3	41.8								41.77	100	合格
8	衰减远端串音比功率和	符合现行GB/T 50312的规定	38.3	38.2	37.7								38.07	100	合格
9	衰减近端串音比	符合现行GB/T 50312的规定	48.4	48.5	48.5								48.47	100	合格
10	衰减近端串音比功率和	符合现行GB/T 50312的规定	47.3	47.1	46.7								47.03	100	合格
11	环路电阻	符合现行GB/T 50312的规定	20.7	20.7	20.7								20.7	100	合格
12	时延	符合现行GB/T 50312的规定	0.236	0.337	0.441								0.34	100	合格

（项次 2～12 为实测项目）

续表

12. 收费系统计算机网络分项工程质量检验评定表

分项工程名称：收费系统计算机网络　　所属分部工程名称：收费设施　　分项工程编号：JD-03-13-01-001
工程部位：××收费站　　所属单位工程：机电工程　　所属建设项目（合同段）：××省×××市至×××市高速公路项目
施工单位：××公路工程建设有限公司

项次		检查项目	规定值或允许偏差	实测值或实测偏差值										质量评定		
				1	2	3	4	5	6	7	8	9	10	平均值、代表值	合格率（%）	合格判定
13		时延偏差	符合现行GB/T 50312的规定	0.039	0.036	0.036								0.04	100	合格
14△	以太网系统性能要求	14.1 链路传输速率	符合设计要求，无要求时符合10Mbps、100Mbps、1000Mbps的规定	符合要求，见检验记录，编号×××										/	100	合格
		14.2 吞吐率	符合设计要求，无要求时1518帧长≥99%	99.3	99.5	99.5								99.43	100	合格
		14.3 传输时延	符合设计要求，无要求时≤10ms	8	7	7								7.33	100	合格
		14.4 丢包率	不大于70%流量负荷时≤0.1%	0.04	0.05	0.05								0.05	100	合格
15△	以太网链路层健康状况	15.1 链路利用率	≤70%	53	60	59								57.33	100	合格
		15.2 错误率及各类错误	≤1%	0.3	0.1	0.5								0.3	100	合格
		15.3 广播帧及组播帧	≤50ps	25	4	26								18.33	100	合格
		15.4 冲突（碰撞）率	≤1%	0.3	0.9	0.2								0.47	100	合格
16△		网络安全性能	符合设计要求	符合要求，见检验记录，编号×××										/	100	合格
外观质量			网络设备安装牢固，线缆布放整齐，标识清楚											齐全		
工程质量等级评定						合格										

检验负责人：×××　　检测：×××　　记录：×××　　复核：×××　　2023年×月×日

四、供配电设施

1. 中压配电设备分项工程质量检验评定表

分项工程名称：中压配电设备　　　　所属分部工程：供配电设施　　　　分项工程编号：JD-04-01-01-001
工程部位：××配电室　　　　　　　所属单位工程：机电工程　　　　　　所属建设项目（合同段）：×××市至×××市高速公路项目
施工单位：××公路工程建设有限公司

基本要求	☑ 1. 电力变压器、电抗器以及消弧线圈、互感器、真空断路器、六氟化硫断路器、隔离开关、负荷开关、高压熔断器、套管、电容器、避雷器等设备应符合现行《3.6kV~40.5kV交流金属封闭开关设备和控制设备》GB 3906等相关标准的规定。 ☑ 2. 中压配电设备及配件的型号规格、数量应符合合同要求，部件完整。 ☑ 3. 电气设备外露可导电部分，应与接地装置有可靠的电气连接。成排的配电装置的两端均应与接地线相连。 ☑ 4. 变配电所配电装置的相序排列应一致，硬导体应涂刷相色油漆或相色标志。 ☑ 5. 变配电所列架布局应合理，安装稳固，无剧烈震动和爆炸危险介质。 ☑ 6. 变压器室、配电室、电容器室应设置防止雨、雪、冰雹、鼠类小动物从采光窗、通风窗、门、电缆沟等进入室内的设施。

项次		检查项目	规定值或允许偏差	实测值或实测偏差值										平均值、代表值	质量评定	
				1	2	3	4	5	6	7	8	9	10		合格率（%）	合格判定
1	电力变压器	1.1 绝缘油或SF6气体	符合GB 50150—2016中8.0.3条的规定	符合要求		见检验记录			编号××					/	100	合格
		1.2 绕组连同套管的直流电阻	符合GB 50150—2016中8.0.4条的规定	符合要求		见检验记录			编号××					/	100	合格
		1.3 分接头电压比	符合GB 50150—2016中8.0.5条的规定	符合要求		见检验记录			编号××					/	100	合格
		1.4 变压器三相接线组别和单相变压器引出线极性	符合GB 50150—2016中8.0.6条的规定	符合要求		见检验记录			编号××					/	100	合格
		1.5 铁心及夹件的绝缘电阻	符合GB 50150—2016中8.0.7条的规定	符合要求		见检验记录			编号××					/	100	合格
		1.6 非纯瓷套管	符合GB 50150—2016中8.0.8条的规定	符合要求		见检验记录			编号××					/	100	合格
		1.7 有载调压切换装置的检查和试验	符合GB 50150—2016中8.0.9条的规定	符合要求		见检验记录			编号××					/	100	合格
		1.8 绕组连同套管的绝缘电阻、吸收比或极化指数	符合GB 50150—2016中8.0.10条的规定	符合要求		见检验记录			编号××					/	100	合格
		1.9 绕组连同套管的交流耐压	符合GB 50150—2016中8.0.13条的规定	符合要求		见检验记录			编号××					/	100	合格
		1.10 额定电压下的冲击合闸	符合GB 50150—2016中8.0.15条的规定	符合要求		见检验记录			编号××					/	100	合格
		1.11 相位	符合GB 50150—2016中8.0.16条的规定	符合要求		见检验记录			编号××					/	100	合格

分项工程名称：中压配电设备　　　　　　　所属分部工程名称：供配电设施
工程部位：××配电室　　　　　　　　　　所属单位工程：机电工程
施工单位：××公路工程建设有限公司

分项工程编号：JD-04-01-01-001
所属建设项目（合同段）：××省××市至××市高速公路项目

1. 中压配电设备分项工程质量检验评定表

项次		检查项目	规定值或允许偏差	实测值或实测偏差值										质量评定		
				1	2 3 4 5 6 7 8 9 10									平均值、代表值	合格率（%）	合格判定
2 实测项目	干式电抗器	2.1 绕组连同套管的直流电阻	符合 GB 50150—2016 中9.0.3条的规定	符合要求	见检验记录、编号××									/	100	合格
		2.2 绕组连同套管的绝缘电阻、吸收比或极化指数	符合 GB 50150—2016 中9.0.4条的规定	符合要求	见检验记录、编号××									/	100	合格
		2.3 绕组连同套管的交流耐压	符合 GB 50150—2016 中9.0.6条的规定	符合要求	见检验记录、编号××									/	100	合格
		2.4 额定电压下冲击合闸	符合 GB 50150—2016 中9.0.10条的规定	符合要求	见检验记录、编号××									/	100	合格
	电抗器以及消弧线圈	2.5 绕组连同套管的直流电阻	符合 GB 50150—2016 中9.0.3条的规定	符合要求	见检验记录、编号××									/	100	合格
		2.6 绕组连同套管的绝缘电阻、吸收比或极化指数	符合 GB 50150—2016 中9.0.4条的规定	符合要求	见检验记录、编号××									/	100	合格
		2.7 绕组连同套管的交流耐压	符合 GB 50150—2016 中9.0.6条的规定	符合要求	见检验记录、编号××									/	100	合格
		2.8 与铁心及各紧固件的绝缘电阻	符合 GB 50150—2016 中9.0.7条的规定	符合要求	见检验记录、编号××									/	100	合格
	油浸式电抗器	2.9 绕组连同套管的直流电阻	符合 GB 50150—2016 中9.0.3条的规定	符合要求	见检验记录、编号××									/	100	合格
		2.10 绕组连同套管的绝缘电阻、吸收比或极化指数	符合 GB 50150—2016 中9.0.4条的规定	符合要求	见检验记录、编号××									/	100	合格
		2.11 绕组连同套管的交流耐压	符合 GB 50150—2016 中9.0.6条的规定	符合要求	见检验记录、编号××									/	100	合格
		2.12 与铁心及各紧固件的绝缘电阻	符合 GB 50150—2016 中9.0.7条的规定	符合要求	见检验记录、编号××									/	100	合格
		2.13 绝缘油	符合 GB 50150—2016 中9.0.8条的规定	符合要求	见检验记录、编号××									/	100	合格
		2.14 额定电压下冲击合闸	符合 GB 50150—2016 中9.0.10条的规定	符合要求	见检验记录、编号××									/	100	合格

续表

1. 中压配电设备分项工程质量检验评定表

分项工程名称：中压配电设备　　　　所属分部工程名称：供配电设施　　　　分项工程编号：JD-04-01-01-001

工程部位：××配电室　　　　所属单位工程：机电工程　　　　所属建设项目（合同段）：××省××市至××市高速公路项目

施工单位：××公路工程建设有限公司

项次		检查项目	规定值或允许偏差	实测值或实测偏差值										平均值、代表值	质量评定	
				1	2	3	4	5	6	7	8	9	10		合格率（%）	合格判定
3	互感器	3.1 绕组的绝缘电阻	符合GB 50150—2016中10.0.3条的规定	符合要求、见检验记录、编号××										/	100	合格
		3.2 局部放电	符合GB 50150—2016中10.0.5条的规定	符合要求、见检验记录、编号××										/	100	合格
		3.3 交流耐压	符合GB 50150—2016中10.0.6条的规定	符合要求、见检验记录、编号××										/	100	合格
		3.4 绝缘介质性能	符合GB 50150—2016中10.0.7条的规定	符合要求、见检验记录、编号××										/	100	合格
		3.5 绕组的直流电阻	符合GB 50150—2016中10.0.8条的规定	符合要求、见检验记录、编号××										/	100	合格
		3.6 接线组别和极性	符合GB 50150—2016中10.0.9条的规定	符合要求、见检验记录、编号××										/	100	合格
		3.7 误差	符合GB 50150—2016中10.0.10条的规定	符合要求、见检验记录、编号××										/	100	合格
		3.8 电流互感器的励磁特性曲线	符合GB 50150—2016中10.0.11条的规定	符合要求、见检验记录、编号××										/	100	合格
		3.9 电磁式电压互感器的励磁特性	符合GB 50150—2016中10.0.12条的规定	符合要求、见检验记录、编号××										/	100	合格
		3.10 电容式电压互感器（CVT）	符合GB 50150—2016中10.0.13条的规定	符合要求、见检验记录、编号××										/	100	合格
		3.11 密封性能	符合GB 50150—2016中10.0.14条的规定	符合要求、见检验记录、编号××										/	100	合格
4	真空断路器	4.1 绝缘电阻	符合GB 50150—2016中11.0.2条的规定	符合要求、见检验记录、编号××										/	100	合格
		4.2 每相导电回路的电阻	符合GB 50150—2016中11.0.3条的规定	符合要求、见检验记录、编号××										/	100	合格
		4.3 交流耐压	符合GB 50150—2016中11.0.4条的规定	符合要求、见检验记录、编号××										/	100	合格
		4.4 断路器主触头的分、合闸时间，分、合闸的同期性，合闸时触头的弹跳时间	符合GB 50150—2016中11.0.5条的规定	符合要求、见检验记录、编号××										/	100	合格
		4.5 分、合闸线圈及合闸接触器线圈的绝缘电阻和直流电阻	符合GB 50150—2016中11.0.6条的规定	符合要求、见检验记录、编号××										/	100	合格
		4.6 断路器操动机构	符合GB 50150—2016中11.0.7条的规定	符合要求、见检验记录、编号××										/	100	合格

实测项目

续表

1. 中压配电设备分项工程质量检验评定表

分部工程名称：中压配电设备　　　　　　分项工程名称：供配电设施　　　　　　分项工程编号：JD-04-01-01-001
工程部位：××配电室　　　　　　　　　工程部位：机电工程　　　　　　　　　所属建设项目（合同段）：×××省××市至××市高速公路项目
施工单位：×××公路工程建设有限公司

项次		检查项目	规定值或允许偏差	实测值或实测偏差值										质量评定		
				1	2	3	4	5	6	7	8	9	10	平均值、代表值	合格率（％）	合格判定
实测项目 5	六氟化硫断路器	5.1 绝缘电阻	符合GB 50150—2016中12.0.2条的规定	符合要求，见检验记录，编号××										/	100	合格
		5.2 每相导电回路的电阻	符合GB 50150—2016中12.0.3条的规定	符合要求，见检验记录，编号××										/	100	合格
		5.3 交流耐压	符合GB 50150—2016中12.0.4条的规定	符合要求，见检验记录，编号××										/	100	合格
		5.4 断路器均压电容器	符合GB 50150—2016中12.0.5条的规定	符合要求，见检验记录，编号××										/	100	合格
		5.5 断路器的分、合闸时间	符合GB 50150—2016中12.0.6条的规定	符合要求，见检验记录，编号××										/	100	合格
		5.6 断路器的分、合闸速度	符合GB 50150—2016中12.0.7条的规定	符合要求，见检验记录，编号××										/	100	合格
		5.7 断路器主、辅触头分、合闸的同期性及配合时间	符合GB 50150—2016中12.0.8条的规定	符合要求，见检验记录，编号××										/	100	合格
		5.8 断路器合闸电阻的投入时间及电阻值	符合GB 50150—2016中12.0.9条的规定	符合要求，见检验记录，编号××										/	100	合格
		5.9 断路器分、合闸线圈绝缘电阻及直流电阻	符合GB 50150—2016中12.0.10条的规定	符合要求，见检验记录，编号××										/	100	合格
		5.10 断路器操动机构	符合GB 50150—2016中12.0.11条的规定	符合要求，见检验记录，编号××										/	100	合格
		5.11 套管式电流互感器	符合GB 50150—2016中12.0.12条的规定	符合要求，见检验记录，编号××										/	100	合格
		5.12 断路器内SF6气体的含水量	符合GB 50150—2016中12.0.13条的规定	符合要求，见检验记录，编号××										/	100	合格
		5.13 密封性试验	符合GB 50150—2016中12.0.14条的规定	符合要求，见检验记录，编号××										/	100	合格
		5.14 气体密度继电器、压力表和压力动作阀	符合GB 50150—2016中12.0.15条的规定	符合要求，见检验记录，编号××										/	100	合格

续表

1. 中压配电设备分项工程质量检验评定表

分项工程名称：中压配电设备　　所属分部工程名称：供配电设施　　分项工程编号：JD-04-01-01-001

工程部位：××配电室　　所属单位工程：机电工程　　所属建设项目（合同段）：××省××市至××市高速公路项目

施工单位：××公路工程建设有限公司

项次		检查项目	规定值或允许偏差	实测值或实测偏差值										质量评定		
				1	2	3	4	5	6	7	8	9	10	平均值、代表值	合格率（%）	合格判定
6	六氟化硫封闭式组合电器	6.1主回路的导电电阻	符合GB 50150—2016中13.0.2条的规定	符合要求，见检验记录，编号××										/	100	合格
		6.2封闭式组合电器内各元件	符合GB 50150—2016中13.0.3条的规定	符合要求，见检验记录，编号××										/	100	合格
		6.3密封性	符合GB 50150—2016中13.0.4条的规定	符合要求，见检验记录，编号××										/	100	合格
		6.4六氟化硫气体含水量	符合GB 50150—2016中13.0.5条的规定	符合要求，见检验记录，编号××										/	100	合格
		6.5交流耐压	符合GB 50150—2016中13.0.6条的规定	符合要求，见检验记录，编号××										/	100	合格
		6.6组合电器的操动	符合GB 50150—2016中13.0.7条的规定	符合要求，见检验记录，编号××										/	100	合格
实测项目		6.7气体密度继电器、压力表和压力动作阀	符合GB 50150—2016中13.0.8条的规定	符合要求，见检验记录，编号××										/	100	合格
7	隔离开关、负荷开关及高压熔断器	7.1绝缘电阻	符合GB 50150—2016中14.0.2条的规定	符合要求，见检验记录，编号××										/	100	合格
		7.2高压限流熔丝熔管的直流电阻	符合GB 50150—2016中14.0.3条的规定	符合要求，见检验记录，编号××										/	100	合格
		7.3负荷开关导电回路的电阻	符合GB 50150—2016中14.0.4条的规定	符合要求，见检验记录，编号××										/	100	合格
		7.4交流耐压	符合GB 50150—2016中14.0.5条的规定	符合要求，见检验记录，编号××										/	100	合格
		7.5操动机构线圈的最低动作电压	符合GB 50150—2016中14.0.6条的规定	符合要求，见检验记录，编号××										/	100	合格
		7.6操动机构	符合GB 50150—2016中14.0.7条的规定	符合要求，见检验记录，编号××										/	100	合格

续表

1. 中压配电设备分项工程质量检验评定表

分项工程名称：中压配电设备　　　所属分部工程名称：供配电设施　　　分项工程编号：JD-04-01-01-001

工程部位：××配电室　　　所属单位工程：机电工程　　　所属建设项目（合同段）：××省×××市至××市高速公路项目

施工单位：××公路工程建设有限公司

项次		检查项目	规定值或允许偏差	实测值或实测偏差值											质量评定		
				1	2	3	4	5	6	7	8	9	10	平均值、代表值	合格率（%）	合格判定
实测项目	8 套管	8.1 绝缘电阻	符合GB 50150—2016中15.0.2条的规定	符合要求，见检验记录，编号××										/	100	合格
		8.2 交流耐压	符合GB 50150—2016中15.0.4条的规定	符合要求，见检验记录，编号××										/	100	合格
		8.3 绝缘油（有机复合绝缘套管除外）	符合GB 50150—2016中15.0.5条的规定	符合要求，见检验记录，编号××										/	100	合格
		8.4 SF6套管气体	符合GB 50150—2016中15.0.6条的规定	符合要求，见检验记录，编号××										/	100	合格
	9 悬式绝缘子和支柱绝缘子	9.1 绝缘电阻	符合GB 50150—2016中16.0.2条的规定	符合要求，见检验记录，编号××										/	100	合格
		9.2 交流耐压	符合GB 50150—2016中16.0.3条的规定	符合要求，见检验记录，编号××										/	100	合格
	10 电容器	10.1 绝缘电阻	符合GB 50150—2016中18.0.2条的规定	符合要求，见检验记录，编号××										/	100	合格
		10.2 耦合电容器、断路器电容器的介质损耗角正切值tanδ及电容值	符合GB 50150—2016中18.0.3条的规定	符合要求，见检验记录，编号××										/	100	合格
		10.3 电容值	符合GB 50150—2016中18.0.4条的规定	符合要求，见检验记录，编号××										/	100	合格
		10.4 并联电容器交流耐压	符合GB 50150—2016中18.0.5条的规定	符合要求，见检验记录，编号××										/	100	合格
		10.5 冲击合闸	符合GB 50150—2016中18.0.6条的规定	符合要求，见检验记录，编号××										/	100	合格

553

续表

1. 中压配电设备分项工程质量检验评定表

分项工程名称：中压配电设备　　　　所属分部工程名称：供配电设施　　　　分项工程编号：JD-04-01-01-001
工程部位：××配电室　　　　所属单位工程：机电工程　　　　所属建设项目（合同段）：××省×××市至××市高速公路项目
施工单位：××公路工程建设有限公司

项次		检查项目	规定值或允许偏差	实测值或实测偏差值 1 2 3 4 5 6 7 8 9 10	质量评定 平均值、代表值	合格率（%）	合格判定
11 避雷器		11.1 金属氧化物避雷器及基座绝缘电阻	符合GB 50150—2016中20.0.3条的规定	符合要求，见检验记录，编号××	/	100	合格
		11.2 金属氧化物避雷器的工频参考电压和持续电流	符合GB 50150—2016中20.0.4条的规定	符合要求，见检验记录，编号××	/	100	合格
		11.3 金属氧化物避雷器直流参考电压和0.75倍直流参考电压下的泄漏电流	符合GB 50150—2016中20.0.5条的规定	符合要求，见检验记录，编号××	/	100	合格
		11.4 放电记数器动作情况及监视电流表指示	符合GB 50150—2016中20.0.6条的规定	符合要求，见检验记录，编号××	/	100	合格
		11.5 工频放电电压	符合GB 50150—2016中20.0.7条的规定	符合要求，见检验记录，编号××	/	100	合格
12 二次回路		12.1 绝缘电阻	符合GB 50150—2016中22.0.2条的规定	符合要求，见检验记录，编号×××	/	100	合格
		12.2 交流耐压	符合GB 50150—2016中22.0.3条的规定	符合要求，见检验记录，编号××	/	100	合格
13 接地装置		13.1 接地网电气完整性	符合GB 50150—2016中25.0.2条的规定	符合要求，见检验记录，编号××	/	100	合格
		13.2 接地电阻	符合GB 50150—2016中25.0.3条的规定	符合要求，见检验记录，编号××	/	100	合格
14		微机综合保护装置的定值	对微机综合保护装置的定值进行试验，对整组及联动项目试验。检验是否与设计要求一致	符合要求，见检验记录，编号××	/	100	合格
外观质量			设备及布线整齐，高压警示标识清楚	质量保证资料	齐全		
工程质量等级评定			合格				

检验负责人：×××　　　检测：×××　　　记录：×××　　　复核：×××　　　2023年×月×日

554

2. 中压设备电力电缆分项工程质量检验评定表

基本要求	☑ 1. 中压设备电力电缆应符合现行《额定电压1kV（$U_m=1.2kV$）到35kV（$U_m=40.5kV$）挤包绝缘电力电缆及附件　第2部分：额定电压6kV（$U_m=7.2kV$）到30kV（$U_m=36kV$）电缆》GB/T 12706.2、《额定电压1kV（$U_m=1.2kV$）到35kV（$U_m=40.5kV$）挤包绝缘电力电缆及附件　第3部分：额定电压35kV（$U_m=40.5kV$）电缆》GB/T 12706.3和《额定电压1kV（$U_m=1.2kV$）到35kV（$U_m=40.5kV$）挤包绝缘电力电缆及附件　第4部分：额定电压6kV（$U_m=7.2kV$）到35kV（$U_m=40.5kV$）电力电缆附件试验要求》GB/T 12706.4等相关标准的规定。 ☑ 2. 中压配电电力电缆及配件的型号规格、数量应符合合同要求，部件完整。 ☑ 3. 控制电缆和耐火电缆应采用铜导体。 ☑ 4. 电缆的路径应避免电缆遭受机械性外力、过热、腐蚀等危害。 ☑ 5. 直埋电缆铠装铠装层接地处理措施应得当，电缆标识埋设应符合设计要求。

		检查项目	规定值或允许偏差	实测值或实测偏差值										质量评定		
				1	2	3	4	5	6	7	8	9	10	平均值、代表值	合格率（%）	合格判定
实测项目	1　电力电缆线路	1.1绝缘电阻	符合GB 50150－2016中17.0.3条的规定											/	/	/
		1.2直流耐压试验及泄漏电流	符合GB 50150－2016中17.0.4条的规定											/	/	/
		1.3交流耐压	符合GB 50150－2016中17.0.5条的规定											/	/	/
		1.4电缆线路两端的相应	符合GB 50150－2016中17.0.6条的规定											/	/	/
		1.5交叉互联	符合GB 50150－2016中17.0.8条的规定											/	/	/

续表

2. 中压设备电力电缆分项工程质量检验评定表

分项工程名称：中压设备电力电缆　　　　所属分部工程名称：供配电设施　　　　分项工程编号：JD-04-02-01-001

工程部位：××配电室　　　　所属单位工程：机电工程　　　　所属建设项目（合同段）：×××省×××市至××市高速公路项目

施工单位：××公路工程建设有限公司

项次		检查项目	规定值或允许偏差	实测值或实测偏差值										质量评定		
				1	2	3	4	5	6	7	8	9	10	平均值，代表值	合格率（%）	合格判定
实测项目	2　1kV以上架空电力电缆	2.1 绝缘子和线路的绝缘电阻	符合GB 50150—2016中24.0.2条的规定	符合要求，见检验记录，编号××										/	100	合格
		2.2 相位	符合GB 50150—2016中24.0.4条的规定	符合要求，见检验记录，编号××										/	100	合格
		2.3 冲击合闸	符合GB 50150—2016中24.0.5条的规定	符合要求，见检验记录，编号××										/	100	合格
		2.4 杆塔接地电阻	符合GB 50150—2016中24.0.6条的规定	符合要求，见检验记录，编号××										/	100	合格
外观质量			电缆排列整齐，高压警示标识清楚											质量保证资料		齐全
工程质量等级评定										合格						

检验负责人：×××　　　　检测：×××　　　　记录：×××　　　　复核：×××　　　　2023年×月×日

3. 中心（站）内低压配电设备

分项工程名称：中心（站）内低压配电设备　　　　分项工程编号：JD-04-03-01-001

工程部位：××配电室　　所属分部工程：供配电设施　　所属建设项目（合同段）：××省××市至××市高速公路项目

工程部位：××配电室　　所属单位工程：机电工程

施工单位：××公路工程建设有限公司

基本要求

☑ 1. 中心（站）内低压配电设备应符合现行《低压成套开关设备和控制设备》GB 7251 等相关标准的规定。
☑ 2. 中心（站）内低压配电设备及配件的型号规格、数量应符合合同要求。
☑ 3. 电气设备外露可导电部分，应与接地装置有可靠的电气连接。成排的配电装置两端均应与接地线相连。
☑ 4. 变配电所配电装置各回路的相序排列应一致，硬导体应涂刷相色油漆或相色标志。
☑ 5. 变配电所列架布局应合理，安装稳固，无剧烈震动和无爆炸危险介质。
☑ 6. 变压器室、配电室、电容器室应设置防止雨、雪和小动物从采光窗、通风窗、门、电缆沟等进入室内的设施。鼠类、蛇、鼠类小动物从采光窗、通风窗、门、电缆沟等进入室内的设施。

项次	检查项目		规定值或允许偏差	实测值或实测偏差值										质量评定		
				1	2	3	4	5	6	7	8	9	10	平均值、代表值	合格率（%）	合格判定
实测项目	1	设备安装的水平度		≤3mm/m	3	2	0								1.67	100	合格
	2	设备安装的垂直度		≤3mm/m	2	1	0								1	100	合格
	3	室内设备、列架的绝缘电阻	交流配电箱（柜）	符合设计要求，无要求时≥2MΩ	2.2	2.2	2.1								2.17	100	合格
			直流配电箱（柜）		2.5	2.5	2.5								2.5	100	合格
			交流稳压器		3.1	3	3.1								3.07	100	合格
			不间断电源		2.7	2.7	2.7								2.7	100	合格
	4	共用接地电阻		≤1Ω	0.7	0.5	0.1								0.43	100	合格
	5	发电机组控制柜绝缘电阻		≥2MΩ	2.2	2.1	2.4								2.23	100	合格
	6	发电机组启动及启动时间		符合设计要求，无要求时≤30s	12	12	13								12.33	100	合格

3. 中心（站）内低压配电设备分项工程质量检验评定表

分项工程名称：中心（站）内低压配电设备　所属分部工程名称：供配电设施　　分项工程编号：JD-04-03-01-001

工程部位：中心（站）配电室　　所属单位工程：机电工程　　所属建设项目（合同段）：××省×××市至××市高速公路项目

施工单位：××公路工程建设有限公司

项次		检查项目	规定值或允许偏差	实测值或实测偏差值											质量评定		
				1	2	3	4	5	6	7	8	9	10	平均值、代表值	合格率（%）	合格判定
7		发电机组相序	与机组输出标志一致		符合要求，见检验记录，编号××									/	100	合格
8		发电机组输出电压稳定性	符合设计要求		符合要求，见检验记录，编号××									/	100	合格
9		自动发电机组自启动转换功能	切断市电供电后，发电机组能自动启动，稳定后送入规定送入的线路，可手动优先切换		符合要求，见检验记录，编号××									/	100	合格
10		发电机组供电切换对机电系统的影响	机电系统所有设备不因受到发电机组电源切换而出现工作异常		符合要求，见检验记录，编号××									/	100	合格
11		柴油发电机蓄电池	蓄电池工作正常		符合要求，见检验记录，编号××									/	100	合格
12		电源室接地装置的施工质量	接地体的材质和尺寸、安装位置及埋深、接地体引入线与接地体的连接以及防腐处理等符合设计要求		符合要求，见检验记录，编号××									/	100	合格
13	1kV及以下电压等级配电装置和馈电线路（三级配电系统中的第一级）	13.1绝缘电阻	符合GB 50150—2016中23.0.2条的规定		符合要求，见检验记录，编号××									/	100	合格
		13.2动力配电装置的交流耐压试验	符合GB 50150—2016中23.0.3条的规定		符合要求，见检验记录，编号××									/	100	合格
		13.3配电装置内不同电源的馈线同或馈线两侧电源的相位	符合GB 50150—2016中23.0.4条的规定		符合要求，见检验记录，编号××									/	100	合格

实测项目

3. 中心（站）内低压配电设备分项工程质量检验评定表

分项工程名称：中心（站）内低压配电设备　　所属分部工程名称：供配电设施　　分项工程编号：JD-04-03-01-001

工程部位：××配电室　　所属单位工程：机电工程　　所属建设项目（合同段）：××省××市至××市高速公路项目

施工单位：××公路工程建设有限公司

项次	检查项目	规定值或允许偏差	实测值或实测偏差值 1	2	3	4	5	6	7	8	9	10	平均值、代表值	合格率（%）	合格判定
14	14.1 低压电器连接同所连接电缆及二次回路的绝缘电阻	符合GB 50150—2016中26.0.3条的规定	符合要求，见检验记录，编号××										/	100	合格
	14.2 电压线圈动作校验	符合GB 50150—2016中26.0.4条的规定	符合要求，见检验记录，编号××										/	100	合格
	14.3 低压电器采用的脱扣器的整定	符合GB 50150—2016中26.0.6条的规定	符合要求，见检验记录，编号××										/	100	合格
	14.4 低压电器连接同所连接电缆及二次回路的交流耐压	符合GB 50150—2016中26.0.8条的规定	符合要求，见检验记录，编号××										/	100	合格
15	低压配电系统功率因数	≥0.90	1.3	1	1.2								1.17	100	合格
16	N线电流	≤三相相电流中相电流最小值的25%	17	18	17								17.33	100	合格
17	17.1 供电电压偏差	三相供电电压偏差为标称电压的±7%	4	-2	1								1	100	合格
	17.2 三相电压不平衡	供电电压负序不平衡测量值10min方均根值的95%概率值≤2%	1.7	1.1	0.7								1.17	100	合格
	17.3 电力系统频率偏差	频率偏差限值为±0.2Hz	0.1	0.1	-0.1								0.03	100	合格
	17.4 公用电网谐波（电网标称电压380V）	电压总谐波畸变率≤5.0%，奇次谐波电压含有率≤4.0%，偶次谐波电压含有率≤2.0%	1.7	2.3	0.7								1.57	100	合格
		谐波电流允许值符合现行《电能质量公用电网谐波》GB 14549中表2注人公共连接点的谐波电流允许值的规定	符合要求，见检验记录，编号××										/	100	合格

（项次14为低压电器（三级配电系统中的第一级），项次15、16、17为实测项目，项次17为电能质量）

续表

3. 中心（站）内低压配电设备分项工程质量检验评定表

分项工程名称：中心（站）内低压配电设备　　　所属分部工程名称：供配电设施　　　分项工程编号：JD-04-03-01-001

工程部位：××配电室　　　所属单位工程：机电工程　　　所属建设项目（合同段）：××省×××市至××市高速公路项目

施工单位：××公路工程建设有限公司

项次	检查项目		规定值或允许偏差	实测值或实测偏差值										质量评定		
				1	2	3	4	5	6	7	8	9	10	平均值，代表值	合格率（%）	合格判定
实测项目	18	UPS和EPS功能及性能	18.1输出电压	UPS输出电压偏差为标称电压的±5%；EPS逆变应急输出电压偏差为标称电压的±10%	2.3	-2.1	0.7								0.3	100	合格
			18.2输出频率	频率偏差限值为±0.5Hz	0.4	-0.1	-0.2								0.03	100	合格
			18.3总谐波畸变率	UPS输出和EPS逆变应急输出总谐波畸变率≤5%	2	4	2								2.67	100	合格
			18.4市电与备用电源切换时间	符合设计要求	符合要求，见检验记录，编号××										/	100	合格
			18.5显示功能	符合设计要求	符合要求，见检验记录，编号××										/	100	合格
	19	稳压电源参数	19.1输出电压	输出电压偏差为标称电压的±5%	1.7	-0.2	1.6								1.03	100	合格
			19.2输出频率	频率偏差限值为±0.5Hz	0.2	0.3	0.4								0.3	100	合格
			19.3总谐波畸变率	总谐波畸变率≤5%	2	4	2								2.67	100	合格
外观质量			各回路相序排列一致，电缆布线整齐，变配电所布局合理													齐全
工程质量等级评定			×××									合格			质量保证资料		

检验负责人：×××　　　　检测：×××　　　　记录：×××　　　　复核：×××　　　　2023年×月×日

560

4. 低压设备电力电缆分项工程质量检验评定表

分项工程名称：低压设备电力电缆　　　　分项工程编号：JD-04-04-01-001

所属分部工程名称：供配电设施

所属单位工程：机电工程

工程部位：K0+000～K8+600

所属建设项目（合同段）：×××省×××市至×××市高速公路项目

施工单位：××公路工程建设有限公司

| 基本要求 | ☑ 1. 低压设备电力电缆应符合现行《额定电压1kV（U_m=1.2kV）到35kV（U_m=40.5kV）挤包绝缘电力电缆及附件 第1部分：额定电压1kV（U_m=1.2kV）到3kV（U_m=3.6kV）电缆》GB/T 12706.1等相关标准的规定。
☑ 2. 低压配电电力电缆及配件的型号规格、数量应符合合同要求。
☑ 3. 控制电缆和耐火穿管敷设应采用铜导体，部件完整。
☑ 4. 电缆的路径应避免电缆遭受机械性外力、过热、腐蚀等危害。
☑ 5. 直埋电缆两端铠装铠层接地应得当，电缆标识识别措施应符合设计要求。 |

<table>
<tr><td rowspan="2">项次</td><td rowspan="2">检查项目</td><td rowspan="2">规定值或允许偏差</td><td colspan="10">实测值或实测偏差值</td><td colspan="3">质量评定</td></tr>
<tr><td>1</td><td>2</td><td>3</td><td>4</td><td>5</td><td>6</td><td>7</td><td>8</td><td>9</td><td>10</td><td>平均值、代表值</td><td>合格率（%）</td><td>合格判定</td></tr>
<tr><td rowspan="7">实测项目</td><td>1 配电箱基础尺寸及高程</td><td>符合设计要求</td><td colspan="10">符合要求，见检验记录，编号××</td><td>/</td><td>100</td><td>合格</td></tr>
<tr><td>2 电缆埋深穿管敷设</td><td>符合设计要求</td><td colspan="10">符合要求，见检验记录，编号××</td><td>/</td><td>100</td><td>合格</td></tr>
<tr><td>3 配电箱涂层厚度</td><td>符合设计要求，无要求时符合现行GB/T 18226的规定 90μm</td><td>91</td><td>92</td><td>92</td><td></td><td></td><td></td><td></td><td></td><td></td><td></td><td>91.67</td><td>100</td><td>合格</td></tr>
<tr><td>4 相线对绝缘护套的绝缘电阻</td><td>≥2MΩ（全程）</td><td>2.2</td><td>2.3</td><td>2.3</td><td></td><td></td><td></td><td></td><td></td><td></td><td></td><td>2.27</td><td>100</td><td>合格</td></tr>
<tr><td>5 配线架对配电箱绝缘电阻</td><td>≥10MΩ</td><td>12</td><td>13</td><td>13</td><td></td><td></td><td></td><td></td><td></td><td></td><td></td><td>12.67</td><td>100</td><td>合格</td></tr>
<tr><td>6 电源箱、配电箱保护接地电阻</td><td>≤4Ω</td><td>1</td><td>0</td><td>2</td><td></td><td></td><td></td><td></td><td></td><td></td><td></td><td>1</td><td>100</td><td>合格</td></tr>
<tr><td>7△ 通风照明设施主干电缆和分支电缆型号规格</td><td>符合设计要求</td><td colspan="10">符合要求，见检验记录，编号××</td><td>/</td><td>100</td><td>合格</td></tr>
</table>

外观质量	设备基础平整，配电完好，电缆布放整齐、牢固		基本齐全
工程质量等级评定		合格	
质量保证资料			基本齐全

检验负责人：×××　　检测：×××　　记录：×××　　复核：×××　　2023年×月×日

分项工程名称：风/光供电系统　　　　所属分部工程名称：供配电设施　　　　分项工程编号：JD-04-05-01-001

工程部位：K0+000～K8+600　　　　所属单位工程：机电工程　　　　所属建设项目（合同段）：××省×××市至×××市高速公路项目

施工单位：××公路工程建设有限公司

5. 风/光供电系统分项工程质量检验评定表

基本要求	☑ 1. 风/光供电系统设备应符合《公路沿线设施太阳能供电系统通用技术规范》GB/T 24716等相关标准的规定。 ☑ 2. 风/光供电系统设备及配件的型号规格、数量应符合合同要求，部件完整。 ☑ 3. 电线、电缆的屏蔽护套接地连接应可靠，与接地干线应就近连接，紧固件齐全。 ☑ 4. 全部设备安装调试完毕，系统应处于正常工作状态。													
实测项目	项次	检查项目	规定值或允许偏差	实测值或实测偏差值										质量评定	
				1	2	3	4	5	6	7	8	9	10	平均值、代表值	合格率（%）	合格判定
	1	立柱竖直度	≤5mm/m	0	2	1								1	100	合格
	2 Δ	绝缘电阻	交流220V强电端子对地的绝缘电阻≥50MΩ	64	52	51								55.67	100	合格
	3 Δ	保护接地电阻	≤4Ω	3	4	4								3.67	100	合格
	4 Δ	防雷接地电阻	≤10Ω	6	9	3								6	100	合格
	5 Δ	共用接地电阻	如风光供电系统的保护接地体和防雷接地体未分开设置，则共用接地电阻≤1Ω											/	/	/
	6	6.1 直流输出电压	符合设计要求	符合要求，见检验记录，编号××										/	100	合格
		6.2 交流输出电压	符合设计要求	符合要求，见检验记录，编号××										/	100	合格
		6.3 输出电流	符合设计要求	符合要求，见检验记录，编号××										/	100	合格

续表

5. 风/光供电系统分项工程质量检验评定表

分项工程名称：风/光供电系统　　所属分部工程名称：供配电设施　　分项工程编号：JD-04-05-01-001
工程部位：K0+000～K8+600　　所属单位工程：机电工程　　所属建设项目（合同段）：×××省××市至××市高速公路项目
施工单位：××公路工程建设有限公司

项次	检查项目	规定值或允许偏差	实测值或实测偏差值											质量评定		
			1	2	3	4	5	6	7	8	9	10	平均值，代表值	合格率（%）	合格判定
7	监控功能	实时监视供电系统工作状态，采集和存储供电系统运行参数，按照监控中心的命令对供电系统进行控制	符合要求，见检验记录，编号××										/	100	合格
8	蓄电池管理功能	控制器能对蓄电池进行温度补偿和限流充电，能对蓄电池进行均充和浮充，具备手动或自动转换功能	符合要求，见检验记录，编号××										/	100	合格
9	保护功能	控制器具有短路自动保护功能，防止蓄电池通过太阳能电池组件产生逆电流的保护功能，过、欠电压保护功能	符合要求，见检验记录，编号××										/	100	合格
10	状态监测功能	能监测蓄电池电压、蓄电池充放电电流、风力发电机组输入电压/电流，光伏方阵输入电压/电流，负荷电流等参数	符合要求，见检验记录，编号××										/	100	合格

实测项目

外观质量	立柱表面平整，设备完好，系统正常工作	质量保证资料	齐全

工程质量等级评定	×××		合格

检验负责人：×××　　　　检测：×××　　　　记录：×××　　　　复核：×××　　　　2023年×月×日

563

6. 电动汽车充电系统分项工程质量检验评定表

分项工程名称：电动汽车充电系统　　所属分部工程名称：供配电设施　　分项工程编号：JD-04-06-01-001

工程部位：××服务区　　所属单位工程：机电工程　　所属建设项目（合同段）：××省×××市至××市高速公路项目

施工单位：××公路工程建设有限公司

基本要求	☑1. 电动汽车充电系统设备应符合现行《电动汽车传导充电系统》GB/T 18487等相关标准的规定。 ☑2. 电动汽车充电系统设备及配件的型号规格、数量应符合合同要求，部件完整。 ☑3. 电线、电缆的屏蔽护套接地连接应可靠，与接地干线应就近连接，紧固件齐全。 ☑4. 全部设备安装调试完毕，系统应处于正常工作状态。														

项次	检查项目	规定值或允许偏差	实测值或实测偏差值											质量评定		
			1	2	3	4	5	6	7	8	9	10	平均值、代表值	合格率（%）	合格判定
1	竖直度	≤5mm/m	5	2	3	3	4	1	2	0	3	3	2.6	100	合格
2 Δ	绝缘电阻	≥10MΩ	13	10	11	13	11	13	13	14	10	10	11.8	100	合格
3 Δ	保护接地电阻	≤4Ω	1	4	3	1	4	1	3	1	0	0	1.8	100	合格
4 Δ	防雷接地电阻	≤10Ω	4	9	6	6	3	6	0	3	2	1	4	100	合格
5 Δ	共用接地电阻	如电动汽车充电系统的保护接地体和防雷接地体未分开设置，则共用接地电阻≤1Ω											/	/	/
6	输入、输出电压	符合设计要求	符合要求，见检验记录，编号××											/	100	合格
7	充电模式	符合现行GB/T 18487的规定	符合要求，见检验记录，编号××											/	100	合格
8	电动汽车和供电设备之间的连接	符合现行GB/T 18487的规定	符合要求，见检验记录，编号××											/	100	合格
9	保护功能	系统具备雷电、过载和短路保护功能	符合要求，见检验记录，编号××											/	100	合格

外观质量	充电桩安装牢固	质量保证资料	齐全

工程质量等级评定	合格

检验负责人：×××　　检测：×××　　记录：×××　　复核：×××　　2023年×月×日

564

7. 电力监控系统分项工程质量检验评定表

分项工程名称：电力监控系统　　　　所属分部工程名称：供配电设施　　　　分项工程编号：JD-04-07-01-001

工程部位：电力监控中心机房　　　　所属建设项目（合同段）：×××市至××市高速公路项目

施工单位：××公路工程建设有限公司　　　　所属单位工程：机电工程

基本要求	☑ 1. 电力监控中心机房应整洁，通风、照明良好。 ☑ 2. 电力监控中心所有设备及配件的型号规格、数量应符合合同要求，部件完整。 ☑ 3. 全部设备安装调试完毕，系统应处于正常工作状态。

项次		检查项目	规定值或允许偏差	实测值或实测偏差值											质量评定		
				1	2	3	4	5	6	7	8	9	10	平均值、代表值	合格率（%）	合格判定
1		通信管理	监视网络上各节点的运行工况，通信故障时产生报警并自动复位	符合要求，见检验记录，编号××										/	100	合格
2	遥测功能	2.1 10kV回路遥测功能	能遥测10kV回路三相电压、电流、有功功率、无功功率、功率因数、频率等参数	符合要求，见检验记录，编号××										/	100	合格
		2.2低压总开关回路遥测功能	能遥测低压总开关回路三相电压、电流、有功功率、无功功率、功率因数、频率、用电量等参数	符合要求，见检验记录，编号××										/	100	合格
		2.3变压器遥测功能	能遥测变压器温度　配电柜内温度等参数	符合要求，见检验记录，编号××										/	100	合格
		2.4馈线遥测功能	能遥测0.4kV馈线电流	符合要求，见检验记录，编号××										/	100	合格
		2.5 UPS和EPS遥测功能	能遥测UPS和EPS的输入电压、输入电流、输出电压、输出电流、充电频率、输出频率、蓄电池电压等参数	符合要求，见检验记录，编号××										/	100	合格
		2.6发电机遥测功能	能遥测发电机电压、电流和频率等参数	符合要求，见检验记录，编号××										/	100	合格
3	遥信功能	3.1 10kV回路遥信功能	能遥信10kV进线、出线开关总开关状态、熔丝熔断信号	符合要求，见检验记录，编号××										/	100	合格
		3.2变压器遥信功能	能遥信变压器出线总开关状态、接地状态、变压器温度、风机启动信号	符合要求，见检验记录，编号××										/	100	合格

7. 电力监控系统分项工程质量检验评定表

分项工程名称: 电力监控系统　　　　　　　所属分部工程名称: 供配电设施　　　　　　分项工程编号: JD-04-07-01-001

工程部位: ××电力监控中心机房　　　　　所属建设项目(合同段): ×××市至××市高速公路项目

施工单位: ××公路工程建设有限公司　　　所属单位工程: 机电工程

项次		检查项目	规定值或允许偏差	实测值或实测偏差值										质量评定		
				1	2	3	4	5	6	7	8	9	10	平均值、代表值	合格率(%)	合格判定
实测项目	3 遥信功能	3.3 开关状态、接触器、断路器遥信功能	能遥信0.4kV出线手/自动转换开关状态、接触器、断路器运行状态及故障报警	符合要求，见检验记录，编号××										/	100	合格
		3.4 无功补偿遥信功能	能遥信无功补偿状态信号及刀熔开关和断路器接通信号	符合要求，见检验记录，编号××										/	100	合格
		3.5 UPS和EPS遥信功能	能遥信UPS和EPS交流/逆变供电、过载、蓄电池放电后电压过低，逆变器或变换器故障	符合要求，见检验记录，编号××										/	100	合格
	4 遥控功能	4.1 高、低压母线遥控功能	能遥控高、低压母线的分合闸	符合要求，见检验记录，编号××										/	100	合格
		4.2 无功补偿装置遥控功能	能遥控无功补偿装置投切	符合要求，见检验记录，编号××										/	100	合格
		4.3 照明柜、风机柜遥控功能	能遥控照明柜、风机柜等的分合	符合要求，见检验记录，编号××										/	100	合格
		4.4 发电机遥控功能	能遥控市电/发电机供电转换、机组开机、机组关机	符合要求，见检验记录，编号××										/	100	合格
5		配电室环境监控	具备人侵自动报警功能、温、湿度监测功能、烟雾监测功能	符合要求，见检验记录，编号××										/	/	合格
6		报表管理功能	能查询设计文件要求的各类报表	符合要求，见检验记录，编号××										/	/	合格
外观质量			设备安装牢固，标识清楚												质量保证资料	齐全
工程质量等级评定														合格		

检验负责人: ×××　　　　检测: ×××　　　　记录: ×××　　　　复核: ×××　　　　2023年×月×日

566

五、照明设施

1. 路段照明设施分项工程质量检验评定表

分项工程名称：路段照明设施　　所属分部工程：照明设施　　分项工程编号：JD-05-01-01-001

工程部位：K11+100～K11+500　　所属建设项目（合同段）：××省×××市至××市高速公路项目

施工单位：××公路工程建设有限公司

基本要求	☑ 1. 路段照明灯具设备根据类型应符合现行《升降式高杆照明装置》GB/T 26943和《公路LED照明灯具》JT/T 939等相关标准的规定。 ☑ 2. 路段照明设备及配件的型号规格、数量应符合合同要求，部件完整。 ☑ 3. 照明灯具安装支架的结构尺寸、预埋件、安装方位、安装同距等应符合设计要求。 ☑ 4. 全部设备安装调试完毕，路段照明设施应处于正常工作状态。

项次	检查项目	规定值或允许偏差	实测值或实测偏差值										质量评定		
			1	2	3	4	5	6	7	8	9	10	平均值、代表值	合格率（%）	合格判定
1	灯杆基础尺寸	符合设计要求，允许偏差：(-50, +100) mm	11	-17	2	9	-12	-2	5	8	-7	9	0.6	100	合格
2△	灯杆壁厚	符合设计要求 10mm	10	11	10	10	10	11	11	10	11	10	10.4	100	合格
3	金属灯杆防腐涂层厚度	符合设计要求，无要求时符合现行GB/T 18226的规定 150μm	157	151	153	153	162	161	159	156	154	154	156	100	合格
4	灯杆垂直度	≤3mm/m	2	2	3	2	3	2	1	3	0	1	1.8	100	合格
5△	照明设备控制装置的保护接地电阻	≤4Ω	1	2	4	3	1	3	0	3	3	1	2.1	100	合格
6△	灯杆防雷接地电阻	≤10Ω	2	3	7	9	9	6	8	1	7	4	5.6	100	合格
7△	路面平均亮度	符合设计要求，无要求时≥2cd/m²	2.3	2.2	2.2	2.2	2.3	2.3	2.2	2.3	2.3	2.2	2.25	100	合格

（项次4～7 属实测项目）

567

续表

1. 路段照明设施分项工程质量检验评定表

分项工程名称：路段照明设施 所属分项工程名称：照明设施 分项工程编号：JD-05-01-01-001

工程部位：K11+100～K11+500 所属分部工程名称：照明设施 所属建设项目（合同段）：××省×××市至××市高速公路项目

施工单位：××公路工程建设有限公司 所属单位工程：机电工程

项次	检查项目	规定值或允许偏差	实测值或实测偏差值											质量评定		
			1	2	3	4	5	6	7	8	9	10	平均值、代表值	合格率（%）	合格判定
8△	路面亮度总均匀度	符合设计要求，无要求时≥0.4	0.45	0.51	0.47	0.47	0.44	0.41	0.43	0.42	0.45	0.45	0.45	100	合格
9△	路面亮度纵向均匀度	符合设计要求，无要求时≥0.7	0.77	0.81	0.79	0.79	0.75	0.74	0.74	0.79	0.78	0.78	0.77	100	合格
实测项目	10	照明控制方式	具有自动、手动两种控制方式或符合设计要求	符合要求，见检验记录，编号××										/	100	合格
	11	高杆灯灯盘升降功能	符合设计要求	符合要求，见检验记录，编号××										/	100	合格
	12	亮度传感器与照明灯具的联动功能	符合设计要求	符合要求，见检验记录，编号××										/	100	合格
	13	定时控制功能	可控	符合要求，见检验记录，编号××										/	100	合格
外观质量			灯杆基础牢固，设备完整，照明设施正常工作											齐全		
工程质量等级评定			合格							质量保证资料				合格		

检测：××× 记录：××× 复核：×××

检验负责人：××× 工程负责人：××× 2023年×月×日

568

2. 收费广场照明设施分项工程质量检验评定表

分项工程名称：收费广场照明设施　　所属分部工程名称：照明设施　　分项工程编号：JD-05-02-01-001

工程部位：××收费站　　所属单位工程：机电工程　　所属建设项目（合同段）：×××省×××市至×××市高速公路项目

施工单位：×××公路工程建设有限公司

基本要求	☑ 1. 收费广场照明灯具设备根据类型应符合现行《升降式高杆照明装置》GB/T 26943和《公路LED照明灯具》JT/T 939等相关标准的规定。 ☑ 2. 收费广场照明设备及配件的型号规格、数量应符合合同要求，部件完整。 ☑ 3. 照明灯具安装的结构尺寸、预埋件、安装方位、安装间距等应符合设计要求。 ☑ 4. 全部设备安装调试完毕，收费广场照明设施应处于正常工作状态。

项次	检查项目	规定值或允许偏差	实测值或实测偏差值										质量评定		
			1	2	3	4	5	6	7	8	9	10	平均值，代表值	合格率（%）	合格判定
1	灯杆基础尺寸	符合设计要求，允许偏差：(-50, +100) mm	7	13	12	-9	14	21	-8	-11	-15	9	3.3	100	合格
2△	灯杆壁厚	符合设计要求 10mm	11	10	10	10							10.25	100	合格
3 实测项目	金属灯杆防腐涂层厚度	符合设计要求，无要求时符合现行GB/T 18826的规定 150μm	155	155	159	161							157.5	100	合格
4	灯杆竖直度	≤3mm/m	1	0	2	2							1.25	100	合格
5△	照明设备控制装置的保护接地电阻	≤4Ω	1	2	2	2							1.75	100	合格
6△	灯杆防雷接地电阻	≤10Ω	2	1	9	7							4.75	100	合格

569

续表

2. 收费广场照明设施分项工程质量检验评定表

分项工程名称：收费广场照明设施　　分项工程编号：JD-05-02-01-001
工程部位：××收费站　　所属分部工程：照明设施
施工单位：×××公路工程建设有限公司　　所属单位工程：机电工程
　　所属建设项目（合同段）：×××省×××市至××市高速公路项目

项次	检查项目	规定值或允许偏差	实测值或实测偏差值										质量评定		
			1	2	3	4	5	6	7	8	9	10	平均值、代表值	合格率（%）	合格判定
7△	收费广场路面平均照度	符合设计要求，无要求时≥2lx	21	22	22	21							21.5	100	合格
8△	收费广场路面照度总均匀度	符合设计要求，无要求时≥0.4	0.45	0.41	0.45	0.43							0.44	100	合格
9	照明控制方式	具有自动、手动两种控制方式或符合设计要求	符合要求，见检验记录，编号××										/	100	合格
10	高杆灯灯盘升降功能	符合设计要求	符合要求，见检验记录，编号××										/	100	合格
11	亮度传感器与照明灯具的联动功能	符合设计要求	符合要求，见检验记录，编号××										/	100	合格
12	定时控制功能	可控	符合要求，见检验记录，编号××										/	100	合格
外观质量		灯杆基础牢固，设备完整，照明设施正常工作										质量保证资料		齐全	
工程质量等级评定							合格								

检验负责人：×××　　检测：×××　　记录：×××　　复核：×××　　2023年×月×日

570

3. 服务区照明设施分项工程质量检验评定表

分项工程名称：服务区照明设施　　　　所属分部工程名称：照明设施　　　　分项工程编号：JD-05-03-01-001

工程部位：××服务区　　　　所属单位工程：机电工程　　　　所属建设项目（合同段）：××省×××市至×××市高速公路项目

施工单位：×××公路工程建设有限公司

| 基本要求 | ☑ 1. 服务区照明灯具设备根据类型应符合现行《升降式高杆照明装置》GB/T 26943和《公路LED照明灯具》JT/T 939等相关标准的规定。
☑ 2. 服务区照明设备及配件的型号规格、数量应符合合同要求，部件完整。
☑ 3. 照明灯具安装支架的结构尺寸、预埋件、安装方位、安装间距等应符合设计要求。
☑ 4. 全部设备安装调试完毕，服务区照明设施应处于正常工作状态。 | | | | | | | | | | | | | |

项次	检查项目	规定值或允许偏差	实测值或实测偏差值										质量评定		
			1	2	3	4	5	6	7	8	9	10	平均值、代表值	合格率（%）	合格判定
实测项目															
1	灯杆基础尺寸	符合设计要求，允许偏差：（-50，+100）mm	11	9	-3	-8	-15	17	15	15	8	3	5.2	100	合格
2 △	灯杆壁厚	符合设计要求　10mm	10	10	10	11							10.25	100	合格
3	金属灯杆防腐涂层厚度	符合设计要求，无要求时应符合现行GB/T 18226的规定 150μm	152	158	156	154							155	100	合格
4	灯杆竖直度	≤3mm/m	1	1	1	2							1.25	100	合格
5 △	照明设备控制装置的接地电阻	≤4Ω	4	4	3	4							3.75	100	合格
6 △	灯杆防雷接地电阻	≤10Ω	5	9	4	6							6	100	合格

571

续表

3. 服务区照明设施分项工程质量检验评定表

分项工程名称：服务区照明设施　　分项工程编号：JD-05-03-01-001

所属分部工程：照明设施

工程部位：××服务区

所属建设项目（合同段）：×××省×××市至×××市高速公路项目

所属单位工程：机电工程

施工单位：×××公路工程建设有限公司

项次	检查项目	规定值或允许偏差	实测值或实测偏差值											质量评定		
			1	2	3	4	5	6	7	8	9	10	平均值、代表值	合格率（%）	合格判定
7△	服务区路面平均照度	符合设计要求，无要求时≥10lx	103	105	104	104							104	100	合格
8△	服务区路面照度总均匀度	符合设计要求，无要求时≥0.3	0.35	0.36	0.35	0.35							0.35	100	合格
9	照明控制方式	具有自动、手动两种控制方式或符合设计要求	符合要求，见检验记录，编号××										/	100	合格
10	高杆灯灯盘升降功能	符合设计要求	符合要求，见检验记录，编号××										/	100	合格
11	亮度传感器与照明灯具的联动功能	符合设计要求	符合要求，见检验记录，编号××										/	100	合格
12	定时控制功能	可控	符合要求，见检验记录，编号××										/	100	合格
外观质量		灯杆基础牢固、设备完整、照明设施正常工作	照明设施正常工作										质量保证资料		齐全
工程质量等级评定							合格								

检验负责人：×××　　　检测：×××　　　记录：×××　　　复核：×××　　　2023年×月×日

572

4. 收费天棚照明设施分项工程质量检验评定表

分项工程名称：收费天棚照明设施　　所属分部工程名称：照明设施　　分项工程编号：JD-05-04-01-001

工程部位：××收费站　　所属单位工程：机电工程　　所属建设项目（合同段）：××省××市至××市高速公路项目

施工单位：××公路工程建设有限公司

基本要求	☑ 1. 收费天棚照明设备及配件的型号规格、数量应符合合同要求、部件完整。 ☑ 2. 照明灯具安装应牢固可靠。 ☑ 3. 全部设备安装调试完毕，收费天棚照明设施应处于正常工作状态。

项次	检查项目	规定值或允许偏差	实测值或实测偏差值											质量评定		
			1	2	3	4	5	6	7	8	9	10	平均值，代表值	合格率（%）	合格判定
实测项目	1 △	照明设备控制装置的接地电阻	≤4Ω	1	2	1								1.33	100	合格
	2 △	收费车道路面平均照度	符合设计要求，无要求时≥50lx	512	521	519								517.33	100	合格
	3 △	收费车道路面照度总均匀度	符合设计要求，无要求时≥0.6	0.65	0.69	0.68								0.67	100	合格
	4 △	收费车道路面平均亮度	符合设计要求，无要求时≥3.5cd/m²	3.8	3.8	3.9								3.83	100	合格

573

续表

4. 收费天棚照明设施分项工程质量检验评定表

分项工程名称：收费天棚照明设施　　　所属分部工程名称：照明设施　　　分项工程编号：JD-05-04-01-001

工程部位：××收费站　　　所属单位工程：机电工程　　　所属建设项目（合同段）：×××省××市至××市高速公路项目

施工单位：×××公路工程建设有限公司

| 项次 | 检查项目 | 规定值或允许偏差 | 实测值或实测偏差值 | | | | | | | | | | 质量评定 | | |
			1	2	3	4	5	6	7	8	9	10	平均值、代表值	合格率（%）	合格判定
5	收费车道路面亮度总均匀度	符合设计要求，无要求时≥0.5	0.57	0.56	0.55								0.56	100	合格
6	收费车道路面亮度纵向均匀度	符合设计要求，无要求时≥0.8	0.88	0.89	0.91								0.89	100	合格
实测项目 7	显色指数	符合设计要求，无要求时≥70	74	75	73								74	100	合格
8	照明控制方式	具有自动、手动两种控制方式或符合设计要求	符合要求，见检验记录，编号××										/	100	合格
9	定时控制功能	可控	符合要求，见检验记录，编号××										/	100	合格
	外观质量	照明设备完整，灯具安装牢固，照明设施正常工作												齐全	
	质量保证资料														
	工程质量等级评定							合格							

检验负责人：×××　　　检测：×××　　　记录：×××　　　复核：×××　　　2023年×月×日

574

六、隧道机电设施

1. 紧急电话与有线广播系统分项工程质量检验评定表

分项工程名称：紧急电话与有线广播系统　　所属分部工程名称：隧道机电设施　　分项工程编号：JD-06-03-01-001
工程部位：××隧道　　所属单位工程：机电工程　　所属建设项目（合同段）：××省××市至××市高速公路项目
施工单位：××公路工程建设有限公司

基本要求	☑ 1. 紧急电话与有线广播系统设备应符合现行《高速公路有线紧急电话系统技术要求》GB/T 19516等相关标准的规定。 ☑ 2. 紧急电话与有线广播系统设备及配件的型号规格、数量应符合合同要求，部件完整。 ☑ 3. 紧急电话分机上的标志应符合现行《道路交通标志和标线》GB 5768的规定。 ☑ 4. 全部设备安装调试完毕，系统应处于正常工作状态。													
项次	检查项目	规定值或允许偏差	实测值或实测偏差值										质量评定	
			1	2	3	4	5	6	7	8	9	10	平均值、代表值	合格率（%）	合格判定
1	接地连接	机箱接地线可靠连接到隧道接地汇流排上	符合要求，见检验记录，编号××										/	100	合格
2 △	隧道共用接地电阻	≤1Ω	0.1	0.4	0.8								0.43	100	合格
3	麦克风距基础平台的高度	符合设计要求 ±10mm	2	−3	2								0.33	100	合格
4 △	分机音量	≥90dB（A）	91	99	103								97.67	100	合格
5 △	分机话音质量	话音清晰，无明显断字缺陷	符合要求，见检验记录，编号××										/	100	合格
6 △	呼叫响应性能	响应灵敏	符合要求，见检验记录，编号××										/	100	合格
7	按键提示	按键提示信息简明易懂	符合要求，见检验记录，编号××										/	100	合格
8	噪声抑制	话机通话和广播放及静态时，要求无嘀嘀声、沙沙声，及振鸣、啸叫等杂音	符合要求，见检验记录，编号××										/	100	合格

575

续表

1. 紧急电话与有线广播系统分项工程质量检验评定表

分项工程名称：紧急电话与有线广播系统　　所属分部工程名称：隧道机电设施　　分项工程编号：JD-06-03-01-001

工程部位：××隧道　　所属单位工程：机电工程　　所属建设项目（合同段）：××省××市至××市高速公路项目

施工单位：××公路工程建设有限公司

项次	检查项目	规定值或允许偏差	实测值或实测偏差值 1 2 3 4 5 6 7 8 9 10	平均值，代表值	合格率（%）	合格判定
9△	通话呼叫功能	按下通话按键，可呼叫控制台主机	符合要求，见检验记录，编号××	/	100	合格
10△	地址码显示功能	控制台能显示呼叫位置信息	符合要求，见检验记录，编号××	/	100	合格
11△	振铃响应	呼叫在控制台有震铃响应	符合要求，见检验记录，编号××	/	100	合格
12	语音提示功能	呼叫后，话机有等待信号与提示音	符合要求，见检验记录，编号××	/	100	合格
13 实测项目	录音功能	控制台可自动录音	符合要求，见检验记录，编号××	/	100	合格
14	故障报告功能	中心可自动立即显示故障信息	符合要求，见检验记录，编号××	/	100	合格
15	取消呼叫功能	控制台可取消呼叫	符合要求，见检验记录，编号××	/	100	合格
16	报告生成、打印功能	系统能自动生成事件、故障、值班记录等报告，并可查询、打印	符合要求，见检验记录，编号××	/	100	合格
17	定时自检功能	系统能按设定的周期自动检测线路连接、电池、设备的工作状态	符合要求，见检验记录，编号××	/	100	合格
18△	手动自检功能	系统能手动设置实时检测线路连接、电池、设备的工作状态	符合要求，见检验记录，编号××	/	100	合格
19	加电自恢复功能	加电后，系统能自动恢复到工作状态	符合要求，见检验记录，编号××	/	100	合格

续表

1. 紧急电话与有线广播系统分项工程质量检验评定表

分项工程名称：紧急电话与有线广播系统　　所属分部工程名称：隧道机电设施　　分项工程编号：JD-06-03-01-001
工程部位：××隧道　　所属单位工程：机电工程　　所属建设项目（合同段）：×××省×××市至×××市高速公路项目
施工单位：×××公路工程建设有限公司

项次	检查项目	规定值或允许偏差	实测值或实测偏差值										质量评定		
			1	2	3	4	5	6	7	8	9	10	平均值、代表值	合格率（%）	合格判定
实测项目	20	广播喇叭高度	符合设计要求 ±10mm	2	3	-1								1.33	100	合格
	21	广播音量	≥110dB（A）	142	117	154								137.67	100	合格
	22	广播声音质量	环境噪声＜90dB时，话音清晰，隧道中能听清广播内容	符合要求，见检验记录，编号××										/	100	合格
	23△	音区切换功能	具有音区多路切换选择广播功能，可进行单音区、多音区广播	符合要求，见检验记录，编号×××										/	100	合格
	24	广播节目源选择功能	监控员能实时广播，也可播放已录制的节目	符合要求，见检验记录，编号×××										/	100	合格
	25	音量调节功能	可对广播音量的大小进行调节	符合要求，见检验记录，编号×××										/	100	合格
	26	循环广播功能	可对指定的节目源循环播放	符合要求，见检验记录，编号×××										/	100	合格
外观质量			机箱安装牢固，分机标志清楚，系统正常运行											齐全		
工程质量等级评定								合格						质量保证资料		

检验负责人：×××　　　工程质量负责人：×××　　　检测：×××　　　记录：×××　　　复核：×××　　　2023年×月×日

577

2. 环境检测设备分项工程质量检验评定表

分项工程名称：环境检测设备　　　所属分部工程名称：隧道机电设施　　　分项工程编号：JD-06-04-01-001

工程部位：××隧道　　　所属单位工程：机电工程　　　所属建设项目（合同段）：××省×××市至××市高速公路项目

施工单位：×××公路工程建设有限公司

基本要求	☑ 1. 环境检测设备应符合现行《隧道环境检测设备》GB/T 26944等相关标准的规定。 ☑ 2. 环境检测设备及配件的型号规格、数量应符合合同要求、部件完整。 ☑ 3. 环境检测设备及其配置的传感器安装位置应正确，符合设计要求。 ☑ 4. 全部设备安装调试完毕，环境检测设备应处于正常工作状态。

项次		检查项目	规定值或允许偏差	实测值或实测偏差值										质量评定		
				1	2	3	4	5	6	7	8	9	10	平均值、代表值	合格率（%）	合格判定
1		控制机箱接地连接	机箱接地线可靠连接到隧道接地汇流排上	符合要求，见检验记录，编号××										/	100	合格
2△		隧道共用接地电阻	≤1Ω	0.6	0.8	0.9								0.77	100	合格
实测项目	3	3.1 CO传感器测量误差	±1ppm或符合设计要求	0	1	−1								0	100	合格
		3.2 烟雾传感器测量误差	±0.0002m⁻¹或符合设计要求	0.0001	0	−0.0001								0	100	合格
		3.3 照度传感器测量误差	±2%或符合设计要求	1.2	−0.7	0.5								0.33	100	合格
		3.4 风速传感器测量误差	±0.2m/s或符合设计要求	0.1	0	−0.2								0.1	100	合格
		3.5 风向传感器测量误差	正、反向方向正确或符合设计要求	符合要求，见检验记录，编号××										/	100	合格
4△		数据采集功能	具有采集CO、烟雾、照度、风速、风向等数据的功能	符合要求，见检验记录，编号××										/	100	合格
5△		数据上传周期	符合设计要求	符合要求，见检验记录，编号××										/	100	合格
6		与风机、照明等设备的联动功能	符合设计要求	符合要求，见检验记录，编号××										/	100	合格

外观质量	机箱内部元器件牢靠，检测设备正常工作	齐全

工程质量等级评定		合格

检验负责人：×××　　　　检测：×××　　　　记录：×××

质量保证资料

复核：×××

2023年×月×日

578

3. 手动火灾报警系统分项工程质量检验评定表

分项工程名称：手动火灾报警系统　　　　所属分部工程名称：隧道机电设施　　　　分项工程编号：JD-06-05-01-001

工程部位：××隧道　　　　所属单位工程：机电工程　　　　所属建设项目（合同段）：×××省×××市至××市高速公路项目

施工单位：××公路工程建设有限公司

基本要求	☑ 1. 手动火灾报警系统设备及配件的型号规格、数量应符合合同要求，部件完整。
	☑ 2. 手动火灾报警系统设备安装位置应正确，符合设计要求。
	☑ 3. 全部设备安装调试完毕，系统应处于正常工作状态。

	项次	检查项目	规定值或允许偏差	实测值或实测偏差值											质量评定		
				1	2	3	4	5	6	7	8	9	10	平均值、代表值	合格率（%）	合格判定
实测项目	1	火灾报警与主机接地连接	机箱接地线可靠连接到隧道接地汇流排上	符合要求，见检验记录，编号××										/	100	合格
	2Δ	隧道共用接地电阻	≤1Ω	0.2	0.3	0.3	0.4							0.3	100	合格
	3	隧道管理站警报器音量	90～120dB（A）或符合设计要求	97	102	104	104							101	100	合格
	4	报警信号输出	能将报警器位置信息传送到隧道管理站	符合要求，见检验记录，编号××										/	100	合格
	5Δ	报警按钮与警报器的联动功能	按下报警按钮后能触发警报器启动	符合要求，见检验记录，编号××										/	100	合格
外观质量			设备安装正确，系统正常工作													齐全
质量保证资料																齐全
工程质量等级评定	×××						合格									

检验负责人：×××　　　　检测：×××　　　　记录：×××　　　　复核：×××　　　　2023年×月×日

579

4. 自动火灾报警系统分项工程质量检验评定表

分项工程名称：自动火灾报警系统　　所属分部工程名称：隧道机电设施　　分项工程编号：JD-06-06-01-001

工程部位：××隧道　　所属单位工程：机电工程

施工单位：××公路工程建设有限公司　　所属建设项目（合同段）：×××省×××市至××市高速公路项目

基本要求	☑ 1. 火灾探测器、火灾报警器等设备应符合国家或行业相关标准的规定。 ☑ 2. 自动火灾报警系统设备及配件的型号规格、数量应符合合同要求，部件完整。 ☑ 3. 自动火灾报警系统设备安装设备安装位置正确，符合设计要求。 ☑ 4. 全部设备安装调试完毕，系统应处于正常工作状态。														

项次	检查项目	规定值或允许偏差	实测值或实测偏差值										质量评定		
			1	2	3	4	5	6	7	8	9	10	平均值、代表值	合格率（%）	合格判定
实测项目 1	火灾报警主机接地连接	机箱接地线可靠连接到隧道接地汇流排上	符合要求，见检验记录，编号××										/	100	合格
2 Δ	隧道共用接地电阻	≤1Ω	0.7	0.4	0.1								0.4	100	合格
3 Δ	火灾探测器自动报警响应时间	≤60s	36	32	33								33.67	100	合格
4 Δ	火灾探测器灵敏度	可靠探测火灾。不漏报，并能将探测数据传送到火灾控制器和上端计算机	符合要求，见检验记录，编号××										/	100	合格
5	故障报警功能	火灾探测器、通信链路断路或火灾报警主机电源断电时，上端计算机能够报警	符合要求，见检验记录，编号××										/	100	合格

外观质量	设备安装正确，系统正常工作		质量保证资料	齐全

工程质量等级评定		合格		

检验责任人：×××　　　　检测：×××　　　　记录：×××　　　　复核：×××　　　　2023年×月×日

5. 电光标志分项工程质量检验评定表

分项工程名称：电光标志　　所属分部工程名称：隧道机电设施　　分项工程编号：JD-06-07-01-001

工程部位：××隧道　　所属单位工程：机电工程　　所属建设项目（合同段）：××省××市至××市高速公路项目

施工单位：××公路工程建设有限公司

基本要求	☑ 1. 电光标志设备及配件的型号规格、数量应符合合同要求、部件完整。 ☑ 2. 电光标志设备安装位置应正确，符合设计要求。 ☑ 3. 全部设备安装调试完毕，电光标志应处于正常工作状态。													

项次	检查项目	规定值或允许偏差	实测值或实测偏差值										质量评定		
			1	2	3	4	5	6	7	8	9	10	平均值、代表值	合格率（%）	合格判定
实测项目 1	控制机箱接地连接	机箱接地线可靠连接到隧道接地汇流排上	符合要求，见检验记录，编号××										/	100	合格
2△	隧道共用接地电阻	≤1Ω	0.8	0.8	0.8								0.8	100	合格
3	电光标志的亮度	疏散指示标志为5～300cd/m²，其他电光标志的白色部分为150～300cd/m²	162	174	181								172.33	100	合格
外观质量		设备安装正确，电光标志正常工作	电光标志正常工作												
质量保证资料			齐全												
工程质量等级评定		合格													

检验负责人：×××　　检测：×××　　记录：×××　　复核：×××　　2023年×月×日

581

6. 发光诱导设施分项工程质量检验评定表

分项工程名称：发光诱导设施　　所属分部工程名称：隧道机电设施　　分项工程编号：JD-06-08-01-001

工程部位：××隧道　　所属单位工程：机电工程　　所属建设项目（合同段）：×××省××市至××市高速公路项目

施工单位：×××公路工程建设有限公司

| 基本要求 | ☑ 1. 发光诱导设施设备应符合现行《公路隧道发光型诱导设施》JT/T 820等相关标准的规定。
☑ 2. 发光诱导设施设备及配件的型号规格、数量应符合合同要求，部件完整。
☑ 3. 发光诱导设施设备安装位置应正确，符合设计要求。
☑ 4. 全部设备安装调试完毕，发光诱导设施应处于正常工作状态。 | | | | | | | | | | | | | |

实测项目	项次	检查项目	规定值或允许偏差	实测值或实测偏差值										质量评定		
				1	2	3	4	5	6	7	8	9	10	平均值、代表值	合格率（%）	合格判定
	1	绝缘电阻	强电端子对对机壳≥50MΩ	72	71	71								71.33	100	合格
	2△	控制机箱接地连接	机箱接地线可靠连接到隧道接地汇流排上	符合要求，见检验记录，编号××										/	100	合格
	3△	隧道共用接地电阻	≤1Ω	0.9	0.9	0.9								0.9	100	合格
	4△	控制功能	可手动控制诱导设施的启动、停止	符合要求，见检验记录，编号××										/	100	合格
外观质量			控制机箱安装牢固，发光诱导设施正常工作													齐全
质量保证资料																
工程质量等级评定			合格													

检验负责人：×××　　　　检测：×××　　　　记录：×××　　　　复核：×××　　　　2023年×月×日

582

7. 隧道视频交通事件检测系统分项工程质量检验评定表

分项工程名称：隧道视频交通事件检测系统　　　所属分部工程名称：隧道机电设施　　　分项工程编号：JD-06-10-01-001

工程部位：××隧道　　　所属单位工程：机电工程　　　所属建设项目（合同段）：×××市至×××市高速公路项目

施工单位：×××公路工程建设有限公司

基本要求	☑ 1. 隧道视频交通事件检测系统设备应符合现行《视频交通事件检测器》GB/T 28789等相关标准的规定。
	☑ 2. 隧道视频交通事件检测系统设备及配件的型号规格、数量应符合合同要求，部件完整。
	☑ 3. 设备列架、机架接地应良好。
	☑ 4. 全部设备安装调试完毕，系统应处于正常工作状态。

项次	检查项目	规定值或允许偏差	实测值或实测偏差值										质量评定		
			1	2	3	4	5	6	7	8	9	10	平均值、代表值	合格率（%）	合格判定
实测项目	1	中心设备接地连接	保护地、防雷地的接地连接线可靠连接到接地汇流排上	符合要求，见检验记录，编号××										/	100	合格
	2	事件检测率	符合设计要求，无要求时：在隧道照明设施正常开启条件下≥90%	91	91	92								91.33	100	合格
	3△	典型事件检测功能	具备停止、逆行、行人、抛洒物、烟雾等事件检测功能，系统自动进行检测并输出检测数据，有报警信息提示	符合要求，见检验记录，编号××										/	100	合格
	4	自动录像功能	系统自动捕获并存储交通事件发生过程的影像，能按要求设定记录时间	符合要求，见检验记录，编号××										/	100	合格
	5	自诊断和报警功能	视频信号丢失、系统设备故障、网络通信故障等情况发生时，系统能自诊断、记录并告警	符合要求，见检验记录，编号××										/	100	合格
	6	时钟同步功能	与监控系统或通信系统主时钟进行同步	符合要求，见检验记录，编号××										/	100	合格

外观质量	设备安装牢固，系统正常工作	质量保证资料	齐全

工程质量等级评定　合格

检验负责人：×××　　　检测：×××　　　记录：×××　　　复核：×××　　　2023年×月×日

583

8. 射流风机分项工程质量检验评定表

分项工程名称：射流风机　　　　　　　　　　所属分部工程名称：隧道机电设施　　　　　　　分项工程编号：JD-06-11-01-001

工程部位：××隧道　　　　　　　　　　　　所属单位工程：机电工程　　　　　　　　　　　所属建设项目（合同段）：××省××市至××市高速公路项目

施工单位：××公路工程建设有限公司

| 基本要求 | ☑ 1. 射流风机设备及配件的型号规格、数量应符合合同要求、部件完整。
☑ 2. 射流风机安装支架支架的结构尺寸、预埋件、安装方位、安装间距等应符合设计要求，并附风机预埋件抗拉拔能力的检验报告。
☑ 3. 射流风机安装应牢固，风机防护罩完好。
☑ 4. 全部设备安装调试完毕，射流风机应处于正常工作状态。 |||||||||||||||

项次	检查项目	规定值或允许偏差	实测值或实测偏差值										质量评定		
			1	2	3	4	5	6	7	8	9	10	平均值、代表值	合格率（%）	合格判定
1 △	净空高度	符合设计要求 ±10mm	3	-2	7								2.67	100	合格
2 △	控制柜防腐涂层厚度	符合设计要求，无要求时符合现行GB/T 18226的规定 150μm	155	159	162								158.67	100	合格
3 △	绝缘电阻	强电端子对机壳≥50MΩ	52	70	67	68	65	62	63	61	69	54	63.1	100	合格
4	控制机箱接地连接	机箱接地线可靠连接到隧道接地汇流排上	符合要求，见检验记录，编号××										/	100	合格
5 △	隧道共用接地电阻	≤1Ω	0.2	0.3	0.5								0.33	100	合格
6 △	风机运转时隧道断面平均风速	符合设计要求 1～2m/s	1.2	1.5	1.2								1.3	100	合格

584

续表

8. 射流风机分项工程质量检验评定表

分项工程名称：射流风机　　　所属分部工程名称：隧道机电设施　　　分项工程编号：JD-06-11-01-001
工程部位：××隧道　　　所属单位工程：机电工程　　　所属建设项目（合同段）：×××市至×××市高速公路项目
施工单位：××公路工程建设有限公司

项次	检查项目	规定值或允许偏差	实测值或实测偏差值											质量评定		
			1	2	3	4	5	6	7	8	9	10	平均值、代表值	合格率（%）	合格判定
7	风机全速运转时隧道噪声	符合设计要求　≤90dB	77	82	85								81.33	100	合格
8	响应时间	发送控制命令后至风机启动带动叶轮开始转动时的时间≤5s，或符合设计要求	1	1	1								1	100	合格
实测项目 9	方向可控性	能手动、自动控制风机改变送风方向	符合要求，见检验记录　编号××										/	100	合格
10	运行方式	风机具有手动、自动两种运行方式	符合要求，见检验记录　编号××										/	100	合格
11	远程控制模式	自动运行方式下，通过标准串口，接收本地控制器或隧道管理站的信息，控制风机启动、停止和送风方向	符合要求，见检验记录　编号××										/	100	合格
外观质量		控制柜安装牢固，射流风机正常工作							质量保证资料					齐全	
工程质量等级评定							合格								

检验负责人：×××　　　检测：×××　　　记录：×××　　　复核：×××　　　2023年×月×日

585

9. 轴流风机分项工程质量检验评定表

基本要求	☑ 1. 轴流风机设备及配件的型号规格、数量应符合合同要求、部件完整。 ☑ 2. 轴流风机安装应牢固，方位正确。 ☑ 3. 全部设备安装调试完毕，轴流风机应处于正常工作状态。															

项次		检查项目	规定值或允许偏差	实测值或实测偏差值										质量评定		
				1	2	3	4	5	6	7	8	9	10	平均值、代表值	合格率（%）	合格判定
1 △	实测项目	控制柜防腐涂层厚度	符合设计要求，无要求时符合现行GB/T 18226的规定 150μm	166	162	165								164.33	100	合格
2 △		绝缘电阻	强电端子对机壳≥50MΩ	58	58	58								58	100	合格
3		控制机箱接地连接	机箱接地线可靠连接到隧道接地汇流排上	符合要求，见检验记录，编号××										/	100	合格
4 △		隧道共用接地电阻	≤1Ω	0.2	0.9	0.3								0.47	100	合格
5 △		风机运转时隧道断面平均风速	符合设计要求 0.5～1.5m/s	0.7	0.6	0.9								0.73	100	合格
6		风机机房环境噪声	符合设计要求 ≤90dB	77	81	83								80.33	100	合格
7		响应时间	发送控制命令后至风机启动带动叶轮开始转动时的时间≤5s，或符合设计计要求	2	2	3								2.33	100	合格

586

续表

9. 轴流风机分项工程质量检验评定表

分项工程名称：轴流风机　　　　　　　　　　所属分部工程名称：隧道机电设施　　　　　　　分项工程编号：JD-06-12-01-001

工程部位：××隧道

施工单位：×××公路工程建设有限公司

所属单位工程：机电工程

所属建设项目（合同段）：××省×××市至××市高速公路项目

项次	检查项目	规定值或允许偏差	实测值或实测偏差值											质量评定		
			1	2	3	4	5	6	7	8	9	10	平均值、代表值	合格率（%）	合格判定
8	风阀启闭功能	符合设计要求		符合要求，见检验记录，编号×××										/	100	合格
9	运行方式	风机具有手动、自动两种运行方式		符合要求，见检验记录，编号×××										/	100	合格
10	远程控制模式	自动运行方式下，通过标准串口，接收本地控制器或隧道管理站的信息，控制风机启动、停止和送、排风方向		符合要求，见检验记录，编号×××										/	100	合格
11	风速调节功能	接收手动、自动控制信号调节通风量		符合要求，见检验记录，编号×××										/	100	合格
12	叶片角度调节和控制功能	风机静止时，叶片角度可以进行调节和控制，能显示叶片的实际角度		符合要求，见检验记录，编号×××										/	100	合格
13	风道开闭功能	风道应设有开关装置，能对风道进行开、全闭		符合要求，见检验记录，编号×××										/	100	合格
外观质量		控制柜安装牢固，轴流风机正常工作												齐全		
工程质量等级评定		合格						质量保证资料						合格		

检验负责人：×××　　　　　　检测：×××　　　　　　记录：×××　　　　　　复核：×××　　　　　　2023年×月×日

587

10. 照明设施分项工程质量检验评定表

分项工程名称：照明设施　　　　　　　所属分部工程名称：隧道机电设施　　　　　分项工程编号：JD-06-13-01-001

工程部位：××隧道　　　　　　　　　所属单位工程：机电工程　　　　　　　　　所属建设项目（合同段）：×××省×××市至××市高速公路项目

施工单位：××公路工程建设有限公司

基本要求	☑ 1. 照明设备及配件的型号规格、数量应符合合同要求，部件完整。 ☑ 2. 照明灯具安装支架的结构尺寸、预埋件、安装方位、安装间距等应符合设计要求。 ☑ 3. 全部设备安装调试完毕，照明设施应处于正常工作状态。													
项次	检查项目	规定值或允许偏差	实测值或实测偏差值										质量评定		
			1	2	3	4	5	6	7	8	9	10	平均值、代表值	合格率（%）	合格判定
1△	绝缘电阻	强电端子对机壳≥50MΩ	52	56	68	74	73	58	59	51	57	53	60.1	100	合格
2	控制机箱接地连接	机箱接地线可靠连接到隧道接地汇流排上	符合要求，见检验记录，编号××										/	100	合格
3△	隧道共用接地电阻	≤1Ω	0	0	0	0	1	1	0	1	1	0	0.4	100	合格
4△	路面平均亮度（入口段、过渡段、中间段、出口段）	符合设计要求											/	/	/
5△	紧急停车带路面平均亮度	符合设计要求											/	/	/
6	紧急停车带显色指数	符合设计要求，无要求时≥80											/	/	/
7△	路面亮度总均匀度	符合设计要求，无要求时≥0.3											/	/	/
8	路面亮度纵向均匀度	符合设计要求，无要求时≥0.5											/	/	/

588

续表

10. 照明设施分项工程质量检验评定表

分项工程名称：照明设施　　所属分部工程名称：隧道机电设施　　分项工程编号：JD-06-13-01-001
工程部位：××隧道
施工单位：××公路工程建设有限公司　　所属单位工程：机电工程　　所属建设项目（合同段）：××省×××市至××市高速公路项目

项次	检查项目	规定值或允许偏差	实测值或实测偏差值										质量评定		
			1	2	3	4	5	6	7	8	9	10	平均值、代表值	合格率（%）	合格判定
9	照明相关色温	符合设计要求，无要求时≤6500K	6450	6330	6410								6396.67	100	合格
10	基本照明折减50%（20%）的情况下，照明显色指数	≥65	87	80	87								84.67	100	合格
11	路墙亮度比	路面左、右两侧墙面2m高范围内的平均亮度≥路面平均亮度的60%	64	66	71								67	100	合格
实测项目	12	灯具开闭可调	各照明回路组的启动时间、间隔可调	符合要求，见检验记录，编号××										/	100	合格
	13△	照明控制方式	具有自动、手动两种控制方式或符合设计要求	符合要求，见检验记录，编号××										/	100	合格
	14△	应急照明	主供电回路断电时，应急照明能自动开启	符合要求，见检验记录，编号××										/	100	合格
	15	照明灯具调光功能	采用LED灯、无极荧光灯做照明灯具的隧道，具有手动或自动调节灯具发光亮度的功能	符合要求，见检验记录，编号××										/	100	合格
外观质量		控制机箱安装正确，灯具安装牢固、整齐	合格									质量保证资料		齐全		
工程质量等级评定																

检验负责人：×××　　　检测：×××　　　记录：×××　　　复核：×××　　　2023年×月×日

589

11. 消防设施分项工程质量检验评定表

分项工程名称：消防设施　　所属分部工程：隧道机电设施　　分项工程编号：JD-06-14-01-001

工程部位：隧道　　所属单位工程：机电工程　　所属建设项目（合同段）：×××省×××市至××市高速公路项目

施工单位：××公路工程建设有限公司

基本要求	☑ 1. 消防设施的消防控制器、消火栓、灭火器、加压设施、供水设施及消防专用连接线缆、管道、配（附）件等设备应符合国家或行业相关标准的规定。 ☑ 2. 消防设施设备及配件的型号规格、数量应符合合同要求，部件完整。 ☑ 3. 消防设施设备的安装支架、预埋锚固件、预埋管线，在隧道内安装孔位、安装间距等应符合设计要求。 ☑ 4. 明装的线缆、管道保护措施应符合设计要求。 ☑ 5. 所有设备应安装到位，方位正确，不侵入公路建筑限界。 ☑ 6. 全部设备安装调试完毕，消防设施应处于正常工作状态。

项次	检查项目	规定值或允许偏差	实测值或实测偏差值											质量评定		
			1	2	3	4	5	6	7	8	9	10	平均值、代表值	合格率（%）	合格判定
实测项目															
1	加压设施气压	符合设计要求 1.0MPa	1	1	1								1	100	合格
2	供水设施水压	符合设计要求 0.6MPa	0.6	0.6	0.6								0.6	100	合格
3	消防水池的有效容量	符合设计要求 12m³	12.1	12	12.1								12.1	100	合格
4	消防水池的水位显示功能	应设置本地水位显示装置，并能将水位信息传送到隧道管理站计算机系统	符合要求，见检验记录，编号×××										/	100	合格
5	消火栓的功能	打开阀门后在规定的时间内达到规定的流量	符合要求，见检验记录，编号×××										/	100	合格
6	水成膜泡沫灭火装置的功能	符合设计要求	符合要求，见检验记录，编号×××										/	100	合格
7	电伴热的功能	符合设计要求	符合要求，见检验记录，编号×××										/	100	合格
8	人行横道防火门的功能	正常情况为关闭状态，开启方向为疏散方向，能在门两侧开启，且具有自动关闭功能	符合要求，见检验记录，编号×××										/	100	合格
9	车行横通道防火卷帘的功能	能现场和远程控制卷帘的开闭，隧道管理站可监视卷帘的开闭状态	符合要求，见检验记录，编号×××										/	100	合格
10	火灾探测器与自动灭火设施的联动功能	符合设计要求	符合要求，见检验记录，编号×××										/	100	合格

外观质量	各设备安装正确，消防水池管路畅通	质量保证资料	齐全
工程质量等级评定	合格		

检验负责人：×××　　检测：×××　　记录：×××　　复核：×××

2023年×月×日

590

12. 本地控制器分项工程质量检验评定表

分项工程名称：本地控制器　　分项工程编号：JD-06-15-01-001

工程部位：××隧道　　分部工程名称：隧道机电设施

施工单位：××公路工程建设有限公司　　所属建设项目（合同段）：××省×××市至××市高速公路项目

所属单位工程：机电工程

基本要求	☑ 1. 本地控制器设备及配件的型号规格、数量应符合合同要求、部件完整。
	☑ 2. 本地控制器安装位置应正确，不侵入公路建筑限界。
	☑ 3. 明装的线缆保护措施应符合设计要求。
	☑ 4. 本地控制器至控制中心以及隧道内下端设备的保护线、信号线、电力线的连接应符合设计要求。
	☑ 5. 全部设备安装调试完毕，本地控制器应处于正常工作状态。线缆排列应规整、无交叉扭绞、标识完整、清楚。

项次	检查项目	规定值或允许偏差	实测值或实测偏差值											质量评定		
			1	2	3	4	5	6	7	8	9	10	平均值、代表值	合格率（%）	合格判定
1	安装水平度、竖直度	水平：±3mm/m 垂直：±3mm/m	-1	0	2	0	2	2					0.83	100	合格
2 △	机箱防腐涂层厚度	符合设计要求，无要求时符合现行GB/T 18226的规定 150μm	151	157	153								153.67	100	合格
3 △	绝缘电阻	强电端子对机壳≥50MΩ	71	69	70								70	100	合格
4	机箱接地连接	机箱接地线可靠连接到隧道接地汇流排上	符合要求，见检验记录，编号××									/	100	合格
5 △	隧道共用接地电阻	≤1Ω	0.4	0.1	0.2								0.23	100	合格
6	IP网络吞吐率	符合设计要求，无设计要求时1518帧长≥99%	99	100	100								99.67	100	合格

实测项目

591

续表

12. 本地控制器分项工程质量检验评定表

分项工程名称：本地控制器　　所属分部工程名称：隧道机电设施　　分项工程编号：JD-06-15-01-001

工程部位：××隧道　　所属单位工程：机电工程　　所属建设项目（合同段）：××省××市至××市高速公路项目

施工单位：××公路工程建设有限公司

项次	检查项目	规定值或允许偏差	实测值或实测偏差值											质量评定		
			1	2	3	4	5	6	7	8	9	10	平均值、代表值	合格率（%）	合格判定
7	IP网络传输时延	符合设计要求，无要求时≤10ms	7	3	4								4.67	100	合格
8	IP网络丢包率	不大于70%流量负荷时≤0.1%	0.05	0.06	0.04								0.05	100	合格
9△	与计算机通信功能	能与隧道管理站计算机正常通信	符合要求，见检验记录		编号××								/	100	合格
10△	对所辖区域内下端设备控制功能	按设计周期或由隧道管理站控制采集、处理各下端设备的数据	符合要求，见检验记录		编号××								/	100	合格
11△	本地控制功能	隧道管理站计算机或通信通信链路故障时，可控制所辖区域内下端设备正常工作	符合要求，见检验记录		编号××								/	100	合格
12	断电时恢复功能	加电或系统重启动后可自动运行原预设控制方案	符合要求，见检验记录		编号××								/	100	合格
外观质量		设备安装牢固，线缆标识清楚，本地控制器正常工作													齐全	
工程质量等级评定		合格											质量保证资料		

实测项目

检验负责人：×××　　检测：×××　　记录：×××　　复核：×××　　2023年×月×日

592

13. 隧道管理站设备及软件分项工程质量检验评定表

分项工程名称：隧道管理站设备及软件　　　　所属分部工程名称：隧道机电设施　　　　分项工程编号：JD-06-16-01-001

工程部位：××隧道　　　　所属单位工程：机电工程　　　　所属建设项目（合同段）：×××省××市至××市高速公路项目

施工单位：××公路工程建设有限公司

基本要求	☑ 1. 所有设备及配件的型号规格、数量应符合合同要求，部件完整。 ☑ 2. 隧道管理站的防雷、供电、消防等辅助设施应安装调试完毕并正常运行。 ☑ 3. 隧道管理站机房应整洁，通风、照明、环境温湿度条件良好。 ☑ 4. 全部设备安装调试完毕，隧道管理站设备及软件应处于正常工作状态。 ☑ 5. 隧道管理软件包括系统软件与应用软件，系统软件应合法授权，应提交正式的授权使用证书，应用软件应提供软件开发、测试文件。												
	检查项目	规定值或允许偏差	实测值或实测偏差值										质量评定		
项次			1	2	3	4	5	6	7	8	9	10	平均值、代表值	合格率（%）	合格判定
1△	绝缘电阻	强电端子对机壳≥50MΩ	69	72	68								69.67	100	合格
2△	系统设备安装连接的可靠性	系统设备安装连接应可靠，经振动试验后系统无告警、错误动作	符合要求，见检验记录，编号××										/	100	合格
3	接地连接	保护地、防雷地的接地连接线可靠连接到接地汇流排上	符合要求，见检验记录，编号××										/	100	合格
4△	共用接地电阻	≤1Ω	0.3	0.7	0.4								0.47	100	合格
5	与本地控制器的通信功能	能与本地控制器正常通信	符合要求，见检验记录，编号××										/	100	合格
6	与监控中心计算机通信功能	数据传输准确	符合要求，见检验记录，编号××										/	100	合格
7	服务器功能	完成网管、数据备份、资源共享及设计要求的其他功能	符合要求，见检验记录，编号××										/	100	合格

13. 隧道管理站设备及软件分项工程质量检验评定表

分项工程名称：隧道管理站设备及软件　　所属分部工程名称：隧道机电设施　　分项工程编号：JD-06-16-01-001

工程部位：××隧道　　所属单位工程：机电工程　　所属建设项目（合同段）：××省××市至××市高速公路项目

施工单位：××公路工程建设有限公司

项次	检查项目	规定值或允许偏差	实测值或实测偏差值										质量评定			
			1	2	3	4	5	6	7	8	9	10	平均值、代表值	合格率（%）	合格判定
8	中央管理计算机功能	按设计要求协调和管理其他计算机			符合要求，见检验记录，编号××								/	100	合格
9	交通控制计算机功能	接收下端车辆检测器传送的信息，执行设计制定的控制预案			符合要求，见检验记录，编号××								/	100	合格
10	通风照明计算机功能	接收下端环境检测设备传送的信息，执行设计制定的控制预案			符合要求，见检验记录，编号××								/	100	合格
11	火灾报警控制计算机功能	接收下端火灾报警控制器传送的信息，执行设计制定的控制预案			符合要求，见检验记录，编号××								/	100	合格
12	图像控制计算机的功能	能切换、控制CCTV图像，并在大屏幕上显示			符合要求，见检验记录，编号××								/	100	合格
13	紧急电话控制台功能	能对下端分机的呼叫进行应答			符合要求，见检验记录，编号××								/	100	合格
14△	报表统计管理及打印功能	隧道管理站计算机系统可迅速、正确的查询、统计、打印设定的各种报表			符合要求，见检验记录，编号××								/	100	合格
15	隧道应急预案	符合设计要求			符合要求，见检验记录，编号××								/	100	合格

外观质量	站内设施整齐，标识清楚；各个软件可正常使用				质量保证资料	齐全	
工程质量等级评定			合格				

检测：×××　　　检验负责人：×××　　　记录：×××　　　复检：×××　　　2023年×月×日

594

第 5 章　公路工程竣（交）工验收文件填写示例

一、竣工验收的主要工作内容

1. 成立竣工验收委员会。
2. 听取项目法人、设计单位、施工单位、监理单位的工作报告。
3. 听取质量监督部门的工作报告及工程质量鉴定报告。
4. 检查工程实体质量、审查有关资料。
5. 按交通部规定的办法对工程质量进行综合评价，并确定工程质量等级。
6. 按交通部规定的办法对参建单位进行综合评价。
7. 对建设项目综合进行评价。
8. 形成并通过竣工验收鉴定书。

二、竣工表填写示例

竣表-1

竣 工 资 料 编 制 报 告

（封面示例）

工程名称：　　××省××市至××市高速公路项目　　
　　　　　　　　　　（第A3合同段）　　　　　

编　　　　　　制：　　　　××× 　　　　

施工项目负责人（签章）：　　　　××× 　　　

承　包　人（盖章）：　××公路工程建设有限公司　

2023年×月×日

<u>　　××省××市至××市高速　</u>公路

合同段交工验收申请

编　号：××
合同段：××

施工单位：××公路工程建设有限公司
监理单位：××工程建设咨询有限公司

致：<u>　　　××× 　　　</u>（监理工程师） 　　我单位已完成合同约定的全部工程内容；各方就合同变更的内容达成书面一致意见；已按《公路工程质量检验评定标准》JTG F80/1－2017 及相关规定对工程质量自检合格；监理单位对工程质量评定合格；质量监督机构对工程质量进行了检测，并出具了检测意见，检测意见中需整改的问题已经处理完毕；竣工文件已按工程档案管理的有关要求内容收集整理及归档；完成工作总结报告。 　　现申请合同段交工验收，请予以审核批准。 <div align="right">项目经理签字：×××　　　　2023 年×月×日</div>	

建设项目名称	××省××市至××市高速公路		
起止桩号	K0+000～K1+300		
开工日期	2023 年×月×日	完工日期	2023 年×月×日

本合同段主要工程内容：
　　路基、路面、桥梁、隧道工程。

驻地监理工程师意见：
　　经预验收合格，该工程可以组织交工验收。

签字：×××　　　　2023 年×月×日

总监办专业监理工程师意见：
　　经预验收合格，该工程可以组织交工验收。

签字：×××　　　　2023 年×月×日

总监理工程师意见：
　　经预验收合格，该工程可以组织交工验收。

签字：×××　　　　2023 年×月×日

竣 工 资 料 移 交 表

工程名称：××省××市至××市高速公路项目（第A3合同段）　　　　　　　　编号：××

致　　××交通投资建设有限公司　　单位：

　　　　××公路工程建设有限公司　　　　按有关规定向　　××交通投资建设有限公司××公路管理委员会办理　　××省××市至××市高速公路项目（第A3合同段）　　　　　竣工资料移交手续。共计　22　册，其他资料　133　张（　／　）。

　　　附：竣工资料移交目录

施工项目技术负责人：×××

2023年×月×日

施工项目负责人（签章）：×××

2023年×月×日

施工单位项目（盖章）：

2023年×月×日

接收单位：××交通投资建设有限公司××公路管理委员会

技术负责人：×××

2023年×月×日

单位负责人：×××

2023年×月×日

移交日期：2023年×月×日

竣表-4

征用土地数量一览表

工程名称	××省××市至××市高速公路项目（第 A3 合同段）		征地批文文号	××
征用土地类别	数量（亩）	地点或范围	备注	
荒地	73.44	K0+100 取土场		
水塘	109.38	K0+900 弃土场		
……				

填表：×××	审核：×××	日期：2023 年×月×日

工 程 交 接 表

工程名称	××省××市至××市高速公路项目（第 A3 合同段）		交接时间	2023 年×月×日
主要工程项目名称	主要工程数量	固定资产价值	备　注	
路基土石方工程	35600m³	1294000.00 元		
路面工程	9600m²	330000.15 元		
......				

填表：×××　　　　　　审核：×××　　　　　　日期：2023 年×月×日

工程设计变更、洽商一览表

施工单位：××公路工程建设有限公司　　　　　　　　　　　　第×页，共×页

工程名称			××省××市至××市高速公路项目（第 A3 合同段）
序号	变更、洽商单号	页数	主要变更、洽商内容
1	××	5	K1+100～K1+300，路基处理原设计采用砂垫层处理，变更为采用 CFG 桩处理
2	××	9	K1+700，××大桥原设计采用为摩擦桩，变更为采用端承桩，桩基成孔施工工艺由原旋挖成孔改成冲击成孔
3	××	13	K2+920 隧道进洞口边坡支护，原设计采用土钉支护，变更为锚杆锚索支护
	……		

填表：×××　　　　　　　　审核：×××　　　　　　　　日期：2023 年×月×日

竣表-7

公路工程交工验收申请表

施工单位：××公路工程建设有限公司   合同段：第 A3 合同段

工程名称		××省××市至××市高速公路项目		
建安投资		××交通投资建设有限公司	工程地点	××省××市
申请验收日期		2023 年×月×日	技术标准	《公路工程质量检验评定标准 第一册 土建工程》JTG F80/1－2017
开/完工日期		2023 年×月×日－2023 年×月×日	联系人及电话	×××，137××
道路	结构类型	沥青混凝土路面	工程数量	14500m²
桥梁	大桥	结构类型	预制简支梁桥	工程数量	462m
	中桥	结构类型	预制简支梁桥	工程数量	313m
	小桥	结构类型	预制简支梁桥	工程数量	177m
涵洞		箱涵 19 座、盖板涵 11 座，圆管涵 3 座		
附属工程		边坡 1300m，水沟 934m，绿化 874m²……		
施工单位	自检评价及标段评分：合格，89 分。 项目经理签字：×××　　　　　　　　　　　单位盖章 　　　　　　　　　　　　　　　　　　　　　2023 年×月×日			
监理单位	标段评分及意见：合格，88 分。 总监理工程师签字：×××　　　　　　　　　单位盖章 　　　　　　　　　　　　　　　　　　　　　2023 年×月×日			
建设单位	意见：同意交工。 建设单位负责人签字：×××　　　　　　　　单位盖章 　　　　　　　　　　　　　　　　　　　　　2023 年×月×日			

注：施工单位向建设单位报请交工验收时提交。

公路工程（合同段）交工验收证书

交工验收时间：2023 年×月×日 　　　　　　　　　合同段交工验收证书第××号

工程名称	××省××市至××市高速公路项目	合同段	第 A3 合同段
项目法人	××交通投资建设有限公司	设计单位	××工程设计有限公司
施工单位	××公路工程建设有限公司	监理单位	××工程建设咨询有限公司
本合同段主要工程量	路基路面工程 1300m，大桥 1 座，中桥 2 座，小桥 5 座，涵洞 17 座……		
本合同段价款	原合同	××元	实际	××元
本合同段工期	原合同	156 天	实际	156 天

对工程质量、合同执行情况的评价、遗留问题、缺陷的处理意见及有关决定（内容较多时，可用附件）：

　　见附件。

施工单位的意见：

　　同意申请交工验收。

　　　　　　　　　　　施工单位法人代表或授权人签字：×××　　　　　　单位盖章

　　　　　　　　　　　　　　　　　　　　　　　　　　　　　　　　2023 年×月×日

合同段监理单位对有关问题的意见：

　　已全部处理完毕，交工验收合格。

　　　　　　　　　　　合同段监理单位法人代表或授权人签字：×××　　　单位盖章

　　　　　　　　　　　　　　　　　　　　　　　　　　　　　　　　2023 年×月×日

设计单位的意见：

　　符合设计要求。

　　　　　　　　　　　设计单位法人代表或授权人签字：×××　　　　　　单位盖章

　　　　　　　　　　　　　　　　　　　　　　　　　　　　　　　　2023 年×月×日

项目法人的意见：

　　同意交工验收。

　　　　　　　　　　　项目法人代表或授权人签字：×××　　　　　　　　单位盖章

　　　　　　　　　　　　　　　　　　　　　　　　　　　　　　　　2023 年×月×日

　注：表中内容较多时，可用附件。

公路工程交工验收报告

一	工程名称	××省××市至××市高速公路项目（第 A3 合同段）
二	工程地点及主要控制点	××省××市××区，CFG 路基处理、高填路基、××大桥
三	建设依据	××省公路建设总体规划 ××省××市至××市高速公路项目施工图设计 ××号文
四	技术标准与主要指标	高速公路，120km/h，路面标准轴载 Bzz-100，抗震设防烈度Ⅶ度，地震加速度 0.15g，最大纵坡 0.4%，最小纵坡 0.2%，路面结构沥青混凝土，路面结构设计使用年限 20 年。
五	建设规模及性质	总长度 134.2km，总投资 16.8 亿元，省投。
六	开工日期	2023 年×月×日
	交工日期	2023 年×月×日

七	批准概算	××万元
八	工程建设主要内容	桥梁下部构造，上部构造，附属工程，防护工程及引道工程
九	实际征用土地数（亩）	××
十	建设项目工程质量交工验收结论	工程质量经施工单位自检，监理抽检，市质量监督站检测，质量合格，省交工规划设计院认定，符合设计要求，同意交工验收。
十一	存在问题处理措施	施工单位应按交工验收提出的意见进行整改处理，主要有： 1. 要求对存在部分危松石及浮土的路基上边坡适时做进一步清理。 2. 对欠平整密实的土路肩进行整修。 3. 在路线起、终点增设两块限速标志（限速 60km/h）。 4. 进一步完善交通安全设施。 5. 进一步整理、完善内业资料。
十二	附件	1. 公路工程交工验收合同段工程质量评分一览表 2. 公路工程（合同段）交工验收证书

公路工程交工验收合同段工程质量评分一览表

项目名称	××省××市至××市高速公路项目			
施工合同段号	实得分	监理合同段号	设计合同段号	备注
LJ1	96.5			
LJ2	96.8	××公路工程监理公司 J1 高驻办		
LJ3	95.9			
LM1	97.6			
LJ4	98.3			
LJ5	96.8	××建设工程监理公司 J2 高驻办	××公路工程勘察设计院 1 合同段	
LJ6	98.2			
LM2	97.2			
……				
		……		
			……	
工程项目质量评分				

计算：×××　　　　　　复核：×××　　　　　　日期：2023 年×月×日

公路工程参建单位工作总报告

公路工程参建单位工作总报告格式如下：

公路工程项目执行报告

一、概况

1. 建设依据。

2. 建设规模及主要技术指标。

3. 工程进度。

4. 项目投资及来源。

5. 主要工程数量。

6. 主要参建单位，包括设计、施工、监理等单位一览表。

二、建设管理情况

1. 前期工作。

（1）设计单位招标。

（2）施工单位招标。

（3）监理单位招标。

2. 征地拆迁。

3. 项目管理。

（1）项目管理机构设置及职能。

（2）质量控制措施与效果（包括发生重大及以上质量事故及处理情况）。

（3）安全生产（包括发生重大及以上生产安全事故及处理情况）。

（4）进度管理。

（5）工程变更。

（6）工程造价控制（包括工程决算、工程款支付）。

（7）廉政建设（包括措施建设和执行，有无人员违法、违纪，以及因不廉政被处分或被起诉）。

（8）其他情况。

三、交工验收及相关问题

1. 各合同段交工验收、存在主要问题及处理情况。

2. 交工验收、工程质量鉴定提出的及缺陷责任期、试运营期间出现的质量问题处理结果。

3. 档案、环保等单项验收及竣工决算审计。

四、科研和新技术应用

五、对各参与单位的总体评价

1. 对设计单位的评价。

2. 对施工单位的评价。

3. 对监理单位的评价。

六、对工程质量的总体评价

七、项目管理体会

注：对建设规模、标准、工程数量、造价等有较大变更或变更较多的，应增加附表与批复情况对比，并说明理由。

公路工程设计工作报告

一、概况

1. 任务来源及依据。

2. 沿线自然地理概况。

3. 主要技术指标的运用情况。

二、设计要点

1. 路线设计。

2. 路基路面及防护工程设计。

3. 桥梁、涵洞、通道设计。

4. 隧道设计。

5. 立体交叉工程设计。

6. 环保、景观等工程设计。

7. 交通工程及沿线设施设计。

8. 房建等其他工程设计。

三、施工期间设计服务情况

四、设计变更情况

1. 重大设计变更理由。

2. 设计中存在问题的变更。

3. 设计变更一览表（与原设计工程量和造价比较）。

五、设计体会

公路工程施工总结报告

一、工程概况

合同段工程起止时间、主要工程内容。

二、机构组成

主要人员、设备投入情况、管理机构设置。

三、质量管理情况

质量控制措施；施工中工程质量自检情况及工程质量问题的处理情况；对完工质量的评价。

四、施工进度控制

五、施工安全与文明施工情况

六、环境保护与节约用地措施

七、施工中新技术、新材料、新工艺的应用情况

八、工程款支付情况

承认工程款全部支付到位，一切劳务、机械、材料等债务纠纷与建设单位无关。

九、施工体会

公路工程监理工作报告

一、监理工作概况

合同段监理组织形式、管理结构、人员投入情况。

二、工程质量管理

质量管理措施；施工过程中质量检查情况汇总；质量问题和事故处理情况总结；工程质量评定情况。

三、计量支付、工程进度和合同管理情况

四、设计变更情况

五、交工验收中存在问题及处理情况

六、监理工作体会

公路工程质量监督报告

一、质量监督概况

二、质量保证体系监督检查

1. 建设单位质量管理。

2. 施工单位自检体系。

3. 监理单位抽检体系。

4. 动态管理。

三、监理工作监督检查

四、施工过程质量监督（工程实体质量、质量行为、存在问题处理结果及对工程质量的意见）

五、交工验收前工程质量检测

六、对设计单位、施工单位、监理单位的评价

七、对建设单位管理情况的评价

八、监督工作体会

接管养护单位使用情况报告

一、试运营期间养护管理情况

二、运营交通量、收费、运营安全状况

三、项目总体使用情况（设施使用性能、功能满足情况）

四、修复完善和养护状况（包括维修费用）

五、存在的问题及建议

竣表-12

公路工程建设管理工作综合评价表

项目法人：××交通投资建设有限公司

工程名称		××省××市至××市高速公路项目		
序号	项目	评定方法	应得分	实得分
一	基本建设程序	应依法办理的项目建议书、可行性研究报告、初步设计、施工图设计、开工报告等批复情况，每缺一项扣2分	10	10
二	执行法规	未按规定招标选择设计、施工、监理单位，一个方面有问题扣2分； 未按规定申请质量监督扣2分； 未落实质量与安全责任扣2分； 未按批准规模、标准组织建设扣2分； 其他方面未执行有关法规的，每一项扣2分	10	10
三	履行合同	拖欠应支付款时，每欠一个单位扣1分； 其他方面，视情节轻重酌情扣分	10	9
四	工程进度	按合同工期每拖延一个月扣3分； 随意提前工期扣5分	10	10
五	投资控制	超概算（或批准的调整概算）每1%扣1分； 节省概算每2%加1分（最多可加5分）	10	10
六	安全生产	每发生一起重大安全事故扣5分； 每发生一起一般安全事故扣1分	10	9
七	廉政建设	措施不健全扣2分； 因不廉政被处分每人次扣5分； 受被起诉的扣10分	10	8
八	工程质量	竣工验收工程质量评分乘以30%，作本项得分	30	27
合　计			100	93
工程质量等级	优良	审定意见	优良	评价等级

注：1. 本表在竣工验收时评分。

2. 每项的应得分扣完为止。

3. 本表一至七项由竣工委员会根据汇报和有关资料评价，取每个委员每项得分平均值，第八项按竣工验收工程质量得分乘以30%计算。

公路工程设计工作综合评价表

设计单位：××工程设计有限公司   设计段编号：第 A3 合同段

工程名称		××省××市至××市高速公路项目		
序号	项目	评定方法	应得分	实得分
一	设计方案	总体方案是否经济合理，存在不足扣 5～10 分； 不符合有关标准、规范，每处问题扣 5 分	20	20
二	设计文件	未按编制办法编制扣 2～10 分； 错、漏严重的扣 10 分，一般扣 2～5 分； 设计造成质量事故，重大事故每起扣 30 分，一般事故每起扣 2～10 分； 设计变更造成工程费用的变化，每增加合同价的 1% 扣 2 分	30	26
三	设计服务	未按合同协议派驻设计代表每缺 1 人或 1 人不称职扣 1～5 分； 服务不及时扣 2～5 分	20	19
四	工程质量	竣工验收工程质量评分乘以 30%，作本项得分	30	27
合　计			100	92

工程质量等级	优良	审定意见	优良	评价等级	好

注：本表一至三项由项目法人、施工单位、监理单位在交工验收时分别评价，不向被评价单位公开，取项目法人、施工单位、监理单位评价得分的平均值为最终得分，提交竣工验收委员会审定；第四项按竣工验收工程质量得分乘以 30% 计算。

公路工程监理工作综合评价表

监理单位：××工程建设咨询有限公司　　　　　　　　　　监理段编号：第 A3 合同段

工程名称		××省××市至××市高速公路项目		
序号	项目	评定方法	应得分	实得分
一	人员机构	监理人员未按要求持证上岗扣 1～5 分； 监理人员未按合同进场扣 1～5 分； 监理人员被清退每人次扣 2 分； 内部管理制度不健全、工作责任不明确，或落实不到位扣 3～5 分； 试验仪器、交通工具、办公设备未按合同要求配备扣 1～3 分	10	9
二	质量控制	独立抽检频率不到 10%扣 5～10 分，不到 20%扣 1～5 分； 工地巡查、重要工序旁站不足扣 2～5 分； 资料签认不规范扣 1～3 分	10	9
三	进度控制	拖延工期每月扣 1 分	5	5
四	投资控制	根据计量支付工作情况酌情扣分	5	5
五	监理资料	不符合竣工验收要求时扣 1～5 分	5	5
六	廉政建设	措施不健全扣 2 分； 因不廉政被清退或处分每人次扣 5 分； 有被起诉的每人次扣 10 分	5	3
七	工程质量	以下两项得分之和作为该监理合同段工程质量评分： （1）所监理的各施工合同段交工验收工程质量得分的平均值乘以 30%； （2）竣工验收工程质量得分乘以 30%	60	55
合　　计			100	91
工程质量等级	优良	审定意见	优良	评价等级	好

注：本表一至六项由项目法人、施工单位在交工验收时分别评价，不向被评价单位公开，取项目法人、施工单位评价得分的平均值为最终得分，提交质量监督机构审定，作为竣工验收委员会评价的依据。

竣表-15

公路工程施工管理综合评价表

施工单位：××公路工程建设有限公司   合同段编号：第 A3 合同段

工程名称		××省××市至××市高速公路项目		
序号	项目	评定方法	应得分	实得分
一	工期进度	每拖延一个月扣 2 分； 生产组织不均衡扣 1 分	10	10
二	履行合同	项目经理、总工程师每更换 1 人次或 1 人不称职扣 2 分； 专业工程师每更换 1 人次扣 1 分； 主要机械不足或性能不良扣 1 分； 进场不及时或未经许可撤离，扣 0.5 分； 试验室达不到要求扣 2～5 分； 有拖欠分包人工程款和劳务人员工资的，扣 2～5 分	10	8
三	竣工文件	竣工图与竣工工程不符每处扣 1 分； 施工原始记录、自检资料不齐全扣 2～4 分； 资料的真实可信度有问题扣 2～4 分	5	5
四	安全生产	每发生一起重大安全事故扣 5 分； 每发生一起一般安全事故扣 2 分	5	5
五	文明施工	规章制度不健全扣 1～2 分； 文明工地建设差扣 2～3 分； 破坏环境和乱占土地等问题扣 3～5 分	5	4
六	廉政建设	措施不健全扣 1 分； 因不廉政被清退或处分每人次扣 2 分； 有被起诉的每人次扣 5 分	5	4
七	工程质量	以下两项得分之和作为该合同段工程质量评分： （1）该合同段交工验收工程质量得分的平均值乘以 30%； （2）竣工验收工程质量得分乘以 30%	60	54
合 计			100	90

工程质量等级	优良	审定意见	优良	评价等级	好

注：本表一至六项由项目法人、监理单位在交工验收时分别评价，不向被评价单位公开，取项目法人、监理单位评价得分的平均值为最终得分，提交质量监督机构审定，作为竣工验收委员会评价的依据。

612

公路工程竣工验收鉴定书

（项目名称）

（组织竣工验收机关盖章）

年　月

公路工程竣工验收鉴定书

一	工程名称	××省××市至××市高速公路项目（第 A3 合同段）
二	工程地点及主要控制点	××省××市××区，CFG 路基处理、高填路基、××大桥
三	建设依据	××省公路建设总体规划 ××省××市至××市高速公路项目施工图设计
四	技术标准与主要指标	高速公路，120km/h，路面标准轴载 Bzz-100，抗震设防烈度Ⅶ度，地震加速度 0.15g，最大纵坡 0.4%，最小纵坡 0.2%，路面结构沥青混凝土，路面结构设计使用年限 20 年。
五	建设规模及性质	总长度 134.2km，总投资 16.8 亿元，省投。
六	开工日期	2023 年×月×日
	竣工日期	2023 年×月×日

七	批准概算	××元
	竣工决算	××元
八	工程建设主要内容	路基路面及附属工程、××大桥、××中桥
九	主要材料实际消耗	土石方××m³、水泥稳定级配碎石××m³、沥青混凝土××m³、钢筋××t、水泥混凝土××m³
十	实际征用土地数（亩）	××
十一	建设项目工程质量鉴定结论	合格
十二	对建设、设计、施工、监理单位的综合评价	好
十三	建设项目管理综合评价及等级	好
十四	有关问题的决定和建议	无

附表：1. 公路工程竣工验收委员会名单
　　　2. 公路工程交接单位代表签名表

第2页，共2页

竣表-17

公路工程竣工验收委员会名单

项目名称	××省××市至××市高速公路项目			
	姓名	所在单位	职务或职称	签名
主任委员	×××	××交通局	处长	×××
副主任委员	×××	××交通局	副处长	×××
委员	×××	××质量监督站	站长	×××
	×××	××质量监督站	科员	×××
	×××	××公路试验检测中心	项目负责人	×××

公路工程竣工验收代表名单

项目名称		××省××市至××市高速公路项目		
序号	姓名	所在单位	职务或职称	签名
1	×××	××交通投资建设有限公司	项目负责人	×××
2	×××	××工程设计有限公司	项目负责人	×××
3	×××	××工程建设咨询有限公司	总监理工程师	×××
4	×××	××公路工程建设有限公司	项目负责人	×××
5	×××	××公路工程建设有限公司	项目技术负责人	×××

公路工程交接单位代表签名表

项目名称	××省××市至××市高速公路项目			
	姓名	所在单位	职务或职称	签名
主管部门	×××	××交通局	处长	
监督单位	×××	××质量监督站	站长	
项目法人	×××	××交通投资建设有限公司	项目负责人	
设计单位	×××	××工程设计有限公司	项目负责人	
	×××	××工程设计有限公司	项目技术负责人	
监理单位	×××	××工程建设咨询有限公司	总监理工程师	
	×××	××工程建设咨询有限公司	监理工程师	
	×××	××工程建设咨询有限公司	监理工程师	
施工单位	×××	××公路工程建设有限公司	项目经理	
	×××	××公路工程建设有限公司	项目技术负责人	
	×××	××公路工程建设有限公司	项目安全总监	
	×××	××公路工程建设有限公司	项目生产经理	
接养单位	×××	××公路工程养护中心	主任	
	×××	××公路工程养护中心	副主任	

公路工程竣工验收委员会工程质量评分表

项目名称		××省××市至××市高速公路项目		
序号	项目	评定内容	分值	实得分
一	主体工程质量	路基边线直顺度、路基沉陷、亏坡、松石、涵洞及排水系统完善状况，支挡工程外观和稳定情况。 路面平整度、裂缝、脱皮、石子外露、沉陷、车辙、桥头（台背）跳车现象，泛油、碾压痕迹等。 桥面平整度、栏杆扶手、灯柱、伸缩缝、混凝土外观状况。 隧道渗漏、松石、排水、通风、照明以及衬砌外观状况。 交通安全设施及交叉工程标志、标线的外观及使用效果等	70	64
二	沿线服务设施	房屋及机电系统等功能和外观；其他设施，如加油站、食宿服务等设施的使用效果及外观	10	9
三	环境保护工程	绿化工程、隔音消声屏等是否符合设计要求。施工现场清理及还耕情况。与自然环境、景观的协调情况	10	9
四	竣工图表	内容齐全，书写打印清晰、装订整齐，符合相关要求	10	8
		合计	100	90

注：1. 缺二、三项时，应得分仍按 100 分计。例如：缺项目二时，实得分应除以 0.9；项目二、三均缺时，实得分应除以 0.8，依次类推。

2. 主体工程评定内容缺项时，其应得分仍按 70 分计。

3. 工程质量评分以各委员打分的平均值计。

公路工程竣工验收工程质量评分表

项目名称	××省××市至××市高速公路项目			
名　称	实得分	权值	加权得分	备注
交工验收工程质量	88	0.2	17.6	
质量监督部门工程质量鉴定	90	0.6	54	
竣工验收委员会工程质量	92	0.2	18.4	
合　计		1.0	90	
加权平均分	90		质量等级	好

计算：×××　　　　　　　　　　复核：×××　　　　　　　　　日期：2023 年×月×日

公路工程竣工验收建设项目综合评价表

项目名称	××省××市至××市高速公路项目				
名　称	实得分	权值	加权得分	备注	
竣工验收工程质量	90	0.7	63		
项目建设管理工作综合评价	93	0.15	13.95		
项目设计工作综合评价	92	0.05	4.6		
项目监理工作综合评价	91	0.05	4.55		
项目施工管理综合评价	90	0.05	4.5		
合　计		1.0	90.6		
加权平均分	90.6		建设项目综合评价等级	好	

计算：×××　　　　　　　　复核：×××　　　　　　　　日期：2023 年×月×日

竣表-23

公路工程合同段工程质量鉴定评分一览表

项目名称：××省××市至××市高速公路项目

施工合同段号	工程质量		监理合同段号	设计合同段号	备注
	评分	等级			
LJ1	96.5	合格			
LJ2	96.8	合格	××公路工程监理公司 J1 高驻办		
LJ3	95.9	合格			
LM1	97.6	合格			
LJ4	98.3	合格			
LJ5	96.8	合格	××建设工程监理公司 J2 高驻办	××公路工程勘察设计院 1 合同段	
LJ6	98.2	合格			
LM2	97.2	合格			
……			……		
				……	
工程项目质量评分：			工程项目质量等级：优良		

注：由项目法人填写质量监督机构对施工各合同段的质量鉴定评分和等级，提交竣工验收委员会。

公路工程参建单位工作综合评价一览表

项目名称：××省××市至××市高速公路项目

工作内容	合同段号	参建单位名称	竣工验收		备 注
			得分	等级	
建设管理					
设计					
施工	LJ1	××公路工程建设有限公司	90	合格	
	LJ2	××公路工程建设有限公司	91	合格	
	LJ3	××公路工程建设有限公司	90	合格	
	LM1	××公路工程建设有限公司	96	合格	
	LJ4	××铁建公司	95	合格	
	LJ5	××铁建公司	93	合格	
	LJ6	××铁建公司	95	合格	
	LM2	××铁建公司	95	合格	
	……				
监理					

注：由项目法人填写经质量监督机构审定的设计、施工、监理单位工作综合评分和等级，提交竣工验收委员会。

公路工程参建单位工作综合评价等级证书

工程名称	××省××市至××市高速公路项目（第 A3 合同段）
单位名称	××公路工程建设有限公司

承担工程的内容：

　　××省××市至××市高速公路项目（第 A3 合同段）

竣工验收结论：

　　××省××市至××市高速公路项目（第 A3 合同段）工程质量合格。

项目质量监督机构或授权人签字：×××　　　　　　　项目质量监督机构（盖章）

2023 年×月×日

注：1. 项目参建单位包括项目法人、设计单位、监理单位、施工单位。

　　2. 竣工验收完成时，项目质量监督机构分别对项目各参建单位填写工作综合评价等级证书。

　　3. 竣工验收结论根据竣工验收委员会按对各参建单位工作综合评价结果填写综合评价评语（包括评分和评价等级）。

第三篇　附　录

附录1 单位、分部及分项工程的划分及方法

附录1.1 单位、分部及分项工程的划分

附表1-1 土建工程一般建设项目的分部、分项工程划分

单位工程	分部工程	分项工程
01 路基工程 （每10km 或每标段）	01 路基土石方工程 （1~3km 路段）①	01 土方路基，02 填石路基，03 软土地基处治（砂垫层，袋装沙井、塑料排水板，粒料桩，加固土桩，水泥粉煤灰碎石桩，刚性桩），04 土工合成材料处治层（加筋工程、隔离工程、过滤排水工程、防裂工程）等
	02 排水工程 （1~3km 路段）①	01 管节预制，02 混凝土排水管安装，03 检查（雨水）井砌筑，04 土沟，05 浆砌水沟，06 盲沟，07 跌水，08 急流槽，09 水簸箕，10 排水泵站沉井，11 沉淀池等
	03 小桥及符合小桥标准的通道，人行天桥，渡槽（每座）	01 钢筋加工及安装（钢筋安装，钢筋网），02 砌体，03 混凝土扩大基础，04 钻孔灌注桩，05 混凝土墩、台，06 墩、台身安装，07 台背填土，08 就地浇筑梁、板，09 预制安装梁、板，10 就地浇筑拱圈，11 混凝土面板桥面防水层，12 支座垫石和挡块，13 支座安装，14 伸缩装置安装，15 栏杆安装，16 混凝土护栏，17 桥头搭板，18 砌体坡面护坡，19 混凝土构件表面防护，20 桥梁总体等
	04 涵洞、通道 （1~3km 路段）①	01 钢筋加工及安装（钢筋安装、钢筋网），02 涵台，03 管节预制，04 混凝土涵管安装，05 波形钢管涵安装，06 盖板制作，07 盖板安装，08 箱涵浇筑，09 拱涵浇（砌）筑，10 倒虹吸竖井、集水井砌筑，11 一字墙和八字墙，12 涵洞填土，13 顶进施工的涵洞，14 砌体坡面防护，15 涵洞总体等
	05 防护支挡工程 （1~3km 路段）①	01 砌体挡土墙（浆砌挡土墙、干砌挡土墙、片石混凝土挡土墙），02 墙背填土，03 边坡锚固防护（锚杆、锚索，坡面结构），04 土钉支护，05 砌体坡面防护，06 石笼防护，07 导流工程等
	06 大型挡土墙、组合式挡土墙（每处）	01 钢筋加工及安装（钢筋安装、钢筋网），02 砌体挡土墙（浆砌挡土墙、干砌挡土墙、片石混凝土挡土墙），03 悬臂式挡土墙，04 扶壁式挡土墙，05 锚杆、锚定板和加筋土挡土墙（筋带，拉杆，锚杆，面板预制，面板安装，锚杆、锚定板和加筋土挡土墙总体），06 墙背填土等
02 路面工程 （每10km 或每标段）	01 路面工程 （1~3km 路段）①	01 垫层，02 底基层（稳定土底基层、稳定粒料底基层、级配碎（砾）石底基层、填隙碎石（矿渣）底基层），03 基层（稳定土基层、稳定粒料基层、级配碎（砾）石基层、填隙碎石（矿渣）基层），04 面层（水泥混凝土面层、沥青混凝土面层和沥青碎（砾）石面层、沥青贯入式面层（或上拌下贯式面层）、沥青表面处治层），05 路缘石，06 路肩等

626

单位工程	分部工程	分项工程
03 桥梁工程② （每座或每 合同段）	01 基础及下部构造 （1~3 墩台）③	01 钢筋加工及安装（钢筋安装、钢筋网、预制桩钢筋安装、钻（挖）孔灌注桩、地下连续墙钢筋安装），02 预应力筋加工和张拉（钢丝、钢绞线先张法，后张法），03 预应力管道压浆，04 混凝土扩大基础，05 钻孔灌注桩，06 挖孔桩，07 沉入桩（混凝土桩预制、钢管桩制作、沉桩），08 灌注桩桩底压浆，09 地下连续墙，10 沉井，11 沉井、钢围墙的混凝土封底，12 承台等大体积混凝土结构，13 砌体（基础砌体，墩、台身砌体，侧墙砌体），14 混凝土墩、台（现浇墩、台身，现浇墩、台帽或盖梁，预制墩身），15 墩台身安装，16 支座垫石和挡块，17 拱桥组合桥台，18 台背填土等
	02 上部构造预制和安装（1~3 跨）③	01 钢筋加工及安装（钢筋安装、钢筋网），02 预应力筋加工和张拉（钢丝、钢绞线先张法，后张法），03 预应力管道压浆，04 预制安装梁、板（梁、板或梁段预制，梁、板安装，逐跨拼装梁安装），05 悬臂拼装梁，06 顶推施工梁，07 转体施工梁，08 拱圈节段预制（拱的节段预制、桁架拱杆件预制），09 拱的安装（主拱圈安装、悬臂拼装的桁架拱、腹拱安装），10 转体施工拱，11 中下承式拱吊杆和柔性系杆（吊杆的制作与安装、柔性系杆），12 刚性系杆，13 钢梁制作（钢板梁制作、钢桁梁节段制作、梁桥钢箱梁制作、斜拉桥钢箱加劲梁段制作、组合梁斜拉桥的工字梁段制作、悬索桥钢箱加劲梁段制作），14 钢梁安装，15 钢梁防护等
	03 上部构造现场浇筑（1~3 跨）③	01 钢筋加工及安装（钢筋安装、钢筋网），02 预应力筋加工和张拉（钢丝、钢绞线先张法，后张法），03 预应力管道压浆，04 就地浇筑梁、板，05 悬臂浇筑梁，06 就地浇筑拱圈，07 劲性骨架混凝土拱（劲性骨架制作、劲性拱架安装、劲性骨架拱混凝土浇筑），08 钢管混凝土拱（钢管拱肋节段制作、钢管拱肋安装、钢管拱肋混凝土浇筑），09 中下承式拱吊杆和柔性系杆（吊杆的制作与安装、柔性系杆），10 刚性系杆等
	04 桥面系、附属工程及桥梁总体	01 钢筋加工及安装（钢筋安装、钢筋网），02 混凝土桥面板桥面防水层，03 钢桥面板上防水粘结层，04 混凝土桥面板桥面铺装（水泥混凝土桥面铺装、沥青混凝土桥面铺装、复合桥面水泥混凝土铺装），05 钢桥面板上沥青混凝土铺装，06 支座安装，07 伸缩装置安装，08 人行道铺设，09 栏杆安装，10 混凝土护栏，11 钢桥上钢护栏安装，12 桥头搭板，13 混凝土小型构件预制，14 砌体坡面护坡，15 混凝土构件表面防护，16 桥梁总体等
	05 防护工程	01 砌体坡面护坡，02 护岸④，03 导流工程等
	06 引道工程	见路基工程、路面工程的分项工程
04 隧道工程⑤ （每座或每 合同段）	01 总体及装饰装修 （每座或每合同段）	01 隧道总体、02 装饰装修工程
	02 洞口工程 （每个洞口）	01 洞口边仰坡防护，02 洞口和翼墙的浇（砌）筑，03 截水沟，04 洞口排水沟，05 明洞浇筑，06 明洞防水层，07 明洞回填
	03 洞身开挖 （100 延米）	01 洞身开挖
	04 洞身衬砌 （100 延米）	01 喷射混凝土，02 锚杆，03 钢筋网，04 钢架，05 仰拱，06 仰拱回填，07 衬砌钢筋，08 混凝土衬砌，09 超前锚杆，10 超前小导管，11 管棚

单位工程	分部工程	分项工程
04 隧道工程⑤ （每座或 每合同段）	05 防排水 （100 延米）	01 防水层，02 止水带，03 排水
	06 路面 （1～3km 路段）①	01 垫层，02 面层
	07 辅助通道⑥ （100 延米）	01 洞身开挖，02 喷射混凝土，03 锚杆，04 钢筋网，05 钢架，06 仰拱，07 仰拱回填，08 衬砌钢筋，09 混凝土衬砌，10 超前锚杆，11 超前小导管，12 管棚，13 防水层，14 止水带，15 排水
05 绿化工程 （每合同段）	01 分隔带绿地，02 边坡绿地，03 护坡道绿地，04 碎落台绿地，05 平台绿地（每 2km 路段），06 互通式立体交叉区与环岛绿地，07 管理养护设施区绿地，08 服务设施区绿地，09 取、弃土场绿地（每处）	01 绿地整理，02 树木栽植，03 草坪、草本池被及花卉种植，04 喷播绿化
06 声屏障工程 （每合同段）	01 声屏障工程（每处）	01 砌块体声屏障，02 金属结构声屏障，03 复合结构声屏障
07 交通安全 设施 （每 20km 或每标段）	01 标志、标线、突起路标、轮廓标 （5～10km 路段）①	01 标志，02 标线，03 突起路标，04 轮廓标
	02 护栏 （5～10km 路段）①	01 波形梁护栏，02 缆索护栏，03 混凝土护栏，04 中央分隔带开口护栏
	03 防眩设施、隔离栅、防落物网 （5～10km 路段）①	01 防眩板，02 防眩网，03 隔离栅，04 防落物网等
	04 里程碑和百米桩 （5km 路段）	01 里程碑，02 百米桩
	05 避险车道（每处）	01 避险车道
08 交通机电工程	其分部、分项工程划分见《公路工程质量检验评定标准 第二册 机电工程》，具体见附表 1-3	
09 附属设施	01 管理中心、02 服务区、03 房屋建筑、04 收费站、05 养护工区等设施	按其专业工程质量检验评定标准评定

注：① 按路段长度划分的分部工程，高速公路、一级公路宜取低值，二级及二级以下公路可取高值。

② 分幅桥梁按照单幅划分，特大斜拉桥和悬索桥按照附表 1-2 进行划分，其他斜拉桥和悬索桥可作为一个单位工程参照附表 1-2 进行划分。

③ 按单孔跨径确定的特大桥取 1，其余根据规模取 2 或 3。

④ 护岸可参照挡土墙进行划分。

⑤ 双洞隧道每单洞作为一个单位工程。

⑥ 辅助通道包括竖井、斜井、平行导坑、横通道风道、地下风机房等。

附表 1-2　特大斜拉桥、特大悬索桥的分部、分项工程划分

单位工程	分部工程	分项工程
01 塔及辅助、过渡墩（每个）	01 塔基础	01 钢筋加工及安装（钢筋安装，钢筋网，预制桩钢筋安装，钻（挖）孔灌注桩、地下连续墙钢筋安装），02 混凝土扩大基础，03 钻孔灌注桩，04 灌注桩桩底浆，05 沉井，06 沉井、07 钢围堰的混凝土封底等
	02 塔承台	01 钢筋加工及安装（钢筋安装、钢筋网），02 双壁钢围堰，03 沉井，04 钢围堰的混凝土封底，05 承台等大体积混凝土结构等
	03 索塔	01 钢筋加工及安装（钢筋安装、钢筋网），02 预应力筋加工和张拉（钢丝、钢绞线先张法，后张法），03 预应力管道压浆，04 混凝土索塔（斜拉桥混凝土索塔柱、斜拉桥混凝土索塔横梁、悬索桥混凝土塔柱），05 索塔钢锚箱节段制作，06 索塔钢锚箱节段安装，07 支座垫石和挡块等
	04 辅助墩	01 钢筋加工及安装（钢筋安装、钢筋网），02 预应力筋加工和张拉（钢丝、钢绞线先张法，后张法），03 预应力管道压浆，04 钻孔灌注桩，05 灌注桩桩底压浆，06 承台等大体积混凝土结构，07 沉井、钢围堰的混凝土封底，08 混凝土墩、台，09 墩台身安装，10 支座垫石和挡块等
	05 过渡墩	
02 锚碇（每个）	01 锚碇基础	01 钢筋加工及安装（钢筋安装、钢筋网），02 混凝土扩大基础，03 钻孔 04 灌注桩桩底压浆，05 地下连续墙，06 沉井，07 沉井、钢围堰的混凝土封底等
	02 锚体	01 钢筋加工及安装（钢筋安装、钢筋网），02 锚碇锚固体系制作（预应力锚固体系制作、刚架锚固体系制作），03 锚碇锚固体系安装，04 锚碇混凝土块体，05 预应力锚索的张拉与压浆，06 隧道锚的洞身开挖，07 隧道锚的混凝土锚塞体等
03 上部钢结构制作与防护	01 主缆	01 索股和锚头的制作与防护，02 主缆防护
	02 索鞍	01 索鞍制作（主索鞍制作、散索鞍制作），02 索鞍防护
	03 索夹	01 索夹制作，02 索夹防护
	04 吊索	01 吊索和锚头制作与防护
	05 加劲梁	01 钢梁制作（钢板梁制作、钢桁梁节段制作、斜拉桥钢箱加劲梁段制作、组合梁斜拉桥的工字梁段制作、悬索桥钢箱加劲梁段制作），02 钢梁防护，03 自锚式悬索桥主缆索股的锚固系统制作等
04 上部结构浇筑与安装	01 加劲梁浇筑	01 混凝土斜拉桥主墩上梁段的浇筑，02 混凝土斜拉桥梁的悬臂施工，03 组合梁斜拉桥的混凝土板等
	02 安装	01 索鞍安装（主索鞍安装、散索鞍安装），02 主缆架设，03 索夹和吊索安装，04 悬索桥钢加劲梁安装，05 自锚式悬索桥主缆索股的锚固系统安装，06 自锚式悬索桥吊索张拉和体系转换，07 钢斜拉桥钢箱梁段的拼装（钢斜拉桥钢箱梁段的悬臂拼装、钢斜拉桥钢箱梁段的支架安装），08 组合梁斜拉桥工字梁段的悬臂拼装，09 混凝土斜拉桥梁的悬臂拼装等
05 桥面系、附属工程及桥梁总体	01 桥面系	01 钢筋加工及安装（钢筋安装、钢筋网），02 混凝土桥面板桥面防水层或钢桥面板上防水粘结层，03 混凝土桥面板桥面铺装或钢桥面板上沥青混凝土铺装
	02 附属工程及桥梁总体	01 支座安装，02 伸缩缝装置安装，03 人行道铺设，04 栏杆安装，05 混凝土护栏，06 钢桥上钢护栏安装，07 混凝土构件表面防护，08 桥头搭板，09 桥梁总体等

附表 1-3　机电工程的分部、分项工程划分

分部工程	分项工程	抽样单位	备注
01 监控设施	01 车辆检测器	控制机箱	
	02 气象检测器	控制机箱	
	03 闭路电视监视系统	外场设备以摄像机为抽样单位，室内设备以中心（分中心）为抽样单位	
	04 可变标志	外场设备	
	05 道路视频交通事件检测系统	中心处理器板卡	
	06 交通情况调查设施	控制机箱	
	07 监控（分）中心设备及软件	监控（分）中心	
	08 大屏幕显示系统	一个完整屏幕	
	09 监控系统计算机网络	网络性能以中心为抽样单位，网线性能以条为抽样单位	
02 通信设施	01 通信管道工程	以 1000m 为抽样单位，人（手）孔按个抽样	
	02 通信光缆、电缆线路工程	中继段	交工验收质量检查全部中继段，各中继段检查总光缆芯数的10%，不少于3个测点
	03 同步数字体系（SDH）光纤传输系统	通信站、中心的 ADN、OLT、ONU	
	04 IP 网络系统	通信中心、站	
	05 波分复用（WDM）光纤传衔系统	通信中心、站	
	06 固定电话交换系统	通信中心	
	07 通信电源系统	通信中心、站	
03 收费设施	01 入口混合车道设备及软件	收费车道	
	02 出口混合车道设备及软件	收费车道	
	03 ETC 专用车道设备及软件	收费车道	
	04 ETC 门架系统	ETC 门架	
	05 收费站设备及软件	收费站	交工验收质量检查50%，少于3个测点
	06 收费分中心设备及软件	收费分中心	全部检查
	07 联网收费管理中心（收费中心）设备及软件	收费中心	
	08 IC 卡发卡编码系统	收费中心	全部检查
	09 内部有线对讲及紧急报警系统	收费站	
	10 超限检测系成	车道	

分部工程	分项工程	抽样单位	备注
03 收费设施	11 闭路电视监视系统	外场设备以摄像机为抽样单位，室内设备以站为抽样单位	
	12 收费站区光缆、电缆线路	中继段	交工验收质量检查全部中继段，各中继段检查总光芯数的10%，不少于3个
	13 收费系统计算机网络	网络性能以中心（站）为抽样单位，网线性能以条为抽样单位	
04 供配电 设施	01 中压配电设备	配电站	
	02 中压设备电力电缆	配电箱	
	03 中心（站）内低压配电设备	配电站	
	04 低压设备电力电统	TT 接柜	
	05 风/光供电系统	控制机箱	
	06 电动汽车充电系统	充电桩	
	07 电力监控系统	监控中心	
05 照明设施	01 路段照明设施	灯具以灯杆为抽样单位，亮度指标以两灯杆间距为单位测点	
	02 收费广场照明设施	收费广场	
	03 服务区照明设施	服务区	
	04 收费天棚照明设施	收费车道	
06 隧道机电 设施	01 车辆检测器	同"监控设施"分部工程	
	02 闭路电视监视系统	同"监控设施"分部工程	
	03 紧急电话与有线广播系统	外场分机	
	04 环境检测设备	控制机箱	
	05 手动火灾报警系统	报警按钮	
	06 自动火灾报警系统	报警主机	
	07 电光标志	灯箱	
	08 发光诱导设施	控制机箱	
	09 可变标志	外场设备	
	10 隧道视频交通事件检测系统	隧道管理站处理器板卡	
	11 射流风机	一组风机	
	12 轴流风机	送风机、排风机	
	13 照明设施	入口段、过渡段、出口段亮度每段测一个测量区域，中间段亮度以每个100米段为抽样单位，控制机箱按个抽样	
	14 消防设施	外场设备	
	15 本地控制器	外场设备	
	16 隧道管理站设备及软件	管理站	
	17 隧道管理站计算机网络	网络性能以管理站为抽样单位，网线性能以条为抽样单位	
	18 供配电设施	同"供配电设施"分部工程	

附录1.2 单位、分部、分项工程划分方法

公路建设项目按《公路工程质量检验评定标准》划分为路基工程、路面工程、桥梁工程、隧道工程、绿化工程、声屏障工程、交通安全设施、机电工程八类单位工程，各单位工程又可划分为若干个分部和分项工程。

1. 路基工程，一般以每10km或每标段路基工程作为一个单位工程，其所含分部、分项工程划分方法如下：

（1）整体式路基土石方1～3km为一个分部工程，分离式路基按左、右线各为一个分部工程；一个分部工程通常分为土方路基、石方路基、软基处理和土工合成材料处治层等分项。

（2）排水工程和防护支挡工程每1～3km分别划分为一个分部工程，再按类型和自然段落划分出若干个分项工程。

（3）小桥及符合小桥标准的通道、人行天桥、渡槽，每座为一个分部工程，可划分为以下几个分项工程：基础及下部构造、上部构造预制、安装或浇筑、桥面、栏杆、人行道等；其中"基础及下部构造"和"上部构造预制、安装或浇筑"分项可参照"桥梁工程"划分出子分项工程。

（4）涵洞、通道以1～3km为一个分部工程，每道涵洞为一个子分部工程，具体划分方法如下：

对于盖板涵，可划分为以下五个分项工程：基础及下部构造、盖板预制和安装、填土、一字墙（或八字墙）和总体；其中基础及下部构造可划分为基础、涵台、台帽、钢筋四个子分项，盖板预制和安装可划分为盖板钢筋、盖板制作和盖板安装三个子分项。

对于拱涵，可划分为以下五个分项工程：基础及下部构造、拱涵浇筑（或砌筑）、填土、一字墙（或八字墙）和总体；其中基础及下部构造可划分为基础、涵台、拱座、拱座钢筋四个子分项，拱涵浇筑可划分为拱圈钢筋和拱圈混凝土两个子分项。

对于箱涵，可划分为以下五个分项工程：箱涵浇筑、箱涵钢筋、填土、总体、一字墙（或八自墙）。

对于圆管涵，可划分为以下五个分项工程：管节预制、管座及涵管安装、填土、总体、一字墙（或八字墙）。

对于倒虹吸，参照圆管涵，增加竖井砌筑分项工程。

涵洞需进行基底处理时，基底处理应作为一个独立的分项工程。

（5）大型挡土墙、组合式挡土墙、锚索锚杆高边坡治理每处为一个分部工程，大型挡土墙、组合式挡土墙的基础、墙身、墙背填土等各为一个分项工程，锚索锚杆高边坡治理以每级为一个分项工程。

（6）抗滑桩按每一自然段落划分为一个分项工程，包括钢筋加工及安装和混凝土两个子分项。

（7）钢筋混凝土结构或构件，均应包含钢筋加工及安装分项工程。

（8）服务区的土建工程，左区和右区分别作为一个分部工程，路基土石方、排水、防护、每道涵洞通道分别作为一个子分部工程，分项划分参照上述路基土石方，排水工程，防护支挡工程，涵洞、通道工程执行。

（9）服务区桥梁工程每座作为一个分部工程。

2. 路面工程，每10km或每标段路面工程作为一个单位工程，如段落内包含互通立交工程和服务区，则分别作为一个单位工程；分部、分项的划分方法如下：

（1）路面结构层宜按1～3km划分为一个分部工程，再按左、右幅分别划分为一个分项工程。

（2）路肩由土路肩和硬路肩两个子分项工程组成。

（3）桥梁沥青混凝土桥面铺装单独作为一个分项工程。

3. 特大桥、大桥、中桥和分离式立交桥以每座或每合同段为一个单位工程，具体划分方法如下：

（1）当左右幅不等跨或墩台中心桩号不一致时，左、右幅分别作为一个子单位工程。

（2）基础及下部构造宜按1～3墩台作为一个分部工程，相应桩基、承台、墩台身、墩台帽、钢筋加工及安装等各作为该分部工程的一个分项工程。

（3）上部构造预制和安装宜按1～3跨作为一个分部工程，具体可按以下方法划分：

箱梁钢筋加工及安装、箱梁预制、预应力筋的加工和张拉宜按每孔划分分项，箱梁安装、现浇端横梁、现浇中横梁、现浇跨中横梁、现浇湿接缝、负弯矩宜按每联划分分项；T梁、空心板可参照执行。

对于拱桥，可划分为以下几个分项工程：钢筋加工及安装、拱圈节段预制、拱的安装、转体施工拱、劲性骨架拱肋安装、钢管拱肋安装、吊杆制作和安装等。

对于钢梁，可划分为以下几个分项工程：钢梁制作、钢梁安装、钢梁防护等。

（4）上部构造现场浇筑宜按1～3跨作为一个分部工程，可划分为以下几个分项工程：钢筋加工及安装、现浇梁、预应力筋的加工和张拉、现浇端横隔梁、现浇中横隔梁、悬臂浇筑、劲性骨架混凝土拱、钢管混凝土拱等。

（5）桥面铺装、混凝土护栏、桥面防水层、支座安装等每联作为一个分项工程；伸缩缝按类型各作为一个分项工程；搭板以桥为单元作为一个分项工程。

（6）防护工程以每座桥为一个分部工程，每处锥坡、护坡、护岸、导流工程、石笼防护等分别作为一个分项工程。

（7）引道工程以每条引道作为一个分部工程，路基、路面、挡土墙、小桥、涵洞分别作为一个子分部工程，并参照"路基工程"和"路面工程"划分出分项和子分项工程。

4．隧道工程的划分方法如下：

（1）特长隧道、长隧道每座为一个单位工程，左、右线分别作为一个子单位工程；同一合同段多个中、短隧道可合并为一个单位工程，每座隧道为一个子单位工程。

（3）明洞、洞口工程按隧道每一进口或出口划分为一个分部工程，人行通道、车行通道、竖井、斜井分别作为一个分部工程。

（4）洞身开挖和衬砌一般按围岩类别和衬砌类型每100延米作为一个分项工程，紧急停车带单独作为一个分项工程，对特长隧道可以按照不超过300m划分分项。混凝土衬砌采用模板台车，宜按台车长度的整数倍数划分分项工程。按以上方法划分分项工程时，分段长度可结合工程特点和实际情况进行调整，分段长度不足规定值时，不足部分单独作为一个分项工程。

（4）隧道路面、装饰分别以每洞或每1～3km路段划分分部、分项工程。

（5）辅助施工措施分部、分项划分段落同洞身开挖的划分段落；防排水的分部、分项划分段落同二衬的划分段落。

（6）隧道的分项工程划分是一个动态的过程，实际施工过程中如果围岩级别、支护参数发生变化，需适时调整划分段落。

5．绿化工程具体划分方法如下：分隔带绿地、边坡绿地、护坡道绿地、碎落台绿地、平台绿地可按每2km路段划分；互通式立体交叉区与环岛绿地，管理养护设施区绿地，服务设施区绿地，取、弃土场绿地可按类型划分。

6．声屏障的划分，当声屏障划入交通安全设施合同段或独立招标时，全部声屏障作为一个单位工程，每处为一个分部工程，包括声屏障基础、预制、砌筑、安装等分项。

7．交通安全设施，每标段交通安全设施作为一个单位工程，一般包括：标志、标线、突起路标、轮廓标、护栏、防眩设施、隔离栅、防落物网以5～10km的路段长度分别作为一个分部工程，里程碑/百米桩以5km路段划分为一个分部工程，避险车道以每处避险车道划分一个分部工程，每处或每个自然段划分为一个分项工程。

8. 机电工程，每标段机电工程作为一个单位工程，具体划分如下：

（1）一般划分为六个分部工程：监控设施、通信设施、收费设施、供配电设施、照明设施和隧道机电设施。

（2）收费设施以每处收费站为单元划分为一个分部工程；供配电设施以每处为一个分部工程；隧道机电设施以每洞为一个分部工程。

附录2 分项工程施工原始文件排列顺序（参考）

施工原始文件一般按照分项工程为单元进行收集整理，每个分项工程原始文件一般由以下内容组成：分项开工报告，放样资料，工序检验资料，整改通知（或指令）及回执单，中间交工证书，分项工程质量检验评定表及关键项目的评定计算表。分项工程完成后应将上述文件收集齐全，参照以下内容进行排序、存档。

1. 路基工程的质量控制文件按以下顺序排列：

（1）路基土石方工程按照自然段落从小桩号到大桩号的顺序排列，同一段落按照原地面处理→填前碾压→每压实层→路床顶层的顺序排列。土工格栅的检验资料应排在相应填筑层的后面。

（2）如果有软基处理，应先排列软基处理的资料。

（3）路基排水、防护工程按照自然段落从小桩号到大桩号顺序排列，同一段落内按先右幅后左幅的顺序排列，不同类型的排水、防护工程分别组卷。

（4）对于分离式路基工程的检验资料，按上行线右侧→上行线左侧→下行线右侧→下行线左侧的顺序排列。

（5）小桥、人行天桥等工程以座为单元，不同类型的结构物分别按照从小桩号到大桩号的顺序依次排序。每座结构物的质量控制文件一般按照基础及下部构造、上部构造、总体桥面系及附属工程的顺序排序，可参照"桥梁工程"执行。

（6）涵洞、通道按照施工顺序依次排列。

（7）被交线的施工原始记录资料较少时排列在相应结构物后面，资料较多时单独立卷。

2. 路面工程的质量控制文件按以下顺序排列：

（1）路面工程各分项的施工文件按从小桩号到大桩号、先右幅后左幅的顺序排列。

（2）路面工程中各联结层的施工文件按照紧随其后的原则排列，例如：透层油、下封层文件组卷排在基层最后。

（3）路肩加固处理、路缘石、路面排水系统按照路线前进方向、先右幅后左幅的顺序排列。

（4）路面横向排水以一个弯道为单元，按照集水槽→集水井→横向排水管→急流槽的顺序排列。

3. 桥梁工程的质量控制文件按以下顺序排列：

（1）桥梁工程基础及下部构造的施工文件以墩台为单元立卷，左右线分离的桥梁按照从小桩号到大桩号、先右幅后左幅的顺序排列。

（2）每座墩台按照从下至上的顺序排列，即：桩基→承台（系梁）→墩（台）身→墩（台）帽→支座垫石和挡块。

（3）简支梁以每孔为单元，按照从小桩号到大桩号的顺序排列，即：第一孔→第二孔→ …… →第 N 孔，每孔内以先预制后安装的顺序排列。

（4）现浇箱梁以联为单元，按照从小桩号到大桩号、先右幅后左幅的顺序排列，即：右幅第一联→右幅第二联→ …… →右幅第 N 联→左幅第一联→左幅第二联→ …… →左幅第 M 联。

（5）先简支后连续箱梁以联为单元，从小桩号到大桩号的顺序进行排列。每联内以每孔为单元，先预制后安装，排完一孔再排下一孔；端横梁、中横梁、跨中横梁、现浇桥面板、负弯矩张拉资料以一联为单元单独组卷，排在每联的最后一跨后面。

（6）总体、桥面系和附属工程以一联为单元，按照先右幅后左幅、从小桩号到大桩号的顺序排列。

（7）桥梁锥坡填筑的资料与台背回填资料组在一起，归入基础及下部构造。

（8）伸缩缝工程单独组卷，同座桥的伸缩缝按照先右幅后左幅、从小桩号到大桩号的顺序排列。

4．隧道工程的质量控制文件按以下顺序排列：

（1）明洞工程和洞口工程的文件按照施工顺序排列组卷。

（2）洞身开挖、初支、二衬、仰拱和防排水按照分项段落、施工顺序，按照每一循环顺序排列。

（3）防排水工程按照防水层→止水带→环向排水管→纵向排水管→横向排水管→中心排水沟→路面排水边沟等排序立卷。

（4）隧道路面按垫层、面层排序立卷。

5．绿化工程按中央分隔带绿化工程、路侧边坡绿化工程、互通立交区绿化工程、取弃土场绿化工程、连接线绿化工程单独立卷。中央分隔带按桩号由小到大排列，路侧边坡绿化工程按先右幅后左幅按桩号由小到大排列，且不超过 3km。

6．声屏障工程以每处为单元按照从小桩号到大桩号、先右幅后左幅的顺序排列。

7．交通安全设施工程分别按照标志、标线、护栏、防眩设施、隔离栅等的施工顺序，按从小桩号到大桩号、先右幅后左幅的顺序排列。

8．机电工程的质量控制文件按以下顺序排列：

（1）通信设施中的通信管道、光电缆工程沿路线前进方向，从小桩号到大桩号的方向，按施工顺序立卷；光纤数字传输、数字程控交换、紧急电话平台、无线移动通信以每站、所为单元按分部、分项工程排序立卷。

（2）收费监控、低压配电、照明设施以站、所为单元，按分部、分项工程排序立卷。

（3）隧道机电设施以每洞为单元，按通风、照明、消防等分项工程进行排序立卷。

（4）每一分项工程中的设备安装及调试文件按照依据性、设备开箱验收、设备安装及调试、设备运行维护、随机文件等顺序依次进行排列。

附录 3　公路工程工序报验参考用表

附表 3-1　路基工程工序报验参考用表

分部工程名称	分项工程名称		工序名称	施工单位质检用表	监理单位抽检用表
路基土石方	土方路基	填土路基	路线放样	施工放样报验单 施工放样（复核）测量记录表 水准高程测量记录表	
			表土清除、填前处理	检验申请批复单 表土清除现场质量检验报告单 水准高程测量记录表 宽度、边坡测量记录表 试验报告、记录（压实度）	表土清除现场质量抽检记录 水准高程测量记录表 宽度、边坡测量记录表 试验报告、记录（压实度）
			多层报验	检验申请批复单 土方路基现场质量检验报告单 路堤填筑施工记录 冲击碾压施工记录 水准高程测量记录表 横坡测量记录表 宽度、边坡测量记录表 平面位置测量记录表 试验报告、记录（压实度）	旁站记录（试验段） 土方路基现场质量抽检记录 水准高程测量记录表 横坡测量记录表 宽度、边坡测量记录表 平面位置测量记录表 试验报告、记录（压实度）
			无超挖回填的挖土方路基	检验申请批复单 土方路基现场质量检验报告单 水准高程测量记录表 横坡测量记录表 宽度、边坡测量记录表 平面位置测量记录表 试验报告、记录（压实度、弯沉）	旁站记录（试验段） 土方路基现场质量抽检记录 水准高程测量记录表 横坡测量记录表 宽度、边坡测量记录表 平面位置测量记录表 试验报告、记录（压实度、弯沉）
			有超挖回填的挖土方路基	检验申请批复单 土方路基现场质量检验报告单 路堤填筑施工记录 水准高程测量记录表 横坡测量记录表 宽度、边坡测量记录表 平面位置测量记录表 试验报告、记录（压实度、弯沉）	土方路基现场质量抽检记录 水准高程测量记录表 横坡测量记录表 宽度、边坡测量记录表 平面位置测量记录表 试验报告、记录（压实度、弯沉）
		中间交工及质量评定		分项工程（中间）交工证书 土方路基质量检验评定表	

分部工程名称	分项工程名称	工序名称	施工单位质检用表	监理单位抽检用表
路基土石方	石方路基	填石路基	路线放样	施工放样报验单 施工放样（复核）测量记录表 水准高程测量记录表	
			表土清除、填前处理	检验申请批复单 表土清除现场质量检验报告单 水准高程测量记录表 宽度、边坡测量记录表 试验报告、记录（压实度）	表土清除现场质量抽检记录 水准高程测量记录表 宽度、边坡测量记录表 试验报告、记录（压实度）
			多层报验	检验申请批复单 石方路基现场质量检验报告单 路堤填筑施工记录 冲击碾压施工记录 路基、路面压实沉降（高程法）检测记录 水准高程测量记录表 横坡测量记录表 宽度、边坡测量记录表 平面位置测量记录表 试验报告、记录（压实度）	旁站记录（试验段） 石方路基现场质量抽检记录 水准高程测量记录表 横坡测量记录表 宽度、边坡测量记录表 平面位置测量记录表 试验报告、记录（压实度）
		挖石方路基	路线放样	施工放样报验单 施工放样（复核）测量记录表 水准高程测量记录表	
			表土清除、填前处理	检验申请批复单 表土清除现场质量检验报告单 水准高程测量记录表 宽度、边坡测量记录表 试验报告、记录（压实度）	表土清除现场质量抽检记录 水准高程测量记录表 宽度、边坡测量记录表 试验报告、记录（压实度）
			无超挖回填的挖石方路基	检验申请批复单 石方路基现场质量检验报告单 水准高程测量记录表 横坡测量记录表 宽度、边坡测量记录表 平面位置测量记录表 试验报告、记录（压实度、弯沉）	旁站记录（试验段） 石方路基现场质量抽检记录 水准高程测量记录表 横坡测量记录表 宽度、边坡测量记录表 平面位置测量记录表 试验报告、记录（压实度、弯沉）
			有超挖回填的挖石方路基	检验申请批复单 石方路基现场质量检验报告单 路堤填筑施工记录 路基、路面压实沉降（高程法）检测记录 水准高程测量记录表 横坡测量记录表 宽度、边坡测量记录表 平面位置测量记录表 试验报告、记录（压实度、弯沉）	旁站记录（试验段） 石方路基现场质量抽检记录 水准高程测量记录表 横坡测量记录表 宽度、边坡测量记录表 平面位置测量记录表 试验报告、记录（压实度、弯沉）
		中间交工及质量评定		分项工程（中间）交工证书 石方路基质量检验评定表	

分部工程名称	分项工程名称	工序名称		施工单位质检用表	监理单位抽检用表
路基土石方	软土地基处置	砂垫层	施工放样	施工放样报验单 施工放样（复核）测量记录表 水准高程测量记录表	
			砂垫层填筑	检验申请批复单 砂垫层现场质量检验报告单 试验报告、记录（压实度）	旁站记录（试验段） 砂垫层现场质量抽检记录 试验报告、记录（压实度）
		中间交工及质量评定		分项工程（中间）交工证书 砂垫层质量检验评定表	
		袋装砂井、塑料排水板	施工放样	施工放样报验单 施工放样（复核）测量记录表 水准高程测量记录表	
			施工	检验申请批复单 袋装砂井、塑料排水板现场质量检验报告单 袋装砂井施工记录	旁站记录（试验段） 袋装砂井、塑料排水板现场质量抽检记录
		中间交工及质量评定		分项工程（中间）交工证书 袋装砂井、塑料排水板质量检验评定表	
		碎石桩（砂桩）	施工放样	施工放样报验单 施工放样（复核）测量记录表 水准高程测量记录表	
			施工	检验申请批复单 粒料桩现场质量检验报告单 碎石（砂）桩施工记录	旁站记录（试验段） 粒料桩现场质量抽检记录
		中间交工及质量评定		分项工程（中间）交工证书 粒料桩质量检验评定表	
		粉喷桩	施工放样	施工放样报验单 施工放样（复核）测量记录表 水准高程测量记录表	
			施工	检验申请批复单 加固土桩现场质量检验报告单 粉喷桩施工记录	旁站记录（试验段） 加固土桩现场质量抽检记录
		中间交工及质量评定		分项工程（中间）交工证书 加固土桩质量检验评定表	
		片（碎）石垫层	施工放样	施工放样报验单 施工放样（复核）测量记录表 水准高程测量记录表	
			施工	检验申请批复单 砂垫层现场质量检验报告单 水准高程测量记录表	旁站记录（试验段） 砂垫层现场质量抽检记录 水准高程测量记录表
		中间交工及质量评定		分项工程（中间）交工证书 砂垫层质量检验评定表	

分部工程名称	分项工程名称	工序名称	施工单位质检用表	监理单位抽检用表
路基土石方	软土地基处置	CFG桩 — 施工放样	施工放样报验单 施工放样（复核）测量记录表 水准高程测量记录表	
		CFG桩 — 施工	检验申请批复单 水泥粉煤灰桩现场质量检验报告单 水泥粉煤灰碎石桩施工记录 试验报告、记录（混凝土强度）	旁站记录（试验段） 水泥粉煤灰碎石桩现场质量抽检记录 试验报告、记录（混凝土强度）
		中间交工及质量评定	分项工程（中间）交工证书 水泥粉煤灰桩质量检验评定表	
	土工合成材料处治层	加筋工程土工合成材料 — 施工放样	施工放样报验单 施工放样（复核）测量记录表 水准高程测量记录表	
		加筋工程土工合成材料 — 施工	检验申请批复单 加筋工程土工合成材料处置层现场质量检验报告单	旁站记录（试验段） 加筋工程土工合成材料处置层现场质量抽检记录
		中间交工及质量评定	分项工程（中间）交工证书 加筋工程土工合成材料处置层质量检验评定表	
		隔离工程土工合成材料 — 施工放样	施工放样报验单 施工放样（复核）测量记录表 水准高程测量记录表	
		隔离工程土工合成材料 — 施工	检验申请批复单 隔离工程土工合成材料处置层现场质量检验报告单	旁站记录（试验段） 隔离工程土工合成材料处置层现场质量抽检记录
		中间交工及质量评定	分项工程（中间）交工证书 隔离工程土工合成材料处置层质量检验评定表	
		过滤排水工程土工合成材料 — 施工放样	施工放样报验单 施工放样（复核）测量记录表 水准高程测量记录表	
		过滤排水工程土工合成材料 — 施工	检验申请批复单 过滤排水工程土工合成材料处置层现场质量检验报告单	旁站记录（试验段） 过滤排水工程土工合成材料处置层现场质量抽检记录
		中间交工及质量评定	分项工程（中间）交工证书 过滤排水工程土工合成材料处置层质量检验评定表	

分部工程名称	分项工程名称	工序名称	施工单位质检用表	监理单位抽检用表
路基土石方	土工合成材料处治层	防裂工程土工合成材料 · 施工放样	施工放样报验单 施工放样（复核）测量记录表 水准高程测量记录表	
		防裂工程土工合成材料 · 施工	检验申请批复单 防裂工程土工合成材料处置层现场质量检验报告单	旁站记录（试验段） 防裂工程土工合成材料处置层现场质量抽检记录
		中间交工及质量评定	分项工程（中间）交工证书 防裂工程土工合成材料处置层质量检验评定表	
排水工程	排水管道	管节预制 · 钢筋	检验申请批复单 钢筋安装现场质量检验报告单	钢筋安装现场质量抽检记录
		管节预制 · 模板	检验申请批复单 模板、支（拱）架安装现场质量检验报告单	
		管节预制 · 混凝土成品	检验申请批复单 管节预制现场质量检验报告单 混凝土施工记录 试验报告、记录（混凝土强度）	管节预制现场质量抽检记录 试验报告、记录（混凝土强度）
		中间交工及质量评定	分项工程（中间）交工证书 管节预制质量检验评定表	
		混凝土排水管安装 · 施工放样	施工放样报验单 施工放样（复核）测量记录表 水准高程测量记录表	
		混凝土排水管安装 · 基槽	检验申请批复单 构造物基坑现场质量检验报告单 平面位置测量记录表 水准高程测量记录表	构造物基坑现场现场质量抽检记录 平面位置测量记录表 水准高程测量记录表
		混凝土排水管安装 · 基础模板	检验申请批复单 模板、支（拱）架安装现场质量检验报告单 水准高程测量记录表 平面位置测量记录表	模板、支（拱）架安装现场质量抽检记录 平面位置测量记录表 水准高程测量记录表
		混凝土排水管安装 · 安装	检验申请批复单 混凝土排水管安装现场质量检验报告单 混凝土施工记录 水准高程测量记录表 平面位置测量记录表 试验报告、记录	混凝土排水管安装现场质量抽检记录 水准高程测量记录表 平面位置测量记录表 试验报告、记录
		中间交工及质量评定	分项工程（中间）交工证书 混凝土排水管安装质量检验评定表	

分部工程名称	分项工程名称	工序名称	施工单位质检用表	监理单位抽检用表
排水工程	排水管道	检查井、雨水井	施工放样	施工放样报验单 施工放样（复核）测量记录表 水准高程测量记录表	
			砌筑	检验申请批复单 检查（雨水）井砌筑现场质量检验报告单 砌体工程施工记录 水准高程测量记录表 平面位置测量记录表 试验报告、记录（砂浆强度）	检查（雨水）井砌筑现场质量抽检记录 水准高程测量记录表 平面位置测量记录表 试验报告、记录（砂浆强度）
		中间交工及质量评定	分项工程（中间）交工证书 检查（雨水）井砌筑质量检验评定表	
	土沟	土沟	施工放样	施工放样报验单 施工放样（复核）测量记录表 水准高程测量记录表	
			开挖	检验申请批复单 土沟现场质量检验报告单 水准高程测量记录表	土沟现场质量抽检记录 水准高程测量记录表
		中间交工及质量评定	分项工程（中间）交工证书 土沟质量检验评定表	
	盲沟	盲沟	施工放样	施工放样报验单 施工放样（复核）测量记录表 水准高程测量记录表	
			开挖	检验申请批复单 盲沟现场质量检验报告单 水准高程测量记录表	盲沟现场质量抽检记录 水准高程测量记录表
		中间交工及质量评定	分项工程（中间）交工证书 盲沟质量检验评定表	
	边沟、截水沟、浆砌排水沟		施工放样	施工放样报验单 施工放样（复核）测量记录表 水准高程测量记录表	
			砌筑	检验申请批复单 浆砌水沟现场质量检验报告单 砌体工程施工记录 水准高程测量记录表 平面位置测量记录表 试验报告、记录（砂浆强度）	浆砌排水沟现场质量抽检记录 水准高程测量记录表 平面位置测量记录表 试验报告、记录（砂浆强度）
		中间交工及质量评定	分项工程（中间）交工证书 浆砌排水沟质量检验评定表	

分部工程名称	分项工程名称	工序名称	施工单位质检用表	监理单位抽检用表
排水工程	急流槽	施工放样	施工放样报验单 施工放样（复核）测量记录表 水准高程测量记录表	
		混凝土急流槽模板	检验申请批复单 模板、支（拱）架安装现场质量检验报告单 水准高程测量记录表 平面位置测量记录表	
		砌筑、现浇	检验申请批复单 浆砌水沟现场质量检验报告单 砌体工程施工记录 混凝土施工记录 平面位置测量记录表 水准高程测量记录表 试验报告、记录（混凝土强度）	浆砌排水沟现场质量抽检记录 平面位置测量记录表 水准高程测量记录表 试验报告、记录（混凝土强度）
		中间交工及质量评定	分项工程（中间）交工证书 浆砌水沟质量检验评定表	
	混凝土沟	施工放样	施工放样报验单 施工放样（复核）测量记录表 水准高程测量记录表	
		混凝土沟模板	检验申请批复单 模板、支（拱）架安装现场质量检验报告单 水准高程测量记录表 平面位置测量记录表	
		浇筑（可用于混凝土边沟、排水沟、急流槽、截水沟等）	检验申请批复单 浆砌水沟现场质量检验报告单 混凝土施工记录 水准高程测量记录表 平面位置测量记录表 试验报告、记录（混凝土强度）	混凝土水沟现场质量抽检记录 水准高程测量记录表 平面位置测量记录表 试验报告、记录（混凝土强度）
		中间交工及质量评定	分项工程（中间）交工证书 浆砌水沟质量检验评定表	

分部工程名称	分项工程名称	工序名称	施工单位质检用表	监理单位抽检用表
排水工程	沉淀池	施工放样	施工放样报验单 施工放样（复核）测量记录表 水准高程测量记录表	
		混凝土沟模板	检验申请批复单 模板、支（拱）架安装现场质量检验报告单 水准高程测量记录表 平面位置测量记录表	
		浇筑	检验申请批复单 沉淀池现场质量检验报告单 混凝土施工记录 水准高程测量记录表 平面位置测量记录表 试验报告、记录（混凝土强度）	沉淀池现场质量抽检记录 水准高程测量记录表 平面位置测量记录表 试验报告、记录（混凝土强度）
		中间交工及质量评定	分项工程（中间）交工证书 沉淀池质量检验评定表	
	排水泵站沉井	施工放样	施工放样报验单 施工放样（复核）测量记录表 水准高程测量记录表	
		混凝土沟模板	检验申请批复单 模板、支（拱）架安装现场质量检验报告单 平面位置测量记录表 水准高程测量记录表	
		浇筑	检验申请批复单 排水泵站（沉井）现场质量检验报告单 混凝土施工记录 水准高程测量记录表 平面位置测量记录表 试验报告、记录（混凝土强度）	排水泵站沉井现场质量抽检记录 水准高程测量记录表 平面位置测量记录表 试验报告、记录（混凝土强度）
		中间交工及质量评定	分项工程（中间）交工证书 排水泵站（沉井）质量检验评定表	
圆管涵	基础及下部构造	洞身基坑 施工放样	施工放样报验单 施工放样（复核）测量记录表 水准高程测量记录表	
		开挖	检验申请批复单 构造物基坑现场质量检验报告单 水准高程测量记录表 平面位置测量记录表 试验报告、记录（地基承载力）	基坑现场现场质量抽检记录 水准高程测量记录表 平面位置测量记录表 试验报告、记录（地基承载力）

分部工程名称	分项工程名称	工序名称	施工单位质检用表	监理单位抽检用表
圆管涵	基础及下部构造	垫层或管座模板	检验申请批复单 模板、支（拱）架安装现场质量检验报告单 水准高程测量记录表 平面位置测量记录表	
		混凝土涵管安装	检验申请批复单 混凝土涵管安装现场质量检验报告单 混凝土施工记录 试验报告、记录（混凝土强度）	混凝土管涵安装现场质量抽检记录 试验报告、记录（混凝土强度）
		中间交工及质量评定	分项工程（中间）交工证书 混凝土管涵安装质量检验评定表	
	主要构件预制、安装或浇筑	钢筋	检验申请批复单 钢筋安装现场质量检验报告单	
		模板	检验申请批复单 模板、支（拱）架安装现场质量检验报告单	
		混凝土成品	检验申请批复单 管节预制现场质量检验报告单 混凝土施工记录 试验报告、记录（混凝土强度）	管节预制现场质量抽检记录 试验报告、记录（混凝土强度）
		中间交工及质量评定	分项工程（中间）交工证书 管节预制质量检验评定表	
	洞口工程	原地面放样	施工放样报验单 施工放样（复核）测量记录表 水准高程测量记录表	
		开挖	检验申请批复单 构造物基坑现场质量检验报告单 水准高程测量记录表 平面位置测量记录表	基坑现场现场质量抽检记录 水准高程测量记录表 平面位置测量记录表
		混凝土墙身模板	检验申请批复单 模板、支（拱）架安装现场质量检验报告单 水准高程测量记录表 平面位置测量记录表	
		混凝土或砌体墙身	检验申请批复单 一字墙和八字墙现场质量检验报告单 混凝土施工记录 砌体工程施工记录 水准高程测量记录表 平面位置测量记录表 试验报告、记录（混凝土强度）	一字墙和八字墙现场质量抽检记录 水准高程测量记录表 平面位置测量记录表 试验报告、记录（混凝土强度）
		中间交工及质量评定	分项工程（中间）交工证书 一字墙和八字墙质量检验评定表	

注：进出口一字墙、八字墙、端墙（跨洞口工程分项工程名称，涵盖"原地面放样/开挖/混凝土墙身模板/混凝土或砌体墙身/中间交工及质量评定"各工序）

分部工程名称	分项工程名称		工序名称	施工单位质检用表	监理单位抽检用表
圆管涵	涵背回填	管腔、管顶回填	填筑	检验申请批复单 台背填土现场质量检验报告单 桥、涵台背回填施工记录 试验报告、记录（压实度）	台背填土现场质量抽检记录 试验报告、记录（压实度）
			中间交工及质量评定	分项工程（中间）交工证书 台背填土质量检验评定表	
	总体			检验申请批复单 涵洞总体现场质量检验报告单 水准高程测量记录表 平面位置测量记录表	涵洞总体现场质量抽检记录 水准高程测量记录表 平面位置测量记录表
			中间交工及质量评定	分项工程（中间）交工证书 涵洞总体质量检验评定表	
盖板涵	基础及下部构造	洞身基坑	放样	施工放样报验单 施工放样（复核）测量记录表 水准高程测量记录表	
			开挖	检验申请批复单 构造物基坑现场质量检验报告单 水准高程测量记录表 平面位置测量记录表 试验报告、记录（地基承载力）	基坑现场现场质量抽检记录 水准高程测量记录表 平面位置测量记录表 试验报告、记录（地基承载力）
		碎石垫层	铺设	检验申请批复单 砂垫层现场质量检验报告单	砂垫层现场质量抽检记录
		基础或底板	混凝土基础模板	检验申请批复单 模板、支（拱）架安装现场质量检验报告单 水准高程测量记录表 平面位置测量记录表	
			砌筑基础	检验申请批复单 基础砌体现场质量检验报告单 砌体工程施工记录 水准高程测量记录表（基底高程） 水准高程测量记录表（顶面高程） 平面位置测量记录表 试验报告、记录（砂浆强度）	基础砌体现场质量抽检记录 水准高程测量记录表（基底高程） 水准高程测量记录表（顶面高程） 平面位置测量记录表 试验报告、记录（砂浆强度）

分部工程名称	分项工程名称	工序名称	施工单位质检用表	监理单位抽检用表
盖板涵	基础及下部构造	基础或底板	浇筑混凝土基础	检验申请批复单 混凝土扩大基础现场质量检验报告单 混凝土施工记录 水准高程测量记录表（基底高程） 水准高程测量记录表（顶面高程） 平面位置测量记录表 试验报告、记录（混凝土强度）	扩大基础基础现场质量抽检记录 水准高程测量记录表（基底高程） 水准高程测量记录表（顶面高程） 平面位置测量记录表 试验报告、记录（混凝土强度）
		中间交工及质量评定	分项工程（中间）交工证书 混凝土扩大基础质量检验评定表 基础砌体质量检验评定表	
		墙身	模板	检验申请批复单 模板、支（拱）架安装现场质量检验报告单	
			混凝土浇筑	检验申请批复单 涵台现场质量检验报告单 混凝土施工记录 水准高程测量记录表 试验报告、记录（混凝土强度）	涵台现场质量抽检记录 水准高程测量记录表 试验报告、记录（混凝土强度）
		涵台台帽	钢筋	检验申请批复单 钢筋安装现场质量检验报告单	钢筋安装现场质量抽检记录
			模板	检验申请批复单 模板、支（拱）架安装现场质量检验报告单	
			混凝土浇筑	检验申请批复单 涵台现场质量检验报告单 混凝土施工记录 水准高程测量记录表 试验报告、记录	涵台现场质量抽检记录 水准高程测量记录表 试验报告、记录
		中间交工及质量评定	分项工程（中间）交工证书 涵台质量检验评定表	
	主要构件预制、安装或浇筑	盖板预制和现浇	钢筋	检验申请批复单 钢筋安装现场质量检验报告单	钢筋安装现场质量抽检记录
			模板	检验申请批复单 模板、支（拱）架安装现场质量检验报告单	
			混凝土浇筑	检验申请批复单 盖板制作现场质量检验报告单 混凝土施工记录 试验报告、记录	盖板制作现场质量抽检记录 试验报告、记录
		中间交工及质量评定	分项工程（中间）交工证书 盖板制作质量检验评定表	

647

分部工程名称	分项工程名称		工序名称	施工单位质检用表	监理单位抽检用表
盖板涵	主要构件预制、安装或浇筑	盖板安装	安装	检验申请批复单 盖板安装现场质量检验报告单	盖板安装现场质量抽检记录
			中间交工及质量评定	分项工程（中间）交工证书 盖板安装质量检验评定表	
	涵背回填	台背、涵顶	填筑	检验申请批复单 台背填土现场质量检验报告单 桥、涵台背回填施工记录 试验报告、记录	台背填土现场质量抽检记录 试验报告、记录
			中间交工及质量评定	分项工程（中间）交工证书 台背填土质量检验评定表	
	洞口工程	进出口一字墙、八字墙、端墙	原地面放样	施工放样报验单 施工放样（复核）测量记录表 水准高程测量记录表	
			开挖	检验申请批复单 构造物基坑现场质量检验报告单 水准高程测量记录表 平面位置测量记录表	基坑现场现场质量抽检记录 水准高程测量记录表 平面位置测量记录表
			混凝土墙身模板	检验申请批复单 模板、支（拱）架安装现场质量检验报告单 水准高程测量记录表 平面位置测量记录表	
			混凝土或砌体墙身	检验申请批复单 一字墙和八字墙现场质量检验报告单 混凝土施工记录 砌体工程施工记录 水准高程测量记录表 平面位置测量记录表 试验报告、记录	一字墙和八字墙现场质量抽检记录 水准高程测量记录表 平面位置测量记录表 试验报告、记录
	总体		总体	检验申请批复单 涵洞总体现场质量检验报告单 水准高程测量记录表 平面位置测量记录表	涵洞总体现场质量抽检记录 水准高程测量记录表 平面位置测量记录表
			中间交工及质量评定	分项工程（中间）交工证书 涵洞总体质量检验评定表	
箱涵	基础及下部构造	洞身基坑	放样	施工放样报验单 施工放样（复核）测量记录表 水准高程测量记录表	
			开挖	检验申请批复单 构造物基坑现场质量检验报告单 水准高程测量记录表 平面位置测量记录表 试验报告、记录	构造物基坑现场质量抽检记录 水准高程测量记录表 平面位置测量记录表 试验报告、记录

分部工程名称	分项工程名称	工序名称		施工单位质检用表	监理单位抽检用表
箱涵	基础及下部构造	碎石垫层	铺设	检验申请批复单 砂垫层现场质量检验报告单	砂垫层现场质量抽检记录
		基础或底板	混凝土基础模板	检验申请批复单 模板、支（拱）架安装现场质量检验报告单 水准高程测量记录表 平面位置测量记录表	
			砌筑基础	检验申请批复单 基础砌体现场质量检验报告单 砌体工程施工记录 水准高程测量记录表（基底高程） 水准高程测量记录表（顶面高程） 平面位置测量记录表 试验报告、记录	基础砌体现场质量抽检记录 水准高程测量记录表（基底高程） 水准高程测量记录表（顶面高程） 平面位置测量记录表 试验报告、记录
			浇筑混凝土基础	检验申请批复单 混凝土扩大基础现场质量检验报告单 混凝土施工记录 水准高程测量记录表（基底高程） 水准高程测量记录表（顶面高程） 平面位置测量记录表 试验报告、记录	混凝土扩大基础现场质量抽检记录 水准高程测量记录表（基底高程） 水准高程测量记录表（顶面高程） 平面位置测量记录表 试验报告、记录
		中间交工及质量评定		分项工程（中间）交工证书 基础砌体质量检验评定表 混凝土扩大基础质量检验评定表	
	主要构件预制、安装或浇筑	箱涵底板、侧墙、顶板	钢筋	检验申请批复单 钢筋安装现场质量检验报告单	钢筋安装现场质量抽检记录
			模板	检验申请批复单 模板、支（拱）架安装现场质量检验报告单	
			混凝土浇筑	检验申请批复单 箱涵浇筑现场质量检验报告单 混凝土施工记录 试验报告、记录	箱涵浇筑现场质量抽检记录 试验报告、记录
		中间交工及质量评定		分项工程（中间）交工证书 箱涵浇筑质量检验评定表	
	涵背回填	台背、涵顶	填筑	检验申请批复单 台背填土现场质量检验报告单 桥、涵台背回填施工记录 试验报告、记录	台背填土现场质量抽检记录 试验报告、记录
		中间交工及质量评定		分项工程（中间）交工证书 台背填土质量检验评定表	

分部工程名称	分项工程名称		工序名称	施工单位质检用表	监理单位抽检用表
箱涵	洞口工程	进出口一字墙、八字墙、端墙	原地面放样	施工放样报验单 施工放样（复核）测量记录表 水准高程测量记录表	
			开挖	检验申请批复单 构造物基坑现场质量检验报告单 水准高程测量记录表 平面位置测量记录表	基坑现场现场质量抽检记录 水准高程测量记录表 平面位置测量记录表
			混凝土墙身模板	检验申请批复单 模板、支（拱）架安装现场质量检验报告单 水准高程测量记录表 平面位置测量记录表	
			混凝土或砌体墙身	检验申请批复单 一字墙和八字墙现场质量检验报告单 混凝土施工记录 砌体工程施工记录 水准高程测量记录表 平面位置测量记录表 试验报告、记录	一字墙和八字墙现场质量抽检记录 水准高程测量记录表 平面位置测量记录表 试验报告、记录
		中间交工及质量评定		分项工程（中间）交工证书 基础砌体质量检验评定表	
	总体			检验申请批复单 涵洞总体现场质量检验报告单 水准高程测量记录表 平面位置测量记录表	涵洞总体现场质量抽检记录 水准高程测量记录表 平面位置测量记录表
		中间交工及质量评定		分项工程（中间）交工证书 一字墙和八字墙质量检验评定表	
拱涵	基础及下部构造		放样	施工放样报验单 施工放样（复核）测量记录表 水准高程测量记录表	
		洞身基坑	开挖	检验申请批复单 构造物基坑现场质量检验报告单 水准高程测量记录表 平面位置测量记录表 试验报告、记录	基坑现场现场质量抽检记录 水准高程测量记录表 平面位置测量记录表 试验报告、记录
		碎石垫层	铺设	检验申请批复单 砂垫层现场质量检验报告单	砂垫层现场质量抽检记录
		基础或底板	混凝土基础模板	检验申请批复单 模板、支（拱）架安装现场质量检验报告单 水准高程测量记录表 平面位置测量记录表	

分部工程名称	分项工程名称	工序名称	施工单位质检用表	监理单位抽检用表
拱涵	基础及下部构造	基础或底板 · 砌筑基础	检验申请批复单 基础砌体现场质量检验报告单 砌体工程施工记录 水准高程测量记录表（基底高程） 水准高程测量记录表（顶面高程） 平面位置测量记录表 试验报告、记录	基础砌体现场质量抽检记录 水准高程测量记录表（基底高程） 水准高程测量记录表（顶面高程） 平面位置测量记录表 试验报告、记录
		基础或底板 · 浇筑混凝土基础	检验申请批复单 混凝土扩大基础现场质量检验报告单 混凝土施工记录 水准高程测量记录表（基底高程） 水准高程测量记录表（顶面高程） 平面位置测量记录表 试验报告、记录	混凝土扩大基础现场质量抽检记录 水准高程测量记录表（基底高程） 水准高程测量记录表（顶面高程） 平面位置测量记录表 试验报告、记录
		中间交工及质量评定	分项工程（中间）交工证书 混凝土扩大基础质量检验评定表 基础砌体质量检验评定表	
		墙身 · 模板	检验申请批复单 模板、支（拱）架安装现场质量检验报告单	
		墙身 · 混凝土浇筑	检验申请批复单 涵台现场质量检验报告单 混凝土施工记录 水准高程测量记录表 试验报告、记录	涵台现场质量抽检记录 水准高程测量记录表 试验报告、记录
		中间交工及质量评定	分项工程（中间）交工证书 涵台质量检验评定表	
	主要构件预制、安装或浇筑	拱圈 · 混凝土拱圈钢筋	检验申请批复单 钢筋安装现场质量检验报告单	钢筋安装现场质量抽检记录
		拱圈 · 模板	检验申请批复单 模板、支（拱）架安装现场质量检验报告单	
		拱圈 · 浇筑或砌筑	检验申请批复单 拱涵浇（砌）筑现场质量检验报告单 混凝土施工记录 砌体工程施工记录 试验、检测报告、记录	拱涵浇（砌）筑现场质量抽检记录 试验、检测报告、记录
		中间交工及质量评定	分项工程（中间）交工证书 拱涵浇（砌）筑质量检验评定表	

651

分部工程名称	分项工程名称	工序名称	施工单位质检用表	监理单位抽检用表
拱涵	涵背回填	台背、涵顶填筑	检验申请批复单 台背填土现场质量检验报告单 桥、涵台背回填施工记录 试验报告、记录	台背填土现场质量抽检记录 试验报告、记录
		中间交工及质量评定	分项工程（中间）交工证书 台背填土质量检验评定表	
	洞口工程	原地面放样	施工放样报验单 施工放样（复核）测量记录表 水准高程测量记录表	
	进出口一字墙、八字墙、端墙	开挖	检验申请批复单 构造物基坑现场质量检验报告单 水准高程测量记录表 平面位置测量记录表	基坑现场现场质量抽检记录 水准高程测量记录表 平面位置测量记录表
		混凝土墙身模板	检验申请批复单 模板、支（拱）架安装现场质量检验报告单 水准高程测量记录表 平面位置测量记录表	
		混凝土或砌体墙身	检验申请批复单 一字墙和八字墙现场质量检验报告单 混凝土施工记录 砌体工程施工记录 水准高程测量记录表 平面位置测量记录表 试验报告、记录	一字墙和八字墙现场质量抽检记录 水准高程测量记录表 平面位置测量记录表 试验报告、记录
	总体	总体	检验申请批复单 涵洞总体现场质量检验报告单 水准高程测量记录表 平面位置测量记录表	涵洞总体现场质量抽检记录 水准高程测量记录表 平面位置测量记录表
		中间交工及质量评定	分项工程（中间）交工证书 涵洞总体质量检验评定表	
涵洞	倒虹吸竖井	砌筑	检验申请批复单 倒虹吸竖井、集水井砌筑现场质量检验报告单 砌体工程施工记录 水准高程测量记录表 试验报告、记录	倒虹吸竖井、集水井砌筑现场质量抽检记录 水准高程测量记录表 试验报告、记录
		中间交工及质量评定	分项工程（中间）交工证书 倒虹吸竖井、集水井砌筑质量检验评定表	

分部工程名称	分项工程名称	工序名称	施工单位质检用表	监理单位抽检用表
涵洞	跌井（集水井）	混凝土浇筑	检验申请批复单 倒虹吸竖井、集水井砌筑现场质量检验报告单 混凝土施工记录 水准高程测量记录表 试验报告、记录	倒虹吸竖井、集水井砌筑现场质量抽检记录 水准高程测量记录表 试验报告、记录
		中间交工及质量评定	分项工程（中间）交工证书 倒虹吸竖井、集水井砌筑质量检验评定表	
	顶入法施工的涵洞	顶进	检验申请批复单 顶进施工的涵洞现场质量检验报告单 水准高程测量记录表 平面位置测量记录表	顶入法施工的涵洞现场质量抽检记录 水准高程测量记录表 平面位置测量记录表
		中间交工及质量评定	分项工程（中间）交工证书 顶进施工的涵洞质量检验评定表	
	波形钢管涵安装	施工放样	施工放样报验单 施工放样（复核）测量记录表 水准高程测量记录表	
		安装	检验申请批复单 波形钢管涵安装现场质量检验报告单 水准高程测量记录表 试验报告、记录	波形钢管涵安装现场质量抽检记录 水准高程测量记录表 试验报告、记录
		中间交工及质量评定	分项工程（中间）交工证书 波形钢管涵安装质量检验评定表	
防护及其他砌筑工程	抗滑桩	放样	施工放样报验单 施工放样（复核）测量记录表 水准高程测量记录表	
		挖孔	检验申请批复单 钻（挖）桩成孔现场质量检验报告单 挖孔桩挖孔施工记录 水准高程测量记录表	钻（挖）桩成孔现场质量抽检记录
		挖孔桩钢筋笼	检验申请批复单 钻（挖）孔灌注桩、地下连续墙钢筋安装现场质量检验报告单 水准高程测量记录表	钻（挖）孔灌注桩、地下连续墙钢筋安装现场质量抽检记录 水准高程测量记录表
		混凝土施工	检验申请批复单 挖孔桩现场质量检验报告单 混凝土施工记录 终孔后灌注混凝土前检测记录 水下混凝土灌注施工记录 平面位置测量记录表 试验报告、记录	挖孔桩现场质量抽检记录 平面位置测量记录表 试验报告、记录
		中间交工及质量评定	分项工程（中间）交工证书 挖孔桩质量检验评定表	

分部工程名称	分项工程名称	工序名称	施工单位质检用表	监理单位抽检用表
防护及其他砌筑工程	抗滑桩	钻孔桩	放样	施工放样报验单 施工放样（复核）测量记录表 水准高程测量记录表	
			钻孔	检验申请批复单 钻（挖）桩成孔现场质量检验报告单 钻孔桩钻孔施工记录 水准高程测量记录表	钻（挖）桩成孔现场质量抽检记录 水准高程测量记录表
			钢筋笼	检验申请批复单 钻（挖）孔灌注桩、地下连续墙钢筋安装现场质量检验报告单 水准高程测量记录表	钻（挖）孔灌注桩、地下连续墙钢筋安装现场质量抽检记录 水准高程测量记录表
			混凝土施工	检验申请批复单 钻孔灌注桩现场质量检验报告单 终孔后灌注混凝土前检测记录 水下混凝土灌注施工记录 平面位置测量记录表 试验报告、记录	钻孔灌注桩现场质量抽检记录 平面位置测量记录表 试验报告、记录
		中间交工及质量评定	分项工程（中间）交工证书 钻孔灌注桩质量检验评定表	
	砌块预制		略	
	砌石工程	浆砌砌体	放样	施工放样报验单 施工放样（复核）测量记录表 水准高程测量记录表	
			浆砌	检验申请批复单 浆砌砌体现场质量检验报告单 砌体工程施工记录 水准高程测量记录表 试验报告、记录	浆砌砌体现场质量抽检记录 水准高程测量记录表 试验报告、记录
		中间交工及质量评定	分项工程（中间）交工证书 浆砌砌体质量检验评定表	
		干砌砌体	放样	施工放样报验单 施工放样（复核）测量记录表 水准高程测量记录表	
			干砌	检验申请批复单 干砌片石现场质量检验报告单 砌体工程施工记录 水准高程测量记录表	干砌片石现场质量抽检记录 水准高程测量记录表
		中间交工及质量评定	分项工程（中间）交工证书 干砌片石质量检验评定表	

分部工程名称	分项工程名称	工序名称	施工单位质检用表	监理单位抽检用表
防护及其他砌筑工程	导流工程	放样	施工放样报验单 施工放样（复核）测量记录表 水准高程测量记录表	
		砌筑	检验申请批复单 导流工程现场质量检验报告单 砌体工程施工记录 水准高程测量记录表 平面位置测量记录表 试验报告、记录	导流工程现场质量抽检记录 水准高程测量记录表 平面位置测量记录表 试验报告、记录
		中间交工及质量评定	分项工程（中间）交工证书 导流工程质量检验评定表	
	石笼防护	放样	施工放样报验单 施工放样（复核）测量记录表 水准高程测量记录表	
		抛填	检验申请批复单 石笼防护现场质量检验报告单 水准高程测量记录表（高程） 平面位置测量记录表	石笼防护现场质量抽检记录 水准高程测量记录表 平面位置测量记录表
		中间交工及质量评定	分项工程（中间）交工证书 石笼防护质量检验评定表	
	三维植被网		检验申请批复单 喷播绿化现场质量检验报告单	喷播绿化现场质量抽检记录
	防护网		检验申请批复单 隔离栅和防落物网现场质量检验报告单	隔离栅和防落网现场质量抽检记录
	挡土墙	放样	施工放样报验单 施工放样（复核）测量记录表 水准高程测量记录表	
		基坑 开挖	检验申请批复单 构造物基坑现场质量检验报告单 水准高程测量记录表 平面位置测量记录表 试验报告、记录	基坑现场现场质量抽检记录 水准高程测量记录表 平面位置测量记录表 试验报告、记录
		碎石垫层 铺设	检验申请批复单 砂垫层现场质量检验报告单	砂垫层现场质量抽检记录
		基础 混凝土基础模板	检验申请批复单 模板、支（拱）架安装现场质量检验报告单 水准高程测量记录表 平面位置测量记录表	

分部工程名称	分项工程名称	工序名称	施工单位质检用表	监理单位抽检用表
防护及其他砌筑工程	挡土墙	基础 / 浇筑混凝土基础	检验申请批复单 混凝土扩大基础现场质量检验报告单 混凝土施工记录 水准高程测量记录表（基底高程） 水准高程测量记录表（顶面高程） 平面位置测量记录表 试验报告、记录	扩大基础基础现场质量抽检记录 水准高程测量记录表（基底高程） 水准高程测量记录表（顶面高程） 平面位置测量记录表 试验报告、记录
		砌筑基础	检验申请批复单 基础砌体现场质量检验报告单 砌体工程施工记录 水准高程测量记录表（基底高程） 水准高程测量记录表（顶面高程） 平面位置测量记录表 试验报告、记录	基础砌体现场质量抽检记录 水准高程测量记录表（基底高程） 水准高程测量记录表（顶面高程） 平面位置测量记录表 试验报告、记录
		中间交工及质量评定	分项工程（中间）交工证书 基础砌体质量检验评定表	
		浆砌墙身 / 砌筑	检验申请批复单 浆砌挡土墙现场质量检验报告单 砌体工程施工记录 水准高程测量记录表 平面位置测量记录表 试验报告、记录	浆砌挡土墙现场质量抽检记录 水准高程测量记录表 平面位置测量记录表 试验报告、记录
		中间交工及质量评定	分项工程（中间）交工证书 浆砌挡土墙质量检验评定表	
		干砌墙身 / 砌筑	检验申请批复单 干砌挡土墙现场质量检验报告单 砌体工程施工记录 水准高程测量记录表 平面位置测量记录表	干砌挡土墙现场质量抽检记录 水准高程测量记录表 平面位置测量记录表
		中间交工及质量评定	分项工程（中间）交工证书 干砌挡土墙质量检验评定表	
		混凝土墙身 / 浇筑	检验申请批复单 片石混凝土挡土墙现场质量检验报告单 混凝土施工记录 水准高程测量记录表（基底高程） 水准高程测量记录表（顶面高程） 试验报告、记录	片石混凝土挡土墙现场质量抽检记录 水准高程测量记录表 平面位置测量记录表 试验报告、记录
		中间交工及质量评定	分项工程（中间）交工证书 片石混凝土挡土墙质量检验评定表	
		墙背填土 / 填筑	检验申请批复单 台背填土现场质量检验报告单 试验报告、记录	台背填土现场质量抽检记录 试验报告、记录
		中间交工及质量评定	分项工程（中间）交工证书 台背填土质量检验评定表	

分部工程名称	分项工程名称	工序名称	施工单位质检用表	监理单位抽检用表
防护及其他砌筑工程	坡面结构	放样	施工放样报验单 施工放样（复核）测量记录表 水准高程测量记录表	
		模板	检验申请批复单 模板、支（拱）架安装现场质量检验报告单	
		钢筋	检验申请批复单 钢筋安装现场质量检验报告单	钢筋安装现场质量抽检记录
		混凝土浇筑	检验申请批复单 坡面结构现场质量检验报告单 混凝土施工记录 试验报告、记录	坡面结构现场质量抽检记录 试验报告、记录
		中间交工及质量评定	分项工程（中间）交工证书 坡面结构质量检验评定表	
	砌体坡面防护	放样	施工放样报验单 施工放样（复核）测量记录表 水准高程测量记录表	
		砌筑	检验申请批复单 砌体坡面防护现场质量检验报告单 砌体工程施工记录 水准高程测量记录表 试验报告、记录	砌体坡面防护现场质量抽检记录 水准高程测量记录表 试验报告、记录
		中间交工及质量评定	分项工程（中间）交工证书 砌体坡面防护质量检验评定表	
悬臂式和扶壁式挡土墙	墙身	浇筑	检验申请批复单 悬臂式和扶臂式挡土墙现场质量检验报告单 混凝土施工记录 水准高程测量记录表 平面位置测量记录表 试验报告、记录	悬臂式和扶臂式挡土墙现场质量抽检记录 水准高程测量记录表 平面位置测量记录表 试验报告、记录
		中间交工及质量评定	分项工程（中间）交工证书 悬臂式和扶壁式挡土墙质量检验评定表	
	拉杆	安装	检验申请批复单 拉杆现场质量检验报告单	拉杆现场质量抽检记录
		中间交工及质量评定	分项工程（中间）交工证书 拉杆质量检验评定表	

657

分部工程名称	分项工程名称	工序名称		施工单位质检用表	监理单位抽检用表
悬臂式和扶壁式挡土墙	锚杆		安装	检验申请批复单 锚杆现场质量检验报告单 锚孔钻造施工记录 预应力锚索（杆）注浆施工记录 试验报告、记录	锚杆现场质量抽检记录 试验报告、记录
		中间交工及质量评定		分项工程（中间）交工证书 锚杆质量检验评定表	
	锚杆、锚索		安装	检验申请批复单 锚杆、锚索现场质量检验报告单 锚孔钻造施工记录 预应力锚索张拉记录 预应力锚索（杆）注浆施工记录 试验报告、记录	锚杆、锚索现场质量抽检记录 试验报告、记录
		中间交工及质量评定		分项工程（中间）交工证书 锚杆、锚索质量检验评定表	
加筋土挡土墙	面板预制		模板	检验申请批复单 模板、支（拱）架安装现场质量检验报告单	
			钢筋	检验申请批复单 钢筋安装现场质量检验报告单	钢筋安装现场质量抽检记录
			混凝土浇筑	检验申请批复单 面板预制现场质量检验报告单 混凝土施工记录 试验报告、记录	面板预制现场质量抽检记录 试验报告、记录
		中间交工及质量评定		分项工程（中间）交工证书 面板预制质量检验评定表	
	混凝土基础	基坑	放样	施工放样报验单 施工放样（复核）测量记录表 水准高程测量记录表	
			开挖	检验申请批复单 构造物基坑现场质量检验报告单 水准高程测量记录表 平面位置测量记录表 试验报告、记录	基坑现场现场质量抽检记录 水准高程测量记录表 平面位置测量记录表 试验报告、记录
		碎石垫层	铺设	检验申请批复单 砂垫层现场质量检验报告单	砂垫层现场质量抽检记录
		基础	基础放样	施工放样报验单 施工放样（复核）测量记录表 水准高程测量记录表	

分部工程名称	分项工程名称	工序名称	施工单位质检用表	监理单位抽检用表
加筋土挡土墙	混凝土基础	混凝土基础模板	检验申请批复单 模板、支（拱）架安装现场质量检验报告单 水准高程测量记录表 平面位置测量记录表	
		浇筑混凝土基础	检验申请批复单 混凝土扩大基础现场质量检验报告单 混凝土施工记录 水准高程测量记录表 平面位置测量记录表 试验报告、记录	扩大基础基础现场质量抽检记录 水准高程测量记录表 平面位置测量记录表 试验报告、记录
		中间交工及质量评定	分项工程（中间）交工证书 混凝土扩大基础质量检验评定表	
	面板安装	安装	检验申请批复单 面板安装现场质量检验报告单 水准高程测量记录表	面板安装现场质量抽检记录
		中间交工及质量评定	分项工程（中间）交工证书 面板安装质量检验评定表	
	筋带	安设	检验申请批复单 筋带现场质量检验报告单	筋带现场质量抽检记录
		中间交工及质量评定	分项工程（中间）交工证书 筋带质量检验评定表	
	墙背填土	填筑	检验申请批复单 锚杆、锚碇板和加筋土挡土墙墙背填土现场质量检验报告单 桥、涵台背回填施工记录 试验报告、记录（混凝土强度）	锚杆、锚锭板和加筋土挡土墙墙背填土现场质量抽检记录 试验报告、记录（混凝土强度）
		中间交工及质量评定	分项工程（中间）交工证书 锚杆、锚碇板和加筋土挡土墙墙背填土质量检验评定表	
	总体	总体	检验申请批复单 锚杆、锚碇板和加筋土挡土墙总体现场质量检验报告单 水准高程测量记录表 平面位置测量记录表	锚杆、锚锭板和加筋土挡土墙总体现场质量抽检记录 水准高程测量记录表 平面位置测量记录表
		中间交工及质量评定	分项工程（中间）交工证书 锚杆、锚碇板和加筋土挡土墙总体质量检验评定表	

注：1. 一个分项工程评定时，有钢筋的构件，钢筋应单独进行评定。

2. 涵洞的洞口锥护坡砌体参照路基防护工程中的锥、护坡工程进行检验和评定。

分部工程名称	分项工程名称	工序名称	施工单位质检用表	监理单位抽检用表
路面工程	水泥混凝土面层	放样	施工放样报验单 施工放样（复核）测量记录表 水准高程测量记录表	
		铺筑	检验申请批复单 水泥混凝土面层现场质量检验报告单 混凝土施工记录 水泥混凝土路面接缝和钢筋施工记录 水准高程测量记录表 横坡测量记录表 平面位置测量记录表 平整度测量记录表（选用） 试验报告、记录	旁站记录（试验段） 水泥混凝土面层现场质量抽检记录 水准高程测量记录表 横坡测量记录表 平面位置测量记录表 平整度测量记录表（选用） 试验报告、记录
		中间交工及质量评定	分项工程（中间）交工证书 水泥混凝土面层质量检验评定表	
	沥青混凝土面层和沥青碎（砾）石面层	放样	施工放样报验单 施工放样（复核）测量记录表 水准高程测量记录表	
		铺筑	检验申请批复单 沥青混凝土面层和沥青碎（砾）石面层现场质量检验报告单 水准高程测量记录表 横坡测量记录表 平面位置测量记录表 平整度测量记录表（选用） 试验报告、记录	旁站记录（试验段） 沥青混凝土面层和沥青碎（砾）石面层现场质量抽检记录 水准高程测量记录表 横坡测量记录表 平面位置测量记录表 平整度测量记录表 试验报告、记录
		中间交工及质量评定	分项工程（中间）交工证书 沥青混凝土面层和沥青碎（砾）石面层质量检验评定表	
	沥青贯入式面层（或上拌下贯式面层）	放样	施工放样报验单 施工放样（复核）测量记录表 水准高程测量记录表	
		铺筑	检验申请批复单 沥青贯入式面层（或上拌下贯式面层）现场质量检验报告单 水准高程测量记录表 横坡测量记录表 平面位置测量记录表 平整度测量记录表（选用） 试验报告、记录	旁站记录（试验段） 沥青贯入式面层（或上拌下贯式面层）现场质量抽检记录 水准高程测量记录表 横坡测量记录表 平面位置测量记录表 平整度测量记录表（选用） 试验报告、记录
		中间交工及质量评定	分项工程（中间）交工证书 沥青贯入式面层（或上拌下贯式面层）质量检验评定表	

分部工程名称	分项工程名称	工序名称	施工单位质检用表	监理单位抽检用表
路面工程	沥青表面处治面层	放样	施工放样报验单 施工放样（复核）测量记录表 水准高程测量记录表	
		铺筑	检验申请批复单 沥青表面处治面层现场质量检验报告单 水准高程测量记录表 横坡测量记录表 平面位置测量记录表 平整度测量记录表（选用） 试验报告、记录	旁站记录（试验段） 沥青表面处治面层现场质量抽检记录 水准高程测量记录表 横坡测量记录表 平面位置测量记录表 平整度测量记录表（选用） 试验报告、记录
		中间交工及质量评定	分项工程（中间）交工证书 沥青表面处治面层质量检验评定表	
	水泥土基层和底基层	放样	施工放样报验单 施工放样（复核）测量记录表 水准高程测量记录表	
		铺筑	检验申请批复单 稳定土底基层现场质量检验报告单 稳定土基层现场质量检验报告单 水准高程测量记录表 横坡测量记录表 平整度测量记录表（选用） 试验报告、记录	旁站记录（试验段） 稳定土底基层现场质量抽检记录 稳定土基层现场质量抽检记录 水准高程测量记录表 横坡测量记录表 平整度测量记录表（选用） 试验报告、记录
		中间交工及质量评定	分项工程（中间）交工证书 稳定土基层质量检验评定表 稳定土底基层质量检验评定表	
	水泥稳定粒料基层和底基层	放样	施工放样报验单 施工放样（复核）测量记录表 水准高程测量记录表	
		铺筑	检验申请批复单 稳定粒料基层现场质量检验报告单 稳定粒料底基层现场质量检验报告单 水准高程测量记录表 横坡测量记录表 平整度测量记录表（选用） 试验报告、记录	旁站记录（试验段） 稳定粒料基层现场质量抽检记录 稳定粒料底基层现场质量抽检记录 水准高程测量记录表 横坡测量记录表 平整度测量记录表（选用） 试验报告、记录
		中间交工及质量评定	分项工程（中间）交工证书 稳定粒料基层质量检验评定表 稳定粒料底基层质量检验评定表	

分部工程名称	分项工程名称	工序名称	施工单位质检用表	监理单位抽检用表
路面工程	石灰土基层和底基层	放样	施工放样报验单 施工放样（复核）测量记录表 水准高程测量记录表	
		铺筑	检验申请批复单 稳定土底基层现场质量检验报告单 稳定土基层现场质量检验报告单 水准高程测量记录表 横坡测量记录表 平整度测量记录表（选用） 试验报告、记录	旁站记录（试验段） 稳定土底基层现场质量抽检记录 稳定土基层现场质量抽检记录 水准高程测量记录表 横坡测量记录表 平整度测量记录表（选用） 试验报告、记录
		中间交工及质量评定	分项工程（中间）交工证书 稳定土基层质量检验评定表 稳定土底基层质量检验评定表	
	石灰稳定粒料基层和底基层	放样	施工放样报验单 施工放样（复核）测量记录表 水准高程测量记录表	
		铺筑	检验申请批复单 稳定粒料基层现场质量检验报告单 稳定粒料底基层现场质量检验报告单 水准高程测量记录表 横坡测量记录表 平整度测量记录表（选用） 试验报告、记录	旁站记录（试验段） 稳定粒料基层现场质量抽检记录 稳定粒料底基层现场质量抽检记录 水准高程测量记录表 横坡测量记录表 平整度测量记录表（选用） 试验报告、记录
		中间交工及质量评定	分项工程（中间）交工证书 稳定粒料基层质量检验评定表 稳定粒料底基层质量检验评定表	
	石灰、粉煤灰稳定粒料基层和底基层	放样	施工放样报验单 施工放样（复核）测量记录表 水准高程测量记录表	
		铺筑	检验申请批复单 稳定粒料基层现场质量检验报告单 稳定粒料底基层现场质量检验报告单 水准高程测量记录表 横坡测量记录表 平整度测量记录表（选用） 试验报告、记录	旁站记录（试验段） 稳定粒料基层现场质量抽检记录 稳定粒料底基层现场质量抽检记录 水准高程测量记录表 横坡测量记录表 平整度测量记录表（选用） 试验报告、记录
		中间交工及质量评定	分项工程（中间）交工证书 稳定粒料基层质量检验评定表 稳定粒料底基层质量检验评定表	

分部工程名称	分项工程名称	工序名称	施工单位质检用表	监理单位抽检用表
路面工程	石灰、粉煤灰土基层和底基层	放样	施工放样报验单 施工放样（复核）测量记录表 水准高程测量记录表	
		铺筑	检验申请批复单 稳定土底基层现场质量检验报告单 稳定土基层现场质量检验报告单 水准高程测量记录表 横坡测量记录表 平整度测量记录表（选用） 试验报告、记录	旁站记录（试验段） 稳定土底基层现场质量抽检记录 稳定土基层现场质量抽检记录 水准高程测量记录表 横坡测量记录表 平整度测量记录表（选用） 试验报告、记录
		中间交工及质量评定	分项工程（中间）交工证书 稳定土基层质量检验评定表 稳定土底基层质量检验评定表	
	级配碎（砾）石基层和底基层	放样	施工放样报验单 施工放样（复核）测量记录表 水准高程测量记录表	
		铺筑	检验申请批复单 级配碎（砾）石基层现场质量检验报告单 级配碎（砾）石底基层现场质量检验报告单 水准高程测量记录表 横坡测量记录表 平整度测量记录表（选用） 试验报告、记录	旁站记录（试验段） 级配碎（砾）石基层现场质量抽检记录 级配碎（砾）石底基层现场质量抽检记录 水准高程测量记录表 横坡测量记录表 平整度测量记录表（选用） 试验报告、记录
		中间交工及质量评定	分项工程（中间）交工证书 级配碎（砾）石基层质量检验评定表 级配碎（砾）石底基层质量检验评定表	
	填隙碎（砾）石基层和底基层	放样	施工放样报验单 施工放样（复核）测量记录表 水准高程测量记录表	
		铺筑	检验申请批复单 填隙碎石（矿渣）基层现场质量检验报告单 填隙碎石（矿渣）底基层现场质量检验报告单 水准高程测量记录表 横坡测量记录表 平整度测量记录表（选用） 试验报告、记录	旁站记录（试验段） 填隙碎石（矿渣）基层现场质量抽检记录 填隙碎石（矿渣）底基层现场质量抽检记录 水准高程测量记录表 横坡测量记录表 平整度测量记录表（选用） 试验报告、记录
		中间交工及质量评定	分项工程（中间）交工证书 填隙碎石（矿渣）基层质量检验评定表 填隙碎石（矿渣）底基层质量检验评定表	

分部工程名称	分项工程名称		工序名称	施工单位质检用表	监理单位抽检用表
路面工程	路缘石铺设	预制件（石材）或混凝土现浇	放样	施工放样报验单 施工放样（复核）测量记录表 水准高程测量记录表	
			现浇路缘石模板	检验申请批复单 模板、支（拱）架安装现场质量检验报告单	
	预制件(石材)或混凝土现浇	预制件（石材）或混凝土现浇	铺砌或浇筑	检验申请批复单 路缘石铺设现场质量检验报告单 混凝土施工记录 水准高程测量记录表 试验报告、记录	路缘石铺设现场质量抽检记录 水准高程测量记录表 试验报告、记录
		中间交工及质量评定		分项工程（中间）交工证书 路缘石铺设质量检验评定表	
	路肩		放样	施工放样报验单 施工放样（复核）测量记录表 水准高程测量记录表	
			施工	检验申请批复单 路肩现场质量检验报告单 水准高程测量记录表（横坡） 试验报告、记录	路肩实测项目现场质量抽检记录 水准高程测量记录表（横坡） 试验报告、记录
		中间交工及质量评定		分项工程（中间）交工证书 路肩质量检验评定表	
	横向排水管		放样	施工放样报验单 施工放样（复核）测量记录表 水准高程测量记录表	
			砌筑	检验申请批复单 混凝土排水管安装现场质量检验报告单 水准高程测量记录表 试验报告、记录	混凝土排水管安装现场质量抽检记录 水准高程测量记录表 试验报告、记录
	沥青稀浆封层		铺洒	检验申请批复单 沥青表面处治面层现场质量检验报告单 试验报告、记录	沥青表面处治面层现场质量抽检记录 试验报告、记录
	沥青透层、粘层		铺洒	检验申请批复单 沥青表面处治面层现场质量检验报告单 试验报告、记录	沥青表面处治面层现场质量抽检记录 试验报告、记录

分部工程名称	分项工程名称	工序名称	施工单位质检用表	监理单位抽检用表
基础及下部构造	桩基			
		挖孔桩 放样	施工放样报验单 施工放样（复核）测量记录表 水准高程测量记录表	
		挖孔	检验申请批复单 钻（挖）桩成孔现场质量检验报告单 挖孔桩挖孔施工记录 水准高程测量记录表 护筒（护壁）测量记录表	
		钢筋笼	检验申请批复单 钻（挖）孔灌注桩、地下连续墙钢筋安装现场质量检验报告单 水准高程测量记录表	旁站记录 钻（挖）孔灌注桩、地下连续墙钢筋安装现场质量抽检记录 水准高程测量记录表
		混凝土施工	检验申请批复单 挖孔桩现场质量检验报告单 混凝土施工记录 平面位置测量记录表 试验报告、记录（混凝土强度）	旁站记录 挖孔桩现场质量抽检记录 试验报告、记录（混凝土强度）
		中间交工及质量评定	分项工程（中间）交工证书 钻（挖）孔灌注桩、地下连续墙钢筋安装质量检验评定表 挖孔桩质量检验评定表	
		混凝土施工 放样	施工放样报验单 施工放样（复核）测量记录表 水准高程测量记录表	
		钻孔	检验申请批复单 钻（挖）桩成孔现场质量检验报告单 钻孔桩钻孔施工记录 水准高程测量记录表 护筒（护壁）测量记录表	
		钢筋笼	检验申请批复单 钻（挖）孔灌注桩、地下连续墙钢筋安装现场质量检验报告单 水准高程测量记录表	旁站记录 钻（挖）孔灌注桩、地下连续墙钢筋安装现场质量抽检记录 水准高程测量记录表
		混凝土施工	检验申请批复单 钻孔灌注桩现场质量检验报告单 终孔后灌注混凝土前检测记录 水下混凝土灌注施工记录 平面位置测量记录表 试验报告、记录	旁站记录 钻孔灌注桩现场质量抽检记录 试验报告、记录
		中间交工及质量评定	分项工程（中间）交工证书 钻（挖）孔灌注桩、地下连续墙钢筋安装质量检验评定表 钻孔灌注桩质量检验评定表	

分部工程名称	分项工程名称	工序名称	施工单位质检用表	监理单位抽检用表
基础及下部构造	桩基	桩底压浆	检验申请批复单 灌注桩桩底压浆现场质量检验报告单 试验报告、记录（浆体强度）	灌注桩桩底压浆现场质量抽检记录 试验报告、记录（浆体强度）
		中间交工及质量评定	分项工程（中间）交工证书 钻（挖）孔灌注桩、地下连续墙钢筋安装质量检验评定表 灌注桩桩底压浆质量检验评定表	
	扩大基础	放样	施工放样报验单 施工放样（复核）测量记录表 水准高程测量记录表	
		基坑开挖	检验申请批复单 构造物基坑现场质量检验报告单 水准高程测量记录表 平面位置测量记录表 试验报告、记录（地基承载力）	基坑现场现场质量抽检记录 水准高程测量记录表 平面位置测量记录表 试验报告、记录（地基承载力）
		钢筋	检验申请批复单 钢筋安装现场质量检验报告单	钢筋安装现场质量抽检记录
		混凝土基础模板	检验申请批复单 模板、支（拱）架安装现场质量检验报告单	
		浇筑	检验申请批复单 混凝土扩大基础现场质量检验报告单 混凝土施工记录 水准高程测量记录表 平面位置测量记录表 试验报告、记录（混凝土强度）	混凝土扩大基础现场质量抽检记录 水准高程测量记录表 平面位置测量记录表 试验报告、记录（混凝土强度）
		中间交工及质量评定	分项工程（中间）交工证书 钢筋安装质量检验评定表 扩大基础质量检验评定表	
	承台	放样	施工放样报验单 施工放样（复核）测量记录表 水准高程测量记录表	
		钢筋	检验申请批复单 钢筋安装现场质量检验报告单	钢筋安装现场质量抽检记录
		模板	检验申请批复单 模板、支（拱）架安装现场质量检验报告单	

分部工程名称	分项工程名称	工序名称	施工单位质检用表	监理单位抽检用表
基础及下部构造	承台	混凝土浇筑	检验申请批复单 承台等大体积混凝土现场质量检验报告单 混凝土施工记录 水准高程测量记录表 平面位置测量记录表 试验报告、记录（混凝土强度）	承台等大体积混凝土现场质量抽检记录 水准高程测量记录表 平面位置测量记录表 试验报告、记录（混凝土强度）
		中间交工及质量评定	分项工程（中间）交工证书 钢筋安装质量检验评定表 承台等大体积混凝土质量检验评定表	
	系梁	放样	施工放样报验单 施工放样（复核）测量记录表 水准高程测量记录表	
		钢筋	检验申请批复单 钢筋安装现场质量检验报告单	钢筋安装现场质量抽检记录
		模板	检验申请批复单 模板、支（拱）架安装现场质量检验报告单	
		混凝土浇筑	检验申请批复单 承台等大体积混凝土现场质量检验报告单 混凝土施工记录 水准高程测量记录表 平面位置测量记录表 试验报告、记录（混凝土强度）	承台等大体积混凝土现场质量抽检记录 水准高程测量记录表 平面位置测量记录表 试验报告、记录（混凝土强度）
		中间交工及质量评定	分项工程（中间）交工证书 钢筋安装质量检验评定表 承台等大体积混凝土质量检验评定表	
	混凝土墩、台身	放样	施工放样报验单 施工放样（复核）测量记录表 水准高程测量记录表	
		钢筋	检验申请批复单 钢筋安装现场质量检验报告单	钢筋安装现场质量抽检记录
		模板	检验申请批复单 模板、支（拱）架安装现场质量检验报告单	
		混凝土浇筑	检验申请批复单 现浇墩、台身现场质量检验报告单 混凝土施工记录 水准高程测量记录表 平面位置测量记录表 试验报告、记录（混凝土强度）	现浇墩、台身现场质量抽检记录 水准高程测量记录表 平面位置测量记录表 试验报告、记录（混凝土强度）
		中间交工及质量评定	分项工程（中间）交工证书 钢筋安装质量检验评定表 现浇墩、台身质量检验评定表	

分部工程名称	分项工程名称	工序名称	施工单位质检用表	监理单位抽检用表
基础及下部构造	柱或双臂墩	放样	施工放样报验单 施工放样（复核）测量记录表 水准高程测量记录表	
		钢筋	检验申请批复单 钢筋安装现场质量检验报告单	钢筋安装现场质量抽检记录
		模板	检验申请批复单 模板、支（拱）架安装现场质量检验报告单	
		混凝土浇筑	检验申请批复单 现浇墩、台身现场质量检验报告单 混凝土施工记录 水准高程测量记录表 平面位置测量记录表 试验报告、记录（混凝土强度）	现浇墩、台身现场质量抽检记录 水准高程测量记录表 平面位置测量记录表 试验报告、记录（混凝土强度）
		中间交工及质量评定	分项工程（中间）交工证书 钢筋安装质量检验评定表 现浇墩、台身质量检验评定表	
	墩、台帽或盖梁	放样	施工放样报验单 施工放样（复核）测量记录表 水准高程测量记录表	
		钢筋	检验申请批复单 钢筋安装现场质量检验报告单	钢筋安装现场质量抽检记录
		模板	检验申请批复单 模板、支（拱）架安装现场质量检验报告单	
		混凝土浇筑	检验申请批复单 现浇墩、台帽或盖梁现场质量检验报告单 混凝土施工记录 水准高程测量记录表 平面位置测量记录表 试验报告、记录（混凝土强度）	现浇墩、台帽或盖梁现场质量抽检记录 水准高程测量记录表 平面位置测量记录表 试验报告、记录（混凝土强度）
		中间交工及质量评定	分项工程（中间）交工证书 钢筋安装质量检验评定表 现浇墩、台帽或盖梁质量检验评定表	
	挡块	钢筋	检验申请批复单 钢筋安装现场质量检验报告单	钢筋安装现场质量抽检记录
		模板	检验申请批复单 模板、支（拱）架安装现场质量检验报告单	

分部工程名称	分项工程名称	工序名称	施工单位质检用表	监理单位抽检用表
基础及下部构造	挡块	混凝土浇筑	检验申请批复单 挡块现场质量检验报告单 混凝土施工记录 平面位置测量记录表 试验报告、记录（混凝土强度）	挡块现场质量抽检记录 平面位置测量记录表 试验报告、记录（混凝土强度）
		中间交工及质量评定	分项工程（中间）交工证书 钢筋安装质量检验评定表 挡块质量检验评定表	
	支座垫石	钢筋	检验申请批复单 钢筋网现场质量检验报告单	钢筋网现场质量抽检记录
		模板	检验申请批复单 模板、支（拱）架安装现场质量检验报告单	
		混凝土浇筑	检验申请批复单 支座垫石现场质量检验报告单 混凝土施工记录 水准高程测量记录表 平面位置测量记录表 试验报告、记录（混凝土强度）	支座垫石现场质量抽检记录 水准高程测量记录表 平面位置测量记录表 试验报告、记录（混凝土强度）
		中间交工及质量评定	分项工程（中间）交工证书 钢筋网质量检验评定表 支座垫石质量检验评定表	
	台背填土	桥台填筑	检验申请批复单 台背填土现场质量检验报告单 桥、涵台背回填施工记录 试验报告、记录（压实度）	台背填土现场质量抽检记录 试验报告、记录（压实度）
		中间交工及质量评定	分项工程（中间）交工证书 台背填土质量检验评定表	
上部构造	梁板预制	预制T梁、预制箱梁段、空心板梁、预制小箱梁 钢筋	检验申请批复单 钢筋安装现场质量检验报告单	钢筋安装现场质量抽检记录
		模板	检验申请批复单 模板、支（拱）架安装现场质量检验报告单	
		混凝土浇筑	检验申请批复单 梁、板或梁段预制现场质量检验报告单 混凝土施工记录 横坡测量记录表 试验报告、记录（混凝土强度）	梁、板或梁段预制现场质量抽检记录 横坡测量记录表 试验报告、记录（混凝土强度）
		钢丝、钢绞线先张法	检验申请批复单 钢丝、钢绞线先张法现场质量检验报告单 先张法预应力梁张拉记录	旁站记录 钢丝、钢绞线先张法现场质量抽检记录

分部工程名称	分项工程名称	工序名称	施工单位质检用表	监理单位抽检用表
上部构造	梁板预制	预制T梁、预制箱梁段、空心板梁、预制小箱梁	后张法	检验申请批复单 后张法现场质量检验报告单 后张法预应力张拉施工记录 预应力筋管道检测记录	旁站记录 后张法现场质量抽检记录
			预应力管道压浆及封锚	检验申请批复单 预应力管道压浆及封锚现场质量检验报告单 预应力筋孔道压浆施工记录 试验报告、记录（混凝土强度）	预应力管道压浆及封锚现场质量抽检记录 试验报告、记录（混凝土强度）
		中间交工及质量评定		分项工程（中间）交工证书 钢筋安装质量检验评定表 梁、板或梁段预制质量检验评定表 钢丝、钢绞线先张法质量检验评定表 后张法质量检验评定表 预应力管道压浆及封锚质量检验评定表	
	桥面板	桥面板	钢筋	检验申请批复单 钢筋安装现场质量检验报告单	钢筋安装现场质量抽检记录
			模板	检验申请批复单 模板、支（拱）架安装现场质量检验报告单	
			混凝土浇筑	检验申请批复单 桥面板预制现场质量检验报告单 混凝土施工记录 试验报告、记录（混凝土强度）	桥面板预制现场质量抽检记录 试验报告、记录（混凝土强度）
			后张法	检验申请批复单 后张法现场质量检验报告单 后张法预应力张拉施工记录 预应力筋管道检测记录	旁站记录 后张法现场质量抽检记录
			预应力管道压浆及封锚	检验申请批复单 预应力管道压浆及封锚现场质量检验报告单 预应力筋孔道压浆施工记录 试验报告、记录（浆体强度）	预应力管道压浆及封锚现场质量抽检记录 试验报告、记录（浆体强度）
		中间交工及质量评定		分项工程（中间）交工证书 钢筋安装质量检验评定表 桥面板预制质量检验评定表 后张法质量检验评定表 预应力管道压浆及封锚质量检验评定表	

分部工程名称	分项工程名称	工序名称	施工单位质检用表	监理单位抽检用表
上部构造	梁板安装	放样	施工放样报验单 施工放样（复核）测量记录表 水准高程测量记录表	
		安装	检验申请批复单 梁、板安装现场质量检验报告单 水准高程测量记录表	梁、板安装现场质量抽检记录 水准高程测量记录表
		中间交工及质量评定	分项工程（中间）交工证书 梁（板）安装质量检验评定表	
	现浇梁	放样	施工放样报验单 施工放样（复核）测量记录表 水准高程测量记录表	
		钢筋	检验申请批复单 钢筋安装现场质量检验报告单	钢筋安装现场质量抽检记录
		模板	检验申请批复单 模板、支（拱）架安装现场质量检验报告单	
		混凝土浇筑	检验申请批复单 就地浇筑梁、板现场质量检验报告单 混凝土施工记录 水准高程测量记录表 横坡测量记录表 平面位置测量记录表 试验报告、记录（混凝土强度）	旁站记录（主梁段混凝土浇筑） 就地浇筑梁、板现场质量抽检记录 水准高程测量记录表 横坡测量记录表 平面位置测量记录表 试验报告、记录（混凝土强度）
		后张法	检验申请批复单 后张法现场质量检验报告单 后张法预应力张拉施工记录 预应力筋管道检测记录	后张法现场质量抽检记录
		预应力管道压浆及封锚	检验申请批复单 预应力管道压浆及封锚现场质量检验报告单 预应力筋孔道压浆施工记录 试验报告、记录（混凝土强度）	旁站记录（张拉、首次压浆） 预应力管道压浆及封锚现场质量抽检记录 试验报告、记录（混凝土强度）
		中间交工及质量评定	分项工程（中间）交工证书 钢筋安装质量检验评定表 就地浇筑梁、板质量检验评定表 后张法质量检验评定表 预应力管道压浆及封锚质量检验评定表	
	悬臂现浇梁	箱梁 放样	施工放样报验单 施工放样（复核）测量记录表 水准高程测量记录表	
		箱梁 钢筋	检验申请批复单 钢筋安装现场质量检验报告单	钢筋安装现场质量抽检记录

671

分部工程名称	分项工程名称	工序名称	施工单位质检用表	监理单位抽检用表
上部构造	悬臂现浇梁	模板	检验申请批复单 模板、支（拱）架安装现场质量检验报告单	
		混凝土浇筑	检验申请批复单 悬臂浇筑梁检查记录表 混凝土施工记录 水准高程测量记录表 横坡测量记录表 平面位置测量记录表 试验报告、记录（混凝土强度）	旁站记录（主梁段混凝土浇筑） 悬臂浇筑梁现场质量抽检记录 水准高程测量记录表 横坡测量记录表 平面位置测量记录表 试验报告、记录（混凝土强度）
		后张法	检验申请批复单 后张法现场质量检验报告单 后张法预应力张拉施工记录 预应力筋管道检测记录	旁站记录 后张法现场质量抽检记录
		预应力管道压浆及封锚	检验申请批复单 预应力管道压浆及封锚现场质量检验报告单 预应力筋孔道压浆施工记录 试验报告、记录	旁站记录（首次压浆） 预应力管道压浆及封锚现场质量抽检记录 试验报告、记录
		中间交工及质量评定	分项工程（中间）交工证书 钢筋安装质量检验评定表 悬臂浇筑梁质量检验评定表 后张法质量检验评定表 预应力管道压浆及封锚质量检验评定表	
桥面系及附属工程	桥梁总体	桥梁总体	检验申请批复单 桥梁总体现场质量检验报告单 水准高程测量记录表 平面位置测量记录表	桥梁总体现场质量抽检记录 水准高程测量记录表 平面位置测量记录表
	桥面铺装	沥青混凝土桥面铺装 钢筋	检验申请批复单 钢筋网现场质量检验报告单	钢筋网现场质量抽检记录
		模板	检验申请批复单 模板、支（拱）架安装现场质量检验报告单	
		铺装	检验申请批复单 沥青混凝土桥面铺装现场质量检验报告单 水准高程测量记录表（测厚度） 水准高程测量记录表（测厚度） 横坡测量记录表 平整度测量记录表（选用） 试验报告、记录	旁站记录（试验段、沥青混凝土摊铺） 沥青混凝土桥面铺装现场质量抽检记录 水准高程测量记录表（测厚度） 水准高程测量记录表（测厚度） 横坡测量记录表 平整度测量记录表（选用） 试验报告、记录
		中间交工及质量评定	分项工程（中间）交工证书 沥青混凝土桥面铺装质量检验评定表	

分部工程名称	分项工程名称	工序名称	施工单位质检用表	监理单位抽检用表
桥面系及附属工程	桥面铺装	水泥混凝土桥面铺装	钢筋	检验申请批复单 钢筋网现场质量检验报告单	钢筋网现场质量抽检记录
			模板	检验申请批复单 模板、支（拱）架安装现场质量检验报告单	
			铺装	检验申请批复单 水泥混凝土桥面铺装现场质量检验报告单 混凝土施工记录 水准高程测量记录表（测厚度） 水准高程测量记录表（测厚度） 横坡测量记录表 平整度测量记录表（选用） 试验报告、记录	旁站记录（试验段） 水泥混凝土桥面铺装现场质量抽检记录 水准高程测量记录表（测厚度） 水准高程测量记录表（测厚度） 横坡测量记录表 平整度测量记录表（选用） 试验报告、记录
		中间交工及质量评定		分项工程（中间）交工证书 钢筋安装质量检验评定表 水泥混凝土桥面铺装质量检验评定表	
		复合桥面水泥混凝土铺装	钢筋	检验申请批复单 钢筋网现场质量检验报告单	钢筋网现场质量抽检记录
			模板	检验申请批复单 模板、支（拱）架安装现场质量检验报告单	模板、支（拱）架安装现场质量抽检记录
			铺装	检验申请批复单 复合桥面水泥混凝土铺装现场质量检验报告单 混凝土施工记录 水准高程测量记录表（测厚度） 水准高程测量记录表（测厚度） 横坡测量记录表 平整度测量记录表 试验报告、记录（混凝土强度）	复合桥面水泥混凝土铺装现场质量抽检记录 水准高程测量记录表（测厚度） 水准高程测量记录表（测厚度） 横坡测量记录表 平整度测量记录表 试验报告、记录（混凝土强度）
		中间交工及质量评定		分项工程（中间）交工证书 钢筋安装质量检验评定表 复合桥面水泥混凝土铺装质量检验评定表	
		桥面防水层	铺设	检验申请批复单 防水层现场质量检验报告单	防水层现场质量抽检记录
			中间交工及质量评定	分项工程（中间）交工证书 防水层质量检验评定表	

分部工程名称	分项工程名称	工序名称	施工单位质检用表	监理单位抽检用表
桥面系及附属工程	支座安装	安装	检验申请批复单 支座安装现场质量检验报告单 水准高程测量记录表	支座安装现场质量抽检记录 水准高程测量记录表
		中间交工及质量评定	分项工程（中间）交工证书 支座安装质量检验评定表	
	桥头搭板	钢筋	检验申请批复单 钢筋安装现场质量检验报告单	钢筋安装现场质量抽检记录
		模板	检验申请批复单 模板、支（拱）架安装现场质量检验报告单	
		混凝土浇筑	检验申请批复单 桥头搭板现场质量检验报告单 混凝土施工记录 水准高程测量记录表 试验报告、记录（混凝土强度）	桥头搭板现场质量抽检记录 水准高程测量记录表 试验报告、记录（混凝土强度）
		中间交工及质量评定	分项工程（中间）交工证书 钢筋安装质量检验评定表 桥头搭板质量检验评定表	
	伸缩缝安装	接合处混凝土 钢筋	检验申请批复单 钢筋安装现场质量检验报告单	钢筋安装现场质量抽检记录
		接合处混凝土 模板	检验申请批复单 模板、支（拱）架安装现场质量检验报告单	
		伸缩装置安装 安装	检验申请批复单 伸缩装置安装现场质量检验报告单 混凝土施工记录 水准高程测量记录表 试验报告、记录（混凝土强度）	旁站记录（首件安装） 伸缩装置安装现场质量抽检记录 水准高程测量记录表 试验报告、记录（混凝土强度）
		中间交工及质量评定	分项工程（中间）交工证书 钢筋安装质量检验评定表 伸缩装置安装质量检验评定表	
	混凝土防撞护栏	钢筋	检验申请批复单 钢筋安装现场质量检验报告单	钢筋安装现场质量抽检记录
		模板	检验申请批复单 模板、支（拱）架安装现场质量检验报告单	
		混凝土浇筑	检验申请批复单 混凝土护栏浇筑现场质量检验报告单 混凝土施工记录 试验报告、记录（混凝土强度）	混凝土护栏浇筑现场质量抽检记录 试验报告、记录（混凝土强度）
		中间交工及质量评定	分项工程（中间）交工证书 钢筋安装质量检验评定表 混凝土护栏浇筑质量检验评定表	

分部工程名称	分项工程名称	工序名称	施工单位质检用表	监理单位抽检用表
防护工程	防护工程	砌体坡面护坡	检验申请批复单 砌体坡面防护现场质量检验报告单 砌体工程施工记录 水准高程测量记录表（顶面高程） 试验报告、记录（砂浆强度）	砌体坡面防护现场质量抽检记录 水准高程测量记录表（顶面高程） 试验报告、记录（砂浆强度）
		中间交工及质量评定	分项工程（中间）交工证书 砌体坡面防护质量检验评定表	

注：本表不含斜拉桥、悬索桥、拱桥、钢桥等特殊桥梁。

附表 3-4　隧道工程工序报验参考用表

分部工程名称	分项工程名称	工序名称	施工单位质检用表	监理单位抽检用表
洞口工程	洞口开挖		参照路基土石方工程	
	边仰坡		参照路基防护工程	
	套拱	放样	施工放样报验单 施工放样（复核）测量记录表 水准高程测量记录表	
		基坑开挖	检验申请批复单 构造物基坑现场质量检验报告单 水准高程测量记录表 平面位置测量记录表 试验报告、记录（地基承载力）	构造物基坑现场质量抽检记录 水准高程测量记录表 平面位置测量记录表 试验报告、记录（地基承载力）
		混凝土基础模板	检验申请批复单 模板、支（拱）架安装现场质量检验报告单 水准高程测量记录表 平面位置测量记录表	
		浇筑或砌筑	检验申请批复单 混凝土扩大基础现场质量检验报告单 混凝土施工记录 水准高程测量记录表 平面位置测量记录表 试验报告、记录（混凝土强度）	混凝土扩大基础现场质量抽检记录 水准高程测量记录表 平面位置测量记录表 试验报告、记录（混凝土强度）
		模板	检验申请批复单 模板、支（拱）架安装现场质量检验报告单	
		钢支撑	检验申请批复单 钢架现场质量检验报告单 格栅、钢拱架安装施工记录	钢架现场质量抽检记录

其中"基坑"、"基础"为分项工程名称，"套拱拱身"为分项工程名称。

675

分部工程名称	分项工程名称	工序名称	施工单位质检用表	监理单位抽检用表
洞口工程	套拱	套拱拱身 · 钢筋加工及安装	检验申请批复单 衬砌钢筋现场质量检验报告单	衬砌钢筋现场质量抽检记录
		套拱拱身 · 混凝土浇筑	检验申请批复单 混凝土衬砌现场质量检验报告单 混凝土施工记录 水准高程测量记录表 试验报告、记录（混凝土强度）	混凝土衬砌现场质量抽检记录 试验报告、记录（混凝土强度）
	大管棚	安装	检验申请批复单 管棚现场质量检验报告单 隧道锚杆（钢管）施工记录 注浆施工记录	管棚现场质量抽检记录
		中间交工及质量评定	分项工程（中间）交工证书 管棚质量检验评定表	
	洞门端墙、翼墙、挡土墙	基坑 · 放样	施工放样报验单 施工放样（复核）测量记录表 水准高程测量记录表	
		基坑 · 基坑开挖	检验申请批复单 构造物基坑现场质量检验报告单 水准高程测量记录表 平面位置测量记录表 试验报告、记录（地基承载力）	基坑现场质量抽检记录 水准高程测量记录表 平面位置测量记录表 试验报告、记录（地基承载力）
		基础 · 混凝土基础模板	检验申请批复单 模板、支（拱）架安装现场质量检验报告单	
		基础 · 浇筑或砌筑	检验申请批复单 混凝土扩大基础现场质量检验报告单 混凝土施工记录 水准高程测量记录表（顶面高程） 平面位置测量记录表（轴线偏位） 试验报告、记录（混凝土强度）	混凝土扩大基础现场质量抽检记录 水准高程测量记录表（顶面高程） 平面位置测量记录表（轴线偏位） 试验报告、记录（混凝土强度）
		砌体墙身 · 砌筑	检验申请批复单 浆砌挡土墙现场质量检验报告单 砌体工程施工记录 水准高程测量记录表 平面位置测量记录表 试验报告、记录（砂浆强度）	浆砌挡土墙现场质量抽检记录 水准高程测量记录表 平面位置测量记录表 试验报告、记录（砂浆强度）

分部工程名称	分项工程名称	工序名称		施工单位质检用表	监理单位抽检用表
洞口工程	洞门端墙、翼墙、挡土墙	混凝土墙身	模板	检验申请批复单 模板、支（拱）架安装现场质量检验报告单	
			浇筑	检验申请批复单 片石混凝土挡土墙现场质量检验报告单 混凝土施工记录 水准高程测量记录表 平面位置测量记录表 试验报告、记录（混凝土强度）	片石混凝土挡土墙现场质量抽检记录 水准高程测量记录表 平面位置测量记录表 试验报告、记录（混凝土强度）
		中间交工及质量评定		分项工程（中间）交工证书 片石混凝土挡土墙质量检验评定表	
明洞工程	明洞浇筑		放样	施工放样报验单 施工放样（复核）测量记录表 水准高程测量记录表	
			模板	检验申请批复单 模板、支（拱）架安装现场质量检验报告单	
			钢筋	检验申请批复单 衬砌钢筋现场质量检验报告单	衬砌钢筋现场质量抽检记录
			混凝土浇筑	检验申请批复单 明洞浇筑现场质量检验报告单 混凝土施工记录 试验报告、记录（混凝土强度）	明洞浇筑现场质量抽检记录 试验报告、记录（混凝土强度）
		中间交工及质量评定		分项工程（中间）交工证书 明洞浇筑质量检验评定表	
	明洞防水层			检验申请批复单 明洞防水层现场质量检验报告单	明洞防水层现场质量抽检记录
		中间交工及质量评定		分项工程（中间）交工证书 明洞防水层质量检验评定表	
	明洞回填	明洞	回填	检验申请批复单 明洞回填现场质量检验报告单 桥、涵台背回填施工记录 水准高程测量记录表 试验报告、记录（压实度）	明洞回填现场质量抽检记录 水准高程测量记录表 试验报告、记录（压实度）
		中间交工及质量评定		分项工程（中间）交工证书 明洞回填质量检验评定表	

分部工程名称	分项工程名称	工序名称		施工单位质检用表	监理单位抽检用表
洞身开挖	洞身开挖	洞身	开挖断面轮廓线放样	施工放样报验单 施工放样（复核）测量记录表 水准高程测量记录表	
			开挖	检验申请批复单 洞身开挖现场质量检验报告单 隧道开挖断面施工记录 水准高程测量记录表 隧道施工测量记录表	洞身开挖现场质量抽检记录 水准高程测量记录表 隧道施工测量记录表
		中间交工及质量评定		分项工程（中间）交工证书 洞身开挖质量检验评定表	
洞身衬砌	锚杆支护	洞身	支护	检验申请批复单 锚杆支护现场质量检验报告单 隧道锚杆（钢管）施工记录 注浆施工记录 试验报告、记录（砂浆强度）	旁站记录（试验段） 锚杆现场质量抽检记录 试验报告、记录（砂浆强度）
		中间交工及质量评定		分项工程（中间）交工证书 锚杆支护质量检验评定表	
	钢筋网支护	洞身	支护	检验申请批复单 钢筋网支护现场质量检验报告单 钢筋网制作及安装记录	旁站记录（试验段） 钢筋网现场质量抽检记录
		中间交工及质量评定		分项工程（中间）交工证书 钢筋网支护质量检验评定表	
	钢支撑支护	洞身		检验申请批复单 钢架现场质量检验报告单 格栅、钢拱架安装施工记录 水准高程测量记录表	旁站记录（试验段） 钢架现场质量抽检记录 水准高程测量记录表
		中间交工及质量评定		分项工程（中间）交工证书 钢架质量检验评定表	
	喷射混凝土支护	洞身	支护	检验申请批复单 喷射混凝土支护现场质量检验报告单 隧道洞身喷射（钢纤维）混凝土施工记录 试验报告、记录（喷射混凝土强度）	旁站记录（试验段） 喷射混凝土现场质量抽检记录 试验报告、记录（喷射混凝土强度）
		中间交工及质量评定		分项工程（中间）交工证书 （钢纤维）喷射混凝土支护质量检验评定表	
	衬砌钢筋、仰拱钢筋	二衬	安装	检验申请批复单 衬砌钢筋现场质量检验报告单	衬砌钢筋现场质量抽检记录
		中间交工及质量评定		分项工程（中间）交工证书 衬砌钢筋质量检验评定表	

分部工程名称	分项工程名称	工序名称		施工单位质检用表	监理单位抽检用表
洞身衬砌	混凝土衬砌（二衬）	二衬	模板	检验申请批复单 模板、支（拱）架安装现场质量检验报告单	
			浇筑	检验申请批复单 混凝土衬砌现场质量检验报告单 混凝土施工记录 隧道预埋件施工记录 水准高程测量记录表 试验报告、记录（混凝土强度）	旁站记录（试验段） 混凝土衬砌现场质量抽检记录 水准高程测量记录表 试验报告、记录（混凝土强度）
		中间交工及质量评定		分项工程（中间）交工证书 混凝土衬砌质量检验评定表	
	仰拱及底板	二衬	模板	检验申请批复单 模板、支（拱）架安装现场质量检验报告单	
			浇筑	检验申请批复单 仰拱现场质量检验报告单 混凝土施工记录 水准高程测量记录表 试验报告、记录（混凝土强度）	旁站记录（试验段） 仰拱现场质量抽检记录 水准高程测量记录表 试验报告、记录（混凝土强度）
		中间交工及质量评定		分项工程（中间）交工证书 仰拱质量检验评定表	
	仰拱填充	浇筑		检验申请批复单 仰拱回填现场质量检验报告单 混凝土施工记录 水准高程测量记录表 试验报告、记录（混凝土强度）	仰拱回填现场质量抽检记录 水准高程测量记录表 试验报告、记录（混凝土强度）
		中间交工及质量评定		分项工程（中间）交工证书 仰拱回填质量检验评定表	
防排水工程	防水层	铺设安装		检验申请批复单 隧道洞身防水层现场质量检验报告单	防水层现场质量抽检记录
		土工布		检验申请批复单 过滤排水工程土工合成材料处置层现场质量检验报告单	过滤排水工程土工合成材料处置层现场质量抽检记录
		中间交工及质量评定		分项工程（中间）交工证书 防水层质量检验评定表	
	止水带	安装		检验申请批复单 止水带现场质量检验报告单	止水带现场质量抽检记录
		中间交工及质量评定		分项工程（中间）交工证书 止水带质量检验评定表	

分部工程名称	分项工程名称	工序名称	施工单位质检用表	监理单位抽检用表
防排水工程	排水沟（管）	钢筋	检验申请批复单 钢筋安装现场质量检验报告单	钢筋安装现场质量抽检记录
		模板	检验申请批复单 模板、支（拱）架安装现场质量检验报告单	
		混凝土浇筑	检验申请批复单 排水沟（管）现场质量检验报告单 混凝土施工记录 平面位置测量记录表 水准高程测量记录表 试验报告、记录（混凝土强度）	排水沟（管）现场质量抽检记录 平面位置测量记录表 水准高程测量记录表 试验报告、记录（混凝土强度）
		中间交工及质量评定	分项工程（中间）交工证书 排水沟（管）质量检验评定表	
	环纵排水管		同排水沟管	
	中央排水管		同排水沟管	
	洞内边沟、电缆沟		同排水沟管	
辅助措施	超前锚杆	钻孔安装	检验申请批复单 超前锚杆现场质量检验报告单 隧道锚杆（钢管）施工记录 注浆施工记录	超前锚杆现场质量抽检记录
		中间交工及质量评定	分项工程（中间）交工证书 超前锚杆质量检验评定表	
	超前钢管	钻孔安装	检验申请批复单 超前小导管现场质量检验报告单 隧道锚杆（钢管）施工记录 锚孔或钢管注浆施工记录	超前小导管现场质量抽检记录
		中间交工及质量评定	分项工程（中间）交工证书 超前小导管质量检验评定表	
隧道路面			参照路面工程	
隧道总体	总体	总体	检验申请批复单 隧道总体现场质量检验报告单 水准高程测量记录表 平面位置测量记录表	隧道总体现场质量抽检记录 水准高程测量记录表 平面位置测量记录表
		中间交工及质量评定	分项工程（中间）交工证书 隧道总体质量检验评定表	

分部工程名称	分项工程名称	工序名称	施工单位质检用表	监理单位抽检用表
绿化工程	中央分隔带绿化、互通立交区绿化、养护管理区、服务区绿化、取、弃土场绿化、路侧绿化	施工（选用）	检验申请批复单 绿地整理现场质量检验报告单 树木栽植现场质量检验报告单 草坪、草本地被及花卉种植现场质量检验报告单 喷播绿化现场质量检验报告单	绿地整理现场质量抽检记录 树木栽植现场质量抽检记录 草坪、草本地被及花卉种植现场质量抽检记录 喷播绿化现场质量抽检记录
		中间交工及质量评定（选用）	分项工程（中间）交工证书 绿地整理质量检验评定表 树木栽植质量检验评定表 草坪、草本地被及花卉种植质量检验评定表 喷播绿化质量检验评定表	
声屏障	砌块体声屏障	放样	施工测量放样报验单 施工放样（复核）测量记录表	
		砌筑	检验申请批复单 砌块体声屏障现场质量检验报告单 水准高程测量记录表 试验报告、记录（砂浆强度）	砌块体声屏障现场质量抽检记录 水准高程测量记录表 试验报告、记录（砂浆强度）
		中间交工及质量评定	分项工程（中间）交工证书 砌块体声屏障质量检验评定表	
	金属结构声屏障	放样	施工测量放样报验单 施工放样（复核）测量记录表	
		安装	检验申请批复单 金属结构声屏障现场质量检验报告单 水准高程测量记录表 试验报告、记录（混凝土强度）	金属结构声屏障现场质量抽检记录 水准高程测量记录表 试验报告、记录（混凝土强度）
		中间交工及质量评定	分项工程（中间）交工证书 金属结构声屏障质量检验评定表	
	复合结构声屏障	放样	施工测量放样报验单 施工放样（复核）测量记录表	
		安装	检验申请批复单 复合结构声屏障现场质量检验报告单 混凝土施工记录 水准高程测量记录表 试验报告、记录（混凝土强度）	复合结构声屏障现场质量抽检记录 水准高程测量记录表 试验报告、记录（混凝土强度）
		中间交工及质量评定	分项工程（中间）交工证书 复合结构声屏障质量检验评定表	

附表 3-6　交通安全设施工程工序报验参考用表

分部工程名称	分项工程名称	工序名称	施工单位质检用表	监理单位抽检用表
标志	标志	放样	施工测量放样报验单 施工放样（复核）记录表	
		安装	检验申请批复单 交通标志现场质量检验报告单 混凝土施工记录 试验报告、记录（混凝土强度）	交通标志现场质量抽检记录 试验报告、记录（混凝土强度）
		中间交工及质量评定	分项工程（中间）交工证书 交通标志质量检验评定表	
标线、突起路标	标线	放样	施工测量放样报验单 施工放样（复核）记录表	
		画线	检验申请批复单 交通标线现场质量检验报告单 试验报告、记录	路面标线现场质量抽检记录 试验报告、记录
		中间交工及质量评定	分项工程（中间）交工证书 交通标线质量检验评定表	
	突起路标	放样	施工测量放样报验单 施工放样（复核）记录表	
		安装	检验申请批复单 突起路标现场质量检验报告单	突起路标现场质量抽检记录
		中间交工及质量评定	分项工程（中间）交工证书 突起路标质量检验评定表	
护栏、轮廓标	波形梁钢护栏	放样	施工测量放样报验单 施工放样（复核）记录表	
		安装	检验申请批复单 波形梁钢护栏现场质量检验报告单	波形梁钢护栏现场质量抽检记录
		中间交工及质量评定	分项工程（中间）交工证书 波形梁钢护栏质量检验评定表	
	混凝土护栏	放样	施工测量放样报验单 施工放样（复核）记录表	
		模板	检验申请批复单 模板、支（拱）架安装现场质量检验报告单	
		钢筋	检验申请批复单 钢筋安装现场质量检验报告单	钢筋安装现场质量抽检记录

分部工程名称	分项工程名称	工序名称	施工单位质检用表	监理单位抽检用表
护栏、轮廓标	混凝土护栏	浇筑	检验申请批复单 混凝土护栏现场质量检验报告单 混凝土施工记录 试验报告、记录（混凝土强度）	旁站记录 混凝土护栏现场质量抽检记录 试验报告、记录（混凝土强度）
		中间交工及质量评定	分项工程（中间）交工证书 混凝土护栏质量检验评定表	
	缆索护栏	放样	施工测量放样报验单 施工放样（复核）记录表	
		安装	检验申请批复单 缆索护栏现场质量检验报告单	缆索护栏现场质量抽检记录
		中间交工及质量评定	分项工程（中间）交工证书 缆索护栏质量检验评定表	
	轮廓标	放样	施工测量放样报验单 施工放样（复核）记录表	
		安装	检验申请批复单 轮廓标现场质量检验报告单	轮廓标现场质量抽检记录
		中间交工及质量评定	分项工程（中间）交工证书 轮廓标质量检验评定表	
防眩设施	防眩板	放样	施工测量放样报验单 施工放样（复核）记录表	
		安装	检验申请批复单 防眩设施现场质量检验报告单	防眩设施现场质量抽检记录
		中间交工及质量评定	分项工程（中间）交工证书 防眩设施质量检验评定表	
隔离栅、防落网	隔离栅、防落	放样	施工测量放样报验单 施工放样（复核）记录表	
		安装	检验申请批复单 隔离栅和防落物网现场质量检验报告单	隔离栅和防落网现场质量抽检记录
		中间交工及质量评定	分项工程（中间）交工证书 隔离栅和防落网质量检验评定表	
中央分隔带开口护栏	中央分隔带开口护栏	放样	施工测量放样报验单 施工放样（复核）记录表	
		安装	检验申请批复单 中央分隔带开口护栏现场质量检验报告单 试验报告、记录	中央分隔带开口护栏现场质量抽检记录
		中间交工及质量评定	分项工程（中间）交工证书 中央分隔带开口护栏质量检验评定表	

分部工程名称	分项工程名称	工序名称		施工单位质检用表	监理单位抽检用表
里程碑和百米桩	里程碑和百米桩		放样	施工测量放样报验单 施工放样（复核）记录表	
			安装	检验申请批复单 里程碑和百米桩现场质量检验报告单	里程碑和百米桩现场质量抽检记录
		中间交工及质量评定		分项工程（中间）交工证书 里程碑和百米桩质量检验评定表	
避险车道	避险车道		放样	施工测量放样报验单 施工放样（复核）记录表	
			施工	检验申请批复单 避险车道现场质量检验报告单 横坡检测记录表	避险车道现场质量抽检记录
		中间交工及质量评定		分项工程（中间）交工证书 避险车道质量检验评定表	

　　说明：本内容按照一般工序正常出具表格，现场实际可能存在多样，具体应以现场实际情况并出具相应的表格。以及给出了大致的表格名称，具体应以地方要求或相关规程、标准为准，本章仅为建议参考。

附录4 公路工程工序文件归档范围参照表

附表4-1 土建工程工序文件归档范围参照表

单位工程	分部工程	分项工程名称	工序文件
路基工程	路基土石方工程	土方路基	开工申请批复单，检验申请批复单，施工放样报验单，施工放样记录表，路基、路面、构造物平面位置检测表，路基、路面、构造物高程检测表，路基、路面宽度检测记录，路基原地面清除检测记录，不适宜土挖除检查记录，地基承载力检测记录，路基、路面结构层松铺厚度检查记录，路基填筑检查记录，路基边坡检测记录，路基、路面横坡度检测记录，路基、路面压实度试验检测报告，路基、路面压实度检测记录，含水率试验检测记录，路基、路面平整度检测记录，路基、路面弯沉试验检测报告，路基、路面弯沉检测记录，弯沉检测评定表，路基、路面高程、横坡检测汇总表，土方路基分项工程质量检验评定表，中间交工证书等
		填石路基	开工申请批复单，检验申请批复单，施工放样报验单，施工放样记录表，路基、路面、构造物平面位置检测表，路基、路面、构造物高程检测表，路基、路面宽度检测记录，路基原地面清除检测记录，不适宜土挖除检查记录，地基承载力检测记录，路基、路面结构层松铺厚度检查记录，石方（土石混填）石方路基填筑检查记录，石方路基施工沉降观测记录，路基边坡检测记录，路基、路面横坡度检测记录，路基、路面平整度检测记录，路基、路面弯沉试验检测报告，路基、路面弯沉检测记录，弯沉检测评定表，路基、路面高程、横坡检测汇总表，石方路基分项工程质量检验评定表，中间交工证书等
		软土地基处置	（软基沉降监测记录）软土地基处置范围测量记录，汇总记录，软土地基处置施工记录，软基分层沉降观测记录，软土地基沉降量观测记录，孔隙水压力观测记录，软基测斜记录，软基测斜资料汇总表等
			（换填）开工申请批复单，检验申请批复单，施工放样报验单，施工放样记录表，清表掘除和堆放现场记录，砂砾垫层施工记录，砂砾（砂）垫层施工分项工程质量检验评定表，中间交工证书等
			（碎石桩）开工申请批复单，检验申请批复单，施工放样报验单，施工放样记录表，清表掘除和堆放现场记录，碎石桩（砂桩）施工记录，碎粒桩（砂桩）分项工程质量检验评定表，中间交工证书等
			（袋装砂井）开工申请批复单，检验申请批复单，施工放样报验单，施工放样记录表，清表掘除和堆放现场记录，袋装砂井、塑料排水板施工现场记录，袋装砂井、塑料排水板分项工程质量检验评定表，中间交工证书等
			（粉喷桩）开工申请批复单，检验申请批复单，施工放样报验单，施工放样记录表，粉喷桩处理软基施工原始记录，粉喷桩尺寸检查记录，粉喷桩分项工程质量检验评定表，中间交工证书等
			（加固土桩）开工申请批复单，检验申请批复单，施工放样记录表，加固土桩施工现场记录，加固土桩分项工程质量检验评定表，中间交工证书等

続附表4-1

单位工程	分部工程	分项工程名称	工序文件
路基工程	路基土石方工程	软土地基处置	（CFG桩）开工申请批复单，检验申请批复单，施工放样报验单，施工放样记录表，水泥粉煤灰碎石桩施工现场记录，水泥粉煤灰碎石桩分项工程质量检验评定表，中间交工证书等
			（刚性桩）开工申请批复单，检验申请批复单，施工放样报验单，施工放样记录表，刚性桩施工现场记录，刚性桩分项工程质量检验评定表，中间交工证书等
		土工合成材料处置层	开工申请批复单，检验申请批复单，施工放样报验单，施工放样记录表，清表掘除和堆放现场记录，加筋工程（隔离工程、过滤排水工程、防裂工程）土工合成材料现场检验记录，路基、路面、构造物高程检测表，路基、路面平整度检测记录，路基、路面压实度检测记录，加筋工程（隔离工程、过滤排水工程、防裂工程）土工合成材料处置层分项工程质量检验评定表，中间交工证书等
	排水工程	管节预制	开工申请批复单，检验申请批复单，小型构件钢筋及骨架检验记录，细集料含水率试验检测记录，粗集料含水率试验检测记录，水泥混凝土（砂浆）浇筑申请单，混凝土坍落度及密度试验记录，混凝土浇筑施工记录，水泥混凝土冬期浇筑记录，水泥混凝土冬期养护记录，水泥混凝土抗压强度试验记录，圆管管节安装前现场检验记录，排水工程管节预制分项工程质量检验评定表，中间交工证书等
		管节安装	开工申请批复单，检验申请批复单，施工放样报验单，施工放样记录表，开挖基坑（槽）检查记录，砂砾垫层施工记录，路基、路面、构造物平面位置检测表，路基、路面、构造物高程检测表，细集料含水率试验检测记录，粗集料含水率试验检测记录，水泥混凝土（砂浆）浇筑申请单，混凝土坍落度及密度试验记录，混凝土浇筑施工记录，水泥混凝土冬期浇筑记录，水泥混凝土冬期养护记录，水泥混凝土抗压强度试验记录，管座及圆管安装现场检验记录，管道基础及管节安装分项工程质量检验评定表，中间交工证书等
		检查（雨水井）砌筑	开工申请批复单，检验申请批复单，施工放样报验单，施工放样记录表，开挖基坑槽检查记录，路基、路面、构造物平面位置检测表，路基、路面、构造物高程检测表，小型构件钢筋及骨架检验记录，模板安装检查记录，细集料含水率试验检测记录，粗集料含水率试验检测记录，水泥混凝土（砂浆）浇筑申请单，混凝土坍落度及密度试验记录，混凝土浇筑施工记录，水泥混凝土冬期浇筑记录，水泥混凝土冬期养护记录，水泥混凝土抗压强度试验记录，砌体工程施工记录，砂浆抗压强度试验记录，检查（雨水）井砌筑现场检验记录，检查（雨水）井砌筑分项工程质量检验评定表，中间交工证书等
		土沟	开挖施工记录、土沟分项工程质量检验评定表等
		浆砌水沟	开工申请批复单，检验申请批复单，施工放样报验单，施工放样记录表，开挖基坑槽检查记录，砂砾垫层施工记录，路基、路面、构造物平面位置检测表，路基、路面、构造物高程检测表，水泥混凝土（砂浆）浇筑申请单，砌体工程施工记录，砂浆抗压强度试验记录，浆砌排水沟分项工程质量检验评定表，中间交工证书等
		盲沟	开工申请批复单，检验申请批复单，施工放样报验单，施工放样记录表，开挖基坑槽检查记录，砂砾垫层施工记录，路基、路面、构造物平面位置检测表，路基、路面、构造物高程检测表，盲沟（圆管暗边沟、盖板明、暗边沟）施工现场检验记录，盲沟分项工程质量检验评定表，中间交工证书等

686

单位工程	分部工程	分项工程名称	工序文件
路基工程	排水工程	跌水	开工申请批复单，检验申请批复单，施工放样记录表，开挖基坑槽检查记录，砂垫层施工记录，砌体工程施工记录、混凝土浇筑施工记录，路基、路面、构造物平面位置检测表，路基、路面、构造物高程检测表，跌水分项工程质量检验评定表，中间交工证书等
		急流槽	开工申请批复单，检验申请批复单，施工放样报验单，施工放样记录表，开挖沟槽检查记录，铺设砂砾垫层及沟底混凝土现浇施工记录，砌筑施工记录，混凝土浇筑施工记录、路基、路面、构造物平面位置检测表，路基、路面、构造物高程检测表，急流槽分项工程质量检验评定表，中间交工证书等
		水簸箕	开工申请批复单，检验申请批复单，施工放样报验单，施工放样记录表，基槽开挖及清理施工记录，砂垫层施工记录，混凝土浇筑施工记录，路基、路面、构造物平面位置检测表，路基、路面、构造物高程检测表，水簸箕分项工程质量检验评定表，中间交工证书等
		排水泵站沉井	开工申请批复单，检验申请批复单，施工放样报验单，施工放样记录表，路基、路面、构造物平面位置检测表，路基、路面、构造物高程检测表，开挖基坑槽检查记录，砂砾垫层施工记录，水泥混凝土（砂浆）浇筑申请单，砌体工程施工记录，砂浆抗压强度试验记录，沉井制作、下沉、封底施工记录，排水泵站沉井分项工程质量检验评定表，中间交工证书等
		沉淀池	开工申请批复单，检验申请批复单，施工放样报验单，施工放样记录表，开挖基坑槽检查记录，路基、路面、构造物平面位置检测表，路基、路面、构造物高程检测表，小型构件钢筋及骨架检验记录，模板安装检查记录，细集料含水率试验检测记录，粗集料含水率试验检测记录，水泥混凝土（砂浆）浇筑申请单，混凝土坍落度及密度试验记录，混凝土浇筑施工记录，水泥混凝土冬期浇筑记录，水泥混凝土冬期养护记录，水泥混凝土抗压强度试验记录，砌体工程施工记录，砂浆抗压强度试验记录，沉淀池分项工程质量检验评定表，中间交工证书等
	小桥、通道、人行天桥，渡槽	参照桥梁分项工程划分	参照"一般桥梁工程"
	涵洞	钢筋加工及安装	钢筋及骨架检验记录，钢筋加工及安装分项工程质量检验评定表等
		涵台	开工申请批复单，检验申请批复单，施工放样报验单，施工放样记录表，结构物基坑（槽）检验记录，地基承载力检测记录、基础换填（若有），土工合成材料处治（若有），路基、路面、构造物平面位置检测表，路基、路面、构造物高程检测表，模板安装检查记录，细集料含水率试验检测记录，粗集料含水率试验检测记录，水泥混凝土（砂浆）浇筑申请单，混凝土坍落度及密度试验记录，混凝土浇筑施工记录，水泥混凝土冬期浇筑记录，水泥混凝土冬期养护记录，水泥混凝土抗压强度试验记录，涵台现场检验记录，涵台分项工程质量检验评定表，中间交工证书等
		管节预制	开工申请批复单，检验申请批复单，小型构件钢筋及骨架检验记录，模板安装检查记录，细集料含水率试验检测记录，粗集料含水率试验检测记录，水泥混凝土（砂浆）浇筑申请单，混凝土坍落度及密度试验记录，混凝土浇筑施工记录，水泥混凝土冬期浇筑记录，水泥混凝土冬期养护记录，水泥混凝土抗压强度试验记录，涵管管节安装前现场检验记录，管节预制分项工程质量检验评定表，中间交工证书等

单位工程	分部工程	分项工程名称	工序文件
路基工程	涵洞	混凝土管座及涵管安装	开工申请批复单，检验申请批复单，施工放样报验单，施工放样记录表，结构物基坑（槽）检验记录，路基、路面、构造物平面位置检测表，路基、路面、构造物高程检测表，地基承载力检测记录，模板安装检查记录，细集料含水率试验检测记录，粗集料含水率试验检测记录，水泥混凝土（砂浆）浇筑申请单，混凝土坍落度及密度试验记录，混凝土浇筑施工记录，水泥混凝土冬期浇筑记录，水泥混凝土冬期养护记录，水泥混凝土抗压强度试验记录，管座及涵管安装现场检验记录，管座及涵管安装分项工程质量检验评定表，中间交工证书等
		波形钢管涵安装	开工申请批复单，检验申请批复单，施工放样报验单，施工放样记录表，结构物基坑（槽）检验记录，路基、路面、构造物平面位置检测表，路基、路面、构造物高程检测表，地基承载力检测记录，模板安装检查记录，细集料含水率试验检测记录，粗集料含水率试验检测记录，水泥混凝土（砂浆）浇筑申请单，混凝土坍落度及密度试验记录，混凝土浇筑施工记录，水泥混凝土冬期浇筑记录，水泥混凝土冬期养护记录，水泥混凝土抗压强度试验记录，波纹钢管管节安装记录，管节沉降缝处理记录，波形钢管涵安装分项工程质量检验评定表等
		盖板制作	开工申请批复单，检验申请批复单，小型构件钢筋及骨架检验记录，模板安装检查记录，细集料含水率试验检测记录，粗集料含水率试验检测记录，水泥混凝土（砂浆）浇筑申请单，混凝土坍落度及密度试验记录，混凝土浇筑施工记录，水泥混凝土冬期浇筑记录，水泥混凝土冬期养护记录，水泥混凝土抗压强度试验记录，现浇盖板现场检验记录（现浇盖板），混凝土小型构件现场检验记录（预制盖板），盖板制作分项工程质量检验评定表，中间交工证书等
		盖板安装	开工申请批复单，检验申请批复单，盖板安装现场检验记录，防水层施工记录，盖板安装分项工程质量检验评定表，中间交工证书等
		箱涵浇筑	开工申请批复单，检验申请批复单，施工放样报验单，施工放样记录表，结构物基坑（槽）检验记录，路基、路面、构造物平面位置检测表，路基、路面、构造物高程检测表，地基承载力检测记录，模板安装检查记录，细集料含水率试验检测记录，粗集料含水率试验检测记录，水泥混凝土（砂浆）浇筑申请单，混凝土坍落度及密度试验记录，混凝土浇筑施工记录，水泥混凝土冬期浇筑记录，水泥混凝土冬期养护记录，水泥混凝土抗压强度试验记录，箱涵现场检验记录，箱涵浇筑分项工程质量检验评定表，中间交工证书等
		拱涵浇（砌）筑	开工申请批复单，检验申请批复单，施工放样报验单，施工放样记录表，结构物基坑（槽）检验记录，路基、路面、构造物平面位置检测表，路基、路面、构造物高程检测表，地基承载力检测记录，拱涵拱圈模板安装检查记录，细集料含水率试验检测记录，粗集料含水率试验检测记录，水泥混凝土（砂浆）浇筑申请单，混凝土坍落度及密度试验记录，混凝土浇筑施工记录，水泥混凝土冬期浇筑记录，水泥混凝土冬期养护记录，水泥混凝土抗压强度试验记录，拱圈现场检验记录，拱涵浇（砌）筑分项工程质量检验评定表，中间交工证书等
		倒虹吸竖井砌筑	开工申请批复单，检验申请批复单，施工放样报验单，施工放样记录表，结构物基坑（槽）检验记录，路基、路面、构造物平面位置检测表，路基、路面、构造物高程检测表，地基承载力检测记录，砂砾垫层施工记录，小型构件钢筋及骨架检验记录，模板安装检查记录，细集料含水率试验检测记录，粗集料含水率试验检测记录，水泥混凝土（砂浆）浇筑申请单，混凝土坍落度及密度试验记录，混凝土浇筑施工记录，水泥混凝土冬期浇筑记录，水泥混凝土冬期养护记录，水泥混凝土抗压强度试验记录，砌体工程施工记录，砂浆抗压强度试验记录，倒虹吸竖井现场检验记录，倒虹吸竖井砌筑分项工程质量检验评定表，中间交工证书等

单位工程	分部工程	分项工程名称	工序文件
路基工程	涵洞	集水井砌筑	开工申请批复单，检验申请批复单，施工放样报验单，施工放样记录表，结构物基坑（槽）检验记录，路基、路面、构造物平面位置检测表，路基、路面、构造物高程检测表，地基承载力检测记录，砂砾垫层施工记录，底板钢筋制作安装、底板模板安装、底板混凝土浇筑、井壁钢筋制作安装、井壁模板安装、井壁混凝土浇筑、盖板制作安装等施工记录，集水井砌筑分项工程质量检验评定表，中间交工证书等
		一字墙	开工申请批复单，检验申请批复单，施工放样报验单，施工放样记录表，结构物基坑（槽）检验记录，路基、路面、构造物平面位置检测表，路基、路面、构造物高程检测表，地基承载力检测记录，模板安装检查记录，细集料含水率试验检测记录，粗集料含水率试验检测记录，水泥混凝土（砂浆）浇筑申请单，混凝土坍落度及密度试验记录，混凝土浇筑施工记录，水泥混凝土冬期浇筑记录，水泥混凝土冬期养护记录，水泥混凝土抗压强度试验记录，砌体工程施工记录，砂浆抗压强度试验记录，一字墙现场检验记录，锥坡现场检验记录，一字墙分项工程质量检验评定表，中间交工证书等
		八字墙	同"一字墙"
		涵洞填土	施工放样记录表，填料现场检查、分层填筑、压实度检测等施工记录，分项工程质量检验评定表等（备注：其他同台背回填）
		顶进施工的涵洞	开工申请批复单，检验申请批复单，施工放样报验单，施工放样记录表，工作井清理、顶管机安装调试、顶进、混凝土管就位等施工记录，分项工程质量检验评定表等
		砌体坡面防护	开工申请批复单，检验申请批复单，施工放样报验单，施工放样记录表，基坑（槽）检验记录（洞口），浆砌工程施工原始记录（铺砌），分项工程质量检验评定表等
		涵洞总体	结构物高程与平面位置检测记录，涵洞总体现场检验记录，涵洞总体分项工程质量检验评定表等
	防护支挡工程	砌体挡土墙	开工申请批复单，检验申请批复单，施工放样报验单，施工放样记录表，开挖基坑槽检查记录，地基承载力检测记录，路基、路面、构造物平面位置检测表，路基、路面、构造物高程检测表，砂砾（砂）垫层施工记录，砌体工程施工记录，浆砌挡土墙现场检验记录，砂浆抗压强度试验记录，砌体挡土墙分项工程质量检验评定表，中间交工证书等
		片石混凝土挡土墙	开工申请批复单，检验申请批复单，施工放样报验单，施工放样记录表，开挖基坑槽检查记录，地基承载力检测记录，路基、路面、构造物平面位置检测表，路基、路面、构造物高程检测表，砂砾（砂）垫层施工记录，模板安装检查记录，水泥混凝土（砂浆）浇筑申请单，水泥混凝土抗压强度试验记录，粗集料含水率试验检测记录，细集料含水率试验检测记录，水泥混凝土拌合物稠度试验记录（坍落度法），混凝土浇筑施工记录，混凝土结构物现场检验记录，混凝土、片石混凝土挡土墙施工检查记录，片石混凝土挡土墙分项工程质量检验评定表，中间交工证书等
		墙背填土	开工申请批复单，检验申请批复单，路基、路面、构造物高程检测表，路基、路面宽度检测记录，路基填筑检查记录，路基、路面压实度检测记录，墙背填土分项工程质量检验评定表，中间交工证书等

单位工程	分部工程	分项工程名称	工序文件
路基工程	防护支挡工程	边坡锚固防护	开工申请批复单，检验申请批复单，锚杆钻孔施工记录，锚杆孔现场检验记录，锚杆孔注浆施工记录，锚索安装质量分项工程质量检验评定表，锚索钻孔施工记录，锚索张拉记录，锚索孔注浆施工记录，锚索地梁施工记录，锚索地梁现场质量分项工程质量检验评定表等
		土钉支护	开工申请批复单，检验申请批复单，边坡开挖、测定孔位、成孔、插入土钉主筋、堵孔注浆、绑扎固定钢筋网、喷射混凝土等施工记录，分项工程质量检验评定表等
		砌体坡面防护	开工申请批复单，检验申请批复单，施工放样报验单，施工放样记录表，开挖基坑槽检查记录，路基、路面、构造物平面位置检测表，路基、路面、构造物高程检测表，水泥混凝土（砂浆）浇筑申请单，砌体工程施工记录，砂浆抗压强度试验记录，分项工程质量检验评定表，中间交工证书等
		石笼防护	开工申请批复单，检验申请批复单，施工放样报验单，施工放样记录表，网箱组装、箱体安装、填充石料、表面调平处理等施工记录，分项工程质量检验评定表，中间交工证书等
		导流工程	开工申请批复单，检验申请批复单，施工放样报验单，施工放样记录表，束窄河床导流、底孔导流、缺口导流、梳齿导流等施工记录，分项工程质量检验评定表，中间交工证书等
	大型挡土墙、组合挡土墙	钢筋加工及安装	钢筋及骨架检验记录，钢筋加工及安装分项工程质量检验评定表等
		砌体挡土墙	开工申请批复单，检验申请批复单，施工放样报验单，施工放样记录表，开挖基坑槽检查记录，地基承载力检测记录，路基、路面、构造物平面位置检测表，路基、路面、构造物高程检测表，砂砾（砂）垫层施工记录，砌体工程施工记录，浆砌砌体现场检验记录，浆砌挡土墙现场检验记录，泄水孔施工记录，砂浆抗压强度试验记录，砌体挡土墙分项工程质量检验评定表，中间交工证书等
		悬臂式挡土墙	开工申请批复单，检验申请批复单，施工放样报验单，施工放样记录表，开挖基坑槽检查记录，地基承载力检测记录，路基、路面、构造物平面位置检测表，路基、路面、构造物高程检测表，砂砾（砂）垫层施工记录，模板安装检查记录，细集料含水率试验检测记录，粗集料含水率试验检测记录，水泥混凝土（砂浆）浇筑申请单，混凝土坍落度及密度试验记录，混凝土浇筑施工记录，水泥混凝土冬期浇筑记录，水泥混凝土冬期养护记录，水泥混凝土抗压强度试验记录，混凝土结构物现场检验记录，混凝土、片石混凝土挡土墙施工检查记录，悬臂式挡土墙分项工程质量检验评定表，中间交工证书等
		扶壁式挡土墙	同"悬臂式挡土墙"
		锚杆挡土墙	开工申请批复单，检验申请批复单，施工放样报验单，施工放样记录表，基坑开挖、基础浇筑、锚杆制作、钻孔、锚杆安放与注浆锚固、柱和挡土板预制、肋柱预制、挡土板安装等施工记录，分项工程质量检验评定表，中间交工证书等
		锚定板挡土墙	开工申请批复单，检验申请批复单，施工放样报验单，施工放样记录表，基坑开挖、基础混凝土浇筑、混凝土立柱安装、挡土板安装、开挖锚定板及拉杆沟槽、安装锚定板、拉杆紧固、锚定板槽内孔隙灌注混凝土、包封拉杆外露接头等施工记录，分项工程质量检验评定表，中间交工证书等

单位工程	分部工程	分项工程名称	工序文件
路基工程	大型挡土墙、组合挡土墙	加筋土挡土墙	开工申请批复单，检验申请批复单，施工放样报验单，施工放样记录表，基础施工、面板预制安砌、接筋带铺设、填料摊铺等施工记录，分项工程质量检验评定表，中间交工证书等
		墙背填土	开工申请批复单，检验申请批复单，施工放样报验单，施工放样记录表，路基、路面、构造物高程检测表，路基、路面宽度检测记录，路基填筑检查记录，路基、路面压实度检测记录，分项工程质量检验评定表，中间交工证书等
路面工程	路面工程	级配碎石，未筛分碎石垫层、底基层	开工申请批复单，检验申请批复单，施工放样报验单，施工放样记录表，含水量试验记录，混合料级配组成试验记录，路面底基层及基层施工检查记录，路面底基层及基层松铺厚度检查记录，压实度试验记录（灌砂法），压实度检测分层评定表，路基、路面、构造物高程检测表，路基、路面宽度检测记录，路面厚度测试记录，横坡度检测记录，弯沉测定记录，弯沉检测评定表，路基、路面平整度检测记录，路面底基层及基层施工成形检查记录，级配碎石基层、垫层分项工程质量检验评定表，中间交工证书等
		水稳底基层、基层	区分为稳定土、稳定粒料、级配碎（砾）石、填隙碎石（矿渣）等结构形式，增加水泥（石灰）剂量测定试验记录（EDTA滴定法），无机结合料稳定土无侧限抗压强度试验记录，无机结合料稳定土无侧限抗压强度评定表，水泥稳定粒料结构层钻孔取芯试验记录、分项工程质量检验评定表（备注：其他检查记录同垫层）
		沥青料面层	透层、粘层、封层施工检查记录，开工申请批复单，检验申请批复单，施工放样报验单，施工放样记录表，沥青混合料出料温度记录，沥青混合料沥青含量，筛分试验记录（燃烧炉法），松铺厚度检查记录，路面宽度检测记录，横坡度检测记录，路面、构造物高程检测表，沥青混凝土路面面层施工检查记录，沥青混凝土、沥青碎（砾）石面层检查记录，连续式平整度仪测定平整度报告表，沥青混合料结构层钻孔取芯试验记录，沥青路面密度试验记录（钻芯法），路面厚度测记录，路面厚度测评定表，路面渗水系数检测记录，手工铺砂法测定路面构造深度试验记录，路面抗滑性能（摆式仪法）检测记录（上面层），路面抗滑性能及构造深度汇总表（上面层），弯沉测定记录（上面层），沥青混合料基层、面层分项工程质量检验评定表，中间交工证书等（备注：区分为沥青混凝土、沥青碎（砾）石、沥青贯入式、沥青表面处治等结构形式）
		水泥混凝土路面	开工申请批复单，检验申请批复单，施工放样报验单，施工放样记录表，水泥混凝土路面钢筋安装检查记录，水泥混凝土路面模板安装检查记录，检验申请批复单（混凝土浇筑），粗、细集料含水量试验记录，水泥混凝土（砂浆）浇筑申请单，坍落度检查记录，混凝土浇筑施工记录，水泥混凝土抗折强度试验记录，高程检测记录，横坡度检测记录，路基、路面中线平面位置检测记录，路基、路面平整度检测记录，连续式平整度仪测定平整度报告表，水泥混凝土路面相邻板高差检查记录，手工铺砂法测定路面构造深度检测记录，路面厚度测试记录，水泥混凝土路面纵、横缝顺直度检查记录，水泥混凝土路面分项工程质量检验评定表，中间交工证书等
		路缘石	施工放样报验单，施工放样记录表，高程检测记录，模板安装、检验申请批复单，粗、细集料含水量试验记录，水泥混凝土（砂浆）浇筑申请单，混凝土浇筑、坍落度检查记录，水泥混凝土抗压强度试验记录，路缘石安装等施工记录，路缘石分项工程质量检验评定表，中间交工证书等
		路肩	施工放样报验单，施工放样记录表，粗、细集料含水量试验记录，水泥混凝土（砂浆）浇筑申请单，坍落度检查记录，混凝土浇筑、水泥混凝土抗压强度试验记录，宽度、横坡度、平整度检测记录，路肩分项工程质量检验评定表等

单位工程	分部工程	分项工程名称	工序文件
一般桥梁工程	基础及下部构造	钢筋加工及安装	钢筋及骨架检验记录，钢筋加工及安装分项工程质量检验评定表等
		预应力筋加工和张拉	预应力管道检查记录，预应力筋检验记录，张拉检查记录，预应力放张检查记录，分项工程质量检验评定表等
		预应力管道压浆	预应力构件压浆记录，压浆强度报告，预应力构件封锚混凝土施工记录，分项工程质量检验评定表等
		混凝土扩大基础	开工申请批复单，检验申请批复单，施工放样报验单，施工放样记录表，构造物高程检测表，构造物平面位置检测表，地基承载力试验、地基处理、结构物基坑（槽）检验记录，钢筋及骨架检验记录，模板安装检查记录，水泥混凝土（砂浆）浇筑申请单，坍落度及含水率报告，混凝土强度试验检测报告，混凝土浇筑施工记录，基础现场检验记录，钢筋加工及安装分项工程质量检验评定表，基础分项工程质量检验评定表，中间交工证书等
		钻孔灌注桩	开工申请批复单，检验申请批复单，施工放样报验单，施工放样记录表，钻孔桩施工原始记录，钻孔桩终孔检查记录，桩基钢筋笼加工与安装记录，钻（挖）孔桩水下混凝土灌注记录，水泥混凝土（砂浆）浇筑申请单，混凝土浇筑施工记录，混凝土强度试验检测报告，坍落度及含水率报告，构造物高程检测表，构造物平面位置检测表，成桩检查记录，无破损桩检报告，取芯报告，钻孔灌注桩分项工程质量检验评定表，中间交工证书等
		挖孔桩	开工申请批复单，检验申请批复单，施工放样报验单，施工放样记录表，挖孔桩挖孔施工原始记录，挖孔桩终孔检查记录，桩基钢筋笼加工与安装记录，钻（挖）孔桩水下混凝土灌注记录，水泥混凝土（砂浆）浇筑申请单，混凝土浇筑施工记录，混凝土强度试验检测报告，坍落度及含水率报告，构造物高程检测表，构造物平面位置检测表，成桩检查记录，无破损桩检报告，取芯报告，桩基钢筋加工及安装分项工程质量检验评定表，挖孔桩分项工程质量检验评定表，中间交工证书等
		沉入桩	开工申请批复单，检验申请批复单，施工放样报验单，施工放样记录表，钢管或混凝土沉入桩预制、桩架就位、吊桩插桩、锤击或振动或射水下沉、接桩、挖基、截凿桩头等施工记录，沉入桩分项工程质量检验评定表，中间交工证书等
		灌注桩桩底压浆	开工申请批复单，检验申请批复单，注浆管制作、安装固定、预压冲洗、压水试验、水泥浆调制、注浆等施工记录，分项工程质量检验评定表，中间交工证书等
		地下连续墙	开工申请批复单，检验申请批复单，施工放样报验单，施工放样记录表，导墙构筑、泥浆配制、槽段开挖、清基、锁口管吊放、钢筋笼制作安装、混凝土浇筑、锁口拔出、墙趾注浆等施工记录，分项工程质量检验评定表，中间交工证书等
		沉井	开工申请批复单，检验申请批复单，施工放样报验单，施工放样记录表，钢筋及骨架检验记录，模板安装检查记录，沉井施工记录，沉井沉降观测记录，水泥混凝土（砂浆）浇筑申请单，坍落度及含水率报告，混凝土强度试验检测报告，混凝土浇筑施工记录，分项工程质量检验评定表，中间交工证书等

单位工程	分部工程	分项工程名称	工序文件
一般桥梁工程	基础及下部构造	沉井、钢围堰的混凝土封底	开工申请批复单，检验申请批复单，施工放样报验单，施工放样记录表，沉井沉降观测记录，沉井封底填充施工记录，混凝土垫层、防水层记录，钢筋及骨架检验记录，水泥混凝土（砂浆）浇筑申请单，坍落度及含水率报告，混凝土强度试验检测报告，混凝土浇筑施工记录，分项工程质量检验评定表，中间交工证书等
		承台等大体积混凝土结构	开工申请批复单，检验申请批复单，施工放样报验单，施工放样记录表，模板安装检查记录，钢筋网检查记录，钢筋及骨架检验记录，水泥混凝土（砂浆）浇筑申请单，混凝土施工记录，水泥混凝土抗压强度试验记录，构造物高程检测表，平面位置检测表，混凝土结构物现场检验表，冷却管安装现场质量检验报告，坍落度检测表，含水率检测表，分项工程质量检验评定表，中间交工证书等
		砌体	开工申请批复单，检验申请批复单，施工放样报验单，施工放样记录表，基坑（槽）检验记录（洞口），浆砌工程施工原始记录（砌筑），分项工程质量检验评定表，中间交工证书等
		混凝土墩、台	开工申请批复单，检验申请批复单，施工放样报验单，施工放样记录表，钢筋及骨架检验记录，钢筋网检查记录，模板安装检查记录，水泥混凝土（砂浆）浇筑申请单，混凝土浇筑施工记录，混凝土强度试验检测报告，坍落度及含水率报告，构造物高程检测表，构造物平面位置检测表，现场检验记录，分项工程质量检验评定表，中间交工证书等
		墩台身安装	开工申请批复单，检验申请批复单，施工放样报验单，施工放样记录表，墩台安装施工记录，钢筋及骨架检验记录，构造物高程检测表，构造物平面位置检测表，水泥混凝土（砂浆）浇筑申请单，混凝土施工记录，水泥混凝土抗压强度试验记录，坍落度及含水率报告，分项工程质量检验评定表，中间交工证书等
		支座垫石	开工申请批复单，检验申请批复单，施工放样报验单，施工放样记录表，钢筋及骨架检验记录，模板安装检查记录，水泥混凝土（砂浆）浇筑申请单，混凝土浇筑施工记录，混凝土强度试验检测报告，坍落度及含水率报告，构造物高程检测表，构造物平面位置检测表，现场检验记录，分项工程质量检验评定表，中间交工证书等
		挡块	开工申请批复单，检验申请批复单，施工放样报验单，施工放样记录表，钢筋检验记录，模板安装检查记录，水泥混凝土（砂浆）浇筑申请单，混凝土浇筑施工记录，混凝土强度试验检测报告，坍落度及含水率报告，构造物高程检测表，构造物平面位置检测表，现场检验记录，分项工程质量检验评定表，中间交工证书等
		拱桥组合桥台	开工申请批复单，检验申请批复单，施工放样报验单，施工放样记录表，前台基础及后座模板、钢筋制作安装、混凝土浇筑等施工记录，分项工程质量检验评定表，中间交工证书等
		台背填土	开工申请批复单，检验申请批复单，结构物台背回填土分层记录，压实度检测报告，分项工程质量检验评定表，中间交工证书等
	上部构造预制和安装	钢筋加工及安装	钢筋及骨架检验记录，钢筋加工及安装分项工程质量检验评定表等
		预应力筋加工和张拉	预应力管道检查记录，预应力筋检验记录，张拉检查记录，预应力放张检查记录，分项工程质量检验评定表等

单位工程	分部工程	分项工程名称	工序文件
一般桥梁工程	上部构造预制和安装	预应力管道压浆	预应力构件压浆记录，压浆强度报告，预应力构件封锚混凝土施工记录，分项工程质量检验评定表等
		预制梁、板	开工申请批复单，检验申请批复单，钢筋及骨架检验记录，预制混凝土梁（板）模板安装检查表，水泥混凝土（砂浆）浇筑申请单，混凝土浇筑施工记录，混凝土强度试验检测报告，坍落度及含水率报告，预应力管道检查记录，预应力筋检验记录，张拉检查记录，预应力放张检查记录，预应力构件压浆记录，压浆强度报告，混凝土强度试验检测报告，预应力构件封锚混凝土施工记录，预制混凝土梁（板）现场检验记录，分项工程质量检验评定表，中间交工证书等
		安装梁、板	梁（板）安装现场检验记录，构造物高程检测表，构造物平面位置检测表，梁（板）安装分项工程质量检验评定表，检验申请批复单，中间交工证书等
		悬臂施工梁	开工申请批复单，检验申请批复单，施工放样报验单，施工放样记录表，钢筋及骨架检验记录，模板安装检查记录，水泥混凝土（砂浆）浇筑申请单，混凝土浇筑施工记录，混凝土强度试验检测报告，坍落度及含水率报告，构造物高程检测表，构造物平面位置检测表，监测、梁节段安装、合龙段浇筑、混凝土施工现场检验记录，分项工程质量检验评定表，中间交工证书等
		顶推施工梁	开工申请批复单，检验申请批复单，施工放样报验单，施工放样记录表，梁节段拼装记录，顶推施工记录，钢筋及骨架检验记录，模板安装检查记录，水泥混凝土（砂浆）浇筑申请单，混凝土浇筑施工记录，混凝土强度试验检测报告，坍落度及含水率报告，构造物高程检测表，构造物平面位置检测表，分项工程质量检验评定表，中间交工证书等
		转体施工梁	开工申请批复单，检验申请批复单，施工放样报验单，施工放样记录表，监测、磨心环道施工、梁体安装、转体施工、合拢段施工、结构体系转换、构造物高程、平面位置检测等记录，分项工程质量检验评定表，中间交工证书等
		拱圈节段预制	开工申请批复单，检验申请批复单，施工放样报验单，施工放样记录表，模板安装、混凝土浇筑/养护、混凝土抗压强度试验等记录，分项工程质量检验评定表，中间交工证书等
		拱的安装	开工申请批复单，拱圈预制件运输、吊设安装、连接缝施工、构造物高程、平面位置检测等记录，分项工程质量检验评定表等
		转体施工拱	开工申请批复单，检验申请批复单，施工放样报验单，施工放样记录表，监测、磨心环道施工、拱圈安装、转体施工、合拢段施工、结构体系转换、构造物高程、平面位置检测等记录，分项工程质量检验评定表，中间交工证书等
		中下承式拱吊杆和柔性系杆	开工申请批复单，检验申请批复单，施工放样报验单，施工放样记录表，监测、施工平台搭设、杆件运输/就位施工放样报验单，张拉及调整、连接、防护处理、构造物高程、平面位置检测等记录，分项工程质量检验评定表，中间交工证书等
		刚性系杆	开工申请批复单，检验申请批复单，施工放样报验单，施工放样记录表，监测、系杆吊运就位、系杆穿索、安装锚具、张拉、防护处理、构造物高程、平面位置检测等记录，分项工程质量检验评定表，中间交工证书等

单位工程	分部工程	分项工程名称	工序文件
一般桥梁工程	上部构造预制和安装	钢梁制作	开工申请批复单，检验申请批复单，钢主梁小件质量检测记录，钢主梁质量检测记录，钢横梁质量检测记录，小纵梁质量检测记录，锚拉板单元检测记录，风嘴单元检测记录，主要焊缝施焊验收记录，焊缝锤击检查记录，喷砂除锈质量检查记录，超声波探伤检测报告，磁粉探伤检测报告，X射线探伤检测报告，中间报验申请单，中间交工证书等
		钢梁安装	开工申请批复单，检验申请批复单，高强螺栓施拧扭矩扳手标定记录，高强度螺栓终拧扭矩检查记录，主要焊缝施焊验收记录，焊缝锤击检查记录，喷砂除锈质量检查记录，超声波探伤检测报告，磁粉探伤检测报告，X射线探伤检测报告，钢斜拉桥梁段安装质量检验表，构造物高程检测表，构造物平面位置检测表，钢斜拉桥箱梁段支架安装分项工程质量检验评定表，预拼装质量检查记录，检验申请批复单，中间交工证书等
		钢梁防护	杆件涂装质量检查记录，涂层外观及附着力质量检查记录，附着力检验报告，分项工程质量检验评定表等
	上部构造现场浇筑	钢筋加工及安装	钢筋及骨架检验记录，钢筋加工及安装分项工程质量检验评定表等
		预应力筋加工和张拉	预应力管道检查记录，预应力筋检验记录，张拉检查记录，预应力放张检查记录，分项工程质量检验评定表等
		预应力管道压浆	预应力构件压浆记录，压浆强度报告，预应力构件封锚混凝土施工记录，分项工程质量检验评定表等
		就地浇筑梁、板	开工申请批复单，检验申请批复单，施工放样报验单，施工放样记录表，钢筋及骨架检验记录，混凝土梁（板）模板安装检查表，水泥混凝土（砂浆）浇筑申请单，混凝土浇筑施工记录，混凝土强度试验检测报告，坍落度及含水率报告，预应力管道检查记录，预应力筋检验记录，张拉检查记录，预应力放张检查记录，预应力构件压浆记录，压浆强度报告，混凝土强度试验检测报告，预应力构件封锚混凝土施工记录，混凝土梁（板）现场检验记录，分项工程质量检验评定表，中间交工证书等
		悬臂施工梁	开工申请批复单，检验申请批复单，施工放样报验单，施工放样记录表，钢筋及骨架检验记录，混凝土梁（板）模板安装检查表，水泥混凝土（砂浆）浇筑申请单，混凝土浇筑施工记录，混凝土强度试验检测报告，坍落度及含水率报告，预应力管道检查记录，预应力筋检验记录，张拉检查记录，预应力放张检查记录，预应力构件压浆记录，压浆强度报告，预应力构件封锚混凝土施工记录，悬臂梁（板）现场检验记录，分项工程质量检验评定表，中间交工证书等
		就地浇筑拱圈	开工申请批复单，检验申请批复单，施工放样报验单，施工放样记录表，钢筋及骨架检验记录，混凝土梁（板）模板安装检查表，水泥混凝土（砂浆）浇筑申请单，混凝土浇筑施工记录，混凝土强度试验检测报告，坍落度及含水率报告，预应力管道检查记录，预应力筋检验记录，张拉检查记录，预应力放张检查记录，预应力构件压浆记录，混凝土强度试验检测报告，现场检验记录，分项工程质量检验评定表，中间交工证书等
		劲性骨架混凝土拱	开工申请批复单，检验申请批复单，施工放样报验单，施工放样记录表，模板安装检查表，水泥混凝土（砂浆）浇筑申请单，混凝土浇筑施工记录，混凝土强度试验检测报告，坍落度及含水率报告，监控记录，混凝土施工记录，分项工程质量检验评定表，中间交工证书等

单位工程	分部工程	分项工程名称	工序文件
一般桥梁工程	上部构造现场浇筑	钢管混凝土拱	开工申请批复单，检验申请批复单，施工放样报验单，施工放样记录表，监测、支架搭设、钢管制作与运输、钢管拼装与架设、混凝土灌注、构造物高程、平面位置检测等记录，分项工程质量检验评定表，中间交工证书等
		中下承工拱吊杆和柔性系杆	开工申请批复单，检验申请批复单，施工放样报验单，施工放样记录表，监测、支架搭设、模板安装与调整、混凝土浇筑、养护、构造物高程、平面位置检测等记录，分项工程质量检验评定表，中间交工证书等
		刚性系杆	开工申请批复单，检验申请批复单，施工放样报验单，施工放样记录表，监测、支架搭设、模板安装与调整、混凝土浇筑、养护、构造物高程、平面位置检测等记录，分项工程质量检验评定表，中间交工证书等
	桥面系、附属工程及桥梁总体	钢筋加工及安装	钢筋及骨架检验记录，钢筋加工及安装分项工程质量检验评定表等
		混凝土桥面板桥面防水层	开工申请批复单，检验申请批复单，施工放样报验单，施工放样记录表，现场施工记录，涂膜厚度检测表，粘结强度检测表，抗剪强度检测表，剥离强度检测表，分项工程质量检验评定表，中间交工证书等
		钢桥面板上防水黏结层	开工申请批复单，检验申请批复单，钢结构涂装工程涂装（粗化）质量检测记录，现场施工记录，粘结层厚度检测记录，结合力检测记录，防水层厚度检测记录，分项工程质量检验评定表，中间交工证书等
		混凝土桥面板桥面铺装	开工申请批复单，检验申请批复单，施工放样报验单，施工放样记录表，钢筋网检验记录，水泥混凝土（砂浆）浇筑申请单，混凝土浇筑施工记录，混凝土强度试验检测报告，坍落度及含水率报告，构造物高程检测表，构造物平面位置检测表，现场检验记录，钢筋网分项工程质量检验评定表，桥面铺装分项工程质量检验评定表，中间交工证书等
		钢桥面板上沥青混凝土铺装	开工申请批复单，检验申请批复单，施工放样报验单，施工放样记录表，沥青路面摊铺施工记录，沥青路面碾压施工记录，透层、粘层施工记录，压实度检测报告，构造物高程检测表，构造物平面位置检测表，分项工程质量检验评定表，中间交工证书等
		支座安装	施工放样报验单，施工放样记录表，构造物高程检测表，构造物平面位置检测表、支座垫石（预留槽）凿毛、找平修补（拌制环氧砂浆）、安装锚固螺栓、钢板预埋、混凝土浇筑、支座安装等记录、分项工程质量检验评定表等
		伸缩装置安装	开工申请批复单，检验申请批复单，施工放样报验单，施工放样记录表，钢筋及骨架检验记录，伸缩缝安装现场施工记录，（钢纤维）水泥混凝土（砂浆）浇筑申请单，混凝土浇筑施工记录，混凝土强度试验检测报告，坍落度及含水率报告，构造物高程检测表，构造物平面位置检测表，混凝土现场检验记录，分项工程质量检验评定表，中间交工证书等
		人行道铺设	开工申请批复单，检验申请批复单，施工放样报验单，施工放样记录表，模板安装检查表，水泥混凝土（砂浆）浇筑申请单，混凝土浇筑施工记录，砂浆强度报告，混凝土强度试验检测报告，坍落度及含水率报告，构造物高程检测表，构造物平面位置检测表，人行道铺设（垫层、基层铺筑、找平、人行道块料铺设、盲道铺设、填缝）施工记录，分项工程质量检验评定表，中间交工证书等
		栏杆安装	开工申请批复单，检验申请批复单，施工放样报验单，施工放样记录表，构造物高程检测表，构造物平面位置检测表，安装（预埋件处理、立柱安装、扶手与连接件安装、打磨抛光）现场检验记录，中间交工证书等

单位工程	分部工程	分项工程名称	工序文件
一般桥梁工程	桥面系、附属工程及桥梁总体	混凝土护栏	开工申请批复单，检验申请批复单，施工放样报验单，施工放样记录表，钢筋及骨架检验记录，模板安装检查表，水泥混凝土（砂浆）浇筑申请单，混凝土浇筑施工记录，混凝土强度试验检测报告，坍落度及含水率报告，构造物高程检测表，构造物平面位置检测表，混凝土现场检验记录，分项工程质量检验评定表，中间交工证书等
		钢桥上钢护栏安装	开工申请批复单，检验申请批复单，施工放样记录表，构造物高程检测表，构造物平面位置检测表，安装（预埋件处置、钢护栏定位、连接处理、涂装）现场检验记录，分项工程质量检验评定表、中间交工证书等
		桥头搭板	开工申请批复单，检验申请批复单，施工放样报验单，施工放样记录表，钢筋及骨架检验记录，模板安装检查表，水泥混凝土（砂浆）浇筑申请单，混凝土浇筑施工记录，混凝土强度试验检测报告，坍落度及含水率报告，构造物高程检测表，构造物平面位置检测表，混凝土现场检验记录，分项工程质量检验评定表，中间交工证书等
		混凝土小型构件预制	开工申请批复单，检验申请批复单，钢筋及骨架检验记录，模板安装检查表，水泥混凝土（砂浆）浇筑申请单，混凝土浇筑施工记录，混凝土强度试验检测报告，坍落度及含水率报告，混凝土强度试验检测报告，小型构件现场检验记录，分项工程质量检验评定表，中间交工证书等
		砌体坡面护坡	开工申请批复单，检验申请批复单，施工放样报验单，施工放样记录表，基坑（槽）检验记录（洞口），浆砌工程施工原始记录，分项工程质量检验评定表，中间交工证书等
		混凝土构件表面防护	开工申请批复单，检验申请批复单，混凝土表面基层处理质量交验单，混凝土表面环氧封闭漆涂装质量交验单（封闭漆），混凝土表面环氧云铁中间漆涂装质量交验单（中间漆），混凝土表面氟碳面漆涂装质量交验单（面漆），混凝土表面聚氨酯面漆涂装质量交验单（面漆），混凝土表面湿固化环氧封闭漆质量交验单（封闭漆），混凝土表面湿固化环氧厚浆漆质量交验单（中间漆），混凝土结构防腐涂层检查记录，分项工程质量检验评定表，中间交工证书等
		桥梁总体	桥梁长、宽、中线、高程等检测记录，分项工程质量检验评定表等
	防护工程	砌体坡面护坡	开工申请批复单，检验申请批复单，施工放样报验单，施工放样记录表，基坑（槽）检验记录（洞口），浆砌工程施工原始记录（铺砌），分项工程质量检验评定表，中间交工证书等
		护岸	开工申请批复单，检验申请批复单，施工放样报验单，施工放样记录表，河岸清理、块石护岸、石笼护岸、土工织物护岸、草皮护岸等施工记录，分项工程质量检验评定表，中间交工证书等
		导流工程	开工申请批复单，检验申请批复单，施工放样报验单，施工放样记录表，束窄河床导流、底孔导流、缺口导流、梳齿导流等施工记录，分项工程质量检验评定表，中间交工证书等
	引道工程	路基	参照"路基土石方工程"
		路面	参照"路面工程"

单位工程	分部工程	分项工程名称	工序文件
隧道工程	总体及装饰装修	隧道总体	隧道内路基、路面中线平面位置检测，隧道净总宽、行车道宽度检查、隧道净高检查等记录、隧道总体分项工程质量检验评定表等
		装饰、装修	参照《建筑装饰装修工程质量验收标准》GB 50210
	洞口工程	洞口边仰坡防护	开工申请批复单，检验申请批复单，施工放样报验单，施工放样记录表，路基边坡检测记录（边，仰坡）；隧道仰坡临时支护施工检测记录，隧道喷射混凝土钻孔取芯记录，分项工程质量检验评定表，中间交工证书等
		洞门和翼墙的浇（砌）筑	① 基础：开工申请批复单，检验申请批复单，施工放样报验单，施工放样记录表，开挖基坑槽检查记录，路基、路面、结构物高程测量记录，砂砾（砂）垫层施工记录，钢筋及骨架检验记录，混凝土浇筑施工记录，水泥混凝土抗压强度试验记录，砌体工程施工记录，砂浆及混凝土强度试验记录，混凝土结构物现场检验记录，路基、路面、结构物高程测量记录，中间交工证书等。 ② 混凝土墙身：开工申请批复单，检验申请批复单，模板安装检查记录，钢筋及骨架检验记录，混凝土浇筑施工记录，水泥混凝土抗压强度试验记录，路基、路面、结构物高程测量记录，路基、路面、构造物平面位置检测表，分项工程质量检验评定表，中间交工证书等。 ③ 浆砌墙身：开工申请批复单，检验申请批复单，砌体工程施工记录，浆砌挡土墙现场检验记录，砂浆抗压强度试验记录，路基、路面、结构物高程测量记录，路基、路面、构造物平面位置检测表，砌体挡土墙分项工程质量检验评定表，中间交工证书等
		截水沟	开工申请批复单，检验申请批复单，施工放样报验单，施工放样记录表，开挖沟槽检查记录，砂砾垫层施工记录，砌体工程施工记录，砂浆抗压强度试验记录，模板安装检查记录，钢筋及骨架检验记录，混凝土浇筑施工记录，水泥混凝土抗压强度试验记录，截水沟分项工程质量检验评定表，中间交工证书等
		洞口排水沟	开工申请批复单，检验申请批复单，施工放样报验单，施工放样记录表，开挖沟槽检查记录，砂砾垫层施工记录，砌体工程施工记录，砂浆抗压强度试验记录，模板安装检查记录，钢筋及骨架检验记录，混凝土浇筑施工记录，水泥混凝土抗压强度试验记录，排水沟分项工程质量检验评定表，中间交工证书等
		明洞浇筑	开工申请批复单，检验申请批复单，施工放样报验单，施工放样记录表，基础基坑开挖、地基承载力试验记录，地基处理及检验记录（如需），明洞仰拱（同洞身仰拱）、模板台车架设检查记录，衬砌模板设置位置量测检查记录，隧道明洞衬砌钢筋安装记录，明洞混凝土浇筑施工记录，水泥混凝土抗压强度试验记录，隧道明洞净空尺寸检查记录，隧道模筑混凝土衬砌质量检查记录，路基、路面中线平面位置检查记录，隧道明洞钢筋加工及安装分项工程质量检验评定表，隧道明洞浇筑分项工程质量检验评定表，中间交工证书等
		明洞防水层	开工申请批复单，检验申请批复单，隧道明洞防水层检查记录，隧道明洞防水层分项工程质量检验评定表，中间交工证书等
		明洞回填	开工申请批复单，检验申请批复单，隧道明洞回填检查记录，明洞回填压实度或沉降观测记录，隧道明洞回填分项工程质量检验评定表，中间交工证书等

单位工程	分部工程	分项工程名称	工序文件
隧道工程	洞身开挖	洞身开挖	开工申请批复单，检验申请批复单，施工放样报验单，施工放样记录表，隧道施工地质情况原始记录，隧道洞身开挖情况记录，隧道开挖检查记录，隧道施工出渣时有害气体浓度在横断面上的分布检测记录，隧道施工炮烟中有害气体浓度在横断面上的分布检测记录，隧道施工粉尘浓度检测记录，隧道洞身开挖测量记录，隧道洞身开挖断面检查记录，超挖回填施工记录，隧道洞身开挖净空尺寸检查记录，路基、路面、构造物平面位置检测表，分项工程质量检验评定表，中间交工证书等
	洞身衬砌	喷射混凝土	检验申请批复单，隧道喷射混凝土施工检查记录，隧道喷射混凝土钻孔取芯记录，水泥混凝土抗压强度试验记录，隧道喷射混凝土平整度，外观检测记录，隧道喷射混凝土支护分项工程质量检验评定表，中间交工证书等
		锚杆	检验申请批复单，隧道锚杆检查记录，隧道导管检查记录，隧道锚杆/管棚注浆施工过程原始记录，锚杆、拉杆抗拔力试验检测记录，隧道锚杆支护分项工程质量检验评定表，中间交工证书等
		钢筋网	网片加工、运输入洞、定位张挂、与锚杆、钢架的焊接安装记录、分项工程质量检验评定表等
		钢架	检验申请批复单，施工放样记录表，施工放样报验单，施工放样记录表，隧道钢支撑安装检查记录，隧道钢支撑支护分项工程质量检验评定表等
		仰拱	开工申请批复单，检验申请批复单，隧道仰拱开挖测量记录，隧道仰拱开挖断面检查记录，路基、路面中线平面位置检测记录，隧道仰拱基底检查记录，隧道喷射混凝土施工检查记录，隧道喷射混凝土钻孔取芯记录，水泥混凝土抗压强度试验记录，隧道锚杆检查记录，隧道喷射混凝土钢筋网安装记录，隧道钢支撑安装检查记录，模板安装检查记录，隧道止水带（条）安装检查记录，混凝土浇筑施工记录，水泥混凝土抗压强度试验记录，隧道仰拱净空尺寸检查记录，隧道仰拱成形高程、宽度测量记录，路基、路面中线平面位置检测记录，隧道仰拱分项工程质量检验评定表，中间交工证书等
		仰拱回填	检验申请批复单，施工放样记录表，施工放样报验单，施工放样记录表，模板安装检查记录，混凝土浇筑施工记录，水泥混凝土抗压强度试验记录，路基、路面中线平面位置检测记录，隧道仰拱回填分项工程质量检验评定表，中间交工证书等
		衬砌钢筋	检验申请批复单，衬砌钢筋安装检查记录，隧道衬砌钢筋分项工程质量检验评定表等
		混凝土衬砌	开工申请批复单，检验申请批复单，衬砌模板台车架设记录，衬砌模板设置位置量测检查记录，模板安装检查记录隧道预埋构件安装检查记录，混凝土浇筑施工记录，水泥混凝土抗压强度试验记录，隧道衬砌净空尺寸检查记录，路基、路面中线平面位置检测记录，隧道衬砌分项工程质量检验评定表，中间交工证书等
		超前锚杆	检验申请批复单，隧道超前锚杆安装检查记录，隧道锚杆管棚注浆施工过程原始记录，隧道超前锚杆分项工程质量检验评定，中间交工证书等
		超前小导管	检验申请批复单，隧道导管安装检查记录，隧道锚杆/管棚注浆施工过程原始记录，隧道超前钢管分项工程质量检验评定表，中间交工证书等

单位工程	分部工程	分项工程名称	工序文件
隧道工程	洞身衬砌	管棚	检验申请批复单，施工放样报验单，施工放样记录表，隧道钢支撑安装检查记录，模板安装检查记录，混凝土浇筑施工记录，水泥混凝土抗压强度试验记录，隧道导管安装检查记录，隧道锚杆/管棚注浆施工过程原始记录，隧道超前钢管分项工程质量检验评定表，中间交工证书等
	防排水	防水层	开工申请批复单，检验申请批复单，隧道防水板铺设质量检查记录，隧道防水层分项工程质量检验评定表，中间交工证书等
		止水带	检验申请批复单，隧道止水带（条）安装检查记录，隧道止水带分项工程质量检验评定表，中间交工证书等
		排水	开工申请批复单，检验申请批复单，施工放样报验单，施工放样记录表，隧道排水管道施工检查记录，模板安装检查记录，钢筋及骨架检验记录，混凝土浇筑施工记录，水泥混凝土抗压强度试验记录，盖板（小型构件钢筋及骨架检验记录、模板安装检查记录、混凝土浇筑施工记录、水泥混凝土抗压强度试验记录、混凝土小型构件现场检查记录），隧道排水分项工程质量检验评定表，中间交工证书等
	路面	路面	参照"路面工程"
	辅助通道		同"主洞"
绿化工程	分隔带绿地	绿地整理	开工申请批复单，检验申请批复单，施工放样报验单，施工放样记录表，粗略整平、翻挖、清除杂质、换土（若需要）等检查记录，分项工程质量检验评定表，中间交工证书等
		树木栽植	开工申请批复单，检验申请批复单，施工放样报验单，施工放样记录表，树坑开挖、定根、支撑、补水、保暖等检查记录，分项工程质量检验评定表，中间交工证书等
		草坪	开工申请批复单，检验申请批复单，施工放样报验单，施工放样记录表，开挖与客土回填、排水与灌溉系统设置、草坪铺设与压实、养护等检查记录，分项工程质量检验评定表，中间交工证书等
		草本地被	开工申请批复单，检验申请批复单，土壤准备与处理、坪床平整、施肥、秋种、幼坪管理等记录，分项工程质量检验评定表，中间交工证书等
		花卉种植	开工申请批复单，检验申请批复单，施工放样报验单，施工放样记录表，刨坑、栽入、耙平压实、清理残枝及多余土壤、养护等检查记录，分项工程质量检验评定表，中间交工证书等
		喷播绿化	开工申请批复单，检验申请批复单，施工放样报验单，施工放样记录表，修整坡面、坡面排水设置、菱形网铺设、坡面锚杆施工、喷射作业、养护管理等检查记录，分项工程质量检验评定表，中间交工证书等
	边坡绿地		参照"分隔带绿地"

单位工程	分部工程	分项工程名称	工序文件
绿化工程	护坡道绿地		参照"分隔带绿地"
	碎落台绿地		参照"分隔带绿地"
	平台绿地		参照"分隔带绿地"
	互通式立体交叉区与环岛绿地		参照"分隔带绿地"
	管理养护设施区绿地		参照"分隔带绿地"
	服务设施区绿地		参照"分隔带绿地"
	取、弃土场绿地		参照"分隔带绿地"
声屏障工程	声屏障工程	砌块体声屏障	开工申请批复单，检验申请批复单，施工放样报验单，施工放样记录表，开挖基坑槽、砌体等检查记录，分项工程质量检验评定表，中间交工证书等
		金属结构声屏障	开工申请批复单，检验申请批复单，施工放样报验单，施工放样记录表，基础开挖、基础钢筋、预埋件、基础混凝土浇筑、声屏障立柱安装、声屏障板安装等检查记录，分项工程质量检验评定表，中间交工证书等
		复合结构声屏障	开工申请批复单，检验申请批复单，施工放样报验单，施工放样记录表，基础施工、立柱施工、吸声屏安装、防锈与涂装处理等检查记录，分项工程质量检验评定表，中间交工证书等
交通安全设施	标志标线	标志	开工申请批复单，检验申请批复单，施工放样报验单，施工放样记录表，基坑检查记录，路基、路面、构造物高程检测表（大型标志），基坑检查记录（大型标志），钢筋及骨架检验记录，钢筋加工及安装分项工程质量检验评定表，细集料含水率试验记录，粗集料含水率试验记录，水泥混凝土浇筑申请单，混凝土坍落度及密度试验，混凝土施工记录，水泥混凝土冬期浇筑记录，水泥混凝土冬期养护记录，水泥混凝土抗压强度试验记录，基础检查记录，标志工程立柱、横梁安装检查记录，标志工程标志板安装检查记录，标志分项工程质量检验评定表，中间交工证书等

单位工程	分部工程	分项工程名称	工序文件
交通安全设施	标志标线	标线	开工申请批复单，检验申请批复单，施工放样报验单，施工放样记录表，交通标线现场质量检查记录，标线分项工程质量检验评定表，中间交工证书等
		突起路标	开工申请批复单，检验申请批复单，施工放样报验单，施工放样记录表，突起路标现场质量检查表，突起路标分项工程质量检验评定表，中间交工证书等
		轮廓标	开工申请批复单，检验申请批复单，施工放样报验单，施工放样记录表，轮廓标现场质量检查表，反光膜现场质量检查表，轮廓标分项工程质量检验评定表，中间交工证书等
	护栏	波形梁护栏	开工申请批复单，检验申请批复单，施工放样报验单，施工放样记录表，基坑检查记录，细集料含水量试验记录（酒精燃烧法），粗集料含水量试验记录（酒精燃烧法），水泥混凝土（砂浆）浇筑申请单，混凝土坍落度及密度试验记录，混凝土浇筑施工记录，水泥混凝土冬期浇筑施工记录，水泥混凝土冬期养护记录，水泥混凝土抗压强度试验记录，基础检查记录，波形梁钢护栏立柱检查记录，护栏防阻块检查记录，紧固件、连接副检查记录，波形梁护栏立柱安装检查记录，波形梁护栏板安装检查记录，分项工程质量检验评定表，中间交工证书等
		缆索护栏	开工申请批复单，检验申请批复单，施工放样报验单，施工放样记录表，预埋件处理、立柱安装、缆索与连接件安装、防锈及涂装处理等记录，分项工程质量检验评定表，中间交工证书等
		混凝土护栏	开工申请批复单，检验申请批复单，施工放样报验单，施工放样记录表，预埋件处理、立柱安装、缆索与连接件安装、防锈及涂装处理等记录，分项工程质量检验评定表，中间交工证书等
		中央分隔带开中护栏	开工申请批复单，检验申请批复单，施工放样报验单，施工放样记录表，立柱施工、伸缩护栏安装等记录，分项工程质量检验评定表，中间交工证书等
	隔离设施	防眩板	开工申请批复单，检验申请批复单，施工放样报验单，施工放样记录表，防眩设施现场质量检查表，防眩设施分项工程质量检验评定表，中间交工证书等
		防眩网	同"防眩板"
		隔离栅	开工申请批复单，检验申请批复单，施工放样报验单，施工放样记录表，细集料含水量试验记录（酒精燃烧法），粗集料含水量试验记录（酒精燃烧法），水泥混凝土（砂浆）浇筑申请单，混凝土坍落度及密度试验记录，混凝土浇筑施工记录，水泥混凝土冬期浇筑记录，水泥混凝土冬期养护记录，水泥混凝土抗压强度试验记录，基础检查记录，电焊网隔离栅、防落网网片、立柱检查记录，电焊网隔离栅工程现场质量检验表，隔离栅分项工程质量检验评定表，中间交工证书等
		防落网	开工申请批复单，检验申请批复单，电焊网隔离栅、防落网网片、立柱检查记录，防落网现场质量检查表，防落网分项工程质量检验评定表，中间交工证书等

单位工程	分部工程	分项工程名称	工序文件
交通安全设施	里程标记	百米桩	开工申请批复单，检验申请批复单，施工放样报验单，施工放样记录表，路基段百米桩埋设、结构物段百米桩连接安装等记录，分项工程质量检验评定表，中间交工证书等
		公里桩	开工申请批复单，检验申请批复单，施工放样报验单，施工放样记录表，路基段公里桩埋设、桥梁（隧道）段公里桩安装等记录，分项工程质量检验评定表，中间交工证书等
	避险车道	避险车道	开工申请批复单，检验申请批复单，施工放样报验单，施工放样记录表，路基施工、碎石路面施工、端头墙施工、防撞护栏施工、排水施工等记录，分项工程质量检验评定表，中间交工证书等
附属设施	管理中心、服务区、房屋建筑、收费站、养护工区等土建、电气、给排水、消防、采暖、通风、空调等建筑与安装施工		详见各专业工程工序划分标准 （备注：按其专业工程规范分别整理归档）

注：土建工程中未列出或未参与评定的施工作业（如施工便道便桥、场地清理、桥梁工程现浇湿接头、湿接缝、负弯矩段张拉等），由监理单位明确或参照类似工序形成施工记录归档。

附表4-2 特大斜拉桥工程工序文件归档范围参照表

单位工程	分部工程	分项工程名称	工序文件
塔及辅助过渡墩	塔基础	钢筋加工及安装	钢筋及骨架检验记录，钢筋加工及安装分项工程质量检验评定表等
		混凝土扩大基础	开工申请批复单，检验申请批复单，施工放样记录表，构造物高程检测表，构造物平面位置检测表，地基承载力检测记录，地基处理记录，结构物基坑（槽）检验记录，钢筋及骨架检验记录，模板安装检查记录，水泥混凝土（砂浆）浇筑申请单，坍落度及含水率报告，混凝土强度试验检测报告，混凝土浇筑施工记录，基础现场检验记录，钢筋加工及安装分项工程质量检验评定表，基础分项工程质量检验评定表，混凝土强度试验检测报告，中间交工证书等
		钻孔灌注桩	开工申请批复单，检验申请批复单，施工放样报验单，施工放样记录表，钻孔桩施工原始记录，钻孔桩终孔检查记录，桩基钢筋笼加工与安装记录，钻（挖）孔桩水下混凝土灌注记录，水泥混凝土（砂浆）浇筑申请单，混凝土浇筑施工记录，混凝土强度试验检测报告，坍落度及含水率报告，构造物高程检测表，构造物平面位置检测表，成桩检查记录，无破损桩检报告，取芯报告，钻孔灌注桩分项工程质量检验评定表，中间交工证书等

单位工程	分部工程	分项工程名称	工序文件
塔及辅助、过渡墩	塔基础	灌注桩桩底压浆	开工申请批复单，检验申请批复单，注浆管制作、安装固定、预压冲洗、压水试验、水泥浆调制、注浆等施工记录，分项工程质量检验评定表，中间交工证书等
		沉井	开工申请批复单，检验申请批复单，施工放样报验单，施工放样记录表，钢筋及骨架检验记录，模板安装检查记录，沉井施工记录，沉井沉降观测记录，水泥混凝土（砂浆）浇筑申请单，坍落度及含水率报告，混凝土强度试验检测报告，混凝土浇筑施工记录，分项工程质量检验评定表，中间交工证书等
		沉井、钢围堰的混凝土封底	开工申请批复单，检验申请批复单，施工放样报验单，施工放样记录表，沉井沉降观测记录，沉井封底填充施工记录，混凝土垫层、防水层记录，钢筋及骨架检验记录，水泥混凝土（砂浆）浇筑申请单，坍落度及含水率报告，混凝土强度试验检测报告，混凝土浇筑施工记录，分项工程质量检验评定表，中间交工证书等
	塔承台	承台等大体积混凝土结构	开工申请批复单，检验申请批复单，施工放样报验单，施工放样记录表，模板安装检查记录，钢筋网检查记录，钢筋及骨架检验记录，水泥混凝土（砂浆）浇筑申请单，混凝土施工记录，水泥混凝土抗压强度试验记录，构造物高程检测表，平面位置检测表，混凝土结构物现场检验表，冷却管安装现场质量检验报告，坍落度检测表，含水率检测表，分项工程质量检验评定表，中间交工证书等
		钢筋加工及安装	钢筋及骨架检验记录，钢筋加工及安装分项工程质量检验评定表
		双壁钢围堰	开工申请批复单，检验申请批复单，施工放样报验单，施工放样记录表，双壁钢围堰制作记录，双壁钢围堰安装记录，焊接记录，分项工程质量检验评定表，中间交工证书等
		沉井	开工申请批复单，检验申请批复单，施工放样报验单，施工放样记录表，钢筋及骨架检验记录，模板安装检查记录，沉井施工记录，沉井沉降观测记录，水泥混凝土（砂浆）浇筑申请单，坍落度及含水率报告，混凝土强度试验检测报告，混凝土浇筑施工记录，分项工程质量检验评定表，中间交工证书等
		钢围堰的混凝土封底	开工申请批复单，检验申请批复单，施工放样报验单，施工放样记录表，沉井沉降观测记录，沉井封底填充施工记录，混凝土垫层、防水层记录，钢筋及骨架检验记录，水泥混凝土（砂浆）浇筑申请单，坍落度及含水率报告，混凝土强度试验检测报告，混凝土浇筑施工记录，分项工程质量检验评定表，中间交工证书等
	索塔	钢筋加工及安装	钢筋及骨架检验记录，钢筋加工及安装分项工程质量检验评定表
		预应力筋加工和张拉	预应力管道检查记录，预应力筋检验记录，张拉检查记录，预应力放张检查记录，分项工程质量检验评定表
		预应力管道压浆	预应力构件压浆记录，压浆强度报告，预应力构件封锚混凝土施工记录，分项工程质量检验评定表

单位工程	分部工程	分项工程名称	工序文件
塔及辅助、过渡墩	索塔	混凝土索塔	开工申请批复单，检验申请批复单，墩（塔）身劲性骨架加工与安装原始记录，钢筋及骨架检验记录，钢筋网检查记录，模板安装检查记录，混凝土浇筑申请单，混凝土浇筑施工记录，混凝土强度试验检测报告，坍落度检测表，含水率检测表，斜拉桥塔柱现场检验记录，钢筋加工及安装分项工程质量检验评定表，钢筋网分项工程质量检验评定表，混凝土索塔塔柱分项工程质量检验评定表，中间交工证书等
		索导管制作	开工申请批复单，主要焊缝施焊验收记录，焊缝锤击检查记录，主要焊缝施焊验收记录，焊缝锤击检查记录，喷砂除锈质量检查记录，超声波探伤检测报告，磁粉探伤检测报告，X射线探伤检测报告，分项工程质量检验评定表等
		索导管安装	施工放样报验单，施工放样记录表，构造物高程检测表，平面位置检测表，安装记录，分项工程质量检验评定表等
		索导管防护	杆件涂装质量检查记录，涂层外观及附着力质量检查记录等
		索塔钢锚箱制作	开工申请批复单，检验申请批复单，钢锚梁单元质量检测记录，主要焊缝施焊验收记录，焊缝锤击检查记录，喷砂除锈质量检查记录，超声波探伤检测报告，磁粉探伤检测报告，X射线探伤检测报告，分项工程质量检验评定表，中间交工证书等
		索塔钢锚箱安装	开工申请批复单，安装记录，构造物高程检测表，构造物平面位置检测表，高强螺栓施拧扭矩扳手标定记录，高强度螺栓终拧扭矩检查记录，分项工程质量检验评定表等
		索塔钢锚箱防护	杆件涂装质量检查记录，涂层外观及附着力质量检查记录，分项工程质量检验评定表等
		支座垫石	开工申请批复单，检验申请批复单，施工放样报验单，施工放样记录表，钢筋及骨架检验记录，模板安装检查记录，水泥混凝土（砂浆）浇筑申请单，混凝土浇筑施工记录，混凝土强度试验检测报告，坍落度及含水率报告，构造物高程检测表，构造物平面位置检测表，现场检验记录，分项工程质量检验评定表，中间交工证书等
		挡块	开工申请批复单，检验申请批复单，施工放样报验单，施工放样记录表，钢筋检验记录，模板安装检查记录，水泥混凝土（砂浆）浇筑申请单，混凝土浇筑施工记录，混凝土强度试验检测报告，坍落度及含水率报告，构造物高程检测表，构造物平面位置检测表，现场检验记录，分项工程质量检验评定表，中间交工证书等
	辅助墩、过渡墩	钢筋加工及安装	钢筋及骨架检验记录，钢筋加工及安装分项工程质量检验评定表
		预应力筋加工和张拉	预应力管道检查记录，预应力筋检验记录，张拉检查记录，预应力放张检查记录，分项工程质量检验评定表
		预应力管道压浆	预应力构件压浆记录，压浆强度报告，预应力构件封锚混凝土施工记录，分项工程质量检验评定表

单位工程	分部工程	分项工程名称	工序文件
塔及辅助、过渡墩	辅助墩、过渡墩	钻孔灌注桩	开工申请批复单，检验申请批复单，施工放样报验单，施工放样记录表，钻孔桩施工原始记录，钻孔桩终孔检查记录，桩基钢筋笼加工与安装记录，钻（挖）孔桩水下混凝土灌注记录，水泥混凝土（砂浆）浇筑申请单，混凝土浇筑施工记录，混凝土强度试验检测报告，坍落度及含水率报告，构造物高程检测表，构造物平面位置检测表，成桩检查记录，无破损桩检报告，取芯报告，钻孔灌注桩分项工程质量检验评定表，中间交工证书等
		灌注桩桩底压浆	开工申请批复单，检验申请批复单，注浆管制作、安装固定、预压冲洗、压水试验、水泥浆调制、注浆等施工记录，分项工程质量检验评定表，中间交工证书等
		承台等大体积混凝土结构	开工申请批复单，检验申请批复单，施工放样报验单，施工放样记录表，模板安装检查记录，钢筋网检查记录，钢筋及骨架检验记录，水泥混凝土（砂浆）浇筑申请单，混凝土施工记录，水泥混凝土抗压强度试验记录，构造物高程检测表，平面位置检测表，混凝土结构物现场检验表，冷却管安装现场质量检验报告，坍落度检测表，含水率检测表，分项工程质量检验评定表，中间交工证书等
		沉井，钢围堰的混凝土封底	开工申请批复单，检验申请批复单，施工放样报验单，施工放样记录表，沉井沉降观测记录，沉井封底填充施工记录，混凝土垫层、防水层记录，钢筋及骨架检验记录，水泥混凝土（砂浆）浇筑申请单，坍落度及含水率报告，混凝土强度试验检测报告，混凝土浇筑施工记录，分项工程质量检验评定表，中间交工证书等
		混凝土墩台	开工申请批复单，检验申请批复单，施工放样报验单，施工放样记录表，钢筋及骨架检验记录，钢筋网检查记录，模板安装检查记录，水泥混凝土（砂浆）浇筑申请单，混凝土浇筑施工记录，混凝土强度试验检测报告，坍落度及含水率报告，构造物高程检测表，构造物平面位置检测表，现场检验记录，分项工程质量检验评定表，中间交工证书等
		混凝土墩台身安装	开工申请批复单，检验申请批复单，施工放样报验单，施工放样记录表，墩台安装施工记录，钢筋及骨架检验记录，构造物高程检测表，构造物平面位置检测表，水泥混凝土（砂浆）浇筑申请单，混凝土施工记录，水泥混凝土抗压强度试验，坍落度及含水率报告，分项工程质量检验评定表，中间交工证书等
		支座垫石	开工申请批复单，检验申请批复单，施工放样报验单，施工放样记录表，钢筋及骨架检验记录，模板安装检查记录，水泥混凝土（砂浆）浇筑申请单，混凝土浇筑施工记录，混凝土强度试验检测报告，坍落度及含水率报告，构造物高程检测表，构造物平面位置检测表，现场检验记录，分项工程质量检验评定表，中间交工证书等
		挡块	开工申请批复单，检验申请批复单，施工放样报验单，施工放样记录表，钢筋检验记录，模板安装检查记录，水泥混凝土（砂浆）浇筑申请单，混凝土浇筑施工记录，混凝土强度试验检测报告，坍落度及含水率报告，构造物高程检测表，构造物平面位置检测表，现场检验记录，分项工程质量检验评定表，中间交工证书等
上部钢结构制作与防护	加劲梁	钢梁制作	开工申请批复单，检验申请批复单，钢主梁小件质量检测记录，钢主梁质量检测记录，钢横梁质量检测记录，小纵梁质量检测记录，锚拉板单元检测记录，风嘴单元检测记录，主要焊缝施焊验收记录，焊缝锤击检查记录，喷砂除锈质量检查记录，超声波探伤检测报告，磁粉探伤检测报告，X射线探伤检测报告，中间报验申请单，中间交工证书等

单位工程	分部工程	分项工程名称	工序文件
上部钢结构制作与防护	加劲梁	钢梁防护	杆件涂装质量检查记录，涂层外观及附着力质量检查记录，附着力检验报告，分项工程质量检验评定表
	斜拉索	制作	开工申请批复单，检验申请批复单，机加工产品抽检记录，锚具硬度抽检记录，材料性能检验报告，钢丝检测报告，挤塑、冷铸锚张拉记录，PE检测报告，静载试验报告，斜拉索制作与防护记录，分项工程质量检验评定表，中间交工证书等
上部结构浇筑与安装	加劲梁浇筑	组合梁斜拉桥混凝土板预制	开工申请批复单，检验申请批复单，水泥混凝土（砂浆）浇筑申请单，混凝土浇筑施工记录，钢筋及骨架检验记录，后张法预应力管道检查记录，预制混凝土梁（板）现场检验记录，预制混凝土梁（板）模板安装检查表，混凝土强度试验检测报告，坍落度及含水率报告，钢筋加工及安装分项工程质量检验评定表，梁（板）预制分项工程质量检验评定表，中间交工证书等
		混凝土斜拉桥混凝土板浇筑	开工申请批复单，检验申请批复单，水泥混凝土（砂浆）浇筑申请单，混凝土浇筑施工记录，钢筋及骨架检验记录，混凝土结构物现场检验记录，模板安装检查记录，湿接头湿接缝现场检验记录，混凝土强度试验检测报告，坍落度及含水率报告，混凝土现场检验记录，钢筋加工及安装分项工程质量检验评定表，湿接缝混凝土件分项工程质量检验评定表，中间交工证书等
		预应力筋加工和张拉	预应力管道检查记录，预应力筋检验记录，张拉检查记录，预应力放张检查记录，分项工程质量检验评定表
		预应力管道压浆	预应力构件压浆记录，压浆强度报告，预应力构件封锚混凝土施工记录，分项工程质量检验评定表
	安装	组合梁斜拉桥工字梁段悬臂拼装	开工申请批复单，检验申请批复单，高强螺栓施拧扭矩扳手标定记录，高强度螺栓终拧扭矩检查记录，钢斜拉桥梁段安装质量检验表，构造物高程检测表，构造物平面位置检测表，钢斜拉桥箱梁段支架安装记录，预拼装质量检查记录，分项工程质量检验评定表，中间交工证书等
		斜拉索安装	张拉记录，监控记录等
		桥面板安装	梁（板）安装现场检验记录，构造物高程检测表，构造物平面位置检测表，梁（板）安装记录，检验申请批复单，分项工程质量检验评定表，中间交工证书等
桥面系，附属工程及桥梁总体	桥面系	钢筋加工及安装	钢筋及骨架检验记录，钢筋加工及安装分项工程质量检验评定表等
		混凝土桥面板桥面防水层	开工申请批复单，检验申请批复单，施工放样报验单，施工放样记录表，现场施工记录，涂膜厚度检测表，粘结强度检测表，抗剪强度检测表，剥离强度检测表，分项工程质量检验评定表，中间交工证书等
		混凝土桥面板桥面铺装	开工申请批复单，检验申请批复单，施工放样报验单，施工放样记录表，钢筋网检验记录，水泥混凝土（砂浆）浇筑申请单，混凝土浇筑施工记录，混凝土强度试验检测报告，坍落度及含水率报告，构造物高程检测表，构造物平面位置检测表，现场检验记录，钢筋网分项工程质量检验评定表，桥面铺装分项工程质量检验评定表，中间交工证书等

单位工程	分部工程	分项工程名称	工序文件
桥面系，附属工程及桥梁总体	附属工程及桥梁总体	支座安装	施工放样报验单，施工放样记录表，构造物高程检测表，构造物平面位置检测表，支座安装记录，分项工程质量检验评定表等
		伸缩装置安装	开工申请批复单，检验申请批复单，施工放样报验单，施工放样记录表，钢筋及骨架检验记录，伸缩缝安装现场施工记录，水泥混凝土（砂浆）浇筑申请单，混凝土浇筑施工记录，混凝土强度试验检测报告，坍落度及含水率报告，构造物高程检测表，构造物平面位置检测表，混凝土现场检验记录，分项工程质量检验评定表，中间交工证书等
		检修道	开工申请批复单，检验申请批复单，施工放样报验单，施工放样记录表，模板安装检查表，水泥混凝土（砂浆）浇筑申请单，混凝土浇筑施工记录，混凝土强度试验检测报告，坍落度及含水率报告，构造物高程检测表，构造物平面位置检测表，分项工程质量检验评定表，中间交工证书等
		栏杆安装	开工申请批复单，检验申请批复单，施工放样报验单，施工放样记录表，构造物高程检测表，构造物平面位置检测表，安装现场检验记录，中间交工证书等
		混凝土护栏底座	开工申请批复单，检验申请批复单，施工放样报验单，施工放样记录表，钢筋及骨架检验记录，模板安装检查表，水泥混凝土（砂浆）浇筑申请单，混凝土浇筑施工记录，混凝土强度试验检测报告，坍落度及含水率报告，构造物高程检测表，构造物平面位置检测表，混凝土现场检验记录，分项工程质量检验评定表，中间交工证书等
		钢桥上钢护栏安装	开工申请批复单，检验申请批复单，施工放样报验单，施工放样记录表，构造物高程检测表，构造物平面位置检测表，安装现场检验记录，中间交工证书等
		混凝土构件表面防护	开工申请批复单，检验申请批复单，混凝土表面基层处理质量交验单，混凝土表面环氧封闭漆涂装质量交验单（封闭漆），混凝土表面环氧云铁中间漆涂装质量交验单（中间漆），混凝土表面氟碳面漆涂装质量交验单（面漆），混凝土表面聚氨酯面漆涂装质量交验单（面漆），混凝土表面湿固化环氧封闭漆质量交验单（封闭漆），混凝土表面湿固化环氧厚浆漆质量交验单（中间漆），混凝土结构防腐涂层检查记录，分项工程质量检验评定表，中间交工证书等

注：特大斜拉桥的引桥、引道等工程划分及工序文件构成可参照"一般桥梁工程""路基工程"的相应部分执行。

附表4-3　特大悬索桥工程工序文件归档范围参照表

单位工程	分部工程	分项工程名称	工序文件
塔及辅助和、渡墩			工程划分及工序文件参照"特大斜拉桥工程"
锚碇	锚碇基础		钢筋加工及安装、混凝土扩大基础、钻孔灌注桩、桩底压浆、地下连续墙、沉井、钢围堰的混凝土封底等，参照"一般桥梁工程"和"特大斜拉桥工程"
	锚体		钢筋加工及安装、锚碇锚固系统制作与安装、锚碇混凝土块体、预应力锚索的张拉与压浆、隧道锚的洞身开挖及混凝土锚塞体等，参照"一般桥梁工程""特大斜拉桥工程"和"隧道工程"

单位工程	分部工程	分项工程名称	工序文件
上部钢结构制作与防护			工程划分及工序文件参照"特大斜拉桥工程"
上部结构浇筑与安装			工程划分及工序文件参照"特大斜拉桥工程"
桥面系、附属工程及桥梁总体			工程划分及工序文件参照"特大斜拉桥工程"

注：特大悬索桥的引桥、引道等工程划分及工序文件构成可参照"一般桥梁工程""路基工程"的相应部分执行。

附表 4-4　机电工程工序文件归档范围参照表

单位工程	分部工程	分项工程名称	工序文件
交通机电工程	监控设施	车辆检测器	进场设备材料报验申请单（含报验清单、产品合格证或出厂检验报告、技术说明书、保修证书、开箱检验记录），设备设施安装记录，功能测试记录，隐蔽工程材料报验（如有），隐蔽工程施工记录（如有），进口设备报关单（如有），分项工程质量检验评定表，中间交工证书等
		气象检测器	进场设备材料报验申请单（含报验清单、产品合格证或出厂检验报告、技术说明书、保修证书、开箱检验记录），设备设施安装记录，功能测试记录，隐蔽工程材料报验（如有），隐蔽工程施工记录（如有），进口设备报关单（如有），分项工程质量检验评定表，中间交工证书等
		闭路电视监视系统	进场设备材料报验申请单（含报验清单、产品合格证或出厂检验报告、技术说明书、保修证书、开箱检验记录），设备设施安装记录，功能测试记录，隐蔽工程材料报验（如有），隐蔽工程施工记录（如有），进口设备报关单（如有），分项工程质量检验评定表，中间交工证书等
		可变标志	进场设备材料报验申请单（含报验清单、产品合格证或出厂检验报告、技术说明书、保修证书、开箱检验记录），设备设施安装记录，功能测试记录，隐蔽工程材料报验（如有），隐蔽工程施工记录（如有），进口设备报关单（如有），分项工程质量检验评定表，中间交工证书等
		光电缆线路	进场设备材料报验申请单（含报验清单、产品合格证或出厂检验报告、保修证书、盘测表），混凝土人（手）、井隐蔽工程记录，线管敷设隐蔽工程记录，光缆接头损耗测试记录，光缆中继段测试记录，电缆接头处理记录，分项工程质量检验评定表，中间交工证书等

单位工程	分部工程	分项工程名称	工序文件
交通机电工程	监控设施	监控（分）中心设备安装及软件调测	进场设备、材料报验申请单（产品合格证、软件授权书、集成商开发软件需求规说明书、集成商开发软件详细设计/接口规范及数据字典、技术说明书）系统配置记录，软件测试大纲、软件测试记录，分项工程质量检验评定表，中间交工证书等
		大屏幕投影系统	进场设备材料报验申请单（含报验清单、产品合格证或出厂检验报告、技术说明书、保修证书、开箱检验记录），设备设施安装记录，功能测试记录，隐蔽工程材料报验（如有），隐蔽工程施工记录（如有），进口设备报关单（如有），分项工程质量检验评定表，中间交工证书等
		地图板	进场设备材料报验申请单（含报验清单、产品合格证或出厂检验报告、技术说明书、保修证书、开箱检验记录），设备设施安装记录，功能测试记录，隐蔽工程材料报验（如有），隐蔽工程施工记录（如有），进口设备报关单（如有），分项工程质量检验评定表，中间交工证书等
		计算机监控软件与网络等	进场设备材料报验申请单（产品合格证、软件授权书），系统配置记录，软件测试大纲、软件测试记录，分项工程质量检验评定表，中间交工证书等
	通信设施	通信管道与光电缆线路	进场设备材料报验申请单（含报验清单、产品合格证或出厂检验报告、送检报告、盘测表），混凝土人（手）、井隐蔽工程记录，线管敷设隐蔽工程记录，光缆接头损耗测试记录，光缆中继段测试记录，电缆接头处理记录，分项工程质量检验评定表，中间交工证书等
		光纤数字传输系统	进场设备材料报验申请单（含报验清单、产品合格证或出厂检验报告、技术说明书、保修证书、开箱检验记录），设备设施安装记录，功能测试记录，隐蔽工程材料报验（如有），隐蔽工程施工记录（如有），进口设备报关单（如有），分项工程质量检验评定表，中间交工证书等
		数字程控交换系统	进场设备材料报验申请单（含报验清单、产品合格证或出厂检验报告、技术说明书、保修证书、开箱检验记录），设备设施安装记录，功能测试记录，隐蔽工程材料报验（如有），隐蔽工程施工记录（如有），进口设备报关单（如有），分项工程质量检验评定表，中间交工证书等
		紧急电话系统	进场设备材料报验申请单（含报验清单、产品合格证或出厂检验报告、技术说明书、保修证书、开箱检验记录），设备设施安装记录，功能测试记录，隐蔽工程材料报验（如有），隐蔽工程施工记录（如有），进口设备报关单（如有），分项工程质量检验评定表，中间交工证书等
		无线移动通信系统	进场设备材料报验申请单（含报验清单、产品合格证或出厂检验报告、技术说明书、保修证书、开箱检验记录），设备设施安装记录，功能测试记录，隐蔽工程材料报验（如有），隐蔽工程施工记录（如有），进口设备报关单（如有），分项工程质量检验评定表，中间交工证书等
		通信电源	进场设备材料报验申请单（含报验清单、产品合格证或出厂检验报告、技术说明书、保修证书、开箱检验记录），设备设施安装记录，功能测试记录，隐蔽工程材料报验（如有），隐蔽工程施工记录（如有），进口设备报关单（如有），分项工程质量检验评定表，中间交工证书等

单位工程	分部工程	分项工程名称	工序文件
交通机电工程	收费设施	入口车道设备	进场设备材料报验申请单（含报验清单、产品合格证或出厂检验报告、技术说明书、保修证书、开箱检验记录），设备设施安装记录，功能测试记录，隐蔽工程材料报验（如有），隐蔽工程施工记录（如有），进口设备报关单（如有），分项工程质量检验评定表，中间交工证书等
		出口车道设备	进场设备材料报验申请单（含报验清单、产品合格证或出厂检验报告、技术说明书、保修证书、开箱检验记录），设备设施安装记录，功能测试记录，隐蔽工程材料报验（如有），隐蔽工程施工记录（如有），进口设备报关单（如有），分项工程质量检验评定表，中间交工证书等
		收费站设备及软件	场设备材料报验申请单（含报验清单、产品合格证或出厂检验报告、技术说明书、保修证书、软件技术说明书、开箱检验记录），安装记录，测试记录，软件调试测试记录，分项工程质量检验评定表，中间交工证书等
		收费中心设备及软件	场设备材料报验申请单（含报验清单、产品合格证或出厂检验报告、技术说明书、保修证书、软件技术说明书、开箱检验记录），安装记录，测试记录，软件调试测试记录，分项工程质量检验评定表，中间交工证书等
		IC卡及发卡编码系统	场设备材料报验申请单（含报验清单、产品合格证或出厂检验报告、技术说明书、保修证书、开箱检验记录），安装记录，测试记录，分项工程质量检验评定表，中间交工证书等
		闭路电视监视系统	进场设备材料报验申请单（含报验清单、产品合格证或出厂检验报告、技术说明书、保修证书、开箱检验记录），设备设施安装记录，功能测试记录，隐蔽工程材料报验（如有），隐蔽工程施工记录（如有），进口设备报关单（如有），分项工程质量检验评定表，中间交工证书等
		内部有线对讲及紧急报警系统	进场设备材料报验申请单（含报验清单、产品合格证或出厂检验报告、技术说明书、保修证书、开箱检验记录），设备设施安装记录，功能测试记录，隐蔽工程材料报验（如有），隐蔽工程施工记录（如有），进口设备报关单（如有），分项工程质量检验评定表，中间交工证书等
		收费系统计算机网络	进场设备材料报验申请单（产品合格证、软件授权书），系统配置记录，软件测试大纲、软件测试记录，分项工程质量检验评定表，中间交工证书等
		USB后备电源/柴油发电机组	进场设备材料报验申请单（含报验清单、产品合格证或出厂检验报告、技术说明书、保修证书、开箱检验记录），设备设施安装记录，功能测试记录，隐蔽工程材料报验（如有），隐蔽工程施工记录（如有），进口设备报关单（如有），分项工程质量检验评定表，中间交工证书等
	低压配电设施	中心（站）内低压配电设备	进场设备材料报验申请单（含报验清单、产品合格证或出厂检验报告、技术说明书、保修证书、开箱检验记录），设备设施安装记录，功能测试记录，隐蔽工程材料报验（如有），隐蔽工程施工记录（如有），进口设备报关单（如有），分项工程质量检验评定表，中间交工证书等
		收费站内光、电缆及塑料管道	进场设备材料报验申请单，预埋管道疏通记录，洪凝土人（手）、井施工记录，线管敷设、接头处理记录，分项工程质量检验评定表，中间交工证书等

单位工程	分部工程	分项工程名称	工序文件
交通机电工程	照明设施	照明设施	进场设备材料报验申请单（含报验清单、产品合格证或出厂检验报告、技术说明书、保修证书、开箱检验记录、送检报告），设备设施安装记录，功能测试记录，隐蔽工程材料报验（如有），隐蔽工程施工记录（如有），进口设备报关单（如有），分项工程质量检验评定表，中间交工证书等
	隧道机电设施	车辆检测器	进场设备材料报验申请单（含报验清单、产品合格证或出厂检验报告、技术说明书、保修证书、开箱检验记录），设备设施安装记录，功能测试记录，隐蔽工程材料报验（如有），隐蔽工程施工记录（如有），进口设备报关单（如有），分项工程质量检验评定表，中间交工证书等
		气象检测器	进场设备材料报验申请单（含报验清单、产品合格证或出厂检验报告、技术说明书、保修证书、开箱检验记录），设备设施安装记录，功能测试记录，隐蔽工程材料报验（如有），隐蔽工程施工记录（如有），进口设备报关单（如有），分项工程质量检验评定表，中间交工证书等
		紧急电话系统	进场设备材料报验申请单（含报验清单、产品合格证或出厂检验报告、技术说明书、保修证书、开箱检验记录），设备设施安装记录，功能测试记录，隐蔽工程材料报验（如有），隐蔽工程施工记录（如有），进口设备报关单（如有），分项工程质量检验评定表，中间交工证书等
		环境检测设备	进场设备材料报验申请单（含报验清单、产品合格证或出厂检验报告、技术说明书、保修证书、开箱检验记录），设备设施安装记录，功能测试记录，隐蔽工程材料报验（如有），隐蔽工程施工记录（如有），进口设备报关单（如有），分项工程质量检验评定表，中间交工证书等
		报警与诱导设施	进场设备材料报验申请单（含报验清单、产品合格证或出厂检验报告、技术说明书、保修证书、开箱检验记录），设备设施安装记录，功能测试记录，隐蔽工程材料报验（如有），隐蔽工程施工记录（如有），进口设备报关单（如有），分项工程质量检验评定表，中间交工证书等
		可变标志	进场设备材料报验申请单（含报验清单、产品合格证或出厂检验报告、技术说明书、保修证书、开箱检验记录），设备设施安装记录，功能测试记录，隐蔽工程材料报验（如有），隐蔽工程施工记录（如有），进口设备报关单（如有），分项工程质量检验评定表，中间交工证书等
		通风设施	进场设备材料报验申请单（含报验清单、产品合格证或出厂检验报告、技术说明书、保修证书、开箱检验记录），设备设施安装记录，功能测试记录，隐蔽工程材料报验（如有），隐蔽工程施工记录（如有），进口设备报关单（如有），分项工程质量检验评定表，中间交工证书等
		照明设施	进场设备材料报验申请单（含报验清单、产品合格证或出厂检验报告、技术说明书、保修证书、开箱检验记录），设备设施安装记录，功能测试记录，隐蔽工程材料报验（如有），隐蔽工程施工记录（如有），进口设备报关单（如有），分项工程质量检验评定表，中间交工证书等
		消防设施	进场设备材料报验申请单（含报验清单、产品合格证或出厂检验报告、技术说明书、保修证书、开箱检验记录），设备设施安装记录，功能测试记录，隐蔽工程材料报验（如有），隐蔽工程施工记录（如有），进口设备报关单（如有），分项工程质量检验评定表，中间交工证书等

单位 工程	分部 工程	分项工程 名称	工序文件
交通 机电 工程	隧道 机电 设施	本地 控制器	进场设备材料报验申请单（含报验清单、产品合格证或出厂检验报告、技术说明书、保修证书、开箱检验记录），设备设施安装记录，功能测试记录，隐蔽工程材料报验（如有），隐蔽工程施工记录（如有），进口设备报关单（如有），分项工程质量检验评定表，中间交工证书等
		隧道监控 中心计算 机控制 系统	进场设备材料报验申请单（产品合格证、技术说明书、出厂报告、第三方检测报告），安装记录，调试记录，软件安装记录，软件调试测试记录，分项工程质量检验评定表，中间交工证书等
		隧道监控 中心计算 机网络	场设备材料报验申请单（含报验清单、产品合格证或出厂检验报告、技术说明书、保修证书、软件技术说明书、开箱检验记录），安装记录，测试记录，软件调试测试记录，分项工程质量检验评定表，中间交工证书等
		低压供配 电等	进场设备材料报验申请单（含报验清单、产品合格证或出厂检验报告、技术说明书、保修证书、开箱检验记录），设备设施安装记录，功能测试记录，隐蔽工程材料报验（如有），隐蔽工程施工记录（如有），进口设备报关单（如有），分项工程质量检验评定表，中间交工证书等
		EPS/UPS/ 柴油发电 机组后备 电源	进场设备材料报验申请单（含报验清单、产品合格证或出厂检验报告、技术说明书、保修证书、开箱检验记录），设备设施安装记录，功能测试记录，隐蔽工程材料报验（如有），隐蔽工程施工记录（如有），进口设备报关单（如有），分项工程质量检验评定表，中间交工证书等
	其他 机电 设施	系统设备 或系统 名称	进场设备材料报验申请单（含报验清单、产品合格证或出厂检验报告、技术说明书、保修证书、开箱检验记录），设备设施安装记录，功能测试记录，隐蔽工程材料报验（如有），隐蔽工程施工记录（如有），进口设备报关单（如有），分项工程质量检验评定表，中间交工证书等 选填

注：机电工程中未列出或未参与评定的施工作业，由监理单位明确或参照类似工序形成施工记录归档。

附录 5 公路工程常用原材料、半成品和成品常规检验项目

附表 5 公路工程常用原材料、半成品和成品常规检验项目表

序号	种类名称 相关标准、规范代号	复验项目			组批规则及取样数量规定
		常规	必要时		
		一、路基工程			
1	土				
(1)	《公路路基施工技术规范》 JTG/T 3610—2019 《公路土工试验规程》 JTG 3430—2020	土的界限含水率（液限和塑限） 含水率 承载比（CBR）试验 标准击实			每公里应至少取 2 点，并应根据土质变化增加取样点数
(2)	《公路工程质量检验评定标准 第一册 土建工程》 JTG F80/1—2017 《公路路基路面现场测试规程》 JTG 3450—2019	压实度			每 200m 每压实层测 2 处
		二、路面基层			
1	土				
(1)	《公路路面基层施工技术细则》 JTG/T F20—2015 《公路土工试验规程》 JTG 3430—2020	土的界限含水率（液限和塑限）			每种土使用前测 2 个样品，使用过程中每 2000m³ 测 2 个样品
(2)		承载比（CBR）试验	材料发生变化时		

714

序号	种类名称 相关标准、规范代号	复验项目			组批规则及取样数量规定
		常规	必要时		
(3)	《公路路面基层施工技术细则》 JTG/T F20—2015	含水率			每天使用前测 2 个样品
(4)		标准击实		材料发生变化时	
(5)	《公路工程无机结合料稳定材料试验规程》JTG E51—2009	无侧限抗压强度			1 次/d，不少于 9~13 个样本
(6)		石灰（水泥）剂量			每 2000m³ 取样 1 次，至少 6 个样品
(7)	《公路工程质量检验评定标准 第一册 土建工程》 JTG F80/1—2017 《公路路基路面现场测试规程》 JTG 3450—2019	压实度			每 200m 测 1 点，核子密度仪每 200m 测 1 处每处 5 点
2	水泥				
(1)	《通用硅酸盐水泥》 GB 175—2007 《公路路面基层施工技术细则》 JTG/T F20—2015	强度，标准稠度用水量， 凝结时间、安定性			① 按同一生产厂家，同一等级，同一品种，同一批号且连续进场的水泥，袋装水泥不超过 200t 为一检验批，散装水泥不超过500t 为一检验批，每批抽测不少于 12kg； ② 水泥的取样方法应按现行国家标准《水泥取样方法》GB/T 12573 的要求取样
3	细集料				
(1)	《公路路面基层施工技术细则》 JTG/T F20—2015 《公路工程集料试验规程》 JTG E42—2005	路面基层： 颗粒分析、塑性指数、有机质含量、硫酸盐含量	水泥混凝土路面：碱活性反应、氯离子含量，硫化物及硫酸盐含量 在使用前应至少检验一次。 沥青混凝土路面：坚固性可根据需要进行		① 按同一产地，同一规格，连续进场数量不超过 400m³ 或 600t 为一验收批，小批量进场的宜以不超过 200m³ 或 300t 为一验收批进行检验，每一验收批取样一组（20kg）； ② 当质量稳定且进料量较大时，可以 1000t 为一验收批； ③ 取样部位应均匀分布，在料堆上从 8 个不同部位抽取等量试样。用四分法缩至 20kg，取样前先将取样部位表面铲除

715

续附表 5

序号	种类名称 相关标准、规范代号	复验项目			组批规则及取样数量规定
		常规	必要时		
4	粗集料				
(1)	《公路路面基层施工技术细则》JTG/T F20—2015 《公路水泥混凝土路面施工技术细则》JTG/T F30—2014 《公路沥青路面施工技术规范》JTG/T F40—2004 《公路工程集料试验规程》JTG E42—2005	集料规格、压碎值、针片状颗粒含量、0.075mm以下粉尘含量、软石含量		① 按同一产地、同规格、连续进场数量不超过 400m³ 或 600t 为一验收批，小批量进场的宜以不超过 200m³ 或 300t 为一验收批进行检验，每一验收批取样一组（20kg）； ② 当质量稳定且进料量较大时，可以 1000t 为一验收批； ③ 取样一组 40kg（最大粒径 9.5mm、16.0mm、19.0mm、26.5mm）或 80kg（最大粒径 31.5mm、37.5mm）。取样部位应均匀分布，在料堆上先将表层铲除，从不同部位抽取大致相等的试样 15份（料堆的顶部、中部、底部均匀分布）组成一组样品	
5	道路用石灰				
(1)	《公路路面基层施工技术细则》JTG/T F20—2015	生石灰：有效氧化钙加氧化镁含量、未消化残渣含量、氧化镁含量。消石灰：有效氧化钙加氧化镁含量、细度、氧化镁含量		① 以同一产地、同一批进场石灰做垫材料组成设计和生产使用时分别测 2 个样品，以后每月至少取 2 个样品送检； ② 取样方法应多处选点抽样分后总量不少于 3kg； ③ 生石灰应注意密封贮存	
6	粉煤灰				
(1)	《公路路基施工技术规范》JTG/T 3610—2019 《公路路面基层施工技术细则》JTG/T F20—2015	$SiO_2+Al_2O_3+Fe_2O_3$ 总含量、烧失量、比表面积、0.3mm筛孔通过率、0.075mm 筛孔通过率、含水率		① 以连续供应的同一产地、同等级的粉煤灰为一验收批，在做材料组成设计计前，应抽取不少于 2kg； ② 每验收批样品不少于 2kg； ③ 从运输车或贮存库中的 10 个不同部位，各收集大致相同数量（不少于 1kg）试样，混合均匀后的分法取 2kg 试样	

序号	种类名称 相关标准、规范代号	复验项目			组批规则及取样数量规定
		常规	必要时		
7	非饮用水				
(1)	《公路路面基层施工技术细则》 JTG/T F20—2015	pH值、不溶物、可溶物、氯化物、硫酸盐、碱含量			① 水质分析用水样应不少于 5L，井水、钻孔水样一般应在放水冲洗管道或排除积水后采集； ② 地表水（江河、湖泊和水库）水样宜在中心部位距水面下 100mm 采集，采集水样用容器应无污染，采集时再用正采水样的水冲洗 3 次后才能采集水样，水样采集后应应加盖密封； ③ 再生水（中水）应在取水管终端接取
8	土工布和土工格栅		等效孔径、垂直渗透系数检验		
(1)	《公路工程土工合成材料短纤针刺非织造土工布》 JTG/T 520—2017	厚度、单位面积质量、宽度、CBR 顶破强力、撕破强度、断裂强度、断裂强度及伸长率			① 每批以同一品种、同一规格、同一工艺的一个交货批划分检验批； ② 每批数量不大于 400 卷的性能复验抽取检验批量的 1%～2%，但不少于 3 卷； ③ 按《土工合成材料取样和试样准备》GB/T 13760 取样及试样准备
(2)	《公路工程土工合成材料长丝纺粘针刺非织造土工布》 JTG/T 519—2004	外观、单位面积质量、单位面积质量偏差、厚度、厚度偏差、宽度、标称宽度、断裂强度、断裂伸长率、CBR 顶破强度、等效孔径、垂直渗透系数、撕破强度			组批：以同一班次生产的同一规格的产品为一批，批量较小时可累计 400 卷为一批，但一周产量仍不满 400 卷，则以一周内产量为一批；交付验收的产品应以同一品种、同一规格、同一工艺的一个交货批划分检验批。 抽样：性能要求的测定以批为单位，每批产品随机抽取 2%，但不少于两卷，采样及试验准备按 GB/T 13760 的规定
(3)	《公路工程土工合成材料土工格栅》JTG/T 480—2002	外观质量及成品尺寸、抗拉强度和伸长率、断裂强度及伸长率（玻纤土工格栅），粘样点极限剥离力（粘焊土工格栅）			① 以批为单位进行验收，同一牌号的原料、同一配方、同一规格的产品为一批，每批数量不超过 500 卷； ② 在每批土工格栅产品中随机油取 5 卷，每卷截取 1m 长作为样品，共 5 件

717

续附表5

三、水泥混凝土路面

序号	种类名称 相关标准、规范代号	复验项目		组批规则及取样数量规定
		常规	必要时	
1	水泥			
(1)	《通用硅酸盐水泥》GB 175—2007；《公路水泥混凝土路面施工技术细则》JTG/T F30—2014	强度、标准稠度用水量、细度、凝结时间、安定性、化学成分(熟料游离氧化钙含量、氧化镁含量、铁铝酸四钙、铝酸三钙含量、碱含量、氯离子含量、三氧化硫、烧失量)、比表面积、28d干缩率、耐磨性		① 按同一生产厂家、同一等级、同一品种、同一批号且连续进场的水泥，袋装水泥不超过200t 为一检验批，散装水泥不超过500t 为一检验批，每批抽样不少于12kg；② 水泥的取样方法应按现行国家标准《水泥取样方法》GB/T 12573 的要求取样
2	细集料			
(1)	《公路水泥混凝土路面施工技术细则》JTG/T F30—2014；《公路工程集料试验规程》JTG E42—2005	颗粒级配、坚固性、含泥量、云母含量、海砂中的贝壳类物质含量、吸水率、轻物质含量、松散堆积密度、空隙率、有机物含量、结晶态二氧化硅含量、人工砂单粒级最大压碎值、人工砂石粉含量	碱活性反应、氯离子含量、硫化物及硫酸盐含量在使用前应至少检验一次	① 按同产地、同规格、连续进场数量不超过400m³ 或600t 为一验收批，小批量进场的宜以不超过200m³ 或300t 为一验收批进行检验，每一验收批取样一组(20kg)；② 当质量稳定且进料量较大时，可以1000t 为一验收批；③ 取样部位应均匀分布，在料堆上从8个不同部位抽取等量试样，取样前先将取样部位表面铲除。用四分法缩至20kg
3	粗集料			
(1)	《公路水泥混凝土路面施工技术细则》JTG/T F30—2014；《公路工程集料试验规程》JTG E42—2005	颗粒级配、压碎值、坚固性、针片颗粒含量、含泥量、泥块含量、有机物含量、表观密度、松散堆积密度、空隙率	吸水率(有抗冻、抗盐要求时)；硫化物及硫酸盐含量、碱活性反应、岩石抗压强度在使用前至少检验一次；岩石做一次、洛杉矶磨耗损失、磨光值等(制作露石水泥混凝土时)	按同产地、同规格、连续进场数量不超过400m³ 或600t 为一验收批，小批量进场的宜以不超过200m³ 或300t 为一验收批检验，每一验收批取样一组(20kg)

续附表 5

序号	种类名称 相关标准、规范代号	复验项目		组批规则及取样数量规定
		常规	必要时	
4	粉煤灰			
(1)	《公路水泥混凝土路面施工技术细则》JTG/T F30—2014 《用于水泥和混凝土中的粉煤灰》GB/T 1596—2017	细度、烧失量、需水量、含水率、游离氧化钙含量、SO_3、混合砂浆强度活性指数		① 以同种类、同等级编号500t为一验收批。不足500t亦为一验收批； ② 抽取不少于2kg样品试验粉煤灰的数量按干灰（含水率小于1%）的质量计算
5	矿粉			
(1)	《公路水泥混凝土路面施工技术细则》JTG/T F30—2014 《用于水泥和混凝土中的粒化高炉矿渣粉》GB/T 18046—2017	比表面积、密度、烧失量、流动度比、含水率、玻璃体含量、游离氧化钙、SO_3、混合砂浆强度活性指数	氯离子含量（在配筋混凝土与钢纤维混凝土面层为必测项目。水泥混凝土面层为选测项目）	① 矿渣粉出厂前按同级别进行组批和取样。每一批号为一取样单位。矿渣粉出厂按矿渣粉生产单线年生产能力规定； ② 取样应有代表性，可连续取。也可从 20 个以上的不同部位取等量样品，总量至少 20kg，试样应混合均匀。按四分法缩取
6	水			
(1)	《公路水泥混凝土路面施工技术细则》JTG/T F30—2014 《混凝土用水标准》JGJ 63—2006	pH 值、Cl^- 含量、SO_4^{2-} 含量、碱含量、可溶物含量、不溶物含量、其他杂质、与蒸馏水进行凝结时间和水泥胶砂强度对比试验		① 水质分析用水样应不少于 5L，井水、钻孔水样一般应在在水冲洗管道或排除积水后采集； ② 地表水（江河、湖泊和水库）水样宜在中心部位距水面下 100mm 采集，采集水样用容器应无污染，采集时再用正常采集水样的水冲洗 3 次后才能采集水样，水样采集后应加盖密封； ③ 再生水（中水）应在取水管终端接取
7	混凝土外加剂			
(1)	《公路水泥混凝土路面施工技术细则》JTG/T F30—2014 《混凝土外加剂》GB 8076—2008	减水率、泌水率比、含气量、凝结时间间差、弯拉强度比、抗压强度比、收缩率比	磨耗量	① 按同一品种、同一型号、同一生产条件、同一批号、同一掺量小于 1%（含 1%）的外加剂每批号为 100t，同一批量为一批； ② 掺量大于 1%（含 1%）的外加剂每批号为 50t，不足 100t 或 50t 的应按一个批量计。 ③ 每一批量的取样数量不少于 0.2t 水泥所用的外加剂量

续附表 5

序号	种类名称 相关标准、规范代号	复验项目		组批规则及取样数量规定
		常规	必要时	
	四、沥青混凝土路面			
1	沥青			
（1）	《公路沥青路面施工技术规范》 JTG F40—2004	① 道路石油沥青：针入度、软化点、15℃延度、闪点、溶解度、密度、TFOT（或RTFOT）后量变化、残留针入度比、残留延度）。② 改性沥青：针入度、针入度指数、软化点、闪点、溶解度、延度、弹性恢复、TFOT（或RTFOT）后（质量变化、针入度比、5℃延度）、贮存稳定性。③ 乳化沥青：粒子电荷、筛上残留物、蒸发残留物、贮存稳定性、破乳速度	① 道路石油沥青：PI值、10℃延度、60℃动力粘度、蜡含量。② 改性沥青：运动粘度性、离析、韧性、粘附性、5℃延度。③ 乳化沥青：与粗集料的粘附性、与粗细集料拌合试验、水泥拌合试验的筛上剩余	① 石油沥青：以同一产地、同一批出厂、同标号的沥青连续运进为一验收批，首件应按标准进行沥青全项指标的复验。以后每100t至少取样1次进行常规项目试验。必要时检验蜡含量；② 改性沥青：每天1次检验针入度、软化点试验：每周检验1次存稳定性：必要时检验低温延度和弹性恢复；③ 乳化沥青和改性乳化沥青：每2～3天检验一次软化点、必要时检验蒸发残留物含量及蒸发残留物的针入度和软化点、必要时检验蒸发残留物的延度。
2	细集料			
（1）	《公路沥青路面施工技术规范》 JTG F40—2004 《公路工程集料试验规程》 JTG E42—2005	粒径规格、表观相对密度、含泥量、砂当量、亚甲蓝值、棱角性	坚固性可根据需要进行	① 按同一产地、同规格、连续进场数量不超过400m³ 或600t 为一验收批，小批量进场的宜以不超过200m³ 或300t 为一验收批进行检验，每一验收批取样一组（20kg）；② 当进量较大时，可以1000t 为一验收批；③ 取样部位应均匀分布，在料堆上从8个不同部位抽取等量试样。取样前先将取样部位表面铲除用四分法缩至20kg，取样前先将取样部位表面铲除

720

续附表5

序号	种类名称、相关标准、规范代号		复验项目		组批规则及取样数量规定
			常规	必要时	
3	粗集料				
(1)	《公路沥青路面施工技术规范》JTG F40—2004 《公路工程集料试验规程》JTG E42—2005		粒径规格、压碎值、洛杉矶磨耗损失、表观相对密度、吸水率、针片状含量、水洗法<0.075mm 颗粒含量、软石含量、沥青与粗集料的粘附性、磨光值	坚固性	① 按同产地、同规格，连续进场数量不超过400m³ 或600t 为一验收批，小批量进场的宜以不超过200m³ 或300t 为一验收批进行检验，每一验收批取样一组（20kg）；② 当质量稳定且进料量较大时，可以1000t 为一验收批；③ 取样一组40kg(最大粒径9.5mm、16.0mm、19.0mm、26.5mm) 或80kg（最大粒径31.5mm、37.5mm）。取样部位应均匀分布，在料堆上先将表层铲除，从不同部位抽取大致相等的试样15 份（料堆的顶部、中部、底部均匀分布）组成一组样品
4	矿粉				
(1)	《公路沥青路面施工技术规范》JTG F40—2004 《公路工程集料试验规程》JTG E42—2005		表观密度、含水量、粒度范围、外观、亲水系数、塑性指数、加热安定性		使用前应进行各项技术质量指标试验，对于同一产地材料，应按材料的技术要求进行各项技术质量指标试验，至少试验一次
5	沥青混合料				
(1)	《公路沥青路面施工技术规范》JTG F40—2004		密度、矿料级配、沥青含量、马歇尔稳定度、流值、空隙率、路面渗水、配合比设计	浸水马歇尔试验、车辙试验	① 沥青混合料用粗、细集料、矿粉、沥青等原材料，使用前应进行各项技术质量指标试验。对于同一产地材料，应按材料的技术要求进行各项技术质量指标试验，至少试验一次；② 沥青混合料生产单位应按同类型、同配比生产，每批次至少向施工单位提供一份产品质量合格证书和试验报告，连续生产时，每台班每机每3000t 提供一次；③ 混合料成品每台班至少进粗、细集料级配及沥青含量、孔隙率和稳定度、流值检验，必要时进行浸水马歇尔试验。粗细集料检验应达到相应的质量检验评定合格标准

续附表5

序号	种类名称 相关标准、规范代号	复验项目			组批规则及取样数量规定
		常规	必要时		
			五、桥梁工程		
1	水泥				
(1)	《公路桥涵施工技术规范》JTG/T 3650—2020《通用硅酸盐水泥》GB 175—2007	强度、标准稠度用水量、凝结时间、安定性	桥涵普通水泥混凝土：碱含量、氯离子含量、化学成分桥涵高性能水泥混凝土：比表面积、碱含量、氯离子含量、化学成分	① 按同一生产厂家、同一等级、同一品种、同一批号且连续进场的水泥，袋装水泥不超过200t为一检验批，散装水泥不超过500t为一检验批，每批抽样不少于12kg；② 水泥的取样方法应按现行国家标准《水泥取样方法》GB/T 12573 的要求取样
2	细集料				
(1)	《公路桥涵施工技术规范》JTG/T 3650—2020《公路工程集料试验规程》JTG E42—2005	颗粒级配、含泥量、泥块含量、筛分、细度模数、有机物含量、含泥量、泥块含量、人工砂的石粉含量	桥涵普通水泥混凝土：有害物含量、坚固性、泥块含量、碱活性、表观密度、松散堆积密度、空隙率、碱集料反应。云母、有机物质含量、轻物质含量、有机物含量、硫化物及硫酸盐含量桥涵高性能水泥混凝土：氯离子含量、硫化物及硫	① 按同一产地、同一规格，连续进场数量不超过400m³或600t 为一验收批，小批量进场的宜以不超过200m³或300t 为一验收批进行检验，每一验收批取样一组（20kg）；② 当质量稳定且进场料量较大时，可以1000t 为一验收批；③ 取样部位应均匀分布，在料堆上从8个不同部位抽取等量试样。用四分法缩至20kg，取样前先将取样部位表面铲除
3	粗集料				
(1)	《公路桥涵施工技术规范》JTG/T 3650—2020《公路工程集料试验规程》JTG E42—2005	颗粒级配、压碎指标、针片状颗粒含量、含泥量、泥块含量、碱活性	桥涵普通水泥混凝土：坚固性、岩石抗压强度、有害物质含量、松散堆积密度、表观密度、空隙率、碱集料反应。硫化物及有机物含量桥涵高性能水泥混凝土：硫酸盐含量、氯离子含量、有机物含量	① 按同一产地、同一规格，连续进场数量不超过400m³或600t 为一验收批，小批量进场的宜以不超过200m³或300t 为一验收批进行检验，每一验收批取样一组（20kg）；② 当质量稳定且进场料量较大时，可以1000t 为一验收批；③ 取样一组40kg（最大粒径9.5mm、16.0mm、19.0mm、26.5mm）或80kg（最大粒径31.5mm、37.5mm）。取样部位应均匀分布，从不同部位抽取等量的试样15份（料堆的顶部、中部、底部应均匀分布，在料堆上先将表层铲除，取样部位大致相等）组成一组样品

722

序号	种类名称 相关标准、规范代号	复验项目			组批规则及取样数量规定
		常规	必要时		
4	钢筋及焊接				
4.1	钢筋				
(1)	《钢筋混凝土用钢 第1部分：热轧光圆钢筋》GB/T 1499.1—2017	力学性能、弯曲性能（对牌号带 E 的钢筋应进行反向弯曲试验）、尺寸偏差、化学成分、重量偏差			① 钢筋应按批进行检查和验收，每批由同一生产厂、同一牌号、同一炉罐号、同一规格的钢筋组成，每批重量不大于 60t 为一验收批。每一验收批取一组试件（拉伸、弯曲各 2 个试样），化学成分 1 根试样，尺寸偏差和重量偏差 5 根试样；超过 60t 部分每增加 40t（或不足 40t 的），增加一个拉伸试验试样和一个弯曲试验试样； ② 允许由同一牌号、同一冶炼方法、同一浇筑方法的不同炉罐号组成混合批，但各炉罐号之差含碳量不大于 0.02%，含锰量之差不大于 0.15%。混合批的重量不大于 60t
(2)	《钢筋混凝土用钢 第2部分：热轧带肋钢筋》GB/T 1499.2—2018				
(3)	《钢筋混凝土用钢筋焊接网》GB/T 1499.3—2010	拉伸、弯曲、抗剪力			① 每批由同一型号、同一原材料来源、同一生产设备并在同一连续时段内制造的钢筋焊接网样品组成，重量不大于 60t； ② 力学性能样品数量：拉伸 2 根，弯曲 2 根，抗剪力 3 根
(4)	《冷轧带肋钢筋》GB/T 13788—2017	力学性能、弯曲性能、尺寸偏差、化学成分、重量偏差			同一生产厂、同一牌号、同一外形、同一生产工艺每 60t 为验收批。每一验收批取 1 个拉伸试件（逐盘），弯曲试件 2 个（每批）
(5)	《碳素结构钢》GB/T 700—2006	力学性能、弯曲性能、尺寸偏差、化学成分、重量偏差			① 每批由同一牌号、同一炉号、同一质量等级、同一品种、同一尺寸、同一交货状态的钢材组成，每批重量不大于 60t； ② 公称容量比较小的炼钢炉冶炼的钢材，同一炼制、浇注和脱氧方法，不同炉号组成混合批的 A 级钢或 B 级钢，允许各炉组成混合批，但各炉号含碳量之差不得大于 0.02%，含锰量之差不得大于 0.15%

序号	种类名称 相关标准、规范代号	复验项目		组批规则及取样数量规定
		常规	必要时	
(6)	《预应力混凝土用钢绞线》 GB/T 5224—2014	拉伸性能	应力松弛性能	① 每批由同一牌号、同一规格、同一生产工艺制度的钢绞线组成，每批重量不大于 60t； ② 力学性能样品数量：3 根 1.1m 长；松弛率：1 根 2.5m 长
(7)	《无粘结预应力钢绞线》 JG 161—2016	钢绞线的外观、表面质量、公称直径、整根钢绞线最大力、0.2% 屈服力、最大力总伸长率、伸直性	防腐润滑脂的工作锥入度、滴点、腐蚀、盐雾试验、相容性、摩擦试验	应从同一公称抗拉强度、同一公称直径、同一生产工艺生产的产品中任意盘卷的任意一端端部 1m 后的部位截取不同试验。 外观：逐盘卷检验；钢绞线公称直径检验、力学性能试验和伸直性检验：3 件；防腐润滑脂原材料中随机取样 2.0kg；防腐润滑脂含量和护套厚度：3 件；护套拉伸性能：5 件
4.2	钢筋焊接			
(1)	《公路桥涵施工技术规范》 JTG/T 3650—2020 《钢筋焊接及验收规程》 JGJ 18—2012	拉伸、弯曲		① 闪光对焊接头，在同一台班内，由同一焊工完成的 300 个同牌号、同直径钢筋焊接头作为一验收批。当同一台班内焊接的接头数量较少，可在一周之内累计计算；累计仍不足 300 个接头，应按一批计算。力学性能试验，应从每批接头中随机切取 6 个试件，其中 3 个做拉伸试验，3 个做弯曲试验； ② 电弧焊、电渣压力焊接头以 300 个同牌号、同形式、同接头作为一验收批。不足 300 个接头，仍作为一验收批。力学性能试验，应从每批接头中随机切取 3 试件做拉伸试验； ③ 钢筋气压焊接头以 300 个同牌号、同形式，同钢筋机切接头作为一验收批。在柱、墙的竖向钢筋连接中，应从每批接头中随机切取 3 个接头做拉伸试验；在梁、板的水平钢筋连接中，应另切取 3 个接头做弯曲试验； ④ 钢筋焊网应按批进行检查验收，每批应由同一型号、同一原料来源、同一生产设备并在同一连续时间内制造的钢筋焊网组成，重量不大于 60t

续附表 5

序号	种类名称 相关标准、规范代号	复验项目			组批规则及取样数量规定
			常规	必要时	
5	钢材及焊接				
5.1	钢材				
(1)	《桥梁用结构钢》GB/T 714—2015		拉伸试验、弯曲	化学成分、冲击性	① 每批由同一牌号、同一炉号、同一规格、同一轧制制度、同一热处理制度的钢材组成，每批重量不大于 60t；② 力学性能样品数量：拉伸 1 根、弯曲 1 根、化学成分 1 根、冲击试验 3 根
(2)	《桥梁缆索用热镀锌钢丝》GB/T 17101—2008		力学性能、反复弯曲、抗脉动拉伸疲劳、伸直性能	尺寸、重量偏差、镦头性能、镀锌层的性能、表面质量	钢丝一般由同一规格、同一炉号、同一生产工艺制造的钢丝组批验收，但松弛试验和疲劳试验按重量组批验收。供方取样数量：直径、不圆度、表面质量：逐盘。抗拉强度、断后伸长率、规定非比例延伸长度、缠绕试验、反复弯曲、弹性模量、扭转试验、伸直性能、镀层重量、锌层均匀性：每 10 盘取一根。镀层附着力、疲劳试验每 2000t 取样 1 根；松弛试验每 300t 取样 1 根；需方的进货检验每批按抽样取样数量的 5% 取样试验，每批不少于 3 根取样，疲劳试验每 2000t 取样 1 根
(3)	《钢拉杆》GB/T 20934—2016		化学成分、拉伸、冲击、尺寸、表面、涂层、无损检测、成品拉力试验		对应同一炉批原材料，按同一热处理制度制作的同一规格杆体，组批数量不超过 50 套的钢拉杆为一批。（化学成分：1 个/炉，拉伸：1 个/热处理炉次，冲击：3 个/热处理炉次中的任意 1 只，尺寸、表面、无损检测：逐套，无损检测：10%/批，无损检测 O 型或 U 型接头：100%）
(4)	《高强度低松弛预应力热镀锌钢绞线》YB/T 152—1999		尺寸、表面质量、拉伸试验、松弛试验、偏斜拉伸试验、疲劳试验、锌层重量、锌层均匀性		镀锌钢绞线应成批验收，每批由同一牌号、同一规格、同一生产工艺的钢绞线组成，每批重量不大于 100t。（尺寸、表面质量：逐盘、松弛试验：1000t 一次，疲劳试验：100t 一根；偏斜拉伸试验：1000t 一次，拉伸 1 根、每盘 1 根；锌层重量、锌层附着力、锌层均匀性：每批 10%，不少于 3 盘，每盘 1 根）

续附表 5

序号	种类名称 相关标准、规范代号	复验项目			组批规则及取样数量规定
		常规	必要时		
5.2	钢材焊接				
（1）	《公路桥涵施工技术规范》 JTG/T 3650—2020 《钢结构现场检测技术标准》 GB/T 50621—2010 《焊缝无损检测超声检测技术、 检测等级和评定》 GB/T 11345—2013 《钢结构工程施工质量验收标 准》GB 50205—2020	超声波探伤、射线探伤、 磁粉探伤、渗透探伤		① 焊缝无损检测的质量分级、检验方法、检验部位和等级应符合《公路桥涵施工技术规范》JTG/T F50 表 19.6.2 的规定，距离一波幅曲线灵敏度及缺陷等级评定应符合《公路桥涵施工技术规范》附录 F2 的规定； ② 钢结构焊缝质量检验级别还应符合现行国家标准《钢结构工程施工质量验收标准》GB 50205 的规定	
6	防水材料				
（1）	《水泥基渗透结晶型防水材料》 GB 18445—2012	水泥基渗透结晶型防水涂料：外观、含水率、细度，氯离子含量，施工性，抗折强度、抗压强度，湿基面粘结强度，砂浆抗渗性能，混凝土抗渗性能。 水泥基渗透结晶型防水剂：外观、含水率、细度，氯离子、总碱量，抗压强度、减水率，抗压强度比、收缩率比，混凝土抗渗性能		连续生产，同一配料工艺条件制得的同一类型产品 50t 为一批，不足 50t 亦按一批计。每批产品随机抽样，抽取 10kg 样品，充分混匀。取样后，将样品一分为二，一份检验，一份留样备用	

726

续附表 5

序号	种类名称 相关标准、规范代号	复验项目		组批规则及取样数量规定
		常规	必要时	
7	水 （1）《混凝土用水标准》JGJ 63—2006	pH值、不溶物、可溶物、氯化物、硫酸盐、碱含量		① 水质分析用水样应不少于 5L，井水、钻孔水样一般应在放水冲洗管道或排除积水后采集； ② 地表水（江河、湖泊和水库）水样宜在中心部位距水面下100mm采集，采集水样用容器应无污染，采集时再用正来集水样的水冲洗 3 次后才能采集水样，水样采集终端接取； ③ 再生水（中水）应在取水管终端接取
8	水泥混凝土用掺合料			
（1）	《公路桥涵施工技术规范》JTG/T 3650—2020 《用于水泥和混凝土中的粉煤灰》GB/T 1596—2017	细度、烧失量、需水量比、二氧化硅二氧化铝二氧化铁总质量分数	桥涵普通水泥混凝土：比表面积、含水率、游离氧化钙含量、SO_3含量、安定性、均匀性、总碱量。 桥涵高性能水泥混凝土：细度、含水率、烧失量、需水量比、SO_3含量、CaO含量、游离CaO含量、氯离子含量、安定性	① 以同种类、同等编号的 500t 为一验收批。不足 500t 亦为一验收批； ② 抽取不少于 2kg 样品试验粉煤灰的数量按干灰（含水率小于1%）的质量计算
（2）	《公路桥涵施工技术规范》JTG/T 3650—2020 《用于水泥和粉煤灰中的粒化高炉矿渣粉》GB/T 18046—2017	密度、比表面积、流动度比、活性指数	桥涵普通水泥混凝土：含水率、氧化镁含量、SO_2含量、氯离子含量、烧失量、玻璃体含量、放射性。 桥涵高性能水泥混凝土：含水率、烧失量、O_3含量、MgO含量、28d 活性指数、氯离子含量	① 矿渣粉出厂前按同级别进行组批和取样。每一批号为一个抽样单位，矿渣粉出厂批号按矿渣粉单线年生产能力规定，也可从 20 个以上的不同部位取等量样品，也可连续取，试样应混合均匀，总量至少 20kg

727

续附表5

序号	种类名称、相关标准、规范代号	复验项目		组批规则及取样数量规定
		常规	必要时	
(3)	《公路桥涵施工技术规范》JTG/T 3650—2020《砂浆和混凝土用硅灰》GB/T 27690—2011	比表面积、烧失量、含水率、活性指数	桥涵普通水泥混凝土：氯离子含量、SiO_2含量、总碱量、性能。桥涵高性能水泥混凝土：需水量比、SiO_2含量、氯离子含量、28d活性指数	组批：以30t相同种类的硅灰/硅灰浆为一个检验批，不足30t计为一个检验批。抽样：取样按GB/T 12573进行，取样应有代表性，可连续取，也可以从10个以上不同部位取等量样品，总量至少5kg，硅灰浆至少15kg，试样应混合均匀
9	混凝土外加剂			
(1)	《公路桥涵施工技术规范》JTG/T 3650—2020《混凝土外加剂》GB 8076—2008	减水率、泌水率比、含气量、凝结时间差、抗压强度比、收缩率比	桥涵普通水泥混凝土：1h经时变化量、含固量、含水率、密度、细度、pH值、总碱量、硫酸钠含量。桥涵高性能水泥混凝土：水泥净浆流动度、硫酸钠含量、碱含量、胶砂流动度比、减水率、泌水率比、压力泌水率比、对钢筋的锈蚀作用、抗压强度比、收缩率比、相对耐久性指标	① 按同一品种、同一型号、一掺量为一批；② 掺量大于1%（含1%）的外加剂每批号为100t，掺量小于1%的外加剂每批号为50t，不足100t或50t的应按一个批量计；③ 每一批量的取样数量不少于0.2t水泥所需用的外加剂量
(2)	《公路桥涵施工技术规范》JTG/T 3650—2020《混凝土膨胀剂》GB 23439—2017	抗压强度比、限制膨胀率	细度、氯离子含量、碱含量	① 以同一生产厂、同一品种、同一编号的膨胀剂，每200t为一验收批，不足200t也按一批计；② 取样应有代表性，可连续取，也可从20个以上的不同部位取等量样品，总量不小于10kg
(3)	《混凝土防冻剂》JC 475—2004	减水率、含气量、抗压强度比、冻融强度损失率比、氯离子含量	泌水率比、凝结时间差、收缩率比、对钢防锈作用	① 以同一品种每50t为一验收批，不足50t也按一批计；② 取样应有代表性，可连续取，也可从20个以上不同部位取等量样品，液体防冻剂取样时应从容器的上、中、下三层分别取样；③ 取样总量不小于0.15t水泥所需用的防冻剂量

序号	种类名称 相关标准、规范代号	复验项目		组批规则及取样数量规定
		常规	必要时	
10	桥梁支座			
（1）	《公路桥梁板式橡胶支座》 JTG/T 4—2019	外观质量，几何尺寸，抗压弹性模量，抗剪弹性模量，抗剪黏结性及抗剪老化交叉检验，极限抗压强度		每种规格支座抽取数量分别为：抗压弹性模量 3 块，抗剪弹性模量 3 对，抗剪黏结性 3 对（四氟板支座），极限抗压强度 3 块
（2）	《公路桥梁盆式支座》 JTG/T 391—2019	竖向承载力，摩擦系数，转角		每种规格支座每批抽取数量分别为：整向承载力 2 块，转角 2 块，转动性能 2 块
（3）	《桥梁球型支座》 GB/T 17955—2009	竖向承载力，水平承载力，摩擦系数，转动性能		
（4）	《公路桥梁高阻尼隔震橡胶支座》JTG/T 842—2012	压缩性能，转动性能，剪切性能，大变形剪切性能，拉伸性能，解刨性能		压缩性能，转动性能，剪切性能项目检测总数的 20%；剪切性能，大变形剪切性能每个工程项目至少检测一次；解刨性能为总数的 0.5%
11	预应力用锚具、夹具和连接器及预应力混凝土用波纹管			
（1）	《公路桥梁预应力钢绞线用锚具、夹具和连接器》 JT/T 329—2010	外观、硬度、静载锚固性能		① 在同一种规格、同一种材料、同一种工艺应以不超过 2000 套为一验收批，并应符合下列规定； ② 外观、尺寸：抽样数量不应少于 5% 且不应少于 10 件（套）； ③ 硬度：抽样数量不应少于热处理每炉装炉量的 3% 且不应少于 6 件（套）； ④ 锚固静载性能：应在外观及硬度检验合格后的产品中按锚具、夹具或连接器的成套产品抽样，每批抽样数量为 3 个组装件的用量

729

续附表 5

序号	种类名称、相关标准、规范代号	复验项目 常规	复验项目 必要时	组批规则及取样数量规定
(2)	《预应力混凝土用金属波纹管》JC225—2007	径向刚度、集中荷载作用后抗渗漏、弯曲后抗渗漏	尺寸	① 每批应由同一钢带生产厂生产的同一批钢带所制造的金属波纹管组成，每 5000m 为一批；② 在波纹面形状、同一材质和生产工艺的螺旋管中，每种规格每项试验抽取 3 个试件进行试验，样品长度不应小于 300m
(3)	《预应力混凝土桥梁用塑料波纹管》JTG/T 529—2016	环刚度、集中荷载作用后抗渗漏、弯曲后抗渗漏、径向刚度	灰分、氧化诱导时间、抗老化性、局部横向荷载、纵向荷载、柔韧性、抗冲击性、拉伸性能、拉拔力、密封性	① 同一配方、同一生产工艺、同设备稳定连续生产的产品为一批，每批数量不超过 10000m；② 环刚度取五根管长 300±10（mm）试样，两端应与轴线垂直切平；柔韧性和局部横向荷载取样 1100mm 长 5 个试件
12	预应力孔道压浆料			
(1)	《公路桥涵施工技术规范》JTG/T 3650—2020	抗压、抗折强度、流动度、比表面积、氯离子含量、三氧化硫含量	凝结时间、泌水率、压力泌水率、自由膨胀率、充盈度、对钢筋的锈蚀作用	① 每一工作班取样应不少于 3 次；② 每次取样不应少于 1 组，每组样品由 3 个 40mm × 40mm × 160mm 的试件组成；③ 每一工作班系指按 8 小时工作日计
13	钢筋机械连接			
(1)	《公路桥涵施工技术规范》JTG/T 3650—2020 《钢筋机械连接技术规程》JGJ107—2016	工艺检验：单向拉伸（抗拉强度、残余变形、最大力总伸长）；现场检验：抗拉强度		接头的现场检验按验收批进行。同一施工条件下采用同一批材料的同等级、同型式、同规格和同类型的接头，同一接头，不足 500 个也作为一个验收批，以每 500 个接头作为一个验收批。对接头的每一验收批，应在工程结构中随机抽取 3 个接头试件做极限抗拉强度试验；现场检验连续 10 个验收批抽样试件抗拉强度试验一次合格率为 100%时，验收批接头数量可以扩大为 1000 个；当验收批接头数量少于 200 个时，可随机抽取 2 个试件做极限抗拉强度试验。对接头有特殊要求的，应在工程结构中随机截取 3 个接头试件作抗拉强度试验（不应使用"模拟件"），按设计要求的接头等级进行评定

续附表 5

序号	种类名称 相关标准、规范代号	复验项目			组批规则及取样数量规定
		常规	必要时		
14	钢结构的连接组装				
(1)	《公路桥涵施工技术规范》 JTG/T 3650—2020 《钢结构工程施工质量验收标 准》GB 50205—2020	抗滑移系数			① 制造批可按单位工程划分规定的工程量每 2000t 为一批，不 足 2000t 也视为一批； ② 选用两种或两种以上表面处理工艺时，每种处理工艺应单独 检验； ③ 每批 3 组试件，每组试件应采用双摩擦面的两栓或三栓拼接 的抗力试件

注：1. 常规项目是指国家、行业、地方标准规范文件中所指基本的检测项目。

2. 必要时是指国家、行业、地方对所检项目有特殊要求。

3. 当标准出现更新时，执行新标准。

附录6 建设工程资料同步跟踪检查与流转交互云平台

一、总体介绍

云平台是云资料软件的增值管理平台，是集团公司远程管理各项目工程资料，了解现场进度，保证资料真实性、可追溯性的重要管理工具。平台具备资料在线检查、资料表格来源追溯、下发整改消息、上传施工日志、现场影音文件、实现与 BIM 模型挂接、电子签章、电子签名等功能，帮助施工企业完善施工质量的过程管理，实现资料可视化管理，完成电子版资料存档。下图为工程资料进度形成与在线检查跟踪管理系统业务流程图。

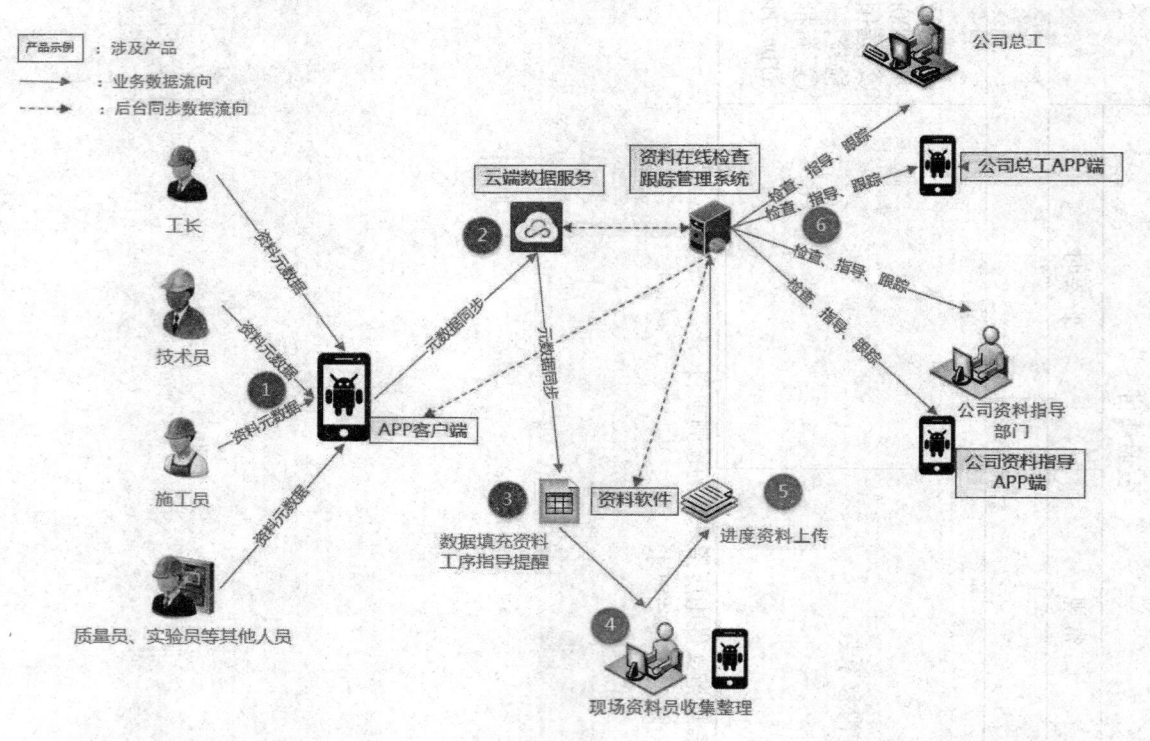

二、云资料软件

云资料软件内置了工序库、台账、试块、分部分项、微课等强大功能，使用账号登录，便于企业管理，不易丢失。软件利用现场采集的数据接口进行自动创建资料表格并填充；生成的电子表格可以通过上传的功能直接上传到云平台中。云资料软件客户端具备如下功能。

1. 强大的工序库，提高效率不加班

内置的房屋建筑和市政基础设施工程工序库，只需根据施工顺序一键创建工序关联表格，确保每个工序工程资料的完整性，做到不丢项、不落项。

对于新入行的资料从业人员，能通过工序快速了解做资料的方法和表格前后关系，实现对工程资料的全面掌控。

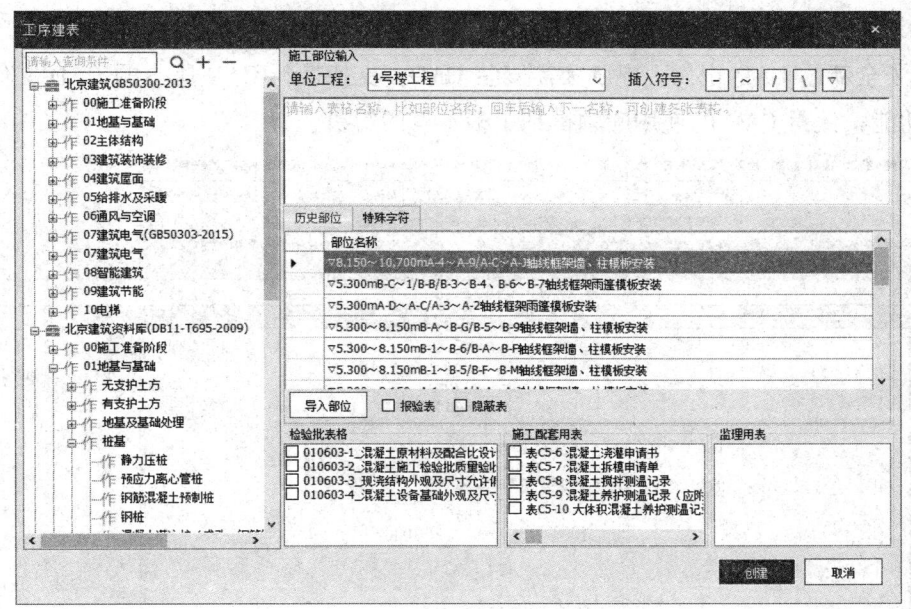

2. 送试块有提醒，远离漏检

软件绑定筑业服务号，混凝土、砂浆、钢筋原材、现场试验等 5 种试验，标养、抗渗、同条件、临界等 16 种养护方式，送检、报告、试块状态一目了然，做试块不用担心又漏检，被罚钱。

做试块有提醒远离漏检

- ○ 混凝土/砂浆/钢筋原材/现场试验等 5 种情况；
- ○ 标养/抗渗/同条件/临界等 16 种形式；
- ○ 送检/报告/试块状态/一目了然；

混凝土试块　　钢筋原材　　同条件养护

微信提醒

3. 自动生成台账表，查漏补缺，不少表

引入台账管理理念，按分部分项、部位自动生成台账，已出资料、未出资料一目了然，查漏补缺，快速校对，台账清单确保资料不少表。

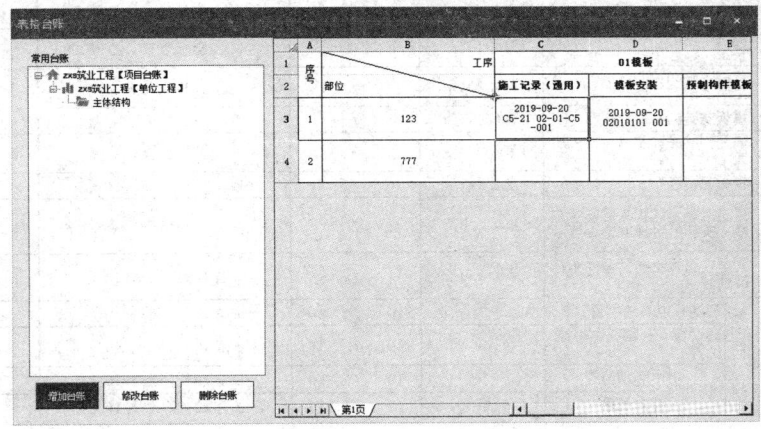

4. 全新的 CAD 功能

软件中使用了全新的 CAD 组件，电脑无需安装 CAD，支持最新 CAD 版本的 CAD 文件，而且提供强大的 CAD 编辑功能，使得 CAD 的使用问题得到了根本性的解决。

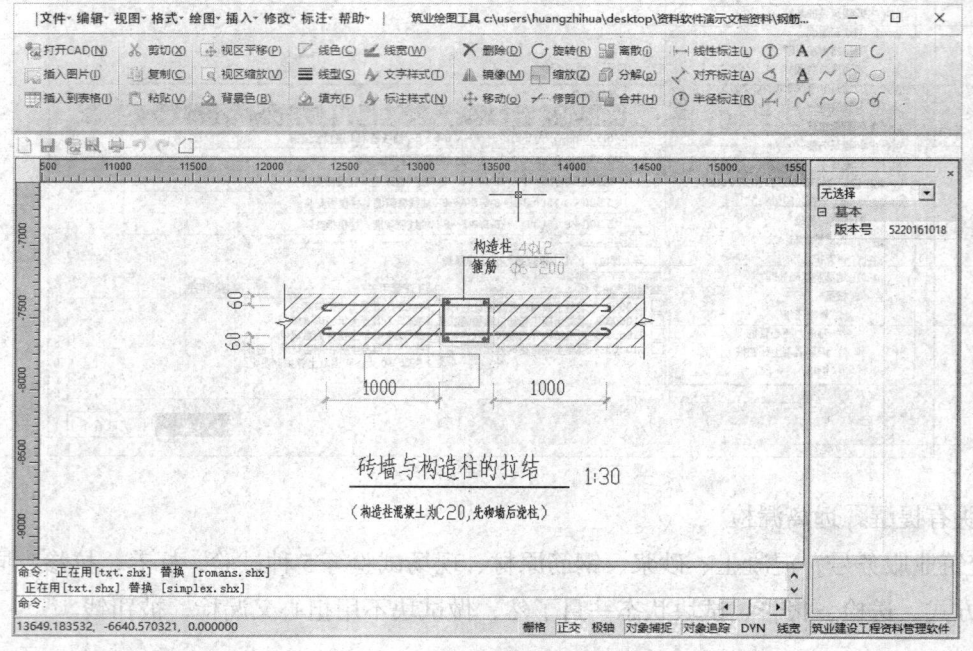

5. 检验批最小抽样数量自动计算

根据验收规范的抽样规定，所有检验批表格通过输入检验批容量，自动计算每个验收项目的最小抽样数量，指导现场抽样检查。

6. 自定义分部分项汇总

根据各专业工程分部分项划分标准，检验批表格编制完成后，分项和分部质量验收记录自动生成，确保汇总数据的准确性。

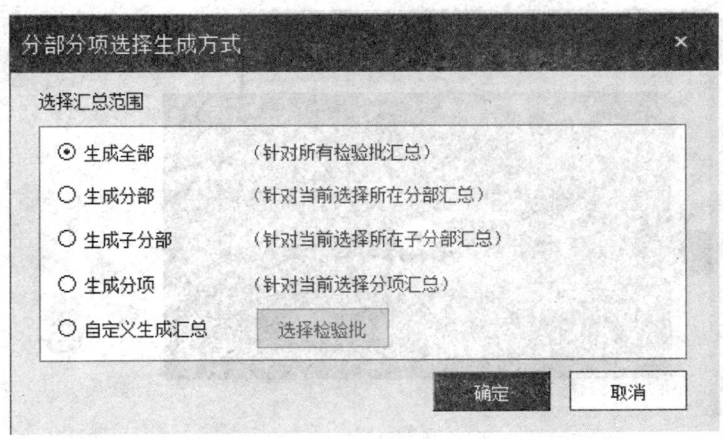

7. 流水段管理

系统中提供流水段划分设置功能，施工过程中通过流水段功能查询资料是否齐全，时间是否交圈。同时能够快速完成相同工艺、标准层等资料的复制、粘贴、删除，大大减少编制资料的时间。

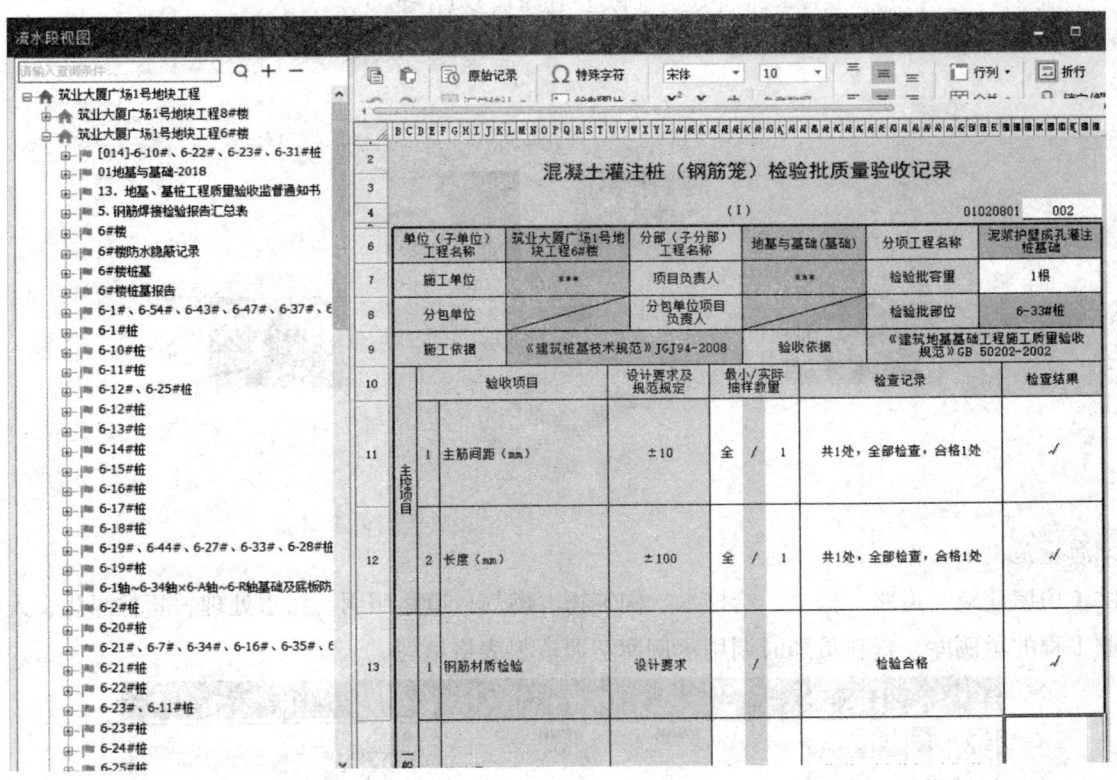

8. 微课教学

内置的微课与筑业课堂打通，提供筑业课堂在线视频，将资料表格填写方法以5分钟的微课视频形式展示出来，在厌倦了范例表格的时候，听一下讲座，会让您茅塞顿开。

会说话的资料软件

工程级示例，微课讲表，检验批表格专表专讲

9. 云工程随时随地做资料，不会丢

将工程文件保存在本地电脑和阿里云，不论是在项目部、家，还是出差异地，登录账号，即可下载阿里云的工程文件，继续编写。无锁版通过账号直接登录，免去丢锁的烦恼，做资料随时随地，随心所欲。

随时随地做资料

云工程，保存阿里云，不用U盘拷贝文件，即用即走

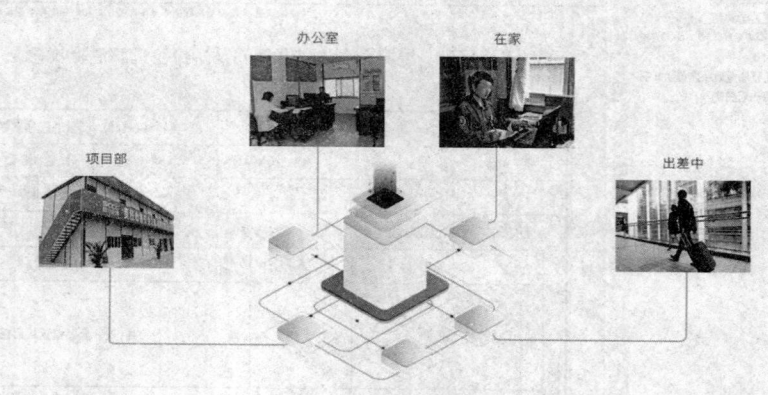

10. 海量范例库，做资料不求人

提供了房屋建筑、道路、桥梁、给排水、构筑物、燃气、道路照明、污水处理、园林绿化、人防、消防等专业工程的示例库，资料员随时调用示例库学习资料表格填写。

状态	下载	标题	发布时间	修订时间	备注	专业
⚙	⬇	国标土建工程范例	2016-07-26	2018-05-31	筑业官方国标土建…	土建
⚙	⬇	国标安装工程范例	2016-07-26	2018-06-06	筑业官方国标安装…	安装
⚙	⬇	国标建筑GB50300-2013范例	2016-09-23	2018-06-06	筑业官方国标建筑…	国标
⚙	⬇	北京建筑DB11-T695-2009范例	2016-09-23	2016-12-26	筑业官方北京建筑…	北京
⚙	⬇	北京安全DB11-383-2006范例	2016-09-23	2017-05-05	筑业官方北京安全…	北京
⚙	⬇	北京园林DB11-712-2010范例	2016-09-23	2018-04-02	筑业官方北京园林…	北京
⚙	⬇	北京市政DB11-T808-2011范例	2016-09-23	2016-12-26	筑业官方北京市政…	北京
⚙	⬇	国标消防范例	2016-12-26	2017-02-28	筑业官方消防资料…	国标
⚙	⬇	筑业软件大厦工程范例	2017-03-22	2017-03-29	筑业官方北京建筑…	北京
⚙	⬇	国标市政基础设施工程范例	2017-05-05	2017-09-22	筑业官方国标市政…	国标
⚙	⬇	国标建筑节能范例	2017-08-29	2017-08-30	筑业官方国标建筑…	国标
⚙	⬇	国标人防范例	2017-08-29	2017-08-30	筑业官方国标人防…	国标
⚙	⬇	河北省建筑工程资料管理系统 DB1…	2017-10-13	2017-10-31	筑业官方河北省建…	河北
⚙	⬇	河北筑业软件大厦工程	2017-10-16	2017-10-31	筑业官方河北筑业…	河北

11．协同办公

一个单位工程包括多个专业的资料，不同专业技术人员填写不同的工程资料，填写完成后同步到一个单位工程。质检员完成检验批资料的编制，施工员完成施工记录文件的编制，资料员完成资料的归集和整理，项目多岗位人员各司其职，协同办公，共同完成项目的资料编制工作。

三、"现场通" App

施工现场相关岗位（主要是工长、材料员、试验员、质量员等）利用手机 App 对工序相关资料表格的数据采集和记录，并同步云端服务，保证了原始记录的准确、现场数据的真实，实现了数据的再利用。

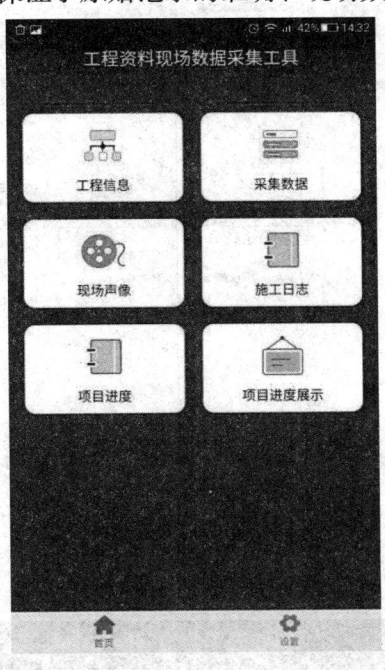

四、云平台

根据现行规范的要求，将所有工程资料的签字、签章的流程预置于云平台，从而实现工程资料表格提交到云平台系统后，自动流转到工程资料需要签字、签章的岗位，相关岗位人员在线进行本岗位的签字或签章。当此环节签审任务完成后，工程资料的审批自动进入下一步流程。

通过云资料软件填写的表格自动同步到云平台后，在云平台中控系统中流转的工程资料数据、视频、文件等形成元数据，便于以后大数据深度利用。

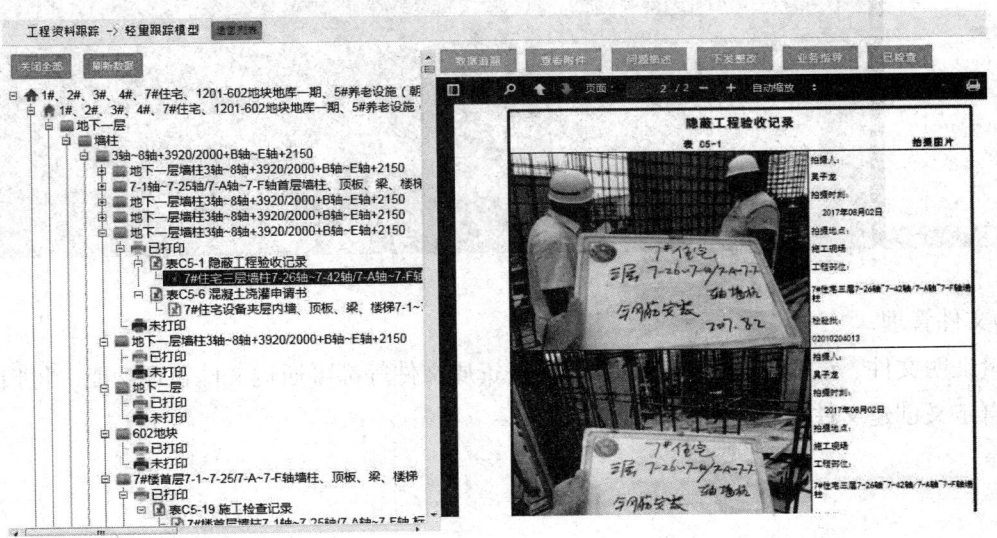

1. 项目资料信息汇总

针对工程资料管理人员，登录账号后，可查看到所有项目的工程基本信息、项目资料表格数量、最近做表格时间等信息，便于了解项目工程资料是否与进度吻合。

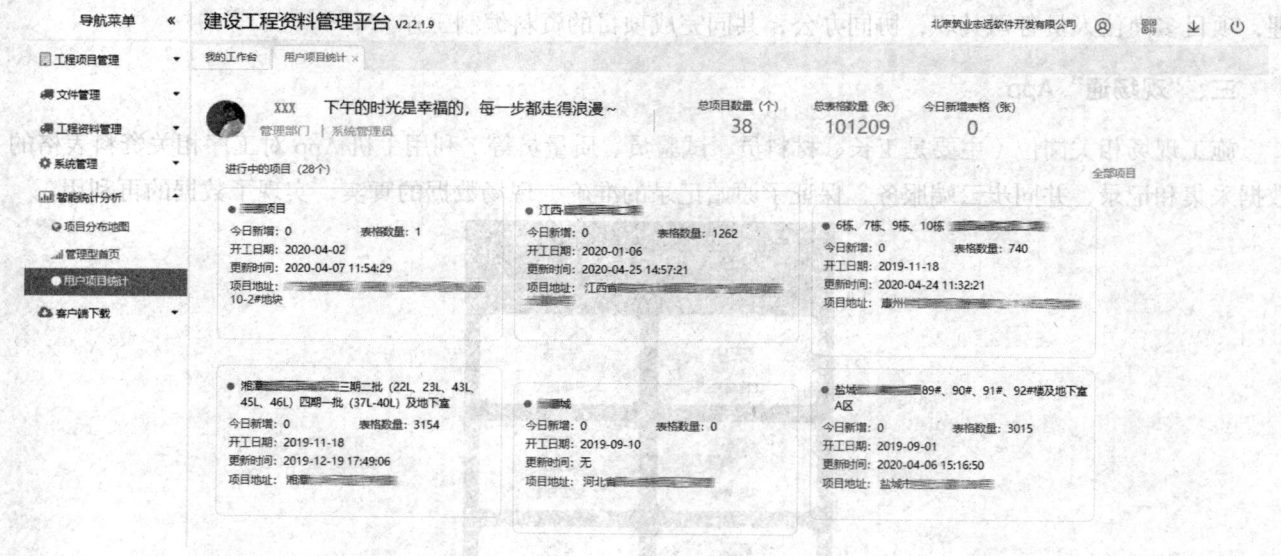

2. 项目坐标管理

输入项目地址位置后，在数据监控中心的项目分布地图即可展现项目分布图及工程资料填报时间、数量的情况。

3. 现场文件管理

针对质量证明文件、试验报告、技术资料、商务资质文件等都可通过文件管理功能，将扫描件上传至云平台。可自定义创建文件目录，灵活操作。

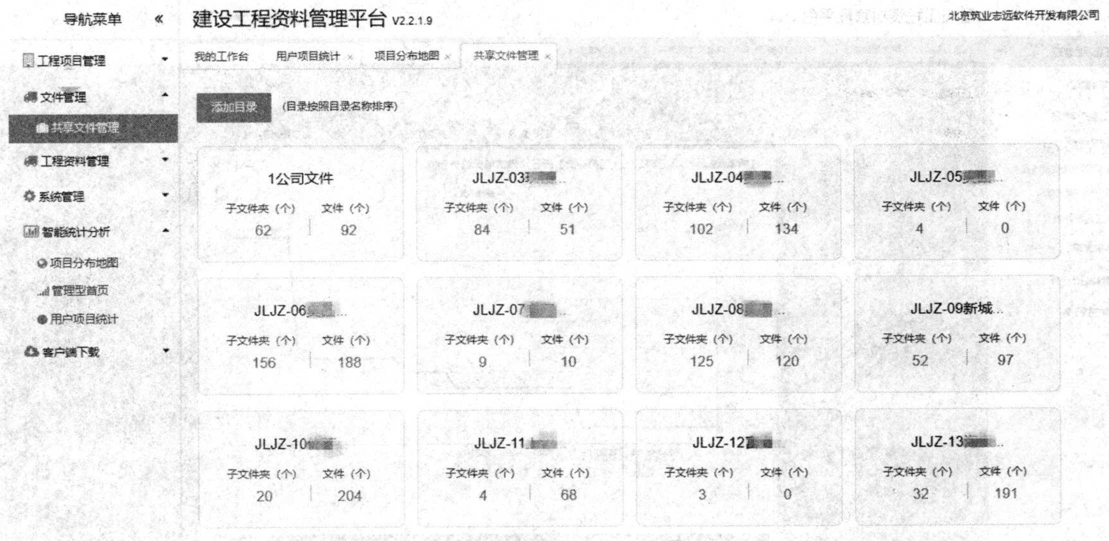

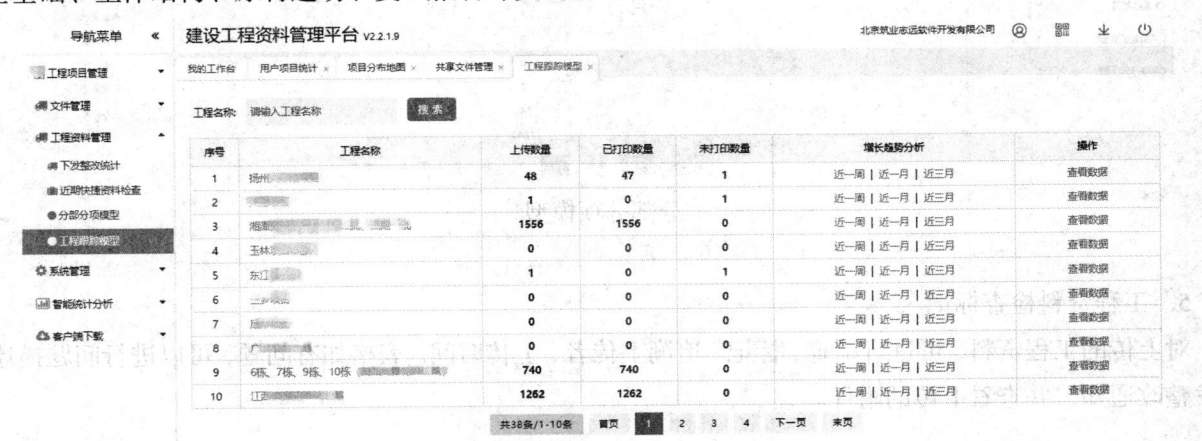

4. 工程资料跟踪检查

云平台重点是关于工程资料的检查功能，如工程资料快速查询，验收资料检查，工程跟踪模型检查，分部分项模型检查等方式。可快速实现近期三天、一周、一个月、三个月上传的工程资料快速检查，以及地基基础、主体结构、原材进场、复试报告等资料的检查。

工程跟踪模型检查

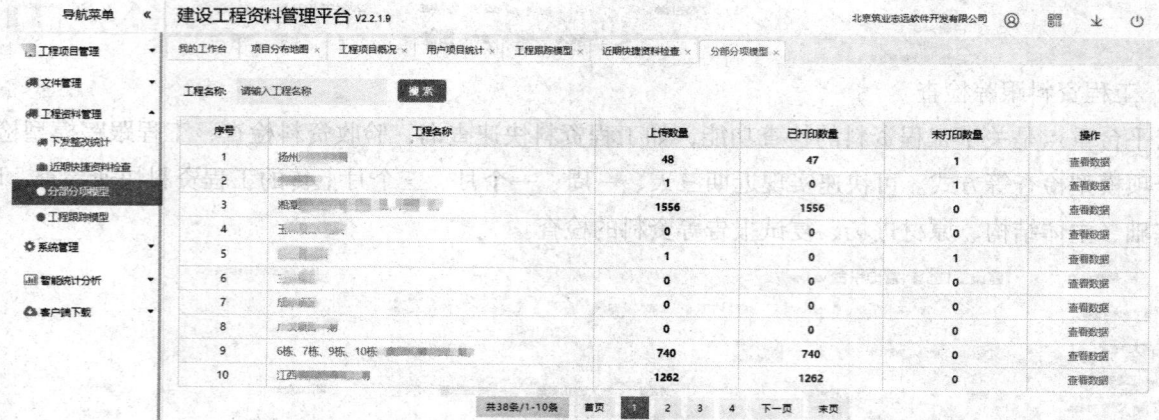

近期快捷资料检查

分部分项模型

5. 工程资料检查标记

对上传的工程资料，可进行检查、标记，追溯上传者、上传时间。表格如有问题，可以进行问题描述，下发整改通知，并查看上传的附件。

6. 现场声像文件上传

现场施工人员可通过现场通 App 将现场照片、视频，拍摄上传至云平台。便于公司了解项目进展。

7. 电子文件的电子签章技术的实现

工程资料电子文件编制完成后，即可在云平台中进行流转、签字和签章。项目各参建单位人员通过 U-Key 登录云平台即可完成工程资料电子文件的签章工作。

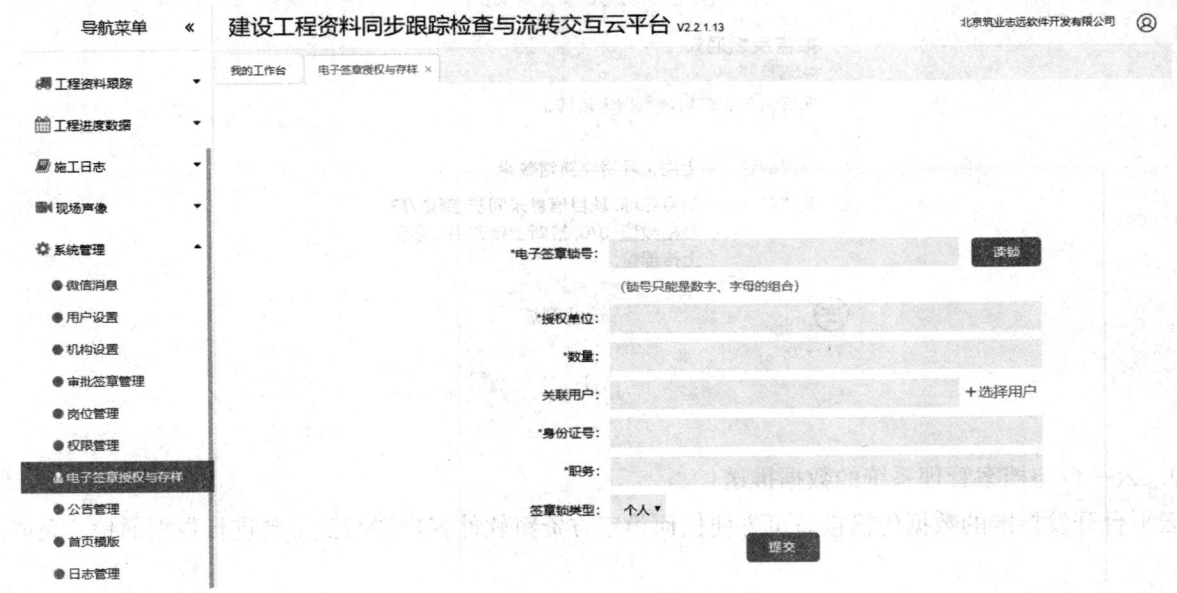

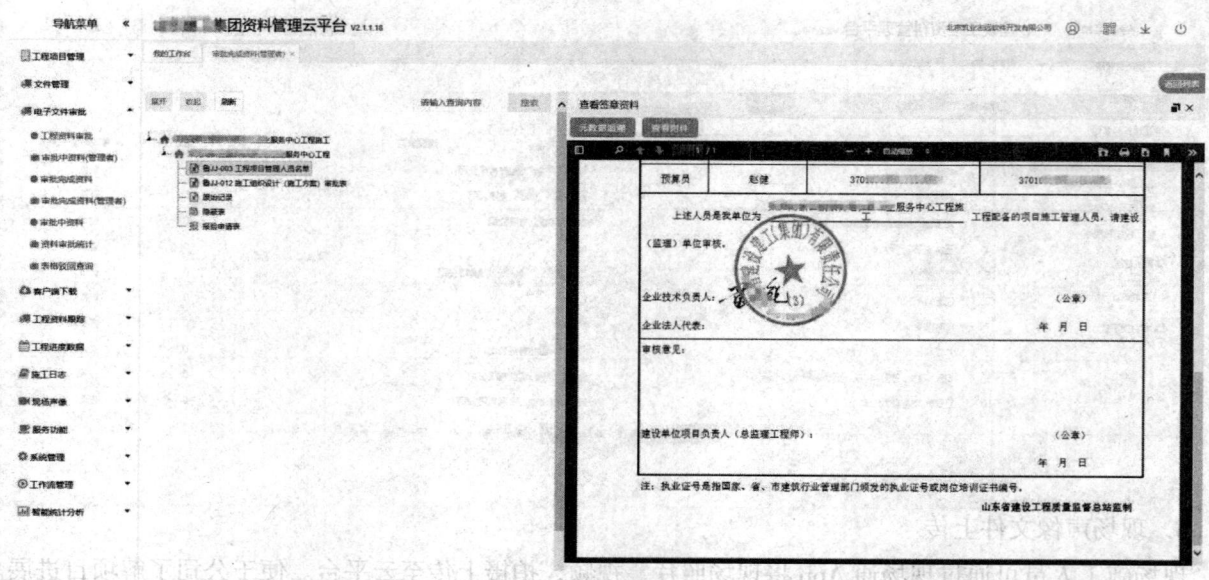

8. 绑定微信可接收资料检查报告

绑定微信接收公司管理人员下发的整改通知，修改通知和每周的资料上传数量、项目进度报告。

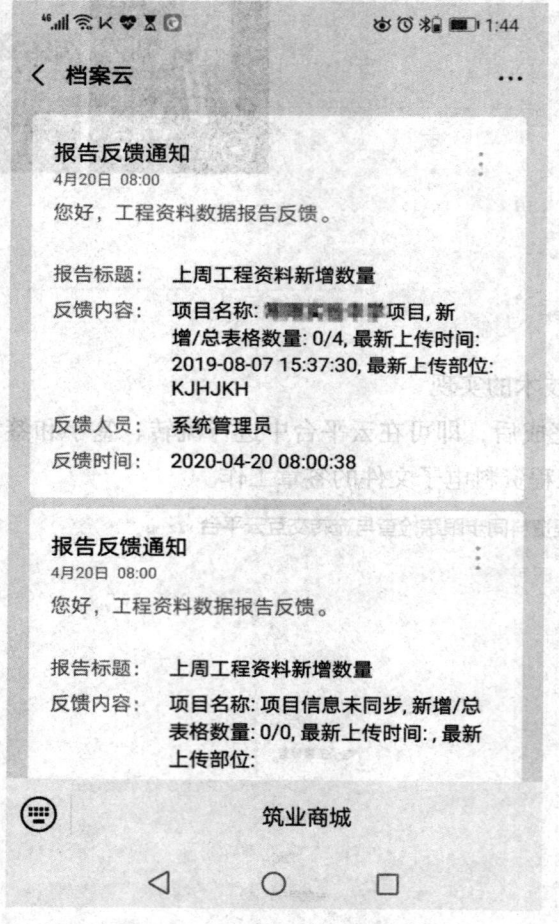

9. 云平台与档案管理系统的数据推送

云平台开发标准的数据传输接口可方便任何第三方资料软件客户端与云平台进行数据通信，完成数据交互。

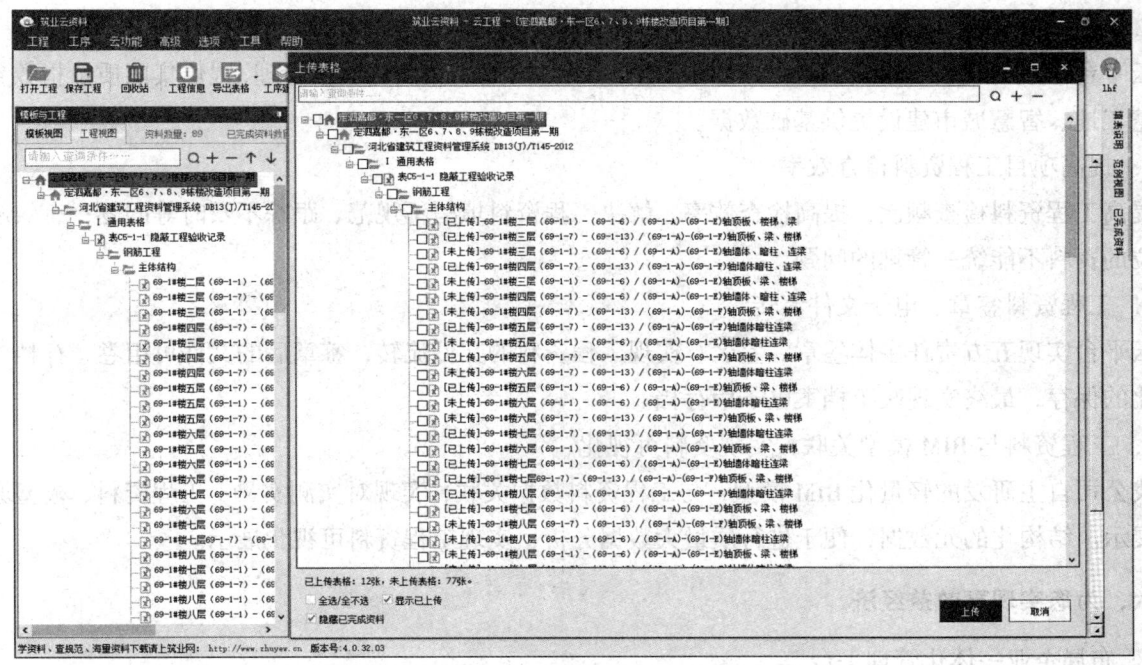

10．信息安全方案的制定

电子文件归档与电子档案管理信息安全方案主要由数据安全和数据灾备两部分内容组成。

数据安全方案，在整个系统中对各环节产生的业务数据均采用 DES 算法进行加密，保证数据传输的安全性。

数据灾备方案，采用快照灾备技术，在服务器运行层进行多重数据备灾机制，存储服务器本身采用基于高可用的架构，保证数据的备灾。

五、提供全方位的解决方案

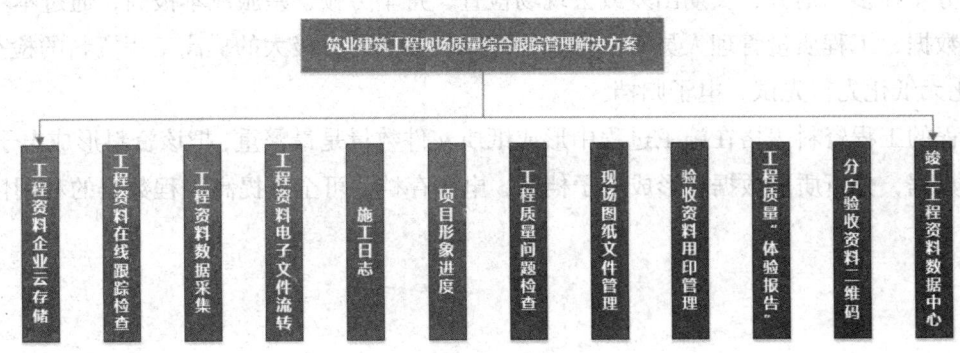

1．系统可扩展、接口丰富

可与现有的项目管理系统、档案系统、OA 办公系统、智慧工地管理系统、BIM 管理系统对接，形成一体化管理综合平台，以资料为中心的质量管理大数据平台。

2．工程资料编制统一、便捷

从工程开工到竣工验收的全过程资料的编制，形成统一的元数据大数据库。

3．在线同步跟踪检查，时时查看

实现工程资料同步上传至云平台，便于企业质量部门管理检查，实现集团质量管理部门远程检查，统一管理。

4. 施工资料大数据再利用

云平台形成的现场工程质量数据，达到一定量级后，可用于集团的质量管理，提供集团质量指数参考，为智慧工地、智慧城市建设提供基础数据。

5. 提高项目工程资料检查效率

提高工程资料检查频次，提高检查效率，解决工程资料填写不规范、跟踪不及时等问题；有效解决分包单位的资料不能统一管理的问题。

6. 工程资料签章、电子文件流转

云平台实现五方责任主体签章、签名，实现工程资料的文件流转，签章后的文件可组卷、存档，完成数字化的保存，最终实现竣工档案电子版存档。

7. 工程资料与 BIM 模型关联，实现资料可视化

我公司自主研发的轻量化 BIM 模型，与工程资料数据关联，实现对实测实量、工程资料、模型原始数据的展示。结构化的元数据，便于进行质量大数据分析，实现工程资料可视化展示。

六、为您实现高效益经济

1. 布局企业一体化管理平台

布置云平台后，可与贵司的信息化系统对接，完善企业信息化管理平台，实现工程资料的信息化管理、科学化管理，实现人、机、料、法、环全方位监控管理，为下一步数字化发展奠定基础。

2. 重点部位资料重点检查，提高效率

地基基础、主体结构、原材进场试验报告、隐蔽工程资料等均为重点检查资料，提高检查频率，保证工程质量。

3. 施工大数据分析，形成质量大数据

通过数字化的提前布局，有助于对工程质量数据提前采集，为未来质量大数据分析提供数据基础。

4. 远程同步跟踪检查，防患于未然

贵司项目分布在多个地方，长期出差或去现场检查，舟车劳顿，差旅成本极高，通过本项目方案，现场资料员上传数据，工程质量管理人员后台检查，配以现场指导，极大的提高工程资料的检查频率。

5. 电子化无纸化先行先试，电子归档

施工全过程的工程资料表格在施工过程中形成纸质文件数量是最繁重，把该资料形成电子化，对采集、记录施工现场数据，分析质量数据，形成电子档案，电子存档，可全面提高工程数据的利用性，具有极高的价值。